Batxillerat

LLENGUA CATALANA I LITERATURA

1

Roser Armengol

castellnou

Telèfon d'atenció al professorat: 934 961 400
www.castellnouedicions.com

Edició i correcció lingüística: Ferran Alexandri

Revisió editorial i adequació curricular: Jordi Grifoll

Disseny de la coberta: Mireia Serrano

Disseny gràfic interior i maquetació: Meritxell Carceller

Fotografies interiors: Arxiu Castellnou, iStockPhoto. Per algunes de les imatges d'inici d'unitat: Wikimedia Commons (Domini públic), Wikimedia Commons (Francesc Fort, Joanbanjo, MNAC, Antonio De Lorenzo, Isidre Blanc, Coyau/CC BY-SA, Fundació Cuixart, Canaan i Wolfgang Sauber). Per les imatges de: Rosa Leveroni, Quadern de Terramar Blog&Web de Vinyet Panyella; Maria Barbal, Wikimedia Commons, GuillemMedina. Per la imatge del Canigó, Josep M. Sala i Albareda. Per l'església de Sant Bartomeu i Sant Tecla de Sitges, Wikimedia Commons (Enfo). Per la foto de S. Belbel, www.escritores.org.

Primera edició: març de 2018

Segona edició: juny de 2019

ISBN: 978-84-17406-85-1

Dipòsit legal: B-15947-2019

Impressió: INO-Reproducciones

castellnou

Muntaner 231, 2 1B
08021 Barcelona

PRESENTACIÓ

Sota el títol de *Llengua catalana i literatura 1* oferim a professors i alumnes un manual de consulta, treball i estudi de la literatura catalana. De tota la literatura catalana, hauríem de dir, ja que comencem amb l'anàlisi dels textos dels trobadors i acabem amb l'exposició del perfil d'autors i obres que són, avui dia, absolutament contemporanis.

Els eixos de la nostra exposició són els següents: període-autor-obra-textos-comentari. I després, per tal de refermar el que s'ha llegit o explicat, hi afegim encara un conjunt d'**activitats** orals i escrites sobre la línia anteriorment dita (període-autor-obra, etc.), i, a més a més, un **test final** per a cada unitat de treball.

El que creiem que singularitza aquest manual és el fet que conté dins seu **una antologia de poemes**; concretament l'antologia de lectura **prescriptiva** per als pròxims cursos començant pel curs 2018-19. És el que el Departament d'Ensenyament ha anunciat com a «Nova tria», constituïda per 35 textos de lectura obligatòria, tal com hem dit.

Els poemes que formen part d'aquesta tria els hem assenyalat al llibre amb la icona ⦿; quan es tracta de textos medievals, hi hem posat la versió en prosa al **català actual** (en algun cas hem respectat la forma estròfica per qüestions purament didàctiques), i, quan es tractava de textos moderns o contemporanis hem anat sempre a cercar la font autoritzada. En aquest punt hem optat per no retocar els textos originals en relació amb les noves normes ortogràfiques i gramaticals IEC 2016, ja que la rectificació era tan poca que no pagava la pena; o bé perquè, en algun cas, succeïa el contrari, que desvirtuava ni que fos lleugerament l'original de l'autor en relació amb la seva època. No cal dir, però, que la resta del llibre, igual com la resta de manuals Castellnou de nova publicació, segueix la normativa actual.

Aquest manual té una base historicista en un doble sentit: primer perquè contextualitza sistemàticament autors i obres en el seu període i entorn, i, segon, perquè –atesa l'experiència docent a l'aula, i a fi i efecte que l'alumnat se situï clarament en el període que s'estudia– segueix un ordre **cronològic** en l'exposició del fet literari.

No és menys important en aquest manual el treball que s'ha fet de **recerca fotogràfica**. Totes les il·lustracions que hi figuren tenen un perquè i un sentit, de tal manera que, sovint, el professor pot repeuar la seva explicació en la imatge que apareix en el llibre, sigui a començament de bloc, sigui a començament d'unitat –que és així precisament com s'estructura el llibre: en blocs (Època medieval; Segles XVI, XVII i XVII; etc.), i unitats dins de cada bloc (Trobadors, Ramon Llull, Cròniques, Cancelleria, etc.). Això explica la diferència de llargària entre blocs i, també –i això s'esdevé més sovint com més ens acostem a la nostra època– la diferència de llargària entre algunes unitats.

I ja per acabar, només voldria desitjar que aquest llibre sigui prou útil per treballar els continguts de la matèria, i que tant els professors com els alumnes puguin trobar-hi una eina àgil i completa en el procés d'aprenentatge i avaluació dels temes curriculars. I, així mateix, que amb la lectura dels textos literaris i de les explicacions que els acompanyen, cada alumne/a pugui descobrir interessos que desconeixia, emocions que no s'imaginava, o reconèixer, reflectits en determinats personatges i situacions de la nostra literatura, els seus mateixos anhels.

L'autora

BLOC 1

LA LITERATURA MEDIEVAL I DELS SEGLES XIV I XV

En aquest primer bloc comencem per conèixer i analitzar la producció literària de l'edat mitjana, des dels poemes escrits en llengua occitana de la poesia trobadoresca als segles XII i XIII fins a arribar posteriorment als poetes que recullen aquesta tradició culta en llengua catalana als segles XIV i XV i anuncien l'humanisme que donarà lloc al Renaixement. Així, llegim textos antics i adaptats al català actual dels principals trobadors, com Guillem de Berguedà o Cerverí de Girona, i també del molt destacat Ausiàs March i els seus contemporanis, com ara Jordi de Sant Jordi, Anselm Turmeda, Joan Roís de Corella i el satíric Jaume Roig. En aquest periple medieval coneixerem la gran i singular figura de Ramon Llull, home extraordinari i excepcional del qual llegirem alguns textos poètics i en prosa. Pel que fa a la prosa també ens fixarem en el que hem anomenat les quatre grans cròniques dels reis catalans, que daten dels segles XIII i XIV. Igualment llegirem la prosa culta i refinada que es va escriure a l'empara de la Cancelleria Reial i que, sobretot al segle XIV, va destacar amb Bernat Metge. Acabem amb la novel·la cavalleresca per excel·lència del segle d'or de la literatura catalana, el *Tirant lo Blanc* de Joanot Martorell.

Aquest és, doncs, un bloc extens i amb autors i textos d'arreu dels territoris de la Corona d'Aragó. Hi reconeixerem la llengua literària catalana, amb accent i singularitats del Principat, de les Illes i de València. La lectura dels poemes i de la selecció de textos en prosa ens oferiran una vigorosa mostra dels fonaments de la cultura i la literatura en català.

Per tal d'activar els coneixements previs, al principi de cada unitat presentem uns textos breus i unes preguntes que han de servir per iniciar-nos en els continguts essencials de cada període i dels diversos autors. I per cloure, un test de coneixements al final de la unitat pot fer les funcions d'avaluació del que s'ha après.

UNITAT 1

SOCIETAT FEUDAL I POESIA TROBADORESCA

UNITAT 2

RAMON LLULL

UNITAT 3

PROSA MEDIEVAL. LES CRÒNIQUES. LA CANCELLERIA REIAL

UNITAT 4

ELS POETES DELS SEGLES XIV I XV

UNITAT 5

LA NARRATIVA CAVALLERESCA

*Joglar: distreure a la gent, cantant...

CONEIXEMENTS PREVIS

La societat feudal

Llegeix aquest text i resumeix en una frase la idea principal:

Lluites civils, lluites amb els sarraïns, espoliacions dels funcionaris carolingis, revoltes contra els francs, devastacions normandes, fan d'aquest període un dels més terribles de la nostra història. [...] Però, enmig de tanta violència i de desordre, d'incertitud i de misèria, les primeres manifestacions vitals del nostre país s'insinuen ... els primers balbuceigs de la veu. Aquesta veu té un accent especial: si alguna paraula és confegida, té ja el caient i l'essència d'allò que serà la llengua catalana.

FERRAN SOLDEVILA, *Història de Catalunya*

La poesia trobadoresca

Llegeix aquest text i exposa els aspectes més destacats de la vida del trobador Raimbaut de Vaqueiras:

Raimbaut de Vaquieras era fill d'un pobre cavaller de Provença, del castell de Vaqueiras, que s'anomenava Peirols i que era tingut per foll. Raimbaut es va fer joglar i va estar llarg temps amb el príncep d'Aurenja, Guillem del Bauz. Sabia cantar i feia cobles i sirventesos. I el príncep d'Aurenja li feu molt bé i gran honor i l'educà i el va fer conèixer i apreciar la gent noble. Després se'n va anar d'allí i va anar a Montferrat, a servir el marquès Bonifaci i va estar molt de temps a la seva cort. Augmentà aquí el seny i el saber i l'ús de les armes i es va enamorar de la germana del marquès, Beatriu, que va ser muller d'Enric de Carret i compongué per a ella bones cançons i l'anomenava Bellcavaller a les seves cançons i es creu que ella li correspongué en amor.

Vida de Raimbaut de Vaqueiras (text adaptat)

Contesta les preguntes:

- **a** Quina és la classe social a la qual pertany el trobador? Com ascendeix en l'escala social?
- **b** Quines eren les tasques pròpies d'un joglar?
- **c** Per què la dama de la poesia trobadoresca és sempre una dona casada?
- **d** Per què el trobador l'anomena «Bellcavaller»?
- **e** En un mapa situa les corts occitanes més importants dels segles XII i XIII.

a) Classe baixa

c) Es casaven per conveniencia i no sentia amor

B1 UNITAT 1

SOCIETAT FEUDAL I POESIA TROBADORESCA

En aquesta unitat estudiarem els antecedents de la literatura catalana en el marc històric del feudalisme i la cultura cortesana: la lírica trobadoresca. Analitzarem la relació entre la societat dels segles XII i XIII a les corts occitanes i catalanes, i la producció poètica que van compondre trobairitz i trobadors i van difondre els joglars. Llegirem poemes escrits en llengua occitana i adaptats al català actual i en reconeixerem les principals característiques temàtiques, estilístiques i formals. Per aproximar-nos millor als textos literaris d'aquesta època i als seus autors podràs fer les activitats proposades, especialment les qüestions de comprensió, reflexió i crítica dels poemes de lectura obligatòria per al batxillerat.

Dimensió estètica i literària

- Feudalisme: sistema d'organització social i política dels segles X al XIII.
- Lítica trobadoresca: la cultura de les corts occitanes.
- La llengua de la lírica trobadoresca.
- Els principals representants.
- Temes i formes.
- Els gèneres poètics.

AUTORS I TEXTOS

- Vida de Guillem de Cabestany.
- ⦿ «Cançoneta leu e plana» de Guillem de Berguedà.
- ⦿ «Si null temps fui pessius ne cossiros» de Cerverí de Girona.

Objectius

- Conèixer el context feudal i cortesà que dona lloc a la poesia trobadoresca, precedent de la literatura culta en llengua catalana.
- Reconèixer les característiques pròpies del període literari estudiat en els textos de diversos autors.
- Comprendre i analitzar les característiques de contingut i formals dels textos seleccionats a partir de les activitats proposades.

SOCIETAT FEUDAL I POESIA TROBADORESCA

L'edat mitjana és el període històric que comprèn des de la caiguda de l'Imperi romà, l'any 476, fins a la presa de Constantinoble pels turcs el 1453. És una llarga època en què, tradicionalment, s'estableixen dues etapes: l'alta edat mitjana (segles x, xi i xii) i la baixa edat mitjana (segles xiii, xiv i xv). El sistema d'organització social, política i econòmica que la caracteritzà s'anomena **feudalisme**. Es basava en una **economia agrària** i en la divisió de la societat en **estaments** –noblesa, clergat i poble–, lligats pel contracte de vassallatge. El terme *feudalisme* fa referència, precisament, al territori o feu governat per un senyor feudal. Aquest senyor vivia al castell, envoltat de la seva cort, i és en aquest context cortesà que es va gestar i es va desenvolupar la literatura profana medieval, és a dir, la literatura cortesana.

La **lírica trobadoresca** es va originar a les corts occitanes, al sud de França, en el segle xii. Va ser la primera mostra de poesia culta expressada en una llengua romànica, l'**occità**, i va constituir la base de la lírica europea. A més, va gaudir d'un gran prestigi i la seva poètica s'estengué per tota la Romània.

No ha d'estranyar ningú, doncs, que els primers poetes catalans adoptessin la llengua i la tradició dels trobadors. Cal tenir en compte que hi havia altres factors que afavorien aquest fet: la proximitat geogràfica, l'afinitat lingüística (en aquell temps, les diferències entre les dues llengües no suposaven cap obstacle per als catalans) i els lligams polítics entre totes dues corts, que van mantenir una relació estreta i constant durant molts segles.

Detall d'un capitell de Santa Maria de l'Estany en què hi ha representats un joglar i un trobador.

La poesia catalana es va iniciar, doncs, amb la producció dels trobadors catalans en llengua occitana. L'occità o provençal que empraven els trobadors era una llengua supradialectal, una mena de koiné artificial usada exclusivament en l'àmbit literari i que no s'identificava ben bé amb cap llengua parlada. Aquesta situació es va perllongar fins al segle xv, quan el poeta Ausiàs March va començar a expressar-se en català, i, així, trencà definitivament amb la tradició trobadoresca. L'ús de la llengua o, més ben dit, la separació lingüística entre poesia i prosa és un dels trets que van caracteritzar la literatura medieval catalana. Mentre que la **prosa** s'escrivia en **llengua catalana**, la **poesia**, de caràcter culte, s'expressava en una llengua no autòctona, l'**occità**.

En la poesia produïda durant els segles xii i xiii, el concepte de *trobador* es contraposava al terme *poeta*. Els trobadors componien en **llengua vulgar** cançons de caràcter profà que s'interpretaven davant un públic cortesà. En canvi, els **poetes** versificaven en **llatí** composicions d'inspiració religiosa destinades a la lectura individual.

Detall d'una obra medieval en què podem veure l'amada, l'amant i l'amic, en una escena típica d'una albada.

Miniatura d'un manuscrit que representa un joglar tocant un llaüt de l'època.

Els poemes amorosos trobadorescos mostren una situació arquetípica que trasllada les formes de la societat feudal al terreny sentimental: una dama poderosa i casada i un enamorat lleial que s'hi sotmet.

Independentment de la procedència social, els trobadors gaudien d'un gran prestigi, tenien una sòlida formació retòrica i musical i eren ben considerats en l'estratificada societat feudal. N'hi havia que conreaven la poesia de manera professional i d'altres que versificaven per plaer, com a complement de la seva personalitat. Guillem de Peitieu (1071 – 1126) va ser el primer trobador occità i el més representatiu de la primera generació de trobadors.

Posteriorment destacaren Jaufré Rudel, Marcabrú, Cercamon, Bernat de Ventadorn, Giraut de Bornelh i Arnaut Daniel. També hi va haver dones trobadores, *trobairitz* en occità, com la comtessa de Dia i Azalais de Porcairagues. De trobadors catalans, n'hi ha documentats vint-i-quatre. Els més rellevants, contemporanis dels trobadors occitans, van ser Guillem de Berguedà i el rei Alfons II. Al segle XIII destaquen les figures de Guillem de Cabestany, Huguet de Mataplana, Ramon Vidal de Besalú, Cerverí de Girona i Jofre de Foixà.

La relació entre dama i trobador reproduïa la relació entre senyor i vassall. La dama era el senyor i rebia el nom de *domna* ('senyora') o *midons* ('el meu senyor'). Aquests termes feien referència necessàriament a una **dama casada**, ja que aleshores les donzelles no tenien cap entitat jurídica i, per tant, no podien exercir de senyores feudals. El **trobador** era l'*hom* ('vassall') i l'amor es transformava en servei: l'**enamorat** servia fidelment la dama de la mateixa manera que el vassall servia el seu senyor.

Aquesta relació es desenvolupava tenint en compte les pautes de comportament i els costums propis de la cort: lleialtat, generositat, educació, refinament... Aquestes virtuts configuraven la **cortesia**, concepte oposat a la **vilania**, terme amb què es feia referència a la gent «rústega» (de camp), que vivia lluny de la influència de la cort.

En les seves composicions, el trobador analitzava la passió amorosa i la dividia en quatre etapes (des de la timidesa de l'enamorat que no gosava expressar els seus sentiments fins al goig de l'amant que ha consumat la relació amb la seva estimada): la de *fenhedor* ('tímid'), la de *pregador* ('suplicant'), la d'*entenedor* ('enamorat tolerat') i la de *drutz* ('amant').

En aquest context trobem a Mallorca l'autor més excepcional de tota l'edat mitjana: Ramon Llull. La seva formació literària, i per tant els seus primers escrits –dels quals va renegar pel fet de considerar que «som caüt en mat pecat... tan fort són pecador, e són de llibres trobador!»–, va tenir lloc en l'ambient cortesà del rei Jaume II de Mallorca (1276 – 1311), tal com explica en el relat autobiogràfic *Vida coetània* (1311):

Recompta primerament e ans de totes cosas que, stant ell sanascal e maior dom del super illustra senyor Rey de Mallorques, com fos en la plenitut de la sua iouentut e's fos donat en la art de trobar e compondra cansons e dictats de las follias de aquest món, stant una nit dins la sua cambre sobra lo bancal del seu llit ymaginant e pensant una cansó e aquella scriuint en vulgar per una sua anamorada la qual llauors d'amor vil e fada amaua...

[...]

RAMON LLULL, *Vida coetània*

ELS GÈNERES POÈTICS

Els gèneres poètics més característics són els següents:

La cançó

La cançó va ser el gènere per excel·lència de la poesia trobadoresca i va constituir el vehicle més important de la poesia amorosa. Disposava d'una melodia pròpia i generalment tenia de cinc a set cobles més una tornada (estrofa més curta que tancava el poema i en la qual sovint apareixia el senyal amorós). El senyal era el nom secret mitjançant el qual el trobador feia referència a la dama.

Estat ai en greu cossirier
per un cavallier q'ai agut,
e voill sia totz temps saubut
cum eu l'ai amat a sobrier;
ara vei q'ieu sui trahida
car eu non li donei m'amor,
don ai estat en gran error
en lieig e qand sui vestida.

COMTESSA DE DIA

«Tinc un desfici, ai, inclement, pel cavaller que m'ha servit. Massa l'he amat, m'ha malferit, vull que tothom en tingui esment. Ara veig que sóc traïda car no li he dat el meu amor. Per ell jo visc en plany i enyor en llit o quan vaig vestida.»

(versió catalana d'Alfred Badia)

El sirventès

Si la cançó era el vehicle de l'expressió amorosa, el sirventès era el de l'atac, la ira, la polèmica literària o política i el discurs moralitzador. Es cantava aprofitant la melodia d'una cançó ja existent i coneguda, cosa que en permetia una difusió més gran i ràpida. L'**ensenhament** era una modalitat de sirventès.

El plany

El plany era el gènere per mitjà del qual el trobador es lamentava per la mort d'un personatge important, generalment el seu senyor. A continuació reproduïm un fragment del plany per la mort de Ponç de Mataplana, escrit per Guillem de Berguedà, en el qual el trobador es penedeix de l'odi que sentia cap al seu enemic (com manifesta la cançoneta de la pàgina 13):

Consiros cant e planc e plor
pel dol qe·m a sasit et pres
al cort per la mort Mon Marquès,
En Pons, lo pros de Mataplana,
qi era francs, larcs e cortes,
e an totz bos captenimens,
e tengutz per un dels melhors
qi fos de San Marti de Tors
tro [...] et la terra plana.

Loncs consiriers ab greu dolor
a laisat e nostre paes
ses conort qe non i a ges
En Pons, lo pros de Mataplana;
paians l'an mort, mais Dieu l'a pres
a sa part, qe·l sera garens
dels grans forfatz et dels menors,
qe·ls angels li foron auctors
car mantenc la lei cristiana.

Marqes, s'eu dis de vos follor,
ni motz vilans ni mal apres,
c'anc, pos Dieu basti Mataplana,
no·i ac vassal qe tan valges,
ni qe tant fos pros ni valens
ni tan onratz sobre·ls aussors,
jas fosso ric vostr'ancesors;
et non o dic ges per ufana.

«Consirós canto i em planyo i ploro pel dolor que m'ha pres i s'ha emparat del meu cor per la mort de Mon Marquès, En Ponç, el noble de Mataplana, que era franc, liberal i cortès i amb tots els bons capteniments i tingut per un dels millors que fos des de Sant Martí de Tours fins [...] i la terra plana.

En Ponç, el noble de Mataplana, ha deixat llargues afliccions amb greu dolor i el nostre país sense que hi hagi gens de conhort. L'han mort els pagans, però Déu se l'ha endut al seu costat, on li serà indulgent amb els grans pecats i els menors, perquè els àngels li foren testimonis que mantingué la llei cristiana.

Marques, si jo vaig dir de vós follies i mots vilans i descortesos, en tot he mentit i errat, car mai, des que Déu bastí Mataplana, no hi hagué vassall que tant valgués, que fos tan noble i valent i tan honrat entre els més encimbellats, tot i que els vostres avantpassats foren poderosos; i no ho dic pas per ufana.»

(versió de Martí de Riquer)

L'alba

L'alba era un poema amorós que expressava l'enuig dels amants que havien de separar-se després de passar la nit junts. També hi intervenia en aquesta composició el guaita, fidel i lleial company del cavaller, que vigilava que els amants no fossin sorpresos pel *gilós* (el marit de la dama) o pels *lausengiers* (els murmuradors que espiaven la dama i n'informen el marit), i els avisava de matinada quan s'havien de separar.

Bel dous companh, tan sui en ric sojorn,
qu'eu no volgra mais fos alba ni jorn,
car la gensor que anc nasques de maire
tenc et bras, per qu'eu non prezi gaire
lo fol gilos ni l'alba.

GIRAUT DE BORNELH

«Mon dolç company, soc en tan bon sojorn
que ja no amo més ni l'alba ni el jorn.

L'amor més bella tinc als braços: què em fa l'arribada
del gelós foll, de l'alba?»

(versió catalana d'Alfred Badia)

La pastorel·la

La pastorel·la era una composició, també pertanyent a l'àmbit de la poesia amorosa, que descrivia la trobada i el diàleg en ple camp entre una pastora i un cavaller que intentava seduir-la.

Entre Lerida e Belvis,
pres d'un riu, entre dos jardis,
vi ab una pastorela
un pastor vestit de terlis,
e jagren entre flors de lis,
baysan sotz l'erba novela.

«Entre Lleida i Bellvís,
prop d'un riu, entre dos jardins,
vaig veure, amb una pastoreta,
un pastor vestit de terliç;
i jeien entre flors de lliri,
besant-se sota l'herba fresca.»

La tençó o joc partit i el tornejament

La tençó o joc partit i el tornejament eren gèneres que expressaven debats entre trobadors, principalment sobre temes literaris.

Activitats

1 **Llegeix la *vida* llegendària del trobador Guillem de Cabestany i identifica-hi els personatges arquetípics de la relació feudal: la *midons*, el vassall, el senyor feudal, el *gilós* i els *lausengiers*.**

Guillem de Cabestany fou un cavaller de la contrada del Rosselló, que confina amb Catalunya i amb el Narbonès. Fou molt avinent de la persona, molt preuat per les armes, la cortesia i el servei. A la seva contrada hi havia una dama que es deia madona Soremonda, muller de Ramon de Castell Rosselló, que era molt noble, ric, dolent, brau, fer i orgullós. Guillem de Cabestany amava la dama per amor i d'ella cantava i feia les seves cançons. I la dama, que era jove, alegre, gentil i bella, el volia més que res del món. I això fou dit a Ramon de Castell Rosselló; i ell, com a home irat i gelós, inquirí tot el fet i sabé que era cert, i féu guardar la seva muller.

S'esdevingué un dia que Ramon de Castell Rosselló es trobà amb Guillem de Cabestany, que anava sense gran companyia, i el matà; féu-li treure el cor del cos i féu-li tallar el cap; i el cor el féu portar a casa seva, i el cap també; i féu rostir el cor i cuinar a pebrada i el féu donar a menjar a la seva muller. Quan la dama l'hagué menjat, Ramon de Castell Rosselló li digué: «Sabeu què heu menjat?». I ella digué: «No, però m'ha semblat una vianda molt bona i molt saborosa». I ell li digué que era el cor de Guillem de Cabestany el que havia menjat, i perquè ho cregués féu portar el cap davant d'ella. Quan la dama va veure i va oir això, perdé la vista i l'oïda.

Quan revingué va dir: «Senyor, m'heu donat un menjar tan bo que mai més no en prendré un altre». Quan ell ho sentí corregué amb la seva espasa i volgué ferir-la al cap; però ella corregué a un balcó i es deixà caure, i així morí. I la nova corregué pel Rosselló i per tot Catalunya que Guillem de Cabestany i la dama havien estat morts tan malament i que Ramon de Castell Rosselló havia donat el cor de Guillem a menjar a la dama.

Hi hagué gran tristesa per totes les contrades; i la queixa arribà al rei d'Aragó, que era senyor de Ramon de Castell Rosselló i de Guillem de Cabestany. I anà a Perpinyà, al Rosselló, i féu venir davant Ramon de Castel! Rosselló; i quan fou vingut el féu empresonar, li prengué tots els seus castells i els féu derrocar; i li llevà tot quan tenia i el féu portar a la presó. I després féu portar Guillem de Cabestany i la dama a Perpinyà i posar-los en un monument davant la porta de l'església; i féu esculpir sobre el monument com havien estat morts; i ordenà que per tot el comtat de Rosselló tots els cavallers i les dames els vinguessin a fer aniversari cada any. I Ramon de Castell Rosselló morí a la presó del rei.

GUILLEM DE CABESTANY (versió de Martí de Riquer)

2 «Cançoneta leu e plana» de Guillem de Berguedà

Cansoneta leu e plana,
leugereta, ses ufana,
farai, e de Mon Marques,
del traichor de Mataplana,
q'es d'engan farsitz e ples.
A, Marques, Marques, Marques,
d'engan etz farsitz e ples.

Marques, ben aion las peiras
a Melgur depres Someiras,
on perdetz de las denz tres;
no·i ten dan, que las primeiras
i son e non paron ges.
A, Marques, Marques, Marques,
d'engan etz farsitz e ples.

Del bratz no·us pretz una figa,
que cabreilla par de biga
e portatz-lo mal estes;
ops i auria ortiga
qe·l nervi vos estendes.
A, Marques, Marques, Marques,
d'engan etz farsitz e ples.

Marques, qui en vos se fia
ni a amor ni paria;
gardar-se deu totas ves
qon que·z an: an de clar dia,
de nuoitz ab vos non an ges.
A, Marques, Marques, Marques,
d'engan etz farsitz e ples.

Marques, ben es fols qui·s vana
c'ab vos tenga meliana
meins de brajas de cortves;
et anc fills de crestiana
pejor costuma non mes.
A, Marques, Marques, Marques,
d'engan etz farsitz e ples.

Versió moderna

Faré una cançoneta fàcil i senzilla, lleugereta, sense ostentació, i sobre Mon Marquès, sobre el traïdor de Mataplana, que és farcit i ple d'engany. Ah, Marquès, Marquès, Marquès, sou farcit i ple d'engany!

Marquès, beneïdes siguin les pedres de Melgur, prop de Someires, on vau perdre tres dents; però tant se val, perquè les primeres hi són i no s'hi coneix res. Ah, Marquès, Marquès, Marquès, sou farcit i ple d'engany!

No us dono ni el valor d'una figa pel vostre braç, que sembla cabiró de biga i el porteu arronsat; caldria ortiga que us estirés el nervi. Ah, Marquès, Marquès, Marquès, sou farcit i ple d'engany!

Marquès, qui es refia de vós no té amor ni companyia; sempre ha d'estar alerta vagi on vagi: que vagi amb vós de clar dia, però que no hi vagi pas de nits. Ah, Marquès, Marquès, Marquès, sou farcit i ple d'engany!

Activitats

Marquès, és ben foll qui es vana de fer migdiada amb vós sense bragues de cordovà; i mai fill de cristiana no introduí pitjor costum. Ah, Marquès, Marquès, Marquès, sou farcit i ple d'engany!

a Aquest poema és un sirventès famós en la poesia trobadoresca catalana. Quin és el tema del poema?
b Fes una llista amb els defectes físics que el trobador atribueix al Marquès, a Ponç de Mataplana.

3 «Si null temps fui pessius ne cossiros...» de Cerverí de Girona.

Si null temps fuy pessius ne cossiros
sirven amors ni·n perdei mon cabal
sufren pena, turment, treball e mal,
ne·m tengren dan maritz ne fals gelos,
er m'adutz jay, qu'eser no·m pot vedatz,
us gentils cors, adreitz, gras e delgatz,
on es jovenz e franc humilitatz.

E s'auzes dir cal dona·m te joyos,
ne com m'a fi, humil, franc e leyal,
e·m ditz soven, ab mant sospir coral
baysan: «Amics, con eu no so ab vos
muyr deziran, e pus pres mi·us luynatz,
del revenir vos clam merçe viatz»,
estortz fora, e mos clars ditz vertatz.

Eras diran lausenger envejos
qu'eu dic fencha, a ley de desleyal;
mas, pus midons m'o perdo, no m'en chal,
car ma rayzo tenran tuit l'amoros;
qu'eu dic que can an lens ne apesatz
pesan vey ley, e sas plasens beutatz,
que·m ditz plasers ab ditz enamoratz.

Etenria lo rey per enujos
si·m sonava can faz tan douz jornal,
ne·m tocava, qu'eu non ay plaser d'al;
ans fora mortz si·l pensament no fos.
E dic a cels qui·m dizon:»Que us pessatz,
En Cerveri? Ajam qualque solatz»,
«Laxatz m'estar, senyer, que cobles fatz».
D'aytan me tenc per ben aventuros

car ço qui notz als altres a mi val;
e no vis mays nuyll trobador aytal
ne qui·n durmen fezes vers e chanços;
qu'en durmen fo aycest chanz començatz,
per que non es ab motz prims ne serratz
ne·y er per me sos ne motz esmendatz.

Pus en durmen e pesan gen pessatz,
Na Sobrepretz, de me veyllan, si us platz,
prec que pessatz, o que tost m'acuciatz.

De la dona dels Cardos suy payatz,
e de l'enfan can pres luy m'asolatz.

Versió moderna

Si alguna vegada he estat pensatiu i capficat servint amor, i he perdut el meu capital patint penes, turments, treballs i danys, i no m'amoïnaven marits ni falsos gelosos, ara un cos gentil, perfecte, sa i delicat, on hi ha joventut i sincera humilitat, em porta un gaudi que no em pot ser prohibit.

I si gosés dir quina és la dama que em té joiós i com fa que li sigui fidel, humil, sincer i lleial, i em diu sovint, besant-me entre molts sospirs cordials: «Amic, quan no estic amb vos, moro de desig, i quan us allunyeu de la meva vora, us demano per favor que torneu aviat», m'alliberaria i les meves paraules serien veritat.

Ara diran els murmuradors envejosos que dic mentida, que soc deslleial; però, si la meva senyora m'ho perdona, no m'importa, ja que tots els enamorats em donaran la raó; perquè dic que quan vaig lent i preocupat, en el meu pensament veig aquella i les seves agradables belleses, que em diu coses agradables amb paraules enamorades.

I el rei em molestaria si em parlés quan faig això tan dolç cada dia, o si em toqués, ja que cap altra cosa em dona plaer; per tant ja estaria mort si no fos capficament. I aquells que em diuen: «En què penses, Cerverí? Tinguem algun esbargiment», els dic: «Deixeu-me estar, senyor, que faig versos.»

Em considero molt afortunat perquè el que molesta als altres a mi em serveix; i mai heu vist un trobador semblant ni que dormint faci versos i cançons; perquè aquest cant fou començat dormint, per la qual cosa no està escrit amb paraules subtils ni tancades ni seran corregides per mi la lletra i la melodia.

Sobrepretz, ja que dormint i somiant penseu tan gentilment, us prego que, si us plau, penseu en mi desperta, o que em mateu aviat.

Estic molt satisfet de la senyora dels Cards i de l'infant quan estic a prop seu i em recreo.

a El trobador Cerverí de Girona es declara enamorat d'una dama que descriu físicament. Esmenta com la descriu, indica'n els versos.
b En aquest poema el trobador diu que compon els seus versos en somnis. En quins versos es veu aquesta afirmació?
c Llegeix atentament l'estrofa IV. Qui diu que el molesta? S'arrisca en afirmar aquesta actitud? Com se'n salva?
d En quins versos es reivindica com a trobador? Torna'ls a escriure en català.
e Quin és el senyal de la dama? Què significa?

Test final d'unitat

1 Digues si és veritat (V) o fals (F):

	V	F
a La lírica trobadoresca és fonamentalment de temàtica religiosa	☐	☐
b Els trobadors escrivien en llatí	☐	☐
c Les dones que composaven poemes se les anomena *trobairitz*	☐	☐
d La relació entre la dama i el trobador enamorat reprodueix la relació feudal del vassallatge	☐	☐
e Vilania vol dir «de poble»	☐	☐
f Cortesia es refereix a la cort	☐	☐
g La dama de la poesia trobadoresca sempre és casada	☐	☐
h Hi ha documentats dos-cents trobadors catalans	☐	☐
i *Fenhedor* vol dir l'amant decidit i expert	☐	☐
j *Drutz* és el vigilant dels amants	☐	☐
k El sirventès és un càrrec nobiliari	☐	☐
l L'alba és un tipus de cançó amorosa	☐	☐
m La tençó tracta fonamentalment temes literais	☐	☐
n Ramon Llull va renegar dels seus poemes trobadorescos	☐	☐
o Ramon Llull va viure com un cavaller culte a la cort del rei Jaume II de Mallorca	☐	☐

2 Indica quin d'aquests noms NO és un trobador o trobairitz

- ☐ Jaufré Rodel
- ☐ Bernat de Ventadorn
- ☐ Comtessa de Dia
- ☐ Martí l'Humà
- ☐ Cerverí de Girona
- ☐ Ramon Llull

3 La relació amorosa trobadoresca és clandestina i amaga el nom de la dama darrera el «senhal». Ausiàs March va recollir aquest tret de la poesia trobadoresca i va anomenar les seves enamorades amb diversos senyals. Fes una recerca i digues quins són.

4 Els gèneres poètics més característics de la poesia trobadoresca són:

- la cançó
- el sirventès
- el plany
- l'alba
- la pastorel·la
- la tençó

Fes una recerca sobre les característiques de cadascun. A continuació indica a quin gènere et sembla que pertanyen aquests fragments.

a *Si tots els dols, els plors i els marriments,*
i les dolors, i el desconsol, i el mal
que hi ha en el nostre món de falliments,
hom aplegués, farien curt cabal
davant la mort del jove rei anglès
que deixa el mèrit amb acerbs dolors,
el segle, afeixugat i tenebrós,
orbat de joia, ple de tristor i ira

BERNAT DE BORN

b *Roma, sens raó molta gent heu morta.*
D'aquesta faisó seguiu la via torta.
A salvació, Roma tanqueu la porta.
Viu en desgovern
en estiu i hivern
qui accepta el govern de Roma, car el porta
al foc de l'infern.

GUILHEM FIGUEIRA

c *Bon companyó, canto enllà del portell.*
No dormiu mé, que ja sento l'ocell
que cerca el dia volant pel boscatge.
Ai, si el gelós us venia a fer ultratge!
I adés serà l'alba!

GIRAUD DE BORNELH

d *Ara em plau, Giraud de Bornelh,*
de saber perquè aneu blasmant
el trobar clus;
[...]

Senyor Linhaure, trobar és bell
si ho fan a gust aquells qui ho fan;
però per mi és pla galant
el cant que arreu
a tots atreu
perquè és senzill i habitual.
No us ho prenguéssiu pas a mal!

RAIMBAUT D'AURENGA

5 Quina és la diferència entre un joglar i un trobador?

CONEIXEMENTS PREVIS

Llegeix aquest text i contesta les preguntes:

En totes les històries de la literatura catalana, la figura de Llull és sistemàticament admirada, més i tot potser que per la seva entitat «literària» stricto sensu, *importantíssima, pel fet d'haver «creat» la nostra prosa. D'haver-la creada, encara, «adulta»: amb una extraordinària flexibilitat sintàctica, amb un lèxic culte i esmolat, amb una capacitat expressiva –intel·lectualment– excepcional. Sense precedents, la cosa sembla un miracle. [...] Aquesta circumstància, que jo també m'havia plantejat per uns altres camins, ens duu a un parell de preguntes, si més no, curioses: per què va escriure Llull en català uns papers que habitualment, en l'època, tenien el llatí com a vehicle obligat?, i quins eren els destinataris d'aquesta producció? I m'afanyo a indicar que, per a mi, les respostes tradicionals no acaben de semblar-me satisfactòries. No les respostes: la resposta, perquè venia a ser una. Llull escrivia en català per a un públic que no sabia llatí. Ell mateix ho confessa. No dic que això no sigui cert: dic que no ho trobo satisfactori. I concretament penso en els llibres més envitricollats i teòricament filamentosos de l'autor. Era més lògic que els hagués escrit en llatí.*

JOAN FUSTER, *El cas de Ramon Llull* (fragment)

a En quina època situem la vida i l'obra de Ramon Llull?
b Quina llengua es parlava majoritàriament als territoris de la Corona d'Aragó?
c Quina llengua era la de la recerca i docència universitària?
d Quin creus que és el públic per al qual escrivia Llull les seves obres filosòfiques i científiques?
e Quina és la contradicció que es planteja Jaume Fuster en relació a l'ús de la llengua catalana en l'obra de Ramon Llull.

Llegeix aquest text i resumeix en una frase la idea principal:

Cada ciència ha mester los vocables per los quals mills sia manifestada; e car a aquesta ciència demostrativa sien mester vocables escurs e que los hòmens lecs no han en ús, e car nos façam aquest libre als hòmens lecs, per açò breument e ab plans vocables parlarem d'esta ciència. E confiant en la gràcia d'aquell qui és compliment de tots béns, havem esperança que per esta manera mateixa allonguem lo libre ab pus apropiats vocables als hòmens letrats, amadors de la ciència especulativa. Injúria seria feta a aquesta ciència e a aquest art, si no era demostrada ab los vocables que li covenen, e no era significada ab les subtils raons per les quals mills és demostrable.

RAMON LLULL, *Llibre del gentil e dels tres savis*

B1 UNITAT

2

RAMON LLULL

En aquesta unitat estudiarem el context cultural on sorgeix la figura i l'obra singular i excepcional de Ramon Llull. Estudiarem sobretot la dimensió extraordinària de la seva Art i la seva aportació com a creador del català literari i plasmador de la llengua en el seu aspecte cultivat i superior. Per aproximar-nos millor al pensament i als textos literaris de Ramon Llull podràs fer les activitats proposades, especialment les qüestions de comprensió, reflexió i crítica dels poemes de lectura obligatòria per al batxillerat.

Dimensió estètica i literària

- Vida i personalitat de Ramon Llull.
- Producció literària.
- Característiques de l'Art lul·liana.

TEXTOS SELECCIONATS

- «Cant de Ramon».
- «A vós, dona Verge Santa Maria».
- *Llibre d'Amic e Amat.*
- *Llibre d'Evast e d'Aloma e de Blaquerna son fill* (fragments).
- *Fèlix o Llibre de meravelles. Llibre de les bèsties* (fragments).

Objectius

- Conèixer el context històric i cultural, així com i els aspectes biogràfics que incideixen en l'obra de Ramon Llull.
- Reconèixer les característiques pròpies de l'Art lul·liana.
- Comprendre i analitzar les característiques de contingut i formals dels textos seleccionats a partir de les activitats proposades.

VIDA I PERSONALITAT

Ramon Llull va ser una figura excepcional en tots els sentits, no únicament pel que fa al panorama de la literatura catalana, sinó de manera molt més àmplia i complexa en el context del pensament occidental del segle XIII. Només cal repassar-ne la biografia per adonar-nos de la magnitud de la seva figura i de l'abast de la seva obra. Va viure prop de 80 anys i no va tenir un lloc de residència estable; va renunciar a tots els seus béns materials; va viatjar per tot el món conegut d'aleshores; va discutir amb els savis més eminents de l'època; es va relacionar amb papes i reis, i va predicar amb passió sobretot pel nord d'Àfrica.

PRODUCCIÓ LITERÀRIA

A més de tot això, va escriure un total de **243 obres**, deixant de banda les que no ens han arribat i les nombroses obres pseudocientífiques que se li han atribuït sense fonament i que van ser la causa del desprestigi que va patir posteriorment.

Les dades biogràfiques que coneixem de Ramon Llull són precises i abundants, si bé cal analitzar-les amb prevenció perquè van ser transmeses majoritàriament pel mateix autor en textos en prosa –la interessant *Vida coetània* (1311)–; en vers –l'emotiu *Cant de Ramon* (1299)–, i, d'una manera retòrica, en la resta de la seva obra, en què el trobem esmentat com a «Ramon lo Foll» o el «**savi il·luminat**». Per aquest motiu, la figura de Llull ens ha arribat, en alguns casos, aïllada del seu context, i, en d'altres, barroerament distorsionada.

Miniatura de Ramon Llull en què es representa el seu viatge a Bugia, al nord d'Àfrica, on és apredregat pels sarraïns i empresonat.

EIX CRONOLÒGIC

L'itinerari vital i la producció intel·lectual de Ramon Llull s'estructuren en tres etapes bàsiques:

Etapa cortesana

1229
Ocupació i conquesta de Mallorca pel rei Jaume I.

1232
Ramon Llull neix a la ciutat de Mallorca, fill d'una família benestant barcelonina que havia anat a l'illa amb Jaume I. La seva família formava part de l'elit dirigent.

1235-1238
Conquesta d'Eivissa i València pel rei Jaume I.

1257
Ramon Llull té 25 anys i es casa amb Blanca Picany, amb la qual té dos fills. Comença la seva **etapa cortesana**. Té un càrrec a palau: senescal de l'infant Jaume. Conrea la poesia trobadoresca.

Il·luminació de Randa. Etapa de formació

1263
Conversió de Llull a la **vida religiosa** a 32 anys, després d'una visió miraculosa i profètica de Crist crucificat. Interpreta que ha de dedicar la seva vida i la seva obra a Déu. Ven totes les seves possessions i trenca amb els vincles familiars.

1265-1274
Llull comença la seva etapa de formació intel·lectual a Mallorca, segurament a l'escola del monestir cistercenc de Santa Maria la Real. Aprèn àrab amb un esclau cultivat i, sobretot, estudia llatí. Fa vida contemplativa al puig de Randa. Comença a concebre la seva Art, la qual li és revelada per Déu com si es tractés de la Bíblia. Aquesta revelació és coneguda com la **il·luminació de Randa**.

- *Llibre de contemplació en Déu*
- *Art abreujada d'atrobar veritat*

1275
L'infant Jaume, hereu del Regne de Mallorca, crida Llull a la cort de Montpeller a fi que un savi teòleg franciscà examini les seves obres, les quals són aprovades. A més, el príncep li proporciona els mitjans necessaris per fundar una escola monacal per a la formació de missioners: el **monestir de Miramar**.

Il·lustració del manuscrit de Karlsruhe, inspirat en la *Vida coetània* de Ramon Llull.

Miniatura que representa Ramon Llull viatjant amb vaixell.

Son creat e esser m'es dat
a servir Deu que fos honrat,
e son caut en mant pecat
e en ira de Deu fui pausat.
Jesus me venc crucificat:
volc que Deus fos per mi amat.

Mati ane querre perdo
a Deu, e pris confessio
ab dolor e contricio.
De caritat, oracio,
esperansa, devocio,
Deus me fe conservacio.

Lo monestir de Miramar
fiu a frares Menors donar
per sarrayns a preicar.
Enfre la vinya e·l fenolar
amor me pres, fe·m Deus amar,
e 'nfre sospirs e plors estar.

[...]

Novel saber ay atrobat,
pot n'hom conexer veritat
e destruir la falsetat.
Serrains seran batejat,
tartres, jueus e mant errat,
per lo saber que Deus m'ha dat.

Pres ay la crots: tramet amors
a la Dona de peccadors,
que d'ela m'aport gran secors.
Mon cor esta casa d'amors
e mos huyls fontanes de plors:
entre gaug estag e dolors.

Son hom veyl, paubre, meyspreat,
no ay ajuda d'home nat
e ay trop gran fait emparat.
Grans res ai de lo mon cercat,
mant bon exempli hai donat:
poc son conegut e amat.

Versió moderna

Soc creat i l'ésser m'ha estat donat / per servir Déu i perquè fos honrat, / i he caigut en molts pecats / i em vaig posar en ira de Déu. / Jesús vingué a mi crucificat / i volgué que Déu fos per mi amat.
Un matí vaig anar a demanar perdó a Déu, / i vaig confessar-me amb dolor i penediment. / Déu feu que mantingués caritat, oració, esperança i devoció.
Vaig fer donar a framenors el monestir de Miramar / per («poder-se preparar per») predicar als sarraïns. / Entre la vinya i el fenollar / amor em prengué i em feu amar Déu / i estar entre sospirs i plors.
He creat una nova ciència, / amb la qual es pot conèixer la veritat / i destruir la falsedat. / Seran batejats els sarraïns, / els tàrtars, els jueus i molts que estan equivocats / gràcies a la ciència que Déu m'ha donat.
He pres la creu: trameto amors / a la Senyora dels pecadors / perquè ella em porti gran socors. / El meu cor és casa d'amor / i els meus ulls fonts de plors:/ estic entre el goig i el dolor.
Soc un home vell, pobre, menyspreat, / no tinc ajuda d'home nat / i he emprès una tasca massa gran. / He recorregut gran part del món; / he explicat molts bons exemples: soc molt poc conegut i valorat.

RAMON LLULL, *Cant de Ramon* (fragments 1, 2, 3, 6, 7 i 8)

1276
Es funda el monestir de Miramar: tretze franciscans hi estudien àrab i l'Art lul·liana. Llull es dedica a fer **vida contemplativa**.

- *Llibre d'Amic e Amat*
- *Llibre de l'orde de cavalleria*

Mort de Jaume I. Pere el Gran hereta Catalunya, Aragó i València, mentre que Jaume II hereta el Regne de Mallorca, el Rosselló i Montpeller.

Etapa de màxima producció i difusió de la seva obra

1283
Llull és a Montpeller, ciutat universitària, on defensa i ensenya el seu mètode filosòfic revolucionari: l'**Art**.

- *Art demostrativa*
- *Llibre d'Evast e d'Aloma e de Blaquerna son fill*

1288-1289
Llull viatja per primer cop a París, ciutat que en aquell moment representava el centre intel·lectual d'Europa, per defensar la seva Art a la universitat. Fracassa davant l'aristotelisme i l'escolàstica oficials.

- *Fèlix o Llibre de meravelles*
- *Llibre de les bèsties*
- *Ars inventiva*

1292-1293
Després d'estar-se a Roma, viatja a Gènova. S'embarca cap a Tunis, en el que serà el seu **primer viatge** al **nord d'Àfrica**, per predicar als infidels seguint la seva pròpia Art.

1294-1295
A Roma, es relaciona amb el papa dimissionari Celestí V.

- *Arbre de la ciència*
- *Desconhort*

1297-1299
Segona estada a París.

- *Arbre de filosofia d'amor*

1300
Retorn a Mallorca.

- *Cant de Ramon*

Pintura mural del Palau Aguilar de Barcelona que representa la defensa de la ciutat de Mallorca davant el rei Jaume I.

1301-1305
Viatge aventurer a Xipre, Armènia, l'Àsia Menor i Jerusalem. També, a Gènova i Montpeller.

- *Llibre de l'ascens i el descens de l'intel·lecte*

1306
Entrevista a Montpeller amb el papa Climent V. Llull intenta convèncer Jaume II d'Aragó perquè intervingui en la croada.

1306
Segon viatge missioner al nord d'Àfrica, a Bugia, on, després de discutir la seva Art amb els muftís musulmans, és empresonat durant sis mesos, **condemnat a mort** i, finalment, expulsat del país.

1308
Arriba a Pisa, després d'un **naufragi**. Torna a escriure les obres que hi ha perdut: *Art breu* i *Art general i última*. Dedica al papa Climent V l'obra *Ars Dei*, bastant favorable al sistema filosòfic lul·lià.

1309-1311
Darrera estada a París. Duu a terme una intensa **activitat antiaverroista**, mitjançant la predicació i, sobretot, a la universitat. La seva Art és acceptada en cercles universitaris i a la facultat d'arts liberals, però no tant a la de teologia. A més de la redacció de moltes altres obres, dicta la *Vida coetània*, transcrita pel seu deixeble Tomàs le Myésier.

1312
El concili de Viena (Delfinat) és beneficiós per a Llull i les seves idees, ja que en les capitulacions es recullen un parell de propostes lul·lianes.

- *Lo Concili*

1312-1313
Redacció dels homiliaris més importants de Llull:

- *Liber de predicatione* (108 sermons)
- *Summa sermonum* (182 sermons)

1314
Treballa a Tunis, on s'instal·la.

1316
Té 84 anys. Arriba moribund a Mallorca, o mor en el vaixell de tornada. La llegenda diu que els musulmans el van lapidar a Bugia, tot i que aquesta versió de la mort mitjançant el martiri sembla una dada distorsionada de la seva biografia per mitificar-lo. Les seves despulles són dipositades a l'església dels franciscans de la ciutat de Mallorca.

CARACTERÍSTIQUES DE L'ART LUL·LIANA

Ideologia i objectius

Una de les característiques més rellevants de l'obra de Ramon Llull és l'extraordinària coherència del seu pensament. Tota la seva obra, com també la seva activitat social, acadèmica, política i evangelitzadora, respon a uns objectius precisos i fonamentals que, segons explica ell mateix en la *Vida coetània*, li van ser **revelats** directament per **Déu** en el moment de la seva conversió.

Aquests objectius es redueixen a tres: compondre un **sistema filosòfic**, que Llull anomena *Art*, basat en la raó i que permeti lluitar contra els errors dels infidels; exercir una **tasca missionera** i de conversió dels pagans, i, en darrer lloc, sollicitar al papa i als reis cristians la **creació d'escoles** per a predicadors missioners en què puguin aprendre llengües i l'Art.

Representació de Ramon Llull, segons un gravat renaixentista.

> Aquestes donchs tres cosas fermament dins la sua pensa delliberades, ço és de posar la sua vida per honor de Jhesuxrist e de fer los libres desús dits e de fer construhir e ediffiicar diuerses monastirs [...]
>
> Ell faria libres, huns bons e altres millors, successiuament, contra les errors dels infaels. Assò però hagué ell per inspiració diuinal, [...] E més auant, considerant el esser sol en aquest ten gran exercici, e per assò ell pensà que anàs al sant pare e als prínceps dels xristians a impetrar que's fahessen diuerses monastirs ahon hòmens sauis e literats studiassen e aprenguessen la lenguo aràbicha e de tots los altres infaels per so que posquessen entre ells prehicar e manifestar la veritat de la sancta fe cathòlica.
>
> RAMON LLULL, *Vida coetània*

L'Art com a sistema de pensament

L'**Art** és un sistema lògic que pretén demostrar els **dogmes** de la **fe cristiana** a través de la raó. Aquest sistema està concebut com una teoria de la ciència aplicable a totes les disciplines científiques i, per tant, permet generar una **enciclopèdia del saber**. De fet, Llull pretén crear un sistema alternatiu i funcional de la lògica i la dialèctica aristotèliques per competir amb la filosofia i la teologia escolàstiques. És ben sabut que el seu sistema no va tenir èxit en el seu moment ni va ser acceptat pels teòlegs i els savis universitaris del segle XIII. Per aquest motiu, l'obra i el pensament de Ramon Llull s'estudien com una excepció genial i irrepetible dins d'una tradició medieval que no el va reconèixer com a autoritat.

> Al centre de tota aqueixa immensa varietat hi ha un sistema anomenat l'«art», al voltant del qual giren com satèl·lits totes les seves altres obres. Llavors ens adonam que quan escriu sobre medicina, dret, astronomia, etc., no és a fi de descobrir novetats ni trobar solucions a problemes específics, sinó donar estructures paradigmàtiques a ciències que al segle XIII es trobaven immerses en un fangar. Al mateix temps, veim que l'art és el paradigma general sota el qual o dins el qual es poden incloure tots els paradigmes específics de la teologia, la lògica, la medicina, etc., i així és un paradigma de paradigmes. […] Hem de comprendre que l'art no és una obra, sinó un sistema plasmat en una sèrie d'obres, i a més a més un sistema que Llull va anar modificant i desenvolupant durant el curs de la seva llarga vida.
>
> ANTHONY BONNER,
> *L'Art de Ramon Llull com a sistema lògic*

Classificació de l'obra

La producció intel·lectual de Ramon Llull és extraordinàriament extensa i variada, i sempre resulta difícil intentar classificar-la. No obstant això, podem destacar-ne alguns títols, que són els més reconeguts i difosos.

Prosa filosòfica i científica
Llibre de contemplació en Déu *Arbre de ciència* *Llibre del gentil e dels tres savis*
Art de predicació
Llibre de virtuts i pecats *Art abreujada de predicació*
Obra poètica
⦿ *Cant de Ramon* *Llibre d'Amic e Amat* *Desconhort*

El breviari místic ***Llibre d'Amic e Amat*** es considera l'obra més valuosa de Llull, tant des del punt de vista literari com religiós. Tot i que es tracta d'una obra independent, s'inclou en el ***Llibre d'Evast e d'Aloma e de Blaquerna son fill***.

Blaquerna escriu aquest breviari com un tractat de contemplació i d'iniciació a la vida ermitana. Està escrit en **versicles** –un per cada dia de l'any– i té forma de diàleg entre tres personatges: l'**Amic**, que representa l'home o el mateix Ramon Llull; l'**Amat**, que és Déu, i l'**Amor**, que sovint apareix personificat i representa el tipus de relació que s'estableix entre els altres dos. Influït per la mística àrab i pels convencionalismes de la poesia amorosa trobadoresca, el *Llibre d'Amic e Amat*, mitjançant les seves imatges, al·legories i antítesis (a més dels conceptes teològics), assoleix les més altes cotes de la literatura mística universal.

Obra narrativa
Vida coetània *Llibre d'Evast e d'Aloma e de Blaquerna son fill* *Llibre de l'orde de cavalleria* *Llibre de meravelles* *Llibre de les bèsties*

A banda de la voluntat autobiogràfica de *Vida coetània*, l'obra narrativa lul·liana respon al mateix objectiu didàctic que persegueix la proposta filosòfica del seu autor. En un tractat com ara el *Llibre de l'orde de cavalleria*, aquesta didàctica és extraordinàriament eficaç en la descripció detallada i precisa del cerimonial de formació militar i cristiana del noble medieval, o en la interpretació al·legoricoreligiosa que fa de l'arnès militar.

Il·lustració del *Llibre del gentil e dels tres savis*, de Ramon Llull.

Estava un dia Blaquerna contemplant Déu e tenia lo *Libre de contemplació*; e vench-hi un juglar a Blaquerna, molt plorós, qui significà en son capteniment la tristícia de sa ànima ésser molt gran; e dix a Blaquerna aquestes paraules: «Blaquerna, senyor: fama és per tot lo món de la vostra sancta vida, per la qual consciència me turmenta ab contricció la mia ànima contra·ls falliments que he fet ab mon ofici, e per açò són vengut a vós que·m donets penitència».

Blaquerna demanà al juglar qual era son ofici, e lo juglar dix que ell era juglar. «Bells amichs –dix Blaquerna–: l'ufíçi de juglaria fo atrobat per bona entenció, ço és a saber, per loar Déu e per donar solaç e consolació a aquells qui són treballats e turmentats en servir Déu. Mas en temps som venguts que quaix homa no husa de la final entenció per què los uficis foren començats al començament; cor lo començament de clergues fo fundat sobre bona entenció en primer, e açò mateix se segueix dels cavallers, juristes, artistes, metges, merchaders, religioses, ermitans, e tots los altres uficis; mas ara som en temps sdevenguts que, cor hom no·n husa tan fort com deuria, de la entenció per què los uficis e les sciències són, per açò és lo món en error e en treball, e Déus és innorat, desamat, desobeït per aquells qui són ubligats a amar, e conèxer, e obeir e servir Déu. On, per açò jo, bells amichs, vos dó penitència que vós anets per lo món cridant e cantant per uns uficis e per altres, dient la entenció per què fo juglaria e·ls altres uficis en lo començament; e portats aquest romanç de *Evast e Blaquerna*, en lo qual són significades les rahons per les quals foren atrobats los començaments demunt dits; e reptats e sobreprenets tots aquells qui usen mal de llurs oficis, segons vostre poder, en temps e lloc e oportunitat, e no us temats blasme, treball, mort, per ço que a Déu siats agradable.

Lo joglar pres penitència de Blaquerna, e reebia l'ofici que li hac donat, e anava per lo món recomptant per què era teologia, clerecia, religió, cavalleria, preladia, senyoria, mercaderia, metgia, dret, filosòfia e les altres coses semblants a aquestes; e reprenia aquells qui no conservaven la final entenció per la qual eren atrobades les coses damunt dites, e lligia en les places e en les corts e en los monestirs lo romanç d'*Evast e Blaquerna*, per ço que multiplicàs devoció e que ell n'hagués major animositat, fortitudo, a complir sa penitència, que Blaquerna li havia donada

RAMON LLULL, «De la fin del llibre», *Llibre d'Evast e d'Aloma e de Blaquerna son fill*, cap. CXV

El *Llibre d'Evast e d'Aloma e de Blaquerna son fill* (escrit a Montpeller probablement entre els anys 1282 i 1286) es considera l'obra **narrativa** més important de Llull. Tal com ho diu ell mateix, és un romanç entès en el sentit de ficció narrada. Així, doncs, es tracta d'una **novel·la al·legòrica** sobre la vida humana en la seva més perfecta realització, l'objectiu de la qual és lloar Déu i difondre, de manera comprensible i, per tant, eficaç, el sistema del pensament lul·lià.

2. Les carreres per les quals l'amich encercha son amat són longues, perilloses, poblades de consideracions, de suspirs e de plors, he enluminades d'amors.

27. Cantava l'auçell en lo verger de l'amat. Vench l'amich, qui dix al auçell: —Si no·ns entenem per lenguatge, entenam-nos per amor; cor en lo teu cant se representa a mos hulls mon amat.

295. —Foll, digues, què és amor?—. Respòs que amor és aquella cosa qui los franchs met en servitut e a los serfs dóna libertat. E és qüestió a qual és pus prop amor: o a libertat o a servitut.

RAMON LLULL, *Llibre d'Amic e Amat*

La trama narrativa respon a l'itinerari d'un personatge proposat com a **model utòpic de cristià**. Dit d'una altra manera, és el relat novel·lat d'una utopia en què es desplega la vida d'un personatge, Blaquerna, a qui veiem néixer, créixer, educar-se i desenvolupar-se fins que arriba a l'estadi més alt després d'assolir la màxima perfecció en cadascun dels estaments.

Al final de la novel·la, i després d'haver aconseguit una ordenació del món civil i religiós que respon estrictament als principis de regiment social i ideològic de Ramon Llull, el protagonista es retira de la societat i es converteix en el model d'home sant consagrat a una vida contemplativa.

L'altre gran obra narrativa de Ramon Llull es titula *Fèlix o Llibre de meravelles* (escrit entre els anys 1288-1289) i concebut com una obra enciclopèdica sobre la creació del món. En aquesta obra el protagonista, Fèlix, viatja pel món i queda sorprès de les causes per les quals els homes no estimen ni coneixen Déu.

Hi destaca el capítol setè, la novel·la al·legòrica titulada *Llibre de les bèsties*, en què s'explica l'elecció del nou rei i els seus consellers lleials en la cort de les bèsties i, també, la mort de Na Renard, el conseller traïdor. Els bons consellers són lleials al jurament de fidelitat i vassallatge. Tanmateix, per culpa de la maldat i les intrigues de Na Renard, alguns moriran.

Finalment, a causa de l'ambició desmesurada, Na Renard precipitarà la pròpia perdició i la seva traïció serà castigada amb la mort.

Temes

Els temes més destacats en aquesta faula al·legòrica són els següents:

- La descripció de la societat del seu temps. Ramon Llull descriu les intrigues i els vicis d'una cort de l'època. El text mostra d'una manera entretinguda, satírica i acolorida el panorama de la societat medieval del segle XIII (l'organització política, econòmica i social). Es tracta de l'única obra satírica i humorística de Llull.

El cas és que el *Llibre de les bèsties* no parla dels animals, sinó dels homes: dels homes i la política. Estem acostumats a un tipus de faula senzilla, adreçada sobretot a infants; per això avui ens sorprèn que Llull, en aquesta faula, expliqui l'aspecte més fosc de la política: les espantoses maquinacions de la guineu, la seducció del poder, la intriga i la conxorxa per aconseguir-lo, el fi que justifica els mitjans.

ALBERT SOLER, pròleg al *Llibre de meravelles* (fragment adaptat)

- Les instruccions i els consells per esdevenir un bon governant. Sovint hi són exposats per mitjà de la narració de petites historietes exemplars. No es pot oblidar que Llull escriu sempre amb una ambició adoctrinadora: l'obra vol ser un «mirall de prínceps», un manual per al bon compliment de l'ofici de rei.

Cal, doncs, adoctrinar els governants, en concret el rei, a fi que sàpiga regir correctament els seus vassalls, envoltar-se de consellers lleials i governar amb l'objectiu de servir Déu per damunt de totes les coses.

Finit és lo *Llibre de les bèsties*, lo qual Fèlix aportà a un rei per tal que veés la manera segons la qual, en ço que fan les bèsties, és significat com lo rei dega regnar e es dega gordar de malvat consell e de falsos hòmens.

RAMON LLULL, «De la mort de Na Renard», cap. VII (fragment adaptat)

Fragment d'una biga del palau del marquès de Llió, en què es veu un cavaller català amb tots els seus guarniments.

- Els principis morals. *El Llibre de les bèsties* n'és una exposició. El primer dels principis morals és la lleialtat, i el seu contrari, la traïció.

El llibre situa en un enfrontament constant veritat i engany, lleialtat i perfídia, honradesa i adulació, com mostra el fragment següent:

—Car, si en lo cos de Na Renard cap traïció, sortesa, ni mestria, ¿quant més –dix l'Orifany– en mon cos, que és tan gran, deu caber lleialtat, saviesa e maestria?

RAMON LLULL, «De la mort de Na Renard», cap. VII (fragment adaptat)

Lo papagai cridava al simi, e deia-li que no era foc, ans era lluerna. Lo corb dix al papagai que no volgués castigar ni adoctrinar aquell qui no rebia consell ni correcció. Moltes vegades dix lo papagai al simi que lluerna era, e que no era foc ço que es cuidava que es fos foc; e lo corb totes vegades repremia lo papagai, com volia endreçar ço que naturalment és tort. [...]

Con lo Gall hac dit aquest eximpli, lo rei hac opinió que per ell ho digués, e féu un semblant escrú contra el Gall, en semblant de mala volentat. E adoncs Na Renard pres lo Gall e l'aucís, e el menjà denant lo rei.

Car Na Renard fo tan solament conseller del rei, e lo Conill fo cambrer del rei, e lo Paó fo porter, adoncs fo Na Renard en gran benanança, e feia del rei tot ço que es volia. Dementre que Na Renard estava en benanança, ell membrà en la traïció la qual havia concebuda contra el rei, adoncs con dix a l'Orifany que ell tractaria que el Lleó morís, e que l'Orifany fos rei.

Volenter esteguera Na Renard en l'estament en què estava, mas hac temor que l'Orifany no la descobrís; e per açò fo en volentat que tractàs la mort del rei, per ço que atesés a l'Orifany ço que li havia promès.

RAMON LLULL, «De la batalla del Lleopard e de l'Onça», cap. VI (fragment adaptat)

Escena de jocs cortesans en un manuscrit del *Roman de la Rose*.

Llengua i retòrica

Ramon Llull va escriure en diverses llengües. Cal no oblidar que, d'ençà de la seva conversió el 1263, va dedicar nou anys a l'estudi i a la formació acadèmica.

Llull es va dedicar a l'aprenentatge de llengües, sobretot el **llatí** (estudi de la gramàtica per antonomàsia) i l'**àrab**.

Ramon Llull va donar prioritat al valor de la llengua com a vehicle comunicatiu per damunt de qualsevol altra consideració estètica. Per això va escriure algunes de les seves obres en àrab, perquè era la llengua dels infidels. Així els transmetia la seva fe predicant-los en la llengua que els era pròpia. També va escriure **obres filosòfiques** en **català**, la qual cosa era radicalment innovadora en una societat que tenia com a llengua de cultura elevada –és a dir, universitària– únicament el llatí.

En la seva producció en prosa, Llull fixà el català literari que un segle més tard seria reglamentat i polit pels escriptors de la Cancelleria Reial. El lèxic català lul·lià és, en conjunt, molt poc dialectal i amb pocs provençalismes (si exceptuem les obres en vers, molt més influïdes per la tradició trobadoresca). De la mateixa manera, sorprèn la impecable construcció sintàctica de les frases en català i, fins i tot, l'encert estètic de la prosa. És indubtable que Llull havia reflexionat sobre la funció comunicativa de la llengua i la importància d'escriure en català.

Pintura medieval que representa una escena de l'ensenyament de l'època.

La intenció perquè nós aquesta amança posem en vulgar, és per tal que els hòmens que no saben llatí puguen tenir art i doctrina quan sàpiguen lligar llur voluntat a amar amb bona amor, i encara, quan sàpiguen tenir ciència per a conèixer veritat; i encara, per això la posem en vulgar, perquè els hòmens que saben llatí tinguen doctrina i manera quan de les paraules llatines sàpiguen devallar a parlar bellament en vulgar, usant de vocables d'aquesta art, car hi ha molts hòmens que de la ciència en llatí no saben transportar a vulgar per falta de vocables, els quals per aquesta art podran tindre.

I perquè tenim mancança de vocables que són en vulgar, ens convé usar vocables que són en llatí, i encara d'algunes paraules estranyes que no són en ús en vulgar ni en llatí, sense les quals no podríem pujar aquesta amança a tan alt grau de bondat.

Ramon Llull, *Art amativa*

Miniatura en què es representa Ramon Llull en dues escenes de la seva vida. En la primera escena sol·licita la protecció i l'ajuda del papa i el col·legi cardenalici per poder dur a terme el seu projecte apostòlic entre els musulmans. En la segona suplica als reis de França, Catalunya/Aragó i Nàpols que l'ajudin a crear centres de formació per als clergues, en el seu projecte de convertir els infidels.

Activitats

1 Llegeix atentament les estrofes del *Cant de Ramon* de la pàgina 19 de la unitat. Resumeix cada estrofa i relaciona-la amb algun episodi de la biografia de l'autor. A continuació, situa en el mapa tots els llocs on va estar Ramon Llull. Pots repassar la seva biografia a les pàgines 18 a 21 de la unitat.

2 Llegeix el text del *Llibre de l'orde de cavalleria* que tens a continuació i contesta les preguntes:

De la manera segons la qual escuder deu reebre cavalleria

En lo començament, con escuder deu entrar en l'orde de cavalleria, cové que es confés dels falliments que ha fets contra Déu, lo qual vol servir en l'orde de cavalleria; e si és sens pecat, deu reebre lo preciós cors de Jesucrist segons que es cové.

A fer cavaller se cové alcuna festa de les honrades de l'any, per ço que per la honor de la festa s'ajusten molts hòmens en aquell dia, en aquell lloc on l'escuder deu ésser fet cavaller, e que tuit preguen Déu per l'escuder, que Déu li dó gràcia e benedicció per la qual sia lleial a l'orde de cavalleria.

L'escuder deu dejunar la vigília de la festa, per honor del sant de qui és feta festa; e deu venir a l'esgleia pregar Déu la nit ans del dia que deu ésser cavaller, e deu vetlar e estar en pregueres e en contemplació e en oir paraules de Déu e de l'orde de cavalleria. E si escolta joglars qui canten o parlen de puteria ni de pecat en lo començament que entre en l'orde de cavalleria, comença a deshonrar e a menysprear l'orde de cavalleria.

A l'endemà, cové ésser cantada la missa solemnialment, e l'escuder deu venir denant l'autar e deu-se oferre al prevere, qui té lloc de Déu, e a l'orde de cavalleria, per tal que sia servidor de Déu; e cové que s'oblic e es sotsmeta a honrar e a mantenir lo dit orde, de tot son poder.

Ramon Llull, *Llibre de l'orde de cavalleria*, cap. IV

- **a** En el primer paràgraf Ramon Llull exigeix que tot aquell que vulgui esdevenir cavaller compleixi un manament religiós. A què es refereix?
- **b** Quina diferència hi ha entre un escuder i un cavaller?
- **c** Quines són les accions que ha de fer un aspirant a cavaller la nit anterior a la cerimònia?
- **d** Què passa si escolta els cants i versos d'un joglar?
- **e** Quin és l'objectiu principal al qual ha d'aspirar un cavaller?

Test final d'unitat

1 Digues si és veritat (V) o fals (F):

		V	F
a	Ramon Llull va passar la seva joventut fent vida cortesana a Mallorca	☐	☐
b	Es va convertir a l'islamisme	☐	☐
c	Va ser monjo franciscà	☐	☐
d	Va escriure únicament en català	☐	☐
e	El *Llibre d'Amic e Amat* es considera una novel·la d'amor cavalleresc	☐	☐
f	No va escriure mai cap poema trobadoresc	☐	☐
g	Va escriure una novel·la al·legòrica protagonitzada per animals	☐	☐
h	Tenia amplis coneixements del món de la cavalleria	☐	☐
i	Na Renard és la protagonista d'una novel·la política	☐	☐
j	La Il·luminació de Randa és una llegenda popular mallorquina	☐	☐
k	A més d'escriure, es va dedicar a la pintura, com demostra la seva Art	☐	☐
l	Va ser missioner al nord d'Àfrica, on és empresonat i lapidat	☐	☐
m	Va ser missioner al nord d'Àfrica, on és empresonat però mai va ser lapidat	☐	☐
n	Va conèixer Papes i reis del món cristià	☐	☐
o	Va anar a explicar les seves teories a les principals universitats de l'Europa cristiana	☐	☐
p	Mor als 98 anys *als 84 en el vaixell de tornada*	☐	☐
q	Ramon Llull és enterrat al monestir de Miramar	☐	☐

2 Completa les frases que corresponen als objectius de tota l'obra lul·liana:

- Compondre un sistema filosòfic basat en *la raó* que permeti lluitar contra els errors dels *infidels*.
- Exercir una tasca .... i de conversió dels *pagans*.
- Crear escoles per a predicadors missioners en què puguin aprendre *llenguatges* i *Art*.

3 Comenta l'antítesi que Llull estableix en el versicle 295 del *Llibre d'Amic e Amat*:

—Foll, digues, què és amor?–. Respòs que amor és aquella cosa qui los franchs met en servitut e a los serfs dona libertat. E és qüestió a qual és pus prop amor: o a libertat o a servitut.

4 Relaciona els títols d'obres amb la classificació segons el gènere:

a Prosa filosòfica i científica
b Art de predicació
c Obra narrativa
d Obra poètica

- *Llibre d'Evast e d'Aloma e de Blaquerna son fill* c
- *Cant de Ramon* d
- *Llibre de l'orde de cavalleria* c
- *Llibre d'Amic e Amat* c b
- *Llibre de virtuts e pecats* b
- *Llibre del gentil e dels tres savis* a

5 A partir de la lectura del text «De la fin del llibre» del *Llibre d'Evast e d'Aloma e de Blaquerna son fill*, cap. CXV que tens a la pàgina 23 de la unitat, contesta les preguntes següents:

a El personatge del joglar es va presentar davant Blaquerna per confessar els «falliments que he fets ab mon ofici». Què vol dir amb aquestes paraules? Ho sabries relacionar amb la biografia de Ramon Llull?
b Al segle XIII es parla d'oficis. Podem dir que són equiparables als del segle XXI? Consulta un mapa de carrers del teu poble o ciutat i busca-hi els que es refereixen a oficis medievals. Fes una llista dels oficis actuals i compara'ls amb els antics.
c Per quin motiu Blaquerna diu que «és lo món en error e en treball»?
d Quina penitència imposa al joglar per compensar els seus pecats?
e Com interpretes aquest consell de Blaquerna al joglar: «no us temats blasme, treball, mort, per ço que a Déu siats agradable». Quina relació té amb la vida de Ramon Llull?

a) Que el seu ofici no té prestigi

b) No. S. XIII: Paleta, Granja, Cuiner, Comerciant

c) Pq treballen és un error

d)

e) Que si a Déu li agrades et perdonarà.

CONEIXEMENTS PREVIS

Llegeix aquest text i contesta les preguntes:

No hi ha dubte que en l'edat mitjana el català era la llengua més unificada de totes les llengües romàniques. Si deixem de banda la poesia, des de les Homilies d'Organyà i el corpus lul·lià fins a Tirant lo Blanc*, en un espai devers trescents anys, i en una producció diversa i de les més copioses, presenta un llenguatge uniforme, amb evolució cronològica molt escassa; però crida molt més l'atenció que hi manquin les variants dialectals. [...] Impera per tot arreu un idioma idèntic: el llenguatge de la Cancelleria Reial.*

JOAN COROMINES, *Lleures i converses d'un filòleg*

a Què són les Homilies d'Organyà? Per què són importants des del punt de vista de la llengua catalana?
b Què és la Cancelleria Reial?
c Quina era la llegua dels documents oficials de la Cancelleria?
d Per quina raó en els escrits de la Cancelleria no s'hi reflecteixen les variants dialectals? És una casualitat? És una acció planificada?

Llegeix aquest fragment de la *Crònica de Pere el Cerimoniós* i contesta les preguntes

E lo dit diumenge per lo matí, nós isquem de la sagrestia de la Seu, vestits e aparellats in sede Majestati, ço és ad una camisa romana d'un drap de seda prim verd amb alguns fullatges, sense totes obres, e, aprés, una dalmàtica de drap vermell estorial ab obres d'aur e ab fullatges, mas no hi havia perles ne altres obres, per ço com se aparellà ciutadanament.

a Quin és el punt de vista narratiu d'aquest text?
b A qui correspon el pronom «nós»?
c Diries que el to del text és èpic?
d El protagonista del fragment apareix vestit com un príncep. Descriu amb un llenguatge actual la seva indumentària.
e Porta joies en la seva indumentària?
f Què significa «se aparellà ciutadanament»
g Esmenta una situació actual en què el monarca dirigent d'un país es vesteixi d'una manera significativa. Descriu la indumentària i la situació.
h Què significa el sobrenom del monarca, el «Cerimoniós»?

B1 UNITAT

3

PROSA MEDIEVAL. LES CRÒNIQUES. LA CANCELLERIA REIAL

En aquesta unitat estudiarem la producció més destacada en prosa i en llengua catalana de l'edat mitjana. D'una banda la prosa historiogràfica de les quatre grans cròniques que abracen els regnats successius dels reis del Casal d'Aragó des del segle XII al XIV. També en el context de l'humanisme que donarà pas al Renaixement, l'obra de Bernat Metge i la seva activitat a la Cancelleria Reial. Per aproximar-nos millor als textos podràs fer les activitats proposades.

Dimensió estètica i literària

LES CRÒNIQUES

- Característiques de les quatre grans cròniques.

LA CANCELLERIA REIAL

- La Cancelleria Reial.
- La recepció de l'Humanisme en la Corona d'Aragó.
- Bernat Metge.

TEXTOS SELECCIONATS

- «Expedició a Orient», *Crònica* de Ramon Muntaner.
- *Lo somni* de Bernat Metge.

Objectius

- Conèixer el context històric i cultural de la Corona d'Aragó, especialment els segles XIV i XV.
- Conèixer la prosa historiogràfica catalana, especialment la *Crònica* de Ramon Muntaner.
- Conèixer l'obra de Bernat Metge.
- Comprendre i analitzar les característiques de contingut i formals dels textos seleccionats a partir de les activitats proposades.

PROSA MEDIEVAL. LES CRÒNIQUES

L'origen de les cròniques es troba en les **cançons de gesta**, narracions en vers i en llengua vulgar sobre fets heroics d'interès general, difoses pels joglars. Com en altres llengües romàniques, en català hi va haver cançons de gesta, però no ens n'ha quedat cap mostra escrita, només fragments que coneixem perquè s'havien traslladat a prosa i aprofitat en alguna crònica, com ara la de Jaume I. Les cròniques catalanes van utilitzar les cançons de gesta com a fonts d'informació, perquè explicaven el desenvolupament d'esdeveniments relacionats amb la història de cada contrada; per tant, informaven el poble, però també feien propaganda de les cases reials i dels monarques. La presència d'aquestes prosificacions demostra l'existència d'una èpica en llengua catalana.

Les cròniques són narracions de **fets històrics** esdevinguts durant un període determinat, un regnat o una dinastia, a mig camí entre la ficció literària i la historiografia. De caràcter bèl·lic, les primeres van ser escrites en llatí i adreçades a un públic culte. A partir del segle XIII comencem a trobar-ne algunes traduccions.

Les primeres redactades en català daten dels segles XIII i XIV. Són les **quatre** grans cròniques:

- La de **Jaume I** o *Llibre dels feits* (1244-1276).
- La de **Bernat Desclot** o *Llibre del rei En Pere*, redactada entre el 1283 i el 1288.
- La de **Ramon Muntaner**, escrita entre el 1325 i el 1328.
- La de **Pere III el Cerimoniós**, acabada el 1385.

Retrat del rei Jaume I.

E els cònsols e prohòmens - feren-se venir un cavaller
qui era privat del rei -en aitals afers:
e digueren-li que si ço que li dirien ell volia fer
que ells que el farien ric-hom -e benanat per tostemps.
E ell dix que li dixessen -ço que els plagués,
que no era res al món -que ell pogués fer a honor d'ells,
que ell no ho faés -salvant la sua fe.
E d'esta raó demanaren -los uns als altres secret.
«Sabets què us volem dir?» –digueren al cavaller...
que si lo senyor rei moria -e no hi havia hereu
seria gran dan de sa terra -e, assenyaladament,
seria gran dan de madona -la regina e de Montpesller
que convendria -que en altres mans vengués;
e nós, per neguna raó -no voldríem que Montpesller
del reialme d'Aragó -ixqués null temps.
E, si així vós ho volets, vós hi podets donar consell»,
«Senyors, no romandrà» –repòs lo cavaller–
«que, en tot ço que jo -puixca donar consell,
en re que sia honor -e profit de Montpesller,
e de la regina -e de mon senyor lo rei,
e de tots llurs pobles -que jo no ho faça volenters.»
«Ara, doncs (li digueren), -puix que tan bé ho diets,
nós sabem que vós sots -privat del senyor rei...
[...]
e que vendrà a ell -tot secretament,
mas no vol -que llum hi haja per res,
per ço que no sia vista, -e d'açò haurà ell gran plaer.
E, com ell serà gitat, -vós a nós vendrets.
ací al lloc -del consolat de Montpesller.
E nós serem los dotze cònsols -e haurem, entre cavallers
e ciutadans altres dotze -dels millors de Montpesller,
e haurem madona la regina, -qui ab nós serà ensems
ab dotze dones de les pus -honrades de Montpesller
e ab dotze donzelles; -e irà ab nós al senyor rei...
e si vendran dos notaris -los millors de Montpesller.
Quan la dita dona Maria -entrarà en la cambra ab lo rei,
entrò sia prop de l'alba, -que vós la cambra obrirets,
E, com serà oberta, -nos .... entrarem,
ab los ciris cascú en la mà, -en la cambra del senyor rei.
E aquí ell se meravellarà, -e llavors nós direm lo feit.
E que té de prop madona dona Maria mostrar-li hem.

L'infantament de Jaume I, reconstrucció de la cançó de gesta a partir del *Llibre dels feits* i de les cròniques de B. Desclot i R. Muntaner

La intenció de les cròniques era, d'una banda, divulgar fets històrics i, de l'altra, enaltir les cases reials exaltant les gestes dels reis i amagant-ne els fracassos bèl·lics. El seu objectiu era **lloar** la **Corona catalanoaragonesa** i justificar-ne les empreses polítiques. També pretenien ser textos útils per a futurs governants. Així, doncs, el valor de les cròniques rau en el fet que són documents que informen sobre diferents aspectes d'una època: històrics, lingüístics, literaris, etc., i que els fets narrats són contemporanis de l'autor o propers al seu temps.

CARACTERÍSTIQUES DE LES QUATRE GRANS CRÒNIQUES

Crònica de Jaume I (*Llibre dels feits*)

Redacció: 1244-1276.
Jaume I va dictar-ne els textos a diversos escrivents.
Llibre de memòries de l'autor protagonista.
Quatre parts.
Estil propi de la llengua oral.
Ús de les llengües pròpies de cada personatge estranger.
Fets destacats: engendrament del rei, conquestes de València i Mallorca.

Crònica de Bernat Desclot (*Llibre del rei En Pere*)

Redacció: 1283-1288.
El protagonista és el rei Pere II el Gran.
L'autor és testimoni directe dels fets.
Ús de les cançons de gesta.
Ús de materials populars, literaris i documentals.
Ús dels documents de la Cancelleria Reial.
Fets destacats: conquesta de Sicília.

Crònica de Ramon Muntaner

Redacció: 1325-1328.
Crònica més extensa.
L'autor és testimoni i protagonista dels fets narrats, i per això la informació històrica no és del tot fiable.
Recull de memòries.
Intenció patriòtica i propagandística.
Estil àgil, acolorit, amb recursos joglarescos.
Llenguatge pur ple de girs populars i refranys.
Fets destacats: expedició catalana a Orient.

Crònica de Pere III el Cerimoniós

Redacció: 1383-1385.
Els protagonistes són els reis Alfons III el Benigne i Pere III el Cerimoniós.
Forma autobiogràfica, llibre de memòries.
Estil sintètic i monòton.
Ús del plural majestàtic.
Fets destacats: reincorporació del Regne de Mallorca a la Corona catalanoaragonesa i lluites contra la noblesa d'Aragó i de València.

E negú no es pens que en Catalunya sia poca província, ans vull que sàpia tothom que en Catalunya ha comunament pus ric poble que negú poble que jo sàpia ne haja vist de neguna província, si bé les gents del món la major part los fan pobres. Ver és que en Catalunya no ha aquelles grans riquees de moneda de certs hòmens senyalats que ha en altres terres; mas la comunitat del poble és lo pus benanant que poble del món e qui viuen mills e pus ordonadament en llur alberg ab llurs mullers e llurs fills, que poble qui en el món sia.

D'altra part, vos diré cosa de què us meravellarets, emperò si bé ho encercats, així ho trobarets: que d'un llenguatge solament, de negunes gents no són tantes com catalans. Que si volets dir castellans, la dreta Castella poc dura e poca és, que en Castella ha moltes províncies qui cascun parla son llenguatge, qui són així departits com catalans d'aragoneses. E si ben catalans e aragoneses són d'un senyor, la llengua no és una ans és molt departida. E així mateix trobarets en França, e en Anglaterra, e en Alamanya, e per tota Itàlia, e per tota Romania: que els grecs qui són de l'emperador de Costantinoble són així mateix moltes províncies, així com de la Morea, e del realme de l'Arta, e de la Blàquia, e del realme de Salònic, e del realme de Macedònia, e del realme del Natolí, e d'altres províncies moltes, en les quals ha aital departiment de los llenguatges com ha de catalans a aragoneses. E així mateix de les altres províncies del món: con jamés no ha tartre al món qui facen res de ses mans, ans hostegen tots temps e van ab llurs mullers e ab los infants hostejant: e diu-se que tartres són molta gent, e no ho són: mas per ço paren molts con sotmeten moltes nacions altres del món. E així podets pensar, si els catalans feïen atretal, si serien molt més que ells: jo us dic que sí serien dos tants.

E així jo us he dita cosa dels catalans que és vera veritat. E seran molts qui se'n meravellaran e ho tendran en faula, però què es vullen se'n diguen, que així és la veritat.

RAMON MUNTANER, *Crònica*, cap. XXIX

Il·lustració d'un manuscrit de la crònica de Bernat Desclot.

Primer foli d'un còdex del s. XIV de la crònica de Ramon Muntaner.

PROSA MEDIEVAL. LA CANCELLERIA REIAL

La segona meitat de l'edat mitjana, fonamentalment els segles XIV i XV i bona part del segle XVI, es caracteritza per l'**evolució** del **feudalisme** cap a un nou sistema d'organització social de caràcter burgès. La **burgesia**, una **nova classe social** nascuda a recer de les ciutats i l'activitat mercantil, va progressar al marge de la societat feudal i el món cortès. Tot i el seu origen vilatà, els burgesos s'emmirallaven en les formes de l'aristocràcia, i ben sovint s'esforçaven per relacionar-s'hi a través del matrimoni o per mitjà d'altres vinculacions financeres i comercials. El fet que la nova classe hegemònica, la burgesia, s'apropiés algunes de les formes i convencions de la noblesa per mostrar el seu poder econòmic i social, és l'indici més clar de la substitució d'un grup per l'altre.

Els canvis no van ser únicament econòmics o socials, sinó també **ideològics**. Així, doncs, la nova burgesia va marcar unes pautes de comportament i de pensament que no tenien res a veure amb el món feudal de les corts i de les lluites entre nobles. La burgesia imposà uns nous valors que connectaven més amb l'ascensió social i l'enriquiment personal per mitjà de la intel·ligència, l'astúcia i el talent individual, que no pas amb el llinatge i les virtuts morals que hi podien anar associades. En aquest sentit, el contingut de les expressions artístiques (pintura, literatura, arquitectura, etc.) es concentrà en els interessos d'aquest nou grup social, que era, alhora, creador i receptor d'art: la vida quotidiana de les ciutats, els costums dels artesans i dels comerciants, els nous usos en les relacions amoroses i familiars, l'accés dels burgesos i dels seglars a l'alta cultura, etc.

Durant els segles XIII i XIV, la ciutat de Barcelona fou el centre econòmic, polític i, en conseqüència, cultural de la Corona d'Aragó. Tanmateix, durant els segles XV i XVI, aquest **predomini** es traslladà a la ciutat de **València**, que es va convertir en l'entorn prodigiós d'un dels períodes més brillants de la nostra literatura.

Retaule de la Mare de Déu dels Consellers, pintat el 1445 per a la capella de la Casa de la Ciutat de Barcelona.

Les corts dels nobles van deixar de ser els escenaris culturals, els quals es van situar en les grans ciutats comercials com ara Barcelona i València, on governaven els burgesos. S'establiren en dos àmbits:

- els estaments de poder municipal, en el Consell de Cent, i
- al voltant del rei, en la Cancelleria Reial.

La Cancelleria Reial

La **Cancelleria Reial** va ser l'organisme de **govern** dels reis de la **Corona d'Aragó**. Les seves funcions eren diverses i complexes: s'encarregava de les relacions diplomàtiques amb altres reis i països, de redactar les lleis que regien tots els territoris de la Corona catalanoaragonesa, de recaptar impostos, d'elaborar informes secrets, de fundar monestirs i institucions civils, de les iniciatives culturals, etc. El llarg regnat de Pere III el Cerimoniós (1336-1387) va significar la reordenació més important de la Cancelleria, amb l'objectiu de convertir-la en un veritable òrgan de govern, que pogués desenvolupar una actuació política eficaç i moderna, tant en el vessant administratiu i diplomàtic com en el cultural.

Els funcionaris de la Cancelleria Reial eren escrivans, secretaris, notaris i protonotaris, a més d'altres càrrecs menors. La documentació elaborada a la Cancelleria, és a dir, tota la correspondència generada per la casa reial i el consell del rei, forma un dels fons documentals més importants i complets de l'època.

Cal destacar-ne dues característiques lingüístiques fonamentals. D'una banda, l'ús habitual de les tres llengües «oficials» de la Corona d'Aragó: el **llatí**, l'**aragonès** i el **català**. De l'altra, la qualitat, modernitat i uniformitat del català emprat pels escrivans, que van aconseguir expressar-se amb elegància i subtilesa en una llengua esdevinguda referent de prestigi acadèmic i model literari, i, a més, acceptada incondicionalment en tot el domini lingüístic.

La recepció de l'humanisme en la Corona d'Aragó

El nivell cultural en la Corona d'Aragó en el segle XIV era extraordinari. Les relacions polítiques dels reis de la Corona amb diverses ciutats italianes, i, alhora, la coincidència d'uns reis poderosos i cultivats amb uns servidors intel·ligents, de sòlida formació cultural i predisposats als canvis de pensament del seu temps, van disposar l'escenari per a la recepció de l'**humanisme**.

Pintura mural en què es veu l'activitat mercantil del port de Mallorca.

El procediment intel·lectual bàsic d'aquest moviment és la reinterpretació de la cultura antiga **grega** i **llatina**, l'Edat d'Or, tal com s'anomenava en els segles XIV i XV. Els indicis més representatius de la nova mentalitat humanística són les **traduccions** d'obres clàssiques **llatines** i d'autors **moderns** rellevants, com ara Dante Alighieri, Petrarca i Boccaccio. Com a traductors, van destacar Francesc Alegre, Antoni Canals, Ferran Valentí, Ferrer Saiol –padrastre de Bernat Metge i també vinculat als funcionaris de la Cancelleria Reial–, Narcís Franch i Andreu Febrer, que van traduir des de Sèneca, Ovidi i Ciceró fins al Petrarca dels escrits en llatí, com també els textos en italià de Dante i Boccaccio. Bernat Metge, el més excepcional de tots els intel·lectuals d'aquest període, es fa ressò del nou esperit humanístic i en totes les obres manlleva fragments més o menys explícits de textos clàssics i moderns dels autors més representatius: des de la traducció del *Valter e Griselda* de Petrarca fins a la utilització d'*Il Corbaccio* de Boccaccio, la *Divina Comèdia* de Dante i les *Metamorfosis* d'Ovidi per a la redacció de *Lo somni*.

BERNAT METGE

Bernat Metge, a més d'un escriptor refinat i culte, va ser un personatge rellevant i molt influent en la cort dels reis catalans de la segona meitat del segle XIV: Pere III el Cerimoniós i la seva dona Elionor de Sicília; Joan I (l'Aimador de la Gentilesa), i finalment Martí I l'Humà. Durant el regnat del primer rei Trastàmara, Ferran I, Bernat Metge ja no estava vinculat a la cort.

Va néixer a Barcelona entre el 1340 i el 1346, probablement al carrer dels Especiers –avui Baixada de la Llibreteria–, i va morir l'any 1413, també a Barcelona, a la seva casa del carrer de Cucurulla. Guillem Metge, el seu pare, era apotecari i tenia una botiga de remeis al carrer dels Especiers, molt a prop del Palau Reial Major. Bernat va conèixer el món de la medicina a través de l'activitat professional del seu pare, els serveis del qual eren reclamats sovint des de palau.

Tanmateix, la presència més influent de l'entorn familiar va ser el seu padrastre Ferrer Saiol, amb qui la seva mare es va casar l'any 1364 després d'enviudar. Ferrer Saiol era funcionari de la **Cancelleria Reial**, on exercia el càrrec de

Il·lustració del llibre *Regiment de la cosa pública*, de Francesc Eiximenis, que representa la porta de Serrans, a València.

Dos escrivans representats en una miniatura de l'època.

protonotari de la reina Elionor. A més, era un home de cultura i formació elevada, com demostra la seva traducció al català del *De re rustica*, de Pal·ladi (segle IV aC). L'ascendent de Ferrer Saiol sobre el fillastre va ser molt important per a la seva formació cultural i la seva dedicació a les lletres i les lleis. I encara més, va possibilitar l'entrada de Bernat Metge a la Cancelleria el 1371 com a ajuDante de registre al servei de la reina Elionor. A partir d'aquell moment, la seva carrera va ser meteòrica. En morir la reina, l'any 1375, Metge va entrar al servei de l'infant Joan, duc de Girona, futur Joan I.

Detall del retaule de sant Sever en què apareixen el rei Martí l'Humà i el seu fill Martí el Jove.

En aquest moment ja havia jurat el càrrec de notari, i el seu bagatge professional –com també els contactes amb altres càrrecs vinculats a la cort– estava ben consolidat. La seva retribució econòmica com a escrivà del duc era molt elevada. A més, rebia donacions extraordinàries –sovint difícils de justificar–, de les quals es va beneficiar repetidament. Tot plegat demostra que aviat va adquirir una situació de privilegi que comportava un notable benestar econòmic, i per la qual va estar implicat, almenys dues vegades, en escàndols financers i polítics i processos judicials de gran repercussió pública. Per a cadascun d'aquests processos, Metge es va servir hàbilment de la literatura i el prestigi que aquesta li atorgava per decantar la situació conflictiva a favor seu.

Així, com a **exculpació** de les acusacions, traduí al català la narració *Valter e Griselda* (1388), que originàriament pertanyia al *Decameró* de Boccaccio, però que Petrarca, en homenatge al seu amic, havia traduït al llatí.

Lo somni

Metge va escriure ***Lo somni*** (1399) després d'haver estat absolt del procés de **traïció** contra **Joan I**. La reina Maria de Luna havia fet empresonar tots els funcionaris reials acusats, entre els quals hi havia Bernat Metge. Les acusacions més greus del procés contra el consell reial de Joan I es referien a la implicació en la mort del monarca i a l'actitud contrària a Martí l'Humà com a successor del difunt rei. Tot i que no consta en cap document que Bernat Metge fos arrestat, se suposa, que va ser empresonat entre el 1396 i el 1397. A mesura que va anar passant el temps, l'assumpte es va anar obliDante, i, finalment, el desembre de 1398 tots els implicats foren absolts de les acusacions. El 1402, Metge ja actuà com a escrivà de la Cancelleria, i, des del 1405 fins a la mort del rei Martí, hi va exercir de secretari.

- **Intenció política**. La seva intenció en escriure *Lo somni* era aconseguir el perdó del nou rei i, de retruc, la rehabilitació i la restitució dels antics privilegis. Per assolir aquests objectius, li calia demostrar que l'ànima del rei no estava condemnada a l'infern, tot i haver mort sense confessió i en estranyes circumstàncies.

També li calia admetre la seva voluntat de revisió de l'actitud passada i persuadir el nou sobirà del seu canvi d'actitud moral. Finalment, hi havia de posar en relleu l'altíssima vàlua dels nous reis – en especial de la reina Maria de Luna– i la seva més fidel adhesió. Bernat Metge va aconseguir el propòsit polític expressat clarament en el llibre: entrar al servei del rei. Per tant, es pot dir que l'èxit pràctic de l'obra va ser absolut.

Admirar Petrarca, el Petrarca de les obres en llatí, revela una actitud cultural humanística que, al final de l'edat mitjana, era un signe claríssim de modernitat i de mentalitat intel·lectual progressista. El mèrit afegit de Bernat Metge és que, al final del segle XIV, el coneixement de l'activitat i l'obra de Petrarca era pràcticament nul, per la qual cosa tant ell com els seus companys de la Cancelleria es van avançar al seu temps.

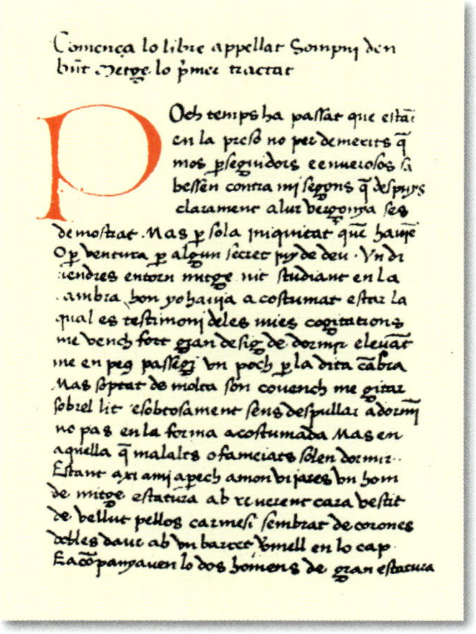
Comença lo libre appellat Somni de bn̄t Metge lo p̄mer tractat

Poch temps ha passat que estan en la presó no per demerits q̄ mos p̄seguidors e enueiosos sabessen contra mi segons q̄ despuys clarament a lur vergonya ses demostrat. Mas p̄ sola iniquitat q̄m hauie o p̄ ventura p̄ algun secret jui de deu. Un divendres entorn mitge nit studiant en la cambra hon yo hauia acostumat estar la qual es testimoni deles mies cogitacions me vench fort gran desig de dormir e leuant me en peus passegi un poch p̄ la dita cābra Mas sobtat de molta son couench me gitar sobrel lit e sobtosament sens despullar adormi no pas en la forma acostumada mas en aquella q̄ malalts o fameiants solen dormir. Estant axi a mi apech a mon vijares un hom de mitge estatura ab reuerent cara vestit de vellut pellos carmesi sembrat de corones dobles daur ab un barret vermell en lo cap E acompanyauen lo dos homens de gran estatura

Començament d'un manuscrit de *Lo somni,* de Bernat Metge.

Retrat de l'escriptor, poeta i humanista italià Francesco Petrarca (1304-1374).

Poc temps ha passat que estant en la presó, no per demèrits que mos perseguidors e envejosos sabessen contra mi, segons que despuis clarament a llur vergonya s'és demostrat, mas per sola iniquitat que m'havien, o per ventura per algun secret jui de Déu, un divendres entorn mija nit, estudiant en la cambra on jo havia acostumat estar, la qual és testimoni de les mies cogitacions, me vénc fort gran desig de dormir, e llevant-me en peus passegé un poc per la dita cambra; mas sobtat de molta son, convenc-me a gitar sobre lo llit, e sobtosament, sens despullar, adormí'm, no pas en la forma acostumada, mas en aquella que malalts o famejants solen dormir.

Estant així, a mi aparec, a mon vijares, un hom de mija estatura, ab reverent cara, vestit de vellut pelós carmesí, sembrat de corones dobles d'aur, ab un barret vermell en lo cap. E acompanyaven-lo dos hòmens de gran estatura, la u dels quals era jove fort bell e tenia una rota entre les mans; l'altre era molt vell, ab llonga barba e sens ulls, lo qual tenia un gran bastó en la mà. E entorn de los dessús dits havia molts falcons, astors e cans de diversa natura, que cridaven e udolaven fort llejament.

E quan haguí ben remirat, especialment lo dessús dit hom de mija estatura, a mi fo vijares que veés lo rei En Joan d'Aragó, de gloriosa memòria, que poc temps havia que era passat d'aquesta vida, al qual jo llongament havia servit. E dubtant qui era, espaordí'm terriblement. Lladoncs ell me dix:

–Llunya tota paor de tu, car jo són aquell que et penses.

Quan jo l'oí parlar, coneguí'l tantost; puis tremolant diguí:

–Oh senyor! ¿Com sóts vós ací? ¿E no morís l'altre dia?

–No morí –dix ell–, mas lleixí la carn a la sua mare, e retí l'espirit a Déu, qui el m'havia donat.

–¿Com l'espirit? –diguí jo–. No puc creure que l'espirit, si res és, puixa tenir altre camí sinó aquell que la carn té.

–E doncs, ¿què entens –dix ell– que sia jo? ¿No saps que l'altre dia passé de la vida corporal en què era?

–Oït ho he dir –responguí jo–, mas ara no ho crec, car, si fóssets mort, no fórets ací; e entén que sóts viu. Mas la gent, o per tal com ho volria, car totstemps s'alegra de novitats, e especialment de novella senyoria, o per alguna barateria que vol fer, ha mès en fama que sóts mort.

–La fama –dix ell– és vera que jo je pagat lo deute a natura; e lo meu espirit és aquest qui parla ab tu.

–Vós, senyor, me podets dir què us plaurà; mas, parlant ab vostra reverència, jo no creuré que siats mort, car hòmens morts no parlen.

–Ver és –dix ell– que els morts no parlen; mas l'espirit no mor, e per consegüent no li és impossible parlar.

–No em par –diguí jo– que l'espirit sia res aprés la mort, car moltes vegades he vist morir hòmens e bèsties e ocells, e no veïa que espirit ne altra cosa los isqués del cos, per la qual jo pogués conèixer que carn e espirit fossen dues coses distintes e separades; mas totstemps he creegut que ço que hom diu espirit e ànima no fos àls sinó la sang o la calor natural que és en lo cos, que per la discrepància de les sues quatre humors se mor, així com fa lo foc per lo vent qui el gita de son lloc, o quan és corromput lo subjecte en què és, qui s'apaga e d'aquí avant no el veu hom.

BERNAT METGE, *Lo somni*, Llibre I

Activitats

PROSA MEDIEVAL. LES CRÒNIQUES

1 Llegeix el fragment de «Expedició a Orient» de la *Crònica* de Ramon Muntaner

E con foren en Constantinoble, l'emperador, lo pare e lo fill, los reeberen ab gran goig e ab gran plaer, e totes les gents de l'emperi.

Mas si ells n'eren alegres, los genoveses n'eren dolents, que ben veïen que si aquesta gent hi durava, que ells havien perduda la honor e la senyoria que ells havien en l'emperi, que l'emperador no gosava fer sinó ço que ells volien, e d'aquí avant no els preara res. Què us diré? Les noces se faeren, que el megaduc pres per muller la neboda de l'emperador, que era de les belles donzelles e de les sàvies del món, e havia entró a setze anys. E les noces se faeren ab gran alegre e ab gran pagament, e fo feta paga de quatre meses a tothom.

E mentre aquesta festa era tan gran, genoveses, per llur supèrbia, mogren batalla ab los catalans, sí que la brega fo molt gran.

E d'aquí avant no els preara res: i des d'aquell moment no els estimaria gens.
Se faeren: es van celebrar.
Entró a: només.
Pagament: satisfacció.
Fo feta paga: es van pagar.
Mogren batalla: van provocar una batalla.

- **a** Llegeix el fragment de la *Crònica* i fes-ne la versió en català actual.
- **b** Cerca un exemple del text on es faci ús de l'estil narratiu indirecte i de l'estil directe.
- **c** El megaduc és Roger de Flor. Amb qui es casa?
- **d** Qui són els seus enemics a la cort de Constantinoble?
- **e** Escriu un text espositiu breu on expliquis qui era Roger de Flor i els almogàvers.

2 Llegeix el text sobre l'infantament de Jaume I que tens a la pàgina 30 d'aquesta unitat. Contesta les preguntes:

- **a** Qui són els pares del nen que ha de néixer? Són personatges històrics?
- **b** Per què cal la intervenció dels cònsols i prohoms de Montpeller?
- **c** Per què demanen ajuda al cavaller que era privat (és a dir de confiança) del rei?
- **d** Quan els cònsols, notaris i prohoms entren a la cambra, què volen demostrar?
- **e** Creus que aquesta narració és versemblant? Creus que és rigorosament històrica?

PROSA MEDIEVAL. LA CANCELLERIA REIAL

3 L'any 1388 Bernat Metge va traduir un conte del *Decameró* de Boccaccio titulat *Valter e Griselda*, a partir d'uan versió en llatí que va fer Petrarca. Llegeix el text i contesta les preguntes:

La present història, senyora molt graciosa, he arromançada com pus pla he poscut e sabut; la qual, en esgordament del llatí en què Petrarca la posà, és fort grossera. Mas jo, imaginant que complauria a vós, no he recusat de demostrar la mia grossera ineptitud e atreviment gran que he haüt com he gosat parlar aprés tan solemne poeta com aquell és, lo qual viurà perpetualment en lo món per fama e per los insignes llibres que ha fets a nostra instrucció [...] Suplic-vos, encara, senyora, que mi, per envejosos contra justícia maltractrat, vullats haver per recomanat en vostres devotes oracions.

BERNAT METGE, «Lletra d'endreça», *Valter e Griselda*

- **a** A qui es dirigeix Bernat Metge en aquest pròleg?
- **b** Qui és Petrarca? En quina llengua acostumava a escriure?
- **c** Què vol dir «grossera»?
- **d** En les últimes ratlles d'aquest pròleg es veu la veritable intenció de Bernat Metge. Quina és?

4 Llegeix aquest text sobre *Lo somni* del crític literari Giuseppe Tavani. Contesta les preguntes:

Lo somni *s'anticipa alguns decennis a aquell esclat de cultura intel·lectual i a aquella ànsia de perfecció formal que caracteritzen pertot arreu l'humanisme i el primer Renaixentisme, i s'ofereix com a «unicum» no solament en l'àmbit de la literatura catalana i peninsular, sinó també en l'obra mateixa de Bernat Metge.*

GIUSEPPE TAVANI, «Literatura i societat a Barcelona entre la fi del segle XIV i el començament del XV».

- **a** Quan hem de situar cronològicament l'humanisme?
- **b** Fes una recerca i explica la diferència entre Humanisme i Renaixement.
- **c** Esmenta alguns autors importants de l'humanisme italià que probablement van influir en l'obra de Bernat Metge.

5 Llegeix atentament el text de *Lo somni*, Llibre I de Bernat Metge que tens a la pàgina 35 d'aquesta unitat. Contesta les preguntes.

- **a** En quina situació personal es troba Bernat Metge quan es proposa escriure aquest llibre?
- **b** Creus que mostra penediment o demana perdó per alguna actuació feta en el passat?
- **c** Indica quin és el paràgraf d'aquest text que justifica el títol de l'obra.

Test final d'unitat

(x) correcta

1 Digues si és veritat (V) o fals (F):

		V	F
a	L'origen de les cròniques es troba en les cançons de gesta	☒	☐
b	No hi ha cap mostra literària de l'existència d'una èpica catalana	■	☒
c	Les cròniques són narracions de ficció basades en fets inventats	☐	☒
d	La intenció de les cròniques és construir un relat crític amb la Corona catalanoaragonesa	■	☒
e	Els fets narrats a les cròniques és molt allunyat al temps de l'autor	☐	☒
f	El *Llibre dels feits* és un recull de poemes místics de la reina Maria de Montpeller	☐	☒
g	Els fets militars més destacats de la Crònica de Jaume I són les conquestes de València i Mallorca	☒	☐
h	El fet militar més destacat de la Crònica de Bernat Desclot és la conquesta de Còrsega	☐	☒
i	La Crònica de Ramon Muntaner és la més extensa	☒	☐
j	Les dues cròniques autobiogràfiques són les de Jaume I i Ramon Muntaner	■	☒
k	Les dues cròniques autobiogràfiques són les de Jaume I i Bernat Desclot	■	■ X
l	La burgesia apareix a la segona meitat del segle XIV com una classe social nascuda a les ciutats mercantils	☒	☐
m	Els burgesos i els seglars accedeixen a l'alta cultura a través de les traduccions dels clàssics llatins al català	☒	■
n	Els àmbits d'actuació de la Cancelleria Reial eren l'administratiu i el cultural	■	☒
o	Els àmbits d'actuació de la Cancelleria Reial eren l'administratiu, el diplomàtic i el cultural	☒	☐
p	Bernat Metge estava vinculat als funcionaris de la Cancelleria Reial a través del seu padrastre, Ferrer Saiol	☒	☐
q	Bernat Metge no sabia escriure en llatí culte	☐	☒
r	Bernat Metge va estar vinculat en escàndols financers pels quals va arribar a estar empresonat	☒	■
s	Maria de Luna és el nom de la dona de Bernat Metge	☐	☒
t	Els principals llibres de Bernat Metge tenen una intencionalitat política	☒	■

2 Indica quin d'aquests noms NO està relacionat amb les cròniques medievals catalanes

☐ Jaume I

☒ Guifré el Pelós

☐ Pere II el Gran

☐ Alfons III el Benigne

☐ Pere III el Cerimoniós

3 Completa amb les paraules més escaients la definició de crònica que tens a continuació:

Les cròniques són narracions de fets històrics esdevinguts durant un període determinat, un regnat o una dinastia, a mig camí entre la ficció literària i la historiografia.

4 Ordena cronològicament les cròniques. Relaciona cadascuna amb el monarca que li correspon:

Crònica de Ramon Muntaner, *Llibre dels feits*, Crònica de Bernat Desclot, Crònica de Pere III el Cerimoniós

	Crònica	Monarca/es
1	Llibre dels feits	Jaume I
2	C. Bernat Desclot	Pere II el Gran
3	C. Ramon Muntaner	Jaume I – Alfons III
4	C. de Pere III	Alfons III el Benigne i Pere III el Cerimoniós

5 Completa amb les paraules més escaients el text que tens a continuació:

La Cancelleria Reial va ser l'organisme de govern dels reis de la corona d'Aragó. El llarg regnat de Pere III el Cerimoniós va convertir-la en un veritable òrgan de govern, que pogués desenvolupar una actuació política eficaç i moderna, tant en el vessant administratiu i diplomàtic com en el cultural.

6 Les tres llengües oficials de la Corona d'Aragó eren:

☐ Llatí, grec i català

☒ Llatí, aragonès i català

☐ Àrab, llatí i aragonès

☐ Llatí, provençal i català

7 Digues quina d'aquestes obres NO és de Bernat Metge:

☐ *Història de Valter e Griselda*

☐ *Lo somni*

☒ *Decameró*

CONEIXEMENTS PREVIS

Llegeix aquest text i contesta les preguntes:

I és Ausiàs March qui, de fet –el Llull del Llibre d'amic e amat *és tota una altra cosa– , estrena el català com a llengua de poesia. Amb tot, la ruptura d'Ausiàs amb la tradició provençal està molt lluny de ser franca i rotunda. Ja ho he dit: és més visible quant a la llengua que quant a l'estil. Si el català d'Ausiàs –a diferència, per exemple, del de Jordi de Sant Jordi– tot just conserva alguns rastres de provençalisme, en canvi la seua tècnica retòrica i els seus temes bàsics pertanyen encara, en bona part, a l'òrbita de les creacions trobadoresques d'on ell els aprèn o els manlleva.*

JOAN FUSTER, *Ausiàs March*

a Quina diferència hi ha entre llengua i estil, tal com està expressat al text?
b Per què el català dels poetes catalans i valencians d'aquesta època té rastres de provençalisme?
c Quin és el tema o temes bàsics de la poesia trobadoresca? I de la poesia d'Ausiàs March?
d Fes una recerca i esmenta quins són els poetes més importants de la cultura europea dels segles XIV i XV.

Llegeix aquest text i contesta les preguntes:

Tres són llatins en l'alta poesia,
que sens igual sostenen glòria i fama:
Homero es diu lo u, que los grecs ama;
Virgili, par, segueix sa companyia.
Ovidi tant ab ells ferm porfídia
que d'alts secrets poètics tot s'inflama,
i d'aquests dos Itàlia se'n recama,
que duraran mentre al món vida sia.
Tres són vulgars que per semblant manera
lo principat aporten dels poetes:
Petrarca i Dante, que Itàlia blasona;
Ausiàs March, que a Espanya tant prospera,
nos ha mostrat per obres molt eletes
que, par ab ells, mereix portar corona

PERE SERAFÍ, XXI v.

a Quina diferència bàsica hi ha entre els poetes llatins i els vulgars?
b Quines són les llengües dels poetes citats als versos 11 i 12?
c A quina corona es refereix el poeta en el vers 14?
d En quin sentit hem d'interpretar el vers 12 quan diu que Ausiàs March prospera a Espanya? Té a veure amb la traducció de la seva obra?

B1 UNITAT

4

ELS POETES DELS SEGLES XIV I XV

En aquesta unitat estudiarem el context cultural i la producció poètica del darrer tram de l'edat mitjana, en els segles XIV i XV. Aquest període de canvi cap a l'humanisme, que donarà pas al Renaixement, és un dels més rics i brillants de la producció literària en català. La poesia d'aquests segle té un accent marcadament valencià, especialment amb l'obra d'Ausiàs March. Analitzarem els textos dels poetes, en la seva versió original i adaptats al català actual, i en reconeixerem les principals característiques temàtiques, estilístiques i formals. Per aproximar-nos millor als textos literaris d'aquesta època i als seus autors podràs fer les activitats proposades, especialment les qüestions de comprensió, reflexió i crítica dels poemes de lectura obligatòria per al batxillerat.

Dimensió estètica i literària

ELS POETES DELS SEGLES XIV I XV

- L'evolució de la literatura amorosa en l'edat mitjana.
- Jordi de Sant Jordi.
- Ausiàs March.
- Anselm Turmeda.
- Joan Roís de Corella.
- Jaume Roig.

AUSIÀS MARCH

- Vida i obra.
- L'herència trobadoresca.
- La influència italiana i humanística.
- La literatura clàssica.
- La llengua de la veritat.

AUTORS I TEXTOS

- ◉ «Colguen les gents ab alegria festes» d'Ausiàs March.
- ◉ «Jus lo front port vostra bella semblança» de Jordi de Sant Jordi.
- «Elogi dels diners» d'Anselm Turmeda.
- ◉ «Balada de la garsa i l'esmerla» de Joan Roís de Corella.
- «De la fadrinea ab sa mare», de l'*Espill* de Jaume Roig.

Objectius

- Conèixer el context feudal i cortesà que dóna lloc a la poesia trobadoresca, precedent de la literatura culta en llengua catalana.
- Reconèixer les característiques pròpies del període literari estudiat en els textos de diversos autors.
- Comprendre i analitzar les característiques de contingut i formals dels textos seleccionats a partir de les activitats proposades.

L'EVOLUCIÓ DE LA LITERATURA AMOROSA EN L'EDAT MITJANA

En la baixa edat mitjana, la poesia en llengua vulgar experimentà canvis substancials que expliquen l'aparició d'una obra tan especial com la d'Ausiàs March. Aquests canvis van culminar en l'època d'or de la poesia catalana: el segle XV.

El panorama poètic anterior a March es caracteritzava per l'interès que suscitava la lírica trobadoresca en les terres de la Corona d'Aragó, on, al final del segle XIV, es creà el Consistori de Barcelona a imitació del de Tolosa. Tot i l'afecció dels poetes catalans per la lírica provençal, a la fi del segle XIV i principi del XV sorgiren una sèrie de corrents literaris i de pensament que van condicionar profundament la ideologia dels autors.

A poc a poc, aquests corrents ideològics procedents de diversos països europeus s'introduïren a casa nostra, van deixar una empremta inesborrable en les composicions i van configurar uns fonaments sobre els quals es construí l'obra d'un dels més grans poetes de tots els temps. Els principals motius que justifiquen les variacions experimentades en el context poètic català entre els segles XIV i XV van ser:

- La substitució progressiva de la llengua d'oc per la **llengua catalana** en les composicions dels autors del segle XIV i principi del XV.
- Els **canvis** en els **metres**, a causa de la influència francesa.

Segons la tradició, l'artista Jaume Baçó (Jacomart) va prendre Ausiàs March com a model per pintar aquesta representació de sant Sebastià.

- La proximitat del **Renaixement**, que, com ja havia apuntat l'humanisme, implicava el gust per fonts grecollatines, especialment Sèneca i Ovidi.
- La introducció de la **poesia italiana**, que va eclipsar les possibles repercussions de la literatura francesa. Entre les influències més importants que van provocar el canvi de la lírica trobadoresca a la poesia produïda en els segles XIV i XV, cal destacar l'evolució de la poesia a Itàlia en el segle XIV, principalment a la Toscana i a Bolonya, al nord d'Itàlia, l'anomenat ***dolce stil novo***. Aquest estil aglutinava els seguidors dels trobadors, els quals van evolucionar cap a una poesia pròpia de l'ambient cultural del moment, de gust per l'abstracció i a la recerca de la naturalesa de les coses a través de la filosofia i la teologia.

  Un tret destacat d'aquest corrent és la concepció de la dona com un àngel –***donna angelicata***–, caracteritzada més com un esperit que com una dona de carn i ossos, i cantada fins i tot després de la seva mort. Els màxims representants van ser Dante Alighieri, Petrarca i Boccaccio. A Catalunya van influir en la poesia d'escriptors com Andreu Febrer i Jordi de Sant Jordi, entre d'altres.
- El triomf de les doctrines filosòfiques i teològiques de **Tomàs d'Aquino**.
- La **substitució** de la poesia **amorosa** trobadoresca per una poesia moral i didàctica, a causa precisament de la influència de l'escolàstica i, en part, de la Inquisició.

AUSIÀS MARCH

Ausiàs March (Gandia?, Safor, ~ 1397 – València, 1459) va viure immers en una situació peculiar, a causa de la seva formació personal i familiar i de les circumstàncies culturals del moment –l'extraordinària atmosfera cultural i artística de la cort del rei Alfons el Magnànim. Com altres poetes contemporanis seus (Jordi de Sant Jordi, Lluís de Vila-rasa, Andreu Febrer), March acompanyava el monarca en les seves empreses bèl·liques. Des del punt de vista cultural, són especialment destacables les expedicions a Itàlia (Sardenya, Còrsega, Nàpols i Sicília). Per mitjà de la cort, aquests poetes van conèixer la tradició petrarquista –llegien el *Canzoniere* de Petrarca a Itàlia, com va fer Jordi de Sant Jordi– i l'humanisme.

Tot i que Ausiàs March no va ser un funcionari palatí paradigmàtic, els primers anys de la seva vida no difereixen gaire dels de la resta de membres de la noblesa mitjana incorporats al cercle cortesà. A partir del 1425, retirat a les seves possessions de Gandia i exercint els seus drets de senyor feudal, ocupà el càrrec de falconer major del rei (fins l'any 1428), i, sobretot, ja allunyat dels ambients cortesans, es dedicà a la seva extensa producció poètica.

Es va casar dues vegades: la primera, el 1439, amb Isabel Martorell –germana de l'autor del *Tirant lo Blanc* i que va morir aquell mateix any–, i la segona, el 1443, amb Joana Escorna, que va morir el 1454. Durant els anys d'aquest segon matrimoni, va viure a la ciutat de València, per la qual cosa es va tornar a relacionar intensament amb tot l'ambient literari de la ciutat. Ausiàs March va morir a València, sense descendència legítima, tot i que està documentat que va tenir almenys cinc fills bastards.

Producció literària

En l'inventari notarial de les seves possessions destaquen els materials registrats de la seva biblioteca, entre els quals hi ha «dos llibres, en paper, de forma de fulls desqüernats, ab cobles», que molt probablement eren els manuscrits de la seva obra. Tanmateix, aquests volums es van perdre, i la seva poesia ha arribat fins a nosaltres gràcies als cançoners i a les edicions dels seus poemes que van fer els poetes i admiradors que el van succeir. Ausiàs March és autor de 128 poemes que formen una extensa producció de més de deu mil versos. Tradicionalment, aquests poemes s'han classificat en:

- **Cançons d'amor**, l'objecte de reflexió primordial de la poesia de March. S'organitzen per cicles segons el senyal distintiu dels poemes, però és un error considerar que cada senyal –i, per tant, cada cicle poètic– està dedicat a una mateixa dama i correspon a una determinada experiència biogràfica de l'autor.

- Un extens **Cant espiritual**, en què, per primera vegada, March troba un interlocutor a qui adreçar els seus versos: Déu.

- Una sèrie de **poemes moralitzadors** escrits al final de la seva vida, quan veu propera la mort –tal com havien fet els trobadors. Pel que fa al tema, recorden algunes composicions de joventut, i formalment són sirventesos morals escrits seguint els cànons de l'època. Es tracta de composicions allunyades de la tradició –tant per la forma com pel contingut–, de to confidencial i que amaguen el pessimisme característic d'Ausiàs March, que cerca refugi en la fe. Són poemes didàctics, molt filosòfics, que responen al gust per la moralització tan característic de l'època. En aquestes composicions, d'influència bàsicament **aristotèlica**, abandona la temàtica amorosa que apareixia en la seva obra anterior. Dels poemes moralitzadors, n'hi ha sis de destacats, coneguts tradicionalment com a *cants de mort* perquè reflexionen sobre el dolor de l'amant per l'absència de l'estimada i la inquietud que li desperta la incògnita sobre la salvació de l'ànima.

CV

Puis que sens Tu   algú a Tu no basta,
dóna'm la mà   o pels cabells me lleva:
si no estenc   la mia envers la tua,
quasi forçat   a Tu mateix me tira!
Jo vull anar   envers Tu a l'encontre;
no sé per què   no faç lo que volria,
puis jo son cert   haver voluntat franca
e no sé què   aquest voler m'empatxa.

AUSIÀS MARCH, cobla I, v. 1-8

XCVII

Si per null temps   creguí ser amador,
en mi conec   d'amor poc sentiment.
Si mi compar   al comú de la gent,
és veritat   que en mi trob gran amor,
però, si guard   algú del temps passat
i el que amor   pot fer en lloc dispost,
nom d'amador   solament no m'acost,
car tant com dec   no só passionat.

Morta és ja   la que tant he amat,
mas jo son viu   veent ella morir;
ab gran amor   no·s pot bé soferir
que d'ella mort   me pusca haver llunyat.
Lla dec anar   on és lo seu camí;
no sé què·m té   que en açò no m'acord.
Sembla que ho vull,   mas no és ver, puis, mort
res no la tol   al qui la vol per si.

AUSIÀS MARCH, *Sisè cant de mort*, cobles I i II, v. 1-16

Miniatura en què es mostra el tòpic del jardí d'amor medieval.

És imprescindible entendre l'obra d'aquest poeta com una barreja personal d'elements de procedència diversa, bàsicament vinculats a la tradició trobadoresca i posttrobadoresca, els precedents familiars, l'herència clàssica, la prosa en llengua catalana, les traduccions de textos italians i l'escolàstica medieval. La combinació d'aquests elements amb les circumstàncies culturals i el seu propi geni va donar lloc a una de les obres poètiques més destacades de tota la història de la literatura catalana.

L'herència trobadoresca

Indubtablement, March és deutor de la tradició poètica trobadoresca, per mitjà de la qual va introduir idees filosòfiques en la seva poesia amb la intenció d'analitzar les passions amoroses des d'un punt de vista científic i sistemàtic. Per aquest motiu va escriure una obra abstracta, amb la qual s'allunya dels occitans, tot i que hi manté aquests lligams evidents:

- L'**estructura** de les composicions i la **versificació**: estrofes (cobles) de vuit versos d'art major (octaves), amb una estrofa de quatre versos (quartet) que tanca el poema (tornada), en el qual apareix el senyal. Les rimes són generalment creuades i capcaudades. El vers és decasíl·lab clàssic català, dividit en dos hemistiquis de 4+6 síl·labes amb accents a la quarta i a la desena. De vegades, March utilitza versos estramps (sense rima) per a les seves composicions, i fins i tot, en algun cas, una cobla esparsa (única) de rima creuada.

XXIII

Lleixant a part l'estil dels trobadors
qui, per escalf, traspassen veritat,
e sostraent mon voler afectat
perquè no·m torb, diré·l que trob en vós.
Tot mon parlar als qui no us hauran vista
res no valrà, car fe no hi donaran,
e los veents que dins vós no veuran,
en creure a mi llur arma serà trista.

AUSIÀS MARCH, cobla I, v. 1-8

XXIX

Si com lo taur se'n va fuit pel desert
quan és sobrat per son semblant qui·l força,
ne torna mai fins ha cobrada força
per destruir aquell qui l'ha desert,
tot enaixí·m cové llunyar de vós,
car vostre gest mon esforç ha confús:
no tornaré fins del tot haja fus
la gran paor qui·m tol ser delitós.

AUSIÀS MARCH, v. 1-8

- L'ús de **senyals**: «Plena de seny», «Llir entre cards», «Amor, amor», «Oh, foll amor», etc. Aquests senyals són sempre tetrasil·làbics i ocupen el primer hemistiqui del primer vers del quartet.

- **Temes** i **tòpics** manllevats dels **occitans** (la didàctica, la divinització de la dama, el sofriment de l'amant –que és similar a la mort–, la idea de la mort com un sentiment agredolç, el plany per no haver expressat l'amor a la dama), i també algunes analogies (la timidesa de l'amant –que provoca el trasbals davant l'objecte amorós–, la lluita interior expressada amb el contrast amor-odi, les actituds i expressions feudals, els retrets a l'amor i les disculpes sobre les dames d'algunes obres de March).

En els seus poemes es pot reconèixer perfectament el rastre dels trobadors més importants dels segles XII i XIII, que March coneixia molt bé, tal com demostren els volums trobats a la biblioteca de casa seva, a València. Amb tot, la seva poesia s'allunya d'aquest model de lírica. Algunes de les diferències s'expliquen per les transformacions i innovacions que ja havien manifestat els predecessors del poeta –li arribaren de forma molt directa a través de la poesia del seu pare i del seu oncle–, en l'obra dels quals s'observa la introducció d'idees procedents dels canvis experimentats per la poesia en llengua vulgar en la baixa edat mitjana.

Escena d'amor en una obra medieval.

En realitat, els vincles amb la tradició trobadoresca són més importants pel que fa a l'expressió que no pas als motius. En tenim un exemple clar en l'ús de **comparacions exemplificadores**, tan característiques de l'obra de March. Aquestes comparacions, pròpies dels trobadors i dels seus contemporanis, han esdevingut una marca essencial d'aquest poeta. L'estructura sempre és la mateixa: d'una generalització es passa al cas particular, sovint el del mateix autor, que intenta amb voluntat didàctica expressar el seu estat. Tenen, doncs, tres funcions: emotiva, persuasiva i explicativa. La majoria de les comparacions de March inclouen imatges procedents dels mons marítim, religiós i mèdic, i del comportament humà. Una de les composicions més conegudes compara el sentiment de timidesa del poeta amb una lluita entre dos braus, imatge de reminiscències clàssiques.

La tradició escolàstica medieval

Més que construir una teoria de l'amor, March exposa els seus estats psicològics i jutja la seva vida espiritual des d'un sistema de doctrina moral creat a partir dels autors més coneguts del moment. Com a poeta, posa la seva formació al servei de la reflexió amorosa, centrada en la lluita entre el cos i l'ànima –o, el que és el mateix, entre l'amor espiritual i l'amor carnal– i que li va valer l'apel·latiu de «poeta escindit». La intenció de March és justificar, a partir d'una **argumentació científica**, la possibilitat d'una vivència positiva de la **passió amorosa** la *vera amor*, en paraules seves. L'argumentació científica per analitzar els conflictes amorosos del jo poètic es fonamenta en les fonts escolàstiques –la ***Summa teològica*** de Tomàs d'Aquino–, Aristòtil, els pares de l'Església i la Bíblia.

La influència italiana i humanística: Dante i Petrarca

La poesia de March presenta similituds importants amb les obres de **Dante Alighieri** i **Petrarca**. Probablement, trobaríem més coincidències amb l'obra del primer, ja que la poesia de March i la de Dante són més medievals, i estan més influïdes per la filosofia i l'escolàstica que no pas la de Petrarca, que, amb una actitud més moderna, anuncia el Renaixement.

La literatura clàssica

En l'obra de March es poden reconèixer alguns autors clàssics, com ara **Ovidi** o **Sèneca**, dels quals aprofita la imatgeria i els personatges de les tragèdies. El que resulta més complicat, però, és saber si la font li ha arribat de manera directa. Com que són autors força traduïts a Catalunya durant l'edat mitjana, no seria estrany que March hagués tingut accés a una obra atribuïda falsament a un clàssic, o a un comentari d'algun dels textos més destacats d'aquests autors. Amb tot, l'obra de March parteix de la suma de tot un seguit d'elements que configuren la formació d'un laic culte que, al final de l'edat mitjana i a través de les traduccions, té accés a la literatura, la filosofia i la ciència, matèries que, fins llavors, havien estat reservades a religiosos, teòlegs i, per tant, universitaris.

La llengua de la veritat

Sembla encertat creure que, per al lector d'avui, el més estimulant de la poesia d'Ausiàs March, lluny del rigor científic del poeta escolàstic, és la **sinceritat** del «jo amorós» –el conflicte, el dolor, el desig... Els seus versos semblen, doncs, sincers. El poeta insisteix repetidament en aquest aspecte a l'hora d'exposar la seva **experiència**, de confessar el seu cas. En conseqüència, defuig la retòrica i les paraules excessives que podrien temptar-nos a assimilar aquesta poesia confessional a les faules inventades.

LXXIII

No pens algú   que m'allarg en paraules
e que mos fets   ab los dits enferesca,
ans prec a Déu   que de present peresca,
si mon parlar   atany en res a faules.

AUSIÀS MARCH, cobla I, v. 1-4

Aquesta experiència –el conflicte dolorós entre la doctrina i la vida–, sincera o no, però al cap i a la fi defensada com a veritat, és exposada amb cruesa. March insisteix a exposar com l'hem de llegir, com cal interpretar-lo: escindit dels trobadors i del seu context literari immediatament anterior. La seva posició literària és clara: esmenta els trobadors –lloant-los o blasmant-los– com a «antics», però mai no afirma que ell no ho sigui.

El poeta, tot i que evidencia un trencament respecte de la tradició lírica anterior, trencament –trànsit, més que no pas revolució– en el qual es fonamenta la seva singularitat, també en conserva alguns trets (tècnica retòrica i temes) que pertanyen, en gran manera, a l'òrbita trobadoresca. De fet, Ausiàs March, més que «deixar a part l'estil dels trobadors», n'abandona la llengua. La tria que fa March de la llengua (el català, doncs) està condicionada per un determinat contingut i per una clara intenció de **verisme**: transforma el concepte trobadoresc de la *fin'amors* en el seu propi concepte de *vera amor*.

March es presenta com un **mestre en amor**, del qual és el màxim teoritzador, legitimat per una autoritat que l'equipara als teòlegs escolàstics i als filòsofs i científics. La veritat d'Ausiàs March no ha de ser necessàriament una veritat autobiogràfica, sinó documental: es presenta com a coneixedor màxim del saber amorós. Així, els seus dictats testimonien una experiència íntima expressada amb autoritat: parla de l'amor perquè en sap.

LXXI

Aquell delit que l'arma pot haver
en contentar en Amor sa gran part,
per mon sentir regles n'he dat e art
als amadors freturants de saber.

AUSIÀS MARCH, v. 25-28

ANSELM TURMEDA

El **Cisma d'Occident** (1378-1417) marcà la fi de l'edat mitjana i va obrir una crisi espiritual i de pensament que va condicionar l'evolució de la societat entre els segles XIV i XV. Durant trenta-nou anys, els cristians d'Occident van estar dividits, per raons d'obediència religiosa i lluites de poder, entre **tres papes** simultanis: el de Roma, el d'Avinyó i el de Pisa. En aquest context, destaquem tres figures –d'àmbits geogràfics diferents de la Corona catalanoaragonesa i vinculades a estaments religiosos– que volien frenar o reconduir aquesta evolució social: Francesc Eiximenis, Vicent Ferrer i Anselm Turmeda.

Anselm Turmeda (la ciutat de Mallorca, ~1352/55 – Tunis, 1423/32). La biografia d'aquest **franciscà** és sorprenent i apassionant: va renegar del cristianisme, es va convertir a la **religió mahometana** i va arribar a ser un personatge venerat en el món islàmic per la seva fama de savi o santó (amb el nom d'Abd Allah, *Torsimany*). De la seva obra, el text més extens i conegut modernament és la *Disputa de l'ase contra frare Anselm Turmeda sobre la natura e noblesa dels animals* (1418), en la qual, seguint l'estructura canònica i universitària de la *disputatio*, un religiós i un ase debaten aspectes fonamentals de la fe i el dogma. L'eix argumental és el següent: la inferioritat de l'home davant l'animal per raó de la naturalesa queda compensada i superada per la voluntat de Déu que el seu Fill s'encarni en un home. D'aquesta obra, se'n va perdre el text original i només ens n'ha arribat una versió francesa del segle XVI. Per la seva ironia i pel qüestionament que va fer dels dogmes de la fe cristiana, va ser un autor venerat com a savi i, alhora, prohibit per la Inquisició.

JORDI DE SANT JORDI

Jordi de Sant Jordi (València abans de 1400-1424) fou un poeta cortesà i un músic excel·lent que estigué al servei del rei Alfons el Magnànim. Se'n conserva un cançoner que consta de divuit poesies sobre el fons comú de la fina amor,

—Senyor Ase, no cal pensar per això. Vós prou sabeu, i això a tothom és cosa clara, que les gents constituïdes en dignitat i noblesa mengen les delicades i delicioses viandes, i aquells de menor dignitat o noblesa mengen les viandes grosseres i de menor sabor.

Doncs, nosaltres, fills d'Adam, mengem moltes precioses i delicades viandes, com pa de bona i blanca flor o farina, grues, colomins, faisans, perdius, becades, ocells de ribera, agrons, cigonyes, ànecs, aloses, capons, polles d'Índia i comunes, tudons, colomes, tórtores, i tota altra aviram. I, encara, cérvols i cérvoles, cabirols, daines, porcs senglars, llebres, conills i tota altra salvatgina; cabrits, anyells, vedells, moltons, bous, i moltes altres viandes, tant rostides com bullides o en pasta, amb moltes i diverses espècies i salses, com salsa blanca, salsa negra, salsa grisa, camelina, pebrada, vinagre, verdius, salsa verda, mostalla, naps, alls, cebes, cols, porros, espinacs, lletugues, taronges i moltes altres guises de salses, segons que a cada mena de carn es pertany. Així mateix dels peixos: [...].

Quant al nostre deliciós i saborós abeuratge, jo us vull dir que nosaltres tenim molts delicats i saborosos vins, com Malvasia, Romania, bastard, moscat, vins grecs i de Còrsega, vernaixa, [...] dels qual bevem a nostre plaer en tot temps de l'any, segons que la disposició i qualitat del temps ho vol i requereix. I vosaltres, animals, no teniu semblants viandes ni abeuratges. ¿No és suficientment provat que nosaltres, els fills d'Adam, som de major dignitat i noblesa que vosaltres, animals? I en tot això, ningú qui té ús de raó no pot ni deu dir en contrari.

—Frare Anselm, em feu quasi riure, per bé que no en tingui ganes. Bon home de Déu! ¿On és el vostre seny, i la subtilitat que solíeu tenir? Sembla ja que sigueu més llord i més grosser que un pagès. Vós penseu lloar els fills d'Adam, i els vitupereu, com així sigui que no podeu tenir les viandes que haveu dites i anomenades sinó comprant-les amb diners.

I no podeu tenir sinó amb molt de treball, dolor, tribulació i temor mesclada amb pena: mercadejant, batallant, navegant, cavalcant. Moltes i diverses vegades, volent aplegar diners, us moriu i sou negats, penjats, escorxats, escapçats, cremats, foragitats i empresonats, perdent membres, orelles, mans i peus.

[...]

I dit això, sortí del dit jardí amb tots els animals. I jo, cavalcant amb gran plaer i consolació, per la qüestió que havia guanyat, me'n vaig tornar a casa meva. Gràcies a Déu. Amén.

Ací fineix la disputació de frare Anselm amb els animals, als quals frare Anselm mostrà per vives raons que els fills del nostre pare Adam són de major dignitat i noblesa que no els animals. I fou acabada, la disputació dessús dita, pel dit frare Anselm Turmeda, en la ciutat de Tunis, el quinzè dia de setembre, l'any mil quatre cents divuit.

ANSELM TURMEDA, *Disputa de l'ase contra frare Anselm Turmeda sobre la natura e noblesa dels animals*

Detall d'un retaule del s. xv que mostra un grup de dones.

Miniatura medieval que mostra una dama escrivint una carta d'amor.

elaborades amb una multiplicitat de recursos procedents de la tradició trobadoresca. L'originalitat del poeta consisteix a reciclar temes i formes vells segons una combinatòria distinta a la fixada per la tradició.

Desert d'amics, de bens e de senyor,
en estrany lloc e en estranya contrada,
lluny de tot bé, fart d'enuig e tristor,
ma voluntat e pensa caitivada,
me trob del tot en mal poder sotsmès,
no vei algú que de me s'haja cura,
e sui guardat, enclòs, ferrat e pres,
de què en fau grat a ma trista ventura.

Car prenc conhort de com sui presoner
per mon senyor, servint tant com podia,
d'armes sobrat e per major poder,
no per defaut gens de cavalleria.
E prenc conhort quan no puc conquerir
haver en res sens que treball no senta,
mas d'altra part cuid de tristor morir
com vei que el món del revers se contenta.

Reis virtuós, mon senyor natural,
tots al present no us fem altre demanda,
mas que us record que vostra sang reial
mai defallí al qui fos de sa banda.

JORDI DE SANT JORDI, «Presoner» (fragments)

«Desert d'amics, de béns e de senyor», conegut amb el títol modern de «Presoner», se singularitza perquè ens remet a un episodi real de la vida de l'autor i perquè s'allunya dels convencionalismes de la tradició trobadoresca. El 30 de maig de 1423, el *condottiero* Muzio Attendolo Sforza entrà per sorpresa a Nàpols, vencé les forces d'Alfons el Magnànim i féu presoners molts cavallers catalans i aragonesos, entre els quals hi havia Jordi de Sant Jordi. La poesia és una petició adreçada al monarca perquè agilitzi els tràmits del seu alliberament i el dels seus companys. A tal fi, el jo poètic es revesteix d'una moralitat impecable (com a home, súbdit i cavaller) enfront el desordre general del món, que la Fortuna governa, o l'abús i la indiferència d'aquells que són responsables de la seva sort (Sforza demana un rescat desproporcionat i el rei es mostra passiu en l'afer). L'honradesa moral del jo, per contrast amb l'arbitrarietat del món i dels altres, té caràcter persuasiu i pragmàtic per activar la benevolença i la liberalitat del rei.

JOAN ROÍS DE CORELLA

A partir de la segona meitat del segle xv, València va prendre el **relleu hegemònic** de Barcelona i va esdevenir una de les ciutats més importants de la Mediterrània. Aquesta situació de poder demogràfic, econòmic i polític es va reflectir en la producció literària, fonamentalment burgesa i ciutadana, que es va estendre en dos àmbits que convivien de manera complementària: l'aristocràtic i el burgès, representats, respectivament, per Joan Roís de Corella i Jaume Roig.

Joan Roís de Corella va néixer probablement a Gandia entre el 1433 i el 1443 i va morir a València l'any 1497. Descendent de la petita noblesa valenciana, va escollir la carrera eclesiàstica, però no es pot assegurar que fos ordenat sacerdot. És cert que entre el 1468 i el 1471 va ser nomenat mestre en teologia. La seva família es relacionava amb la d'Ausiàs March i la de Joanot Martorell. Amb tota probabilitat, aquests contactes el portaren a conèixer l'obra d'aquests escriptors. La seva situació econòmica li va permetre dedicar-se a la literatura i freqüentar tertúlies literàries en diferents cercles de la València humanística del segle xv, la més destacada de les quals era la de Berenguer Mercader.

Gràcies a la seva ascendència noble, Roís de Corella, l'última gran figura de la literatura catalana medieval, va afavorir una actitud de curiositat i de receptivitat cap als estudis humanístics entre l'aristocràcia lletraferida, que aspirava a distingir-se culturalment. La seva obra, extensa i variada, s'adreçava a un públic aristocràtic, sensible a les noves influències literàries, tot i que s'havia educat en un context cultural medievalitzant. La seva producció era de transició entre el món cultural medieval i el Renaixement, un fet característic de la literatura no escrita en llatí en l'Europa occidental del segle xv.

Va escriure **obres profanes** i **obres religioses**. Va conrear indistintament el **vers** i la **prosa**, i sovint combinà les dues formes en una mateixa obra, fins al punt d'anomenar *poesies* algunes de les seves proses. La seva producció s'allunya del sarcasme característic dels escriptors burgesos valencians contemporanis i s'inclina per un sentit moralitzador que es pot apreciar en alguns dels seus textos en prosa.

Doncs, Déu aidant, io entonant
mon spill e norma, servant la forma
de l'abreujar, me vull llexar
la infantea. Ma fadrinea
e joventut, en servitud,
desheretat, foragitat
e camps seguint, los més vivint
anys meu millors, ab prou suors,
perills, treballs, nafres e talls,
ab mal passí, e comencí
mort mon bon pare. Ell ab ma mare
vixqué poc temps, he mai ensemps
los viu menjar ni festejar;
mai los viu riure, per llur mal viure
o mala sort, cert a gran tort
per alguns mals; no vull dir quals,
e no'ls declaré per ser ma mare. [...]

JAUME ROIG, «De la fadrinea, ab sa mare», *Espill*

JAUME ROIG

Jaume Roig va néixer a València al principi del segle xv i va morir a Benimàmet l'any 1478. Metge de gran prestigi i personatge lletraferit, representa una figura rellevant de l'època amb el seu llibre *Espill*. Aquesta obra és un clàssic de la literatura misògina en català que va ser molt difós i celebrat. A més, va provocar una rèplica interessant en defensa de les dones, la *Vita Christi* de sor Isabel de Villena.

L'*Espill*, publicat el 1531 amb el títol de *Llibre de consells*, i l'any 1561 com a *Llibre de les dones*, té una clara **intenció lúdica** més que no pas moralitzant. Escrit en versos apariats seguint la tradició de les noves rimades, es presenta com un **relat autobiogràfic** –en realitat, un recurs retòric que no correspon a la realitat històrica– escrit en primera persona i adreçat al nebot de l'autor, Baltasar Bou, amb una **intenció didàctica** i moralitzadora: aconsellar els homes perquè defugin les dones, portadores de vicis i causants de desgràcies. La vida d'aquest autor es mostra com un model que cal evitar atès el seu fracàs amb les dones, però que cal seguir en la seva reconversió final a l'ascetisme i la virtut.

Coberta d'una edició de l'*Espill*.

Tant la intencionalitat com el plantejament del relat responen estrictament a la **tradició misògina** que abasta des del *Corbaccio*, de Boccaccio, fins a *Lo somni*, de Bernat Metge, i el *Corbacho*, de l'Arcipreste de Talavera. Les úniques excepcions en la diatriba contra les dones són dues figures obligades pel tòpic i la tradició: la Mare de Déu i la mateixa esposa de l'autor, Isabel Pellisser.

A banda de l'agilitat narrativa i el cru sarcasme de l'*Espill*, cal valorar-ne l'aguda descripció dels **costums socials** de la València del segle xv, que són presentats com a fets que l'autor ha esperimentat o viscut.

Generalment, el que hi apareixen són **anècdotes** populars expressades amb gràcia, que en alguns casos deriven cap a la narració de fets tètrics i desagradables.

Així doncs, es tracta d'un relat misògin escrit en la forma tradicional de les noves rimades i amb la clara intenció de divertir més que no pas de moralitzar.

Activitats

AUSIÀS MARCH

1 **«Colguen les gents ab alegria festes» d'Ausiàs March.**

Colguen les gents ab alegria festes,
lloant a Déu, entremesclant deports;
places, carrers e delitables horts
sien cercats ab recont de grans gestes;
e vaja jo los sepulcres cercant,
interrogant ànimes infernades,
e respondran, car no són companyades
d'altre que mi en son continu plant.

Cascú requer e vol a son semblant,
per ço no em plau la pràtica dels vius.
D'imaginar mon estat són esquius,
sí com d'hom mort, de mi prenen espant.
Lo rei xipré, presoner d'un heretge,
en mon esguard no és malauirat,
car ço que vull no serà mai finat,
de mon desig no em porà guarir metge.

Cell Teixion qui·l buitre·l menja·l fetge
e per tots temps brota la carn de nou,
e en son menjar aquell ocell mai clou;
pus fort dolor d'aquesta em té lo setge,
car és un verm qui romp la mia pensa,
altre lo cor, qui mai cessen de rompre,
e llur treball no es porà enterrompre
sinó ab ço que d'haver se defensa.

E si la mort no·m dugués tal ofensa,
–fer mi absent d'una tan plasent vista–,
no li graesc que de terra no vista
lo meu cos nu, qui de plaer no pensa
de perdre pus que lo imaginar
los meus desigs no poder-se complir;
e, si em covë mon darrer jorn finir,
seran donats térmens a ben amar.

E si en lo cel Déu me vol allogar,
part veure a Ell, per complir mon delit
serà mester que em sia dellai dit
que d'esta mort vos ha plagut plorar,
penedint-vos com per poca mercé
mor l'ignoscent e per amar-vos martre:
cell qui lo cos de l'arma vol departre,
si ferm cregués que us dolríeu de se.

Llir entre cards, vós sabeu e jo sé
que es pot bé fer hom morir per amor,
creure de mi, que só en tal dolor,
no fareu molt que hi doneu plena fe.

Versió moderna

Que la gent celebri les festes amb alegria, lloant Déu i mesclant-hi entreteniments; que recorrin les places, els carrers i els horts delitosos narrant grans històries. I que jo, en canvi, vagi recorrent els sepulcres interrogant-hi les ànimes condemnades a l'infern, i elles em respondran, perquè només jo les acompanyo en el seu plany continu.

Cadascú cerca i vol el seu semblant, i per això no em plau el tracte amb els vius; eviten d'imaginar el meu estat i s'espanten de mi com d'home mort. El rei de Xipre, presoner d'un heretge, en comparació a mi no és malaurat, perquè jo no aconseguiré mai el que desitjo, cap metge no em podrà guarir del meu desig.

Com el d'aquell Tici, a qui el voltor menja el fetge, però constantment la carn li torna a néixer, sense que aquell ocell no pari mai de menjar, encara és més fort el dolor que a mi m'assetja, perquè me'l causen un cuc que em rosega el pensament i un altre que em rosega el cor, els quals no deixen de rosegar mai, i la seva activitat no es podrà interrompre mai sinó amb allò que m'està prohibit.

I si la mort no m'hagués de dur l'ofensa de privar-me d'una visió tan plaent, jo no li agrairia que no vestís de terra el meu cos nu, el qual no pensa perdre cap altre plaer que no sigui el d'imaginar que els meus desigs no podran ser satisfets. I, si haig d'acabar els meus darrers dies, s'haurà posat fi al ben amar.

I si Déu vol allotjar-me al cel perquè es compleixi el meu desig, a part de veure'l a Ell, em caldrà que allà em diguin que us ha plagut plorar aquesta meva mort, i que us penediu que, per la vostra poca mercè, hagi mort un home innocent i màrtir per haver-vos estimat, el qual voldria separar el cos de l'ànima, si cregués fermament que us dolríeu d'ell.

Lliri entre cards, vós sabeu i jo sé que és possible morir per amor. Ja fareu prou si me'n doneu plena fe, a mi que estic patint aquest dolor.

a Indica el senyal amb què s'identifica la dama. Com l'interpretes?

b Busca en els versos del poema les figures retòriques següents: antítesi, comparació, metàfora, hipèrbole.

c Al vers 13 de la segona cobla es fa referència a un fet històric molt conegut a l'època protagonitzat pel rei el rei de Xipre Janus de Lusignan. Cerca informació del fet.

d Busca en els versos del poema exemples que es refereixin als motius temàtics següents:
- La submissió de la sensualitat a l'intel·lecte
- L'experiència en el saber amorós
- L'experiència del dolor

e A la tercera cobla el poeta es compara amb un personatge de la mitologia grega, el gegant Tici. Explica'n el mite.

Activitats

ANSELM TURMEDA

2 «Elogi dels diners» d'Anselm Turmeda.

Diners de tort fan veritat,
e de jutge fan advocat;
savi fan tornar l'home orat,
pus que d'ells haja.

Diners fan bé, diners fan mal,
diners fan l'home infernal
e fan-lo sant celestial
segons que·ls usa.

Diners fan bregues e remors,
e vituperis e honors,
e fan cantar preïcadors:
Beati quorum.

Diners alegren los infants
e fan cantar los capellans
e los frares carmelitans
a les grans festes.

Diners, magres fan tornar gords,
e tornen lledesmes los bords.
Si diràs «jas» a hòmens sords,
tantost se giren.

Diners tornen los malalts sans,
moros, jueus e cristians,
lleixant a Déu e tots los sants
diners adoren.

Diners fan vui al món lo joc
e fan honor a molt badoc,
a qui diu «no» fan-li dir «oc»,
vejats miracle!

Diners, doncs, vulles aplegar,
si·ls pots haver no·ls lleixs anar;
si molts n'hauràs poràs tornar
papa de Roma.

Si vols haver bé e no dan
per advocat té sent «Jo ha'n».
Totes coses per ell se fan,
en esta vida.

Tant cant pots vulles esquivar
de mal just diners aplegar,
car tos hereus mai alegrar
no se'n porien.

Llibre de bons amonestaments (1398)

Versió moderna

Els diners converteixen la injustícia en veritat i el jutge en advocat; l'home boig fan tornar savi, si en té, de diners.

Els diners fan bé, els diners fan mal, els diners condemnen l'home a l'infern o el fan un sant al cel segons com els usa.

Els diners provoquen baralles i discòrdies, i vituperis i honors, i fan cantar els predicadors: Beati quorum.

Els diners alegren els infants i fan cantar els capellans i els frares carmelitans a les grans festes.

Els diners fan tornar grassos els homes magres, i els fills bords tornen legítims. Si dius «pren» a homes sords, immediatament es giren.

Els diners tornen sans els malalts; els moros, els jueus i els cristians, oblidant-se de Déu i de tots els sants, adoren els diners.

Els diners dominen avui el món i honoren molts ximples, a qui diu «no» li fan dir «sí», veges quin miracle!

Aplega, doncs, diners; si els pots tenir, no els deixis anar; si en tens força podràs esdevenir papa de Roma.

Si vols obtenir benefici i no perjudici, tingues sant «Jo ha'n» per advocat. Tot es fa per ell en aquesta vida.

Evita d'aplegar els diners justos tant com puguis, perquè els teus hereus no se n'alegrarien mai.

a Indica els versos del poema en què hi trobem les figures retòriques següents: antítesi, anàfora, paral·lelisme, hipèrbaton, polisíndeton, encavallament, hipèrbole.

b Aquest poema és una sàtira als valors de les classes privilegiades de la seva època. Creus que la crítica té vigència als nostres dies? Adapta alguns versos a la situació actual.

c Els dos darrers versos plantegen també una crítica als privilegis de l'Església catòlica. Quina era la posició ideològica religiosa d'Anselm Turmeda? Repassa la seva biografia.

d Mètricament aquest poema segueix l'esquema 8a8a8a4. Explica què significa l'esquema pel que fa a la mètrica i la rima de cada quarteta.

Activitats

JORDI DE SANT JORDI

3 «Jus lo front port vostra bella semblança», de Jordi de Sant Jordi.

Jus lo front port vostra bella semblança
de què mon cors nit e jorn fa gran festa,
que remirant la molt bella figura
de vostra faç m'és romasa l'empremta
que ja per mort no se'n partrà la forma;
ans quan serai del tot fores d'est segle,
cells qui lo cors portaran al sepulcre
sobre ma faç veuran lo vostre signe.

Si com l'infants quan mira lo retaule
e contemplant la pintura ab imatges
ab son net cor, no lo'n poden gens partre
–tant ha plaser de l'aur qui l'environa–,
atressí em pren davant l'amorós cercle
de vostre cors, que de tants béns s'enrama,
que mentre el vei mas que Déu lo contemple:
tant hai de joi per amor qui em penetra.

Així em té pres e lliats en son carçre
amors ardents com si estés en un cofre
tancat jus claus e tot mon cors fos dintre,
on no posqués mover per null encontre;
car tant és grans l'amor que us hai e ferma
que lo meu cor no es part punt per angoixa,
bella, de vós, ans estai ferm com torres
en sol amar a vós, blanxa colomba.

Bella sens par ab la presença noble,
vostre bell cors, bell fec Déus sobre totes,
gais e donós lluu plus que fina pedra,
amorós, bells, plus penetrants que estella;
d'on, quan vos vei ab les autres en flota
les jusmetetz, si com fai lo carboncles
que de virtuts les fines pedres passa:
vós ets sus lei com l'astors sus l'esmirle.

L'amor que us hai en totes les parts m'ascla
quan no n'amec pus coralment nulls hòmens;
tan forta amor com cesta que el cor m'obre
no foncs jamais en null cors d'hom ne arma.
Mas sui torbats que no fonc Aristòtils
d'amor qui m'art e mos cinc senys desferma;
co'l monjos bos que no es part de la cel·la,
no es part mon cors de vós tant com dits d'ungla.

Oh cors d'honors, net de frau e delicte!
prenets de me pietats, bella dona,
e ne sofrats que's amant-vos peresca,
per què eu vos am mais que nulls homs aferma;
per que us suplei, a vós, que ets le bells arbres
de tots los fruits on valor grans pren sombra,
que em retenyats en vostra valent cambra,
pus vostre sui e serai tant com visca.

Mon ric balais: cert, vós portats lo timbre
sus quantes són e'l mundanal registre,
car tots jorns naix en vostre cors e revida
bondats, virtuts, més que en Pentasilea.

Versió moderna

Sota el front porto vostra bella semblança.
d'això el meu cos nit i jorn fa gran festa,
que remirant la molt bella figura
de vostra faç m'és romasa l'empremta
i ni per mort no se'n perdrà la forma;
ans quan seré del tot fora del segle,
els qui el cos portaran al sepulcre
sobre ma faç veuran el vostre signe.

Tal com l'infant quan mira el retaule
i, contemplant la pintura amb imatges
amb son cor net, no hi ha qui le'n separi
–tant és el plaer de l'or que l'envolta–,
així em pren davant l'amorós cercle
de vostre cos, que de tants bens s'enrama,
que mentre el veig més que a Déu el vull veure:
tant de goig tinc per l'amor que em penetra.

Així em té pres i així m'empresona
l'amor ardent, com si fos dins d'un cofre
tancat amb clau, i tot mon cos fos dintre,
on no pogués moure'm de cap manera;
car tant és gran l'amor que us tinc i ferma
que el meu cor no el destorba l'angoixa,
bella, de vós, ans resta com la torre
i sols us ama a vós, blanca coloma.

Bella sens par de presència noble,
vostre bell cos és més bell que el de totes,
i tan gentil que lluu com pedra fina
amorós, bell, més penetrant que estrella;
d'on quan us veig amb les altres en flota
les depasseu, tal com fa el robí
que de virtuts les fines pedres passa:
vós sou la millor, com l'astor ho és sobre la merla.

Activitats

L'amor que us tinc a tot arreu m'estella,
no ha estimat més coralment cap home;
tan fort amor com aquest que el cor m'obre
no fou jamai en cos d'home ni ànima.
Soc més torbat que no ho fou Aristòtil
d'amor que crema i els cinc sentits desferma;
com monjo bo que no deixa la cel·la,
no es pot separar el meu cos de vós, com el dit de l'ungla.

Oh cos d'honors, net de frau i delicte!,
preneu de mi pietat, bella dona,
no permeteu que d'amor jo mori,
ja que us amo més que cap home afirma;
i us suplico a vós el més bell arbre
de tots bons fruits on valors prenen ombra,
que em retingueu en vostra excel·lent cambra,
que vostre soc i seré tant com visqui.

Mon ric robí, cert, vós porteu corona
sobre totes les que hi ha en el mundanal registre,
car tots jorns neix i en vostre cos revincla
bondat, virtut, més que en Pentesilea.

a Fes l'anàlisi mètrica del poema. Tingues en compte que aquest poema és conegut com «Estramps».

b Jordi de Sant Jordi és considerat un autor molt lligat a la tradició trobadoresca, tant pel que fa als tòpics temàtics com a l'ús d'un català ple de provençalismes. Llegeix el text original esmenta'n una quants.

c Els estudis sobre el poeta Jordi de Sant Jordi destaquen dues fonts oposades en la seva poesia, el component trobadoresc i la força d'una veritat emocional molt més moderna. Destaca versos del poema per omplir la graella seguint l'exemple:

Vers	Tòpic trobadoresc	Veritat emocional
	Bella sens par ab la presença noble,	
		L'amor que us hai en totes les parts m'ascla

d Identifica en quins versos s'empra el recurs retòric de la comparació

e Identifica en quins versos l'amor s'explica com una presó. Identifica'n les metàfores.

f La dama és comparada amb un personatge de la mitologia grega. Quin? exposa breument la seva procedència.

JOAN ROÍS DE CORELLA

4 «La balada de la garsa i l'esmerla» de Joan Roís de Corella.

Ab los peus verds, los ulls e celles negres,
penatge blanc, he vista una garsa,
sola, sens par, de les altres esparsa,
que del mirar mos ulls resten alegres;
i, al seu costat, estava una esmerla,
ab un tal gest, les plomes i lo llustre,
que no és al món poeta tan il·lustre,
que pogués dir les llaors de tal perla;
i, ab dolça veu, per art ben acordada,
cant e tenor, cantaven tal balada:

«Del mal que pas no puc guarir,
si no em mirau
ab los ulls tals, que puga dir
que ja no us plau
que jo per vós haja a morir.

Si muir per vós, llavors creureu
l'amor que us port,
e no es pot fer que no ploreu
la trista mort
d'aquell que ara no voleu.

Que el mal que pas no em pot jaquir,
si no girau
los vostres ulls, que em vullen dir
que ja no us plau
que jo per vós haja a morir.

Versió moderna

Amb els peus verds, els ulls i les celles negres, el plomatge blanc, he vist una garsa, sola, sense parella, separada de les altres, que, en mirar-la, els meus ulls resten alegres; i, al seu costat, estava una merla, amb un capteniment tal, les plomes i la lluïssor, que no es troba al món un poeta tan il·lustre que pogués dir les lloances de tal perla; i, amb veu dolça, amb art ben acompassada, segons cant i tenor, cantaven aquesta balada:

«No puc guarir del mal que passo, si no em mireu amb tals ulls que pugui dir que ja no us plau que hagi de morir per vós. Si moro per vós, creureu llavors l'amor que us tinc, i no podrà ser que no ploreu la trista mort d'aquell que ara no voleu; que el mal que passo no em pot abandonar, si no gireu els vostres ulls, de tal manera que em vulguin dir que ja no us plau que jo hagi de morir per vós.»

a En els versos introductoris el poeta exposa que ha vist una garsa i una merla. Per què creus que ha escollit aquests ocells? Per algun motiu estètic o simbòlic?

c De què es lamenta el jo poètic en la segona part del poema?

Test final d'unitat

1 Digues si és veritat (V) o fals (F):

	V	F
a Considerem el segle XV com l'època d'or de la poesia catalana	☐	☐
b La major part de la literatura en català als segle XIV i XV es produeix a la ciutat de València	☐	☐
c A la literatura catalana dels segles XIV i XV no hi ha cap rastre de la influència de l'humanisme italià	☐	☐
d Ausiàs March va compondre els seus poemes en llengua provençal	☐	☐
e No existeix un corrent poètic satíric en la literatura catalana dels segle XIV i XV	☐	☐
f «Llir entre cards» és el títol d'una novel·la d'Ausiàs March	☐	☐
g La *donna angelicata* és el nou model de dona del Renaixement italià	☐	☐
h El *dolce stil nuovo* és un dels senyals de la dama cantada per Francesco Petrarca	☐	☐
i Ausiàs March va escriure un extens *Cant espiritual* adreçat a la Verge Maria	☐	☐
j Els *Cants de mort* d'Ausiàs March estan dedicats a la seva dona morta	☐	☐
k Un dels recursos retòrics més utilitzats per Ausiàs March és l'anàfora	☐	☐
l Un dels recursos retòrics més utilitzats per Ausiàs March és la comparació exemplificadora	☐	☐
m Ausiàs March va llegir l'obra d'Ovidi, Sèneca, Sòcrates i Plató	☐	☐
n Ausiàs March va llegir l'obra d'Ovidi, Sèneca i Tomàs d'Aquino	☐	☐
o Ausiàs March es considerava un mestre d'amor	☐	☐
p El Cisma d'Occident és un relat d'Anselm Turmeda	☐	☐
q Anselm Turmeda va ser un monjo franciscà que es va convertir a l'islamisme	☐	☐
r Anselm Turmeda va ser jutjat per la Inquisició i cremat a la foguera	☐	☐
s Jordi de Sant Jordi va servir al rei Martí l'Humà	☐	☐
t Joan Roís de Corella era un burgès mallorquí	☐	☐
u Jaume Roig era un burgès valencià	☐	☐
v La tradició misògina no va tenir èxit en la literatura catalana	☐	☐

2 Identifica cada poeta amb la seva ciutat d'origen:

Jordi de Sant Jordi, Ausiàs March, Anselm Turmeda,
Joan Roís de Corella, Jaume Roig, Dante Alighieri,
Giovanni Bocaccio, Francesco Petrarca

poeta	ciutat

3 El poema XLVI, conegut popularment com a «Veles e vents» és una de les composicions més famoses d'Ausiàs March. La primera cobla descriu de forma al·legòrica la situació del poeta i està inspirada en la seva experiència militar marinera. Esbrina la situació dels vents en una rosa dels vents.

Veles e vents han mos desigs complir,
fahent camins duptosos per la mar.
Mestre i ponent contra d'ells veig armar;
xaloc, levant los deuen subvenir
ab lurs amichs lo grech e lo migjorn,
fent humils prechs al vent tremuntanal
que·en son bufar los sia parcial
e que tots cinch complesquen mon retorn.

Poema XLVI, v. 1-8

4 Llegeix la primera estrofa i la tornada del poema «Així com cell qui·n lo somni es delita» d'Ausiàs March. Contesta les preguntes.

I *Axí com cell qui·n lo somni·s delita*
e son delit de foll pensament ve,
ne pren a mi, que·l temps passat me té
l'imaginar, qu·altre bé no·y habita,
sentint estar en aguayt ma dolor,
sabent de cert qu·en ses mans he de jaure.
Temps de venir en negun bé·m pot caure;
aquell passat en mi és lo millor.

VI *Plena de seny, quant amor és molt vella,*
absença és lo verme que la guasta,
si fermetat durament no contrasta,
e creure poch, si l'envejós consella.

a El poema contrasta el passat amb el present. Per què creus que el poeta pateix amb aquesta comparació?
b Com creus que deu ser l'enamorada del poeta si el seu senyal és «Plena de seny»?
c Com interpretes l'últim vers de la tornada?

CONEIXEMENTS PREVIS

Llegeix aquest text:

A mitjan segle v, *part de la població cèltica de la Gran Bretanya, empesa per invasors germànics, travessà la Mànega i fundà una petita Bretanya a l'Armòrica, conservant-hi llengua i costums. Una altra part, major, restà arraconada dins l'illa. Raça apassionada, decantada a la superstició i al misteri, elaborà de bonhora amb les seves tradicions i mites una poesia abundant. Arpistes bretons de banda i banda de l'Estret, cantors i contadors alhora, la difonien entre l'Occident feudal, en curts poemes anomenats* lais. *Des del segle* XII, *un cert nombre de trobadors francesos i anglo-normands (de llengua francesa també) oferint-los ja les tradicions èpiques nacionals poca matèria per a nous cants, acudiren a les llegendes estrangeres, especialment a les de la Gran Bretanya.*

Carles Riba. Nota preliminar de la traducció de *El romanç de Tristany i Isolda*

Fes una recerca sobre els conceptes següents:

a Cavaller errant
b Justes esportives
c Justes de malvolença
d Combat a ultrança

Què en saps de:

a Tristany i Isolda
b Els cavallers de la Taula Rodona
c El mag Merlí
d La reina Ginebra

Llegeix aquest text i contesta les preguntes:

–Oh Tirant senyor, e on sou vós ara? ¿Com no sou ací prop perquè poguéssiu veure e tocar la cosa que més amau en aquest món ni en l'altre? Mira, senyor Tirant, vet ací los cabells de la seyora Princesa; jo els bese en nom de tu, qui és dels cavallers del món lo millor. Vet ací los ulls e la boca: jo la bese per tu. Vet ací les seus cristal·lines mamelles, que tinc cascuna en sa mà: bese-les per tu: mira com són poquetes, dures, blanques e llises. Mira, Tirant vet ací lo seu ventre, les cuixes e lo secret.

Joanot Martorell. *Tirant lo Blanc*, cap. CCXXXI

a Quin és el tema del fragment?
b Quina és la intenció del text?
c A quin públic creus que va dirigit?
d La narradora del fragment és un personatge que es diu Plaerdemavida. Comenta el valor simbòlic del nom.

B1 UNITAT 5

LA NARRATIVA CAVALLERESCA

En aquesta unitat continuarem amb el context cultural i la producció poètica del darrer tram de l'edat mitjana, en els segles XIV i XV. Aquest període de canvi cap a l'humanisme, que donarà pas al Renaixement, és un dels més rics i brillants de la producció literària en català. En concret estudiarem la producció en prosa i de ficció, la novel·la cavalleresca per excel·lència de la literatura catalana que és el *Tirant lo Blanc* de Joanot Martorell, i els seus antecedents literaris. Per aproximar-nos millor als textos literaris d'aquesta època podràs fer les activitats proposades, especialment les qüestions de comprensió, reflexió i crítica.

Dimensió estètica i literària

- Antecedents literaris.
- La matèria de Bretanya.
- Els llibres de cavalleries.
- Les novel·les cavalleresques.

AUTORS I TEXTOS

- *Curial e Güelfa* (anònim).
- *Tirant lo Blanc* de Joanot Martorell.

Objectius

- Identificar els aspectes més rellevants de l'època històrica i de la societat en la qual es produeix la narrativa cavalleresca, especialment de la novel·la *Tirant lo Blanc* de Joanot Martorell.
- Distingir els llibres de cavalleries de la novel·la cavalleresca.
- Comprendre i analitzar les característiques singulars de la novel·la *Tirant lo Blanc* de Joanot Martorell.

ANTECEDENTS LITERARIS

La matèria de Bretanya

La **cavalleria** fou objecte literari de tots els gèneres medievals, des dels poemes èpics que narren les actuacions heroiques dels cavallers en les croades fins a les cançons trobadoresques i els romans, que afegeixen a la força i al valor dels herois una educació i una formació pròpies del cavaller que compagina les tasques militars amb la refinada vida de la cort i el tracte amb les dames. La novel·la cavalleresca té els seus orígens en unes narracions en vers (octosíl·labs apariats) anomenades *romans courtois*, que van irrompre en la tradició literària francesa del segle XII. El *roman* era un **gènere cortesà** destinat a la lectura, que mostrava els ideals cavallerescos i la participació de la **dama** en la vida de la cort. Aquest caràcter cortesà, la transmissió per mitjà de la lectura i la incorporació a la trama de l'**element amorós** distancien el *roman* de les cançons de gesta, que recitaven els joglars a les places i als castells i tractaven exclusivament de les grans gestes que els cavallers i herois protagonitzaven davant els exèrcits sarraïns.

Els protagonistes de les narracions anomenades *romans* són cavallers errants vinculats a la cort del rei Artús, un dels personatges llegendaris de la mitologia celta. Les històries es desenvolupen a la Bretanya continental o insular. Cavallers com Tristany, Lancelot, Perceval o Ivain abandonen la cort –el seu món amenaçat– i inicien un viatge per acomplir la seva comesa: hauran de superar tot un seguit de proves i vèncer grans dificultats abans de tornar victoriosos a la cort i restablir-hi la pau. En totes aquestes aventures intervenen diversos elements meravellosos i màgics molt relacionats amb la tradició mitològica i pagana de la cultura celta. A més, cal destacar com a aspecte distintiu, la incorporació de la dama i, per tant, de l'element amorós. Així, doncs, al costat dels cavallers esmentats apareixen personatges com ara Isolda, Ginebra i Morgana, entre d'altres.

Miniatura d'un manuscrit del *Lancelot,* novel·la medieval.

Miniatura en què es veu un aspirant que és adobat a cavaller.

Aquestes obres, conegudes com a *romans* de la **matèria de Bretanya** o novel·les del cicle artúric, es van introduir a Catalunya al final del segle XII. Van ser molt acceptades i es van fer força populars, com demostren les referències que en fan els poetes en les seves composicions i l'aparició de la novel·la provençal *Jaufré*, dedicada al rei Alfons I. Posteriorment, durant el segle XIV, es van traduir els grans *romans*. La difusió d'aquesta literatura culminà amb l'aparició de **novel·les artúriques** escrites per autors **catalans**, com el *Blandín de Cornualla* (anònima) i *La faula*, de Guillem de Torroella.

Els llibres de cavalleries

Seguint la tradició de les novel·les artúriques, trobem els llibres de cavalleries. Es tracta d'un gènere desenvolupat fonamentalment en la literatura castellana, on hi ha els títols més representatius: *Amadís de Gaula* i *Palmerín de Inglaterra*. Els llibres de cavalleries narren les aventures i les proeses d'un cavaller errant dotat d'un valor i una força exagerats, que venç tota mena d'enemics enmig d'un món ple de meravelles i éssers extraordinaris i màgics (dracs, nans, gegants, encanteris...). L'acció se situa sempre en paratges llunyans i exòtics i en un temps remot. Són novel·les **inversemblants** que reprodueixen un ambient de fantasia i de somni. Els llibres de cavalleries van tenir molt èxit, sobretot entre els cavallers del segle XV, que van veure en els

D'aquí se part lo bon Blandín
e va-se'n per l'estret camín,
e intra-se'n per lo boscatge
com a bon cavalier de paratge.
Apertament ell va cercar
ventura, si porria trobar.
E quan ell hac un temps anat
per lo boscatge on era intrat,
ell va veser una donzella
mout graciosa a meravella,
que guardava en un bell prat
un cavall blanc tot ensellat
que cantava joliament
un cant d'amors veraiament. [...]

ANÒNIM, *Blandín de Cornualla*

Requesta de batalla del molt magnífic cavaller Mossèn Jacme de Ripoll al magnífic Mossèn Joanot Martorell

Mossèn Joanot Martorell. Jo, Jacme de Ripoll, vos faç a saber com jo haja oït dir que vós havets gran desig d'avear-vos a fer armes, la qual cosa, si així és, me par vos deu ésser molt agraït, e més que a aquells que els ve de natura. Per què jo, havent lo desig que cuit es diu que vós havets, no curant de mirar àls, a tota ma requesta vos vull combatre, a peu o a cavall, segons per vostre avantatge ho volrets divisar.

E per ço que vós siats cert de les coses dessús dites, he signat de la mia mà e segellat de mes armes les presents lletres, a vint-e-dos del mes d'agost, any mil quatre-cents quaranta-dos.

JACME DE RIPOLL

Lletra de batalla tramesa per lo senyor de les Vilesermes a Tirant lo Blanc

—A tu, Tirant lo Blanc, qui est estat principi de la destrucció de la sang militar:

Si lo teu ànimo esforçat gosarà mirar lo perill de les armes que entre cavallers són acostumades, armat o desarmat, a peu o a cavall, vestit o despullat, en la manera a tu més segura, concorda't ab mi ab condició que l'espasa tua e la mia ajustar se puguen a mort determenada. –Escrit de mà mia e segellat ab lo segell secret de mes armes– LO SENYOR DE LES VILESERMES.

JOANOT MARTORELL, *Tirant lo Blanc*, cap. LXII

protagonistes d'aquestes narracions el reflex dels ideals i les atribucions que, amb l'evolució de la societat feudal, ells mateixos havien perdut. Aquests cavallers van mitificar la figura dels herois i els van imitar: van esdevenir **cavallers errants** i van cercar honor i prestigi superant adversaris en torneigs, justes, passos d'armes i altres accions cavalleresques. En certa manera, van convertir la seva vida en una novel·la, i així van ser font d'inspiració d'escriptors que van basar les seves obres de ficció en aquests cavallers (sobretot en els aspectes més espectaculars: combats, cerimònies, paraments, etc).

Les novel·les cavalleresques

Al segle xv, fruit d'aquesta interrelació entre la realitat i la ficció, va sorgir un altre gènere literari: la novel·la cavalleresca, en què situem l'obra anònima *Curial e Güelfa* i *Tirant lo Blanc*, de Joanot Martorell. S'estableixen algunes diferències importants respecte dels llibres de cavalleries, destinades a reforçar la **versemblança** de la narració:

- El protagonista també és un cavaller fort i valent, però ho és d'acord amb la **mesura humana**.
- Les seves accions s'esdevenen d'una manera lògica, sense la intervenció de prodigis ni d'elements meravellosos o màgics.
- Totes les accions tenen lloc en **paisatges coneguts** i perfectament localitzables i en un temps relativament pròxim.
- Sovint s'hi esmenten **personatges històrics**, que, fins i tot, poden intervenir en els fets narrats.

En aquesta humanització i versemblança de les novel·les cavalleresques, cal veure-hi també la influència dels nous corrents estètics de procedència burgesa, que optaven per una literatura inspirada en la realitat i, per tant, creïble.

CURIAL E GÜELFA

Curial e Güelfa, una de les dues novel·les cavalleresques en català que coneixem, és **anònima** i va ser escrita cap a mitjan segle xv. Està dividida en tres llibres:

Resum argumental de l'obra

Llibre I

En el primer llibre es narra l'educació i formació de **Curial**, un jove d'origen humil que és acollit a la cort del marquès de Montferrat. A la cort, també hi viu **Güelfa**, germana del marquès, jove i vídua, que s'enamora de Curial i decideix protegir-lo i «avançar-lo», és a dir, proporcionar-li tot allò que necessiti perquè progressi i esdevingui cavaller. Les calúmnies de dos vells envejosos estan a punt d'enemistar Curial amb el marquès i el perjudicaran en altres ocasions. Curial s'inicia en els actes cavallerescos amb la defensa i l'alliberament de la duquessa d'Ostalric, falsament acusada d'adulteri. Allà coneix **Laquesis**, una jove, bella i seductora, que provocarà la gelosia i desconfiança de Güelfa.

Llibre II

El segon llibre se centra en el **torneig** de **Melú**, a **França**, al qual Curial va com a cavaller errant. L'acompanya **Festa** (que durant el viatge es fa dir Arta), una donzella de Güelfa

Escena de lluita entre cavallers extreta d'un manuscrit medieval.

que té la missió de vigilar Curial i d'informar la seva senyora de tot el que aquest faci.

A Melú, Curial lluita al costat del rei Pere II el Gran, que assisteix al torneig d'incògnit; guanyen tots els combats i són considerats els millors cavallers. Curial retroba Laquesis, la seva fortuna es capgira i acaba perdent els favors i la protecció de Güelfa, la qual jura que no el perdonarà mai, llevat que es produeixin unes circumstàncies molt especials.

Llibre III

En el tercer llibre, Curial viatja a **Terra Santa** i, a la tornada, naufraga davant la costa del nord d'Àfrica. El fan presoner i, juntament amb un cavaller català, és venut com a **esclau** a un mercader de **Tunis**. Després de sis anys de captiveri i amb l'ajut de **Càmar**, la filla del mercader, que s'enamora d'ell, Curial aconsegueix fugir. A França, s'assabenta que els turcs volen envair Alemanya, organitza un exèrcit i els venç. Finalment, obté el perdó de Güelfa i es casen.

Trets característics de l'obra

- L'afany de **realisme** que identifica el gènere és present en aquesta novel·la, tant pel que fa al tractament del protagonista com a la successió lògica de les accions.

- Les cavalleries de Curial se situen en **llocs coneguts**: Itàlia, Alemanya, França, Grècia i Tunísia. L'autor en devia tenir una coneixença directa o referències per mitjà dels mercaders catalans.

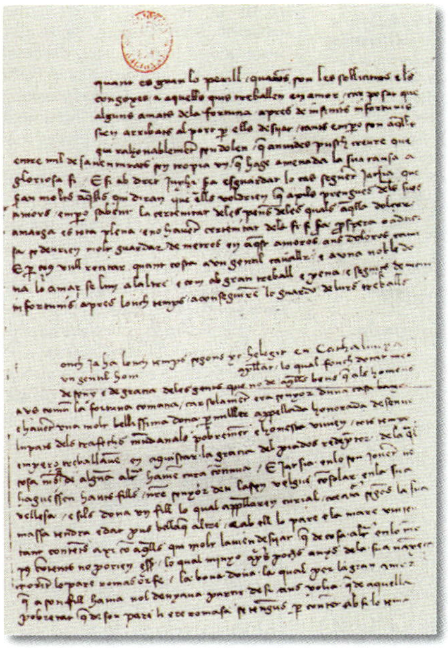

Detall del primer foli de l'únic manuscrit conservat de *Curial e Güelfa*.

- Per accentuar la **versemblança** de la narració, els personatges –llevat dels protagonistes– tenen noms i cognoms contemporanis; per tant, resultaven del tot familiars i creïbles per als lectors del segle XV.

- Al costat dels personatges de ficció, apareixen **personatges històrics** que tothom coneixia, com és el cas del rei Pere II el Gran, que participa en el torneig de Melú.

- La novel·la inclou alguns **passatges al·legòrics** i elements mitològics. Així, la Fortuna i els Infortunis, Juno, Venus, Neptú, Apol·lo... apareixen en els moments en què la sort de Curial canvia.

  Aquesta incorporació no afecta la versemblança de l'obra, sinó que respon a la voluntat de l'autor de mostrar la seva cultura humanística clàssica i italiana –cita Dante i Boccaccio– i d'aproximar-se als gustos renaixentistes.

- També cal considerar un tret de modernitat i realisme el tema central de la novel·la: l'**ascensió social** d'un jove de condició baixa per mitjà de la cavalleria.

  Tot i que les aventures i els fets d'armes són una part important de la novel·la, de fet serveixen per mostrar l'ascensió social del protagonista i descriure'n l'evolució psicològica.

- La inclusió d'algunes **escenes divertides** és un altre aspecte que allunya aquesta obra de les narracions que segueixen la tradició artúrica.

  L'estada de Curial al monestir o l'escena en què el protagonista observa divertit com un altre cavaller pretén emportar-se Arta (la donzella que acompanya Curial al torneig de Melú) arrossegant-la, són exemples d'aquest humor.

JOANOT MARTORELL

Tirant lo Blanc

Joanot Martorell va néixer a la ciutat de Gandia (Safor), probablement entre el 1413 i el 1415 i hi va morir l'any 1468. Pertanyia a una família de la mitjana noblesa valenciana que, al llarg del segle xv, va haver d'afrontar una progressiva pèrdua de prestigi i posició social i una important davallada del potencial econòmic. A causa dels deutes contrets durant la seva vida, Joanot Martorell va morir pobre i arruïnat, fins al punt d'haver d'empenyorar el manuscrit de la seva novel·la com a garantia de pagament. Una de les seves germanes, Isabel, es va casar amb Ausiàs March, però va morir al cap de pocs mesos. D'aquesta circumstància, se'n va derivar un llarg litigi entre les dues famílies a causa del dot d'Isabel, que March reclamava com a herència que no li havia estat remesa.

A causa del tarannà bregós i lluitador de Joanot Martorell, es va enfrontar diverses vegades amb un seguit de cavallers. Així, els va adreçar unes verinoses **lletres de batalla** en què els reptava a una **batalla a ultrança**, és a dir, a mort. Un dels episodis biogràfics de més relleu va ser l'enfrontament amb el cavaller Joan de Montpalau, cosí de la família i festejador de la germana de Martorell, Damiata, amb la qual, seguint una pràctica corrent en l'època –tot i que clandestina–, va celebrar matrimoni secret. Al cap d'un cert temps, el cavaller es va desdir de la seva promesa matrimonial, però l'honor de la noia ja estava compromès i, per tant, el fet esdevenia una ofensa per a la família.

A fi de buscar-ne la reparació, Joanot Martorell va decidir que s'havia de resoldre amb una batalla a ultrança, i per fer-ho li calia un jutge a l'altura de les circumstàncies.

Amb aquesta finalitat, es traslladà a la cort més extraordinària, culta i sobretot exuberant pel que fa a formes i rituals: la cort d'Anglaterra, i el rei Enric VI va acceptar ser el jutge d'aquella batalla. Finalment, com tots els conflictes cavallerescos de Martorell –a qui agradaven moltíssim més les formes i els rituals que no pas els fets concrets de la lluita–, es va resoldre anys més tard i per mediació de la reina Maria, esposa del rei Alfons el Magnànim, amb una indemnització econòmica per a Damiata Martorell.

> El protagonista de la novel·la que ens proposem d'examinar inicia la seva carrera militar fent de cavaller errant; i l'escriptor que narra la seva imaginada biografia fou un bregós senyor valencià. És el *Tirant lo Blanc* un llibre l'heroi del qual ha estat creat copiant un tipus d'home que existia i actuava al voltant de l'escriptor, el qual en més d'un moment de la seva vida visqué el lluït ambient en què situa alguns capítols de la seva novel·la i que, quan havia de lluitar amb els seus autèntics enemics, els trametia lletres de desafiament idèntiques a les que fa escriure als seus personatges de ficció i cobria el seu cos amb armadures de les mateixes característiques que les que vestia Tirant quan junyia. No podem, doncs, acostar-nos al *Tirant lo Blanc* sense haver-nos convençut que és arrencat de la realitat social de mitjan segle xv i que el seu autor hi recull tot un seguit de riques experiències personals.
>
> Martí de Riquer, *Aproximació al Tirant lo Blanc*

Imatges d'un llibre de cavalleries de l'època del *Tirant lo Blanc*.

Edició del 1490 del *Tirant lo Blanc*, conservada a la biblioteca històrica de la Universitat de València.

La importància de tot aquest periple rau, sens dubte, en l'oportunitat que donà a l'escriptor de conèixer la **cort anglesa**, de familiaritzar-se amb els seus costums i de tenir accés a la **biblioteca reial**, on va llegir, entre d'altres, la llegenda de *Guy de Warwick*, que va utilitzar com a punt de partida de la seva novel·la.

Martorell va viure com un cavaller feudal, defensant un estil de vida que en el segle xv ja s'estava extingint. La seva relació amb el cercle cortesà, establert pel rei Alfons el Magnànim a Nàpols, el va posar en contacte amb altres escriptors de la Corona d'Aragó i amb els nous aires humanístics provinents d'Itàlia. La hipòtesi que escrivís el *Tirant lo Blanc* a Barcelona i no a València és significativa, ja que, com a vassall reial, pren més relleu el fet d'estar vinculat a la cort que no pas a un context ciutadà i geogràfic determinat.

Joanot Martorell va morir el 1468, i la seva obra, en mans del prestador **Martí Joan de Galba** –que no la va tornar mai als hereus de l'escriptor–, va ser publicada el 1490. En l'entremig es van produir diverses reclamacions judicials de la família Martorell fins que, el 1489, es van signar els contractes per imprimir la novel·la.

Tot i les especulacions sobre l'autoria definitiva de l'obra que aquest lapse permet aventurar, la crítica especialitzada conclou que el *Tirant lo Blanc* va ser escrit exclusivament per Joanot Martorell i que, probablement, Martí Joan de Galba es dedicà a preparar l'obra (separació per capítols, rúbriques o alguna modernització lingüística) per a l'**edició**.

Per la qualitat literària del *Tirant* i, sobretot, per la proporció extraordinàriament lúcida d'utopia i escepticisme de l'obra, **Miguel de Cervantes**, un segle més tard, la salvà de la foguera en la seva gran novel·la *El ingenioso hidalgo Don Quijote de la Mancha* (1605-1615).

Resum argumental de l'obra

El *Tirant lo Blanc* és una novel·la extensa i plena d'aventures; s'estructura en quatre parts ben delimitades:

- **Tirant a Anglaterra**. La novel·la s'inicia amb el relat *Guillem de Varoic* –els 39 primers capítols–, inspirat en el roman anglès *Guy de Warwick*, al qual Martorell va afegir part de l'alliçonament que **Ramon Llull** exposa en el *Llibre de l'orde de cavalleria*. En aquesta part, Tirant, un jove bretó, es dirigeix a Anglaterra per assistir a les festes celebrades amb motiu de les noces del rei. Pel camí troba un ermità, Guillem de Varoic, que llegeix, precisament, el llibre *Arbre de batalles* –tot i el canvi de títol, és una referència explícita al manual de Ramon Llull– i l'aconsella sobre l'ofici de cavaller. A Londres és armat cavaller i adquireix un gran prestigi, ja que és considerat el millor cavaller de les festes.

Representació romàntica de l'entrada de Roger de Flor a Constantinoble.

- **Tirant a Sicília i Rodes**. De retorn a Bretanya, Tirant rep la notícia del **setge de Rodes** pels turcs (fet real que va ocórrer l'any 1444). Arma una nau i s'hi dirigeix, acompanyat per l'infant Felip, fill del rei de França. S'aturen a Sicília, on l'infant s'enamora de Ricomana, i reprenen el viatge. Un cop a Rodes, i després d'un seguit d'estratègies militars, Tirant allibera l'illa i en fa fugir els turcs. Tirant ja no actua com un cavaller errant; a partir d'aquest moment és un militar, un famós capità.

- **Tirant a l'Imperi grec**. És la part més extensa de la novel·la. Tirant arriba a **Constantinoble** responent a la demanda d'ajut de l'emperador per lluitar contra els turcs, que estan envaint l'Imperi grec. Aquest episodi també fa referència a un fet real, tot i que el desenllaç de la novel·la és diferent: Constantinoble va caure a mans dels turcs l'any 1453. De fet, l'autor sembla haver-se inspirat en l'expedició catalana a Orient comandada per **Roger de Flor**, cabdill dels almogàvers.

Y sin querer cansarse más en leer libros de caballerías, mandó al ama que tomase todos los grandes y diese con ellos en el corral. No se dijo a tonta ni a sorda, sino a quien tenía más gana de quemallos que de echar una tela, por grande y delgada que fuera; y asiendo casi ocho de una vez, los arrojó por la ventana. Por tomar muchos juntos, se le cayó uno a los pies del barbero, que le tomó gana de ver de quién era, y vio que decía: Historia del famoso caballero Tirante el Blanco.

–¡Válame Dios! –dijo el cura, dando una gran voz–. ¡Que aquí esté Tirante el Blanco! Dádmele acá, compadre, que hago cuenta que he hallado en él un tesoro de contento y una mina de pasatiempos. [...] Dígoos verdad, señor compadre, que, por su estilo, es éste el mejor libro del mundo: aquí comen los caballeros, y duermen y mueren en sus camas, y hacen testamento antes de su muerte, con estas cosas de que todos los demás libros deste género carecen.

MIGUEL DE CERVANTES,
El ingenioso hidalgo Don Quijote de la Mancha, part I

A Constantinoble es desenvolupen dues trames paral·leles: d'una banda, les campanyes militars que protagonitza Tirant lluitant contra els turcs; de l'altra, en l'àmbit de la cort, la història amorosa entre Tirant i la filla de l'emperador, Carmesina, a la qual s'afegeixen les relacions amoroses d'altres personatges: Diafebus i Estefania, i l'emperadriu i Hipòlit.

- **Tirant al nord d'Àfrica**. Tirant s'enfada amb Carmesina per culpa d'un engany que ha ordit la Viuda Reposada, i marxa al camp de batalla. La nau amb què Tirant viatja naufraga a les costes del nord d'Àfrica, on és fet **captiu**. Amb el temps fa valer la seva condició de militar, participa en un seguit de campanyes i acaba convertint al cristianisme una gran quantitat de sarraïns.

- **Tirant allibera l'Imperi grec**. Tirant es dirigeix a Constantinoble amb els seus aliats, venç els turcs i reconquereix tot l'Imperi. L'emperador l'accepta com a gendre, el nomena hereu i li atorga el títol de Cèsar de l'Imperi. Però Tirant agafa una pulmonia que li provoca la mort: mor al llit, després d'haver fet testament. En saber la notícia, moren de dolor l'emperador i Carmesina. L'emperadriu es casa amb el seu jove amant, l'escuder Hipòlit, i es converteixen en els nous emperadors de l'Imperi, salvat per a major glòria del món cristià.

Trets característics de l'obra

- La **versemblança**, és a dir, la voluntat de reflectir la realitat, condiciona el tractament dels personatges i la trama de la narració: la caracterització dels protagonistes, l'evolució psicològica, les actuacions que duen a terme, la manera d'expressar-se i el marc geogràfic i històric que els envolta. Tirant és un cavaller fort i valent que supera la major part d'adversaris amb qui s'enfronta. L'autor explica que el protagonista ha tingut una sòlida **formació cavalleresca** i guerrera, i que té unes qualitats que justifiquen la seva superioritat en els combats: la forma física (l'alè) i la intel·ligència (l'enginy). Tirant és un personatge humà (de vegades es troba malament i emmalalteix), fins al punt que al final de l'obra mor al llit. Els personatges i els fets es poden explicar mitjançant la **lògica** i la **raó**; no hi intervenen ni la màgia ni la fantasia. Per aconseguir aquesta versemblança narrativa, l'autor desplega el ventall de tècniques següents:

  – topònims i antropònims reals i localitzables;
  – personatges que corresponen a cavallers contemporanis europeus;
  – detallisme descriptiu, a més de precisió en les xifres, les dades, les enumeracions, etc.;
  – capacitat d'introduir en la novel·la elements de la seva pròpia biografia: esdeveniments, persones amb qui es va relacionar, llocs que va visitar, etc.

- Un altre element de modernitat és el to d'**ironia** i l'**humor**, impensables en els llibres de cavalleries d'ascendència artúrica. Joanot Martorell mai no tracta d'una manera irònica els afers que ell considera importants i solemnes (les cavalleries, les proeses de Tirant i els episodis militars). Però, quan l'acció se centra en la vida quotidiana i en les intrigues amoroses, la narració sovint esdevé irònica i humorística. En aquests passatges, l'autor reflecteix l'ambient de la noblesa valenciana del seu temps, una realitat que coneixia bé i que retrata des d'una òptica pintoresca i divertida.

- En la descripció de les escenes amoroses, sobretot en els capítols de Constantinoble, les relacions entre els personatges de la novel·la (Tirant i Carmesina, Diafebus i Estefania, Hipòlit i l'emperadriu) es presenten amb una forta **càrrega sensual** i eròtica.

- La novel·la combina dos estils. D'una banda, un to solemne i culte, subjecte a la prosa renaixentista i a la «**valenciana prosa**», que empren els personatges quan fan llargs parlaments, lamentacions, rèpliques, com és el cas del plany de Carmesina sobre el cos mort de Tirant. D'altra banda, un estil **col·loquial** i directe, ple d'expressions familiars, jocs de paraules i exclamacions, que els personatges fan servir en els diàlegs. Les intervencions de Plaerdemavida en són una de les mostres més aconseguides.

- El joc d'equilibri entre realitat i ficció s'ha d'entendre com un diàleg entre la **utopia reformadora** –fonamentalment en l'esperit de croada de la novel·la i la salvació utòpica de Constantinoble de la definitiva expansió turca cap a Occident– i la **crítica desenganyada** implícita en tota l'obra, que culmina quan l'Imperi bizantí salvat acaba en mans del jove escuder Hipòlit, el màxim mèrit i honor del qual és haver estat l'amant de l'emperadriu, i, més tard, casar-s'hi.

Miniatura d'un altar en què es pot veure la ciutat de Constantinoble.

Temes principals de l'obra

Els temes principals de la novel·la són:

a) **La cavalleria i la formació militar.** L'erudició cavalleresca de Joanot Martorell es posa de manifest al llarg de la novel·la, però sobretot en els primers capítols. Per exemple, en la redacció de les lletres de batalla, el protocol estricte del compliment dels deutes d'honor entre cavallers, el ritual de vetllar les armes, les batalles a ultrança, etc. És remarcable la influència del *Llibre de l'orde de cavalleria*, de Ramon Llull, en aquests capítols.

A partir d'aquest aprenentatge, la figura de Tirant passa de cavaller errant a cabdill militar, gran estrateg i, finalment, capità de tots els exèrcits de l'Imperi grec.

b) **La utopia i la crítica: l'ideal de la cristiandat.** Els registres de la realitat històrica i la ficció literària se sobreposen constantment. És conegut el recurs a la pròpia biografia de Joanot Martorell com a font per a la creació novel·lesca. A més, hi ha personatges i fets històrics com ara Roger de Flor, cabdill dels almogàvers, i les conquestes de la Corona catalanoaragonesa a l'orient del Mediterrani, que sens dubte Martorell coneixia gràcies a la *Crònica* de Ramon Muntaner. Així, doncs, el *Tirant lo Blanc* aprofita tots els recursos formals de la crònica històrica per crear una sensació de versemblança. La novel·la s'acosta a la vida, però el seu objectiu no és pas donar un testimoni històric, sinó crear una ficció. Martorell s'imagina que l'ideal del món cristià en la seva lluita contra els infidels s'ha assolit: la victòria dels cristians sobre els turcs amb l'alliberament de l'Imperi grec per Tirant, l'heroi de la cristiandat. La realitat és que els turcs ocuparen Constantinoble el 1453. Ara bé, aquesta ficció ideal mostra un cert desengany que, juntament amb la ironia (present en tota la novel·la), ens dona una visió crítica. És com si, en el fons, Martorell no es cregués el món que intenta salvar. En darrer terme, l'Imperi grec cristià resta en mans de l'emperadriu vídua, que es tornarà a casar amb un jove escuder que esdevindrà emperador.

c) **La sensualitat i l'erotisme.** En aquest calidoscopi de recursos narratius presents en la novel·la, cal destacar-ne un que és desenvolupat amb tota riquesa de detalls: la sensualitat i l'erotisme. En l'Imperi grec coexisteixen dues trames paral·leles: d'una banda, la trama cavalleresca i militar i la vida a la cort, i, de l'altra, la història amorosa de Tirant i Carmesina, a la qual s'afegeixen les relacions amoroses d'altres personatges. En aquest àmbit de la vida privada, la novel·la aprofundeix aspectes psicològics que donen una nova dimensió al protagonista, de manera que esdevé un personatge molt més complex que un victoriós heroi militar. Un dels episodis més intensos i divertits narra les dificultats que té Tirant per seduir Carmesina, i la col·laboració enjogassada i burleta de Plaerdemavida, la seva donzella:

Quan fou fosca nit, Tirant vingué a la cambra de la duquessa. Mentre l'emperador sopava amb les dames, Plaerdemavida, molt alegre, entrà a la cambra, i agafà Tirant de la mà i se l'emportà. Tirant anava vestit amb gipó de setí carmesí, abrigat amb una capa i amb una espasa a la mà. I Plaerdemavida el posà dins el recambró, on hi havia una gran caixa amb un forat que hi havien fet perquè pogués respirar. Allí davant de la caixa havien preparat el bany.

Després que hagueren sopat, les dames dansaren amb els galants cavallers, però, quan veieren que Tirant no hi era, deixaren de dansar. L'emperador es retirà a la seva cambra i les donzelles se n'anaren i acompanyaren la princesa al seu seu recambró, on era Tirant, i la hi deixaren sola, únicament amb aquelles qui l'havien de servir. Plaerdemavida, amb l'excusa de traure un tovallola prima de lli per al bany, obrí la caixa, i la deixà una mica oberta i hi posà roba per sobre, perquè cap de les altres donzelles no ho veiessin. La princesa es començà a despullar. Plaerdemavida li havia preparat el lloc en dret de la caixa, de tal manera que Tirant la podia veure molt bé. I quan ella restà tota nua, Plaerdemavida agafà una candela encesa per satisfer Tirant i, mirant-li tot el seu cos i resseguint-l'hi pam a pam, li deia:

—A la fe meva, senyora, si Tirant fos ací, si us tocava amb les seves mans com faig jo, jo penso que ell s'ho estimaria més que si el feien senyor del reialme de França.

—No t'ho creguis, això –digué la princesa–, que ell més s'estimaria ésser rei que no tocar-me així com tu fas.

—Oh, Tirant senyor, i on sou vós ara? Com és que no sou ací prop perquè poguéssiu veure i tocar la cosa que més estimeu en aquest món i en l'altre? Mira, senyor Tirant, vet ací els cabells de la senyora princesa: jo els beso en nom teu, que ets, dels cavallers del món, el millor. Vet ací els ulls, i la boca: jo la beso per tu. Vet ací les seves cristal·lines mamelles, cadascuna de les quals jo tinc en una mà: les beso per tu; mira com són de menudes, dures, blanques i llises. Mira, Tirant, vet ací el seu ventre, les cuixes i el secret. Oh, trista de mi, que, si fos home, ací voldria acabar els meus darrers dies! Oh, Tirant, on ets tu ara? Per què no vens a mi, quan tan piadosament et crido? Les mans de Tirant són dignes de tocar ací on jo toco, i un altre no, perquè amb aquesta degustació no hi ha ningú que no s'hi volgués ofegar.

JOANOT MARTORELL, *Tirant lo Blanc*, cap. CCXXXI,
(edició a cura d'Isabel Grifoll)

Activitats

CURIAL E GÜELFA

1 Llegeix l'inici del capítol 5 del Llibre I del *Curial e Güelfa*. Després contesta les preguntes.

La Güelfa s'enamora de Curial i decideix afavorir-lo

La Güelfa, la qual jove e fresca era e a la qual cosa alguna sinó marit no fallia, trobant-se molt bella e molt lloada, rica, favorida e ociosa, requerida e per molts sol·licitada, veent que son frare no es curava de donar-li marit ne a ella paria cosa honesta demanar-lo, no podent resistir als naturals apetits de la carn, qui ab contínuus punyiments incessantment la combatien, pensà que, si per ventura ella amàs secretament algun valerós jove, puis que algun no se n'apercebés no seria deshonestat, e que ja havia esdevengut a més de mil altres; e posat que alguns per via d'indicis volent devinar ço que no saben se n'apercebessen, no gosarien parlar de tan gran senyora com ella era. E així donà llicència als ulls que mirassen bé tots aquells qui eren en casa de son frare. E no havent esguard a claredat de sang ne a multitud de riqueses, entre els altres li plagué molt Curial, car veent-lo molt gentil de la persona, e assats gentil de cor, e molt savi segons la sua edat, pensà que seria valent home si hagués ab què. Per què imaginà avançar-lo, e d'aquí avant començà'l-se a acostar, e cridava'l sovent e parlava ab ell molt volenterosament.

Curial e Güelfa (edició a cura de Lola Badia i Jaume Torró)

a Amb quins termes justifica la Güelfa el desig de tenir un amant en lloc d'un marit?

b Perquè creus que escull, atesa la seva posició social, un jovenet pobre al servei del seu germà? Busca en la literatura universal altres exemples de parelles d'amants que es puguin relacionar amb Curial i Güelfa.

TIRANT LO BLANC

2 Amb el capítol II s'inicia veritablement el *Tirant lo Blanc*, que introdueix els episodis finals de la vida del cavaller anglès Guillem de Varoic (Guy de Warwick). Llegeix aquest fragment i contesta les preguntes.

Com lo comte Guillem de Varoic proposà d'anar al Sant Sepulcre e manifestà a la Comtessa e als servidors la sua partida

En la fèrtil, riqua e delitosa illa de Anglaterra habitava un cavaller valentíssim, noble de llinatge e molt més de virtuts, lo qual per la sua gran saviesa e alt enginy havia servit per llong temps l'art de cavalleria ab grandíssima honor, la fama del qual en lo món molt triümfava, nomenat lo comte Guillem de Varoic. Aquest era un cavaller fortíssim qui en sa viril joventut havia experimentada molt la sua noble persona en l'exercici de les armes, seguint guerres així en mar com en terra, e havia portades moltes batalles a fi. Aquest s'era trobat en set batalles campals on hi havia rei o fill de rei, i de deu mília combatents ensús, e era entrat en cinc llices de camp clos, u per u, e de tots havia obtesa victòria gloriosa.

E trobant-se lo virtuós comte en edat avançada de cinquanta-cinc anys, mogut per divinal inspiració, proposà de retraure's de les armes e d'anar en peregrinació e de passar a la casa santa de Jerusalem, on tot cristià deu anar, si li és possible, per fer penitència e esmena de sos defalliments. E aquest virtuós Comte hi volgué anar havent dolor e contrictió de moltes morts que en la joventut sua havia fetes, seguint les guerres e batalles on s'era trobat.

E feta la deliberació, en la nit manifestà a la Comtessa, muller sua, la sua breu partida, la qual ho pres ab molta impaciència, per bé que fos molt virtuosa e discreta, per la molta amor que li portava; la feminil condició promptament no pogué resistir que no demostràs ésser molt agreujada.

Al matí, lo Comte se féu venir davant tots sos servidors, axí hòmens com dones, e dix-los semblants paraules:

–Mos fills e fidelíssims servidors, a la majestat divina plau que jo m'he a partir de vosaltres, e la mia tornada m'és incerta, si a Jesucrist serà plasent, e lo viatge és de grandíssim perill, per què ara de present vull satisfer a cascú de vosaltres lo bon servir que fet m'haveu.

E féu-se traure una gran caixa de moneda e a cascú de sos servidors donà molt més que no devia, que tots ne restaren molt contents. Aprés féu donació a la comtessa de tot lo comdat, a totes ses voluntats, si bé es tenia un fill de molta poca edat. E havia fet fer un anell d'or ab les armes sues e de la Comtessa, lo qual anell era fet ab tal artifici, que es departia pel mig restant cascuna part anell sancer, e, ab la meitat de les armes de cascú, com era ajustat, se mostraven totes les armes.

Joanot Martorell, *Tirant lo Blanc*
(edició a cura de Martí de Riquer)

a Busca informació sobre la llegenda anglesa de Guy de Warwick. Quina relació o influència creus que pot tenir el personatge de Guillem de Varoic amb Tirant lo Blanc?

b Després redacta un breu estat de la qüestió sobre l'obreta anomenada *Guillem de Varoic i el Tirant lo Blanc.*

3 Cerca i explica què era una «lletra de batalla» en l'època dels cavallers medievals.

4 Fes una recerca en la biografia de Joanot Martorell i explica quins fets van suposar un enfrontament cavalleresc real amb altres cavallers del seu entorn.

Activitats

5 Llegeix el fragment del capítol LXXVII que correspon a una lletra de batalla. Fes una llista amb els elements cavallerescos que s'hi descriuen.

A vós, Tirant lo Blanc, més cruel que lleó famejant, falsificador i escampador de la sang real d'aquells benaventurats cavallers mon senyor lo rei de Frisa e lo rei d'Apol·lònia, ab armes falses e dissimulades, entre cavallers d'honor no acostumades a portar: e per quant vós sou desigual cavaller e, per més propi parlar, traïdor, falsificat en armes i en tot lo que honor és, e jo, havent notícia de la vostra gran maldat, per bé que só cert que en seré blasmat per molts bons cavallers que a tan vil e desordenada persona e traïdora jo haja admesa per companyia d'entrar dins lliça en camp clos a tota ultrança com si fos de persona en llibertat posada, a tota ma requesta vos combatré a ús e costum de França. E us dó poder de divisar les armes, e vostra resposta esperaré per espai de vint-e-cinc dies aprés que us serà presentada, de la qual estaré a relació de Flor de Cavalleria, rei d'armes. E si per temor de mi acceptar no la gosareu, siau cert jo us reversaré les armes e us penjaré cap per avall segons de traïdor se pertany e per totes les corts dels grans senyors jo iré mostrant la gran traïció que feta haveu en les persones d'aquests dos reis e serà notificat a tots aquells qui saber-ho volran. Escrita e sotscrita de la mia mà, segellada de mes armes pròpies e partida per A.B.C. Dada en la ciutat de Frisa a dos de juliol.

KIRIELSON DE MUNTALBÀ

6 Llegeix el fragment del capítol 118, titulat «Com Tirant fou ferit al cor amb una fletxa que li disparà la deessa Venus perquè mirava la filla de l'emperador». Fes una llista amb els elements associats a la cultura cortesana i trobadoresca que hi ha recollits.

Mentre l'emperador deia tals o semblants paraules, les orelles de Tirant estaven atentes a les paraules, però els ulls, d'altra part, contemplaven la gran bellesa de Carmesina. I per la forta calor que feia, perquè havia estat amb les finestres tancades, Carmesina estava mig descordada, mostrant als pits dues pomes de paradís que cristal·lines semblaven, les quals donaren entrada als ulls de Tirant, que en endavant no trobaren la porta per on eixir, i foren empresonats per sempre sota el poder d'una persona lliure, fins que la mort dels dos els separà. Mes us puc ben dir, certament, que els ulls de Tirant mai no havien rebut un aliment semblant, malgrat que s'hagués vist molts honors i satisfaccions, com fou aquest, únic, de veure la infanta.

L'emperador agafà la seva filla Carmesina de la mà i la tragué fora d'aquella cambra. I el capità agafà l'emperadriu pel braç i entraren en una altra cambra molt ben emparamentada, tot a l'entorn de la qual s'historiaven els amors següents: de Floris i de Blancaflor, de Tisbe i de Píram, d'Enees i de Dido, de Tristany i d'Isolda, de la reina Ginebra i de Lançalot, i de molts altres, els amors dels quals havien estat molt ben representats en aquella subtil i artificial pintura. I Tirant digué a Ricard:

—No hauria cregut mai que en aquesta terra hi hagués coses tan admirables com les que ara veig.

I ho deia més per la gran bellesa de la infanta, però aquell no ho entengué.

(edició a cura d'Isabel Grifoll)

7 Llegeix el text que tens a continuació del capítol CCXXIX de *Tirant lo Blanc*. Contesta les preguntes.

—Tirant, Tirant, jamés en batalla sereu ardit ni temut si en amar dona o donzella una poqueta de força no hi mesclau, majorment com no ho volen fer. Puix teniu esperança bona e gentil e amau donzella valent, anau a la sua cambra e gitau-vos en lo llit com ella hi sia nua o en camisa, e feriu valentment, que entre amics no hi cal tovalla. E si així no ho feu, no vull ésser de vostra batlia, car jo sé que molts cavallers, per tenir les mans prestes e valents, han hagut de ses enamorades honor, glòria e fama. ¡Oh Déu, quina glòria és tenir la donzella tendra en sos braços, tota nua, d'edat de catorze anys! Oh Déu, quina glòria és estar en lo seu llit e besar-la sovint!

JOANOT MARTORELL, *Tirant lo Blanc*, cap. CCXXIX,
(edició a cura de Martí de Riquer)

- **a** Els personatges d'aquesta escena són dos, Tirant i Plaerdemavida, que parlen d'un tercer, la princesa Carmesina. Quina relació tenen entre ells?
- **b** Quin és el principal consell que Plaerdemavida dona a Tirant?
- **c** Què vol dir «feriu valentment»?
- **d** Com es pot aconseguir honor, glòria i fama?
- **e** Per què creus que Plaerdemavida especifica l'edat de la princesa?
- **f** Quin adjectiu és més adient per al personatge de Plaerdemavida, hedonista o metafísica?

Test final d'unitat

1 Digues si és veritat (V) o fals (F):

		V	F
a	El roman és un gènere literari de temàtica religiosa	☐	☒
b	El *roman curtois* s'inicia al segle XII en llengua francesa	☐	☒
c	Les novel·les del cicle artúric integren elements realistes i meravellosos	☒	☐
d	No hi ha cap influència de les novel·les artúriques en la literatura catalana	☐	☒
e	Joanot Martorell va escriure dues novel·les cavalleresques: *Curial e Güelfa* i *Tirant lo Blanc*	☐	☒
f	Joanot Martorell i Joan Roís de Corella eren cunyats	☐	☐
g	*Tirant lo Blanc* està en part inspirat per les gestes històriques de Roger de Flor	☐	☐
h	El gruix de la trama amorosa de la novel·la *Tirant lo Blanc* situa els personatges a la cort de l'imperi grec	☐	☐
i	La novel·la *Tirant lo Blanc* de Joanot Martorell no va ser ben rebuda pel públic lector de la seva època	☒	☐
j	Miguel de Cervantes, en la seva obra *El ingenioso hidalgo Don Quijote de la Mancha*, fa una lloança del *Tirant lo Blanc* de Joanot Martorell	☒	☐
k	Alguns trets de la biografia de Joanot Martorell són utilitzats de forma indirecta en al seva novel·la *Tirant lo Blanc*	☐	☐
l	Joanot Martorell es va casar amb una dama anomenada Damiata	☐	☐
m	«Batalla a ultrança» vol dir «a mort»	☐	☐
n	La cort de l'imperi Grec estava situada a Atenes	☐	☐
o	*Guy de Warwick* és una llegenda cavalleresca anglesa que va servir de punt de partida per al *Tirant lo Blanc*	☐	☐
p	Guillem de Varoic és un personatge de la novel·la *Tirant lo Blanc*	☐	☐
q	El personatge del Tirant es mor abans d'aconseguir el títol de Cèsar de l'Imperi	☐	☐
r	Tirant i l'Emperador moren junts al camp de batalla	☐	☐
s	La princesa Carmesina mor d'una pulmonia	☐	☐
t	Plaerdemavida esdevé Emperadriu	☐	☐
u	Els turcs van ocupar Constantinoble l'any 1453	☐	☐

2 Identifica els trets principals que distingeixen els llibres de cavalleries de les novel·les cavalleresques

llibres de cavalleries	novel·les cavalleresques
caballer ↑↑↑	caballer = normal
inversemblants	no magia
	versemblança
	paisatges conegut
	personatges històrics

3 Completa amb les paraules més escaients l'explicació de la trama dels episodis amorosos de la novel·la *Tirant lo Blanc* que tens a continuació:

A .... es desenvolupen dues trames paral·leles: d'una banda, les campanyes .... que protagonitza Tirant lluitant contra els ....; de l'altra, en l'àmbit de la cort, la història amorosa entre Tirant i la filla de l'emperador, ..., a la qual s'afegeixen les relacions amoroses d'altres personatges: .... i ...., i l'emperadriu i ....

4 Què és una utopia política? En quina mesura el desenllaç de la novel·la *Tirant lo Blanc* s'hi refereix? De quina utopia es tracta?

5 Esmenta els diversos i principals llocs geogràfics on es desenvolupa la novel·la de *Tirant lo Blanc*.

6 Completa la graella dels principals fets argumentals de la novel·la *Tirant lo Blanc*.

	Resum argumental
Part primera: Tirant a Anglaterra	
Part segona: Tirant a Sicília i Rodes	
Part tercera: Tirant a l'Imperi Grec	
Part quarta: Tirant al nord d'Àfrica	
Part última: Tirant allibera l'imperi grec	

7 Exposa breument, amb l'ajuda d'un diccionari si et cal, la diferència conceptual entre versemblança i veritat.

BLOC 2

RENAIXEMENT, BARROC, IL·LUSTRACIÓ I NEOCLASSICISME

El període que abasta els segles XVI, XVII i XVIII ha estat anomenat molt sovint com *la Decadència*. I certament en aquests segles els fets històrics van ser molt negatius per a l'enfortiment de les institucions polítiques catalanes, i per al desenvolupament de la cultura i la llengua. De fet és un període de forta repressió i persecució de la llengua catalana que va comportar un empobriment de la producció literària i una intensa situació de diglòssia lingüística.

En aquest segon bloc estudiarem en primer lloc la literatura popular dels segles XVI, XVII i XVIII. Es tracta d'expressions literàries anònimes i transmeses oralment de generació en generació. En contrast amb l'empobriment de la literatura anomenada *culta*, aquí apreciem la riquesa de la cultura popular estesa per tots els territoris de parla catalana, amb variacions dialectals, que formen part del corpus de cançons, faules, llegendes i rondalles de la literatura catalana.

Aquest és, doncs, un bloc amb poca producció literària culta, però del qual donarem mostra dels diferents períodes culturals: el Renaixement, el Barroc i la Il·lustració.

Per tal d'activar els coneixements previs, al principi de cada unitat presentem uns textos breus i unes preguntes que han de servir per iniciar-nos en els continguts essencials de cada període i dels diversos autors. I per cloure, un test de coneixements al final de la unitat pot fer les funcions d'avaluació del que s'ha après.

UNITAT 6

LA LITERATURA POPULAR DELS SEGLES XVI, XVII I XVIII

UNITAT 7

EL RENAIXEMENT. EL BARROC. LA IL·LUSTRACIÓ

CONEIXEMENTS PREVIS

Llegeix aquest text i resumeix en una frase la idea principal:

La decadència de la literatura catalana medieval en la seva darrera centúria és un fet tan obvi que ha donat nom a tot un període de la seva història. I és concomitant d'una innegable decadència política.

J. Rubió i Balaguer

Contesta les preguntes:

- **a** Encara que al text precedent parla de literatura medieval, identifiquem realment la decadència amb la literatura dels segles XVI, XVII i XVIII. Saps quin és el fet històric, polític i militar més rellevant i determinant d'aquesta decadència de la llengua i la cultura catalanes?
- **b** Saps explicar què és la diglòssia lingüística?
- **c** I la substitució lingüística?
- **d** Sovint diem que els textos de literatura popular són anònims. Això vol dir que no tenen autor? Reflexiona-hi.

Llegeix aquest romanç titulat *La jutgessa* i digues quines són les característiques formals que defineixen el romanç com a poema popular:

La jutgessa

El jutge està malalt
jutge de l'audiència,
passen de trenta-dos
los que los van a veure.
No hi van pel jutge, no,
que hi van per la jutgessa:
«Marit, si tu te mors,
quin marit vols que prengui,
el del barret rodó
o el de la capa verda?»
«Calla, calla, muller,
si jo en surto d'aquesta
te romperé un braç
i els ossos de l'esquena.»
«Calla, calla, marit,
no en sortiràs d'aquesta...
Marit, dinant n'has pres
d'un arbre una salsa verda.
L'endemà al dematí
t'acompanyaré a l'enterro.
La gent que me'n veuran
diran quina viudeta!
I a sota del manteu
faré la rialleta.»

B2 UNITAT

6

LA LITERATURA POPULAR DELS SEGLES XVI, XVII I XVIII

En aquesta unitat estudiarem la literatura popular i tradicional que sempre hi ha hagut al costat de les mostres de literatura culta. En un període diglòssic i repressiu per a la llengua catalana, la literatura popular desmenteix el fet de qualificar de decadent la producció cultural dels segles XVI, XVII i XVIII. Per aproximar-nos millor a les mostres de poesia popular podràs llegir el text d'una cançó molt coneguda i fer les activitats proposades.

Dimensió estètica i literària

SOCIETAT FEUDAL I CULTURA CORTESANA

- Contextualització històrica.
- La poesia popular. El Cançoner. El Romancer.
- La narrativa popular. Les rondalles. Les llegendes.

AUTORS I TEXTOS

- «A la vora de la mar» (cançó popular).

Objectius

- Conèixer el context històric dels segles XVI, XVII i XVIII i valorar les manifestacions en defensa de la llengua durant la Decadència.
- Reconèixer els trets distintius de la literatura popular.

CONTEXTUALITZACIÓ HISTÒRICA

Els estudiosos de la història i la cultura catalanes coincideixen a unificar les característiques que abasten des del Renaixement fins a la Il·lustració, és a dir, els segles XVI, XVII i XVIII, amb el nom de **Decadència**. Certament es tracta d'un període en què es combinen diversos factors negatius: l'afebliment de la personalitat **política** de Catalunya, una davallada en la qualitat literària de les obres produïdes i, en general, l'establiment d'una situació radicalment de **diglòssia**[1] en la consciència lingüística dels agents culturals.

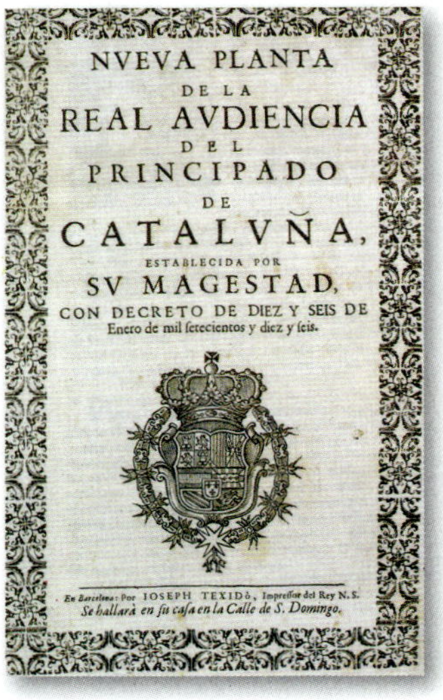

Detall de la coberta del Decret de Nova Planta.

Tot plegat és un procés progressiu, i alhora imparable, que contrasta extraordinàriament amb la centúria anterior (segle XV), l'anomenada *època daurada* de la literatura catalana. El terme *Decadència*, que descriu aquesta llarga etapa d'esmorteïment de la cultura catalana, va ser creat precisament pels intel·lectuals que al segle XIX van iniciar la recuperació cultural i sociolingüística de la literatura catalana: la Renaixença. Així, doncs, Decadència i Renaixença són conceptes oposats i complementaris.

Els factors històrics que defineixen aquest període tan extens són molt variats i complexos. És destacable la **castellanització** progressiva de la cort –sobretot arran de la unió de les corones de Castella i Aragó amb el casament de Ferran II i Isabel I (1469)–, així com la **política** uniformitzadora i **centralista** de la dinastia dels Àustria. Aquest accentuat caràcter absolutista i castellanitzant de la cort, pel qual la Corona d'Aragó anà perdent la seva personalitat i independència polítiques, va ser especialment dramàtic per a la cultura catalana, tenint en compte que els intel·lectuals i els artistes estaven forçosament vinculats als esdeveniments de les corts reials, ja que aquestes finançaven, impulsaven i orientaven totes les iniciatives culturals.

Aquesta situació explica la diglòssia cultural i el **bilingüisme**[2] de bona part dels escriptors catalans, adscrits a la cort castellana i enlluernats pels extraordinaris models literaris del Siglo de Oro espanyol.

El segle XVIII i la dinastia dels Borbó marcaren el moment culminant de la repressió cultural i lingüística a Catalunya, especialment amb el **Decret de Nova Planta** (1716), pel qual el rei Felip V imposà l'absolutisme monàrquic a la tradició constitucional catalana i, en conseqüència, va abolir les institucions catalanes i va prohibir el català com a llengua oficial.

Tanmateix, en parlar de Decadència cal distingir el que es considera producció literària culta i elitista del que eren manifestacions literàries populars. Aquestes eren, sovint, de tradició oral, i molt poc o gens vinculades a la cort i als cercles intel·lectuals que seguien els models i la llengua de la literatura castellana.

La literatura popular, per tant, va sobreviure durant els segles de la Decadència, va poder conservar bona part de la seva creativitat i va exercir sense excessives interferències la funció que li era pròpia: marcar el ritme i l'expressió de la vida quotidiana i de les festes ancestrals i, alhora, entretenir el poble humil i analfabet que constituïa el noranta per cent de la població.

Si bé és indubtable que aquesta **literatura popular** no es pot comparar mai amb el nivell erudit i artificiós de la literatura culta, tampoc no és gratuït donar-li un lloc en la història de la literatura catalana –i de qualsevol literatura–, cosa que, en certa manera, qüestiona el fet de qualificar de **decadent** tota la producció literària de tres segles de cultura en català.

Instrucción secreta de algunas cosas que deben tener presente los Corregidores de Cataluña por el ejercicio de sus empleos: [...]

Sexto: Pondrá el mayor cuidado en introducir la lengua castellana, a cuyo fin dará las providencias más templadas y disimuladas para que se consiga el efecto sin que se note el cuidado. [...]

Instruccions del Govern de Felip V
als corregidors de Catalunya

[1]**Diglòssia** Situació sociolinguística en què una llengua o varietat és usada per a funcions formals (educació, literatura, administració política, etc.) i, generalment en l'ús escrit, enfront d'una altra que és utilitzada per a funcions informals, generalment orals.

[2]**Bilingüisme** Ús alternatiu de dues llengües en un individu i, per extensió, en un grup social. La circums-tància de dues o més llengües en contacte provoca fenòmens d'interferència lingüística. La disciplina que estudia l'ús social d'una llengua i, en conseqüència, el bilingüisme, és la sociolingüística.

LA POESIA

Les expressions literàries populars són **anònimes** i de **tradició oral**. Encara que en principi hagin estat creades per autors individuals, aquests representen els interessos, les vivències i els gustos d'un col·lectiu concret que ha fet seves aquestes expressions i les ha transmès oralment, amb lleugeres variacions, de generació en generació. Per això, les composicions poètiques, a més d'anar acompanyades d'una melodia que n'afavoria la difusió, contenien tot un seguit de recursos i mecanismes per facilitar-ne la memorització (repeticions, fórmules d'inici i de cloenda, paral·lelismes...).

Dins l'apartat de poesia, distingirem, d'una banda els gèneres que configuren l'anomenat **Cançoner** i, de l'altra, els poemes que es recullen en el **Romancer**. En la majoria de composicions poètiques, llevat dels goigs i les corrandes, s'utilitzava la forma mètrica del romanç: versos heptasíl·labs o, de vegades, pentasíl·labs i rima assonant en els versos parells. Altres cops es feia servir la codolada, una sèrie alternada de versos de set o vuit síl·labes i versos de quatre síl·labes.

EL CANÇONER

Les principals composicions del Cançoner es distingeixen pel tema i són:

- Els goigs
- Les nadales
- Les cançons de bandolers i lladres de camí ral
- Les corrandes i cançons de pandero

De cançons i de follies
vos ne contaré deu mil,
que les porto a la butxaca
enfilades en un fil.

Qui pogués muntar tan alt
com lo sol al juliol;
que pogués dormir, minyona,
entre vós i lo llençol.

Mare, si marit me deu
no me'l doneu cadiraire,
que en tenint quatre raons
les cadires van enlaire.

El meu nen es vol dormir,
però la son no és arribada;
hauré de pujar al terrat
i baixar-la per l'escala.

Les cançons s'aprenien i es cantaven en festes, celebracions, cerimònies i altres trobades col·lectives, i en un àmbit més familiar, en els jocs per entretenir la mainada, per fer-la dormir... Corrien de boca en boca fins que, al cap dels anys, es van fixar i recopilar en **cançoners** o altres reculls.

EL ROMANCER

Els romanços provenen de les antigues cançons de gesta. Trobem el seu origen en els fragments que el poble guardava a la memòria d'aquells llargs poemes èpics que els joglars interpretaven a les places i als castells. Després se'n van anar creant de nous seguint el mateix model mètric , el caràcter narratiu i la tradició oral dels anteriors. Els romanços es poden classificar en tres grups tenint en compte la seva procedència:

- procedència francesa o provençal (segle XV): *El bon caçador, La presó de Lleida*;
- procedència castellana (segle XVI): *Santa Caterina*;
- romanços autòctons (segle XII i XVIII): *El comte Arnau, L'hereu Riera, El testament d'Amèlia, Els estudiants de Tolosa.*

La presó de Lleida

A la presó de Lleida, tots los presos hi són,
cent i cinquanta presos canten una cançó lireta.
Dama en surt en finestra i escolta la cançó;
los presos se n'adonen en paren la cançó:
«Per què no canteu, presos? Per què no en canteu, no?»
«Com cantarem, senyora, si estem en greu presó,
sense menjar ni beure sinó una volta al jorn,
i encara aquesta volta ens en donessin prou?»
«Canteu, canteu, los presos, que ja us en trauré jo,
aniré an el meu pare, a demanar-li un do.»
«Ai pare, lo meu pare, me'n voleu donar un do?»
«Ai filla Margarida, quin do vols que jo et dó?»
«Ai pare, lo meu pare, les claus de la presó.»
«Ai filla Margarida, això no ho faré jo,
demà serà dissabte, els penjarem a tots.»
«Ai pare, lo meu pare, no pengeu l'aimador.»
«Ai filla Margarida, qui és lo teu aimador?»
«Ai pare, lo meu pare, és el més alt i ros.»
«Ai filla Margarida, serà el primer de tots.»
«Ai pare, lo meu pare, pengeu-me a mi i tot.»
«Ai filla Margarida, això no ho faré jo.»
«Les forques són de plata, els dogals ne són d'or,
a cada cap de forca poseu-hi un ram de flors,
la gent quan passaran sentiran gran olor
diran un Pare-nostre per al pobre aimador.»

Romancer català, aplegat per Manuel Milà i Fontanals

LA NARRATIVA

Les rondalles

La rondalla és una narració popular i tradicional, destinada especialment als nens. Hi ha rondalles de molts tipus, però les més abundants són les meravelloses, en què intervenen, en els moments decisius, elements i personatges fantàstics i meravellosos: bruixes, fades, gegants ...

Les rondalles es caracteritzen perquè són composicions que tenen una trama senzilla i empren un llenguatge molt expressiu, amb comparacions, frases fetes, onomatopeies ... També es caracteritzen per la utilització d'unes fórmules determinades d'inici i de final, com «hi havia una vegada ...», «això era i no era ...», «... i van ser feliços i van menjar anissos», «vet aquí un gos, vet aquí un gat, i aquest conte s'ha acabat».

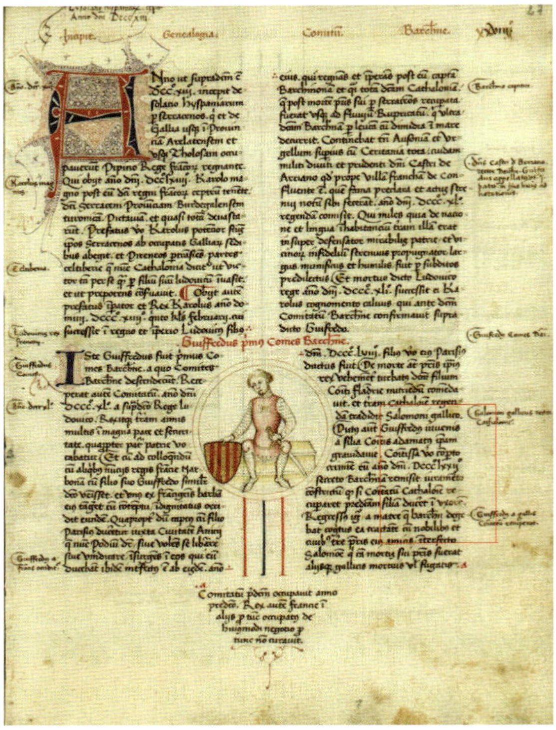

Genealogies dels comtes de Barcelona.

Les llegendes

La llegenda és una narració oral o escrita que recull un fet històric real, però que al llarg dels anys ha estat reinterpretat amb la incorporació d'elements imaginaris. Les llegendes es relacionen amb una persona, un lloc o un esdeveniment, i s'agrupen en cicles entorn dels temes als quals fan referència. Així, per exemple, tenim el cicle montserratí o el cicle de Guifré el Pelós.

Durant la lluita, però, va resultar ferit de mort el comte Guifré, i el van portar a la tenda del rei franc. Tan aviat com la batalla es va decidir al seu favor, Carles va anar a visitar el comte català. Guifré, veient propera la seva mort, va confessar al rei Carles que el que més li dolia era morir sense haver pogut conquerir cap llorer de glòria per poder-lo marcar en l'or del seu escut. El rei franc, commogut, li va respondre que certament els acabava de guanyar, els llorers de glòria, i que a més els havia banyat amb la sang que li brollava abundosament de les ferides. I, posant la mà damunt la més sagnant de totes, va deixar l'empremta vermella de la sang de Guifré el Pelós fent lliscar els seus dits sobre l'or de l'escut del comte. Des d'aquell moment van quedar establerts l'escut i la bandera de Catalunya: quatre barres vermelles sobre un fons daurat.

La llegenda de les quatre barres

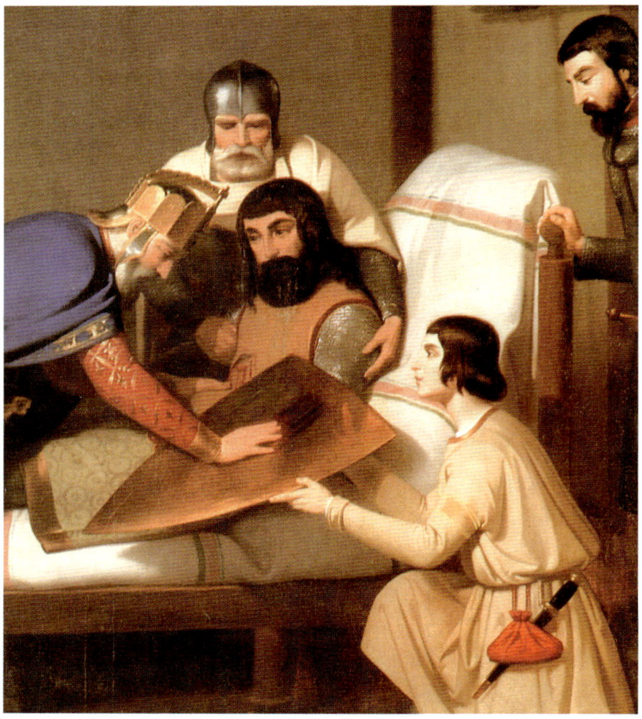

Origen de l'escut del comtat de Barcelona (1843-1844), oli de Claudi Lorenzale.

Activitats

1 Llegeix el romanç *El testament d'Amèlia*, i contesta les preguntes:

Malalta n'està, l'Amèlia, la filla del rei francès;
ja la van a veure comtes, comtes barons i reis,
també hi va la seva mare hi va amb companyia d'ells:
«Què és estat això, ma filla, que vos malalta n'esteu?»
«Ai! el mal que jo tinc, mare, estona ha que me'l sabeu,
metzines me n'haveu dades: mare: morta me veureu.»
«Confesseu la meva filla i després combregareu,
acabat de combregar-ne vós testament ne fareu.»
«Tres castells ne tinc a França tots tres penso que són meus:
lo primer lo deixo als pobres als pobres i als romeus,
lo segon deixo a los frares que enterraran lo cos meu,
lo terç lo deixo a Don Carlos que és querit i espòs meu.
La creu i les arracades us deixo, Mare de Déu,
i tot l'or i plata us deixo, Senyor Déu meu.»
«I a mi la meva filla, i a mi que me deixeu?»
«A vós us deixo el manto, que poc us ho mereixeu,
perquè quan aneu a missa en vostra filla penseu.»

Romancer català, aplegat per Manuel Milà i Fontanals

a *El testament d'Amèlia* és un romanç tradicional català. ¿Quina forma mètrica utilitza?
b Explica l'argument d'aquesta història.
c ¿Creus que és propi dels romanços relatar històries d'injustícies? Compara el cas d'Amèlia amb un altre romanç que coneguis.

2 Llegeix la versió de Catalunya de la cançó de *L'hereu Riera* i busca informació sobre la llegenda que s'hi explica.

L'hereu Riera

Per a Sant Antoni, grans balles hi ha.
Per a Sant Maurici, tot el poble hi va.
N'hi ha tres donzelles, que hi volen anar.,
L'una diu a l'altra: «I a tu, qui et traurà?»
«Anem, donzelletes, anem a ballar,
que l'hereu Riera nos hi farà entrar.»
La primera dansa les treu a ballar,
la segona dansa la nova arribà:
«A fe, l'hereu Riera, podes ben dansar
que la teva aimada a la mort n'està.»
En gafa el sombrero per la plaça se'n va,
dóna un tomb per la plaça sombrero a la mà:
«Perdonin, senyores, que me'n tinc d'anar,
que la meva aimada a la mort n'està!»
«Déu vos guard, Maria, Maria, com va?»
«Per a mi, Riera, molt malament va.»
Se gira d'esquena, se'n posa a plorar,
Se gira d'esquena, a la iglésia va.
Davant d'un Sant Cristo se'n va agenollar:
«Senyor, que m'ajude, si em vol ajudar,
que em torni l'aimada que m'hi vull casar,
despit del seu pare i del seu germà.

Romancer català, aplegat per Manuel Milà i Fontanals

3 Llegeix el fragment d'aquesta rondalla i comenta'n els trets formals més rellevants.

Una vegada eren tres germans, colans, bufans, entrampolicans; varen anar de cacera, colera, bufera, entrampoliquera, i maten un conill, colill, Bofill, entrampoliquill; el van portar a casa d'una noia, coloia, bufoia, entrampolicoia, i li van dir:

—Noia, coloia, bufoia, entrampolicoia, ens vols coure aquest conill, colill, Bofill, entrampoliquill?

—Sí, nois, colois, bofois i entrampolicois; poseu-lo damunt la taula, colaula, bofaula, entrampolicaula, i quan hauré rentat els plats, colats, bofats, entrampolicats, us el faré amb romesco, colesco, bufesco, entrampoliquesco.

Els tres germans (fragment). Rondalla del Principat.

4 Llegeix el text de la cançó «A la vora de la mar» i contesta les preguntes següents:

A la vora de la mar

A la vora de la mar n'hi ha una donzella
que en brodava un mocador, la flor més bella;
mes quan n'és a mig brodat li falta seda.
En veu venir un mariner que el mar navega:
«Mariner, bon mariner, que en porteu seda?»
«De quin color la voleu, blanca o vermella?»
«Vermelleta la vull jo, que és millor seda:
Vermelleta la vull jo, que és per la reina.»
Com dalt de la nau va ser, la nau féu vela;
mariner es posa a cantar cançons novelles,
amb el cant del mariner s'ha adormideta,
i amb els aires de la mar s'ha despertadeta.
Quan ella s'ha despertat ja no en veu terra:
la nau és en alta mar, pel mar navega.
«Mariner, bon mariner, torneu-ne en terra,
que los aires de la mar me'n donen pena.»
«Això sí que no ho faré, que heu de ser meva.»

Activitats

«De tres germanes que som, só la més bella;
l'una és casada amb un rei, l'altra és princesa
i jo, pobreta de mi! marinereta.
L'una en porta vestit d'or, l'altra de seda
i jo, pobreta de mi! de sargil negre.
L'una en va amb un cotxe d'or, l'altra de plata
i jo, pobreta de mi! amb una barca.»
«No sou marinera, no, que en sereu reina,
que jo só lo fill del rei de Inglaterra,
set anys ha que vaig pel món, per vós, donzella.»

Romancer català, aplegat per Manuel Milà i Fontanals

a Identifica en aquesta cançó tòpics temàtics de la poesia popular
b Identifica en el text algunes de les característiques formals pròpies de la poesia oral i popular
c Com interpretes el simbolisme dels colors blanca i vermella (vers 6)?
d Què són les cançons novelles (vers 10)?

5 **Llegeix les corrandes que tens a continuació, i identifica-hi el tema i les figures retòriques que s'utilitzen per expressar-lo.**

Boniqueta sou, minyona
com la flor de gessamí;
bé sereu més boniqueta
quan haureu dormit amb mi.

....

Dos pardals en una espiga
no s'hi poden sostenir;
dos fadrins amb una nina
no s'hi poden avenir.

....

Entre el clavell més hermós
i la rosa més galana,
més fragància i hermosura
té una xica valenciana.

....

Es dia que te n'anares
no em vares dir adiós.
No bastaren teixidors
per teixir-me mocadors
pes plor que me costares.

....

Qui pogués muntar tan alt
com lo sol al juliol;
que pogués dormir minyona,
entre vós i lo llençol.

....

L'Aristòtil va deixar
dins sa seva llibreria
que festetgessin de dia
perquè s'oli anava car.

....

Salomó, que era sabut,
va dir que altres temps vindrien
que ses dones cercarien
ets homo, i ja és vengut.

....

Mare, si marit me deu,
no me'l doneu cadiraire,
que en tenint quatre raons
les cadires van enlaire.

....

Si el Rei de Madrid sabia
sa falta que un fadrí fa,
no tornaria a quintar,
sa llecència donaria.

6 **Escriu en poques línies una rondalla que t'hagin explicat quan eres petit.**

7 **Llegeix aquesta cançó de pandero. Després escriu breument l'argument i comenta l'expressió del sentiment de la noia enamorada vers el cavaller que la desitja.**

Cavaller, baixeu les rames
de l'arbre meravellós:
cavaller, baixeu les rames,
que jo colliré les flors;
cavaller, baixeu les rames;
comenceu-les d'abaixar,
que vós sou ric, jo sóc pobra.
I això no es pot igualar.

Test final d'unitat

1 Digues si és veritat (V) o fals (F):

		V	F
a	La decadència de la cultura catalana respon a circumstàncies desconegudes	☐	☒
b	El bilingüisme és un gènere literari	☐	☒
c	El Decret de Nova Planta es va imposar el 1716	☒	☐
d	El rei que va imposar el Decret de Nova Planta va ser Felip VI de Borbó	☐	☒
e	La literatura popular no té qualitat literària	☒	☐
f	Un poema anònim no ha estat escrit per ningú	☐	☒
g	Les rondalles populars estan destinades sobretot al públic infantil	☒	☐
h	La literatura catalana no té una tradició popular autòctona	☐	☐

2 Completa amb les paraules més escaients les definicions que tens a continuació:

Bilingüisme: Ús alternatiu de .... en un individu, i per extensió en un grup social. Les llengües en contacte provoquen fenòmens d'.................................. La disciplina que estudia l'ús social d'una llengua és la ....

Diglòssia: Situació sociolingüística en què .... o varietat és usada per a .... (educació, literatura, administració política, etc.) i, generalment en l'ús ...., enfront d'una altra que és utilitzada per a funcions ...., generalment orals.

4 Cerca un títol conegut per a cada tipus de poesia i narrativa popular:

POESIA: Cançoner i Romancer	Títol
Goig	
Nadala	
Cançó de bandoler i lladre de camí ral	
Corrandes i cançó de pandero	
Romanç	

NARRATIVA	Títol
Rondalles	
Llegendes	

4 Llegeix les cançons que tens a continuació i analitza'n els aspectes de contingut i forma.

La filla del pagès

N'hi havia un pagès   que en tenia una filla,
no l'ha volguda dar   als fadrins de la vila,
lo pomeret florit   la roseta esbandida.
La vol donar a un gavatx   de la gavatxeria,
la'n fa morir de fam   de fred a la botiga;
també la'n fa anar al bosc   a cercar de l'alzina.
A l'entrada del bosc   ja la pica una espina,
ja n'arrenca un gran crit: «Valga'm Verge Maria,
si vós no m'ajudeu   demà no en seré viva.»
El seu galant ho sent   del fondo de la vila,
ja n'ensella el cavall   i li posa la brida
i se'n va dret al bosc   allà on era la nina:
«Nina, si vols venir   te'n faré companyia,
de tres castells que en tinc   senyora te'n faria,
lo un n'és a València,   l'altre n'és a Castilla,
i l'altre és el meu cor   que és el que més t'estima.»

Cançó del lladre

Quan jo n'era petitet   festejava i presumia,
espardenya blanca al peu   i mocador a la falsia,
Adéu, clavell morenet   adéu, estrella del dia,
i ara que em són fet grandet   m'he posat a mala vida,
m'he dat a matar i robar,   l'ofici de cada dia.
Vaig robar un traginer   que venia de la fira,
portava molts duros d'or,   dobles de quatre també hi havia;
i encara ademés d'això   en vaig robar una nina,
la vaig robar amb falsedat   dient que m'hi casaria.
La culpa no la tinc jo   ni ella tampoc la tenia,
jo m'hi volia casar   i sos pares no ho volien.
L'he mantinguda cinc anys   per nobles ciutats i viles,
amb una noble ciutat   l'hi mantingué quinze dies.
La vila de la Bisbal   com és vila divertida
no n'hi falta algun traïdor,   se'n va a avisar la justícia.
Ja n'hi havia un agutzil   que ane mi agafar em volia,
me n'arrenco del punyal,   li vaig donar una punyida.
Me'n prenen i me'n garroten   me'n fiquen dins d'una sitja,
me'n pòsic a reclamar   a l'humil Verge Maria.
Valeu-me, los meus amics,   que jo algun temps bé en tenia.
Vaig venir cinc-cents fadrins,   tots criats de companyia,
deslliuraren la presó   i me'n tragueren de la sitja.

Cançons i romanços recollits per Manuel Milà i Fontanals

CONEIXEMENTS PREVIS

Llegeix aquest text i resumeix en una frase la idea principal:

La literatura no va deixar de conrear-se, però va versar sobre temes intranscendents i va tenir sempre un to satíric que no li va permetre de projectar-se més enllà dels seus límits geogràfics i es va exhaurir en ella mateixa.

ANTONI COMAS, *«Problemàtica de la Decadència»* dins *Estudis de la literatura catalana del s. XVI al s. XVII.*

Contesta les preguntes:

a Què entens per «temes intranscendents»? Creus que la reflexió que es planteja qualsevol mostra literària ha de limitar-se a uns determinats temes?
b Coneixes alguna mostra d'obra artística que es basi en la sàtira?
c Creus que les mostres d'humor —acudits, relats, teatre etc.— són difícilment exportables d'una societat a una altra diferent?
d Creus que hi ha una tipologia d'humor català?

Llegeix aquest poema de Francesc Vicent Garcia i contesta les preguntes:

No més comparacions, vaja tot fora:
Alabastre, coral i perles fines,
Que abreviar piruns i empobrir mines,
Sols és gastar lo que un poeta plora!

Per què cansar lo Sol i blanca Aurora,
Volent sempre tenir ses llums moïnes?
Roses, lliris, jasmins i clavellines
Vagen en mans de la pintada Flora;

Què té que fer cabells, front, nas, ulls i boca
Ab tanta de quimera i vanes faules,
Que són per a fer perdre la paciència?

Alabant vostres parts, puix a mi em toca.
En suma dic, per no gastar paraules,
Que sou, de les hermoses, quinta essència.

L'harmonia del Parnàs

a Quina és la queixa que planteja el poeta?
b Què li fa perdre la paciència (vers 12)?
c Fes una llista de comparacions tòpiques entre la bellesa d'una dama i la natura.

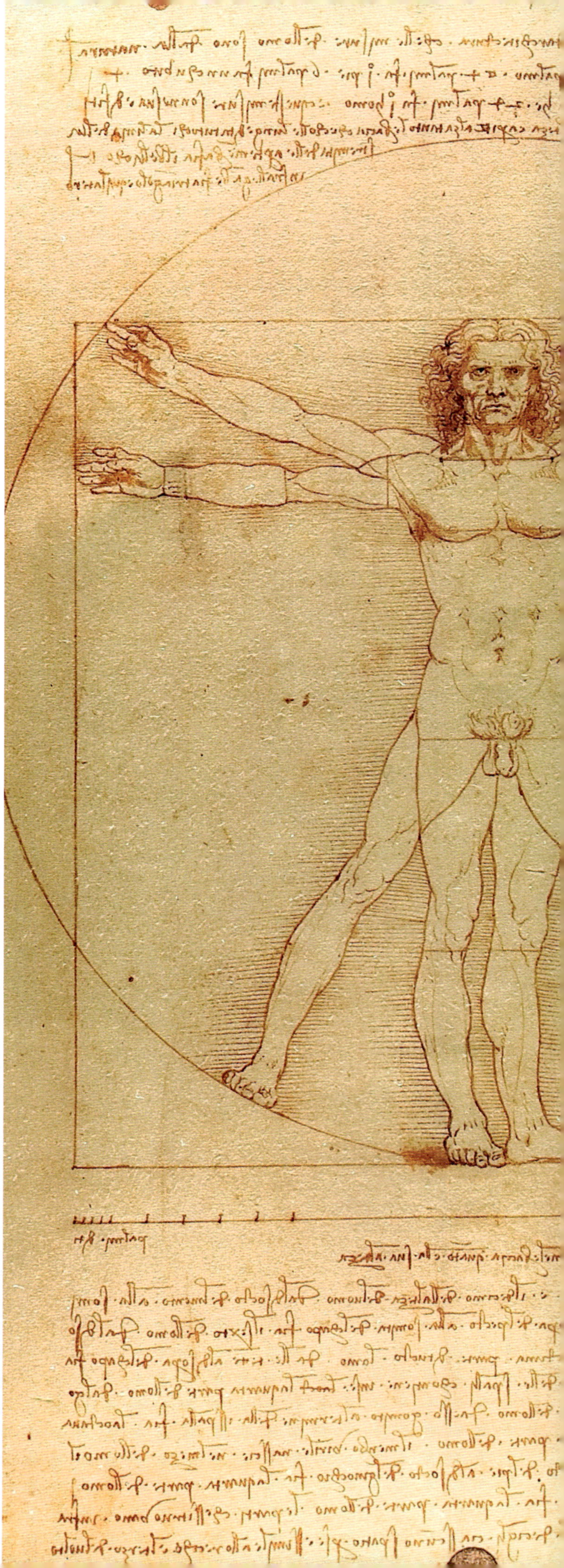

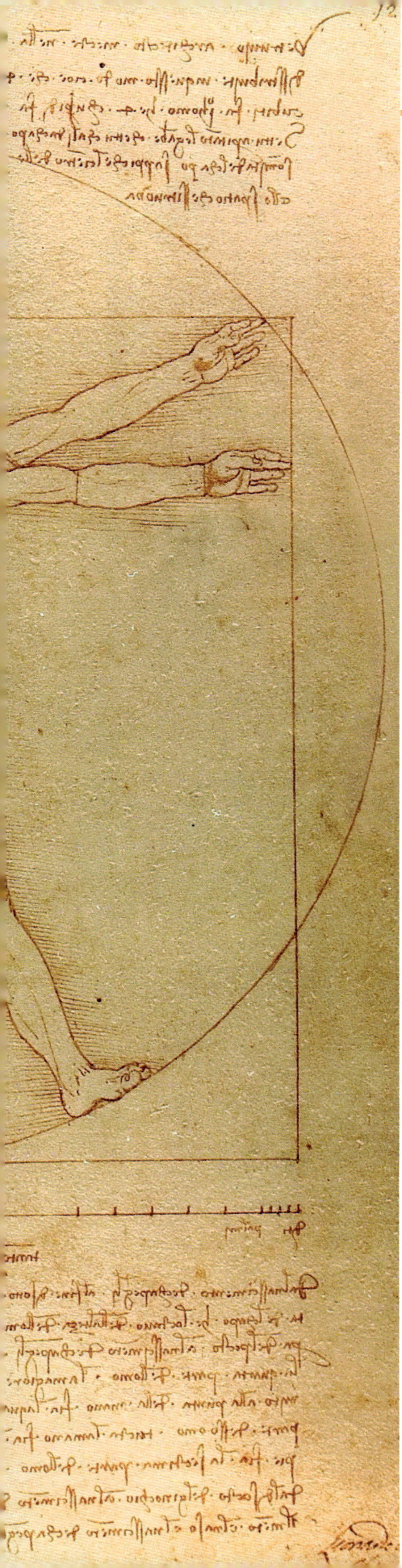

B2 UNITAT

7

RENAIXEMENT, BARROC I IL·LUSTRACIÓ

En aquesta unitat estudiarem la literatura catalana de tres períodes diferenciats i successius: el Renaixement, el Barroc i la Il·lustració. Es tracta d'una llarga època històrica en què les situació política de Catalunya és progressivament negativa per a les institucions del país, el reconeixement formal de la llengua catalana i la producció literària en general. Per això cal entendre que durant molt de temps se n'ha dit *la Decadència*. Tanmateix algunes figures hi destaquen, com Francesc Vicent Garcia al segle XVI i el baró de Maldà al segle XVIII). Per aproximar-nos millor a les èpoques i als autors, llegirem i analitzarem alguns textos representatius.

Dimensió estètica i comunicativa

- El pensament Renaixentista.
- El Barroc. Francesc Vicent Garcia.
- La Il·lustració. El baró de Maldà.

AUTORS I TEXTOS

- «A una hermosa dama de cabell negre que es pentinava en un terrat ab una pinta de marfil» dins *L'harmonia del Parnàs* de Francesc Vicent Garcia.
- *Calaix de sastre* del Baró de Maldà.

Objectius

- Conèixer la producció literària dels segles XVI, XVII i XVIII i distingir-ne els trets diferenciadors.
- Conèixer l'obra dels autors més destacats per identificar les característiques del període en els seus textos.

EL PENSAMENT RENAIXENTISTA

El **Renaixement** és un període històric que es va iniciar al final del segle XV i que va durar fins a la segona meitat del XVI. Va sorgir a Itàlia, i des d'allà es va estendre per Europa i va influir notablement en tots els àmbits culturals.

Es va caracteritzar pel retorn i la **reinterpretació** dels valors i els ideals de l'antiguitat **clàssica**, i pel rebuig a l'**època medieval**. Tot plegat va ser motivat pels grans canvis històrics del moment, que van afectar profundament el pensament europeu.

El gust per l'antiguitat clàssica ens porta a parlar de l'humanisme, centrat principalment en àrees de pensament com la filologia, la filosofia o la teologia, que s'expressava en una llengua concreta, la llatina. Tot i això, durant aquesta època les llengües vulgars van superar la seva condició d'inferioritat cultural respecte del llatí. El Renaixement va coincidir amb un període de canvis profunds en l'Europa del final del segle XV, uns canvis que es van reflectir en:

- La concepció i la creació de l'**estat modern**, basat en la figura d'un príncep aglutinador de poder.
- La **revolució religiosa**, concretada en la Reforma protestant derivada de les doctrines d'Erasme de Rotterdam, que aspiraven a unir els ideals cristians i els humanístics; la resposta catòlica va ser la Contrareforma.
- Les teories **humanístiques**, plasmades en els terrenys artístic, polític i social.

La producció literària a Catalunya al segle XVI va estar marcada per una sèrie de circumstàncies peculiars. D'una banda, la situació política que es vivia va influir en l'ús de la llengua. El català ja no era la llengua de la cort i l'aristocràcia, i alguns autors es van castellanitzar. De l'altra, la literatura castellana oferia un model brillant, esplendorós i modern, que incitava a la imitació i a la substitució lingüística.

Joan Lluís Vives.

Erasme de Rotterdam.

Una oda grega, d'A. W. Elmore.

A més, les influències renaixentistes italianes obligaven a adaptar noves formes i a recuperar l'ús del **llatí**. No obstant això, els models medievals continuaven vigents i marcaven una tradició a la qual es van mantenir fidels la majoria dels escriptors.

Ateses totes aquestes circumstàncies, no és estrany que la literatura culta produïda durant aquest període a Catalunya i en català fos una **literatura pobra**, escassa i, en nombroses ocasions, mediocre.

Algunes obres reflectien la situació de diglòssia d'aquesta literatura culta i barrejaven les llengües catalana i castellana. Tanmateix, les manifestacions culturals populars es van mantenir lluny d'aquesta problemàtica i no van patir excessivament aquesta diglòssia. La producció literària d'aquesta època es concentra en la prosa, la poesia i el teatre.

Prosa

Hi destaquen dos corrents. El primer tingué **Cristòfor Despuig** com a màxim representant. En la seva obra *Los col·loquis de la insigne ciutat de Tortosa* (escrita l'any 1557) es va fer ressò de la situació política de Catalunya i va advocar per l'ús del català seguint el model humanístic de defensa de les llengües nacionals.

El segon, representat per *L'espill de la vida religiosa* (anònim, publicat l'any 1515), és continuador de les influències de la *devotio moderna*, escola espiritual sorgida als Països Baixos al final del segle XVI. En el terreny de les idees, cal esmentar

Don Pedro: No sé yo per què, a la veritat, no és tant cupdiciada como això la llengua catalana, y la aragonesa és tinguda per millor, per semblar més a la castellana.

Lucio: [...] Més avant vos diré una cosa per a abonar ma rahó, que cert és de ponderar: y és que en Aragó tant com afronta lo regne ab Catalunya y València, no parlen aragonès sinó català tots los de la frontera, doa y tres llengües dins lo regne, que dins de Catalunya y València, en aquesta frontera no y à memòria de la llengua aragonesa. Açò pasa ab veritat així com ho dich, y de aquí ve lo escàndol que yo prench en veure que per a vuy tan absolutament se abrasa la llengua castellana, fins a dins Barcelona, per los principals senyors y altres cavallers de Catalunya, recordant-me que en altre temps no donaven lloch ad aquest abús los magnànims reys de Aragó. Y no dich que la castellana no sia gentil llengua y per tal tinguda, y també confesse que és necessari saber-la les persones principals, perquè és la espanyola que en tota Europa se coneix. [...]

CRISTÒFOR DESPUIG, *Los col·loquis de la insigne ciutat de Tortosa*

l'obra de l'humanista més destacat de Catalunya, Joan Lluís Vives, seguidor de la filosofia d'Erasme de Rotterdam.

Poesia

Va seguir tres línies bàsiques: una de **medievalitzant**, molt influïda per l'obra d'Ausiàs March; una de clara influència italiana, que va intentar adaptar els models propis de la poesia en llengua catalana a les noves formes introduïdes pel corrent **renaixentista**, i una darrera línia, de caràcter **popular**, que imitava la poesia popular i tradicional.

En aquesta última van destacar Pere Serafí i el recull bilingüe de cançons populars –en què no és fàcil destriar el grau d'intervenció del compilador editor– del valencià Joan Timoneda: *Flor d'enamorats* (1562).

Aquest és probablement un dels documents literaris més importants del segle XVI, en el qual, a més de la poesia d'origen popular, perviuen mostres de temes poeticoamorosos molt il·lustres i que es remunten als trobadors o al mateix Ausiàs March.

Teatre

Hem de distingir entre la producció de teatre **profà** i la de teatre **religiós**. Va ser un dels gèneres més representatius de la cort valenciana de Germana de Foix en la primera meitat del segle XVI. El teatre profà, que quedà relegat a representacions humorístiques i properes a la línia poètica costumista i satírica que encara subsistia a la València del moment, representava la vida social de l'època.

Ulls i cor, ab gran debat,
estan desijant saber
qui s'enamorà primer.

Los ulls diuen que l'amor
la claror los ha llevat;
lo cor diu que està clavat
ab sagetes de dolor;
estos dos, ab gran tristor,
estan desijant saber
qui s'enamorà primer.

Los ulls, de tan sols mirar
sentiren molt gran fatiga;
doncs, del cor no hi ha qui diga
lo que sent en ben amar;
estan estos, sens dubtar,
desijosos de saber
qui s'enamorà primer.

Per alcançar, lo cor pena,
i los ulls moren per veure;
la u i l'altre pensa deure,
puix se veuen en cadena.
Si per vós tot bé s'ordena,
senyora, voldria saber
qui s'enamorà primer.

JOAN TIMONEDA,
Flor d'enamorats

Gravat del 1569 en què es representa Joan Timoneda.

Els **entremesos**, petites dramatitzacions que es representaven durant els convits entre plat i plat, formaven part d'aquestes representacions humorístiques de les quals hi ha constància ja al segle XVI. Eren peces senzilles que van tenir una gran difusió fins que, finalment, al segle XVIII, amb el nom de **sainets**, van acabar de definir-se com a obres teatrals escrites en vers, d'un acte i amb un llenguatge directe i col·loquial, sovint ple de barbarismes i vulgarismes. Com que la intenció de l'obra era divertir el públic, moltes vegades s'escenificaven intrigues amoroses protagonitzades per individus arquetípics (marits enganyats, individus avars, autoritats corrompudes...). Les representacions es feien en els entreactes o al final de les obres principals.

L'autor més significatiu és **Joan Ferrandis d'Herèdia**, cavaller, poeta i dramaturg, que va escriure obres bilingües en les quals es pot identificar perfectament l'ús social d'aquestes llengües –el **català** per a la gent popular i més humil, i el **castellà** per als estaments superiors, que s'emmirallaven en l'aristocràcia castellana.

La vesita (1524) és la seva obra més representativa i en la qual es fa ressò de la situació lingüística de la cort valenciana.

SENYORA: Jo no sé quina paciència
baste per a comportar
tant de negre visitar
com ara s'usa a València.
[...]
Usa's res d'açò en Castella?

GUZMANA: No, Jesús, guárdenos Dios.
Pues ver el retraimiento
con que están, no es de creer;
su vida, su trato y ser
es cosa de encantamiento.

SENYORA: També es fan negres i amargues.

GUZMANA: En Castilla no es verdad,
¡oh, qué es ver su gravedad!
[...]

SENYORA: Bé ens paren les castellanes,
mas passades per València.
[...]
Com vos allargau, Guzmana!
Poc a poc vos sobreixiu.
Com se mostra que teniu
la llengua ben castellana!

JOAN FERRANDIS D'HERÈDIA, *La vesita*

El teatre religiós va seguir les tendències de la dramatúrgia medieval, però també va recollir la problemàtica sorgida arran de la **Reforma** i la **Contrareforma**. L'Església va utilitzar les formes dramàtiques per divulgar les idees que pretenia inculcar als fidels i va introduir en la litúrgia petites representacions per facilitar la comprensió dels textos dels evangelis.

Es va originar així un teatre religiós, del qual és una mostra el *Cant de la Sibil·la*, del segle XI. A poc a poc, les representacions es van anar desvinculant del que era estrictament l'ofici religiós: ja no es feien a les esglésies, es van adaptar als gustos i a la mentalitat del poble i, progressivament, es va anar utilitzant exclusivament el català.

Escena de la representació del *Misteri d'Elx*.

EL BARROC

El **Barroc** es va iniciar al final del segle XVI i va durar fins al segle XVII. Es va caracteritzar per una **oposició** al període anterior, el **Renaixement**, ja que els valors proposats per aquest havien entrat en crisi i el model que oferia ja no era vàlid per a la societat del moment. Aquesta oposició es va concretar en un pessimisme i un desengany que substituïren la confiança en l'individu i la joia de viure pròpies del Renaixement.

L'intent per defugir un món desagradable va fer que els artistes cerquessin l'evasió a través de l'obra. Per això trobem un gust exagerat per l'artificiositat i, fins i tot, l'enfarfegament. Aquestes característiques van definir el moviment i van atribuir al terme **barroc** un sentit pejoratiu que s'ha mantingut fins als nostres dies, l'origen del qual és el rebuig que al segle XVIII provocà l'excessiva afectació o guarniment d'una obra, fins a acostar-se al ridícul.

En terres catalanes, la producció barroca se centrà sobretot al Principat. Al País Valencià i a les illes Balears les manifestacions literàries, que en algun cas van ser força escasses, es van produir en castellà.

Cal tenir en compte que la literatura castellana vivia un període brillant, el Siglo de Oro, i oferia un model temptador i irresistible per a la majoria dels escriptors. En aquest context, doncs, s'ha d'analitzar l'estil de l'anomenada **Escola Poètica Castellana**, és a dir, el corrent d'**imitació** de la poesia castellana barroca en la poesia catalana.

Francesc Vicent Garcia

Francesc Vicent Garcia va néixer a Tortosa, probablement entre els anys 1579 i 1582. Conegut popularment amb el nom de **Rector de Vallfogona** –ja que obtingué la rectoria de Vallfogona de Riucorb, a la Segarra, el 1607, tot i que mai no hi va residir–, va estudiar a Lleida i va ser ordenat sacerdot l'any 1605. Es va relacionar, d'una banda, amb les altes jerarquies de l'Església i els estaments socials més poderosos, i, de l'altra, amb alguns bandolers com Perot Rocaguinarda, a qui, segons la tradició, va dedicar una obra dramàtica. Va morir el 1623.

Va ser un poeta destacat de les lletres catalanes per la varietat i diversitat de la seva obra. Va ser continuador d'un corrent literari català a imitació de la poesia castellana –en la línia de l'Escola Poètica Castellana– i, a l'hora d'escriure, va seguir dues actituds ben diferenciades: una d'**elegant** i retòrica i una altra de **satírica**, irònica, burlesca i escatològica, que és la que li ha donat més fama. El gust per la ironia i l'humor li va permetre crear aquestes composicions, i va donar lloc al **vallfogonisme**, un corrent d'imitació d'aquest estil de poesia que va contribuir a augmentar la fama de Francesc Vicent Garcia.

A una mossa gravada de verola

Bon viatge us dó Déu, mossa corcada,
bresca sens mel, trepada celosia,
formatge ullat, cruel fisonomia,
ab més puntes i grops que té l'arada;

FRANCESC VICENT GARCIA, *L'harmonia del Parnàs*

«A una hermosa dama de cabell negre que es pentinava en un terrat ab una pinta de marfil»

Ab una pinta de marfil polia
sos cabells de finíssima atzabeja*,
a qui los d'or més fi tenen enveja,
en un terrat, la bella Flora, un dia.

Entre ells la pura neu se descobria
del coll que, ab son contrari, més campeja*
i, com la mà com lo marfil blanqueja,
pinta i mà d'una peça pareixia.

Jo, de lluny, tan atònit contemplava
lo dolç combat, que ab estremada gràcia
aquestos dos contraris mantenien,

que el cor, enamorat, se m'alterava
i, temerós d'alguna gran desgràcia,
de prendre'ls tregües* ganes me venien.

FRANCESC VICENT GARCIA, *L'harmonia del Parnàs*

***atzabeja**: varietat de carbó, molt compactada i lluent, que s'empra en joieria
***campejar**: guerrejar
***tregües**: (castellanisme) treva

Cal tenir en compte, però, la versatilitat d'aquest autor, que fou capaç de concebre composicions de gran elegància i delicadesa, com ara els **sonets** i les dècimes, en què emprà un ventall de recursos estilístics de gran efecte retòric. Al marge de la fama llegendària, Francesc Vicent Garcia va crear escola i va arribar a tenir tant de prestigi que, fins al començament del segle XVIII, el substantiu *rector* era sinònim de *poeta*. La seva obra va ser editada per primera vegada amb el títol *L'harmonia del Parnàs* (1703) per l'Acadèmia dels Desconfiats, antecessora de l'actual Reial Acadèmia de Bones Lletres de Barcelona.

LA IL·LUSTRACIÓ

La **Il·lustració** va ser un corrent de pensament que exaltà la raó i impulsà l'esperit crític i la idea de progrés. Va tenir com a rerefons filosòfic el **racionalisme** i l'**empirisme**, i s'emmarcà en un segle caracteritzat per descobriments científics i tècnics i per importants canvis polítics i socials.

La raó i l'esperit crític són qualitats comunes de tots els homes. Per això es creu en la llibertat natural, és a dir, en el fet que tots els éssers humans són iguals i lliures. En el terreny social, aquesta ideologia es va manifestar en la voluntat d'abolir els privilegis de què gaudien certs estaments per aconseguir la igualtat de tothom davant la llei.

Aquest ideari és present en el lema *Liberté, égalité, fraternité* de la Revolució Francesa (1789), que abolí l'Antic Règim i l'hegemonia econòmica i política de l'aristocràcia.

Pel que fa a la literatura, la característica més significativa d'aquesta època –el *segle de les llums*– és l'afany de saber. Així, les obres més representatives són les de tipus enciclopèdic, les referides a viatges i les centrades en el comportament i els costums humans. Aquest context ideològic i cultural va impulsar la fundació d'acadèmies i societats científiques en terres catalanes, com ara la **Reial Acadèmia de Bones Lletres**, instituïda el 1752. També van proliferar els estudis

Francesc Vicent Garcia, el Rector de Vallfogona, pintat per Josep Masriera i Manovens.

Corpus de Sang, d'Antoni Estruch.

Entre totes les llengües, la que amb més perfecció deuen saber els Minyons és la llengua pròpia de sa Pàtria.

[...] és precís que els Pares i Mestres procurin que devant d'ells ningú parli rústicament, vull dir, que ningú gasti expressions, o paraules grolleres, desproporcionades, i poc honestes, perquè semblants paraules queden molt imprimides en sa tendra naturalesa.

[...] tots els minyons catalans puguin amb aquest llibre sol, entendre, i parlar la llengua Espanyola, que els és la més útil, i necessària de totes les llengües estrangeres.

BALDIRI REIXAC,
Instruccions per l'ensenyança de minyons

És necessari també estudiar los principis de la llengua nativa, la que havem après de nostres mares. [...] Qui serà de nosaltres, que no se veja en la precisió d'haver d'escriure a vegades en català? Los senyors a sos majordoms, los amos a sos masovers, les senyores a sa família, les monges a sos parents, los marits a ses mullers, i, en fi, tots los naturals se veuen a vegades en la necessitat d'haver d'escriure alguna carta o bitllet en català. Ademés, los rituals de tots los bisbats de Catalunya són en llengua catalana...

JOSEP PAU BALLOT, *Gramàtica i apologia de la llengua catalana*

El Palau Requesens, seu de la Reial Acadèmia de Bones Lletres de Barcelona.

de tipus històric i filològic, que van donar lloc a la publicació de tractats, com ara les *Instruccions per l'ensenyança de minyons* (1749), de **Baldiri Reixac** –en què es defensava l'ensenyament en català–, o la *Gramàtica i apologia de la llengua catalana* (1808-1814), de **Josep Pau Ballot**.

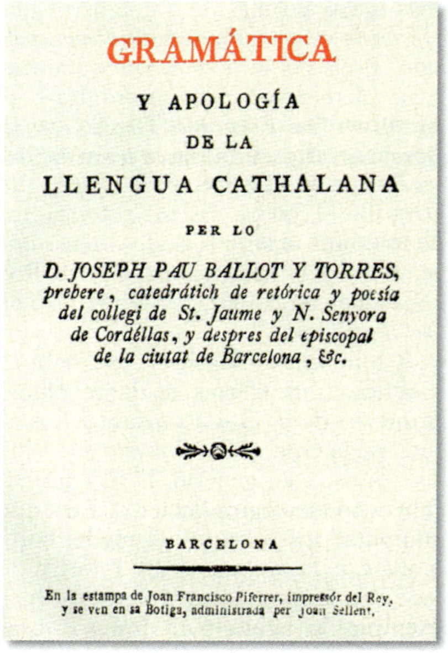

GRAMÁTICA

Y APOLOGÍA

DE LA

LLENGUA CATHALANA

PER LO

D. JOSEPH PAU BALLOT Y TORRES, prebere, catedràtich de retórica y poesía del collegi de St. Jaume y N. Senyora de Cordèllas, y despres del episcopal de la ciutat de Barcelona, &c.

BARCELONA

En la estampa de Joan Francisco Piferrer, impressór del Rey, y se ven en sa Botiga, administrada per Joan Sellent.

Portada de la *Gramàtica i apologia de la llengua catalana*, de Josep Pau Ballot.

Aquesta activitat cultural i erudita, així com l'interès per la llengua i la història catalanes, va establir les bases per a la recuperació literària i cultural de la Renaixença durant el segle XIX

En el terreny estètic, el **neoclassicisme**, procedent del classicisme francès, va apostar per abandonar les formes barroques: el **món clàssic** es va convertir una altra vegada en el model que calia seguir i **imitar**. El gust per l'ordre, l'harmonia i l'equilibri, com també la reglamentació de la creació artística amb normes i preceptes, van ser característiques del neoclassicisme que lligaven perfectament amb el racionalisme del segle XVIII.

Tanmateix, la influència del neoclassicisme en terres catalanes va ser escassa. De fet, només va ser significativa als territoris que no estaven sotmesos a la Corona espanyola, és a dir, al **Rosselló** –annexat a França des del tractat dels Pirineus (1659)– i a **Menorca** –incorporada a la corona anglesa pel tractat d'Utrecht (1713).

El Baró de Maldà

En la línia de l'enciclopedisme i la curiositat universal propis de l'època, situem Rafael d'Amat i de Cortada (1746-1818), baró de Maldà, com la figura literària més representativa del segle XVIII. La seva obra *Calaix de sastre* és una mena de dietari que recull, en seixanta volums, els articles que va escriure entre el 1769 i el 1816. Al llarg d'aquests anys, el baró

Teatre de Maó al s. XVIII.

O de fets excepcionals o curiosos, com ara l'expectació per l'enlairament d'un globus.

> ...i per veure pujar tal globo de gas, se n'anaren a la muralla persones de totes les edats, classes i condicions; una infinitat de cotxes parats ab senyores a dintre en lo descenso a la muralla de terra hàcia les Ataraçanes i portal de Santa Madrona ...

Esdeveniments importants, descripcions, novetats, anècdotes..., tot tenia interès per al baró de Maldà. El *Calaix de sastre* és escrit en una llengua col·loquial plena de castellanismes, que reflecteix la parla popular barcelonina d'aquella època, i amb un estil senzill i amè que respon a la voluntat d'informar i d'entretenir alhora.

El *Calaix de sastre* té un gran valor històric, atès que ens ofereix un panorama de la vida quotidiana dels segle XVIII.

de Maldà va anar consignant els fets que es produïen al seu voltant. Prenia notes directament sobre el terreny, de la mateixa manera que ho faria en l'actualitat un periodista o un reporter, i s'interessava per aspectes ben diversos, com ara la descripció d'algun poble o ciutat:

> ...mitja hora després a Vilassar de Munt i Vilassar de Baix, los primers casi a la falda d'aquelles muntanyes i sos arravals a la vora de la carretera ab sos hortets al davant ...

O la relació dels plats d'un àpat:

> Luego prompte nos hem assentats tots en les cadires a la vora de la taula, desplegant quiscú son tovalló, i alò a la vianda o la sopa des del plat a la boca, que era molt acertada ...

També es va fer ressò d'esdeveniments històrics importants de l'època, com ara l'expulsió dels jesuïtes de l'imperi espanyol durant el regnat de Carles III:

> Dia 7 d'abril de 1767, en divendres o dissabte de la semana de Passió, se tragueren de Barcelona, a la tarda, ab la major ignomínia i insolència –que aixís se pot dir- per la tropa destinada oí dir de les guàrdies valones, els pobres jesuïtes d'aquest col·legi de Betlem ...

Explicació de Badalona

Badalona, que dista una llegua de la ciutat de Barcelona y un quart de hora del riu Besòs y lloch de Sant Adrià, és una població gran a la vora del mar, que fa molt alegra a sa situació. (...) Antes de entrarse a aquell gran caserío de Badalona se deixa a la vora del camí, cosa de un tit de trabuch apartada y un quart de hora del mar, a la torre dita den Peixau a quatre vents y sas parets són blancas ab uniformes balcons de empit, sinch a la part de mar o a mitgdia y tres així mateix a més de altra figurat de color blau a la part de ponent, ab petits òvuls sobre de cada balcó.

En Badalona queden tres plasas, la primera al pla de la parròquia después de baixats alguns graons frente y de la torre de Pinós; la altre al detràs de la parròquia al costat de la rectoria que circuheixen casetes las mes de pobre gent y del art de la mar, que és la major part; y la altre plasa és vehina a dos carrerons o travesías que trauhen a la mencionada plasa y iglesia sent a la altre part lo cementiri y espatllat ya o enderrocat aquel tros de campanar interino suposat no servir ya. Se conservan en la paret nova de la iglesia al detràs dos o tres làpides o inscripcions dels romans, conservantse algunas altras antiguitats de lo que era Badalona antigament. Casi detràs de la iglesia és la rectoria ab un frondós parral y caminal a son devant ample y un portal de entrada a la vora de un carreronet detràs de la iglesia.

RAFAEL D'AMAT, BARÓ DE MALDÀ, *Calaix de sastre*

Activitats

EL RENAIXEMENT

1 Fes una recerca i esbrina què són els moviments religiosos de la Reforma i la Contrareforma. A quin dels dos moviments associes la figura d'Erasme de Rotterdam? Exposa-ho breument.

2 Una de les mostres que encara perviuen del teatre religiós del Renaixement és «El Cant de la Sibil·la». Fes una recerca i respon les preguntes:

a Què és la Sibil·la?
b Què enuncia el seu cant?
c En quina època de l'any es representa?
d On es representa actualment?

EL BARROC. FRANCESC VICENT GARCIA

3 Llegeix el poema de Francesc Vicent Garcia que tens a la pàgina 79 titulat «A una hermosa dama de cabell negre que es pentinava en un terrat ab una pinta de marfil» del recull *L'harmonia del parnàs*. Contesta les preguntes:

a Aquest poema és un sonet. Esmenta quines són les característiques de mètrica i rima que li són pròpies.
b Identifica un hipèrbaton en el poema.
c A què es refereix quan diu «dolç combat» (vers 10)? Quin recurs retòric utilitza? Qui són els combatents?
d Entre harmonia o passió, quin concepte creus que s'ajusta millor al contingut del poema?

4 Llegeix atentament el sonet «A l'expressiva senzillesa de la llengua catalana» de F. Vicent Garcia. A continuació contesta les preguntes.

Gaste, qui de les flors de poesia
toies vol consagrar als ulls que adora,
del ric aljòfar que plorà Aurora
quan li convinga dir que es fa de dia,

si d'abril parla, pinte l'alegria
ab què desplega ses catifes Flora,
o a Filomena, mentres cantant plora,
de ram en ram, la llengua que tenia;
a qui es diu Isabel, diga-li Isbella,
sol i esteles als ulls, als llavis grana,
llocs comuns de les muses de Castella,

que jo, per a que sàpia Tecla, o Joana,
que estic perdut per tot quant veig en ella,
prou tinc de la llanesa catalana.

a Quina és la reivindicació estilística que defensa el poeta?
b Com interpretes el vers 9?
c Creus que aquest sonet segueix els cànons del barroc?
d Què vol dir «la llanesa de la llengua catalana»?

LA IL·LUSTRACIÓ

5 Llegeix atentament els textos de Baldiri Reixac i Josep Pau Ballot sobre l'ensenyament i l'aprenentatge de la llengua catalana que tens a la unitat. Contesta les preguntes:

■ *Instruccions per l'ensenyança de minyons* de Baldiri Reixac

a Quina és la llengua pròpia segons Baldiri Reixac?
b Quina recomanació fa a pares i mestres?
c Amb quin argument defensa l'aprenentatge de la llengua espanyola?

■ *Gramàtica i apologia de la llengua catalana* de Josep Pau Ballot

a Quina és la llengua nativa? És sinònim de llengua materna?
b En quines situacions creu que és necessari escriure en català?
c Creus que descriu una situació diglòssica?

6 Llegeix els textos del *Calaix de sastre* que tens a la unitat. Contesta les preguntes:

a El baró de Maldà reflecteix en la seva obra la parla col·loquial de la seva època. Especifica les característiques d'aquest nivell de llengua i posa'n exemples dels fragments.
b Què significa «calaix de sastre»?

Test final d'unitat

1 Digues si és veritat (V) o fals (F):

	V	F
a Renaixement i Renaixença són sinònims	☐	☐
b La revolució religiosa del Renaixement a Europa s'ha anomenat la Contrareforma protestant	☐	☐
c El pensador més destacat del Renaixement a Europa és Erasme de Rotterdam	☐	☐
d No hi ha cap text del Renaixement que s'hagi fet ressò de la situació política de Catalunya	☐	☐
e Cristòfor Despuig va escriure *Los col·loquis de la insigne ciutat de Montcada i Reixac*	☐	☐
f Al segle XVI estava prohibit el teatre profà	☐	☐
g El Cant de la Sibil·la és una mostra de sainet amorós	☐	☐
h Al Barroc hi ha molt poca producció literària en llengua catalana, especialment al País Valencià i a les illes Balears	☐	☐
i Francesc Vicent Garcia era conegut com el Rector de Vallfogona	☐	☐
j Francesc Vicent Garcia es va relacionar amb un famós bandoler anomenat Perot Rocaguinarda	☐	☐
k Baldiri Reixac i Josep Pau Ballot van ser expulsats per Carles III	☐	☐
l El baró de Maldà va escriure un dietari titulat *Calaix de sastre*	☐	☐

2 Identifica els segles amb els períodes i els autors que els corresponen:

Barroc, Renaixement, Il·lustració, Cristòfor Despuig, Baldiri Reixac, Francesc Vicent Garcia, baró de Maldà, Erasme de Rotterdam, Joan Timoneda, Josep Pau Ballot

s. XVI	s. XVII	s. XVIII

3 Completa amb les paraules més escaients el text sobre Francesc Vicent Garcia que tens a continuació:

Va ser un .... de les lletres catalanes per la varietat i diversitat de la seva obra. Va seguir dues actituds ben diferenciades: una .... i retòrica i l'altra de .... , irònica, burlesca i .... , que és la que li ha donat més fama.

4 Completa amb les paraules més escaients les següents definicions:

El Renaixement és un període històric que es va iniciar a .... i que va durar fins a .... Va sorgir a .... i des d'allà es va estendre per ....

El Barroc es va iniciar a .... i va durar fins al segle .... Els seus principals valors eren un .... i un .... que que substituïren la confiança en l'individu i la joia de viure pròpies del Renaixement.

La Il·lustració va ser un corrent de pensament que exaltà .... i impulsà .... i la idea de .... Va tenir com a rerefons filosòfic el .... i l'.................................... .

5 Escriu quatre entrades d'un dietari de la teva actualitat, com ho va fer el baró de Maldà al seu *Calaix de sastre*. Per planificar el text primer omple les indicacions de la graella.

Entrada	1	2	3	4
Data i lloc				
Tema				
Personatges				
Intenció				
Referents històrics/ socials				

BLOC 3

LA RENAIXENÇA. ROMANTICISME I REALISME

En aquesta unitat estudiarem el procés de recuperació de la cultura catalana durant el segle XIX: la Renaixença. L'anàlisi del poema *La Pàtria*, de lectura obligatòria, ens servirà per comprendre les convencions ideològiques i estètiques del moviment, així com els objectius socials i culturals que es van dur a terme.

En aquest gran moviment social, polític i cultural hi distingim dos períodes literaris que podem referenciar en l'obra dels autors destacats. El primer correspon al moviment romàntic, amb l'obra poètica de Jacint Verdaguer i la producció dramàtica d'Àngel Guimerà. El segon es caracteritza per les expressions literàries del realisme, amb els precedents del costumisme, i les derivacions posteriors cap al naturalisme. La figura literària més important és la de Narcís Oller.

Per tal d'activar els coneixements previs, al principi de cada unitat presentem uns textos breus i unes preguntes que han de servir per iniciar-nos en els continguts essencials de cada període i dels diversos autors. Farem especial atenció als textos de lectura obligatòria, que llegirem i analitzarem. I per cloure, un test de coneixements al final de la unitat pot fer les funcions d'avaluació del que s'ha après.

UNITAT 8
LA RENAIXENÇA

UNITAT 9
JACINT VERDAGUER

UNITAT 10
ÀNGEL GUIMERÀ

UNITAT 11
NARCÍS OLLER

CONEIXEMENTS PREVIS

Llegeix aquest text:

Trobem el fenomen principal de canvi en l'aparició d'una burgesia industrial que, igual que succeeix a tot Europa, protagonitzarà l'economia i aspirarà a fer un paper important en l'ordre polític.

COMES, VERGÉS, RUIZ I CALONJA,
Història contemporània de Catalunya

Contesta les preguntes:

- **a** Al segle XIX, quins creus que són els canvis socials més importants?
- **b** Per què creus que la classe social de la burgesia industrial anhela dominar el poder polític? Qui tenia aquest poder els segles anteriors?
- **c** Quines són les principals activitats industrials al segle XIX?
- **d** Quina altra classe social està agafant rellevància en el desenvolupament de les societats industrials?
- **e** Tenint en compte aquest context polític, social i econòmic, creus que la literatura del segle XIX desenvoluparà nous temes i punts de vista? Quins?

Llegeix el fragment d'aquest poema de Hölderlin titulat «La pàtria», traduït al català pel poeta Feliu Formosa:

Allí al fresc rierol, on veia el joc de les ones
a les aigües, i el lliscar dels vaixells,
allí seré aviat; a vosaltres muntanyes entranyables
que antany em vau guardar, fermes fronteres

adorades de la pàtria, casa de la mare
i abraçades amoroses de les germanes,
no trigaré a saludar-vos i m'estrenyereu
per tal que el cor, com embenat, se'm guareixi.

FRIEDRICH HÖLDERLIN, «La Pàtria» (fragment)

Contesta les preguntes:

- **a** Quina és la situació del poeta?
- **b** Quin sentiment creus que defineix el seu estat d'ànim?
- **c** La pàtria és el paisatge i també la infantesa. En quins versos ho veus representat?
- **d** Interpreta la metàfora del «cor embenat».
- **e** Compara aquest poema amb «La pàtria» de Bonaventura Carles Aribau.

B3 UNITAT

8

LA RENAIXENÇA

En aquesta unitat estudiarem el context cultural i polític de la Renaixença al segle XIX. Analitzarem els objectius del moviment i també les diferents iniciatives i mostres culturals, com la restauració dels Jocs Florals i els discursos en defensa de la llengua. En concret llegirem alguns poemes emblemàtics de la Renaixença en la cultura catalana, tant al Principat com al País Valencià.

Dimensió estètica i literària

- Contextualització històrica, objectius i actuacions del moviment de la Renaixença.
- Trets romàntics del moviment.
- Mostres en defensa de la llengua.
- Mostres literàries emblemàtiques.

AUTORS I TEXTOS

- «La pàtria» de Bonaventura Carles Aribau.
- «Vora el barranc dels Algadins» de Teodor Llorente.

Objectius

- Comprendre el context històric, els objectius i la consolidació literària en què se situa la recuperació lingüística i cultural del segle XIX durant la Renaixença.
- Valorar la influència romàntica en la producció poètica.

LA RENAIXENÇA

Renaixença és el títol que la història ha concedit al període que va des del 1833 fins al 1877, en què es va impulsar la producció literària culta en llengua catalana després de tres segles de decadència. Aquest impuls es va regir per la conscienciació nacionalista assolida per la burgesia arran dels canvis provocats per la Revolució Industrial.

El terme *Renaixença* prové de la publicació, l'any 1871, de la revista que portava aquest mateix nom, *La Renaixensa*. Les dates que l'emmarquen cronològicament són una convenció simbòlica:

- L'any 1833 correspon a la publicació de l'oda **«La pàtria»**, de Bonaventura Carles Aribau, en la revista *El Vapor*.
- El 1877 va ser l'any en què es premià el poema ***L'Atlàntida***, de Jacint Verdaguer, en els Jocs Florals.
- El mateix any 1877, Àngel Guimerà hi fou proclamat Mestre en Gai Saber.

La causa directa del moviment de la Renaixença va ser l'agitació social viscuda entre els segles XVIII i XIX com a conseqüència dels **canvis polítics** i dels problemes econòmics, així com també l'interès que l'estudi i l'ús de la llengua van despertar en alguns sectors, i la introducció d'idees provinents del **Romanticisme**.

Així, la Renaixença no solament va significar un intent de recuperar la identitat nacional, sinó que va servir per introduir alguns dels corrents culturals i ideològics més innovadors d'Europa.

Retrat de Bonaventura Carles Aribau, per Ramon Martí i Alsina.

El Romanticisme es va introduir a Catalunya i a tot l'Estat gràcies a la sensibilitat especial dels intel·lectuals i dels artistes catalans del començament del segle XIX, oberts als **moviments nacionalistes** –el referent principal eren les unificacions polítiques d'Itàlia i Alemanya–, que estaven en sintonia amb les seves pròpies ambicions d'identitat nacional i de reivindicació cultural particular.

El Romanticisme inspirà l'ideari de la Renaixença, difós en revistes com *El Europeo* i *El Vapor*. Els trets principals d'aquest ideari són la recuperació del català com a llengua de cultura i la reivindicació dels models literaris catalans de l'edat mitjana, inspirats en els trets romàntics següents:

- l'originalitat i la imaginació en l'acte de creació;
- el paper de l'artista com un ésser superior;
- la visió dinàmica de la natura i l'ús del mite, el símbol i la ironia;
- l'interès pel passat i pels orígens: les manifestacions tradicionals i folklòriques i la llengua nacional;
- el caos i, en general, tot allò oposat a la raó;
- la melangia vital i la mort, considerada com la via d'evasió per excel·lència, i
- l'atracció per països llunyans i pel passat remot de l'edat mitjana, com una fugida de la realitat insatisfactòria.

Església de l'antic monestir de Santa Maria de Ripoll, fundat per Guifré el Pelós, considerat el centre cultural més important de la Catalunya medieval.

Els **objectius** de la Renaixença, doncs, van ser:

- recuperar i depurar la llengua catalana com a llengua de cultura;
- identificar llengua i nació, i
- fomentar l'aparició de nous escriptors que permetessin recuperar els diferents gèneres literaris.

Per assolir aquests objectius, es van posar en joc un seguit de recursos, estratègies i plataformes d'actuació:

Temps hi ha que molts se planyien de l'oblit dels Consistoris del Gai Saber, més coneguts amb lo nom de Jocs Florals; i amb molta raó, segons ha demostrat lo feliç i cada dia més estès conreu poètic de la llengua catalana i dels dialectes germans del migjorn de França. Gràcies a un dels presents, català de cor, que no ha parat fins que ha vist realitzats sos bons projectes, i gràcies a la protecció dels dignes consellers, avui, passats alguns segles, renaix aquella antiga institució literària.

Los mantenedors que per aquest any ha nombrat l'Excellentíssim Ajuntament esperaven l'aprovació de tots aquells qui no són muts los llibres de nostra història; que pronuncien de bon grat i amb amor especial los noms expressius, si bé aspres a voltes, de nostres *hèroes*, de nostres poblacions i territoris; que sofreixen una dolorosa punyida cada vegada que cau un altre tros de nostres bells edificis que ha acabat d'embellir la mà del temps; a qui els sembla que es fon una part de l'atractiu de la nostra terra, com si s'enfosquís lo llum de son cel o s'esmortuïssen los colors de sos camps, a mesura que es van perdent les bones i velles usances i els vestits propis de la província, substituïts per una lletja i freda uniformitat... Sols en una cosa s'han enganyat los mantenedors, i és que els que han correspost a llurs desigs, han sigut més dels que podien pensar ni creure.

A tots aqueixos causarà un plaer veritable, i més fondo de lo que alguns imaginarien, lo sentir aquí els accents de llur llengua, de la que bé es pot dir la llengua de llurs entranyes... d'aquella llengua, per altra part, que no sens motiu tenen molts per la primogènita entre les neollatines i que, amb noms diversos però amb varietats sols secundàries, fou un temps la més culta i celebrada; que ja nou segles ha narrava els dols i els conhorts de Boeci, i té poemes heroics, romancescs e històrics que comparteixen amb los millors de l'Edat Mitjana; que usava Guillem d'Aquitània quan li prenia «talent de cantar»; que escoltaren i aplaudiren no sols les corts de Provença i Aragó, sinó les de Castella, Inglaterra e Itàlia; que fou conreada per lo Dant, celebrada per lo Petrarca; llengua materna dels reis aragonesos; en què s'escrigueren primitius mapes cosmogràfics, savis i respectats *còdics*, incomparables cròniques; que posseeix una rica poesia popular; que parlaren lo venerable Llull, gran home en lletra i en acció, Arnau de Vilanova, lo primer físic de son temps, l'insigne orador Sant Vicenç Ferrer, Ausias March, poeta de cor i de seny, i els *demés* autors del Cançoner que guarda París com única joia... llengua, finalment, que de cap manera ens devem avergonyir que sia la dels nostres avis, la de nostres mares, la de nostra infantesa.

Amb un entusiasme barrejat d'un poc de tristesa, li donam aquí a aquesta llengua una festa, li dedicam un filial record, li guardam almenys un refugi.

MANUEL MILÀ I FONTANALS, *Discurs presidencial dels Jocs Florals de 1859*

La pàtria

Adéu-siau, turons, per sempre adéu-siau,
oh serres desiguals, que allí en la pàtria mia,
dels núvols e del cel de lluny vos distingia,
per lo repòs etern, per lo color més blau.

Adéu tu, vell Montseny, que des ton alt palau,
com guarda vigilant cobert de boira e neu,
guaites per un forat la tomba del Jueu,
e al mig del mar immens la mallorquina nau.

Jo ton superbe front coneixia llavors,
com conèixer pogués lo front de mos parents,
coneixia també lo so de tos torrents
com la veu de ma mare o de mon fill los plors.

Mes, arrencat després per fats perseguidors,
ja no conec ni sent com en millors vegades;
així d'arbre migrat a terres apartades,
son gust perden los fruits e son perfum les flors.

Què val que m'haja tret una enganyosa sort
a veure de més prop les torres de Castella,
si el cant del trobador no sent la mia orella,
ni desperta en mon pit un generós record?

En va a mon dolç país en ales jo em transport,
e veig del Llobregat la platja serpentina,
que fora de cantar en llengua llemosina,
no em queda més plaer, no tinc altre conhort.

Plau-me encara parlar la llengua d'aquells savis,
que ompliren l'univers de llurs costums e lleis,
la llengua d'aquells forts que acataren los reis,
defengueren llurs drets, venjaren llurs agravis.

Muira, muira l'ingrat que, en sonar en sos llavis
per estranya regió l'accent nadiu, no plora,
que en pensar en sos llars, no es consum ni s'enyora,
ni cull del mur sagrat la lira dels seus avis!

En llemosí sonà lo meu primer vagit,
quan del mugró matern la dolça llet bevia;
en llemosí al Senyor pregava cada dia,
e càntics llemosins somiava cada nit.

Si quan me trobo sol, parl ab mon esperit,
en llemosí li parl, que llengua altra no sent,
e ma boca llavors no sap mentir ni ment,
puix surten mes raons del centre de mon pit.

Ix, doncs, per a expressar l'afecte més sagrat
que puga d'home en cor gravar la mà del cel,
oh llengua a mos sentits més dolça que la mel,
que em tornes les virtuts de ma innocent edat.

Ix, e crida pel món que mai mon cor ingrat
cessarà de cantar de mon patró la glòria
e pàssa per ta veu son nom e sa memòria
als propis, als estranys, a la posteritat.

BONAVENTURA CARLES ARIBAU

Celebració d'uns Jocs Florals al Saló de Cent de l'Ajuntament de Barcelona (segle XIX).

- Es van restaurar els **Jocs Florals**. Es tractava d'uns certàmens literaris manllevats de la **tradició trobadoresca**, d'una banda per interès romàntic i de l'altra per cercar mostres d'identitat nacional en un passat gloriós. Així doncs, els Jocs Florals són un certamen literari que s'associa amb la Renaixença i el naixement del catalanisme. En realitat, però, tenen el seu origen a la Provença, a Tolosa de Llenguadoc. El 1323, es fundava la *Sobregaya Companhia dels Set Trobadors*, institució que buscava la restauració de la poesia trobadoresca i de la llengua poètica occitana a través del premi de les més altes virtuts poètiques. La tradició es mantindria fins al 1484.

  Els Jocs Florals es van restaurar el 1859 i es van celebrar, malgrat les crítiques sobre el seu anacronisme i l'encarcarament de les seves propostes ideològiques, fins al 1936. A partir del 1940 van tenir lloc a l'exili i des del 1978 es tornen a celebrar a Barcelona. El lema escollit va ser «Pàtria, Fe i Amor», que corresponia als premis que s'atorgaven en poesia: englantina, viola i flor natural.

  El poeta guanyador dels tres premis era considerat **Mestre en Gai Saber**. Hi podien participar escriptors d'altres gèneres i s'atorgaven premis fins i tot per a l'assaig i la crítica literària. Els Jocs Florals van fer néixer noves generacions d'autors que van consolidar la recuperació dels diferents gèneres literaris i van ajudar a crear una infraestructura editorial paral·lela a l'aparició d'un públic consumidor de literatura en llengua catalana. Gràcies als Jocs Florals, es van poder recuperar el teatre i la poesia, i van aparèixer autors premiats com Guimerà i Verdaguer.

- Es van crear **noves institucions** i plataformes complementàries, sovint relacionades amb els Jocs Florals barcelonins. Els objectius d'aquestes entitats se centraven en l'exaltació del sentiment patriòtic i en l'extensió de l'ús de la llengua. En són exemples els Jocs Florals comarcals a Lleida o al Rosselló; la societat Lo Rat Penat de València, de to molt més conservador que les institucions de Barcelona, etc.

- El **discurs**, en català, d'**Àngel Guimerà** en prendre possessió de la presidència de l'Ateneu Barcelonès (1895) esdevingué programàtic i marcà una fita molt important.

- La **recuperació del passat gloriós**, literari i històric de l'edat mitjana va promoure una literatura amb moltes al·lusions històriques (almogàvers, canonges, comtes, reis, verges i sants nostrats, etc.) i folklòriques.

- Les **investigacions filològiques** es van orientar a la depuració i a la fixació de la llengua literària mitjançant els textos medievals i els usos comarcals.

A les Balears i al País Valencià

En el restabliment de l'antiga **unitat lingüística**, les minories cultes de les Illes Balears, del Rosselló i del País Valencià se sentien solidàries en una mateixa empresa. Tanmateix, els resultats i l'evolució posterior van ser dissemblants en cada territori. Les condicions socials de Catalunya van afavorir una expansió relativament ràpida de la Renaixença, la qual va tenir una continuïtat natural en el modernisme i la culminació en el noucentisme. En canvi, això no es va donar ni a les Illes Balears, ni al País Valencià, i encara menys al Rosselló, ja que l'impuls renaixentista es va reduir a la poesia.

A València destaca l'associació Lo Rat Penat, fundada el 1878 pel poeta Teodor Lorente entre d'altres noms destacats de la cultura valenciana. El seu propòsit principal era defensar la cultura i la llengua valencianes i impulsar un moviment semblant al de la Renaixença. En diversos dels seus escrits es dona per evident el fet que el valencià i el català són la mateixa llengua, arribant a utilitzar el terme «català-valencià» per referir-s'hi. Tanmateix aviat fou controlada per elements de la burgesia conservadora valenciana que va imposar el refús a la politització de les reivindicacions nacionals valencianes, la defensa de la monarquia espanyola i el predomini de la poesia per damunt dels altres gèneres literaris. Organitza els Jocs Florals des de fa més d'un segle. Després de la Guerra Civil Espanyola va restar en mans de valencians addictes al règim franquista.

A les Balears, aquest moviment es va articular en una tradició a part, una autèntica escola estètica que durant el modernisme es va anomenar *Escola Mallorquina*.

Teodor Llorente

Teodor Llorente (València, 1836-1911) fou advocat, periodista i polític conservador. Encapçalà el moviment de la Renaixença a València, que, a diferència del que tenia lloc a Catalunya, s'interessà bàsicament per l'ús del català en la poesia i per establir lligams entre els poetes dels distints territoris de llengua catalana (i occitana), sense cap altra implicació cultural o política d'abast més ampli. Llorente participà activament en els Joc Florals, tant en els que se celebraven a Barcelona com en els de València, que ell contribuí a crear. Bona part de la seva poesia està influïda pels temes i pels convencionalismes jocfloralescos. En aquesta línia cal interpretar un poema com «Vora el barranc dels Algadins», publicat per primer cop el 1904 i recollit finalment a la darrera edició de *Llibret de versos* (1909). El tema que hi recrea és profundament romàntic, la idealització del paisatge i del temps de la infantesa. La terra de la infantesa esdevé el paradís perdut.

Vora el barranc dels Algadins

Vora el barranc dels Algadins
hi ha uns tarongers de tan dolç flaire
que per a omplir d'aroma l'aire,
no té lo món millors jardins.
Allí hi ha un mas, i el mas té dins
volguts records de ma infantesa;
per ells jo tinc l'ànima presa
vora el barranc dels Algadins.

Vora el barranc dels Algadins,
s'alcen al cel quatre palmeres;
lo vent, batent ales lleugeres,
mou son plomall i els seus troncs fins.
En ells, millars de teuladins fan
un soroll que el cor enxisa.
Qui ouir pogués sa xillerissa
vora el barranc dels Algadins!

Vora el barranc dels Algadins
l'aigua corrent los camps anega;
en sos espills lo sol llampega,
i trau l'arròs verdosos brins.
Sona el tic-tac en los molins;
i al caure el sol, caçadors destres,
a joca van d'ànecs silvestres
vora el barranc dels Algadins.

Vora el barranc dels Algadins
mourà demà les palmes l'aire,
li donaran los horts son flaire,
i sa cantúria els teuladins.
Lo mas demà guardarà dins
dolços records i imatges belles;
jo no podré gojar ja d'elles
vora el barranc dels Algadins!

TEODOR LORENTE, *Llibret de versos* (1909)

Pintura de l'interior del Saló de Cent de la Casa de la Ciutat de Barcelona (segle XIX).

Activitats

1 Durant la Renaixença es va ser conscient de la poca unitat que presentava la llengua catalana i de la necessitat de crear unes normes ortogràfiques. S'havia de buscar un model de llengua únic i útil per difondre-la. Van sorgir dues tendències lingüístiques contràries:

1. El català *acadèmic.*
2. El català *que ara es parla.*

El català *acadèmic* volia allunyar-se de la llengua castellanitzada i pobra del moment i els seus defensors buscaven solucions arcaïtzants, basades en la llengua de segles passats (alguns volien seguir el model de la llengua dels segles d'or de la literatura catalana, els segles XIV i XV.

Els defensors del català *que ara es parla* consideraven que s'havia de prendre com a model la llengua del poble, habitual, encara que presentés interferències lèxiques del castellà. Així, per exemple, creien que l'ortografia s'havia de basar en la pronúncia, i, per tant, s'havien d'eliminar les lletres mudes, l'apòstrof...

Un dels principals defensors d'aquesta tendència fou l'autor teatral Frederic Soler (Serafí Pitarra). Llegeix aquest dos textos i contesta les preguntes:

1 *La veritable importància de Frederic Soler, a part del valor intrínsec d'algunes de les seves obres, descansa en el fet d'haver sabut interessar les masses populars en les nostres lletres, ja que la poesia floralesca no les hi havia pogut interessar, massa apartada com es trobava dels seus gustos. Cal reconèixer també a Frederic Soler el mèrit d'haver creat pràcticament del no-res l'escena catalana, preparant així el terreny per la posterior aparició d'Àngel Guimerà i d'altres dramaturgs que anirien sorgint després.*

TOMÀS TEBÉ. *Antologia de la literatura catalana/Renaixença.*

a Quina és la principal virtut del dramaturg Frederic Soler «Pitarra»?
b Qui representen «les masses polulars»?
c Quines característiques té la poesia floralesca que l'allunya del gust popular?

2 Acte I

Lo teatro representa una sabatería, no de las més modernas; al fondo de la porta gran que dona al carrer, por ahont transitará gent de quan en quan. Tots los bastidors, armaris de sabatas; un taulell en lo punt més convenient, sobre'l qual hi haurá botinas y tota mena de calsat vell. En un costat del fondo tres ó quatre rengleras de formas penjadas por la paret, en claus. A l'altre costat, y arriban fins al prosceni, vetlladors, tamborets, cabassos y totas las oynas per treballar deu ó dotze sabaters. Dos ó tres portas pe'ls costats, que darán á las habitacions interiors. Penjant del sostre un metxero de gas en forma de lira. A terra, en un costat una gabia de lloro y dos ó tres ab cardenals y aucells d'América, penjadas pe'ls costats.

SERAFÍ PITARRA. Acte I, acotació de *Lo Punt de les dones* (1865)

a Indica tots els substantius i adjectius que trobis en aquest text que no segueixen les normes ortogràfiques i morfològiques fixades per l'Institut d'Estudis Catalans. Fes-ne la versió moderna seguint la graella:

Versió Pitarra	Versió actual IEC
Teatro	Teatre
Modernas	Modernes
...	...

b Fes el mateix exercici amb els verbs.

Versió Pitarra	Versió actual IEC
Transitará	Transitarà
...	...

c Fes el mateix exercici amb les conjuncions, preposicions i pronoms.

Versió Pitarra	Versió actual IEC
Ahont	On
...	...

2 Llegeix el poema «La pàtria» de Bonaventura Carles Aribau que tens a la pàgina 89 Contesta les preguntes:

a Quin és el tema del poema? Està relacionat amb el títol? Per què al vers 46 diu «cantar de mon patró la glòria»?
b Quins subtemes hi destaques? Indica'ls en relació al desenvolupament de cada estrofa.
c Esmenta en quins versos trobes les següents figures retòriques: apòstrofe, metàfora, metonímia, comparació, hipèrbaton, pregunta retòrica.

3 Llegeix el poema de Teodor Llorente titulat «Vora el barranc dels Algadins» que tens a la pàgina 91, Contesta les preguntes:

a Quina relació temàtica té aquest poema amb «La pàtria» de Bonaventura Carles Aribau?
b Fes una llista amb tots els elements descriptius del paisatge que presenta el poema.
c A partir del vers 25 es produeix un canvi del temps verbal. Per què?

Test final d'unitat

1 Digues si és veritat (V) o fals (F):

		V	F
a	El poema de Bonaventura Carles Aribau titulat «La pàtria» es va publicar a la revista *La renaixença*	☐	☒
b	Els Jocs Florals van potenciar la novel·la realista	☐	☒
c	Els Jocs Florals tenen el seu origen en la poesia trobadoresca	☒	☐
d	Jacint Verdaguer i Àngel Guimerà van obtenir el títol de Mestre en Gai Saber	☒	☐
e	Àngel Guimerà va fer un discurs històric l'any 1895 quan va ser nomenat president de la Generalitat	☐	☒
f	Al País Valencià es va prohibir la celebració dels Jocs Florals	☐	☒
g	Teodor Llorente és autor de drames històrics	☐	☒
h	La Renaixença és un període que va des del 1833 fins al 1900	☐	☒
i	L'any 1833 es va publicar *L'Atlàntida* de Jacint Verdaguer	☐	☒
j	La Renaixença correspon al moviment del *dolce stil nuovo* italià	☐	☒
k	La Renaixença coincideix políticament amb els moviments d'unificació d'Itàlia i Alemanya	☒	☐
l	*El Europeo* i *El Vapor* són locals d'esbarjo on es reunien els artistes de la Renaixença	☐	☒
m	Manuel Milà i Fontanals va ser president dels Jocs Florals	☒	☐
n	Les investigacions filològiques es fonamenten en la llengua literària dels textos medievals	☒	☐
o	Lo Rat Penat és el pseudònim de Teodor Llorente	☐	☒
p	El lema dels Jocs Florals és «Pàtria, Mort i Amor»	☐	☒
q	El lema dels Jocs Florals és «Pàtria, Amor i Paisatge»	☐	☒
r	El lema dels Jocs Florals és «Pàtria, Fe i Amor»	☒	☐
s	Els premis del Jocs Florals són englantina, violeta i camèlia	☐	☒
t	La Renaixença identifica llengua i nació	☒	☐

2 Completa amb les paraules més escaients el text sobre la Renaixença que tens a continuació:

La Renaixença és el període que va des del 18.33. fins al 18.77., en què es va impulsar la producció literària culta en llengua catalana ...... després de tres segles de decadència. La renaixença va recuperar la identitat nacional, i a més va introduir alguns dels corrents culturals i ideològics més innovadors de Europa ....; el romanticisme i el realisme.

3 Digues quins van ser els objectius més destacats del moviment de la Renaixença

- recuperar la llengua catalana de cultura.

4 Completa amb les paraules més escaients:

Els temes dels Jocs Florals eren ...., ... i ...., i corresponien als premis poètics ...., ... i flora natural.

5 Llegeix aquests versos del poema «La pàtria» de Bonaventura Carles Aribau i contesta les preguntes:

a *«Si el cant del trobador no sent la mia orella»*
A quin trobador es refereix? En quin sentit és important el passat literari?

b *«Plau-me encara parlar la llengua d'aquells savis,*
que ompliren l'univers de llurs costums e lleis,
la llengua d'aquells forts que acataren los reis,
defengueren llurs drets, venjaren llurs agravis»
A quins savis es refereix? A quins forts? De quins drets parla? De quins agravis?

c *«En llemosí sonà lo meu primer vagit»*
Què hem d'entendre quan diu «llemosí»? Està identificant llengua i pàtria?

6 Llegeix el discurs de Manuel Milà i Fontanals que tens a la pàgina 89 i contesta les preguntes:

a Què significa quan parla de la llengua «amb noms diversos però amb varietats sols secundàries»?

b A quina època es refereix quan diu «fou un temps la més culta i celebrada»

c Per què diu «amb un entusiasme barrejat d'un poc de tristesa, li donam aquí a aquesta llengua una festa».

CONEIXEMENTS PREVIS

Llegeix aquest text:

Per a mi, Guimerà i Verdaguer són noms de carrers que trobo, per poc que busqui, a la majoria de ciutats i viles del país. El meu carrer de Sant Feliu de Guíxols, per exemple, porta el nom de Guimerà (si bé és més conegut amb el nom enigmàtic de carrer de les Banyes). Just a sobre, hi ha el carrer Maragall, que exhibeix una sorollosa discoteca. I, més o menys a tocar, hi ha el carrer Verdaguer, ple de botigues. Amb aquesta entrada, no vull fer broma, sinó indicar que avui són dos noms absolutament gramaticalitzats. Els veïns del carrer Verdaguer saben qui era, en realitat, Verdaguer? I els del carrer Guimerà? Saben qui era Guimerà? És igual. Hi viuen. I prou. De fet, Verdaguer i Guimerà van ser objecte, en vida, d'un intens procés de mitificació popular, m'atreviria a dir que per dues raons: la rotunditat de l'obra i la necessitat que, en un moment donat, van sentir els quadres dirigents de la Renaixença de destacar dues figures (potser tres, si comptem Oller) amb garanties positives d'exportació. I, després de morts, han resistit més bé o més malament els canvis successius de programa literari, per tant, s'han convertit a poc a poc en dos clàssics.

JOAQUIM MOLAS, diari *Avui* (7/5/1995)

Contesta les preguntes:

a Reflexiona sobre la intenció de l'autor quan ens parla del nom dels carrers del seu poble.

b Explica què significa «un intens procés de mitificació popular»

c Explica què es van plantejar els dirigents de la Renaixença en relació a l'obra de Guimerà i Verdaguer

d Què vol dir l'autor quan planteja que Guimerà i Verdaguer «han resistit més bé o més malament els canvis successius de programa literari».

e Identifica els següents autors que són anomenats en aquest article amb el gènere literari que els correspon. Omple la graella:

	Poesia	Teatre	Prosa
Autor 1			
Autor 2			
Autor 3			
Autor 4			

f Coneixies algun d'aquests autors? Els has llegit en algun moment de la teva vida?

B3 UNITAT

9

JACINT VERDAGUER

En aquesta unitat estudiarem la figura i l'obra del poeta Jacint Verdaguer, una de les figures més reconegudes i estimades de la literatura catalana contemporània. Analitzarem els aspectes romàntics de la seva poesia i la gran importància de la seva obra en el procés de consolidació lingüística de la Renaixença. Per aprofundir en els continguts estudiats llegirem alguns dels seus poemes, els més populars i coneguts i altres que són mostra de la gran poesia èpica verdagueriana.

Dimensió estètica i literària

- Vida, personalitat i obra.
- Trets romàntics de la seva poesia.
- Mostres de la seva poesia lírica i popular.
- Mostres de la seva poesia èpica.

TEXTOS

- «Vora la mar» dins *Flors del Calvari*, de Jacint Verdaguer.

Objectius

- Conèixer la importància i la gran estima popular de la figura de Jacint Verdaguer.
- Reconèixer la influència de l'obra de Verdaguer en el moviment de la Renaixença.
- Valorar la influència romàntica en la producció poètica.

JACINT VERDAGUER

Jacint Verdaguer va néixer a Folgueroles, a la plana de Vic, el 1845. Fill d'una família humil, ingressà al seminari de Vic l'any 1855 i hi va cursar estudis eclesiàstics. Ben aviat s'interessà per la poesia i participà en **tertúlies literàries** amb els seus condeixebles. L'any 1865 va participar per primera vegada en els Jocs Florals i hi va obtenir dos premis. A causa d'una estranya malaltia, va embarcar com a capellà en un vaixell de la Companyia Transatlàntica, propietat del **marquès de Comillas**, per refer la salut. Allà va alternar la tasca religiosa amb la literatura, i va enllestir un poema èpic començat el 1870 que va titular ***L'Atlàntida*** i que el consagrà com a poeta després de ser premiat en els **Jocs Florals** de Barcelona l'any 1877. Dos anys més tard, ja restablert de la malaltia, es va convertir en almoiner i capellà dels marquesos de Comillas i va viure al seu palau de Barcelona entre el 1877 i el 1893.

Jacint Verdaguer, dibuixat per Ramon Casas.

Aquest va ser el període més brillant de la seva vida, ja que, a més d'administrar les almoines que els marquesos donaven als pobres, podia escriure, viatjar i establir contactes amb l'alta societat catalana i espanyola. Durant aquesta època, va escriure l'altre gran poema èpic de caire romàntic: ***Canigó*** (1886).

Després d'un viatge a Terra Santa, va patir una **crisi espiritual** –un desig de purificació i d'ascetisme que va derivar en el contacte amb vidents i exorcistes, pràctiques prohibides pel bisbat de Barcelona. Tot plegat el va enfrontar amb les altes jerarquies eclesiàstiques, amb el marquès que l'havia acollit i amb altres estaments socials. L'escàndol va ser sonat: el «cas Verdaguer» va esdevenir centre d'interessos socials i polítics oposats. El van acusar de boig, li van retirar les llicències sacerdotals i fou confinat al santuari de la Gleva, on va residir durant dos anys. Més tard, i després de diversos enfrontaments, va poder tornar a celebrar missa. Fruit d'aquesta etapa, i a manera de defensa, Verdaguer va escriure una sèrie d'articles titulats *En defensa pròpia* (1895-1897) i el recull *Flors del Calvari* (1896).

Va morir l'any 1902, a Vallvidrera, víctima de la tuberculosi. Al seu enterrament va acudir una quantitat extraordinària de persones, que van homenatjar un poeta que s'havia convertit en un autèntic mite popular.

La importància de Verdaguer rau en el fet de representar la recuperació de la **poesia culta** en català després de tres segles de decadència. El poeta de Folgueroles va significar el mateix que Ramon Llull a l'edat mitjana: pel seu domini de

La mort de l'escolà

A Montserrat tot plora,
tot plora d'ahir ençà,
que allí a l'Escolania
s'és mort un escolà.
L'Escolania, oh Verge!,
n'és vostre colomar:
aquell que ahir us cantava,
qui avui no el plorarà?

En caixa blanquinosa
mirau que hermós està,
n'apar un lliri d'aigua
que acaben de trencar.
Té el violí a l'esquerra
que solia tocar,
lo violí a l'esquerra,
l'arquet a l'altra mà.

Sos companyons de cobla
lo duen a enterrar.
Lo rossinyol salmeja,
salmeja més enllà
quan veu l'Escolania,
calla per escoltar.
Lo cant de les absoltes
comencen a entonar;
lo primer vers que entonen,
del cel sembla baixar,
lo segon vers que canten
se posen a plorar.
Lo mestre de la cobla
los aconhorta en va,
les fonts ja son rieres,
i les rieres mar.

Oh patges de la Verge,
bé teniu de plorar,
al qui millor cantava
venint de soterrar.
Los monjos també ploren;
sols canta un ermità,
sentint cantar los àngels
i amb ells lo nou germà,
aucell d'ales obertes
que cap al cel se'n va.

Mentre ell canta pels aires,
lo violí sonà.

JACINT VERDAGUER, *Montserrat*

El monestir de Montserrat.

A Barcelona

Quan a la falda et miro de Montjuïc seguda,
m'apar veure't als braços d'Alcides gegantí
que per guardar sa filla del seu costat nascuda
en serra transformant-se s'hagués quedat aquí.

I al veure que traus sempre rocam de ses entranyes
per tos casals, que creixen com arbres amb saó,
apar que diga a l'ona i al cel i a les muntanyes:
Mirau-la, os de mos ossos, s'és feta gran com jo!

Perquè tes naus, que tornen amb ales d'oreneta,
vers Cap-del-Riu en l'ombra no es vagen a estellar,
ell alça tots els vespres un far amb sa mà dreta
i per guiar-les entra de peus dintre la mar.

La mar dorm a tes plantes besant-les com vassalla
que escolta de tos llavis lo codi de ses lleis,
i si li dius arrera! fa lloc a ta muralla
com si Marquets i Llances encara en fossen reis.

Al nàixer amazona, de mur te coronares,
mes prompte ta creixença rompé l'estret cordó
tres voltes te'l cenyires, tres voltes lo trencares,
per sobre el clos de pedra saltant com un lleó.

Per què lligar-te els braços amb eix cinyell de torres?

No escau a una matrona la faixa dels infants;
mes val que l'enderroques d'un colp de mà i esborres;
muralles vols ciclòpees? Déu te les da més grans.
[...]

La mar no te l'han presa, ni el pla, ni la muntanya
que s'alça a tes espatlles per fer-te de mantell,
ni eix cel que fóra un dia ma tenda de campanya,
ni eix sol que fóra un dia faró del meu vaixell;

ni el geni, aqueixa estrella que et guia, ni eixes ales,
la indústria i l'art, penyores d'un bell esdevenir,
ni aqueixa dolça flaire de Caritat que exhales,
ni aqueixa fe... i un poble que creu no pot morir.

Ton cel té encara totes ses flors diamantines;
la pàtria té sos hèroes, ses lires los amors;
Clemència Isaura encara de roses i englantines
fa cada primavera present als Trobadors.

Lo teu present esplèndid és de nous temps aurora;
tot somniant fulleja lo llibre del passat;
treballa, pensa, lluita; mes creu, espera i ora.
Qui enfonsa o alça els pobles és Déu, que els ha creat.

JACINT VERDAGUER, *Oda a Barcelona*

Vista de la ciutat de Barcelona, segons un gravat d'Alfred Guesdon (1856).

la llengua, es pot considerar el creador de la llengua literària contemporània, l'autor que va tornar el **prestigi** perdut a un idioma de cultura. Les seves obres van assolir una gran difusió gràcies a les traduccions i a l'interès que suscitava el poeta en diversos sectors socials. Aquest interès va afavorir la popularització d'algunes de les seves composicions, com ara el «Virolai», «L'emigrant» o «La mort de l'escolà» dins *Montserrat* (1880), que s'han arribat a difondre com si fossin anònimes i de tradició popular.

La innata aptitud literària, l'eficàcia expressiva de la seva poesia i el ressò social de la seva crisi espiritual van fer que, ja en vida, tingués una gran **estima popular** –més personal que literària–; per això és considerat l'escriptor català més destacat del segle XIX i el més representatiu de la Renaixença.

Tot i escriure principalment **poesia**, també va conrear la prosa: els articles *En defensa pròpia* (1895-1897), *Excursions i viatges* (1887), *Dietari d'un pelegrí a Terra Santa* (1889), o *Rondalles* (1905) i *Folklore* (1907), publicades després de la seva mort. La seva obra, a més, ha adquirit la consideració de clàssica.

Retrat de Mariano Picó que representa Jacint Verdaguer, de jove, a la font del Desmai.

És poesia de caràcter romàntic, combinada amb elements procedents de la Renaixença i influïda per la lírica trobadoresca: patriòtica, sentimental, imaginativa, melangiosa, vinculada al **folklore**, que lloa el passat històric i atorga protagonisme a la natura.

Els temes principals que va tractar en la seva obra feien referència a la **pàtria** i la **fe**.

Poesia èpica

Els dos grans poemes èpics que va escriure Jacint Verdaguer són *L'Atlàntida* i *Canigó*.

- ***L'Atlàntida*** (1877). Consta d'una introducció, deu cants i una conclusió. Hi barreja la història i la mitologia a través de dos temes: el descobriment d'**Amèrica** i l'enfonsament de l'**Atlàntida**. La introducció presenta un jove Colom nàufrag que coneix un ermità, el qual li explica com s'enfonsà i com va desaparèixer el mític continent. Aquesta narració ocupa els deu cants centrals, i té com a protagonista Hèrcules, que simbolitza l'home que desitja dominar la **natura**. La conclusió reprèn la història de Colom, que intueix que descobrirà i cristianitzarà Amèrica. El protagonisme de l'obra es troba, com en *Canigó*, a les mans de la natura. La diferència principal rau en el fet que la natura descrita en *L'Atlàntida* és desbordant, tumultuosa, propera al cataclisme.

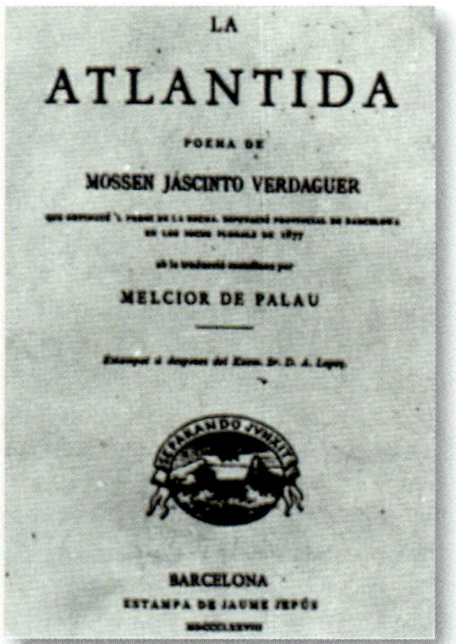

Coberta de la primera edició de *L'Atlàntida* (1877).

L'enfonsament

I esclaten, com resclosa que es romp, les nuvolades,
i en fulgurants meteors i serps de foc los cels;
i sent cruixir a la càrrega d'onades sobre onades
l'Atlàntida, com feixos de canyes, ses arrels.

I damunt seu, terribles com mai descarregant-se,
son front i pits calciguen les ires de l'Etern,
mentre en sos peus de roca, com rats-penats penjant-se,
cap al bell fons l'estiren los genis de l'Avern.

Pels cims dels puigs i cingles, com braus sense barrera
s'empenyen les zumzades del fort Mediterrà,
a tombs amb altres cingles i puigs, que en sa carrera
fan rodolar a empentes, sens dir-los: «Feu's-e enllà.»

Així del torb en ales, les mars del pol se baten
amb les ciutats i serres de glaç, illes i mons,
i trossejats i a timbes ençà i enllà els rebaten,
seguits d'estols de feres i naus a tomballons.

JACINT VERDAGUER, *L'Atlàntida*, cant VIII

- ***Canigó*** (1886). Consta de dotze cants i un epíleg. L'acció transcorre pels volts de l'any 1000 i connecta amb els orígens llegendaris de Catalunya. Tot i que la veritable protagonista de l'obra és la natura dels Pirineus –una natura sublim i serena, que emmarca una història en la qual es barregen elements llegendaris, populars i històrics–, el poema narra les gestes de **Tallaferro** contra els moros que envaeixen les terres catalanes. El protagonista és **Gentil**, fill de Tallaferro. Les fades que viuen al Canigó desperten l'interès de Gentil, el qual, seduït per Flordeneu, reina de les fades, abandona el seu lloc de vigilància. Flordeneu li descobrirà les llegendes que amaguen els Pirineus. Gentil serà assassinat pel seu oncle Guifré, en un atac d'ira, ja que la seva deserció provoca la derrota dels cristians. Més tard, Guifré fundarà un monestir en senyal de penediment. En aquest instant, el món de les fades desapareix de l'escena pirinenca. El desenllaç final serà el triomf del cristianisme i la substitució d'un ordre, el del món llegendari de les fades, per un altre de nou, el cristià.

La fada de Fontargent

No us tornaré pas a veure,
boscúries andorranes,
riu de Fontalba, estanys de Fontargent;
ni us dic, ai!, a reveure,
mes serres catalanes,
que veig fugir, fugir cap a occident!
[...]

JACINT VERDAGUER, «La creu de Canigó», *Canigó*, cant XII

El monestir de Sant Martí del Canigó.

Cor final

Pàtria, et donà ses ales la victòria;
com un sol d'or ton astre es va llevant;
llença a ponent lo carro de ta glòria;
puix Déu t'empeny, oh Catalunya!, avant.
Avant: per monts, per terra i mars no et pares,
ja t'és petit per trono el Pirineu,
per ésser gran avui te despertares
a l'ombra de la Creu.

JACINT VERDAGUER,
«La creu de Canigó», *Canigó,* cant XII

Lo Pirineu

Què són los Pirineus?; serpent deforme
que, eixint encara de la mar d'Astúries,
per beure l'aigua a on se banya Empúries
atravessa pel mig un continent.
Quan ja a la mar Mediterrània arriba,
al mirar-la, potser, tan espantable,
amb un colp de sa espasa formidable
en dos lo migpartí l'Omnipotent.

Entre sos dos bocins, que el colp allunya,
vers França l'un si l'altre vers Castella,
verda, soliua, agraciada i bella
obre son si florit la vall d'Aran.
Atrets per sa verdor fresca i gemada,
los dos enamorats sovint s'hi giren,
mes prompte ses belleses no s'obiren,
puix l'ombra de la nit los va abrigant.
[...]
Lo pastor, que a sos passos se deixonda,
obrint mig somnioses les parpelles,
creu que baixen del cel dues estrelles
per qui en la terra algun amor somriu;
les estrelles, que des de l'hemisferi aguaiten,
creuen veure amb sa coloma
un colomí d'immaculada ploma
que al cim d'un campanar vola a fer niu.

JACINT VERDAGUER, *Canigó,* cant IV

Poesia lírica

La producció lírica de Verdaguer connecta amb les arrels populars i s'inspira en la poesia tradicional, això fa que aquesta tingui dos vessants: la poesia patriòtica –en la qual hi trobem els reculls *Pàtria* (1888) i *Aires del Montseny* (1901)– i la poesia religiosa –*Idil·lis i cants místics* (1879) i *Flors del Calvari* (1896)–, que inclou els poemes vinculats als conflictes entre Verdaguer i el bisbe Moragas, així com la repercussió social i sentimental que aquest afer va tenir.

Després del viatge a Palestina i Egipte, del qual torna trasbalsat, el poeta viu immers en una crisi profunda. *Dietari d'un pelegrí a Terra Santa* (1888) són les anotacions que va escriure mentre fa el viatge i que expliquen el desig de purificació i el canvi d'orientació en la seva vida. Aquest canvi consisteix a dedicar-se més a les tasques eclesiàstiques que no pas a les d'escriptor, cosa que inclou una pràctica de la caritat, que l'omple de deutes i, més tard, el posa en contacte amb un grup d'exorcistes. És aleshores que entra en la vida del poeta la família Duran, formada per una dona vídua i dues filles, a les quals promet que no abandonarà. Aquesta actitud d'ajuda incondicional als desvalguts i els comportaments que se'n deriven li valen la desconfiança dels marquesos de Comillas i, finalment, la decisió de prescindir dels seus serveis com a capellà domèstic. Tampoc és

El Canigó vist del del roc de Frausa, la muntanya que protagonitza el gran poema èpic de Verdaguer.

«Després de les gràcies, molt plana, suau i amorosament se'm digué que jo treballava massa; que lo senyor bisbe m'oferia una cambra en son palau de Vic, si volia passar-hi un parell de mesos. [...] i, vulgues o no vulgues, de bon grat o per força, lo senyor bisbe me féu prometre que l'endemà jo sortiria amb ell cap a Vic en lo tren de la tarda.

La quimera esclatà, llençant darrera seu una carretilla d'insults més que d'acusacions [...]. Deien que em deixava enganyar com un beneit; que anava a empobrir la casa amb tanta caritat; que amb les almoines, per mi cosa sagrada, sostenia gent perduda i de malviure; que amb elles m'havia fet la barba d'or, retirant-me per ric, amb la maleta plena de bitllets de Banc; [...] i, per últim, que volia fundar una secta, filla o almenys propparenta de l'espiritisme.»

«Sobre l'expulsió de Barcelona»
En defensa pròpia, 1895

A un detractor

Calumnia, detractor,
ta llengua de glavi esmola;
los esbroncs són mon plaer,
los penjaments la meva honra.
Si del glavi no en tens prou,
pren al sastre la tisora,
tu m'has de fer lo vestit
que tinc de dur a la glòria.
L'enclusa pren al ferrer,
a l'argenter la gresola;
no em planyes ni el foc ni el mall,
tu m'has de fer la corona;
una perla és cada insult,
un diamant cada afronta.

JACINT VERDAGUER, *Flors del Calvari*

L'emigrant

Dolça Catalunya,
pàtria del meu cor,
quan de tu s'allunya
d'enyorança es mor.

I

Hermosa vall, bressol de ma infantesa,
blanc Pirineu,
marges i rius, ermita al cel suspesa,
per sempre adéu!
Arpes del bosc, pinsans i caderneres,
cantau, cantau,
jo dic plorant a boscos i riberes:
adéu-siau!

II

¿On trobaré tos sanitosos climes,
ton cel daurat?
mes ai, mes ai! ¿on trobaré tes cimes,
bell Montserrat?
Enlloc veuré, ciutat de Barcelona,
ta hermosa Seu,
ni eixos turons, joiells de la corona
que et posà Déu.

III

Adéu, germans: adéu-siau, mon pare,
no us veuré més!
Oh! si al fossar on jau ma dolça mare,
jo el llit tingués!
Oh mariners, lo vent que me'n desterra
que em fa sofrir!
Estic malalt, mes ai! tornau-me a terra,
que hi vull morir!

JACINT VERDAGUER, *Flors del Calvari*

Les barres de sang (fragment)

Dins son palau de Valldaura
trist està Jofre el Pelós
mirant son escut que penja
d'un feix de llances i estocs.
Los cavallers ja li diuen:
–De que esteu tan neguitós?
–De veure ma adarga llisa
com un llibre sense mots.
–Llisa n'és la vostra adarga,
mes té el camp de plata i or.
–Bé té el camp d'or i de plata,
mes és un camp sense flors.–
Mentre diu eixes paraules,
una carta n'ha desclòs:
n'és del gran Carles la lletra,
el segell d'emperador:
«Els normands entren a França,
ajudau-me, el meu nebot,
que si vós me dau ajuda,
cada braç valdrà per dos.»
Quan les lletres son llegides,
–Cavallers anem-hi tots.—
Ja es cobreix de fina malla,
ja se'n calça els esperons,
cap a França ja s'envolen,
bon camí que Déu els do.

JACINT VERDAGUER, *Pàtria*

entès per les autoritats eclesiàstiques, que, amb un diagnòstic de follia, l'allunyen de Barcelona. Al santuari de la Gleva, prop de Vic, va descobrint que el lloc de repòs era realment de reclusió. Després de visitar el marquès i el bisbe Morgades, és obligat a romandre a la Gleva, vigilat per un capellà que escampa rumors negatius sobre el seu comportament. El 1895, davant d'una situació d'empresonament insostenible, Verdaguer s'escapa de la Gleva i torna a Barcelona. Només la casualitat fa que Verdaguer no sigui detingut per la policia, enviada pel bisbe Morgades; això provoca que el poeta trameti un breu comunicat a la premsa en què demana justícia i ajut a la gent de Barcelona. La notícia va impactar tant que va prendre dimensions d'escàndol. Un mes després, un tribunal eclesiàstic el suspèn de poder exercir les seves funcions sacerdotals i, per tant, de poder fer missa. Verdaguer contraataca amb un seguit de cartes enviades a la premsa diària (anomenades «Un sacerdot perseguit»), gràcies a les quals guanya força i noves amistats. El mateix 1895, un grup d'amics li publiquen aquests articles sota el títol *Mossèn Jacinto Verdaguer en defensa pròpia*, considerats la millor prosa del primer periodisme català modern. El 1896 es publica el llibre *Flors del Calvari. Llibre de consols*, com a justificació personal.

Activitats

1 Llegeix aquest fragment de *Dietari d'un pelegrí a Terra Santa* i contesta les preguntes:

(...) Jo volia veure més de prop i sentir i banyar-me en lo sol de Palestina, no el sol material, sinó aquell sol que no s'ha post ni s'ha de pondre, lo sol de tots los cors, de totes les intel·ligències, lo veritable centre de l'univers. Tres viatges tenia jo fets llavors: un a Amèrica, cercant la salut perduda per mi; altre a Tànger i Argèlia, cercant-la per un amic estimat; i el tercer al Nord, amb no menys bona i agradable companyia; faltava lo quart braç o, diguem, lo cap a la immensa creu que havia formada en la terra amb mos viatges, i li posí dignament amb lo millor de tots, lo de Jersusalem. Los tres primers enfortiren mos cos delicat i enriquiren mon esperit, mes deixaren mon cor buit i assedegat sempre de veure quelcom més que mars i terres i ciutats, formiguers de gent. L'anada a Terra Santa m'ha apagada aquesta set, i ja no desitjo ni espero fer altre viatges que el de l'eternitat, quan hora sia.

JACINT VERDAGUER, Fragment del pròleg del *Dietari d'un pelegrí a Terra Santa* (1889)

a Verdaguer va viatjar molt en el seu temps. Busca informació dels viatges que va fer i fes una llista dels llocs principals que va visitar. Creus que el fet de viatjar, en aquella època, respon a un esperit romàntic?

b A quin personatge es refereix Verdaguer quan parla d'un amic estimat? Quina relació tenia amb el poeta?

2 Llegeix el poema «Vora la mar» i contesta les preguntes:

Vora la mar

Al cim d'un promontori que domina
les ones de la mar,
quan l'astre rei cap a ponent declina
me'n pujo a meditar.

Amb la claror d'aqueixa llàntia encesa
contemplo mon no-res;
contemplo el mar i el cel, i llur grandesa
m'aixafa com un pes.

Eixes ones, mirall de les estrelles,
me guarden tants records,
que em plau reveure tot sovint en elles
mos somnis que són morts.

Aixequí tants castells en eixes ribes
que m'ha aterrat lo vent,
amb ses torres i cúpules altives
de vori, d'or i argent:

Poemes, ai!, que foren una estona
joguina d'infantons,
petxines que un instant surten de l'ona
per retornar al fons;

vaixells que amb veles i aparell s'ensorren en
un matí de maig,
illetes d'or que naixen i s'esborren
del sol al primer raig:

idees que m'acurcen l'existència
duent-se'n ma escalfor,
com rufagada que s'endu amb l'essència
l'emmusteïda flor.

A la vida o al cor quelcom li prenen
les ones que se'n van;
si no tinc res, les ones que ara vénen,
digau-me què voldran?

Amb les del mar o amb les del temps un dia
tinc de rodar al fons;
per què, per què, enganyosa poesia,
m'ensenyes de fer mons?

Per què escriure més versos en l'arena?
Platja del mar dels cels,
quan serà que en ta pàgina serena
los escriuré amb estels?

JACINT VERDAGUER, *Flors del Calvari*

a Confirma el tema del poema que et proposem. A continuació escriu una frase que expliqui el tema desenvolupat a cada estrofa. Omple la graella següent:

Tema general del poema	Reflexió sobre la poesia, la propia creació poètica i el desig de perdurabilitat i transcendència a través de la creació artística.
Tema estrofa 1	
Tema estrofa 2	
Tema estrofa 3	
Tema estrofes 4/5/6/7	
Tema estrofa 8	
Tema estrofa 9	

Activitats

Tema estrofa 10	El poeta voldria que els seus versos fossin eterns, que perduresssin com a obra artística i humana. També expressa una vocació d'eternitat religiosa.

b Interpreta en el seu sentit literal les següents metàfores del poema. Omple la graella:

Metàfora	Sentit literal
Astre rei	Sol
Llàntia encesa	El atardecer
Torres i cúpules altives, de vori, d'or i argent	
Vaixells que amb veles i aparell s'ensorren	
Illetes d'or	
Ones que se'n van	Les coses en general
Les escriuré amb estels	Per sempre.

c Què significa el vers 12 «mos somnis que són morts»? Quin deu ser l'estat d'ànim del poeta?

pesimista, buit, sense ganes — els somnis es moren, decepció

3 **Un dels protagonistes del poema *L'Atlàntida* és Hèrcules. Cerca informació sobre el personatge, el mite i explica per què fou escollit per Verdaguer.**

CANIGÓ

4 **Fes l'anàlisi mètrica dels versos de *Canigó* que tens a continuació:**

Com dos gegants d'una legió sagrada
sols encara hi ha drets dos campanars:
són los monjos darrers de l'encontrada,
que ans de partir, per última vegada,
contemplen l'enderroc de sos altars.

Són dues formidables sentinelles
que en lo Conflent posà l'eternitat;
semblen garrics los roures al peu d'elles;
les masies del pla semblen ovelles
al peu de llur pastor agegantat.

Una nit fosca al seu germà parlava
lo de Cuixà: –Doncs, que has perdut la veu?
Alguna hora a ton cant me desvetllava
i ma veu a la teva entrelligava
cada matí per beneir a Déu.

–Campanes ja no tinc– li responia
lo ferreny campanar de Sant Martí–.
Oh!, qui pogués tornar-me-les un dia!
Per tocar a morts pels monjos les voldria;
per tocar a morts pels monjos i per mi.

Que tristos, ai, que tristos me deixaren!
Tota una tarda los vegí plorar;
set vegades per veure'm se giraren;
jo aguaito fa cent anys per on baixaren;
tu que vius més avall, no els veus tornar?

Canigó (Epíleg, fragment)

5 **Al poema *Canigó* hi apareixen alguns personatges històrics. Investiga quins són.**

6 **Busca informació sobre els personatges de Tallaferro, Guifré el Pelós i Oliba. Compara la informació històrica amb l'ús que en fa Verdaguer en el seu gran poema *Canigó*. Justifica per quins motius el poema es titula *Canigó*.**

7 **Llegeix els fragment del cant IV de *Canigó* que tens a la pàgina 99 i contesta les preguntes:**

a Per què aquests versos se centren en una visió panoràmica dels Pirineus?
b Per quin motiu hi ha una gran presència de noms de lloc?
c Analitza la mètrica d'aquest cant. Creus que el poeta té la voluntat d'acordar el tema amb la forma?

Test final d'unitat

1 Digues si és veritat (V) o fals (F):

		V	F
a	Jacint Verdaguer va néixer el 1845 en un castell de la Segarra al poble de l'Aranyó	☐	☐
b	Era fill d'una família humil, per la qual cosa va ingressar al seminari per poder estudiar	☒	☐
c	Va treballar durant uns anys al servei del marquès de Comillas, el palau del qual estava a la Rambla de Barcelona	☐	☐
d	El poema *Canigó* tracta fonamentalment temes amorosos	☐	☒
e	Es va enfrontar amb les altes jerarquies religioses, i amb les elits socials	☒	☐
f	Va morir oblidat de tothom	☐	☒
g	La seva poesia representa un extraordinari treball de recuperació de la llengua culta després de molts segles de decadència	☒	☐
h	Alguns dels seus poemes encara avui en dia són considerats anònims i de tradició popular	☒	☐
i	La poesia de Jacint Verdaguer és renaixentista	☒	☐
j	Jacint Verdaguer era un gran aficionat a l'excursionisme	☐	☒
k	Jacint Verdaguer va practicar exorcismes	☒	☐
l	Jacint Verdaguer va ser capellà de vaixell i va poder viatjar per mar.	☒	☐
m	Després d'un viatge a Terra Santa va patir una crisi espiritual	☒	☐
n	Va morir el 1902 víctima d'una tuberculosis	☒	☐
o	El marquès de Comillas li va encarregar que escrivís el poema èpic *Canigó*	☐	☒
p	Verdaguer és considerat com el creador de la poesia popular catalana	☐	☒
q	Verdaguer és considerat com el creador de la llengua literària contemporània	☒	☐
r	Només va escriure poesia i no va conrear mai la prosa	☐	☒
s	*L'Atlàntida* és un poema que tracta sobre la mitologia grega	☐	☒
t	*Canigó* és un poema èpic on el veritable protagonista és la natura dels Alps	☐	☒
u	*Aires del Montseny* és un llibre de poemes de Verdaguer publicat el 1901	☐	☐
v	*Flors del Calvari* és un recull d'articles periodístics en què Verdaguer es defensava de les autoritats eclesiàstiques	☒	☒
y	Jacint Verdaguer va ser diagnosticat de boig i allunyat de Barcelona	☒	☐
z	Jacint Verdaguer és un dels poetes més importants i reconeguts de la literatura catalana	☒	☐

2 Indica les obres que va escriure Jacint Verdaguer:

- ☒ Virolai
- ☒ L'emigrant
- ☐ L'hereu Riera
- ☐ El comte Arnau
- ☒ *Canigó*
- ☒ *L'Atlàntida*
- ☒ La pàtria
- ☐ *Terra baixa*
- ☐ La mort de l'escolà
- ☐ Oda a Barcelona

3 Completa amb les paraules més escaients el text sobre els poemes de *L'Atlàntida* i *Canigó* que tens a continuació:

Al poema *L'Atlàntida* (1887) s'hi presenten dos temes: .... i .... Té com a protagonista .... i també hi apareix la figura històrica de ....

El poema *Canigó* (1886) explica els orígens llegendaris de Catalunya, al voltant de l'any .... Narra les gestes de .... contra els moros que envaeixen les terres catalanes. El protagonista és .... fill de .... i la fada .... Al darrer cant del poema, conversen els dos campanars de .... i de ....

CONEIXEMENTS PREVIS

Llegeix aquest text:

Guimerà, agradi o no, és un cim del teatre català. Les noves generacions el coneixen poc. Fa un teatre romàntic i naturalista que, evidentment, ens situa en una altra circumstància històrica, però que és una anella important de la cadena perpètua del nostre teatre clàssic.

JOAN BROSSA

Contesta les preguntes:

- a Què vol dir un «cim del teatre català»?
- b Coneixes alguna obra d'Àngel Guimerà? Esmenta'n els títols.
- c Quins temes creus que tracta el teatre romàntic?
- d Quins els teatre realista o naturalista?

Qüestionari sobre el gènere teatral.

La literatura dramàtica o teatral té com a finalitat la representació del text dalt d'un escenari. Però també hem de saber analitzar-la com a text escrit de forma que interpretem alguns aspectes distintius del gènere. Contesta les preguntes següents:

- a Quants tipus de lletres podem trobar en un text teatral?
- b Com s'anomenen en un text teatral les notes explicatives referents a la disposició de l'escena, al moviment dels personatges, etc.?

Busca a Intenet la imatge d'un teatre (o dibuixa-la) de manera que hi puguis assenyalar o identificar els elements següents:

- a el teló
- b el coverol
- c la platea
- d la llotja
- e el primer pis
- f el galliner

B3 UNITAT 10

ÀNGEL GUIMERÀ

En aquesta unitat estudiarem la figura i l'obra del dramaturg Àngel Guimerà, una de les figures més reconegudes de la literatura catalana del segle XIX. Analitzarem els aspectes romàntics i més tard realistes de la seva obra i la gran importància de la seva posició ideològica en relació a la reivindicació i defensa de la llengua catalana durant la Renaixença.

Dimensió estètica i literària

- Vida, personalitat i obra.
- Trets romàntics de la seva producció teatral.
- Trets realistes de la seva producció teatral.
- Evolució del model de llengua literària.

TEXTOS

- «Discurs de presidència de l'Ateneu Barcelonès» (fragment).
- *Terra baixa* (fragment).

Objectius

- Conèixer la importància d'Àngel Guimerà dins el moviment de la Renaixença.
- Reconèixer la posició d'Àngel Guimerà en defensa de la llengua catalana.
- Valorar la influència romàntica i posteriorment realista en la producció dramàtica de Guimerà.

ÀNGEL GUIMERÀ

Àngel Guimerà va néixer a Santa Cruz de Tenerife l'any 1845 i va morir a Barcelona el 1924. Fill de mare canària i de pare català, va viure fins a vuit anys a les illes Canàries. L'any 1853 es traslladà al Vendrell, d'on era originària la família paterna, i anys més tard s'instal·là a Barcelona. Tot i que la seva primera formació va ser en castellà, de seguida va aprendre la llengua catalana i s'adaptà a la cultura del país. De ben jove participà en el moviment literari català, i va ser fundador –i més tard director– de la revista *La Renaixensa*. Va començar escrivint poesia i l'any 1877 va ser proclamat **Mestre en Gai Saber**.

D'ençà del dia en què se'm dóna l'encàrrec honrosíssim de presidir aquesta Associació, tan respectable ja avui pels anys que compta de vida com pels homes il·lustres que han brillat en ella, ni un sol instant he dubtat de quin havia d'ésser l'objecte del meu discurs en la present diada. Sabia que a la presidència de l'Ateneu Barcelonès m'hi duien els meus pobres treballs en llengua catalana, i he considerat que era en mi un deure ineludible el parlar-vos d'aquesta, la llengua de Catalunya, encara que només fos com agraïment, per deure a ella sola mercè tan senyalada. Mes altra causa, després de l'agraïment, m'ha portat, senyors, a escollir aquest tema per a l'acte inaugural de l'Ateneu, i és el creure que, degut a l'impuls de l'afecte que jo tinc a aquesta llengua, em serà més planera la feina de pensar i estendre el discurs, al mateix temps que el considerar que a molts de vosaltres no us serà gaire molest i potser fins us serà agradós l'escoltar les meves paraules; i no pel que en elles jo us digui, que no sapigueu, sinó pel simpàtic que us ha d'ésser a vosaltres el sentir enraonar una curta estona de la llengua de l'antic Principat, tant als que heu nascut dintre de Catalunya, i per consegüent la parleu a tothora, com als que, essent fills d'altres països, ja l'entenen com a la llengua pròpia, a on tot afecte arrela i troba grata correspondència, l'estimeu aquesta terra i la considereu com la vostra segona pàtria.

[...]

I ja he acabat, senyors; mes així com en començar he obert aquest discurs amb l'opinió d'un fill il·lustre de la terra espanyola que no és català, deixeu que el tanqui amb aquelles paraules immortals i santes que en marbres i en bronzes tindrien d'ésser escrites, llegades en l'idioma del seu poble pel Dant, tant als que estimen les llengües de les seves pàtries com als que les avorreixen:

«Si l'idioma del país –diu– és algun cop abominable, és quan se'l sent en la boca meretriu dels que el prostitueixen».

ÀNGEL GUIMERÀ, *Discurs de presidència de l'Ateneu Barcelonès* (30-11-1895)

Àngel Guimerà dibuixat per Ramon Casas.

Posteriorment, tot i que mai no deixà de banda la poesia, es dedicà al **teatre**, en el qual assolí un èxit rotund. El seu vessant polític el va convertir en un aferrissat defensor del catalanisme i en un personatge molt popular.

Alguns aspectes de la biografia d'Àngel Guimerà han estat sempre motiu de controvèrsia, especialment si es té en compte la importància que ell mateix els va atorgar i el fet que apareixen de manera recurrent en les seves obres:

- Els pares de Guimerà no estaven casats quan ell va néixer. Aquesta situació el marcà profundament, fins a l'extrem d'arribar a falsejar la seva data de naixement.
- Guimerà, nascut a les illes Canàries, arribà a Catalunya quan ja tenia vuit anys i sense conèixer-ne la llengua. Una característica de la seva obra és que molts dels personatges viuen en espais que els resulten aliens, són fills d'**altres cultures**, d'altres països i, per tant, són en part rebutjats i se senten **mestissos**.
- L'experiència amorosa de Guimerà també va influir en la configuració dels seus personatges. Sembla que d'adolescent va experimentar un **amor frustrat** per Maria Rubió, per l'oposició al prometatge dels pares respectius. En la seva vida adulta no se li va conèixer cap relació sentimental. En contrapartida, els personatges femenins de les seves obres són caracteritzats de manera molt subtil i intensament idealitzats.

La **producció teatral** d'Àngel Guimerà es pot agrupar en **tres etapes**, en les quals el dramaturg destaca per la gran capacitat de presentar amb molta força passions psicològicament complexes.

- La **primera etapa** de la seva obra va ser plenament romàntica, en un moment en què, en l'escena catalana, hi dominava la figura de Frederic Soler Pitarra, és a dir, el model de drama melodramàtic amb l'alternança de temes costumistes, rurals o històrics. De les tragèdies històriques de Guimerà destaca ***Mar i cel*** (1888). Cal remarcar l'ús que l'autor fa del vers i el fet que la majoria de les seves obres se situen en l'edat mitjana, com ara *Gal·la Placídia* (1879).

- La **segona etapa** va representar la consolidació de Guimerà com a dramaturg. En aquest període va sintetitzar elements procedents del romanticisme i del realisme. Va escriure drames romàntics contemporanis i va declinar l'ús del vers a favor de la prosa. És l'època de la seva trilogia més famosa: *Maria Rosa* (1894), ***Terra baixa*** (1897) i *La filla del mar* (1900).

QUIRZE (*Cridant fort*): Nois: parlem de les quinzenes! (*Calla tothom.*) Doncs, sí, companys...

TOMASA (*Posant-se dreta i apartant an en* QUIRZE): Ja ho veuràs: ho diré jo, que tu no t'expliques.

GEPA: Mestressa: hem quedat que això era feina dels homes.

TOMASA (*An en* GEPA): Tu, calla. Minyons: que hem de cobrar encara que tinguem de matar-ne un dels pocavergonyes dels capatassos i ens hi tinguem de fer a tiros! (*Alguns treballadors s'enfaden de sentir-la; altres se'n riuen. Ella insisteix.*)

QUIRZE: Vés, vés. Venta el foc. (*Confusió general, no volent que parli*)

CALAU: Arri a fer mitja!

TOMASA: Que no em da la gana!

GEPA: No farem res.

TOMASA: Sabeu què sou tots? Unes gallines mullades! (*Crits*) Que teniu por de rebre! (*Segueixen esvalotats contra la* TOMASA)

QUIRZE: Ara sí que te'n vas! (*En* QUIRZE*, ajudat d'altres treballadors, la fica per la primera porta de l'esquerra.*)

TOMASA (*Mentre se l'enduen*): Deixeu-me parlar! Que jo vull parlar! Poques-vergonyes!

CALAU: Ja veureu: jo faré de sentinella. (*Posa una cadira davant de la porta i s'hi asseu.*)

QUIRZE: Expliqueu-vos, Gepa. Jo estic amarat.

GEPA: Oh... No cal explicar res. Que ens deuen tres quinzenes, i que demà no ens pagaran la quarta: veus-ho aquí. Jo em sembla que haurien d'anar uns quants d'aquí a parlar amb els contractistes. Veiam què dirien.

(*Silenci general, mirant-se els uns als altres.*)

ÀNGEL GUIMERÀ, *Maria Rosa*
(escena III, acte II)

Representació del musical *Mar i cel*, de Dagoll Dagom.

En aquestes obres de plenitud, l'autor va aconseguir definir una dramatúrgia pròpia d'una força teatral extraordinària: una forma moderna de la tragèdia clàssica. Les tres obres presenten una estructura similar: un **triangle amorós** que mena a un conflicte i a un desenllaç tràgic.

Els seus personatges, com els de la tragèdia, són pures formes passionals sobre les quals actua un atzar fatal i inexorable. No són personatges psicològics, sinó que, de manera arquetípica, essencialitzen uns conflictes passionals, representats sobre un fons coral que fa alhora de contrapunt i d'espectador del conflicte.

MANELIC, SEBASTIÀ, MARTA, PEPA, ANTÒNIA, JOSEP, NANDO, PERRUCA i altres

MARTA està mig desmaiada, sostenint-se en la taula per no caure.

NANDO (*en veu baixa*): Què passa?

MANELIC: Que us cridava l'amo.

JOSEP (*en veu baixa*): Mort!

PEPA (*id*): Jesús!

(*Exclamació de tothom al veure el cadàver*)

MANELIC: I ara vosaltres a riure força! A riure! I tu! Marta, vine!

MARTA: Sí, sí! Anem's-en, anem's-en!...

MANELIC (*emportant-se-la a braços*): Lluny de la terra baixa! (*Perquè li obrin pas*).

Fora tothom! Aparteu's-e! He mort el llop! [...]

ÀNGEL GUIMERÀ, *Terra baixa* (escena XI, acte II)

SAÏD: *(Despreciatiu de cop, després amb exaltació creixent)*
Vull veure al vanitós com s'estarrufa...
Un gall sense esperons i sense cresta!
Sempre parlant d'honor, i sempre als llavis
posant-se un Déu que a cada instant trepitgen.
Miserable, felló!... Mos fills, veieu-lo:
és de la taifa d'aquells vils que un dia,
hipòcrites parlant d'amor als homes,
nos xuclaren la sang; ni en els estables
nos deixaren un lloc vora les bèsties;
i avorrits com mesells, i a la ventura,
nos llançaren pel món, sens cor, negant-nos
fins per morir en pau un clot de terra.
I pel cap de son Déu, que era ben nostre
lo món que ens han robat! Mes què podíem
esperar d'una gent que, té, mireu's-ho:

(Despenjant lo punyal amb empunyadura de creu i llançant-lo a terra)

l'odi unit al perdó; l'anyell al tigre:
lo punyal i la creu tot d'una peça.

(Després d'una pausa, senyalant a Carles)

I ara escolteu, companys, per sa vergonya.
Mon pare era moresc, amor sentia
a una noia cristiana, i s'uní amb ella
fingint sa conversió; dels dos vaig nàixer.
Apar un Jesuset, la mare em deia.
Sembla una hurí d'hermós, feia mon pare.
I amb sos petons creixia, en tan confosos
versículs del Coran i de la Bíblia,
despertant i dormint barbotejava.
Ma casa era un jardí de prop València:
flors a l'entorn; pertot; fins dintre l'ànima
de mos pares amants quanta ventura!
Ella veia a Jesús; ell al Profeta;
i tan feliços eren, que semblava
com si haguessen fet pau en l'altra vida,
per tant amor atrets, Crist i Mahoma.
Mes la pau era sols dintre ma casa!
Lo record aquí el tinc! Mon pare un vespre
a la mare abraçà, i alçant amb ira
una eina del treball, eixí al defora.
Al fer-se jorn, trucaren. Ai! Poruga
la mare obrí. Qui hi ha? Crits se sentien
pertot: un cos a nostres peus llençaren,
i s'oí: Dona, és ton marit; enterra'l!
Passaren jorns i jorns: un d'ells, tot d'una
la mare em despertà: Fill meu, ja és l'hora!
I, arruixant-me amb sos plors me prengué als braços.
Sols sé que em vaig dormir, sis anys tenia.
Gemecs me despertaren; tot lo poble
vegí a l'entorn a dins d'una galera,
i cendrosa la terra s'allunyava!
La mare em cobrí els ulls; quan altra volta
jo els obrí ja era nit; la mar dormia,
la fetor de la sang, ai, me tapava
i de tants presoners ni un sol ne veia!
I la mare em va dir: Los que mataren
a ton pare, traïdors, fill de ma vida,
també a mi em mataran; de la moresca
raça que els ha enriquit, ni rastre en volen.
Sents los taurons com salten i capbussen,
farts, boteruts, jugant amb los cadavres?
Si et salvessis, mon fill, oh, venja'ns! venja'ns!
Mes, ah! De cop nos revoltà la xusma
de mariners cristians: un crit la mare
llençà de mort: volgué fugir; los monstres
pels cabells l'atraparen. La sang seva

(Blanca sense donar-se compte s'enterneix i acaba per plorar.)

aquí em saltà. *(A son rostre)*
Caigué, i ai! de sos braços
m'arrencaven! Mes ella m'estrenyia,
morint i tot, aquesta mà; ses ungles
m'entraven a la carn: Fill, venja'ns! venja'ns!
I els monstres l'aixecaren, i a les ones
la llençaren rient, i com surava,
venja'ns! cridant, d'un cop de rem li obriren
lo cap pel mig i s'enfonsà entre escuma!

(Molt despreciatiu)

I aquí els teniu, que els fem horror! Les hienes,
los lladres i assassins bé ho som nosaltres!
Ells... coloms sense fel, ànimes pures,
cors de nin, tot amor, sants de retaule!

Mar i cel, acte I (escena XV)

- La **tercera etapa** es va caracteritzar per l'intent d'adaptació als nous corrents imperants, el naturalisme i el modernisme. Per aquesta voluntat d'adaptació i, al mateix temps, per la necessitat de no perdre el favor del públic, el període es distingueix per un canvi constant de registres i estils i una gran diversitat: va assajar des del drama burgès fins als poemes dramàtics musicals –*La santa espina* (1907)– o el **teatre històric** de militància nacionalista –*Indíbil i Mandoni* (1917).

Un dels aspectes més interessants de la producció literària de Guimerà i de la seva evolució és l'anàlisi del model de llengua. La inseguretat i els dubtes amb què es va enfrontar a l'hora d'escriure en català, llengua en la qual –com a mínim al començament– no semblava sentir-se gaire segur, el van dur a fixar-se en la llengua viva. Se sap que anotava paraules i modismes en petits quaderns quan els sentia en una conversa espontània. Aquesta actitud el distanciava d'altres autors de la Renaixença, que partien dels models lingüístics extrets de la tradició medieval catalana. Guimerà, tot i acceptar com ells el model gramatical jocfloralesc –la tendència acadèmica en oposició amb el «català que ara es parla»–, escrivia en una llengua molt més expressiva i menys feixuga.

L'actor Enric Borràs en el paper de Manelic en *Terra baixa*.

L'evolució de l'obra dramàtica d'Àngel Guimerà és paral·lela a l'evolució de la llengua literària emprada. Tot i que en una primera etapa fallava, sobretot, l'adequació al registre lingüístic en cada situació o personatge, a partir de *Mar i cel* (1888) va aconseguir un model de llengua dramàtica de gran efectivitat.

L'aproximació a un registre realista i en prosa, en la segona etapa de la seva producció, va comportar un repte important per al dramaturg. Guimerà va apostar per una llengua flexible a la diversitat de registres, fins i tot amb dialectalismes, i va incloure expressions col·loquials que enriquien el lèxic. A partir dels anys noranta, la llengua de Guimerà va assolir un grau de personalitat i maduresa que varià molt poc.

Durant aquests anys va adquirir un compromís decidit i militant amb la realitat social del país: com a professional del periodisme, al capdavant de la revista *La Renaixensa*; com a dramaturg, acostant la seva obra a la realitat coetània a través de plantejaments literaris de caràcter realista i donant-la a conèixer en les dues escenes més importants del país –Madrid i Barcelona–; i com a membre representatiu del catalanisme literari, participant des de plataformes diferents en la reivindicació de les aspiracions catalanistes.

En aquesta ambició catalanista, el seu veritable moment històric va ser la lectura del discurs quan va assumir la presidència de l'Ateneu Barcelonès, que des de feia poc temps seguia un lent procés de catalanització.

Àngel Guimerà amb alguns actors i actrius que representaren personatges de les seves obres.

Activitats

1 Llegeix el discurs de presidència de l'Ateneu Barcelonès que Guimerà va fer el 1895 i del qual pots trobar-ne un fragment a la pàgina 106. Destaca'n els arguments en defensa de la llengua catalana que hi exposa.

2 Busca informació sobre les obres teatrals més representatives de Guimerà i digues quins personatges principals o situacions reflecteixen algun d'aquests aspectes de la seva biografia:

- L'origen il·legítim o vergonyant
- El mestissatge de cultures, races i orígens
- Les experiències o relacions amoroses conflictives i turmentadores

3 Llegeix aquest text d'un fragment teatral d'Àngel Guimerà i cerca-hi castellanismes arcaismes. Fes-ne la llista i normalitza el lèxic seguint l'exemple.

MANELIC (tornant a posar la cara complascuda)*: Sí, sí que ho és, sí!* (Rient.) *Doncs veureu que una nit jo que dic el parenostre pels pobrets de casa, bueno. I jo que començo l'altre. I a mig dir... tururut: dormit. I aquella nit vaig somniar que els ramats me fugien de dret als gorgs de Carançà; i jo, empaitant-los, que els hi engego un còdol; i, vatua, que el còdol va anar a dintre del gorg major! I l'aigua que comença a bullir, bullir i a treure una mena de fum negre... I entremig d'aquell fum que en surten unes... unes coses estranyes, amb uns ulls i uns braços i... i una mena de faldilles que mai no s'acabaven; que no ho sé si eren bruixes o si no ho eren, de bruixes... I una d'aquelles... envenzions, vet aquí que es va tornar més maca!... que semblava la Mare de Déu de Rocalaigua.* (Pausa, eixugant-se la suor, rient.) *I ella que em fa agenollar. I com que em va semblar que volia que li digués el parenostre aquell de la muller, que li devia, jo que li dic. I en acabat, jo que m'adormo altra vegada. I no ho vaig saber, si ho era una bruixa o la Mare de Déu. Sols sé que em va dir, tot adormint-me jo, que aviat me casaria.* (Tothom ho comenta.) *Calleu, calleu, que no he acabat encara. I a l'endemà de tot allò jo que em veig sortir d'entre la boira terrala a cavall de tres mules a tres persones veritables. L'una persona era En Tomàs: vós, vós, malandando, que ja me les pagareu totes! Ah, vatua!* (Rient, de broma.)

TOMÀS: Jo, sí; i que no me'n penedeixo. (Amb intenció, picant a terra amb lo bastó.)

MANELIC: L'altre era l'amo, el sinyor Sebastià, i l'altra persona ja us ho podeu pensar que era la Marta. Compteu jo quina feina a escorxar un cabrit, i a espetarrellar-lo al foc, i a riure!... I quan ja ens el menjàvem, l'amo que em diu: «Manelic: que t'agrada ser pastor?». «Prou!», jo que li faig. I ell que em diu: «¿I que no t'agradaria ser moliner?». «Si hi hagués blat per moldre!», jo que li faig. I ell que hi torna: «I que no t'agradaria casar-te?». «Prou i reprou —jo que també hi torno— si hi havia dona que em volgués, i... fos maca!» I jo allavores estirava la carn del cabrit amb una delera! I em giro; i la Marta se n'havia anat d'aquí enllà amb vós.

TOMÀS: Perquè parléssiu tu i l'amo.

MANELIC: Com de fet que parlàrem. I que el sinyor Sebastià em va dir molt seriàs i baixet, que casi no el sentia, que... «Veuràs; tinc un molí tocant a casa, i com que es va morir el pare d'aquesta xicota, hi falta un home al molí que li faça de costat i que siga un tros de pa; i com que tu ho ets... si vols ja m'encarrego de tot, i quan jo t'ho mani baixes i et cases amb ella». I com que la Marta no era gaire lluny, me la miro, i em va semblar que m'agradava... vaja, que em va agradar força, força! I l'amo s'hi va acostar, i jo al darrere; i l'amo que li pregunta que si em volia an a mi; i ella que fa una miqueta que sí amb lo cap. I jo, que anava a riure, al veure que ella feia com si plorés, també ho vaig voler provar, d'enternir-me; i no vaig poder, i vaja, que no vaig poder; i... arrenco a riure tan fort, que fins les muntanyes contestaven! I vàrem quedar promesos. (Pausa.) *Ah! I aquell vespre ja només vaig dir un parenostre: el dels de casa: que demanar muller, no; puix ja la tenia.* (Riu i plora, enternit.)

Acte I, escena VI de *Terra baixa*

Castellanisme /arcaisme	Normativa
complascuda	complaguda
...	...

4 Llegeix aquest fragment d'una entrevista que Salvador Bonavia li van fer a Àngel Guimerà. Imagina'n el començament i el final. Escriu-lo.

I don Àngel, posant-se una cama damunt de l'altra i tornant-se a calar les ulleres, després d'una petita pausa va dir-nos:
–I no hi ha res més de nou?
–Sí; acabem de llegir que a New-York, a Bòston, li han estrenat la seva Maria-Rosa *en anglès; ho sabia, això, vostè?*
–Aquí tinc una carta del traductor que m'ho comunica.
–Qui és el traductor?
–Miri, aquí hi ha els noms; en Marburg i en Gill Patrick. Són els mateixos que van traduir-me Terra baixa*.*
–I no li han estrenat res més, per l'estranger, don Àngel?
–Sí; fa pocs dies, per la premsa francesa, vaig enterar-me que a Alemanya s'ha estrenat La filla del mar*, que alli ho titulen* Cadena d'amor*... o una cosa aixís.*
–A quin punt de la nació?
–No sabria dir-li-ho, veu? No'm recordo ara...

«Els nostres artistes en la intimitat. Don Àngel Guimerà»

Test final d'unitat

1 Digues si és veritat (V) o fals (F):

	V	F
a Àngel Guimerà va néixer a les illes Canàries	☐	☐
b La seva llengua materna va ser el castellà	☐	☐
c Els seus pares es van morir quan ell era molt petit	☐	☐
d Va ser director de la revista *La Renaixença*	☐	☐
e Va ser proclamat Mestre en Gai Saber	☐	☐
f Va guanyar el Premi Nobel de literatura	☐	☐
g La seva obra *Mar i cel* està escrita en vers	☐	☐
h Es va fer una versió cinematogràfica de la seva obra *Terra baixa*	☐	☐
i Sempre es va declarar un gran defensor del catalanisme	☐	☐
j Va ser partidari del model de llengua conegut com «el català que ara es parla»	☐	☐
k És autor del poema «La santa espina»	☐	☐
l La producció teatral d'Àngel Guimerà es divideix en quatre etapes	☐	☐
ll *Mar i Cel* pertany a la primera etapa	☐	☐
m *Terra baixa* pertany a la segona etapa	☐	☐
n *La filla del mar* pertany a la segona etapa	☐	☐
o Van representar-se les seves obres en els principals teatres de Barcelona i Madrid	☐	☐

2 Llegeix aquest fragment de l'obra *Maria Rosa* (1894).

MARÇAL: *El diable sí que ho he sigut, sí; i ho sóc! Mes sóc un diable que s'ha emprendat de tu, que no tens ànima. Mira't si pot ser més remaleïda la sort meva! Que tu m'encens i em lligues com si al llarg del cos se'm cargolés una serp que mai s'acaba! Mes si no ho pots saber fins a on arriba aquest desvari! Mira't: no surts de casa en tot el dia, i sé que t'amagues per no veure'm, quin desig més encès de posar el cap sota una roda o de saltar tot jo a trossos enlaire al rebentar la barrinada!... I a la nit, quan tot és tancat, arrossegant-me, com un llop que té fam, m'acosto a aquesta casa, i m'estenc davant del portal, i, rabiós, per les escletxes me crec que t'escolto i que et respiro. I no és el vent, no, qui batzega la porta; [...] i et crido i ploro desesperat, com ploro ara! Sí que estic plorant, que no puc més! Perquè t'estimo, t'estimo i em moro.*

ÀNGEL GUIMERÀ, *Maria Rosa* (escena XIV, acte II)

Contesta les preguntes:

a Quin és el tema d'aquest fragment?
b Creus que el llenguatge utilitzat és comprensible?
c Indica frases del text que es corresponguin als aspectes següents:

La visió tràgica de l'amor

La força incontrolable de la passió

La tensió sadomasoquista (desig/càstig)

El triangle amorós que dona joc al conflicte

3 Per parlar d'una representació teatral és útil conèixer-ne la terminologia. Cerqueu a quin d'aquests elements correspon cada definició:

camerino, bateria, tramoia, decorat, bambolina i bastidor

a ....: Banda de tela o paper pintada que, penjada del sostre d'un escenari, forma part d'una decoració que figura un sostre, branques, el cel...
b ....: Tela pintada fixada en una armadura de fustes i llistons, col·locada a dreta o a esquerra de l'escenari formant part d'un decorat teatral.
c ....: Sèrie de llums a la vora anterior del pla de l'escenari.
d ....: Cambra destinada als actors per vestir-s'hi, reposar-hi...
e ....: Conjunt d'elements pictòrics, plàstics, arquitectònics, etc., que figuren el lloc de l'acció en una representació de teatre, en una filmació...
f ....: Mitjà o conjunt de mitjans mecànics emprats en el teatre per fer els canvis de decorat, els efectes especials, etc.

CONEIXEMENTS PREVIS

Llegeix aquest text:

L'obra d'art és fruit de l'observació i el sentiment, posats en joc davant del natural. Mai una còpia servil d'aquest. En aquella funció, l'observació destria, enfoca, encaixa; la imaginació dibuixa i agrupa; el sentiment vivifica i colora.

NARCÍS OLLER, *Memòries literàries* (1913)

Contesta les preguntes:

a Quina és la base de l'art, la literatura, segons Narcís Oller?
b A quin corrent artístic creus que pertany aquesta idea?
c De què li serveix la imaginació a un artista?
d Creus que fa una bona descripció del procés de creació?
e Es pot plantejar d'altres maneres?

Cerca informació:

Investiga els següents autors de la literatura universal que podem relacionar amb el moviment del Realisme de la segona meitat del segle XIX.

Stendhal · Flaubert · Tolstoi · Dostoievski
Dickens · Pérez Galdós · Clarín · Zola

a Nom i cognoms complets.
b Dates de naixement i mort.
c Llengua literària.
d Títols representatius.

B3 UNITAT

11

NARCÍS OLLER

En aquesta unitat estudiarem la figura i l'obra del narrador Narcís Oller, una de les figures més reconegudes de la novel·lística catalana del segle XIX. A la pàgina 115 trobaràs un quadre amb les característiques de les principals tendències de la narrativa europea de finals del segle XIX: el costumisme, el realisme i el naturalisme. Analitzarem els aspectes realistes i naturalistes en les novel·les de Narcís Oller i el gran reconeixement que va tenir la seva obra durant la Renaixença.

Dimensió estètica i literària

COSTUMISME, REALISME I NATURALISME

- Característiques de cada moviment.
- Autors representatius.
- Influència en la literatura catalana dels moviments europeus.

NARCÍS OLLER

- Vida i obra
- Trets realistes de la seva producció narrativa.
- Trets naturalistes de la seva producció narrativa.

TEXTOS

- *La febre d'or* (fragment).
- *La bogeria* (fragment).

Objectius

- Conèixer la importància de Narcís Oller dins el moviment de la Renaixença.
- Reconèixer el paper de la crítica literària com a element modernitzador dins la Renaixença.
- Valorar la influència realista i posteriorment naturalista en les novel·les de Narcís Oller.

NARCÍS OLLER

Narcís Oller.

Narcís Oller i Moragas va néixer a Valls l'any 1846 i va morir a Barcelona el 1930. Estudià Dret a Barcelona, on es va instal·lar definitivament després de la Revolució de Setembre del 1868. Aquests esdeveniments històrics i polítics, així com el context sociocultural en què van succeir, van marcar profundament el pensament i l'obra de Narcís Oller.

Les seves primeres lectures, especialment influït per l'oncle matern –home de cultura i simpatitzant polític del grup liberal progressista–, eren els **clàssics** grecs i llatins i, sobretot, els **romàntics**, que van deixar una empremta important en la seva producció literària posterior.

Va alternar l'activitat professional –funcionari de la Diputació provincial primer, procurador dels tribunals després– amb la vocació literària. Tot i que va començar escrivint en castellà textos romàntics de poca volada, es va convèncer d'escriure en català després de participar en les tertúlies literàries de la revista *La Renaixensa* –on es va relacionar amb gent tan influent com Àngel Guimerà o Emili Vilanova– i d'assistir a la celebració dels Jocs Florals el 1877.

La intensa relació que va mantenir amb els crítics Joan Sardà i Josep Yxart –el seu cosí– el va impulsar a seguir els models literaris vigents a Europa. El 1878 viatjà amb Josep Yxart a París, a l'Exposició Universal, on va entrar en contacte amb els **nous corrents** novel·lístics francesos i sobretot amb Émile Zola. L'any 1879 va publicar el seu primer llibre, *Croquis del natural*, un conjunt de quatre contes de tendència realista, i l'any següent va guanyar el premi de prosa en els Jocs Florals amb el relat *Isabel de Galceran* (1880), que prefigura la seva novel·la *Vilaniu* (1885).

En aquest moment, comença l'etapa de plenitud i de reconeixement de Narcís Oller, que es va allargar fins al 1906, any de l'hegemonia noucentista i durant el qual va publicar sis novel·les i diversos reculls de contes.

Tota aquesta producció obeïa a una pretensió literària única: la reproducció de la realitat en un lloc i en una època molt precisos, concretament la societat catalana de la Restauració.

La seva producció literària no és gaire extensa. Es compon de sis obres:

- ***La papallona*** (1882), en què predominen els elements romàntics i que li va atorgar un gran prestigi nacional i internacional.
- ***L'Escanyapobres. Estudi d'una passió*** (1884), en què es presenta la degradació moral d'un home avar en una societat rural en vies de transformació. L'avarícia es considera una actitud anacrònica, regressiva, enfront d'una nova societat industrial.
- ***Vilaniu*** (1885), una novel·la de trets romàntics que descriu les conseqüències que pot comportar la calúmnia per a una família que viu en una ciutat petita (la vila de Valls, amagada sota el nom de Vilaniu).

Les bugaderes, de Joaquim Vayreda, retrata un aspecte de la vida rural catalana de finals del XIX.

L'inici de la industrialització catalana va servir de referència per a alguns literats de l'època.

Coberta d'una edició antiga de *La bogeria.*

- ***La febre d'or*** (1890-1892), que mostra la transformació de la societat barcelonina i la formació d'una nova burgesia, a partir de l'ascensió social i la degradació moral d'un personatge.

- ***La bogeria*** (1898), l'única novel·la que es pot considerar naturalista. Aquesta obra descriu el procés de bogeria d'un personatge des de tres punts de vista diferents.

- ***Pilar Prim*** (1906), l'última novel·la de Narcís Oller. És una obra més complexa que les anteriors, en què es descriu la història d'una dona vídua que lluita per fer prevaler els seus sentiments per damunt de la pressió i els condicionaments de la societat en què viu. Representa una evolució respecte de les obres anteriors i un intent d'aproximar-se a les noves estètiques literàries: el modernisme i la novel·la simbòlica i psicològica.

L'ambició de Narcís Oller és, seguint el model d'Honoré de Balzac o d'Émile Zola, la construcció de la **novel·la total**. Les dues obres que representen millor aquest esforç són *Vilaniu* (1885) i *La febre d'or* (1890-1892). Els procediments literaris que donen coherència als seus textos són:

- L'aparició d'uns **mateixos personatges** en novel·les diferents.

- La localització de totes les obres en **dos marcs espacials**: un marc urbà, la ciutat de Barcelona, en ple procés de canvi industrial i social, i un marc rural, representat per uns pobles arquetípics inventats per l'autor (Vilaniu –Valls–, Pratbell).

- La **repetició** de **temes** secundaris, com ara la borsa, el ferrocarril, el caciquisme, són elements recurrents en les seves novel·les.

El **Romanticisme** té un caràcter subjectiu. Els autors d'aquest moviment tendeixen a representar la realitat de manera idealitzada, subjectiva: els herois nacionals, el paisatge, la llengua, etc. Costumisme, realisme i naturalisme són estils artístics –tendències literàries, en el nostre cas– que es basen, en canvi, en una visió objectiva de la realitat.

El **costumisme** precedeix el realisme. Descriu ambients i paisatges a través dels «quadres de costums», amb els quals es retrata una realitat immediata fent servir un llenguatge popular. Hi ha un costumisme rural i un altre d'urbà.

El **realisme** descriu la realitat que observa i el protagonista sovint s'enfronta a aquesta realitat. Sol ser una mena d'inadaptat social, no un heroi.

El **naturalisme** observa científicament la realitat, l'analitza meticulosament. El comportament dels personatges ve determinat per les lleis de l'herència (la genètica), no per l'ètica, i l'autor no intervé en el desenvolupament dels fets, no pot canviar el destí.

- El tema de fons de totes les seves obres és la **transformació social** causada per la Revolució Industrial i l'ascensió de la burgesia, i fa referència a un seguit d'episodis històrics i socials:

  - les lluites polítiques entre progressistes i conservadors, i
  - l'evolució de les classes socials, sobretot de la menestralia.

«El món presenciava la més gran i profitosa de les lluites, la lluita pel benestar general. L'Europa estava congestionada d'or. L'agiotatge era una necessitat com la sagnia per al cos amenaçat de feridura. Els trenta bilions de títols que rodaven per la Borsa de París, només, no bastaven per a donar als diners sortits del cau el corrent vertiginós que els calia. Això ho explicava tot.»

—És veritat –féu el caixer sentenciosament.

—Per això –seguia dient l'Eladi– el que cal és inventar, trobar idees noves, per desballestades que semblin. Si vostè va allí amb el projecte, per exemple, d'un túnel o pou que, passant pel centre de la terra, ens porti amb ascensor a Buenos Aires en vint-i-quatre hores, no en dubti gens, col·loca l'emissió tot seguit. Hi ha el convenciment, entre els mansos, que, al grau a què han arribat la ciència i la indústria dels homes, ja no hi ha res impossible si els diners hi basten. I, com que els diners sobren i la confiança dels més també, es persegueixen idees noves, empreses de tota mena, siguin realitzables o no.

NARCÍS OLLER, *La febre d'or* (cap. XIV)

L'obra d'Oller oscil·la entre la voluntat de seguir els pressupòsits del realisme i el naturalisme, i la influència romàntica d'alguns dels seus escrits. Aquest fet dificulta la classificació de les seves novel·les. En termes generals, podríem dir que són novel·les **realistes** en les quals encara hi ha elements romàntics, sobretot en les primeres i, concretament, en *La papallona* (1882): adjectivació, sentimentalisme, personatges tipificats, intervenció de l'atzar, misteri, interferència del narrador dins el relat i idealisme moralitzant, adreçat preferentment a les relacions entre rics i pobres. Tot i que en novel·les com *L'Escanyapobres* (1884) hi ha elements propis del naturalisme, l'única obra que es pot considerar **naturalista** és *La bogeria* (1898): la selecció del tema –l'estudi d'una malaltia–, l'absència d'un narrador únic i la consideració de la influència del medi i l'herència en l'anàlisi del procés vital i psicològic del personatge són aspectes que caracteritzen aquesta novel·la com a naturalista.

> Sortosament la boirada no ho cobria tot encara: quedava una escletxa oberta, per on va penetrar un raig de llum. En Serrallonga va rompre el plor, i va quedar avassallat al metge. Els bromuros, les dutxes, l'alimentació i el camp van allunyar la tempestat.
>
> —Però i que creus que tornarà? -preguntà, condolit, l'Armengol.
>
> —Indefectiblement. Un dia o altre ha de caure: no ho dubteu.
>
> —Oh! Hi ha casos -em vaig atrevir a objectar, referint-me a neurastènics curats que jo recordava.
>
> —Desenganya't: no hi ha paritat. El cas d'en Daniel no és neurastènia pròpiament dita, com pensaven el meu pare i tots els metges antiquats, sinó de vesània hereditària: la du ja de naixença. Sa mare va ser una histèrica, son pare va presentar tals anomalies de raó, que (ja us ho vaig dir), per a mi, va morir boig. ¿Quin podia ser el fruit d'aquest matrimoni? L'atavisme és una causa predisposant indiscutible. L'etiologia de les malalties mentals l'assenyala com una de les infal·libles. ¿Què més? Té una germana epilèptica. La conducta de l'altra, de l'Adela, amb les seves exaltacions eròtiques, ¿no és la d'una persona desequilibrada? A ell, a en Daniel, ¿quan l'heu vist conduir-se com un home sa?
>
> —Home -oposà encara l'Armengol:- en Daniel ha passat llargues temporades sense fer cap disbarat. ¿Quantes famílies no tenen algun epilèptic o algun plaga sense que cap dels seus individus, per això, acabi boig? Si vols que et sigui franc, crec que en aquesta matèria els metges extremeu un xic massa. En busca de l'home perfecte, d'aqueix home tipo que us heu imaginat i que, si existís, no crec que inventés la pólvora, acabareu, com Diògenes, tractant-nos de ximples a tots i fent-lo vosaltres amb la llanterna als dits.
>
> NARCÍS OLLER, *La bogeria* (cap. V)

L'anacronisme literari, la inexistència d'una llengua adequada al realisme i la mateixa actitud de l'autor –les inseguretats amb què afronta la creació literària, el moralisme i el sentimentalisme implícits en els seus relats, etc.– són circumstàncies que denoten les limitacions literàries de l'obra de Narcís Oller. Tot i això, cal considerar-lo pràcticament l'«inventor» de la novel·la moderna a Catalunya, de la novel·la urbana, la qual, tanmateix, no va tenir gaire continuïtat.

Narcís Oller va gaudir d'un gran respecte i estimació entre els autors castellans contemporanis (Galdós, Pereda, Valera...) i s'hi va relacionar amb freqüència. Aquests, per la seva banda, li van insistir sovint perquè escrivís en castellà, adduint, entre altres, raons de fama i fortuna literària. Oller, però, que tenia plena consciència del que comportava escriure en català, no s'hi va avenir mai.

El 1886 es desfermà una polèmica a la premsa peninsular sobre la utilització del català com a llengua literària. La qüestió, curiosament, només afectava la prosa. Galdós per exemple, escrivia el següent:

> Comprendo que los resucitadores del catalán literario consigan su objeto dentro de la poesía, porque la poesía vive perfectamente en los idiomas ingenuos y sin cultivo, casi mejor que en los muy trabajados; però querer hacer en catalán la novela contemporanea, que requiere una dicción extremadamente rica y flexible, me parece absurdo, con perdón sea dicho del insigne Oller.

Aquestes afirmacions seguien la mateixa línia d'altres que, un parell d'anys abans, el mateix Galdós havia fet a Oller per carta, i entre les quals en destaca una de ben impertinent i significativa: «Es tontísimo que usted escriba en catalán.» Oller li respongué en una carta del desembre del 1884 amb un seguit d'arguments que són tota una declaració de principis sobre el seu concepte de realisme, tendència literària, d'altra banda, a la qual el mateix Galdós estava adscrit:

> Escric novel·la en català perquè visc a Catalunya, copio costums i paisatges catalans i catalans són els tipus que retrato, en català els sento cada dia, a totes hores, com vostè sap que parlem aquí. No pot vostè imaginar efecte més fals i ridícul que el que em causaria a mi fer-los dialogar en una altra llengua, ni puc ponderar-li tampoc la dificultat amb què ensopegaria per tal de trobar en paleta castellana quan pinto, els colors que em són familiars de la catalana [...]. No creu vostè que el llenguatge és una concreció de l'esperit? Aleshores com se'l pot divorciar d'aquesta fusió de realitat i observació que existeix en tota obra realista?

Durant el darrer període de la seva vida, desenganyat de les idees progressistes de transformació i més insegur en la seva faceta creativa –a causa, d'una banda, de la mort dels

Retrat de Benito Pérez Galdós.

crítics Yxart i Sardà, i, de l'altra, del qüestionament que fan alguns autors europeus de la novel·la naturalista–, va mantenir una actitud conservadora i es va dedicar a compilar la seva obra. Després de la seva mort es van publicar les interessants *Memòries literàries*, amb el subtítol *Història dels meus llibres* (1962), que havia redactat entre els anys 1913 i 1919, pensades com un diàleg amb Víctor Català / Caterina Albert. Entre els anys 1928 i 1930 es van editar els dotze volums de la seva obra completa seguint la normativa lingüística de l'Institut d'Estudis Catalans.

Retrat d'Émile Zola pintat per Édouard Manet.

I, dada la benedicció, va retirar-se cerimoniosament, seguit dels testimonis, travessant el passadís que li feren, muts els espectadors. La poca durada de la cerimònia sorprengué a tots. Ells esperaven quelcom d'original i més complicat. ¡I ni plàtica, ni carta de Sant Pau, ni benedicció de l'anell! A les noies els semblava impossible que amb tan breus paraules es formés un llaç tan estret i durador.

El goig que respirava la Toneta despertà esperances i animà a tothom per a dar als nuvis l'enhorabona, i , d'un a un, anaren acomiadant-se els forasters, alhora esperançats i commoguts. Allò que havien presenciat els semblava un somni.

–I bé, què li sembla a vostè? - Preguntava don Miquel al confessor, al peu de l'entrada, mentre donya Mercè desapareixia dins la fosquedat del cotxe.

– Que no arriba a demà. N'he vistes tantes, de malalties de cor! -

– I eren les quatre de la matinada que el nen somreia com un àngel en el llit de la dida, l'ànima de sa mare se'n volava al cel, i son pare queia agenollat, amarant de llàgrimes la glaçada mà que fins llavors l'havia retingut amb tant d'amor.

NARCÍS OLLER, *La papallona* (cap. final)

Era altot i ossut, però magre i cappetit. Com a bon moreu, tenia negres els cabells, sempre arranats, i eren també negres nines les dels seus ulls, fredes i escorcolladores mentre escoltava, guspirejants o dolces quan la seva paraula ho requeria. Gairebé barbamec, tenia, no obstant, gruixudes celles, unides sobre el seu nas llarguet i cantellut. Però el que més caracteritzava aquella figura era la boca, tirada endavant com la del furó, amb els seus llavis tan prims i cenyits a l'os, que no podia badar-los sense fer l'efecte que ensenyava les dents per mossegar. Disposava així mateix en contra d'ell una oposició, evident al primer cop d'ull, entre els seus moviments reposats i el seu temperament nerviós. En beure'l tan esprimatxat i rebegut, hom pressentia l'agilitat traïdora del gat i pensava: «Quan traurà les ungles?, Quan em botarà al damunt?» I, no obstant, mai no les treia, mai no es barallava ni s'enardia, ningú no li havia vist perdre aquell pas de gat emperesit ni els seus costums metòdics de sempre.

Però, així i tot, tenia molt poques simpaties. El veïnat l'espiava dia i nit, i, per un efecte més sentimental que enraonat, odiava la vida d'aquell home. Ningú no li sabia cap mal pas, llevat de l'estimbament d'aquell senyor que anava al Remei, del qual sols problemàticament era responsable. Però a les afeccions no els cerqueu raó d'existència: l'un les pegava amb el seu posat de mosca morta; l'altre amb el seu parlar nyau-nyau; el de més enllà no podia contemplar sense frisança el sistema de vida mésquí i puntual d'aquell home.

NARCÍS OLLER, *L'escanyapobres* (cap. I)

Activitats

1 Busca informació sobre els escriptors francesos Émile Zola i Honoré de Balzac. Fes una breu exposició que inclogui aquests aspectes:

- Argument d'alguna de les seves obres més representatives.
- Elements destacables que influeixen en l'obra de Narcís Oller.

2 Compara les consideracions que fa Narcís Oller sobre la naturalesa de l'obra d'art (a la pàgina 112) amb les que planteja Émile Zola en el text següent:

Sovint he parlat, en els meus estudis literaris, del mètode experimental aplicat a la novel·la i el drama. El retorn a la natura, l'evolució naturalista que arrossega el segle, empeny a poc a poc totes les manifestacions de la intel·ligència humana cap a una mateixa via científica. La idea d'una literatura determinada per la ciència només pot sorprendre si no es precisa i es comprèn.

3 Llegeix el text extret del capítol V de *La bogeria*, de la pàgina 116, i fes una llista amb tots els arguments pretesament científics que fa servir l'autor per justificar la malaltia del personatge. Investiga quines són les principals teories vigents sobre l'origen i les causes de les malalties mentals.

4 Llegeix el text de la novel·la *Pilar Prim* (1906), la darrera que va escriure Narcís Oller. Reflexiona sobre les convencions socials enfront de la passió i els instints. Selecciona algunes frases del fragment en què aquestes convencions estiguin ben exposades.

Casada la tia d'en Deberga, aquest s'havia establert ja al carrer de Trafalgar. Emprenent-les pel passatge de la Indústria, en dos minuts hi eren. «Podien, doncs, anar-hi a peu, sense que així ni el cotxer se n'assabentés.» I aquest avantatge irrisori pesà més que altra cosa en la decisió de la Pilar.

—Qualsevol diria que anem a fer-ne una de grossa! –exclamà l'Osita, morta de riure–. ¿Per què no podria saber la humanitat en pes que, en un cas apurat, has anat a consultar un advocat maco, ni que hi anessis sola, ben sola? Vejam!

—Què vols que et digui! Fan tanta por les males llengües!

—Recorda't de l'anònim: ¿les ha fetes callar, la teva prudència? ¿Quin servei immoral t'he fet jo, mai de la vida, perquè em tractessin del que allí em tracten? Però mira: «Amb el cor net, el cap ben dret.» ¿Tornaries, per ventura, a casa l'advocat dels Dou, que tant va mirar pels teus interessos al tractar-se del dot? Anem, maca, anem, que el meu Genís diu que la cosa du pressa, i tu, sola, no hi aniries mai.

Avesat a les grandeses, en Deberga no havia sabut instal·lar-se sinó en un pis magnífic: uns grans baixos, als quals s'arribava pujant només cinc esglaons. L'Osita pitjà animosa el botó d'aquella gran porta de caoba i metalls blancs. Com que eren les sis de la tarda d'un dia rúfol de març, ambdues amigues venien bo i tremolant de fred; però en dar el primer pas dins l'estatge, l'atmosfera tebiona i seca que radiava un gran chubesky les confortà ja totes. […]

Mig tremolós encara de la insòlita emoció que acabava de rebre, anant-se'n cap a casa, en Deberga es preguntava si devia estar-se enamorant de la Pilar, d'una dona més gran que ell. «Aquesta sí que fóra bona! Quin ridícul, quina brometa no en farien, els seus companys! Ell, que devia a la filla l'únic moment d'il·lusió pura que havia tingut a la vida per una dona, ¿s'enamoraria ara de la mare? Quin absurd! Quin capgirell més estrany!

5 Llegeix el text del capítol final *La papallona*, de la pàgina 117, i, en primer lloc, esbrina l'argument general d'aquesta novel·la. Després comenta els motius pels quals el protagonista, el Lluís, es casa amb la Toneta, en el seu llit de mort. Quins són els elements romàntics que caracteritzen la primera novel·la de Narcís Oller?

6 Llegeix el text del capítol I de *L'escanyapobres*, de la pàgina 117, on es fa el retrat del protagonista, l'Oleguer, i contesta les preguntes següents:

a *L'escanyapobres* desenvolupa el tema universal de l'avarícia. Coneixes altres obres i autors de la literatura universal que hagin tractat aquest tema?

b Quins trets et fan pensar que la descripció de l'Oleguer, l'escanyapobres, és la d'un avar? Comenta la resposta i assenyala'n els mots clau.

c Estableix la relació entre els qualificatius de la descripció física de l'Oleguer amb l'animalització del personatge.

d *L'escanyapobres* és una novel·la romàntica o naturalista? Per què?

Test final d'unitat

1 Digues si és veritat (V) o fals (F):

	V	F
a Els gèneres narratius que descriuen la realitat són l'impressionisme, el realisme i el naturalisme	☐	☐
b Els gèneres narratius que descriuen la realitat són el realisme i el naturalisme	☐	☐
c Els gèneres narratius que descriuen la realitat són el costumisme, el realisme i el naturalisme	☐	☐
d «El català que ara es parla» era el model lingüístic més formal i curós amb les normes de l'acadèmia	☐	☐
e El costumisme té una visió nostàlgica de la realitat	☐	☐
f El baró de Maldà, Robert Robert i Emili Vilanova són representants del costumisme literari en català	☐	☐
g El realisme és un moviment literari que apareix a Alemanya	☐	☐
h El gènere per excel·lència del realisme és la novel·la	☐	☐
i Stendhal va comparar la novel·la amb un mirall que hom passeja al llarg del camí	☐	☐
j Els autors que van teoritzar sobre el naturalisme van ser Tolstoi i Balzac	☐	☐
k El naturalisme té en compte dues teories: el positivisme i el determinisme	☐	☐
l Zola va crear la novel·la experimental	☐	☐
m *L'orfeneta de Menargues* és un drama històric escrit en vers	☐	☐
n Dolors Monserdà és autora d'una novel·la realista titulada *La fabricanta*	☐	☐
o Josep Yxart i Joan Sardà van impulsar la creació de novel·les realistes en català	☐	☐
p Josep Yxart i Narcís Oller eren cosins	☐	☐
q Narcís Oller va escriure una novel·la prologada per Zola titulada *La febre d'or*	☐	☐
r *Vilaniu* és el pseudònim literari que Oller s'inventa per parlar de la ciutat de Valls	☐	☐
s El context social de les novel·les de Narcís Oller és la transformació social causada per la Revolució Industrial	☐	☐
t Narcís Oller no escriu cap novel·la protagonitzada per una dona	☐	☐
u Nacís Oller escriu una novel·la que segueix els principis del positivisme i del determinisme	☐	☐
v Al final de la seva vida, Narcís Oller va ser reconegut i aclamat pel públic i la crítica	☐	☐
w La seva darrera obra van ser les *Memòries literàries*	☐	☐

2 Digues què signifiquen els termes següents:

- Costumisme
- Realisme
- Naturalisme
- Positivisme
- Determinisme
- Novel·la experimental

3 A la novel·la *La bogeria* el protagonista es declara admirador de la figura històrica del general Prim. Cerca informació sobre:

a Qui va ser aquest general
b En quina revolta es va veure implicat
c En quins esdeveniments polítics

4 Imagina el context social, polític i històric d'una novel·la realista dels nostres dies. Esbossa els aspectes següents:

- Títol de la novel·la
- Protagonista:
  - nom i cognom
  - gènere
  - estudis
  - família
  - professió
  - etc.
- Esdeveniment polític destacat a la teva novel·la
- Conflicte social destacat a la teva novel·la
- Conflicte personal destacat a la teva novel·la

BLOC 4

EL MODERNISME

En aquest bloc estudiarem un dels moviments artístics més creatius de la cultura catalana: el Modernisme. A cavall dels segles XIX i XX, aposta per la renovació i la modernització de la societat i la literatura catalanes. Així en la primera unitat d'aquest bloc veurem una introducció extensa de la relació del Modernisme amb la societat a través dels moviments obrers, els nous gustos estètics de la burgesia, les revistes, la premsa, les iniciatives socials, etc. També repassarem les diferents expressions literàries de la modernitat que conformen aquest moviment tan divers i productiu.

En la resta d'unitats hem ordenat la rica producció literària segons els diferents gèneres, dels quals destaquen els autors següents: en la poesia l'Escola poètica mallorquina amb Miquel Costa i Llobera, Joan Alcover, Maria Antònia Salvà, i a Catalunya Joan Maragall; en la narrativa sobretot Víctor Català (Caterina Albert); finalment, en teatre Santiago Rusiñol.

Per tal d'activar els coneixements previs, al principi de cada unitat presentem uns textos breus i unes preguntes que han de servir per iniciar-nos en els continguts essencials de cada període i dels diversos autors. Farem especial atenció als textos de lectura obligatòria, que llegirem i analitzarem. I per cloure, un test de coneixements al final de la unitat pot fer les funcions d'avaluació del que s'ha après.

UNITAT 12

MODERNISME I SOCIETAT CATALANA

UNITAT 13

L'ESCOLA POÈTICA MALLORQUINA. MIQUEL COSTA I LLOBERA. JOAN ALCOVER. MARIA ANTÒNIA SALVÀ

UNITAT 14

POESIA MODERNISTA. JOAN MARAGALL

UNITAT 15

NARRATIVA MODERNISTA. VÍCTOR CATALÀ

UNITAT 16

TEATRE MODERNISTA. SANTIAGO RUSIÑOL

CONEIXEMENTS PREVIS

Llegeix aquest poema de *Les flors del mal* (1858) de Charles Baudelaire, un poeta simbolista francès. Comenta la visió que mostra el poeta i compara-la amb la concepció de l'artista modernista:

L'albatros

Sovint, per esbargir-se, els homes d'equipatge
capturen uns albatros, magnes ocells marins,
que, indolents companyons, segueixen el viatge
de la nau que s'esmuny sobre els avencs salins.

Tot just entaforats en la insòlita escena,
aquests reis de l'atzur, maldestres i porucs,
per la coberta es mouen arrossegant amb la pena
de les seves ales blanques a tall de rems feixucs.

L'alat viatger amb cara tan inepta i adusta!
Tan bell adés, i ara, risible, lleig i moix!
L'un excita el seu bec amb la pota de fusta,
l'altre un alacaigut imita fent-se el coix!

El Poeta és semblant al rei de les altures,
veí de la tempesta, ni dels arquers fa cas;
exiliat en terra i blanc de les censures,
ses ales de gegant van destorbant-li el pas.

CHARLES BAUDELAIRE, *Les flors del mal*

Contesta les preguntes:

- **a** Quina relació s'estableix entre els mariners i l'ocell?
- **b** Reflexiona en termes ètics sobre l'oposició entre els mariners i l'ocell o, dit d'una altra manera, entre la societat convencional i l'artista. Creus que el tracte que donen els mariners a l'ocell pot simbolitzar la relació entre la societat tradicional i els artistes modernistes?
- **c** Com interpretes els dos darrers versos del poema?
- **d** Reflexiona sobre el títol del recull poètic, *Les flors del mal.* Hi veus una antítesi? Què creus que pot significar?
- **e** Interpreta les metàfores següents:
  - els avencs salins
  - reis de l'atzur
  - veí de la tempesta
  - exiliat en terra

B4 UNITAT

12

MODERNISME I SOCIETAT CATALANA

En aquesta unitat estudiarem el moviment artístic del Modernisme. És un dels moviments més singulars i creatius de la cultura catalana, tant pel que fa a les arts plàstiques i l'arquitectura com també a les expressions literàries que abasten la renovació de tots els gèneres des de punts de vista estètics, ideològics i socials sovint confrontats, però que tenen com a denominador comú l'anhel de modernitat.

Dimensió estètica i literària

- Introducció a les transformacions socials del canvi de segle.
- Introducció a les diverses posicions ideològiques i estètiques dels artistes modernistes.
- Anàlisi de les diverses expressions literàries de la modernitat.
- La lluita per la llengua literària com a reivindicació unitària.

AUTORS I TEXTOS

- Discursos de la segona i tercera festes modernistes (fragments) de Santiago Rusiñol.

Objectius

- Comprendre el context històric i les circumstàncies socials i econòmiques del Modernisme.
- Reconèixer la diversitat estètica i ideològica del panorama cultural en el Modernisme europeu.
- Identificar els trets definidors del Modernisme català.

MODERNISME I SOCIETAT CATALANA

Les dues dècades que enquadren el canvi del segle XIX al XX són extremament significatives en la història social i literària de Catalunya i d'Europa en general. Es tracta d'un període de densa producció artística, cruïlla de tendències diverses i sovint contraposades, que destaca amb personalitat pròpia entremig dels dos moviments més institucionalitzats de la literatura catalana: la **Renaixença** i el **Noucentisme**. El Modernisme es defineix per contrast amb aquests dos moviments i es caracteritza, sobretot, per la seva heterogeneïtat i per l'efervescència general, alhora creativa i confusa.

Una manifestació obrera, pintura historicista d'Antoni Estruch.

Els darrers anys del segle XIX van estar marcats per una crisi que afectà la vida social de Catalunya en diversos àmbits. Si bé la segona meitat del segle havia representat l'època daurada d'una nova burgesia industrial que s'havia enriquit considerablement, al tombant de segle ja s'havia superat la «**febre d'or**» i la indústria començava a ressentir-se d'una crisi generalitzada. L'alarma que comportà la pèrdua dels mercats colonials espanyols es va afegir a l'enfrontament de la burgesia catalana, més o menys dinàmica i de pretensions europeistes, amb unes encarcarades oligarquies espanyoles, latifundistes i semifeudals, que no tenien intenció d'identificar-se amb cap revolució burgesa.

En aquest context, la **burgesia** catalana assajà una política catalanista –amb la llengua com un factor fonamental–, que s'havia iniciat ja amb la Renaixença i que va culminar en l'extraordinària gestió cultural de la Mancomunitat. L'Estat espanyol va considerar aquest catalanisme com una expressió d'enfrontament a les estructures tradicionals de poder, i, en conseqüència, el va combatre atacant la llengua i la literatura catalanes.

Com a contrapartida al poder burgès, el **moviment obrer** català va anar adquirint una importància creixent i es va convertir en la principal força revolucionària: el moviment **anarquista** va arrelar amb força entre els obrers i els jornalers (autèntic proletariat rural), i amb la fundació de la CNT adquirí un caràcter anarquista i sindicalista de gran incidència social –Barcelona era coneguda com «la ciutat de les bombes», a causa dels nombrosos atemptats anarquistes que, juntament amb les vagues, expressaven la insatisfacció proletària.

Els líders de l'anarquisme català no van voler veure en el catalanisme sinó una trampa de la burgesia, i, per aquest motiu, inicialment el moviment obrer es va mostrar distanciat de l'impuls cultural catalanista promogut per les institucions de la Renaixença. La demagògia anticatalanista i falsament progressista de Lerroux va contribuir a separar el moviment obrer català de la recuperació del catalanisme.

Desconsol, escultura de Josep Llimona.

BERNAT: És una rutina i una explotació. I a mi que no m'hi vinguin, amb aquestes vellúries!
TERESONA: La diada s'ho porta.
BERNAT (*amb ironia*): Sí, la diada.
TERESONA: Els guanys són tan poquets que no arriben I, és clar, els pobres, espigolant d'aquí, espigolant d'allà...
BERNAT (*interrompent-la*): Que es queixin, que cridin, que els apugin la soldada! I, si no, que pleguin en sec.
TERESONA (*somrient*): Ui! Que ho faries fort! Ventura que a hores d'ara, tots plegats, ja devem ésser rics.
BERNAT (*mirant-la estranyat*): Rics?
TERESONA (*somrient*): Sí. De segur que hem tret la grossa.
BERNAT: No hi crec, jo, en rifes. No tiro per ric.
TERESONA: Jo, sí, doncs. Una sabés el camí!
BERNAT (*amb ironia*): Vols que te l'ensenyi?
TERESONA: Tan savi ets, i vas a peu?

IGNASI IGLÉSIAS, *Les garces* (escena I, acte I)

La revolta popular més destacada d'aquest període, de signe antimilitarista i anticlerical, va ser la **Setmana Tràgica** (1909). La repressió de la policia contra els ciutadans de Barcelona, que es van oposar a l'embarcament de tropes cap a Melilla i van organitzar una vaga general, va ser extremament violenta i va tenir el suport de la burgesia barcelonina. En aquests anys tumultuosos, la literatura catalana de primera fila volia desempallegar-se de les maneres academicistes, folklòriques, conservadores i catòliques: és a dir, adoptava en moltes ocasions un to **agressiu** i **antiburgès**.

Plein air, oli de Ramon Casas (1890).

A Catalunya, com a la resta d'Europa, el vivíssim panorama ideològic de final de segle tenia un accent clarament anarquitzant. Precisament en aquest rebuig vers la societat burgesa coincideixen per primera vegada dos **inconformismes**: una part del Modernisme catalanista –per exemple, el teatre d'Ignasi Iglésias, que centrava els seus conflictes dramàtics en l'àmbit proletari– i el moviment obrer.

Com en tants altres aspectes del Modernisme, l'origen social dels intel·lectuals i artistes és una qüestió complexa. Per primera vegada des de l'inici de la Renaixença s'incorporen a la cultura catalana personatges procedents de l'alta burgesia. Santiago Rusiñol, Ramon Casas, Joan Maragall, Joaquim Casas-Carbó i Jaume Massó i Torrents provenien de famílies molt riques i van viure sempre de renda. Al seu costat van col·laborar escriptors com Ignasi Iglésias, Jaume Brossa, Joan Puig i Ferreter, etc., d'extracció social humil i formació autodidàctica.

L'actitud antiburgesa dels escriptors i artistes del Modernisme va produir un fenomen paradoxal en aquells que formaven part dels estaments més privilegiats de la burgesia: s'enfrontaven a la seva classe social, en criticaven la mentalitat i les formes, però no renunciaven a la situació de privilegi que els permetia mantenir una actitud elitista respecte de l'art.

En el fons, es tractava d'una «revolta de saló», que en alguns moments arribà a ser corrosiva; si bé aquests «modernistes daurats» no van pertànyer a moviments extremistes, no es pot negar que s'hi van aliar i que, en determinats àmbits, aquests els van facilitar les plataformes d'expressió i de lluita, com, per exemple, la revista ***L'Avenç*** en una primera etapa.

Els artistes i intel·lectuals i els burgesos es rebutgen mútuament, de la qual cosa es deriven dues actituds oposades de defensa i marginació. A imitació de l'actitud social dels poetes i artistes simbolistes –defensors de la recerca de paradisos artificials, promotors de la superioritat de l'art per damunt de la vida quotidiana i protagonistes de la bohèmia parisenca–, els modernistes catalans es complauen a pertànyer a una bohèmia local, negra o daurada segons la seva filiació social i estètica:

- Els **regeneracionistes** pertanyen a l'anomenada *bohèmia negra* pel fet que els seus components són d'extracció social **humil** i, per tant, la marginació s'associa amb una realitat de penúria material. Ideològicament defensen actituds de redempció de la societat, amb la qual l'artista estableix un compromís de regeneració. En general, les seves posicions polítiques són extremistes i revolucionàries, acostades a l'**anarquisme**.

- Els **esteticistes decadentistes** pertanyen a l'anomenada *bohèmia daurada* i a les famílies més acabalades de la burgesia catalana. L'actitud de l'artista és recloure's en ell mateix, a la recerca dels paradisos artificials. Conceben l'art com a bàlsam o refugi, com una forma d'**evasió estètica** que es justifica per ella mateixa sense necessitat d'incidir en cap revolució social. L'artista és proposat com un ésser superior, un sacerdot dipositari del misteri de l'art entès com una religió.

EXPRESSIONS LITERÀRIES DE LA MODERNITAT

Amb l'etiqueta de *modernista* conviuen estètiques i ideologies molt diverses. Pel que fa a la ideologia, s'hi distingueixen l'**extremisme** radical, ateu i anarquitzant de Jaume Brossa; la **religiositat conservadora** i catòlica de Joan Maragall i Manuel de Montoliu; les postures esteticistes sense excessives preocupacions ideològiques de Santiago Rusiñol i Adrià Gual, i l'**obrerisme** sentimental d'Ignasi Iglésias, entre d'altres. El ventall estètic del Modernisme es pot resumir de la manera següent:

- **Vitalisme** i **espontaneïtat**, associats a les actituds **regeneracionistes** més combatives, al servei del nacionalisme progressista. Es valora la **dimensió social** de la poesia, a més d'exaltar la individualitat com a única norma per a la creació poètica. Joan Maragall imposa l'espontaneïtat creativa i el verisme com a aspectes essencials de la nova tendència: és l'anomenada *teoria de la paraula viva*. Els autors estrangers que tenen més influència són Henrik Ibsen, Friedrich Nietzsche i Gabrielle d'Annunzio, traduïts al català per Maragall i Iglésias.

- **Simbolisme**, lligat a les expressions **decadentistes** de la nova estètica. La representació de *La intrusa*, de Maurice Maeterlinck, en la segona festa modernista de Sitges, significa la introducció d'aquest moviment a Catalunya.

- **Prerafaelisme**, associat, com el simbolisme, a les expressions **esteticistes**. Es fonamenta en la sacralització de l'art (se serveix de la iconografia religiosa per expressar l'experiència creativa, especialment en pintura). Proposen, per tant, la sublimació de l'art i de l'artista com a portadors d'uns valors superiors i espirituals. Defensen l'**art per l'art** i una espontaneïtat creativa propera al model de D'Annunzio.

- **Parnassianisme** i **classicisme**, lligats com els anteriors moviments, a les expressions esteticistes. Poetes com Jeroni Zanné, Alexandre de Riquer, Miquel de Palol, el primer Josep Carner i Joaquim Ruyra, entre d'altres, es proposaven aconseguir una poesia refinada, elitista i intel·lectualitzada.

El grup literari més rellevant de l'estètica classicista és el dels poetes de l'**Escola Mallorquina**: Maria Antònia Salvà, Miquel dels Sants Oliver, Gabriel Alomar i, de manera especial, Miquel Costa i Llobera i Joan Alcover.

Més enllà de l'heterogeneïtat com a característica general del Modernisme, les diverses tendències del moviment s'identificaven amb unes aspiracions comunes:

- La **voluntat de transformació** de la cultura catalana regional i tradicionalista en nacional i moderna.

- La **fascinació per Europa** com a paradigma de modernitat. En aquest sentit, les traduccions literàries d'autors europeus –francesos, nòrdics i, per primera vegada, alemanys (Goethe, sobretot)– es converteixen en un dels principals puntals de les lletres catalanes.

- La voluntat de **liquidació** de la Renaixença –del folklorisme, la visió pairalista i medievalitzant dels Jocs Florals– i, per extensió, de tot rastre realista i naturalista.

- La imposició del corrent **espiritualista**, que inclou la religiositat ortodoxa catòlica, el cristianisme prerafaelita, l'espiritualitat dels simbolistes i, en general, tota manifestació idealista que signifiqui antimaterialisme i antiracionalitat. De fet, es tracta de la mateixa reacció d'**antiracionalisme** que es produïa a Europa.

- La idea de dependència mútua de les arts, defensada en el concepte d'**art total**, que va promoure contactes molt directes entre els diversos sectors culturals modernistes. El culte a Wagner és la mostra més representativa d'aquesta relació entre músics, escriptors, pintors, dibuixants, arquitectes, etc.

L'obra *Els ciclistes*, de Ramon Casas, presidia la taverna Els Quatre Gats, punt de trobada predilecte dels artistes de l'època.

- La **voluntat de marginació** respecte de la societat **burgesa**, que fa que els modernistes de totes les ideologies i estètiques es decantin per manifestacions col·lectives que els singularitzin: les reunions a la cerveseria Els Quatre Gats (fundada el 1897 i convertida en sala d'exposicions i local per a actes literaris); les tertúlies a les redaccions de diaris i revistes, i les festes modernistes a Sitges al refugi artístic de Santiago Rusiñol, el Cau Ferrat. La més destacada d'aquestes festes va ser la segona (1893), en què es van celebrar una sèrie d'actes culturals (concerts, representacions teatrals, etc.) i Rusiñol va llegir un discurs inaugural que es considera el text programàtic del modernisme.

> La brotada d'avui ve cansada d'abusos de naturalisme, i busca espiritualisme. La brotada d'avui té de mística per lo que té el misticisme de sofriments i visions; té de simbòlica per lo que engloba el simbolisme i s'allunya del terròs; té de revolucionària ideal per la poca fe de les pràctiques dels homes; té de tot lo que siga somniar a soles, sense destorbs de burgesos rics ni pobres, de burgesos de l'art, que són tots els que no tremolen per dintre davant d'un núvol rosat que passa o d'una aurora que es despunta.
>
> SANTIAGO RUSIÑOL, *Discurs de la segona festa modernista*

La Ghirlandata, del pintor anglès prerafaelita Dante Gabriele Rossetti.

- La **lluita per la llengua**. Aquesta és sens dubte la reivindicació més unitària de tots els objectius plantejats en la literatura catalana contemporània des de la Renaixença: que el català assoleixi el nivell de llengua culta apta per a tot tipus d'expressió literària i científica. El Modernisme, aprofitant l'impuls inicial de la Renaixença, però considerant anacròniques les seves plataformes de difusió, es proposà anar molt més enllà en aquesta lluita. Cal destacar tres àmbits d'acció:

1. El principal instrument va ser la **premsa**, i, sobretot, algunes revistes programàtiques, autèntiques institucions cíviques i culturals. El 1895 a Barcelona hi havia quinze diaris en castellà i un en català; el 1900, en canvi, n'hi havia sis en català i divuit en castellà. La diversitat i qualitat de la premsa en català, a més de permetre una tribuna àgil de difusió de les noves idees i estètiques, incidia en l'ampliació del públic lector en llengua catalana. La premsa s'estenia en àmbits generals, estrictament literaris i artístics –*L'Avenç*, *Pèl & Ploma*, *Catalònia*, *Joventut*, etc.–, però també en premsa especialitzada en temes científics i tècnics (revistes mèdiques, de documentalisme, etc.).

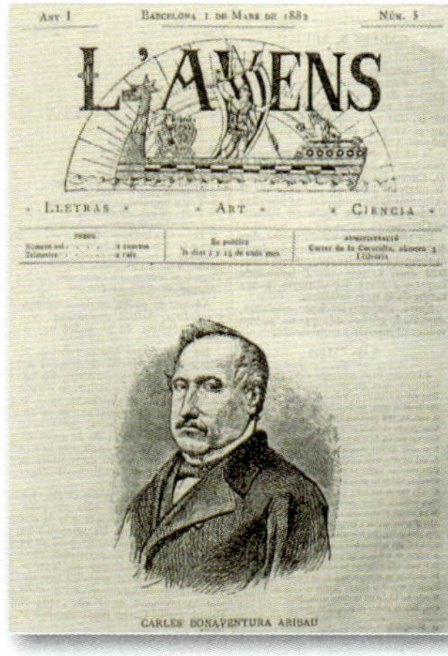
Any I — Barcelona 1 de Mars de 1883 — Núm. 5

L'AVENS

Lletras · Art · Ciencia

Carles Bonaventura Aribau

Portada de la revista literària *L'Avens* (primera època) amb un retrat de Bonaventura Carles Aribau.

Va ser fonamental el paper de la premsa satírica, d'abast molt més popular i, per tant, molt més ampli (*La Campana de Gràcia*, *L'Esquella de la Torratxa*, *Cu-cut!*, *Papitu*), i molt especialment el del setmanari infantil *En Patufet*, de gran abast popular.

Des del punt de vista literari, *L'Avenç* va ser un cas a part. La revista, dirigida per Massó i Torrents i més tard associada a Casas-Carbó (cosí del pintor Ramon Casas), es va publicar en diverses etapes. Primer tingué la participació d'escriptors de la Renaixença, però ja donant pas a les **novetats estètiques** (1881-1882). Després d'un període de suspensió, es reprengué la publicació amb l'objectiu bàsic d'acostar la llengua escrita a la llengua parlada en una campanya sense precedents dirigida fonamentalment per **Pompeu Fabra** –la campanya lingüística de *L'Avenç* (1890-1891). En una tercera etapa, més polèmica i radical, es van incorporar com a redactors Jaume Brossa i Alexandre Cortada, que van introduir un to de **crítica** frontal dels valors de la burgesia.

A èpoques noves, formes d'art noves. El fonament de la cultura d'una generació té que reposar sobre lo bo de l'anterior; mes, si aquesta porta un patrimoni dolent, és preferible menysprear-lo, no fer-ne cas i començar foc nou. Si Catalunya vol seguir el camí que li correspon, deu agafar nous procediments en la creació de l'obra d'art, procediments que estiguen en consonància amb el medi que la volti, procurant influir sobre d'ell per millorar-lo. Les anteriors generacions, ¿què ens deixen en la literatura catalana? Un lema mort, que no diu res a la imaginació popular; un peu forçat que ha vingut obligant vàries generacions de versificadors a repetir les mateixes idees, idèntics conceptes i imatges retòriques. I a fi de què no es qualifiqui de lleugera aquesta asserció, direm que a les noves generacions catalanes se'ls imposa una tasca que per la grandesa que enclou hauria d'alentar-nos cegament a sa realització, referint-nos especialment a problemes que (sembla impossible!) fins ara no han cridat l'atenció d'alguns aficionats. Un d'ells és la reforma lingüística, que ha d'acabar amb l'anarquia gramatical que ha estat imperant en el camp literari. Conseqüència d'aquest treball sèrio que s'està portant a cap hauria d'ésser l'establiment d'una mètrica catalana que fes valer la immensa riquesa que en fonètica, morfologia i sintaxi té la nostra llengua. A més, s'hauria de procurar fer el que no ha pogut efectuar-se en cinquanta anys de *soi-disant* renaixença, això és, la creació d'un centre de cultura propi, genuïna expressió del nostro caràcter, marcant ben bé la diferenciació existent entre la nostra estructura moral i intel·lectual i la dels demés pobles que ens volten. Havent volgut fer de Catalunya una raça de comerciants, verament fenícia, hem oblidat el desenrotllament de l'ànima catalana, hem permès que una educació factícia alterés la nostra fesomia íntima, i així ha resultat la falta d'idees en la nostra literatura, la impossibilitat de fer obra sèria, científica, i l'absència d'unitat d'aspiracions. Per a corregir aquest estat social patològic, què es necessita?

Principalment, un pla de vida col·lectiva que hauria de formular l'avantguarda dels partidaris del Modernisme. Dit està que, no podent confiar en un treball científic com hauria d'ésser, de modo que la nostra regió, representada per homes aptes, contribuís al progrés general, l'única esperança que podem concebre de què el moviment d'idees que demanem s'encarni en l'obre literària. Aixís tal volta, si d'altros països han vingut gent docta a estudiar les nostres produccions, donant a llurs treballs el caràcter d'investigació folklòrica, llavors el nostre renaixement tindria un valor positiu que no té. El cas que es fes de la nostra literatura, rivalitzant amb la castellana, ens portaria a una de les branques més grans de la susdita tasca, això és, a la revolució que haurem de fer en l'ensenyança regional si volem que les pròximes generacions siguin dignes de la Catalunya que ambicionem. La ciència de l'educació és de les que preocupen més que els savis contemporanis, i per a les nacionalitats que tenen desconegut llur caràcter propi té un interès pràctic més gran encara, puix el poble que pot manifestar-se tal com és en si té molt guanyat per desenrotllar progressivament son vigor intuïtiu; però aquell que es veu obligat a posar-se careta, ¿com pot sentir els efectes d'una educació metòdica, si aquesta comença per esborrar els traços característics que el diferencien? Aquesta idea sola basta per a comprendre la transcendència que té l'educació regional. Com més s'esmeni lo particular, més perfecte surt lo general. Per tant, més farà Catalunya amb l'educació pròpia, amb civilització seva, que no anant a remolc d'altres agrupacions que no poden soldar-se amb ella. D'aquesta diferenciació en l'ensenyança, en la literatura, en l'art, en vindria un concepte de la política nacionalista que seria compendi de totes les nostres aspiracions i que, anant aparellat amb el moviment sociològic europeu, en resultaria una força latent, ben preparada per a quan vingués l'instant a propòsit en què tots els Estats contemporanis sofreixin l'evolució que estem esperant. Si Catalunya no es prepara amb antelació, estarà a mercè de qualsevol força exterior, la qual ens acontentarà deixant-nos fer l'ofici de jueus, mentres li entreguem el poder polític i li deixem exercir sobre nosaltros una hegemonia moral. Ara bé: per a l'esmentat pla es deuria anteriorment fer treball idèntic, paral·lel, al que necessitaria la nostra literatura si volgués donar llum pròpia. En aquest punt, com en molts d'altros, les nacions del Nord ens senyalen bé prou el camí. Pertot arreu va notant-se que l'art, baix totes ses manifestacions, està adquirint, des que s'ha fet realista, un valor sociològic, intrínseca i extrínsecament. En lo primer el més digne d'estudi és en Zola, que ha fet entrar dins ses grans obres la vida col·lectiva, arribant a absorbir quasi l'individual. Segurament, amb la vulgarització de la instrucció, l'art, deixant una forta petjada en la consciència d'un immens nombre d'individus, resulta una força social noble, digna i elevada, i que pot contrabalançar totes les energies materials, impulsant el progrés fins a costa de tots els egoismes, prejudicis i interessos creats. No pot negar-se aquesta afirmació, en quant hi ha algunes nacions, com Noruega i Rússia, que estan sofrint una evolució tan fonda, que acabarà per transformar la societat actual, i tot gràcies a l'Ibsen i en Björson en la primera i en Tolstoi i en Dostoievski en la segona. I ara ve la deducció: ¿què fa la literatura nostra per exterioritzar l'estat íntim de l'ànima catalana, etnològicament considerada? Si algun estranger desitgés conèixer el que som i representem, ¿quins llibres li donaríem?

El Modernisme adquiria així el seu màxim to de bel·ligerància ideològica i s'acostava a posicions anarquistes i catalanistes (1892-1893).

La revista es va deixar de publicar en part per l'extremisme a què havia arribat, en un moment de greus atemptats anarquistes a Barcelona, i també pel dèficit econòmic que comportava la progressiva pèrdua de subscriptors.

Cal indicar que, a més de revista, *L'Avenç* va desplegar una interessant i eficaç tasca editorial –amb algunes col·leccions de gran prestigi, com La *Biblioteca Popular* (1903-1915) o la *Biblioteca Escolar* (1904)–, que responia a una visió moderna i completa del que havia de ser la cultura d'un país. A l'entorn de la redacció de la revista, l'editorial i la botiga de *L'Avenç*, es van agrupar els intel·lectuals i artistes del Modernisme en una mena d'institucionalització d'iniciatives culturals.

Aquest és el treball a fer dins la novel·la, el teatre, les ciències socials, la política militant i organitzada; però que necessita una llarga preparació, una iniciació difícil, puix sense un mètodo definit, sense elaborar-se abans un criteri, no és possible fer res, ja que el nostro ideal és arribar a la unitat sòlida que obtingueren a Alemanya en el primer terç d'aquest sigle totes les manifestacions del pensament, on anaven a l'una la filosofia, la poesia, la música, la ciència i la història.

Molts ens assenyalaran aquests ideals com a somnis d'ideòleg, però no faran més que augmentar el nostre desengany al veure la prostració en què Espanya jau, fins al punt de què les regions que abans es distingien per llur cultiu de la voluntat, la tenen tan afeblida, que ni tenen força per dir el nom amb què són batejades per la Naturalesa i la història. Els ideals de la nova generació podran ésser satiritzats, ridiculitzats, però tenen la consistència de tota fe altruista, no participen de les petiteses dels egoismes de classe, subjectats a tota mena d'interessos. Aquesta consideració ens porta a conèixer que pel pervindre de Catalunya no cal esperar res de l'aristocràcia ni de la burgesia, que ha estat en el present sigle la monopolitzadora de la riquesa catalana, sinó que tenim de girar els ulls vers la massa anònima adscrita a la gleva, conservadora del geni de la raça, la que s'ha emportat la pitjor part en la relaxació del nostro caràcter, i que, moguda per diferentes i oposades influències, és l'única que ens pot donar nova saba si volem reanimar l'esperit regional de Catalunya. Ademés, se li té de fer comprendre que l'organització que hauria de tenir la nostra nacionalitat no està gens renyida amb l'avenç polític i civil de les classes que estan apretades per la camisa de força de l'actual Estat mesocràtic, sinó que, tenint per fonament la sobirania de l'individu, aniria desplegant tots els factos i energies socials per arribar al súmmum del nostro programa, a la democràcia pura. Comprès això, es veurà clarament lo distanciat que el moviment catalanista s'ha mantingut de les veres aspiracions del proletariat, a qui s'havia d'arrancar del vaivé de la política unitarista. Per mig de la desfeta que hi ha de conviccions polítiques, molt ens anima veure la desconfiança i la indiferència pels catalans demostrada per tot lo que ve del poder central (tant de bo fos així també en altres coses, verbigràcia, en els espectacles i altres imposicions castellanes), fent-nos creure que desitgen una política nova, emmotllada al nostro modo d'ésser; política que sols por resultar de l'autonomisme radical.

JAUME BROSSA: «Viure del passat», *L'Avenç*

2. Les **iniciatives socials** com ara la campanya lingüística de *L'Avenç* (1890) o les iniciatives en el camp de l'educació, com les desenvolupades per l'Associació Protectora de l'Ensenyança Catalana (1899).

3. La pràctica dels escriptors, més abocats a la consciència lingüística i a la necessitat normalitzadora de la llengua, és a dir, a l'acceptació del camí marcat per Pompeu Fabra.

Portada de la revista *Quatre Gats* i cartell publicitari de Ramon Casas per a Els Quatre Gats.

Cartell de la revista *Pèl & Ploma*, de Ramon Casas.

Interior de la taverna Els Quatre Gats.

Activitats

1 Llegeix aquest text sobre el moviment Modernista.

El Modernisme es podria definir, doncs, com el procés de transformació de la cultura catalana, en el decurs de la darrera dècada del segle passat i la primera del present [segles XIX-XX*], de cultura regional, peculiar i tradicionalista en cultura nacional, normal i moderna.*

JOAN LLUÍS MARFANY, *Modernisme i noucentisme*

Contesta les preguntes:

- **a** Per què creus que en la definició es parla de procés?
- **b** En la definició s'oposen diversos termes associats a la cultura. Reflexiona sobre els diferents conceptes i posa exemples del que creus que signifiquen.
  - cultura regional
  - cultura peculiar
  - cultura tradicionalista
  - cultura nacional
  - cultura normal
  - cultura moderna

2 Llegeix el fragment del *Discurs a la segona festa modernista* de Santiago Rusiñol que tens a la pàgina 127. Contesta les preguntes:

- **a** Què vol dir «cansada d'abusos de naturalisme»?
- **b** Com s'ha d'entendre l'espiritualisme en aquest context?
- **c** Què vol dir «s'allunya del terròs»?
- **d** Com interpretem l'expressió «revolucionària ideal»?
- **e** Com creus que considera els «burgesos de l'art»? S'hi identifica?

3 Llegeix el fragment del *Discurs a la tercera festa modernista al Cau Ferrat* (1894) de Santiago Rusiñol

És la tercera vegada que el Cau Ferrat es reuneix a prop del mar; la tercera vegada que, fugint del soroll de la ciutat, venim a somniar al peu d'aquest platja hermosa, a sentir-nos bressar al compàs de les onades, a prendre aigües de poesia malalts que estem del mal de prosa que avui corre en la nostra terra.

Venim aquí fugint de la ciutat, per trobar-nos tots junts i junts cantar lo que ens surti del fons del sentiment, per treure'ns el fred que corre per les venes de tothom aixoplugant-nos sota la bandera de l'art; per banyar-nos i embriagar-nos de sol, de sol i llum que ens assequi per un moment la tristesa de la boira. Venim perquè necessitem espolsar-nos de sobre tanta farsa egoista, tanta sensatesa fingida, tanta farda de sentit comú, tanta serietat forçada o riure estúpid com ha imposat el menestral enriquit per una banda i per altra la democràcia, a aquesta terra nostra que, per por d'ésser boja, se'ns va tornant ensopida.

Els ideals d'avui dia, les soles lluites que interessen les grans majories, són només qüestions materials, exigències per al pobre cos; sofriments d'enveja dels uns i estretes d'avarícia dels altres, barallant-se tots plegats per contentar els crits del ventrell; empentes dels de baix i resistències dels de dalt, i crits d'angúnia i mossegades d'agonia per a disfrutar, pobra gent!, lo que en diuen el benestar de la vida. Tot per a la miserable carn i res per al noble esperit! Tot per a allargar la vida i res per a hermosejar-la! Tot per als horts productius d'una prosa alimentícia i estragada, i res per als jardins de l'ànima, per als florits caminals de la poesia, per als ais del sentiment i les queixes del pobre cor, per als pobres ideals de les coses nobles, acorralats i somorts com si sentissin vergonya de sortir a la cara de la llum!

D'aquell art, fet abans, com plogut de rosada d'una aurora; d'aquell art verge, nascut voltat de lliris i crescut, com un arc de colors que s'aixeca voltat de núvols que no han rastrejat la terra; d'aquell art somniat mirant enlaire ; d'aquell art somniat mirant enlaire i buscant en el pensament que veu visions d'un més enllà més vaporós i difumit; d'aquell art teixit d'hereus entre flors descolorides, fresc com el riure d'un infant i misteriós com el pensament d'un vell, no en queden més que espurnes, dèbils avergonyiments, guspires mig apagades per l'alè fred d'un poble que se li diu positivista i que s'alaba d'ésser-ho.

L'art per l'art agonitza, per fer lloc a l'art comerç, a l'art cromo, a l'art barato, a l'art llustrós, que és el que entén la democràcia de l'art. Res de somniar, amics meus; res de veure visions, de sentir passar vaguetats allà en els núvols que es formen a l'atmosfera del pensament, de cloure els ulls mirant per dintre un més enllà difumit, d'enamorar-se d'ombres desconegudes: sempre el natural per pauta, sempre esclaus i lligats d'aquest natural ple de lletgeses i tristors, gornit de baixeses d'esperit i de misèries morals, habitat d'homes somorts, mirant el passat com un llibre sense fulls, no creient en el pervindre, paixent resignats les engrunes del present.

Contesta les preguntes:

- **a** Indica quins són els exemples que els poetes han de seguir com a model de conducta.
- **b** Són posicions antitètiques o complementàries?
- **c** Què és «el gran ramat?
- **d** Creus que aquest plantejament té alguna afinitat amb el poema de Baudelaire «L'albatros» de la pàgina 122?
- **e** Què vol dir «que el sentit comú ens ofega»?
- **f** Amb qui s'identifica l'autor, amb don Quixot o amb Sancho Panza? Per què?

Test final d'unitat

1 **Digues si és veritat (V) o fals (F):**

	V	F
a El Modernisme abasta el primer quart del segle XX	☐	☐
b El Modernisme català es caracteritza per la seva homogeneïtat	☐	☐
c La burgesia que encapçala el Modernisme es caracteritza pel seu catalanisme	☐	☐
d A principis del segle XX Barcelona era coneguda com «la ciutat de les bombes»	☐	☐
e Lerroux va ser un líder populista que va intentar separar l'impuls catalanista del moviment obrer	☐	☐
f La revolta més important d'aquest període es coneix com la Setmana Santa	☐	☐
g El moviment obrer més important d'aquest període va ser l'anarquisme	☐	☐
h En el moviment cultural del Modernisme hi participen artistes i intel·lectuals de totes les classes socials	☐	☐
i La bohèmia negra és el pseudònim del pintor Ramon Casas	☐	☐
j El culte a la música de Wagner és un tret distintiu de la burgesia modernista	☐	☐
k La lluita per la llengua és la reivindicació més unitària del moviment	☐	☐

2 **Digues què signifiquen els termes següents:**

- Bohèmia negra
- Bohèmia daurada
- Regeneracionisme
- Esteticisme/decadentisme
- Vitalisme
- Simbolisme

3 **Cerca informació sobre les revistes modernistes:**

- *L'Avenç*
- *Pèl & Ploma*
- *Catalònia*
- *Joventut*
- *La campana de Gràcia*
- *L'Esquella de la Torratxa*
- *En Patufet*

4 **Completa la graella:**

Autor	Classe social	Bohèmia negra	Bohèmia daurada	Obra destacada
Santiago Rusiñol				
Ramon Casas				
Joan Maragall				
Ignasi Iglésias				
Joan Puig i Ferreter				

5 **Llegeix atentament el text de Jaume Brossa titulat «Viure del passat» i publicat a la revista *L'Avenç* i que tens a les pàgines 128 i 129 de la unitat. Contesta les preguntes següents:**

a Jaume Brossa és defensor de l'art com a transformador radical de la societat, de l'art regeneracionista i social. Indica quins procediments proposa per a transformar la societat catalana en una societat moderna i europea.

b En aquest fragment:

Segurament, amb la vulgarització de la instrucció, l'art, deixant una forta petjada en la consciència d'un immens nombre d'individus, resulta una força social noble, digna i elevada, i que pot contrabalançar totes les energies materials, impulsant el progrés fins a costa de tots els egoismes, prejudicis i interessos creats.

Fes una recerca. Segueix el plantejament de Brossa i exposa quins llibres donaries a un estranger que volgués conèixer què som i què representem.

CONEIXEMENTS PREVIS

Llegeix aquest text de Joan Alcover. Es tracta d'un fragment del discurs en la recepció final del Primer Congrés Internacional de la Llengua Catalana, el 18 d'octubre de 1906 a l'Ateneu Barcelonès.

Som venguts seguint l'home de cor, l'home de fé, l'home de voluntat, que's lleva abans de l'auba y encén el llum y escorcolla sos papers y cataloga ses cèdules; pren el bastó de viatge y recorre plans y viles y montanyes, predicant com un missioner, libant com una abella, de flor en flor, tota la brostada viva del llenguatge, y entrega lo millor de sa vida, hora per hora, estella per estella, a la foguerada que il·lumina els horitzonts de la mentalitat catalana...

JOAN ALCOVER, *Discurs de cloenda del Primer Congrés Internacional de la Llengua catalana* (1906).

Contesta les preguntes:

- a Quin tret de caràcter és més destacable en aquest «home de cor»?
- b A quina feina es dedica metòdicament?
- c Què és «la brostada viva del llenguatge»?
- d Com cal interpretar la metàfora «la foguerada» de la darrera línia? I a quin horitzó es refereix?

Llegeix aquest text sobre la figura del poeta Joan Alcover, representant de l'Escola Poètica Mallorquina.

Aquell senyor diminut, ponderat, exacte, correctíssim, que hauria pogut ésser confós amb un símbol de la propietat urbana o de la renda del diner, es transformava, en la conversació, instantàniament, sobretot quan la conversació s'entaulava sobre la poesia, la música o un qualsevol problema d'ordre general de l'esperit. I aquesta era la gran sorpresa que produïa el senyor Alcover o almenys la que em produí a mi: us trobàveu davant d'un home que externament no tenia res de particular i que tot d'una apareixia amb una superfície de percepció i de curiositat inesgotable, prodigiosa, decisiva.

JOSEP PLA, «Joan Alcover» dins *Homenots*, Barcelona: Destino, Tercera sèrie, 1972

Contesta les preguntes:

- a Creus que la descripció de Josep Pla correspon a l'actitud intel·lectual del discurs al Primer Congrés Internacional de la Llengua Catalana?
- b Quina sorpresa li causa el poeta Joan Alcover?
- c Et sembla que la «curiositat» és una actitud important per a un científic?
- d I per a un poeta?

B4 UNITAT

13

L'ESCOLA POÈTICA MALLORQUINA. MIQUEL COSTA I LLOBERA. JOAN ALCOVER. MARIA ANTÒNIA SALVÀ

En aquesta unitat estudiarem la producció poètica de l'anomenada Escola Poètica Mallorquina. És un moviment poètic que s'enfronta al Modernisme català per la seva inspiració en un humanisme clàssic i a un mediterranisme de formes retòriques i cultes. Els autors més destacats són Miquel Costa i Llobera i Joan Alcover.

Dimensió estètica i literària

- Introducció a les característiques singulars de la poesia mallorquina de principis del segle xx.
- Coneixement dels principals poetes i intel·lectuals representants de l'Escola Poètica Mallorquina.
- Anàlisi de l'obra i la figura de Miquel Costa i Llobera, Joan Alcover i Maria Antònia Salvà.

AUTORS I TEXTOS

- «Talaiots», de *Lluneta del pagès*, de Maria Antònia Salvà.
- «El pi de Formentor» de Miquel Costa i Llobera.
- «La Balanguera» de Joan Alcover.
- «Desolació» de Joan Alcover.

Objectius

- Reconèixer el context estètic i les singularitats poètiques de l'Escola Poètica Mallorquina.
- Identificar els trets definidors de la poesia de Miquel Costa i Llobera, Joan Alcover i Maria Antònia Salvà.

L'ESCOLA POÈTICA MALLORQUINA

La producció poètica de les illes Balears posterior a la Renaixença es concreta en l'anomenada **Escola Mallorquina**, que es caracteritza per uns trets literaris ben divergents de la paraula viva maragalliana.

Retrat de D'Annunzio, poeta, dramaturg i narrador que influencià els poetes de l'Escola Mallorquina.

Enfront del Modernisme català, simbolista i d'influència germànica (Goethe, Nietzsche), i amb inspiració dels escriptors del nord d'Europa (Ibsen, Maeterlinck), els mallorquins van crear una poesia acostada al **retoricisme parnassià**, a la inspiració de l'humanisme clàssic i a un mediterranisme que l'apropava als romàntics italians (Carducci, Leopardi, D'Annunzio). Les constants de la poesia mallorquina són la contenció emotiva i el domini formal, és a dir, res a veure amb l'exaltada espontaneïtat de Maragall. Els dos poetes principals, Miquel Costa i Llobera i Joan Alcover, polemitzen amb Joan Maragall, tot i que el respecten profundament: rebutgen la càrrega ideològica anarquitzant, el vitalisme blasfem i el menyspreu per les convencions que manifesta la bohèmia modernista. Si bé tot plegat és aliè a l'obra literària de Maragall, no deixa de filtrar-se en els plantejaments vitalistes de la seva concepció poètica.

La defensa del **cànon**, l'exigència d'**estructura** que reclamen els poetes mallorquins, és el que els inclina a construir una poesia amb un nivell de llengua elevat, culte i clàssic, als antípodes de la llengua empobrida dels seus contemporanis barcelonins. Al seu favor, hi havia el fet que la llengua col·loquial de les Illes es trobava en un estat pur, i era, alhora, flexible.

El classicisme i la intel·lectualitat dels poetes van treballar sobre aquesta base per assolir una llengua culta que havia de fascinar els joves refinats noucentistes, com Josep Carner. El pont entre la llengua de Maragall i la de Carner o Guerau de Liost passava per la fusió amb Mallorca, superant el condicionament dialectalista heretat dels temps de la Decadència.

Els principals representants de l'Escola Mallorquina són: Miquel dels Sants Oliver, Maria Antònia Salvà, Gabriel Alomar, Miquel Costa i Llobera i Joan Alcover.

- **Miquel dels Sants Oliver** va néixer a Campanet el 1864 i va morir a Barcelona el 1920. Periodista, historiador, narrador i crític, va ser el primer teoritzador de l'Escola Mallorquina. La seva poesia, poc coneguda i difosa, representa la transició entre la poesia de la Renaixença i els nous corrents.

Endreça

Als autors
d'*Horacianes* i *Enllà*

Per camins diversos
¿a on la guiau
la Musa divina
que uns dona la mà?
[...]

Oh, per Catalunya
quin florir de maig!
Sent la veu d'En Costa,
la d'En Maragall;
veu créixer les branques
de la catedral
que pugen a cloure's
en la immensa nau
on sonarà l'himne
dels nostres infants;
i com un sol home,
sentint bategar
dintre les entranyes
l'empenta vital,
porta, esperançada,
sos mil estendards
a l'heroica festa
de la llibertat.

JOAN ALCOVER, *Cap al tard*

Talaiots

Hi ha un racó de la marina
que té mon cor encativat:
ullastres vells i soledat
i cards ressecs d'aguda espina.

Entre els ullastres centenaris
qualque bordall de magraner
bada soliu en l'arrecer
ses flors roents com encantaris.

Per l'enderroc d'una paret,
talment armats que fessin guarda,
aguaiten punxes de donarda
que mai doblega vent ni set.

I uns talaiots allà escampats
en llur decrèpita ruïna,
pel sec terrer de la marina
semblen ossams mal soterrats.

La ment es perd dins la foscor.
Qui mai dirà com fou la vida
d'aquella gènera extingida
pel temps remot de l'antigor?

Un negre corb que l'aire bat
al talaiot son vol atura;
d'un alt cairell de roca dura
un mot d'enigma s'ha esbombat.

Misteriós, l'aucell en dol
ha dit un mot d'estrany llenguatge;
i fuig el corb. I aquell paratge
roman més mut i més tot sol.

MARIA ANTÒNIA SALVÀ, «Talaiots», de *Lluneta del pagès*

Així, dels motius patriòtics i religiosos va passar a tractar temes decadentistes, en sintonia amb les noves orientacions neoclassicitzants d'extrem rigor formal. Josep Carner el va destacar com un dels primers conreadors del sonet. Es va desmarcar de Costa i Llobera i d'Alcover, ja que no participà en la mitificació del passat illenc del qual, només en últim extrem, salvà la cultura i l'art.

- **Maria Antònia Salvà** va néixer a Palma el 1869 i va morir a Llucmajor el 1958. Representa el vessant més ingenu i folklorista de la generació poètica a la qual pertany. Els seus poemes, de retòrica elemental i aconseguida musicalitat –Josep Carner va dir dels seus versos que fluïen «en un desordre que té l'encís d'un cant»–, retraten la vida pintoresca i idíl·lica de la Mallorca rural.

- **Gabriel Alomar** va néixer a Palma el 1873 i va morir al Caire el 1941. Pel que fa tant al seu ideari polític –radical, exaltat i revolucionari, que va derivar en un socialisme idealista– com a les seves formulacions estètiques romàntiques amb tocs avantguardistes –fou l'inventor del terme *futurisme*, del qual es va apropiar Marinetti–, representa l'actitud més liberal dins l'Escola Mallorquina. L'únic llibre de poemes que va publicar, *La columna de foc* (1911), va servir per inspirar les expressions avantguardistes de Salvat-Papasseit, un dels pocs poetes catalans de la generació del nou-cents que no va militar en el Noucentisme. Igualment, Gabriel Alomar no va compartir el pensament tradicionalista dels conservadors mallorquins.

Miquel Costa i Llobera

Va néixer a Pollença el 1854 i va morir a Palma el 1922. Va estudiar Dret a Madrid i a Barcelona, tot i que mai no va estar interessat en aquesta disciplina. En canvi, des de ben jove va sentir inclinació per la poesia i el dibuix. A Barcelona es va relacionar amb persones dels cercles literaris de la Renaixença (va conèixer Jacint Verdaguer i sobretot Antoni Rubió i Lluch). Quan tenia vint-i-un anys va compondre el famós poema d'inspiració romàntica «El pi de Formentor», que és, com diu Joan Fuster, la màxima expressió «del tipus de poema que hauria d'haver produït la Renaixença, però que no es pogué produir; és el seu cant del cigne». L'any 1880 inicià la carrera eclesiàstica. Va viure cinc anys a Roma. Les influències de l'estada a Itàlia es van concretar en el seu gust pel món clàssic llatí i grec i pels romàntics italians.

Miquel Costa i Llobera.

A Horaci

Príncep afable de la docta lira,
mestre i custodi de la forma bella:
tu qui cenyires de llorer i murta
doble corona,

ara tolera que una mà atrevida
passi a mon poble la que amb tal fortuna
tu transportares al solar de Roma
cítara grega.

Aspra i ferrenya sonarà en ses cordes
fines la llengua de ma pàtria dura;
mes, també noble hi sonarà: ma pàtria
filla és de Roma.

Filla de Roma per la sang, pel geni,
clara i robusta com sa mare antiga,
guarda en ses terres per llavor de glòria
cendra romana.

[...]

Puga jo, a l'ombra del nadiu boscatge,
seny i bellesa agermanar, oh artista!
seny i bellesa que amb ta lira formen
digna aliança.

[...]

MIQUEL COSTA I LLOBERA, *Horacianes*

Després de fer-se sacerdot,i en la plenitud de la seva obra literària, accentuà el contingut dels clàssics –deixant de banda qualsevol lectura hedonista, que el catolicisme hauria vetat– i el cànon retòric de les formes mètriques. Amb voluntat i rigor, acoblà les formes clàssiques i la noblesa de la llengua llatina al català. L'obra que en resulta són els poemes d'*Horacianes* (1906), una poesia intel·lectualitzada i meditativa més que no pas l'expressió subjectiva d'uns sentiments.

Abans d'*Horacianes*, l'obra de plenitud, Costa i Llobera ja havia publicat els volums *Poesies* (1885, revisat el 1907); *De l'agre de la terra* (1897) i *Tradicions i fantasies* (1903). El seu darrer llibre és *Visions de Palestina* (1908), després del qual va abandonar la carrera literària. Llavors es va dedicar de forma exclusiva a la professió eclesiàstica com a canonge a la seu de Mallorca.

Joan Alcover

Va néixer l'any 1854 a Palma, on va morir el 1926. Va estudiar la carrera de Dret a Barcelona. De tornada a Mallorca, va exercir alguns anys d'advocat i més tard va guanyar les oposicions per a l'Audiència Provincial, en la qual va obtenir la categoria de magistrat. Paral·lelament, es va dedicar a la política, en les files del partit conservador d'Antonio Maura, i va exercir els càrrecs de regidor a l'Ajuntament de Palma, diputat provincial i diputat a Corts. Al final, però, i segons ell mateix confesà, es va sentir molt decebut de la política i se'n va desentendre.

Joan Alcover.

Els avatars tràgics de la seva vida –va perdre la dona i quatre dels cinc fills que tingué– són presents en els seus poemes: «Jo no tinc preferència pel dolor com a font d'inspiració; és el dolor que ha tingut preferència per mi», diu. Va publicar els primers llibres de poemes en castellà: *Poesías* (1887), *Nuevas poesías* (1892), *Poemas y armonías* (1894) i *Meteoros* (1901), obres delicades en què «*destaca la pulcritud en todo, la elegancia sencilla, el respeto constante a la leyes de la lengua y de la versificación*», com va dir Menéndez Pelayo. En la «tardor ensopida de la seva vida», Joan Alcover dona a la llengua catalana una dignitat poètica excepcional amb versos plens d'humanitat, sinceritat adolorida i perfecció formal de la seva millor poesia. L'impacte del dolor el duu a una expressió poètica sincera, i per «arribar de mon cor fins a la rel» només ho pot fer en català.

El seu primer llibre de poemes en llengua catalana és el recull *Cap al tard* (1909), el qual testimonia, especialment en les «Elegies», que Joan Alcover deixa d'entendre la poesia com un joc mundà de refinaments verbals per fer-ne un vehicle càlid d'humanitat.

Joan Alcover, interessat per totes les qüestions culturals i literàries, organitzava cada diumenge una tertúlia a casa seva. Hi acudien personatges destacats de Mallorca –Miquel Costa i Llobera (que sempre va confiar en el parer literari de Joan Alcover), Miquel dels Sants Oliver, Gabriel Alomar i Joan Estelrich, entre d'altres escriptors–, i acollia els intel·lectuals catalans que viatjaven a l'illa.

A partir de l'any 1900, Joan Alcover va pronunciar diversos discursos i conferències en què defensava l'ús literari del català per la sinceritat artística que això representava i també per servar la llengua com a patrimoni cultural del país.

Per a la **defensa de la llengua** com a patrimoni de tots, s'oposava a un ús elitista i críptic de la llengua poètica i, al contrari, defensava un **art obert** i d'**abast popular**. Per això la seva poesia s'expressa a través d'una llengua clara que ha de ser sempre intel·ligible.

A diferència de Costa i Llobera, molt més rígid a l'hora d'incorporar en la poesia catalana els motlles retòrics que es

El pi de Formentor

Mon cor estima un arbre! Més vell que l'olivera,
més poderós que el roure, més verd que el taronger,
conserva de ses fulles l'eterna primavera,
i lluita amb les ventades que atupen la ribera,

com un gegant guerrer.

No guaita per ses fulles la flor enamorada;
no va la fontanella ses ombres a besar;
més Déu ungí d'aroma sa testa consagrada
i li donà per terra l'esquerpa serralada,

per font la immensa mar.

Quan lluny, damunt les ones, renaix la llum divina,
no canta per ses branques l'aucell que encativam;
el crit sublim escolta de l'àguila marina,
o del voltor qui passa sent l'ala gegantina

remoure son fullam.

Del llim d'aquesta terra sa vida no sustenta;
revincla per les roques sa poderosa rel,
té pluges i rosades i vents i llum ardenta,
i, com un vell profeta, rep vida i s'alimenta

de les amors del cel.

Arbre sublim! Del geni n'és ell la viva imatge:
domina les muntanyes i aguaita l'infinit;
per ell la terra és dura, mes besa son ramatge
el cel qui l'enamora, i té el llamp i l'oratge

per glòria i per delit.

Oh! sí: que quan a lloure bramulen les ventades
i sembla entre l'escuma que tombi el seu penyal,
llavors ell riu i canta més fort que les onades,
i vencedor espolsa damunt les nuvolades

sa cabellera real.

Arbre, mon cor t'enveja. Sobre la terra impura,
com a penyora santa duré jo el teu record.
Lluitar constant i vèncer, reinar sobre l'altura
i alimentar-se i viure de cel i de llum pura...
Oh vida! Oh noble sort!

Amunt, ànima forta! Traspassa la boirada
i arrela dins l'altura com l'arbre dels penyals.
Veuràs caure a tes plantes la mar del món irada,
i tes cançons tranquil·les 'niran per la ventada
com l'au dels temporals.

MIQUEL COSTA I LLOBERA, *Poesies* (1885)

Joan Alcover fou, també, un assagista remarcable, com ho demostra la conferència titulada «Humanització de l'Art» que va donar a l'Ateneu Barcelonès l'abril del 1904 per invitació de Joan Maragall, que llavors n'era el president. En aquesta conferència defensa la sinceritat, la realitat i la claredat com a base de la seva estètica literària. Igual com Joan Maragall, Alcover es pronuncia a favor d'un art humà, humanitzat i que ha de posar-se a l'abast de tothom

L'art, expressió suprema de la vida, no ha de divorciar-se de la vida, tancant-se dins la torre de marfil per dedicar-se superbament a la contemplació de si mateix; sinó que ha de daurar, fins allà on puga amb un raig de la seva llum consoladora, totes i cada una de les hores i dels moments i dels actes de la vida pràctica i ordinària.

Pròleg a *La humanització de l'art*

La llengua pàtria

A la musa castellana
mos anys millors he donat,
d'una altra musa germana
fondament enamorat.

¿Què podré donar-li ara,
per la tardor ensopit?
Qualque cosa bull encara
al fons de mon esperit.

Llengua de perfums mesella
tal volta, amb rara virtut,
com una pluja novella
me torni la joventut.

Sols ella arribar podria
de mon cor fins a la rel.
Si altra esposa fou ma Lia,
ella serà ma Raquel.

JOAN ALCOVER, *Cap al tard*

justifiquen per la seva bellesa intrínseca, Alcover preferia les formes més corrents de la retòrica, que adequava a les necessitats del poema sense forçar-les.

Semblantment al que s'esdevindrà amb Josep Carner, els versos de Joan Alcover semblen «fets a mida»; flueixen amb una admirable naturalitat que els acosta a l'expressió de la parla quotidiana

La balanguera

La balanguera fila, fila,
la balanguera filarà.

La balanguera misteriosa,
com una aranya d'art subtil,
buida que buida sa filosa,
de nostra vida treu lo fil.
Com una parca bé cavil·la
teixint la tela per demà.

La balanguera fila, fila,
la balanguera filarà.

Girant l'ullada cap enrere
guaita les ombres de l'avior,
i de la nova primavera
sap on s'amaga la llavor.
Sap que la soca més s'enfila
com més endins pot arrelar.

La balanguera fila, fila,
la balanguera filarà.

Quan la parella ve de noces,
ja veu i compta sos minyons:
veu com davallen a les fosses
els que ara viuen d'il·lusions,
els que a la plaça de la vila
surten a riure i a cantar.

La balanguera fila, fila,
la balanguera filarà.

Bellugant l'aspi, el fil cabdella,
i de la pàtria la visió
fa bategar son cor de vella
sota la sarja del gipó.
Dins la profunda nit tranquil·la
destria l'auba que vindrà.

La balanguera fila, fila,
la balanguera filarà.

De tradicions i d'esperances
tix la senyera pel jovent
com qui fa un vel de nuviances
amb cabelleres d'or i argent
de la infantesa que s'enfila,
de la vellura que se'n va.

La balanguera fila, fila,
la balanguera filarà.

JOAN ALCOVER

Activitats

1 Llegeix el poema «El pi de Formentor» de Miquel Costa i Llobera que tens a la pàgina 136. Contesta les preguntes:

- **a** On és Formentor? Es tracta d'un lloc real o inventat?
- **b** Indica en quins versos es descriu l'arbre en un context contrari al tòpic del «locus amoenus».
- **c** Cerca els versos on l'arbre s'identifica amb:
  - **1** guerrer invencible
  - **2** rei coronat
  - **3** vell profeta en contacte amb Déu
  - **4** poeta
- **d** Indica els versos on es planteja l'oposició terra / cel.
- **e** Finalment, què enveja el poeta?

2 Llegeix el poema «La Balanguera» de Joan Alcover que tens a la pàgina 137. Contesta les preguntes.

- **a** Quin ofici la Balanguera? Explica la metáfora del vers 4
- **b** Què són «les parques» en la mitologia clàssica?
- **c** Aquest poema barreja referències cultes amb la poesia popular. Identifica els versos més representatius de cada corrent
- **d** Explica el valor simbòlic de l'antítesi del vers 30 entre «l'alba i la nit»
- **e** Fes una llista de totes les antítesis del poema

3 Llegeix el poema «Talaiots» de *Lluneta de pagès* (1952) de la poeta mallorquina Maria Antònia Salvà que tens a la pàgina 134 de la unitat. Contesta les preguntes:

- **a** Saps què és un «talaiot»? Fes una recerca i explica-ho exposant:
  - l'època històrica en què són construïts
  - la forma arquitectònica que tenen
  - la utilitat per la qual van ser construïts
  - els indrets geogràfics on en trobem
- **b** Fes l'anàlisi mètrica del poema.
- **c** Quin és el tema del poema?
- **d** Què simbolitza el corb?
- **e** Què simbolitzen les magranes?
- **f** A quins sentiments associa l'autora la visió dels talaiots abandonats?

4 Llegeix el poema «La llengua pàtria» de Joan Alcover recollit al poemari *Cap al tard* (1909) que tens a la pàgina 137, i contesta les preguntes.

- **a** Creus que al poeta li interessaven les qüestions lingüístiques?
- **b** Com interpretes el títol del poema?
- **c** Què està explicant a la primera estrofa?
- **d** Què significa el vers 9 «Llengua de perfums mesella»?
- **e** Lia i Raquel són personatges bíblics. Amb quina intenció els utilitza el poeta en la darrera estrofa?

5 Llegeix el poema «Desolació» de Joan Alcover. A continuació contesta les preguntes:

Desolació

Jo sóc l'esqueix d'un arbre, esponerós ahir,
que als segadors feia ombra a l'hora de la sesta;
mes branques una a una va rompre la tempesta,
i el llamp fins a la terra ma soca migpartí.

Brots de migrades fulles coronen el bocí
obert i sense entranyes, que de la soca resta;
cremar he vist ma llenya; com fumerol de festa,
al cel he vist anar-se'n la millor part de mi.

I l'amargor de viure xucla ma rel esclava,
i sent brostar les fulles i sent pujar la saba,
i m'aida a esperar l'hora de caure un sol conhort.

Cada ferida mostra la pèrdua d'una branca;
sens mi, res parlaria de la meitat que em manca;
jo visc sols per a plànyer lo que de mi s'és mort.

JOAN ALCOVER, de *Cap al tard* (1909)

- **a** Fes l'anàlisi mètrica del poema. De quin tipus de composició es tracta?
- **b** Repassa la biografia del poeta. Quins aspectes de la seva vida expliquen el contingut del poema?
- **c** Cerca sinònims del mot «desolació»
- **d** El darrer vers del poema «jo visc sols per a plànyer lo que de mi s'és mort» explica el sentit de la vida del poeta. Explica més extensament aquesta idea.

Test final d'unitat

1 **Digues si és veritat (V) o fals (F):**

	V	F
a Els poetes de l'Escola Mallorquina s'identifiquen amb el moviment de la Renaixença	☐	☐
b La característica principal dels primers poetes de l'Escola Mallorquina és el domini de la llengua i els recursos formals	☐	☐
c Els poetes noucentistes van lloar l'obra dels poetes mallorquins	☐	☐
d Tots els poetes de l'Escola Mallorquina s'identifiquen amb posicions socials conservadores	☐	☐
e Gabriel Alomar va inventar el terme «futurisme»	☐	☐
f El «futurisme» està associat al moviment modernista	☐	☐
g Miquel Costa i Llobera era advocat i va dedicar-se a la política	☐	☐
h La poesia de Miquel Costa i Llobera té una gran influència de la literatura clàssica	☐	☐
i Joan Alcover es va preocupar molt per l'estudi de la llengua catalana	☐	☐
j La poesia de Joan Alcover és alegre i divertida	☐	☐
k Joan Alcover estava interessat en relacionar artistes catalans i mallorquins	☐	☐
l Maria Antònia Salvà pertany a un corrent progressista i innovador dins l'Escola Poètica Mallorquina	☐	☐
m La poesia de Maria Antònia Salvà reflecteix la vida idíl·lica de Mallorca	☐	☐
n Maria Antònia Oliver va ser molt ben considerada pels poetes noucentistes	☐	☐

2 **Digues quins d'aquest poetes pertanyen a l'anomenada Escola Poètica Mallorquina**

- Joan Maragall
- Josep Carner
- Alexandre de Riquer
- Miquel dels Sant Oliver
- Maria-Mercè Marçal
- Maria Antònia Salvà
- Bartomeu Rosselló-Pòrcel
- Gabriel Alomar
- Miquel Costa i Llobera
- Joan Alcover
- Joan Salvat-Papasseit

3 **Cerca informació sobre els autors següents. Completa la graella.**

Autor	Moviment literari	Llengua poètica	Nom i cognom complet	Obra destacada
Leopardi				
Manzoni				
Carducci				
D'Annunzio				
Joan Puig i Ferreter				

4 **Completa el següent text sobre l'Escola Mallorquina:**

Les constants de la poesia mallorquina són .... i ...., és a dir, al contrari de l'exaltació de Maragall. Els principals poetes de l'Escola Mallorquina són ...., ..., ..., ... i ....

CONEIXEMENTS PREVIS

Llegeix el text que tens a continuació:

No entre set –entre tres, entre dos només que fossin–, se m'hauria acudit tot d'una el nom de Joan Maragall com un dels més representatius en la vida catalana d'aquest mig nou-cents. Barceloní nascut en un vell carrer obac, visqué la seva maduresa entre els jardins clars, quiets, tan graciosament carrinclons de Sant Gervasi; fou fill de fabricant i artista, advocat que no exercí, redactor del «Brusi» sense compartir ben bé les idees del diari, membre d'acadèmies gens disposat a deixar-se encotillar per cap purisme. Mestre en Gai Saber i tanmateix gran poeta; en 1911, pare patriarcal de tretze fills tots vivents, més fèrtil d'esperit que mai, estimat de tothom, lliure de preocupacions econòmiques, morí gairebé inopinadament desistint de la seva vida amb una magnanimitat i una dolçor totes cristianes.

[...] Estic segur que dintre cinquanta anys, quan es farà la ressenya i la valoració del segle enter segons els homes que han orientat més fonamentalment Catalunya cap a un fi de bé, Joan Maragall continuarà a la llista.

CARLES RIBA,
«Per què he votat Joan Maragall», ...*Més els poemes*

Contesta les preguntes:

- **a** On va néixer Joan Maragall?
- **b** On va viure en la seva maduresa?
- **c** A quina classe social pertanyia?
- **d** Quina professió no va voler exercir?
- **e** A quines activitats professionals es va dedicar?
- **f** Per què creus que Carles Riba diu que Maragall va ser «Mestre en Gai Saber» i *tanmateix* gran poeta? Com cal interpretar aquest adverbi?
- **g** Quines creences religioses dedueixes que tenia Joan Maragall?
- **h** Quines característiques tenen els jardins «carriclons» del barri on va viure Joan Maragall?
- **i** Què vol dir «pare patriarcal»?
- **j** Què era el «Brusi»?
- **k** Com s'ha d'entendre «membre d'acadèmies gens disposat a deixar-se encotillar per cap purisme»?
- **l** Què en saps de l'autor del text, Carles Riba?

B4 UNITAT

14

POESIA MODERNISTA. JOAN MARAGALL

En aquesta unitat estudiarem la producció poètica de l'autor més rellevant del moviment modernista: Joan Maragall. La figura de Maragall, a més de la vàlua de la seva poesia, destaca per la seva visió crítica de la societat catalana i el paper de la burgesia en un moment convuls i de transformació del país. Va ser respectat unànimement pel seu prestigi poètic i pel seu mestratge.

Dimensió estètica i literària

- Introducció a la figura de Joan Maragall i la seva influència en els cercles polítics i culturals.
- Anàlisi de les característiques de la poesia de Joan Maragall.
- Coneixement dels poemes més representatius de Joan Maragall.
- Anàlisi dels principis bàsics de la teoria literària de Joan Maragall.

AUTORS I TEXTOS

- «Oda a Espanya» dins *Visions i Cants* (1900), de Joan Maragall.

Objectius

- Reconèixer el paper influent de Joan Maragall dins el context social i polític de la seva època.
- Identificar els trets singulars de la seva poesia.
- Comprendre els principis de la seva teoria poètica.

JOAN MARAGALL

Joan Maragall, pintat per Ramon Casas.

Joan Maragall i Gorina va néixer a Barcelona el 1860, i hi va morir el 1911. La seva família tenia una petita indústria tèxtil, la qual els permetia viure amb comoditat econòmica. Des de ben jove va manifestar inquietuds literàries, tot i que el seu pare volia incorporar-lo al negoci familiar.

Això no obstant, va matricular-se, el 1879, a la universitat per estudiar Dret.

Aquests anys d'estudi van suposar un autèntic aprenentatge per a Maragall, perquè a la universitat va conèixer alguns condeixebles amb qui va compartir tertúlies, lectures (sobretot l'impacte de Goethe), música, etc.

En aquesta època es va plantejar dedicar-se a les lletres d'acord amb les diverses opcions estètiques que podia tenir en compte, els models culturals que volia seguir i la llengua amb la qual havia d'escriure poesia.

Sense cap interès per exercir d'advocat, va orientar la seva passió d'escriure envers l'àmbit del periodisme: col·laborà en els principals diaris de l'època, des del conservador ***Diario de Barcelona***, anomenat «El Brusi», fins a la revista *L'Avenç*, d'esperit radical i modernista. Mai no va tenir necessitat de treballar per subsistir, ja que el negoci familiar li va permetre viure de renda. Per això va poder participar en tots els escenaris culturals de la vida barcelonina, i es va convertir en el capdavanter dels nous aires de modernitat. Va col·laborar en l'**Ateneu Barcelonès** (en va ser president el 1903), la redacció de *L'Avenç*, les festes modernistes de Sitges, les representacions operístiques al Liceu, l'**Institut d'Estudis Catalans**, etc. Va gaudir d'un gran prestigi com a intel·lectual entre

Participo de tu entusiasmo por la literatura castellana, si bien mis aficiones me llevan con preferencia al estudio de otra a la cual debo y profeso mayor cariño por ser la de la lengua en que balbuceé mis primeras oraciones y en la que expresaré sin duda mi amor a la primera Carlota o Margarita que algún ángel bueno ponga en mi camino; no menos que por ser el habla en que hemos expresado mutuamente nuestra amistad. En esta misma lengua me daría a entender sin que nadie lo extrañara, si esta carta la escribiera cuatro siglos atrás; o si cuatro siglos atrás no hubiese tenido lugar lo que los catalanes recordaremos siempre con cierta amargura...

JOAN MARAGALL, «Carta a Joaquim Freixas (1881)», *Obra completa*, I

A Catalunya, durant segles, per causes històriques encara no prou enfondides, mentres el català ha sigut el llenguatge viu i corrent, el castellà ha sigut el llenguatge de les idees generals i el literari. Aquesta divisió és contra naturalesa, perquè les idees generals, la poesia, no són pas cosa diferent de les idees pràctiques i concretes, sinó que en són, com aquell qui diu, la vaporització i el resplendor: l'ésser-ho també en el llenguatge és lo que en constitueix la vida normal i fecunda, la unitat; el no ésser-ho és descomposició, és mort. Un poble amb aquella doble expressió és un poble esguerrat, és un monstre; i els monstres solen tenir la vida curta i miserable, i en tot cas no fructifiquen, són estèrils: així ha estat, durant segles, el poble català en quant a literatura.

[...]

Doncs si la nostra personalitat, la nostra llengua, no s'ha esborrat, sinó que s'ha renovat enmig de tants grans perills, és que no era morta; i per lo tant no podem pensar en cercar la normalitat, l'equilibri del nostre esperit i el nostre llenguatge en l'oblit del català i en la castellanització dels nostres sentiments i les nostres idees, sinó en el segon terme de la disjuntiva, en la integració de tota la nostra cultura literària dintre de la llengua catalana dignificada.

JOAN MARAGALL, *El catalanisme en el llenguatge* (fragments d'un discurs)

Míting catalanista al teatre Novedades, juliol del 1886.

Il·lustració de Santiago Rusiñol per a una edició d'*El comte Arnau*.

la burgesia barcelonina –el burgès senyor Maragall sempre es va sentir identificat amb la seva classe social. Tot i que s'hi va mostrar crític moltes vegades, la seva vida privada va ser modèlica, segons les normes socials i morals conservadores. També va tenir molt de prestigi entre els artistes i escriptors, que el van reconèixer com a mestre.

L'any 1891 es va casar amb Clara Noble, d'origen anglès, amb qui va tenir tretze fills. Com a regal de noces, els seus amics van editar el volum *Poesías*, una selecció de poemes originals en castellà i de traduccions de Goethe. Era el reconeixement públic de la seva vocació de poeta. Va conrear totes les variades i fins i tot antagòniques tendències estètiques del Modernisme: decadentisme, prerafaelisme, vitalisme, etc.

Producció literària

Tot i la seva dedicació exclusiva i apassionada a la poesia, la producció no és gaire extensa: cinc llibres de poemes –*Poesies* (1895), *Visions & Cants* (1900), *Les disperses* (1904), *Enllà* (1906) i *Seqüències* (1911)–; una obra teatral d'inspiració goethiana –*Nausica* (1910)–; diverses traduccions de Goethe, Nietzsche i Novalis; nombrosos articles periodístics, tant en català com en castellà, i les proses d'assaig titulades *Elogis*, sobretot l'*Elogi de la paraula* (1903) i l'*Elogi de la poesia* (1909), en què exposa la seva teoria literària.

Joan Maragall fonamenta la seva concepció de la poesia en una exaltació ètica de la vida, de la qual la poesia és una conseqüència. La fe en la definitiva bondat de la vida el fa militar en un **optimisme** total: tot allò que exalti la vida és moralment bo i, a més, té la virtut de redimir la maldat.

Així, la teoria literària de la **paraula viva** consisteix a deixar fluir la vida espontàniament a través de la paraula en un estat d'intensitat poètica, de gràcia gairebé religiós. La paraula viva esdevé paraula sagrada, un «balbuceig diví» a través del qual parla «el ritme clar de l'Univers». La poesia ha de sortir tal com raja, sense manipulacions ni cesures retòriques, després d'una experiència de contemplació: tota retòrica atemptarà contra la veritat d'una paraula que neix inspirada per una força espiritual superior. El resultat d'aquest procés creatiu, amb ressonàncies del **vitalisme nietzschià**, és el *cant*: les espurnes de veritable poesia que «és plena de virtuts inconegudes».

Poesia és l'art de la paraula, entenent per Art la Bellesa passada a través de l'home, i per Bellesa la revelació de l'essència per la forma. Forma vull dir l'emprempta que en la matèria de les coses ha deixat el ritme creador. Perquè, consistint la creació en l'esforç diví a través del caos, en l'essència de l'esforç està el ritme, o sia alternació d'acció i repòs. Així el trobem en el moure's les onades en la mar, i en el petrificat oneig de les muntanyes; en la disposició de les branques en el tronc, i en l'obrir-se de les fulles; en els cristalls de les pedres precioses, i els membres de tot cos animal; en l'udol del vent i el de les bèsties, i en el plor de l'home.

JOAN MARAGALL, *Elogi de la paraula*

L'oda infinita

Tinc una oda començada
que no puc acabar mai;
dia i nit me l'ha dictada
tot quant canta en la ventada,
tot quant brilla per l'espai.

Va entonar-la ma infantesa
entre ensomnis d'amor pur;
decaiguda i mig malmesa,
joventut me l'ha represa
amb compàs molt més segur.

De seguida, amb veu més forta,
m'han sigut dictats nous cants;
pro, cada any que el temps s'emporta,
veig una altra esparsa morta
i perduts els consonants.

Ja no sé com començava
ni sé com acabarà,
perquè tinc la pensa esclava
d'una força que s'esbrava
dictant-me-la sens parar.

I aixís sempre, a la ventura,
sens saber si lliga o no,
va enllaçant la mà insegura
crits de goig, planys d'amargura,
himnes d'alta adoració.

Sols desitjo, per ma glòria,
que, si algú aquesta oda sap,
al moment en què jo mòria,
me la diga de memòria
mot per mot, de cap a cap.

Me la diga a cau d'orella
esbrinant-me, fil per fil,
de la ignota meravella
que a la vida ens aparella
el teixit ferm i subtil.

I sabré si en lo que penses,
–oh poeta extasiat!–
hi ha un ressò de les cadences
de l'aucell d'ales immenses
que nia en l'eternitat.

JOAN MARAGALL,, *Poesies*

La ginesta

La ginesta altra vegada!
La ginesta amb tanta olor!
És la meva enamorada
que ve al temps de la calor.

Per a fer-li una abraçada
he pujat dalt del serrat:
de la primera besada
m'ha deixat tot perfumat.
Feia un vent que enarborava,
feia un sol molt resplendent:
la ginesta es regirava
furiosa al sol rient.

Jo la prenc per la cintura:
l'estisora va en renou
desflorant tanta hermosura,
fins que el cor me n'ha dit prou.
Amb un vímet que creixia
innocent a vora seu
he lligat la dolça aimia
ben estreta en un pom breu.

Quan l'he tinguda lligada
m'he girat de cara al mar...
M'he girat al mar, de cara,
que brillava com cristall;
he aixecat el pom enlaire
i he arrencat a córrer avall.

JOAN MARAGALL, *Seqüències* (fragments)

La fi del comte Arnau

Cantant, cantant, nasqué la infàmia,
i descantant, la redempció:
el comte Arnau tenia l'ànima
a la mercè d'una cançó.
Lo que la mort tanca i captiva,
sols per la vida és deslliurat:
basta una noia amb la veu viva
per redimir la humanitat.

JOAN MARAGALL, *Seqüències*

Sant Joan de les Abadesses, l'indret on se situa la llegenda del comte Arnau que Maragall va posar en versos.

L'emoció estètica neix de la percepció unitària del món a través d'un paisatge o d'una escena, i la comunicació d'aquesta emoció per mitjà del poema es fa traslladant les formes del món a les formes de la poesia: el ritme i la rima del llenguatge poètic. Ras i curt: el **llenguatge espontani**, entès segons la teoria de la paraula viva, es limita a *dir* l'emoció del món. En aquest món contemplat, Maragall no hi admet ni el pessimisme ni el dolor, i es distancia per tant dels modernistes decadentistes. La paraula viva contagia l'exaltació per la vida, l'emoció del món; per ètica el poeta ha de callar el seu dolor, abans ha d'emmudir que fer-ne paraula poètica. La paraula, com la vida, només ha de transmetre esperança i salvació.

Els **temes** de la poesia de Joan Maragall donen compte d'aquesta contemplació extasiada del món: l'amor, la natura, els mites i les llegendes que identifiquen Catalunya, la realitat

Nodreix l'amor...

Nodreix l'amor de pensaments i absència,
i així traurà meravellosa flor;
menyspreua el pas de tota complacència
que no et vinga per via del dolor.
No esperis altre do que el de tes llàgrimes
ni vulles més consol que els teus sospirs:
la paraula millor la tens a l'ànima,
i el bes més dolç te'l daren els zefirs.
Mai seria l'aimada en sa presència
com és ara en la teva adoració.
Nodreix l'amor de pensaments i absència,
i així traurà meravellosa flor.

JOAN MARAGALL, *Seqüències*

actual d'aquesta Catalunya que tant apreciava i estimava, i el testament metafísic del poeta, el *Cant espiritual*.

- En la poesia maragalliana, l'**amor**, més que passió –amb els desficis, les incerteses i els desequilibris que pot comportar–, és embadaliment, gratitud pel do de la felicitat tranquil·la i subtil.
- La **natura** és un espectacle en el qual Maragall veu la creació de Déu. L'impacte emocional es converteix en comunió sensual: el poeta se sent fascinat pel paisatge i en vol formar part. La distància i la prevenció amb què descriu l'amor es transformen en fusió apassionada quan parla de la natura.
- Maragall va refer alguns dels **mites** del repertori tradicional rondallístic i **llegendari** de Catalunya com una forma vàlida i molt eficaç de reconstrucció nacional. De tots els mites –Joan Garí, el mal caçador, la fi d'en Serrallonga–, el més extens i el que va tractar amb més profunditat va ser el del comte Arnau. Escrit en tres etapes (1900, 1906 i 1911), l'evolució en la composició del mite és una síntesi representativa de l'evolució literària del poeta.

En la **primera part** de l'obra, el comte Arnau és un autèntic **heroi nietzscheà** que viu la vida amb plenitud, àvid de coneixements i sense temor de les transgressions. És en aquesta part on descobrim una certa influència del *Zaratustra* de Nietzsche:

En la **segona part**, l'argument se centra en el comte Arnau, que, cansat i condemnat, voldria obtenir el perdó d'aquells a qui ha fet mal.

És aquí on veiem com la **moral cristiana** s'imposa al vitalisme del superhome. El cant, paraula viva de la poesia, es perfila redemptora:

En la **tercera part**, Maragall porta fins a les últimes conseqüències la **virtut redemptora** de la poesia.

El comte Arnau assumeix messiànicament els errors i els pecats col·lectius. En contrapartida, la paraula pura, el cant i l'amor del poble en el sentit més extens del terme poden triomfar per damunt del pecat.

El ***Cant espiritual*** (1909-1910) és una de les creacions més il·lustres de la poesia catalana contemporània. Joan Maragall, ja gran, reflexiona sobre la seva espiritualitat tot dialogant amb Déu. Malgrat el **catolicisme confés** al qual se sotmet, allò que hi predomina és una vegada més la passió per la vida i l'**alegria dels sentits**. El poeta s'imagina el regne celestial en termes humaníssims: el que demana al capdavall és la preservació de la seva humanitat.

Amb l'empenta del Noucentisme i el seu ideari poètic, Maragall entrà en una situació de crisi i la seva incidència social semblà eclipsar-se: la seva poesia es trobava als antípodes d'aquest moviment. Els fets de la Setmana Tràgica trasbalsaren tota la ciutat i foren el revulsiu per a l'última revifada de Maragall, incisiu i motivat pels esdeveniments que l'envoltaven. Tanmateix, aquesta última **etapa** és més **reflexiva** i menys agitada: es replega en els seus propis temes i mites, en la solitud més que no pas en les actituds combatives, en la serenitat més que no pas en el vitalisme. Va morir a Barcelona l'any 1911, en plena maduresa creativa, respectat unànimement pel seu prestigi poètic.

VI

—Seràs roure, seràs penya,
seràs mar esvalotat,
seràs aire que s'inflama,
seràs astre rutilant,
seràs home sobrehome,
perquè en tens la voluntat.
Correràs per monts i planes,
per la terra, que és tan gran,
muntat en cavall de flames
que no se't cansarà mai.
El teu pas farà basarda
com el pas del temporal.
Totes les veus de la terra
cridaran al teu voltant.
Te diran ànima en pena
com si fossis condemnat.

JOAN MARAGALL, «El comte Arnau» (1a part), dins *Visions & Cants*

I

Que és llarga l'eternitat!
Només fa mil anys que corre
el comte Arnau... i està cansat.
Que és llarga l'eternitat!
[...]
—Seré home sobrehome
perquè en tinc la voluntat!–
Ell vol esclafir la rialla,
fa un gran crit i arrenca un plor.
Al gran alarit que arrenca
tot plorant el comte Arnau,
totes les veus de la terra
se dispersen udolant.
El comte Arnau plora,
i dins de son plor
ha trobat son ànima
que és una cançó.

JOAN MARAGALL, «El comte Arnau» (2a part), dins *Enllà*

La terrenal via infinita
deixeu-me córrer ben fidel.
Mireu que us porto la collita:
«Pare nostre que estau en lo Cel».
Só com un cep amb molta fruita
que es dobla al pes de sa dolçor:
no em veremeu, que encara en lluita
vaig aprenent la llei d'amor.
Porto en mi els fills i gent estranya,
porto l'aimada sobre el cor;
i la muller, que m'acompanya,
me canta el cant de vida i mort.
Per l'encontrada més obscura
de tant de pes vaig carregat:
sento al damunt com me madura
l'amor degut i no pagat.

[...]

Però l'esposa fila i canta
dalt a mig aire del cel blau.
El comte Arnau tot s'hi decanta
per si la sent cantar suau.
Mes a sa veu altra es conlliga
que mai s'hi havia conlligat...,
que va cantant la cançó antiga
amb una nova pietat.
És una veu encara viva.
No ve del cel, ni ve dels llimbs;
ve de la terra, tan festiva,
amb verd als camps i amb sol als cims.

Joan Maragall, «La fi del comte Arnau», (fragment)

Si el món ja és tan formós, Senyor, si es mira
amb la pau vostra a dintre de l'ull nostre,
què més ens podeu dar en una altra vida?

Per'xò estic tan gelós dels ulls, i el rostre,
i el cos que m'heu donat, Senyor, i el cor
que s'hi mou sempre... i temo tant la mort!

Amb quins altres sentits me'l fareu veure
aquest cel blau damunt de les muntanyes,
i el mar immens, i el sol que pertot brilla?
Deu-me en aquests sentits l'eterna pau
i no voldré més cel que aquest cel blau.

Aquell que a cap moment li digué «—Atura't»
sinó al mateix que li dugué la mort,
jo no l'entenc, Senyor; jo, que voldria
aturar a tants moments de cada dia
per fé'ls eterns a dintre del meu cor!...
O és que aquest «fer etern» és ja la mort?
Mes llavores, la vida, què seria?
¿Fóra, només, l'ombra del temps que passa,
i la il·lusió del lluny i de l'a prop,
i el compte de lo molt, i el poc, i el massa,
enganyador, perquè ja tot ho és tot?

Tant se val! Aquest món, sia com sia,
tan divers, tan extens, tan temporal;
aquesta terra, amb tot lo que s'hi cria,
és ma pàtria, Senyor: i ¿no podria
ésser també una pàtria celestial?

Joan Maragall, *Cant espiritual* (fragment)

La processó de l'Albiol, de Francesc Galofré.

Escrits polítics

La vocació per la poesia es va manifestar des de ben jove, però és a través del periodisme que Joan Maragall es va donar a conèixer públicament, sobretot arran de les col·laboracions al *Diario de Barcelona*, oracle de la burgesia barcelonina d'aquella època. Més endavant va publicar diversos articles a *La Veu de Catalunya*, el diari portaveu del moviment noucentista. Maragall, però, només hi col·laborà esporàdicament i sempre conservà la seva posició independent i singular. S'interessà per tots els aspectes i àmbits de la vida pública catalana, de la política especialment. Van ser molt importants els articles relatius als fets revolucionaris de la Setmana Tràgica, un dels quals va ser censurat perquè demanava l'indult del pedagog anarquista Francesc Ferrer i Guàrdia (1859-1909), acusat injustament el 1909. En aquest article, titulat «La ciutat del perdó», Maragall demanava el perdó de Ferrer i Guàrdia. Al mateix temps, denunciava la greu responsabilitat que pertocava a la burgesia catalana en aquests fets. Apel·lava a les consciències dels lectors als quals anava dirigit amb paraules molt dures. No van publicar l'article i l'endemà Ferrer i Guàrdia va ser afusellat.

Algunes nobles veus que aquí mateix s'han alçat i altres que n'he sentit per altra banda m'han demostrat que a Barcelona hi ha voluntat d'amor. Mes en totes aquestes veus, aixís com en algunes menys amoroses, un xic iròniques, que també he sentit, hi batega o apareix clarament en un to o altre aquesta pregunta: —¿I quin ha d'ésser l'objecte del nostre amor, redemptor de la ciutat?— Jo diria: —El que el cor vos diga en cada moment—. I quan tristament pressento que més d'un hauria de respondre'm: —És que en aquest moment el cor no, em diu res!.

¿El cor no vos diu res, ara, mentres estan afusellant gent a Montjuïc solament perquè en ella es manifestà amb més claredat aquest mal que és el de tots nosaltres? ¿El cor no vos diu anar a demanar perdó, a genollons si convé, i els més ofesos els primers, per aquests germans nostres en desamor que volien aterrar per odi aquesta mateixa ciutat que nosaltres els deixàrem abandonda per egoisme? Estem en paus, doncs. ¿I ells han de pagar la pena només perquè la seva acció cau dintre un còdic, mentres la nostra inacció és tan baixa que ja no pot caure enlloc?

Aneu a demanar perdó per ells a la justícia humana, que serà demanar-ne per vosaltres mateixos a la divina, davant de la qual sou potser més culpables que ells. Com vos podeu estar aixís tranquils a casa vostra i en els vostres quefers sabent que un dia al bon solet del dematí, allà dalt de Montjuïc, trauran del castell un home lligat, i el passaran per davant del cel i del món i del mar, i del port que trafiqueja i de la ciutat que s'aixeca indiferenta i poc a poc, ben poc a poc, perquè no s'hagi d'esperar, el portaran a un racó de fosso, i allí quan toqui l'hora, aquell home, aquella obra magna de Déu en cos i ànima, viu, en totes ses potències i sentits, amb aquest mateix afany de vida que teniu vosaltres, s'agenollarà de cara a un mur, i li ficaran quatre bales al cap, i ell farà un salt i caurà mort com un conill... ell, que era un home tan home com vosaltres... potser més que vosaltres!

¿Com vos podeu estar a casa vostra, i asseure-us a taula voltats de fills i posar-vos al llit amb la muller, i atendre a vostres negocis, i que aquesta visió no se us posi al davant i no us nuï el mos de pa en la gola, i no us glaci el petó als llavis i no us privi d'atendre a tota altra cosa que no sia ella?

I això no us despertarà l'amor? ¿Encara preguntareu quin puga ésser son objecte, ara, de seguida? ¿Doncs quin altre que aquest? ¿Com podeu pensar en res més del món ara com ara? ¿Ni com heu pogut deixar passar tant temps? I mentrestat ja han mort aixís tres homes,i els que s'esperen...!

No la sentiu la germanor amb aquests infeliços? No ho vulgueu saber lo que han fet: mireu-los només a dintre els ulls: vegeu! sou vosaltres mateixos: un home com vosatres; amb això n'hi ha prou: capaç de tot el vostre bé i de tot el vostre mal: com vosaltres del seu. An aquest home, jo no dic que se'l deixi anar i se l'abandoni i se'l torni lliure al seu odi i a les seves malifetes: no, an ell com a nosaltres, ens convé ésser presos d'una manera o altra i redreçats baldament sia a cops de mall, i pastats tots plegats de cap i de nou en l'amor de la ciutat nova encara que sia amb gran sofriment d'ell i nostre, mentres el sofrim junts; però, en compte d'això, ¿matar-lo, matar-lo fredament per un tràmit senyalat i a una hora fixa, com si la justicia humana fos quelcom segur, infallible definitiu com la mort que dóna? Què us en sembla?

Si an aquest home l'haguéssiu mort batent-vos com a lleons amb ell al peu d'una barricada o a la porta d'una iglésia, jo no us en podria fer cap càrrec, perquè en tal combat hauríeu demostrat el vostre amor a alguna cosa exposant la vostra vida pel vostre ideal; i per l'amor d'un ideal i la valentia podem ésser absolts de moltes coses. Més ara, qui us absol? ¿On és el vostre ideal, el vostre amor i el vostre sacrifici? ¿on l'heu demostrat el vostre valor? Doncs no vulgueu ésser covards dues vegades. Si llavores el vostre valor havia d'estar en les armes i no el tinguéreu, tingueu-lo almenys ara en el perdó, que és ben bé l'hora.

I ja ho veureu: les vides que haureu salvat us semblaran obra vostra; i an aquests homes que haureu arrencat de les portes de la mort, vos els estimareu com a fills; i ja no els perdreu mai més de vista; i allà on siau us cuidareu d'ells i dels seus semblants, i vostre amor els forçarà a l'amor; i sols per aquesta obra de perdó amb què començareu, Barcelona ja començarà a ésser una ciutat. Perquè els de fora que ho sàpiguen no diran pas —que no ho puguen dir!— aquest i an aquell els salvaren i redimiren aquests o aquells, els blancs, els negres o els rojos; sinó que hauran de dir: —Barcelona ha demanat i obtingut el perdó dels seus condemnats a mort. I per bombes que després hi hagi, Barcelona ja no podrà ésser dita la «ciutat de les bombes»; sinó que l'anomenada us vindrà d'una altra cosa que és més forta que totes les bombes plegades i que tots els odis i que tota la malícia humana: l'anomenada us vindrà de l'amor, i Barcelona serà dita: «la ciutat del perdó», i des d'aquell punt i hora començarà a ésser una ciutat.

Doncs comencem-la: Al Rei que pot perdonar, als seus Ministres que poden aconsellar-li el perdó, als jutges que poden temperar la justícia amb la pietat: Perdó pels condemnats a mort de Barcelona! Caritat per tots!

I bella cosa fora que comencessin els més ofesos.

Joan Maragall, «La ciutat del perdó», 1909

Activitats

1 **Llegeix el poema «Oda a Espanya» escrit el 1898, el qual forma part d'«Els tres cants de la guerra» dins el segon llibre de poemes de Joan Maragall titulat *Visions i Cants* (1900). Contesta les preguntes:**

Oda a Espanya

Escolta, Espanya, – la veu d'un fill
que et parla en llengua – no castellana:
parlo en la llengua – que m'ha donat
la terra aspra;
en aquesta llengua – pocs t'han parlat;
en l'altra, massa.

T'han parlat massa – dels saguntins
i dels que per la pàtria moren;
les teves glòries – i els teus records,
records i glòries – només de morts:
has viscut trista.

Jo vull parlar-te – molt altrament.
Per què vessar la sang inútil?
Dins de les venes – vida és la sang,
vida pels d'ara –i pels que vindran;
vessada és morta.

Massa pensaves – en ton honor
i massa poc en el teu viure:
tràgica duies – a mort els fills,
te satisfeies – d'honres mortals
i eren tes festes – els funerals,
oh trista Espanya!

Jo he vist els barcos – marxar replens
dels fills que duies – a que morissin:
somrients marxaven – cap a l'atzar;
i tu cantaves – vora del mar
com una folla.

On són els barcos? – On són els fills?
Pregunta-ho al Ponent i a l'ona brava:
tot ho perderes, – no tens ningú.
Espanya, Espanya – retorna en tu,
arrenca el plor de mare!

Salva't, oh!, salva't – de tant de mal;
que el plor et torni feconda, alegre i viva;
pensa en la vida que tens entorn:
aixeca el front,
somriu als set colors que hi ha en els núvols.

On ets, Espanya? – No et veig enlloc.
No sents la meva veu atronadora?
No entens aquesta llengua – que et parla entre perills?
Has desaprès d'entendre an els teus fills?
Adéu, Espanya!

a Aquest poema fa referència a la crisi colonial española generada arran de la guerra de Cuba. Cerca informació sobre aquesta guerra. Com va acabar?
b La posición de Joan Maragall expressa la posició política catalanista de bona part del país. Esmenta en quins versos s'hi veu reflectida.
c En quins versos s'hi representa la posición política, antiquada segons Maragall, de la nació espanyola?
d A quina conclusió política arriba el poeta?
e Interpreta el paral·lelisme antitètic dels versos primer i últim del poema.

2 **Llegeix els fragments dels poemes que Joan Maragall va escriure sobre la figura històrica i llegendària del comte Arnau, a les pàgines de la unitat. El mite està poetitzat en tres etapes a *Visions i cants* (1900), a *Enllà* (1906 i 1911). Sobretot en la primera etapa respon a una exaltació romàntica de la passió amorosa. Fixat en el fragment de «El comte Arnau» de *Visions i Cants*.**

Indica els aspectes següents en els versos del poema:

a La força de l'arrogància de l'heroi
b El concepte de *superhome*
c L'ús de metàfores
d La relació amb la natura

3 **Llegeix el poema *L'oda infinita* de la pàgina 143, i comenta els aspectes següents:**

a La identificació entre Poesia i Vida
b Com entens l'ús de la segona persona del singular dirigida al «poeta extasiat» (vers 37)?
c Com interpretes la metàfora dels dos darrers versos?

4 **Llegeix l'article «La ciutat del perdó» que tens en aquesta unitat. Contesta les preguntes:**

a Què és la Setmana Tràgica?
b Quan i on es van produir els fets més importants?
c A qui es refereix en aquest fragment?
Un dia al bon solet del dematí, allà dalt de Montjuïc, trauran del castell un home lligat, i el passaran per davant del cel i del món i del mar, i del port que trafiqueja i de la ciutat que s'aixeca indiferenta i poc a poc, ben poc a poc, perquè no s'hagi d'esperar, el portaran a un racó de fosso, i allí quan toqui l'hora, aquell home, aquella obra magna de Déu en cos i ànima, viu, en totes ses potències i sentits, amb aquest mateix afany de vida que teniu vosaltres, s'agenollarà de cara a un mur, i li ficaran quatre bales al cap, i ell farà un salt i caurà mort com un conill... ell, que era un home tan home com vosaltres... potser més que vosaltres!
d Cerca informació sobre el protagonista d'aquesta injustícia.

Test final d'unitat

1 Digues si és veritat (V) o fals (F):

		V	F
a	Joan Maragall va néixer i morir a Barcelona	☐	☐
b	Va treballar com a periodista	☐	☐
c	Va fer-se càrrec del negoci familiar	☐	☐
d	No estava interessat en la política	☐	☐
e	Va tenir 11 fills	☐	☐
f	El van influir autors com Goethe i Nietzsche	☐	☐
g	Va defensar el catalanisme polític i la llengua catalana	☐	☐
h	Va escriure un assaig poètic titulat «Elogi dels poetes»	☐	☐
i	La seva teoria de la «paraula viva» es refereix sobretot al poeta Ausiàs March	☐	☐
j	Un dels mites més importants que va poetitzar va ser el comte Arnau	☐	☐
k	El «Cant espiritual» és un poema alhora cristià i vitalista	☐	☐
l	Va escriure articles al *Diario de Barcelona* i a *La Veu de Catalunya*	☐	☐
m	Va tenir gran prestigi i reconeixement en vida	☐	☐
n	No va escriure cap obra teatral	☐	☐
o	Va ser un gran traductor de l'alemany, especialment de Goethe	☐	☐
p	Va escriure sobre mites populars catalans com Joan Serrallonga	☐	☐
q	La dona de Maragall es deia Clara Noble i era d'origen francès	☐	☐
r	Es va interessar pel mite del superhome de Nietzsche	☐	☐
s	Al final de la seva vida es va declarar ateu	☐	☐
t	Estava més interessat en el llenguatge espontani que normatiu	☐	☐
u	Estava més interessat en la forma que en les emocions	☐	☐
v	Estava més interessat en la natura que en la ciutat	☐	☐
x	Joan Maragall tenia una visió pessimista del món i de la vida	☐	☐
y	La seva vida amorosa va ser complicada i transgressora de les normes socials de l'època	☐	☐
z	Es va arruïnar diverses vegades	☐	☐

2 Llegeix el text que tens a continuació i que és una reflexió sobre la paraula poètica que fa Joan Maragall a l'assaig titulat «Elogi de la paraula» (1903).

Recordo un jorn pel nostre Pirineu, a ple migdia, que avançàvem perduts per les altes soledats: en el desert de pedra onejant havíem marrat tot camí, i debades interrogàvem amb ull inquiet la muda immensitat de les muntanyes immòbils. Sols el vent hi cantava amb interminable crit. De sobte, en el crit del vent sentírem un esquelleig invisible; i nostres ulls astorats, poc fets a aquelles grandeses, tardaren molt en obirar una eugassa que en un clot de rara verdor paixia. Esperançats ens hi encaminàrem fins a trobar el pastor ajaçat al costat de l'olla fumejant que el vailet, de genolls en terra, atentament vigilava. Demanàrem camí, i l'home, que era com de pedra, girà els ulls en el seu rostre extàtic, alçà lentament el braç signant una vaga drecera, i mogué els llavis. En l'atronadora maror del vent que engolia tota veu, suraven sols dues paraules que el pastor repetia tossudament: «Aquella canal...», i signava enllà vagament cap amunt de les muntanyes. «Aquella canal...»: ¡que eren belles les dues paraules entre el vent gravement dites! Que plenes de sentit, de poesia! La canal era el camí, la canal per on s'escorren les aigües de les neus foses. I era, no qualsevulla, sinó «aquella» canal; aquella que ell coneixia ben bé entre les altres per fesomia certa i pròpia: era alguna cosa aquella canal, tenia ànima; era «aquella canal...» Veieu? Per a mi això és parlar.

Recordo una nit, a l'altra banda del Pirineu, en «aquelles mountines que tan hautes sount», que sortí de la fosca una nena que captava amb veu de fada.

Vaig demanar-li que em digués quelcom en la seva llengua pròpia, i ella, tota admirada, signà el cel estrellat, i féu només així: «Lis esteles...» i em sembla que també això era parlar.

JOAN MARAGALL, *Elogi de la paraula*

Contesta les preguntes:

- a De quina manera en aquest text s'exemplifica la teoria de la «paraula viva»?
- b Creus que aquest descobriment s'hauria pogut produir en una ciutat?
- c Per què creus que Joan Maragall prioritza la natura a la ciutat?
- d De quina manera s'ha d'interpretar que el pastor «era com de pedra»?
- e Què vol dir quan diu «això és parlar»?
- f En quina llengua li parla la nena? On la situes geogràficament?

CONEIXEMENTS PREVIS

Llegeix el text que tens a continuació:

La demanada de novel·la en català rep una forta empenta de la presa de consciència nacional. Dues qualitats essencials del gènere, popularitat i divulgació, el fan encaixar directament amb el públic.

ALAN YATES, *Una generació sense novel·la?*

Contesta les preguntes:

- **a** Quin et sembla que és el gènere literari amb més recepció social?
- **b** Coneixes algú que no hagi llegit mai una novel·la en català?
- **c** Podries citar més de tres novel·listes catalans i actuals?
- **d** Què vol dir «divulgació» de la novel·la en català? Com creus que es pot dur a terme aquest objectiu?

Periòdicament a totes les literatures, s'enceten polèmiques sobre el nivell de qualitat literària del moment. I de manera fatal, s'estableixen dues posicions polaritzades: la dels que defensen que anem abocats al fracàs perquè tota la producció del moment és irrellevant, i la dels que consideren que no hi ha per tant i, fins i tot, esgrimeixen obres i noms concrets per evidenciar que hi ha qualitat. Més d'una vegada m'han invitat a participar activament en aquestes polèmiques però, encara que les considero útils (tota revisió és bona), també les considero estèrils per raons de caire personal que m'impedeixen introduir-m'hi.

JAUME CABRÉ, *Qui sóc i per què escric*

Fes una recerca sobre novel·les catalanes contemporànies. Segueix les instruccions:

- **a** Fes una llista de 10 novel·les catalanes escrites en els segles XX i XXI.
- **b** Fes una enquesta a 10 persones del teu entorn que contempli les preguntes següents:
  - Has llegit alguna d'aquestes novel·les?
  - Has llegit alguna altra novel·la en el darrer curs?
  - En quina llengua acostumes a llegir les novel·les que llegeixes?
  - Tens algun autor predilecte?
  - Tens algun gènere novel·lístic predilecte?
  - T'influeixen els premis literaris a l'hora d'escollir una novel·la?
- **c** Fes un escrit de 5 o 6 línies on exposis les conclusions de la teva recerca.
- **d** Fes un escrit on recomanis alguna novel·la que hagis llegit.

B4 UNITAT

15

NARRATIVA MODERNISTA

En aquesta unitat estudiarem la narrativa produïda durant el Modernisme, les figures literàries més representatives i les obres més rellevants. Així començarem per introduir les característiques de la novel·la modernista i a continuació presentarem l'obra de Raimon Casellas, Caterina Albert (Víctor Català) i molt especialment la seva novel·la *Solitud*, Joaquim Ruyra i, finalment Prudenci Bertrana.

Dimensió estètica i literària

- Introducció a la novel·la modernista.
- Coneixement dels principals autors de la narrativa modernista: R. Caselles, V. Català, J. Ruyra, P. Bertrana.

AUTORS I TEXTOS

- Anàlisi de la novel·la més destacada del Modernisme: *Solitud* de Víctor Català.

Objectius

- Reconèixer les característiques pròpies de la narrativa modernista.
- Identificar els trets singulars dels principals autors.
- Analitzar el valor literari de *Solitud* de Caterina Albert (Víctor Català).

NARRATIVA MODERNISTA

Els **cercles intel·lectuals** modernistes, localitzats a Barcelona, observaven de manera displicent la literatura produïda des del món rural pel fet de ser extraurbana. Aquesta actitud era especialment rellevant en la **novel·la rural**, que en certa manera era considerada com un anacronisme perquè s'assimilava a la narrativa de caràcter pintoresc i folklòric de la Renaixença. El mateix Joan Maragall havia denunciat el 1901 la situació diglòssica de la poesia sobre la narrativa en el modernisme i els perills que aquest desequilibri comportava.

A més de les dificultats en l'edició i comercialització de novel·les en català, se sumaven altres problemes d'ordre estètic: la crisi del positivisme i de la novel·la realista havia desprestigiat el gènere, especialment la novel·la denúncia, propera als postulats naturalistes.

Per superar aquesta crisi estètica, la narrativa modernista s'inclinà cap a la tradició decadentista i simbolista francesa, i en va fer ressaltar un element que el naturalisme havia deixat de banda: l'emotivitat. Així, l'artista havia de cercar l'essència de l'emoció dins el procés creatiu i assolir amb intensitat la vida interior que s'amagava darrere les aparences. Aquest postulat defineix sintèticament el que coneixem com a *novel·la simbòlica*.

El tema principal de les novel·les simbòliques modernistes és la lluita entre el jo i la natura, l'home i el món. Cal partir, doncs, d'aquesta perspectiva simbòlica per analitzar el marc geogràfic i l'escenari social de les novel·les modernistes.

És en aquest sentit allunyat del costumisme i del realisme, que hem d'interpretar les millors novel·les de Raimon Casellas, Prudenci Bertrana, Josep Pous i Pagès i Víctor Català.

Raimon Casellas

Raimon Casellas (Barcelona, 1855 – Sant Joan de les Abadesses, 1910) va ser un crític d'art i un narrador molt influent en el moviment modernista. La seva obra *Els sots feréstecs* (1901), considerada la primera novel·la modernista, tracta alguns dels grans temes d'aquest moviment literari:

Raimon Casellas, dibuixat per Ramon Casas.

- La lluita del protagonista, que és un il·lustrat i agitador social, tot i ser un home d'església, contra la massa amorfa del poble ignorant simbolitza l'enfrontament de l'intel·lectual modernista amb la societat del final del segle XIX.

Hi havia una altra cosa que també l'aturmentava. Saber com havia d'explicar-se per a fer-se entendre d'aquella gent... Ell havia ensenyat a les aules, i coneixia el llenguatge que convenia als deixebles; ell havia predicat mil voltes per les esglésies de ciutat, i sabia la manera de commoure a la gent del món; ell havia disputat amb els homes més entesos del seu temps, i posseïa el do de vèncer als doctes amb la paraula. Però... amb la gent esmortuïda com aquella no hi havia enraonat mai, i no sabia com parlar-los-hi... Allò l'omplia de dubtes i d'angúnies, i semblava que li deturés els passos...

—Missenyor, la gent s'espera... –va fer en Josep.

—Sí, sí... ja hi vaig.

I, tot encaminant-se cap al defora, deia entre si, com si demanés la inspiració del cel: «Com ho faré per a persuadir-los? Què els diré per a somoure'ls? Quins deuran ser els millors mots per a deixondir els difunts?».

[...] Els bosquerols no obrien boca. Ni empaitats frec a frec per les fogoses preguntes del capellà, sabien dir una paraula ni fer un signe qualsevol. Més aviat feien cara d'anguniats i neguitosos, com si els amoïnés, i els donés pena aquella exaltació del rector nou, que maldava tant com podia per arrencar-los a l'etern ensopiment.

RAIMON CASELLAS, *Els sots feréstecs*

- La natura és concebuda com un element monstruós i caòtic que acaba devorant l'individu.

Raimon Casellas va participar activament en les festes modernistes de Sitges i en totes les iniciatives d'aquest moviment. Com a crític d'art va col·laborar en la revista *L'Avenç*, des d'on va exercir una gran influència introduint molts dels corrents estètics europeus. Era defensor de **l'art per l'art** i creia en el paper regenerador de l'artista en la societat.

Caterina Albert (Víctor Català)

Caterina Albert i Paradís va néixer a l'Escala (Alt Empordà) el 1869 i hi va morir el 1966. Era la filla primogènita d'una família de rics terratinents. El seu pare, Lluís Albert, fou un advocat que destacà en la política local i morí jove, el 1890, fet que obligà la seva filla gran, amb poc més de vint anys, a assumir la funció de cap de família i administradora de la renda familiar. Caterina Albert va concedir des de sempre una gran importància a les seves obligacions socials i familiars, fins al punt de prioritzar-les, en algunes ocasions, a la seva vocació literària.

Caterina Albert.

> Però i que diferent, que diferent vaig trobar a vostè també mal que li pesi, escaient damisel·la de posat senyorial i rostre pàl·lid i més repolida encara que moltes ciutadanes del que ensems de ses robustes creacions, ens la feia imaginar l'embusteria de dos o tres empordanesos que vantant-se de conèixer-la me l'havien pintada com un homenot, cavalcant sovint en un «matxo tremendo» i amb l'escopeta al coll, a la caça de l'isard i del llop per les afraus més aspres i solitàries del Pirineu.
>
> NARCÍS OLLER a Caterina Albert, en les seves *Memòries literàries*

Aquesta actitud justifica l'ús del pseudònim **Víctor Català** –que era marcadament masculí i patriòtic–, amb el qual va amagar la seva autèntica condició de dona: la societat conservadora, benestant i essencialment rural de final del segle XIX no veia bé que una senyoreta es dediqués professionalment a la literatura, sobretot quan les seves obres tractaven de temes «inadequats» per la seva cruesa i actitud moral.

En aquest sentit, es produí un escàndol quan es descobrí que l'autor anomenat Víctor Català, premiat als Jocs Florals d'Olot el 1898 amb el relat *La infanticida* –un monòleg teatral molt ben elaborat en què una mare confessa que ha mort el seu propi fill, trencant el mite de l'instint maternal–, era, en realitat, una joveneta que es deia Caterina Albert.

Després de conèixer-la personalment, Narcís Oller –gran admirador de l'autora, a qui va dedicar més endavant les seves *Memòries literàries*– li va escriure una carta prou representativa dels prejudicis sexistes que va suscitar l'aparició de Caterina Albert en el panorama literari català.

Caterina Albert no es va casar mai, i des del 1904 va viure entre l'Escala i Barcelona. Va exercir una influència innegable en les generacions de narradors posteriors, tot i que la seva millor literatura pertany als primers anys de producció.

Víctor Català va ser una escriptora de formació autodidàctica, tot i que els estudiosos de la literatura l'adscriuen a cavall del naturalisme i la Renaixença –sobretot els *Drames rurals*– i del modernisme de la primera època, i específicament entre els autors de l'anomenada *narrativa rural*. El que Víctor Català va adoptar del naturalisme va ser la concepció tètrica de la vida i l'afany descriptiu.

En la seva narrativa tot és aspre i cru; ella mateixa havia declarat que s'encarava al món «pel costat reservat a l'ombra, exclusivament, d'on sols veiem visions ombrívoles d'ombra freda».

Deixant de banda etiquetes reduccionistes que l'autora va rebutjar amb energia, la major part de la seva producció és una mostra de les característiques essencials de la narrativa modernista:

- La **visió caòtica** i incognoscible del **món**.
- La relació de l'individu amb el món que l'envolta es pot resoldre amb harmonia si l'ésser humà aconsegueix confondre's amb la **natura totalitzadora** (narrativa decadentista).
- La relació de l'individu amb la natura es pot traduir en una lluita ferotge a ultrança, en la qual la persona intenta defensar la seva **individualitat** davant les forces atàviques i destructores (narrativa ruralista).
- L'artista –el superhome nietzschieà– pretén ordenar la natura sotmetent-la a la superioritat de l'esperit i l'art.
- L'individu superior s'oposa a la multitud en una actitud de **reafirmació personal** i de revolta, que sovint comporta la marginació i la solitud, però també la dignitat.
- Per l'actitud marginal dels herois i les heroïnes de la narrativa modernista, els **temes** acostumen a ser prou **escandalosos** per ferir la sensibilitat burgesa i la moral conservadora.

La narrativa de Víctor Català es pot classificar en quatre etapes, separades per llargs períodes d'inactivitat:

- **Primera etapa**. Escriu les obres més representatives, els reculls de narracions *Drames rurals* (1902), *Ombrívoles* (1904) i *Caires vius* (1907) i *Solitud* (1905), considerada la millor novel·la de l'autora.
- **Segona etapa**. Escriu la novel·la *Un film* (*3000 metres*) (1919) i un recull de contes.
- **Tercera etapa**. Hi trobem els reculls de narracions *Marines* (1928) i *Contrallums* (1930).
- **Quarta etapa**. Finalment, escriu les darreres novel·les: *Vida mòlta* (1949) i *Jubileu* (1951).

> Però tornà a recordar el pastor. El pastor sempre parlava d'altres vides, de vides estades que perduraven en aquesta. Tot lo de centúries enrere vivia, segons ses rondalles; tot el món era pla de visions i d'espectres que vagaven entre cel i terra, despresos de la carn i ossos que un temps els donaren forma perceptible, mes que, així i tot, es barrejaven encara secretament a totes les ocurrències...
>
> VÍCTOR CATALÀ, «La nit aquella», *Solitud* (cap. XVII)

També va escriure poesia i teatre –la seva gran passió–, tot i que no destacà en cap d'aquests dos gèneres. El crític Manuel de Montoliu afirmà que, en rigor, Víctor Català era un autor *unius libri* (d'un sol llibre): la novel·la *Solitud*.

■ *Solitud*

Gestació i edició

El 1902, la revista *Joventut* va encarregar a Víctor Català la redacció d'una **novel·la** amb la intenció de publicar-ne setmanalment alguns capítols. L'escriptora acceptà l'encàrrec, tot i que les entregues es feien amb intermitències i dificultats. De fet, no es va començar a publicar fins al maig de 1904. «Ni un capítol no he pogut fer d'una tirada, ni un moment de concentració m'ha estat permès», va dir l'autora. De tota manera, hem de suposar que l'origen de la novel·la es troba en un conte ja existent, o almenys esbossat: «En posar-me a escriure *Solitud*, vaig pensar a amplificar un drama rural», va afegir. I, tanmateix, aspectes fonamentals de la novel·la, com ara el desenvolupament del tema, o fins i tot el perfil de la protagonista, no poden ser tan improvisats ni precipitats com el comentari de l'autora faria creure.

Coberta de l'edició especial de *Solitud*, en homenatge a Víctor Català.

La novel·la completa es va acabar de publicar l'abril de 1905 en forma de fulletó setmanal. Aquests fulletons relligats van constituir la primera edició, que es posà a la venda sense que s'inclogués el pròleg de l'autora, en el qual demanava disculpes als lectors per la pressa amb què havia escrit l'obra i per les mancances i errades que se'n podien derivar.

Tema

Solitud és una obra cabdal de la literatura catalana, i també de la universal. Aquesta dimensió universal es justifica pel tractament temàtic que l'autora desenvolupa: el **conflicte interior** i el dolor d'una dona tota sola, que lluita contra un entorn social físic i opressor amb l'objectiu de superar la insatisfacció de la seva vida i assolir la pròpia realització personal a través de la recerca de l'amor i la llibertat. El preu que ha de pagar, propi d'una heroïna postromàntica, per assolir aquesta realització és la marginació i la solitud.

Altres heroïnes de la literatura europea responen al mateix perfil psicològic d'insatisfacció personal, sobretot sexual, i de recerca de la felicitat mitjançant la sublimació en l'amor i en l'art: *Madame Bovary*, de G. Flaubert; *Anna Karènina*, de L. Tolstoi, i l'Ana Ozores de *La Regenta*, de L. Alas, *Clarín*. En aquestes obres, la marginació social, el patiment i la solitud

Darrere seu, el repeu de la muntanya va a estirar-se cap amunt; a la dreta i lluny, Volva enclotava son gep en la blavor lluminosa; quatre passes a l'esquerra un tancat de malesa posava límit a la terra conreua, i damunt l'ametller estenia amplament ses branques, doblegades i penjants de la gran faldada d'ametlles que els hi havia predit el pastor. Sota el dosser verd, que amb prou feines deixava clarejar el cel, hi passava una fresqueta dolça que contrastava amb la roentor de l'atmosfera ensopidora. A la Mila, que estava empresida pel temps i per haver-se llevat de matí, aquella frescor li donà al cap d'una estoneta ganes de jaure, i bo i sense traure's de la falda la roba que cosia, tirà el cos enrere, deixant-se anar d'esquena sobre la terra en decliu. Dins del pit hi sentia, com en l'atmosfera, l'escalfor d'un caliver de vida colgada, els ulls se li enlluernaven borratxament de verdors fortes i de clapes llumíniques, i un desig somort i las d'estirar els nervis li havia fet apartar els braços del cos i ajaçar-los en l'herba, palmes enlaire i amb la sang aturada pesadament en les venes. En aquesta disposició s'adormí: mes el son, mofeta i impudorós de si, li esbatanà una mica els dos davants del sac, quals botons alts li havia fet descordar la calor, li encongí una cama en forma de pontell i li entrevirà el bust de front a la malesa. Quedà amb el cap enrere, la boca entreoberta, la blancor del coll ressortint de la funda blavenca del sac, i superbament acusat l'encoixinament suau i perfet de les formes...

Víctor Català, «Primavera», *Solitud* (cap. VII)

són la resposta a l'anhel de felicitat. Cal destacar, tanmateix, que per a Emma Bovary i Anna *Karènina* el final és tràgic –el suïcidi–, mentre que per a la protagonista de *Solitud* la renúncia al passat permet pressuposar l'inici d'una vida nova.

La història de *Solitud* és la de l'ésser humà (en aquest cas una dona, aspecte que afegeix dramatisme a la tragèdia humana) situat entre el bé i el mal, entre la puresa i la santedat, entre les baixes passions i el diable.

En aquest enfrontament moral, la muntanya simbolitza els elements externs i alhora interns, determinants en el destí tràgic de la Mila. Per això, la novel·la descriu un escenari de proporcions místiques i sobrenaturals.

Personatges

- **Mila**. És la protagonista absoluta de la novel·la, la dona en lluita contra ella mateixa i contra l'entorn. Significativament, Víctor Català no ens dona cap detall de l'aparença física de la Mila, per la qual cosa podem identificar-la amb l'universal femení.

  Per al seu marit, però, no té cap mena de presència eròtica, si bé el pastor la troba bonica, i no cal dir com enamora el jove Arnau. La seva renúncia a l'amor de l'únic home que la desitja representa la renúncia explícita a la seva sexualitat,

El sant, imatge antiga i mal tallada, tenia uns ulls endiastrats, que eren la basarda de la Mila. Al parpre de baix, balder i ensenyant l'interior vermellós, com els de certs vells, s'hi afegien unes ninetes tan desllivellades, que elles soles feien semblar tota la cara enguerxada. Semblant enguerxament, el ventre inflat i rodonet i el gran peu de bossa, recordaven sempre a la dona el somni de la primera nit i la dolenteria mofeta del sant, que tant l'havien afectada.

I per sa banda les presentalles, aquells bracets i cametes neulides que semblaven membres escapçats de criatures mortes, aquelles crosses suades per mans sutzes, aquelles cabelleres llevades de les testes que les aguantaren i aquell floriment immens de tauletes fosques que encrostaven parets i pilastres, li semblaven coses encomanadores de tots els mals que mentaven i retreien amb un cinisme llòbrec d'esguerrat. Per això, tantost tocava amb el cap dels dits tanta relíquia polsosa de la malura, un calfred la sacsejava tota i enretirava vivament la mà, deixant la ingrata feina per a després, sempre per a després, com esperançant vagament que algú més se'n cuidaria.

I tornava a resseguir els altars, a esterrejar les lloses i a canviar l'ordre dels ciris: d'aquell bosc de ciris de totes mides, alguns tan gruixuts com braços i cuixes d'home i tots entortellats de garlandes, de lletres daurades, d'escaroleres de papers virolats...

VÍCTOR CATALÀ, «Neteja», *Solitud* (cap. IV)

i, alhora, la converteix en una presència omniscient i anhelada. El fet és que la Mila irradia sexualitat, si bé és una sexualitat reprimida; en contrapartida, rep les radiacions sensuals de tot el que l'envolta: l'Arnau, l'Ànima, la natura, la presència imponent de la muntanya, etc.

- **El pastor Gaietà**. És un personatge marcadament estereotipat. Representa la puresa i l'espiritualitat ancestral de la muntanya, allò que és més a prop del cel –de Déu, per tant– i alhora de la mitologia profana, de les llegendes i les creences màgiques. En definitiva, és el símbol del bé en lluita contra el mal.

Tornant del tros, per Joan Llimona.

L'ofici del pastor –d'ovelles o ànimes, si ens referim a la simbologia cristiana– l'associa al guia messiànic, és a dir, a l'artista modernista.

L'espiritualitat del pastor és el pol oposat a les formes eixutes i perverses de la religió tradicional, en aquest cas representada per la figura de sant Ponç i els exvots de la capella a l'ermita.

- **Ànima**. Aquest personatge, que representa tot el mal de la humanitat, no té nom propi a fi de remarcar-ne el caràcter simbòlic que té per als cristians. L'ànima és la part espiritual i elevada de l'ésser humà, si bé l'etimologia llatina distingeix entre *anima* ('esperit més baix dels animals') i *animus* ('esperit elevat i racional dels humans').

El pastor deia així:

—Vet aquí que per temps, quan encara els animals parlavin, hi havia un vei molt revei que vivia per aquestes muntanyes feia centuris. I això eri per un voler de Déu, que el deixavi viure més que als atros homes perquè no eri pecador ni havia tingut mai tracte amb dona nada. En comptes de gec i calces, com la gent de perací, duia per tota vestidura els seus cabeis, tan rellargs, que per darrere l'abrigavin com una capa, i la barbassa blanca, que al davant li penjavi fins passat dels genois...

VÍCTOR CATALÀ, «Rondalles», *Solitud* (cap. VI)

Espai: natura simbòlica

El paisatge descrit a la novel·la correspon a una geografia ben coneguda per Caterina Albert: la muntanya del **Montgrí**, entre l'Escala i Torroella de Montgrí. La descripció de l'ermita de Sant Ponç correspon quasi en tots els detalls a l'ermita de Santa Caterina. Ara bé, aquesta muntanya és transformada per la subjectivitat de Víctor Català fins a convertir-se en un referent simbòlic. Tant la pujada de la Mila com el descens de la muntanya s'han de llegir en clau simbòlica: és la dona que, a l'inici de l'aventura vital, s'enfronta a totes les dificultats i interrogants d'una nova vida, que intueix dolorosa i cruel.

Però també és la dona transformada pel dolor i la lluita que abandona les esperaces d'una part de la seva vida que l'ha ferida i enfortida alhora.

Llengua

La majoria dels lectors de *Solitud* estan d'acord a considerar que el llenguatge emprat en la novel·la és molt ric i expressiu, especialment perquè conté una gran quantitat de **dialectalismes**,

La Mila queda ullpresa de tanta hermosura. A n'ella, la filla de la gran planúria, magra per falla de braços, d'aigua i d'adob, li semblà que no podia ésser veritable, sinó que la veia per virtut d'un miratge fantasiós, aquella altra planúria petiteta que, enclosa entremig d'un turó ple de cases i d'unes muntanyes de pedra crua i erma, tenia tan fecunda i riallera vida. Ni un pam de lloc vagatiu, ni una mala herba xuclant-se els sucs del terrer! Tot conreuat, tot girat de sota a sobre per l'aixada o per la fanga, tot amanyagat i servit a tall de senyor, tot fruitant superbament, amb una gran liberalitat d'amor i de bona volença!

Coberta de la segona edició de *Solitud,* amb dibuixos de l'autora.

Allà baix, en la terra de la Mila, la gent s'esgranava pels camps espaiosament, posant força tros entre uns i altres, i per les vores i marges amplíssims, coberts de brostam i mengia de tota mena, verdejaven al sol els lluerts i pasturaven les herbotes resseques quatre vaques magres, que reganyaven el costellam, despullat com unes graelles i uns ossos de les anques tan punxeguts, que cuidaven a foradar-los-hi la pell. Aquí no se n'hi veia una de bèstia de mal profit, mes les persones hi estaven espesses com els dits en les mans: una munió de dones, com peces del gran joc, escampades arreu pel tauler, bellugaven, feineres i escarrassades com abelles, masegant la terra, fent muntar i baixar les poualanques, calçant la vianda o reposant sota la pampolada d'una figuera: totes amb les faldilles doblegades, els mocadors sobre la cara i braços i cames nus, adobant-se i embrunint-se al sol.

La Mila, tot guaitant-se-les, sentí que se li esbatanava son ànima calda de terrassana i que un anhel, una fallera dolçament ofegada, l'empenyia a baixar del carro, a ficar-se per aquells horts i grapejar també, com les dones aquelles, la terra tèbia, les fulles humides, l'aigua regalada que s'esmunyia pel mig de les balques, quals flors d'or capejaven senyorívolament arran de marge.

En Maties havia tingut raó: era bonica i riallera l'encontrada de Ridorta, d'aquell poblet amuntegat dalt del turó i voltat per l'anella vistosa d'una faixa de pla; i essent l'encontrada alegre no podia pas ésser tan trista com algú havia anat a contar-li a n'ella, l'ermita de la muntanya. La Mila es figurà que semblaria un niuet penjat en un arbre, i que així que treuria el cap a la finestra veuria sota seu la meravella d'aquest gran clap esbalaïdor. Oh, si amb el temps pogués tenir-ne un per a ella, per a menar-se'l a son gust, d'hortet mirífic, ja no li doldria haver deixat la seva terra per sempre més!

Animada per semblants pensaments, es girà, desitjosa d'enraonar-ne amb el seu home; mes, a la vista de les dues esquenes que se li dreçaven al davant, les paraules se li fongueren en la llengua, i la idea animadora que anava a eixir de son cau, se n'hi tornà sobtadament endins com una bestioleta poruga.

VÍCTOR CATALÀ, «La pujada», *Solitud* (cap. I)

frases fetes i, fins i tot, **neologismes** que va crear l'autora.

Caterina Albert considerava la tasca normativitzadora iniciada per Pompeu Fabra una causa polèmica. S'hi va afegir amb reticències pel temor de perdre llibertat creativa i singularitat estilística. La riquesa i la vivesa lingüístiques prenen un registre diferent en la veu narrativa, especialment aconseguida en les descripcions –registre dialectal i culte, corresponent al nivell de llengua de l'autora–, els diàlegs dels personatges –registre dialectal i col·loquial, corresponent al nivell de llengua dels pagesos empordanesos– i, finalment, en la llengua del **pastor**, desconcertant i fascinant alhora.

Aquest personatge, el pastor, no parla cap dialecte identificable com a variant real sinó que l'autora recrea una parla diferenciada de la resta combinant trets dialectals empordanesos amb altres de pirinencs i, fins i tot, rossellonesos. Amb aquest ús que fa de la llengua Víctor Català té la intenció de singularitzar el personatge per mitjà de la paraula.

En definitiva, el pastor encarna la figura del poeta creador a través de la paraula viva maragalliana.

Joaquim Ruyra

Joaquim Ruyra.

Joaquim Ruyra i Oms va néixer l'any 1858 a Girona, i va morir a Barcelona el 1939. Va passar una bona part de la seva vida a Blanes, on la família tenia propietats rurals. Les dues poblacions van exercir una gran influència en la seva vida i obra, en què sovint evoca els records d'infantesa dels estius a Blanes. L'any 1874 es va traslladar a Barcelona per estudiar Dret (sense gaire interès). A Barcelona va conèixer Jacint Verdaguer i un jove Josep Carner, que sempre va ser un gran admirador del seu estil literari acurat i poètic. A partir del 1879, un cop acabats els estudis i sense intenció d'exercir d'advocat, es va retirar a Blanes i es va dedicar a escriure i a administrar el seu gran patrimoni.

Tot i que els seus primers escrits són en castellà, a trenta anys va decidir adoptar el català com a llengua literària. L'any 1890 guanyà un premi als Jocs Florals de Girona. Entre el 1895 i el 1902 participà assíduament en els **Jocs Florals de Bar-**

celona, amb fortuna desigual. Ja consagrat com a prosista, es relacionà poc amb els medis intel·lectuals modernistes barcelonins: publicà algunes col·laboracions escadusseres en diverses revistes –*Joventut*, *Il·lustració Catalana*, *Catalunya*. La publicació de les narracions aplegades sota el títol *Marines i boscatges* (1903) va assolir de seguida un gran èxit, per la qual cosa en va aparèixer un recull refós i ampliat amb el títol *Pinya de rosa* (1920). Un any abans, a instàncies del seu amic i admirador Josep Carner, havia publicat el recull *La parada*.

En aquesta època la seva vàlua literària era prou reconeguda, tot i la controvèrsia que van generar les seves col·laboracions a partir del 1925 en la revista *Recull* –de to distès i humorístic i d'un registre molt divulgatiu–, fins al punt que es consideraven de poca qualitat per a un intel·lectual de la seva talla. La seva casa de Blanes es va convertir en centre de reunions d'artistes i intel·lectuals de Girona i Barcelona.

El seu últim recull, titulat *Entre flames* (1928), mostra el sentit místic de religiositat franciscana tan particular de Ruyra. L'any 1949 es van publicar les seves *Obres completes*, les quals incloïen, a més de la **narrativa**, els llibres de **poesia** *El país del pler* (1906), *Fulles ventisses* (1919) i *La cobla* (1931), i les **obres teatrals**, que van tenir molt poc èxit. D'altra banda, va dur a terme una tasca com a **traductor** i crític literari molt notable –destaca l'obra de teoria literària titulada *L'educació de la inventiva* (1938).

Les **arrels** literàries de Joaquim Ruyra són **naturalistes** amb influències romàntiques, per bé que en va renegar posteriorment. Tanmateix, va fonamentar la seva literatura en el **realisme**, en el gust per l'observació objectiva. En l'obra narrativa de Joaquim Ruyra, els temes combinen fantasia i descripció de la realitat i dels pagesos i els pescadors de la seva terra. En el seu estil literari destaquen els aspectes següents:

- un sentit **minuciós** decoratiu en les descripcions;
- un sentit **poètic** que deriva de la fantasia i l'emoció;
- un sentit **vitalista** de la realitat;
- un alt nivell de **perfecció** formal i lingüística, i
- la **pulcritud** idiomàtica.

Per aquest darrer aspecte va assolir la més gran consideració de mestre entre els escriptors de la generació noucentista. L'ambició de perfecció formal va fer que Ruyra participés, amb il·lusió i rigor, en la **tasca normalitzadora** de la llengua catalana: va pertànyer a l'Institut d'Estudis Catalans (1918), va ser un eficaç col·laborador de Pompeu Fabra i va participar en el Primer Congrés Internacional de la Llengua Catalana (1906), en què va col·laborar amb algunes ponències filològiques, entre les quals destaca «La nostra llengua en les obres literàries». També va pronunciar un discurs notable en els Jocs Florals de Barcelona, el 1922, on va expressar que l'època de l'espontaneïtat poètica era passada per a la nostra llengua literària i que ara venia l'època dels gramàtics i dels filòlegs. La seva prosa, de

Caricatura de Joaquim Ruyra, obra de Junceda.

La Girona antiga em causa un efecte d'artística sublimitat i m'inclina a respectes de cosa sagrada i de gestes heroiques. Blanes em mou a un sentiment d'alegre i democràtica fraternitat a la manera grega. Cada una pel seu estil, aquestes dues poblacions em són estimades.

JOAQUIM RUYRA

Joaquim Ruyra, en efecte, idealitzà el món que afirma sotmès a la seva observació objectiva: el simplifica i el manipula amb una perspectiva particular. El que fou realment objectiu d'en Ruyra no fou l'observació –la visió–, sinó el resultat literari del seu mètode. I així, al ruralisme negre de Víctor Català i de Raimon Casellas, ell oposà un ruralisme blanc –o gairebé blanc–, tan parcial com aquell.

JOAN FUSTER, *Literatura catalana contemporània*

Homenatge a Joaquim Ruyra, en el seu vuitantè aniversari.

Ha vingut la tardor, aquell temps en què les fulles cauen i en què els malalts s'entristeixen, sentint l'esfullament de certa cosa viva que se'ls va desmaiant al cor. El vent, al passar per les arbredes, sembla que mormola paraules, de les quals se deixa mig endevinar el sentit fatídic per llur trista entonació i per l'esgrogueïment que produeixen a totes les plantes. De bella nit, s'ouen cruiximents estranys. La naturalesa gemega i decau. I jo estic en què no és pas el fred lo que l'atueix, perquè més freds són els dies en què l'ametller floreix somniant la primavera, i tant o més fredes les hores de l'abril en què tot somriu d'esperança. No, no és pas el fred: és una mena de mort que passa per la terra obeint a un ritme anyal, per l'estil que passa periòdicament la son sobre els nostres ulls.

JOAQUIM RUYRA, «Jacobé», *Pinya de rosa*

Pintura de Dionís Baixeras que representa una escena quotidiana dels pescadors catalans, un tema molt present en l'obra de Joaquim Ruyra.

Quant a les tasques peculiars de la Secció Filològica de l'Institut d'Estudis Catalans, Ruyra hi aportava el gust i la coneixença de l'idioma vivent en la boca del seu poble. Compareixia ara i adés a les sessions amb llargues llistes de mots i de girs, en conscienciosa contribució a l'aplega de materials per al diccionari. També, més curiosament, ens portava veritables fulls d'experiment que de vegades ens deixava atònits per la seva gratuïtat, i que jo en diria d'escaquista, si no hagués estat més pregonament de poeta. [...]

Finida la sessió de l'Institut d'Estudis Catalans, el dúiem a casa seva, llunyana d'un trajecte que no cobria cap transport, en el cotxet de Pompeu Fabra.

Un cotxet minúscul, on anàvem els tres amb el xofer i tot d'embalums, entregirats, sobreposats, plegats. Plegat, gemegadís, barbotejant fórmules de gratitud, el trèiem delicadament, difícilment, mig d'esquena, mig de cantó, a la vorera del seu domicili. Aquell home aleshores tenia, no vuitanta anys, sinó vuit-cents, vuit mil.

CARLES RIBA, «Memòria de Joaquim Ruyra», *...Més els poemes*

gran perfecció formal i gramatical, el va fer esdevenir un model per a la seva generació, que el respectà profundament per la seva contribució a la fixació de la llengua literària.

Durant la guerra el van espoliar de les seves propietats. Quan va fer vuitanta anys, els intel·lectuals catalans li van retre un homenatge. Va morir poc després de l'ocupació franquista de Catalunya.

Prudenci Bertrana

Prudenci Bertrana.

Prudenci Bertrana i Comte va néixer a Tordera l'any 1867 i va morir a Barcelona el 1941. La geografia que va marcar la seva vida i obra va ser la ciutat de Girona i el paisatge de l'Esparra, on la família tenia un mas amb terres. El seu ideal era la vida lliure i en contacte amb la natura dels seus estius d'infantesa. Va estudiar el Batxillerat a Girona, amb el convenciment que aquella disciplina i aquell ordre eren del tot antagònics al seu temperament. Després va iniciar els estudis d'Enginyeria a la Universitat de Barcelona, però no els va acabar. Finalment, va trobar la seva vocació en les classes de pintura de l'Escola de Llotja.

Instal·lat a Girona, durant molts anys es va guanyar la vida com a pintor i professor de dibuix, fins que vora els quaranta anys decidí dedicar-se a la seva passió: l'escriptura. La seva primera novel·la, ***Josafat*** (1906), és considerada la millor de les seves obres (tot i ser una obra primerenca és una novel·la de maduresa). Quan es va publicar va provocar un gran escàndol entre els moralistes i la majoria dels lectors de l'època.

Bertrana es va situar de ple en l'**estètica modernista neoromàntica i simbòlica**. A aquesta etapa pertanyen les obres *Nàufrags* (1907), *Crisàlides* (1907), *Tieta Claudina* (1910) i *Proses bàrbares* (1911). Per l'escàndol i la repercussió social que va tenir la publicació d'un article (conjuntament amb el pintor i crític literari Dídac Ruiz), Bertrana va ser empresonat i va haver de marxar de Girona.

Es va instal·lar amb la família a Barcelona, on va dirigir els setmanaris satírics *L'Esquella de la Torratxa* i *La Campana de Gràcia*. Greus dificultats econòmiques, afegides a l'enyorament de Girona i al fet de sentir-se un inadaptat, li van provocar una visió del món cada cop més pessimista i amargada.

Durant l'**etapa barcelonina** va publicar *La lloca de la vídua i altres contes* (1915), *El meu amic Pellini i altres contes* (1923), la novel·la *Jo! Memòries d'un metge filòsof* (1925), i la trilogia autobiogràfica *Entre la terra i els núvols*, considerada una mena de confessió testament, i formada per *L'hereu* (1931), *El vagabund* (1933) i *L'impenitent* (1948). Finalment, va publicar alguns reculls de contes més, un dels quals, *L'illa perduda* (1935), el va fer en col·laboració amb la seva filla Aurora, també escriptora.

La novel·la *Josafat* publicada el 1906, representa el punt de partença d'alguns dels temes que van preocupar Prudenci Bertrana com a narrador i que, ja apuntats en aquesta obra, van ser desenvolupats posteriorment en novel·les i narracions:

- el lament per la **infància perduda**, el moment de màxima llibertat i felicitat;
- la **nostàlgia** de la vida rural;
- la peculiar valoració de la **natura** i el panteisme que se'n desprèn;
- l'angoixa de l'**home inadaptat**, que no s'integra en una societat que, en el fons, menysprea, i
- l'erotisme conflictiu que és **reprimit** per una religió aclaparadora.

De la mateixa manera, l'estil d'aquesta novel·la, que és representatiu del de tota la seva producció posterior, es caracteritza per:

- un lèxic **ric** i expressiu, identificat amb el món rural;
- una adjectivació **sensual** i barroca, i
- una prosa d'**alta qualitat** poètica i amb recursos propis del simbolisme.

Coberta d'una edició de *Josafat*.

Josafat treballava sense llum, refiant-se només de l'enteranyinada celístia que passava per les obertures dels ventiladors. Tenia el sac a prop. Havia volgut cremar el cos pudent de la bagassa, i ara, pel forat socarrimat, sortia un membre que, de tant d'arrossegar-se pel sòl, s'havia nafrat i sagnava. El campaner, ficat com un talp dins la fossa, per no fer soroll, amb les mans esgratinyava la runa. Oí perfectament com un immens sanglot de la naturalesa i el caure seguit d'una pluja espessa.

Suspengué la tasca i escoltà complagut una fressa de brollador que començava a sentir-se. El rajar de les canals, el glu-glu de les gàrgoles i el murmuri de la riuada que pujava de la ciutat l'alegraren.

Sortí de les golfes, i per la teulada de l'absis, sempre amb el sac a coll, començà a passejar-se sense vera intenció de res. Sols una vaga idea que l'aigua ho purifica tot, que el sac es rentava, que potser la ferum empudegant se n'aniria, que els ruixats refrescarien el seu front cremós i emboirat, li daven conhort.

Josafat rigué al mig de la nit plorosa.

Per la pendent de les teules molles feia de mal caminar; els peus li relliscaven i el sac, que, xopat, pesava més, l'empenyia avall, com si en el cadàver es despertés una voluntat misteriosa.

El campaner seguí aquell impuls fins al caire del precipici. Sota seu s'endinsava en la foscor l'esperó de l'adjuva. Encara era albiradora la taca negra de molsa i líquens arrelats en el junt de la cornisa, on finia la corba i començava la plomada altíssima i perfecta.

Josafat i el seu bagatge reposaven en el gruix de l'ample mur i anaven amarant-se.

Nuvolades espesses corrien sobre d'ells, les quals enfosquien la poca transparència de les teles. Els xàfecs refermaren, i a baix, a l'abís enigmàtic, l'aigua acarrerada entre l'església i una paret de l'antic cementiri dels canonges, bramulava.

Josafat parà ment en l'absolut secret que prometia aquella torrentera. Cregué la nit eterna, la forma de l'aiguat enorme, el carreró del fons inaccessible, i en una sobtada contracció dels seus braços dèbils, quasi impotents, estimbà el pilot de carn fastigosa.

El sac, esllanguit per tanta brega, fluixos els lligams i retingut per un espasme dels dits de Josafat, va buidar-se. Les robes de la bagassa voleiaren com ocells de nit, bategant contra els carreus, i el cos fou engolit pel negre espai.

Un sotrac mat, de cosa tova, que no rebot ni vibra, marcà el terme d'aquella furient davallada.

Amagat entre escardots i ortigues, deforme, contorsionat, infecte, restà el cadàver de Fineta. I l'aigua que gitava la gàrgola quimèrica caigué com baptisme purificador sobre la seva nuesa.

PRUDENCI BERTRANA, *Josafat* (cap. IX)

Activitats

1 **Llegeix el text de la novel·la *Solitud* de Víctor Català que tens a continuació. Compara'l amb el text de l'*Elogi de la paraula* de Joan Maragall que has treballat en la unitat 14.**

Un dia, quan ell acabava de parlar, ella mirant-se'l amb una mirada rendida d'enamorada i resumint en quatre mots totes ses admiracions, li preguntà:
—Com vos ho feu, pastor, per a saber tantes coses?
El pastor somrigué senzillament.
—Jo no fai res per a sebre res, ermitana.
—Doncs, ¿qui vos les ha ensenyades, totes aquestes rondalles?
El pastor es tirà el pelut enrere, i la pal·lidesa de son front, prenyat de pensaments, semblà fer una mena de resplendor.
—Unes, les més petites –respongué amb lentitud–, me les contaren els avis de Sant Ponç; les altres... Nostro Senyor...
I com veiés que la dona seguia mirant-lo sense pestanyejar, aclarí la misteriosa resposta:
—Con vegi un paratge nou de la muntanya, m'assegui tot solic i me'l miri bé una bella estona; i de mica en mica aqueia escalfor me se'm pugi en amunt com una fumera, i m'ompli el cap i me fa rumiar, rumiar... I com si una veu me les anés dient, me vénen totes les coses que hi deuen havere passades aqueis paratges... I per això jo digui que me els conti Nostro Senyor, perquè, digueu: pot éssere altra que la veu de Nostro Senyor aquesta que un hom se sentiací dedins con rumia?

Víctor Català, *Solitud* (cap. XII)

Contesta les preguntes:

- **a** Quins aspectes et semblen comuns en els dos textos?
- **b** Com creus que coincideixen en la reflexió sobre el propi procés creatiu?
- **c** Com expliques la coincidencia en l'entorn geogràfic i el tipus de personatge?
- **d** Identifica trets lingüístics singulars en el parlar del personatge de *Solitud*.

2 **Fes una recerca per completar la graella:**

Autor	Identificació biogràfica	Obra destacada	Característiques més rellevants
Raimon Casellas			
Josep Pous i Pagès			
Caterina Albert			
Joaquim Ruyra			
Prudenci Bertrana			
Josep Maria Folch i Torres			

3 **Llegeix el comentari que va fer l'escriptor Baltasar Porcel just després d'haver entrevistat Caterina Albert a casa seva.**

He sortit una mica perplex de l'entrevista. Penso si no l'envolta un fenomen semblant al del contrallum, que dificulta de veure-la amb precisió i col·loca la seva persona dins un clarobscur atapeït d'interès. La conversa, les seves manifestacions orals, són d'una simplicitat i d'una humilitat realment explícites, enarborades sense possibilitat de palinòdia. Ara bé: aquest autoanorreament ens presenta una imatge de l'escriptora que tendeix a la infantilització pastoril, o al posat de la damisel·la victoriana, i ho fa volgudament, recolzant-se en la minimització personal i literària. I això té molt poc a veure, crec, amb el retrat que he intentat de fer al principi d'aquest paper, amb la figura real de Caterina Albert: l'energia i la seguretat que se li endevinen en el gest, que li traspua; la constància i el treball que ha necessitat tot al llarg de tres quarts de segle per a crear una obra sòlida i fer-se una fama inqüestionable: el llenguatge estudiat, la narrativa perspicaç, plena de suggeriments; la temàtica i els personatges de doble fons, sovint brutals i aberrants... ¿On és realment la personalitat de Víctor Català?

Baltasar Porcel, a *Serra d'Or* (1965)

- **a** Fes una llista amb les preguntes que t'imagines que li va fer.
- **b** Contesta aquestes preguntes a partir del que has après de l'autora.

Test final d'unitat

1 **Digues si és veritat (V) o fals (F):**

	V	F
a La novel·la modernista és bàsicament simbòlica i d'ambient rural	☐	☐
b Víctor català és el pseudònim d'una autora anomenada Caterina Albert	☐	☐
c Raimon Casellas, a més de narrador, era crític d'art	☐	☐
d Casellas va escriure la novel·la titulada *Els crims salvatges*	☐	☐
e Caterina Albert va formar-se a França i va viatjar molt al llarg de la seva vida	☐	☐
f Caterina Albert va ser premiada als Jocs Florals d'Olot (1898) per un relat titulat *La infanticida*	☐	☐
g Caterina Albert es va enamorar de Narcís Oller	☐	☐
h Ànima és el personatge de la novel·la *Solitud* de Víctor Català i que representa tot el mal de la humanitat	☐	☐
i El paisatge de la novel·la *Solitud* de Víctor Català correspon a les terres de l'Ebre	☐	☐
j Caterina Albert fa servir gran quantitat de neologismes i dialectalismes	☐	☐
k Joaquim Ruyra va escriure un recull de narracions de temàtica marinera titulat *Anem a pescar*	☐	☐
l Joaquim Ruyra va participar en la tasca de normalització de la llengua, a l'Institut d'Estudis Catalans	☐	☐
m Prudenci Bertrana va escriure la novel·la *Josafat* que no es va arribar a publicar mai en vida seva	☐	☐
n El protagonista de *Josafat* viu a la catedral de Girona	☐	☐
o La protagonista de la novel·la *Solitud* de Víctor Català es diu Caterina	☐	☐
p El món rural de Víctor Català és el de l'Empordà, especialment el del poble de l'Escala	☐	☐
q En l'obra de Joaquim Ruyra es combina el relat realista amb inclinacions a la fantasia poètica	☐	☐
r La llengua literària de Joaquim Ruyra no és encara prou elaborada ni normativa	☐	☐
s Prudenci Bertrana va dirigir revistes satíriques i de crítica social com *L'Esquella de la Torratxa*	☐	☐
t Aurora Bertrana, filla de Prudenci Bertrana, també va ser escriptora	☐	☐
u Prudenci Bertrana va guanyar-se la vida com a professor de dibuix i pintura	☐	☐
v La novel·la *Josafat* de Prudenci Bertrana va provocar un gran escàndol a l'època per alguns passatges de contingut eròtic	☐	☐
x La societat conservadora de l'època de Caterina Albert es va escandalitzar per la moral transgressora dels seus primers escrits	☐	☐
y Caterina Albert va estudiar a la universitat de Girona	☐	☐
z La narrativa modernista té un caràcter fonamentalment urbà	☐	☐

2 **Omple la graella amb la informació adequada:**

Autor	Títol de la narració destacada	Context geogràfic de la narració	Protagonista/es principals de la narració	Característica destacada
Raimon Casellas				
Caterina Albert (Víctor Català)				
Joaquim Ruyra				
Prudenci Bertrana				

CONEIXEMENTS PREVIS

Llegeix el text que tens a continuació:

Modernisme i wagnerisme van de la mà a Catalunya, i tots dos representen l'actitud vital, la posició militantment innovadora, que reclamava el grup de joves modernistes des dels anys de 1890. Gual, com molts altres artistes de la seva generació, es va trobar immers en aquesta febre wagneriana que va sacsejar la intel·lectualitat catalana [...] Es pot arribar a la conclusió que Wagner esdevé una figura important de l'ideari modernista a través de les següents premisses compartides: el concepte global de la creació artística, l'anomenada Gesamtkunstwerk *o obra d'art total; el prisma del catalanisme, identificat amb la mitologia nacionalista —que bevia de les fonts del romanticisme— exposada per Wagner en els seus drames musicals; la recuperació de les llegendes medievals; l'actitud wagneriana de rebel·lió davant la societat, que es transmet a l'anarquisme de la fi de segle, i la identificació amb la classe obrera del moment.*

LOURDES JIMÉNEZ, *Wagner i els modernistes catalans*

Contesta les preguntes:

- **a** Què s'ha d'entendre per «obra d'art total»? Pensa en les representacions operístiques.
- **b** Esmenta alguns personatges que formin part d'aquesta mitologia nacionalista catalana.
- **c** Coneixes alguna llegenda catalana que tingui el seu origen a l'edat mitjana i hagi perviscut fins als nostres dies?
- **d** Què en saps del moviment anarquista? Pots relacionar-lo amb el Gran Teatre del Liceu?

Fes una recerca sobre els següents autors de la literatura universal i que influeixen en els artistes del Modernisme català:

- Richard Wagner
- Henrik Ibsen
- Maurice Maeterlinck
- Gabrielle D'Annunzio

Fes una recerca sobre els següents moviments artístics. Indica'n les característiques, la cronologia i el país de referència:

- Art Nouveau
- Modern Style
- Jugendstil
- Floreale

B4 UNITAT 16

TEATRE MODERNISTA

En aquesta unitat estudiarem el teatre escrit durant el Modernisme, les figures literàries més representatives i les obres més rellevants. Tot i la seva aparició tardana, els autors modernistes van considerar el teatre com la manifestació literària més lliure i anticonvencional. Analitzarem les característiques dels dos gran corrents ideològics i estètics del teatre modernista: el corrent regeneracionista i el simbolista. També analitzarem els autors i les obres més representatives, especialment Joan Puig i Ferreter i Santiago Rusiñol.

Dimensió estètica i literària

- Introducció al teatre modernista.
- Identificació dels principals corrents ideològics i estètics del teatre modernista.
- Coneixement dels principals autors del teatre modernista: Joan Puig i Ferreter, Adrià Gual i Santiago Rusiñol.

AUTORS I TEXTOS

- *Aigües encantades* de Joan Puig i Ferreter.
- *L'alegria que passa* de Santiago Rusiñol.

Objectius

- Reconèixer les característiques pròpies del teatre modernista.
- Identificar els trets singulars dels principals autors.

TEATRE MODERNISTA

En el conjunt de les manifestacions artístiques del Modernisme, el teatre va aparèixer d'una manera tardana. N'és un exemple Santiago Rusiñol, el qual va començar a escriure per a l'escena quan ja era un personatge representatiu del moviment i, fins i tot, s'havia guanyat una sòlida reputació com a pintor i narrador. Això no obstant, els modernistes van mostrar una gran atracció pel teatre, que consideraven la manifestació més lliure i **anticonvencional** de l'**art total**.

En l'espectacle teatral tenien cabuda des dels drames fins als titelles, des de l'òpera fins a les ombres xineses, des de les *performances* fins a la poesia. A més, el teatre va significar una plataforma d'expressió i difusió de les idees dels intel·lectuals modernistes més joves, modestos i, fins i tot, marginals, com és el cas d'Ignasi Iglésias en el teatre de Sant Andreu, o de les propostes elitistes del Teatre Íntim d'Adrià Gual.

El teatre modernista del final del segle XIX va canviar el patró del teatre romàntic i semirealista de la Renaixença pels nous models que venien del nord d'Europa. La producció teatral, tant a Catalunya com a la resta del continent, tingué dues grans tendències:

- El **drama d'arrel naturalista**, que seguia el teatre d'Ibsen.
- El **teatre simbolista**, derivat directament del prerafaelisme anglès, i que prenia com a models el belga Maeterlinck i l'italià D'Annunzio per damunt d'altres autors.

Així, doncs, els autors teatrals també es van adscriure als dos grans grups estètics del Modernisme: els regeneracionistes i els decadentistes simbolistes.

Atès que el Modernisme va ser un moviment fugaç, quan va aparèixer la segona fornada d'autors dramàtics –en la qual hem de situar els noms de més relleu i qualitat–, els postulats del moviment ja començaven a ser acceptats per la burgesia, la mateixa que una dècada abans se n'havia escandalitzat.

En conseqüència, s'inicià un ràpid procés d'integració social i de desgast programàtic. Autors com Puig i Ferreter, per esmentar el més representatiu, seguien els postulats del moviment modernista quan aquest va cedir el relleu al Noucentisme, i, com que no es van saber adaptar al nou corrent estètic, van deixar d'escriure per a l'escena.

A partir del 1913, el teatre modernista va caure en una situació de decadència, marginalitat i precarietat, de manera que es van estrenar poques obres.

Cartell en què s'anuncia el Teatre Íntim.

El teatre naturalista regeneracionista

El teatre regeneracionista es va proposar denunciar les injustícies socials i desvetllar la consciència moral i política dels ciutadans. El primer autor estranger identificat amb l'anomenat *teatre d'idees* és Henrik Ibsen (1828–1906), el qual es va convertir en el principal tòtem literari de la Barcelona modernista. Ibsen començà la seva producció amb obres de caràcter naturalista, com ara *Un enemic del poble*, però en la darrera etapa de la seva obra es decantà pel simbolisme. Des de la perspectiva regeneracionista, Ibsen encarnava un ideari ètic que tenia el propòsit d'enaltir la més radical autonomia moral de l'individu com a únic recurs de **regeneració de la societat**. De nou, el tema recurrent es basava en l'individu marginat i portador de la veritat alliberadora, que s'enfrontava a la societat ignorant i alienada.

> STOCKMANN: L'enemic més temible de la veritat i la llibertat entre nosaltres és la incommovible majoria! La maleïda incommovible majoria liberal! [...] La majoria té el poder... per desgràcia; però la raó, sí que no. Jo la tinc, la raó, i uns pocs més, no gaires. La minoria sempre té raó.
>
> HENRIK IBSEN, *Un enemic del poble* (acte IV)

Joan Puig i Ferreter

Joan Puig i Ferreter.

Va néixer a la Selva del Camp (Baix Camp) el 1882 i va morir a París el 1956. Pertanyent a la generació tardana de dramaturgs modernistes, Puig i Ferreter va donar sentit a aquest moviment. La seva biografia (plena de viatges, episodis i relacions de caràcter romàntic i, segons com, marginals), va donar peu a novel·les i drames. Va intervenir activament en política, participació que culminà amb el càrrec de conseller d'Assistència Social en el Govern de la Generalitat constituït l'any 1936. En la seva producció teatral i novel·lística va tractar temes de contingut social i de reflexió moral, fortament influït per Ibsen: la necessitat de fer de la vida una creació personal; la força abassegadora de l'amor i el sexe, que poden abocar al suïcidi; la inclinació cap als ambients més negres i marginals, etc. El seu ideari ètic era contundent.

La figura de l'artista, el poeta, encarna els valors més alts de la humanitat: és vident i geni, i pren del món l'essència, no l'aparença, perquè ha viscut amb intensitat. En conseqüència, l'obra que ha de produir ha de ser transcendent i alhora entenedora per al poble.

Joan Puig i Ferreter va escriure els grans drames durant la primera dècada del segle xx, la seva època de plenitud teatral:

> [...] has sentit els batecs del cos brutal enfonsat a les tenebres lluitant per eixir a la llum; has conegut el gran esperit que s'agita violent en l'ombra que produeix la injustícia de la vida! No tens dret a ser frívol: tu no faràs versos daurats, comèdies musicals ni articles de política de bonàs. No, Poeta: no siguis traïdor als teus herois ni et traeixis tu mateix a la recerca del profit i de la fama.
>
> JOAN PUIG I FERRETER, *Diàlegs imaginaris*

> CECÍLIA: [...] Jo vull combatre la ignorància i tot lo que la fomenti, però sense orgull, sense fer la sàvia, com vós dieu. Som tota una creuada de joves; potser no tots tindrem el mateix coratge, però és la nostra obra, de tots... La ignorància és la font de tots els mals; el vostre fanatisme, la vostra misèria, tot és fill de la ignorància. I nosaltres, els joves, ens escamparem pels pobles... metges, mestres, farmacèutics... i la combatrem amb totes les nostres forces; sigui allà on sigui, la combatrem.
>
> JOAN PUIG I FERRETER, *Aigües encantades* (acte I)

La dama alegre (1904), *La dama enamorada* (1908), *Aigües encantades* (1908) i *El gran Aleix* (1911). Les condicions que van determinar la vida teatral catalana dels anys posteriors no li van permetre continuar la producció teatral, raó per la qual es dedicà a la novel·la i la publicació de les seves memòries. *Aigües encantades* és una obra representativa de la concepció modernista del teatre com a plataforma de denúncia social i desvetllament de la consciència individual, enfront de l'alienació col·lectiva. L'anècdota en què es basa permet tractar els aspectes transcendentals que es plantejava l'autor com a objectius irrenunciables de l'artista: la lluita de l'individu contra la massa, la llibertat per encaminar la pròpia vida, la ciència i la veritat davant la superstició i la ignorància, etc.

És ben coneguda la influència de l'obra d'Ibsen *Un enemic del poble* en aquest drama de Puig i Ferreter, pel tema i per la caracterització dels personatges. Cal recordar el fortíssim impacte que el dramaturg noruec va tenir en l'escena teatral catalana del començament del segle xx.

El teatre simbolista

L'altre vessant del teatre modernista és l'aposta estètica dels partidaris de l'art per l'art, és a dir, el teatre simbolista. **Apel·les Mestres**, un artista polifacètic per al qual l'art no admetia barreres de gènere, va ser el primer representant d'aquest teatre i l'introductor dels models francesos i, sobretot, anglesos.

Adrià Gual

Adrià Gual.

Va néixer a Barcelona el 1872 i hi va morir el 1943. Es considera una de les figures més rellevants de l'escena modernista, igualment polifacètica, que, a més, es va dedicar a la pintura, el figurinisme i l'escenografia. La tasca teatral d'Adrià Gual es va dirigir, també, cap a la pedagogia, amb la fundació el 1898 del Teatre Íntim. A més de representar les seves obres, aquesta empresa va intentar donar estabilitat a la formació dels actors i a tots els oficis necessaris per al nou teatre que volia assolir. La producció teatral d'Adrià Gual va alternar, com Santiago Rusiñol, el que anomenem **drama naturalista** d'ambició **regeneracionista** més aviat tova (*Els pobres menestrals*, 1908) i el teatre molt més **elitista** i esnob, pròpiament **simbolista** (*Nocturn. Andante morat*, 1896).

La gran amplitud de criteri i de projecció d'Adrià Gual és comparable a la de tots els peoners de les innovacions de la cultura. Però la magnitud del seu esforç va ésser tal, que el mateix esforç el va superar: és la trista història de gairebé tots els peoners. En un país que, a la seva arribada al món teatral, es trobava en plena orfandat, ell ho va anar fent sistemàticament tot.

Va ésser el primer a donar Èsquil, Shakespeare, Molière, Goethe, Ibsen, Hauptmann i tants d'altres en català. Va ésser el primer a incorporar els moviments simbolistes, naturalistes i de teatre de tesi. Va ésser el primer a renovar l'escenografia, els cartells anunciadors, els figurins i el moviment escènic. Va començar a imposar això que després ha estat considerat la gran troballa del teatre modern: la unitat de to teatral en la representació.

RICARD SALVAT: «Entorn d'Adrià Gual» (1962)

Santiago Rusiñol

Santiago Rusiñol i Prats va néixer a Barcelona l'any 1861 i va morir a Aranjuez el 1931. La seva família pertanyia a la pròspera **burgesia** tèxtil de Catalunya, i com que era l'hereu, el van educar per ferse càrrec del negoci familiar. D'amagat del cap de família (el seu avi), es va apuntar a classes de pintura, la seva gran vocació. A l'Escola de Llotja de Barcelona va conèixer Ramon Casas, també fill de fabricants i pintor, al qual el va unir una amistat per a tota la vida. L'any 1888 va fer el seu primer viatge al París bohemi, on va viure llargues temporades durant deu anys.

Retrat de Santiago Rusiñol, obra de Ramon Casas.

Essencialment hi ha dues classes de bohemis: els que adopten la part agradable d'aquesta vida pel que té de lliure, de graciós i fins d'irresponsable, sense, però, deixar de treballar intensament, i els que es vesteixen amb l'uniforme de la bohèmia i de l'artista i es passen la vida «desitjant» escriure o pintar, o esculpir, sense que els arribi mai el moment de fer res. Des de la seva joventut, Rusiñol es col·locà en la primera classe. [...] Abans que tot, Rusiñol fou pintor. Fou més un pintor donat a escriure que un escriptor donat a pintar. Ell mateix proclamà la primacia que la pintura tingué en la seva vida. Així i tot, escriví moltíssim, i l'opinió general és que escriví malament, d'una manera incurosa, anàrquica, en un estat constant (o gairebé) d'abandó i de deixadesa. Tingué una gran facilitat i escriví a raig.

JOSEP PLA, «Santiago Rusiñol i el seu temps», *Obra completa*, volum XIV

A partir d'aquesta època va adoptar públicament la imatge de dandi i d'artista: va adquirir una casa a Sitges –batejada amb el nom de **Cau Ferrat** perquè hi guardava una col·lecció de ferros forjats–; va portar una vida al marge de les convencions socials conservadores, consumia drogues –es va haver de sotmetre a una cura de desintoxicació de morfina– i la seva salut se'n va ressentir sempre; va fer exposicions de pintura; va col·laborar amb el grup de *L'Avenç* i la revista *Pèl & Ploma*, etc.

L'aportació de Santiago Rusiñol a l'escena modernista és subsidiària de la seva tasca de **dinamitzador cultural**, pintor i, fins i tot, novel·lista. La seva obra més coneguda, *L'auca del senyor Esteve* (1917), és una reelaboració de la novel·la del mateix títol del 1907.

La seva producció teatral oscil·la entre les primeres obres, de caràcter simbolista –*L'alegria que passa* (1891), *El jardí abandonat* (1900), *Cigales i formigues* (1901)– i les darreres, més combatives i compromeses amb la denúncia social –*L'heroi* (1903) i *L'auca del senyor Esteve* (1917). També va estrenar peces teatrals que traïen la voluntat de convertir-se en «autor de moda», de connectar amb el gran públic, per defensar un **model cultural i lingüístic alternatiu** a l'elitisme dels noucentistes: *Llibertat!* (1901), *El malalt crònic* (1902), *Els Jocs Florals de Canprosa* (1902) –en aquest cas, un atac a la Renaixença en clau humorística–, *El pati blau* (1903), *El místic* (1903) –una apologia de Jacint Verdaguer i una crítica de les persecucions a què va ser sotmès–, *Els punxasàrries* (1904), *El bombero* (1904), *La lletja* (1905), etc. I encara les novel·les satíriques *El català de La Mancha* (1914), *La Niña Gorda* (1917) i *En Josepet de Sant Celoni* (1918) –que li van servir d'arma antinoucentista–, i els articles que publicà en la revista *L'Esquella de la Torratxa*, signats amb el pseudònim *Xarau*, que eren una paròdia del *Glosari*, de Xènius.

Les primeres obres, marcadament simbolistes, defensen una societat que s'ha de mantenir al marge dels afers materials –i, en conseqüència, de les reivindicacions socials– i

L'ERMITÀ: No ho tenen tot, germans meus. No ho tenen tot, ni gaudeixen de lo que gaudiu vosaltres. Ells tenen or, això sí, però pateixen l'avarícia de guardar-lo; ells dormen en llit de ploma, però no somnien sobre núvols; ells podran tenir la terra, però el cel no ens el poden pendre, com no ens podran pendre el sol, ni la blavor de la nit, ni el brillar de les estrelles, ni el fruir de la bellesa. I sabeu lo que és la bellesa? La bellesa és l'harmonia que l'ànima busca afanyosa; és el goig que somnia l'esperit; és l'essència perfumada aixecant-se com encens del fons de la matèria i prenent forma de núvol que embolcalla el cor de l'home [...], és la daurada polsina que deixaren amb les ales els àngels al passar arran de la terra.

SANTIAGO RUSIÑOL, *Cigales i formigues* (escena VI)

que ha de viure abocada a la bellesa, ja que aquesta és l'única manera digna d'ésser en el món. Aquesta prèdica esteticista, en què els artistes són la minoria d'elegits capaços de guiar la massa social, no fa sinó reproduir l'enfrontament típicament modernista entre l'artista i la societat.

Les darreres obres substitueixen els paisatges simbòlics i ideals per escenaris tangibles, i els personatges, encara que idealistes, són molt més reals en les seves lluites i provocacions, com en *L'heroi* (1903), en què denuncia les guerres colonials i l'esperit militarista revestit d'absurda solemnitat. Per això, la seva estrena va causar un gran escàndol.

El denominador comú de l'obra de molts dels artistes modernistes és l'**enfrontament** de l'**home** idealista amb la **societat** del seu entorn. *L'auca del senyor Esteve* (1907-1917) incideix bàsicament en aquesta tensió, que identifiquem en la biografia de l'autor. No va ser fins al cap de molts anys –quan en tenia més de quaranta-cinc–, que va poder plasmar en aquesta novel·la el seu conflicte personal a través de la literatura. A més de satiritzar tots els costums i els valors morals de la nova classe barcelonina de la menestralia enriquida, la novel·la exposa amb gran ironia i lucidesa el tema clau del Modernisme: la relació entre l'artista i la societat, és a dir, entre l'home d'ideals elevats i el botiguer gris i mediocre.

L'adaptació teatral de la novel·la es caracteritza per una síntesi i condensació del context històric, com també de les situacions i els personatges. A més, modifica la cronologia dels fets, de manera que hi ha una diferència d'aproximadament trenta anys entre els esdeveniments novel·lats i els teatrals.

Així, doncs, l'obra de teatre se situa en el període del liberalisme econòmic de mitjan segle XIX. La majoria dels canvis responen a una actitud menys radical, encara que igualment irònica, de Rusiñol, que distancia ideològicament la versió del 1917 de *L'auca* respecte de la posició més combativa de *L'heroi* (1903) i de la versió novel·lada de *L'auca* (1907). Tant en una versió com en l'altra, el conflicte entre l'artista i la societat es resol amb una conciliació, amb un pacte entre la generació dels vells burgesos liberals i la dels joves artiste- Amb els anys, el prestigi i el carisma de Santiago Rusiñol van augmentar, la qual cosa li va permetre sobreviure a la desfeta del Modernisme. Es va dedicar a viatjar i a escriure la crònica dels seus viatges. Els darrers anys va dur una vida retirada.

—Tu, Ramonet, seràs escultor. No sé si desitjo que ho siguis, però lo que sé és que ho seràs. T'he vist sempre a l'escriptori, però no hi eres, a l'escriptori. Hi eres només que per mi, i ja t'agraeixo que hi fossis. «Adoni's del meu sacrifici», em recordo que em vas dir un dia, i me n'he adonat, i per això parlo.

Adona't del meu, et vui dir jo. Adona't sempre i a tothora que havies tingut un pare que no havia sigut res en el món perquè tu poguessis ser; que havia anat fent diners perquè tu els poguessis tenir, i que si mai fas una obra bona, en aquest camí que vols emprendre, sense mi no l'hauries feta.

[...]

SANTIAGO RUSIÑOL, *L'auca del senyor Esteve* (cap. VII, tercera part)

JOAN: Imbècils! Això, hèroe? Mentida! Els hèroes són els que no veies morir, perquè morien a les fosques, sense «farols» de vanitat, sense llum d'incendi, sense crits, sense trompetes. Els hèroes són els que moren pels seus, pels altres, per la llibertat dels altres, ho entens?, i no els borratxos de sang! Els hèroes són els que es defensen.

SANTIAGO RUSIÑOL, *L'hèroe* (escena X, acte II)

L'església de Sant Bartomeu i Santa Tecla, en un turó que presideix la platja, és una de les imatges més típiques de Sitges.

Santiago Rusiñol i Ramon Casas retratant-se l'un a l'altre (1890), obra feta pels dos artistes, pintada a quatre mans.

Activitats

1 **Llegeix els textos de Joan Puig i Ferreter de la unitat i fes una breu exposició sobre la seva concepció de l'artista. Fes atenció als aspectes següents:**

- Les posicions estètiques a què s'enfronta.
- La seva concepció de l'artista, comparada amb la visió del poeta del poema de «Les flors del mal», de Charles Baudelaire.

2 **Cerca informació sobre la figura i l'obra del dramaturg Henrik Ibsen. Compara l'argument del seu drama teatral *Un enemic del poble* amb *Aigües encantades*, de Puig i Ferreter.**

3 **Compara el plantejament temàtic d'*Aigües encantades* amb aquest fragment d'un conte de Raimon Casellas:**

Quan va arribar l'hora de la professó, esgarrifava de sentir la manera com aquella munió de gent miserable, vinguda de qui sap quins pobles i llogarets veïns, alçava un crit de plany al cel, fent prometença de no cometre més pecats si Déu s'apiadava de la comarca. Grans i xics udolaven: «Aigua, Déu! Aigua, Déu!». Tot lo que un dia havia sigut escàndol i impietat esdevenia desaforada contrició i viu penediment.

No n'hi havia prou d'anar a les lletanies amb devoció: calia presentar-s'hi fent extremituds de la més esbojarrada penitència. La major part dels assistents feien feredat de mirar, pels horrorosos enginys de suplici de què s'havien guarnit el cos. Quasi tots anaven amb els peus descalços i amb les cames vestides d'esbarzers. Molts arrossegaven pesants cadenes, o duien els braços estesos, amb una pedrassa a cada mà. D'altres portaven al coll dos cabirons clavats de través, a tall de creu feixuga que els marcava les espatlles. Fins n'hi havia que, nus de mig cos per amunt, duien, amb cordes d'espart lligats a la cintura, uns trossos de roc que, a l'arrossegar per terra, a cada sotragada torturaven les carns del penitent. Talment semblava que el terror i la fam havien trasbalsat el judici d'aquella gentada enfollida i clamorosa. I és que, estemordits per la misèria, imprimien a la devoció la mateixa mala sang amb què suara es destrossaven ells amb ells. Davant d'una penitència enfurismada com la d'aquells homes rebecs i enverinats, no se sabia si prendre els penitents per màrtirs de la fe cristiana o per lladres de camí ral.

RAIMON CASELLAS, *Deu-nos aigua, Majestat*

4 **Fes una ressenya de la biografia de Santiago Rusiñol. Cerca-hi paral·lelismes amb en Ramonet, el personatge de *L'auca del senyor Esteve*.**

5 **Llegeix aquests textos i compara'ls:**

a *El meu pare, casant-se va fugir de la tirania de l'avi. Però es va trobar amb la tirania d'una muller enamorada i gelosa. L'avi no volia que fos pintor, la meva mare estava desesperada perquè, un cop va veure aquest ofici de prop, va creure que el seu espòs fatalment li havia de ser infidel. [...] Va venir un moment en què l'ocell que volia sortir de l'empresonament que li era el despatx, estava més engabiat que mai per una muller que veia fantasmes per tot arreu, que no el deixava i que seguia els seus passos. [...]*

Els èxits teatrals del meu pare han estat sorollosos, però les obres cabdals d'ell han estat L'alegria que passa, *estrenada en el teatre Líric l'any 1891 i* L'auca del senyor Esteve, *l'any 1917. [...] Les dues obres, es pot dir que completen el seu autoretrat, que resumeixen la doble personalitat d'en Rusiñol. D'una banda, "La Puntual", que estimava tot i parlar-ne amb ironia, i que li havia deixat rastre, i de l'altra el «Clown» romàntic de* L'alegria que passa, *la falcia lleugera que vola arran de camí.*

MARIA RUSIÑOL, *Santiago Rusiñol vist per la seva filla*

b CLOWN: *Gràcies, públic il·lustrat. Gràcies al poble que, honrant la força brutal, s'honra ell mateix. Gràcies al poble que... etcètera. Ara, senyors tendrem l'honor de presentar el segon número. L'hermosa Zaira, la perla de la bohèmia, la sultana de la garita ambulant, la claror del nostre carro, la sirena de la terra, la flor criada en la molsa d'aquestes fustes tenyides, cantarà la cançó del nostre ofici, les cobles de la nostra carrera, el cant d'un aucell molt blanc, que s'assembla molt a una oca, a l'aucell que en diuen cigne i que sols canta una vegada.*

ZAIRA (cantant):

De terres enllà
portem la tristesa,
la portem pel món
per deixar-la enrera.
Pertot on passem
passem ben de pressa,
per no encomanà'ns
el mal de la terra.
El mal de l'amor,
el mar que s'arrela
i deixa en el cor
enyorança eterna.
Tant si plorem, com si
patim,
hem de fer riure,
hem de cantar per viure.

Com flors esmortuïdes
creixem en la serra
i anem desfullant-nos
per la carretera.
Les fulles que ens cauen
són cançons bohèmies
que sembren poesia
i la prosa enterren.
De l'arbre del món
som les fulles seques,
regades de llàgrimes
i rodolant sempre.
Tant si plorem, com si
patim,
hem de fer riure,
hem de cantar per viure.

SANTIAGO RUSIÑOL, *L'alegria que passa* (Acte únic, escena 7)

Test final d'unitat

1 **Digues si és veritat (V) o fals (F):**

		V	F
a	Richard Wagner és un referent important de l'art total	☐	☐
b	El teatre naturalista no va tenir seguidors a Catalunya	☐	☐
c	El regeneracionisme i el simbolisme són actituds artístiques equiparables	☐	☐
d	El «teatre d'idees» s'identifica amb el teatre Naturalista regeneracionista	☐	☐
e	Joan Puig i Ferreter va ser conseller del Govern de la Generalitat	☐	☐
f	Joan Puig i Ferreter va escriure novel·les i drames teatrals	☐	☐
g	Adrià Gual va fundar el «Teatre Íntim»	☐	☐
h	Santiago Rusiñol va néixer a Barcelona i va morir exiliat a França	☐	☐
i	Santiago Rusiñol va manifestar la vocació literària per damunt de l'activitat pictòrica	☐	☐
j	L'obra de Rusiñol *L'auca del senyor Esteve* va ser, en una primera versió, una novel·la	☐	☐
k	Santiago Rusiñol pertanyia a la burgesia industrial catalana	☐	☐
l	Joan Puig i Ferrater va escriure *Un enemic del poble*	☐	☐
m	*Aigües encantades* és una obra simbolista	☐	☐
n	Apel·les Mestres és un artista partidari de l'art per l'art	☐	☐
o	Adrià Gual va dedicar-se a dirigir una escola teatral	☐	☐
p	Al Cau Ferrat s'hi guardaven ferros forjats	☐	☐
q	La casa del Cau Ferrat de Rusiñol és al poble de Sitges	☐	☐
r	Santiago Rusiñol va escriure una obra social en què denuncia les guerres colonials i l'esperit militarista	☐	☐
s	*L'auca del senyor Esteve* de Santiago Rusiñol té trets clarament autobiogràfics	☐	☐
t	El teatre d'Adrià Gual és considerat un teatre elitista	☐	☐
u	Els modernistes van considerar el teatre com la manifestació més lliure i anticonvencional de l'art total	☐	☐

2 **Fes una recerca. Omple la graella amb la informació adequada:**

Autor	Títol d'una obra teatral destacada	Tema de l'obra	Protagonista/es principals de la narració	Teatre naturalista / Teatre simbolista
Ignasi Iglésias				
Apel·les Mestres				
Adrià Gual				
Joan Puig i Ferreter				
Santiago Rusiñol				

BLOC 5

EL NOUCENTISME

En aquest bloc estudiarem el moviment de consolidació de la cultura catalana del segle xx: el Noucentisme. La primera unitat és útil per tal de conèixer els aspectes socials i polítics que van contextualitzar aquest moviment de transformació social, ideològica, cultural i estètica. Així entenem per quines raons el Noucentisme privilegia la poesia per damunt de cap altre manifestació literària. En la resta d'unitats hem distingit dues figures excepcionals, la de l'ideòleg Eugeni d'Ors i la del poeta Josep Carner.

Per tal d'activar els coneixements previs, al principi de cada unitat presentem uns textos breus i unes preguntes que han de servir per iniciar-nos en els continguts essencials de cada període i dels diversos autors. Farem especial atenció als textos de lectura obligatòria, que llegirem i analitzarem. I per cloure, un test de coneixements al final de la unitat pot fer les funcions d'avaluació del que s'ha après.

UNITAT 17

NOUCENTISME I SOCIETAT CATALANA

UNITAT 18

EUGENI D'ORS

UNITAT 19

POESIA. JOSEP CARNER

CONEIXEMENTS PREVIS

Llegeix aquest text sobre el moviment Noucentista:

[...] posar ordre en allò que ja existia: encarrilar iniciatives en marxa, codificar l'idioma, rectificar desvaris o esmenar anacronismes. Equivalia també a crear del no-res, o amb poques possibilitats materials i humanes, tot el que feia falta: suplir les deficiències de l'Estat, atendre les necessitats pràctiques de la societat catalana, ampliar-ne el repertori d'ambicions intel·lectuals.

JOAN FUSTER, *Literatura catalana contemporània.*

Contesta les preguntes:

- a A què es deu referir Joan Fuster quan diu que el Noucentisme es va plantejar «posar en ordre allò que ja existia»? Pensa en el moviment que el precedeix.
- b Què vol dir «codificar l'idioma»? Amb quins instruments es fa aquesta feina en qualsevol llengua moderna?
- c Per què el Noucentisme havia de suplir «les deficiències de l'Estat»?

Llegeix aquest text sobre Pompeu Fabra:

D'entrada, semblava un senyor d'una normalitat absoluta, un senyor de mitja estatura, flac, ossat, rigorosament afaitat, d'ulls blavissos però intensos, d'una presència modesta però real, vestit de gris, que alternava amb el blau marí quan es mudava, d'un acolliment amable però caut i circumspecte, d'una total simplicitat, desproveït de gesticulació, mancat de pintoresc, silenciós, pausat, lent, en fi, un senyor que fumava la pipa amb el millor tabac ros que podia obtenir. [...] Hi havia, doncs, en el contacte amb Fabra, una inicial constatació agradable: una sensació de sopluig ordenat i confortable. Hom sentia que era un home que sabia el que es deia, que darrera de les seves paraules hi havia una gran reserva de coneixements mantinguts amb un sentit de la responsabilitat permanent. Amb això queda entès que Fabra no era allò que la gent en diu un polígraf. Aquest ofici, que la península ha prodigat, li feia horror. Fabra parlava del que sabia, i si parlava d'alguna cosa més que no estava en relació amb la seva activitat habitual -de matemàtiques, per exemple, o de química- era perquè també ho sabia. [...]

JOSEP PLA, «Pompeu fabra» dins *Homenots* (Primera sèrie)

Contesta les preguntes:

- a Fes una llista amb els trets físics i de caràcter de la descripció de Pompeu Fabra.
- b A què es refereix Josep Pla quan diu que «la relació amb Pompeu Fabra comportava una sensació de sopluig ordenat i comfortable.»

B5 UNITAT

17

NOUCENTISME I SOCIETAT CATALANA

En aquesta unitat estudiarem el moviment ideològic i estètic del Noucentisme. En primer lloc analitzarem la situació política, econòmica i social que va portar a l'esclat d'un moviment extraordinàriament ambiciós i ben planificat que va significar la consolidació de la cultura catalana nacional i moderna. Destacarem el procés de normalització de la llengua catalana, la figura clau de Pompeu Fabra i la tasca que va realitzar a l'Institut d'Estudis Catalans.

Dimensió estètica i literària

- Introducció al context històric del primer quart del segle xx.
- Característiques i etapes del Noucentisme.
- La figura de Pompeu Fabra i la seva tasca a l'Institut d'Estudis Catalans.

Objectius

- Comprendre el context històric i les circumstàncies polítiques i socials del Noucentisme.
- Identificar les característiques ideològiques i programàtiques del Noucentisme.
- Reconèixer el valor de la tasca de Pompeu Fabra i l'Institut d'Estudis Catalans.

IDEOLOGIA I ESTÈTICA DEL 1900

Context històric

La situació política, econòmica i social del final del segle XIX i començament del XX constitueix un dels moments més dinàmics de la història moderna a Catalunya. Els factors que condicionen aquest dinamisme són molts i de gran complexitat, per la qual cosa l'esforç d'esquematització comporta el risc d'una simplificació excessiva. Tanmateix, amb la intenció de situar el moviment cultural més ambiciós de la Catalunya moderna, que tenia la voluntat de **transformació social** planificada, cal tenir en compte el context següent:

- La **crisi colonial** (amb la significativa pèrdua de Cuba el 1898) trasbalsà la societat espanyola i sobretot denuncià un sistema econòmic i estatal ancorat en l'Antic Règim.
- La burgesia catalana, amb un plantejament econòmic i de mercat molt diferent, considerava un llast la submissió a les estructures polítiques espanyolistes i encarcarades, i a les oligarquies que les controlaven.
- La burgesia catalana, a fi de defensar els seus interessos, volia exercir una acció de govern amb autonomia –sense renunciar a intervenir dins el marc espanyol, ja que això li convenia per defensar la seva pròpia posició–, vehiculada a través de la **Lliga Regionalista** (partit polític catòlic i conservador fundat el 1901) i del seu òrgan d'expressió, el diari *La Veu de Catalunya* (1899).

Repatriats, dibuix de Ramon Casas al·lusiu a la guerra de Cuba.

Primavera, de Francesc Miralles.

- Per aconseguir el prestigi d'una classe moderna i respectada, la burgesia catalana necessitava actuar en un clima de **llibertat econòmica** i, alhora, en una societat culta i educada, pròspera i en ordre.
- La presència d'**Enric Prat de la Riba** en càrrecs de govern (el 1907, president de la Diputació de Barcelona i el 1917, president de la Mancomunitat de Catalunya) va ser clau per a la concreció política dels interessos de classe de la burgesia i dels continguts culturals del noucentisme.
- Prat de la Riba i els seus col·laboradors, amb gent de diversa filiació política i social, van dur a terme una sèrie d'accions sense precedents, tant pel que fa al volum com als objectius.
- A partir del 1917 es va anar gestant una crisi política i social que acabà en la **dictadura de Primo de Rivera** (1923) i la consegüent supressió de la Mancomunitat (1925): malestar en la classe obrera, «pistolerisme» dels sindicats controlats per la burgesia –amb constants enfrontaments amb les organitzacions anarquistes als carrers de Barcelona–, incidents per la guerra del Marroc, col·laboracionisme de la Lliga amb les oligarquies estatals espanyoles, etc.
- Després de la crisi del 1917, i en contrast amb el col·laboracionisme dels conservadors catalans amb les classes dirigents espanyoles, van destacar les posicions catalanistes desvinculades dels estaments burgesos i conservadors. Així va aparèixer un nou corrent **catalanista**, **d'esquerres** i **republicà**, encapçalat per Francesc Macià.

EL NOUCENTISME

El **Noucentisme** és el moviment cultural i ideològic que va donar forma a la política cultural reformista de la Mancomunitat. El terme *Noucentisme* va ser encunyat per l'ideòleg del moviment, Eugeni d'Ors, per analogia amb *vuitcentisme* (nou de 1900, és a dir, propi del segle XX, en **oposició** al **vuitcentisme**/Modernisme, propis del segle XIX, i alhora *nou* en oposició a *vell*). Es considera que la data de fundació del moviment és el 1906, per la coincidència de diversos fets:

Enric Prat de la Riba.

- Prat de la Riba va accedir a la presidència de la **Diputació de Barcelona** i va publicar *La nacionalitat catalana*.
- Eugeni d'Ors, amb el pseudònim de *Xènius*, va iniciar en *La Veu de Catalunya* la seva secció diària, titulada «Glosari», que presentava didàcticament el pensament ideològic i estètic del moviment, la doctrina que calia seguir.
- Es van publicar dos llibres de poemes representatius de la línia estètica imposada des del reformisme noucentista: *Els fruits saborosos*, de Josep Carner, i *Horacianes*, de Miquel Costa i Llobera.
- Es va celebrar el **Primer Congrés Internacional de la Llengua Catalana**, en el qual Pompeu Fabra va fer unes intervencions normativistes absolutament definitives per a la creació del model de llengua comuna per a tots els parlants de la llengua catalana.

Fins ara tres són principalment les manifestacions de tendències reconstructives de la nació catalana: la dels poetes, la dels arqueòlegs i la dels legistes. Els poetes alegren el cor amb sa cantadissa, fan estimable la pàtria a les multituds que judiquen per les impressions que reben, i popularitzen els antics herois i les venerandes institucions indígenes, amb la memòria de les quals peixen dolçament el poble. La poesia és, doncs, un plaer per a l'esperit, emperò no és son aliment: cap poble no s'ha nodrit de sola poesia, com cap home no es manté solament de llaminadures. Els arqueòlegs són excel·lents auxiliars en l'obra de restauració: ens fan conèixer amb exactitud la vida dels nostres progenitors, llurs costums, habilitats, son gust artístic; mes l'estudi d'edificis i mobles, que és un factor important en el treball social del catalanisme, representa un element aprofitable, mes en gran manera transitori, puix edificis, mobles, vestits, armes, etc., canvien com els temps que *sicut vestimentum veterascent*. Les lleis són la defensa de la pàtria, les formes de l'estructura de son cos vivent: qui amb violència les toca, ataca la vida social, per la qual cosa llengua i lleis formen part de l'existència personal de la nació. Mes com el brancam que porta el fruit i fa la bellesa de l'arbre, també les lleis a força d'anys moren, sense que per això mori la soca venerable, que és la pàtria.

JOSEP TORRAS I BAGES,
«Pensaments sobre l'esperit nacional»,
La tradició catalana

Etapes

Les etapes del moviment noucentista corresponen a la cronologia següent:

- Els **orígens** (1898-1906). En els antecedents ideològics o filosòfics del moviment destaca la figura del bisbe **Torras i Bages**, per la influència que va tenir sobre un grup de joves catòlics lletraferits: Josep Carner, Jaume Bofill i Mates, etc. Torras i Bages defensava un **classicisme llatí** conservador i tradicionalista, oposat a les «boires del nord protestants i decadents» dels autors que van influir tant en el Modernisme.
- La **consolidació** (1906-1917). És l'autèntic decenni prodigiós del moviment, en què es van escriure algunes de les obres més representatives de la cultura catalana moderna, fonamentada en els conceptes d'arbitrarisme, continuïtat, imperialisme, intervenció, Catalunya ideal, Catalunya ciutat, etc.
- La **crisi** (1918-1923). Aquest període va estar marcat per la mort d'Enric Prat de la Riba (1917) i, sobretot, per la **Primera Guerra Mundial** (1914-1918), que s'interpreta com el final d'una utopia.
- La **dissolució** (1924-1936). La dictadura de Primo de Rivera va sentenciar la crisi iniciada una mica abans i, malgrat l'adveniment de la República, el moviment ja no es va poder recuperar amb els mateixos plantejaments ideològics i estètics.

Participants en el Primer Congrés Internacional de la Llengua Catalana (1906).

El moviment noucentista es va plantejar com a objectius prioritaris regular i **institucionalitzar** una llengua, una literatura i una cultura. Com diu Josep Pla, representa «el moment àlgid d'europeisme en aquest país i, per tant, el punt més baix del tradicionalisme cultural peninsular encara persistent». La nova intel·lectualitat hegemònica i elitista, encapçalada per Eugeni d'Ors, va elaborar i imposar una estètica i un model d'acció cultural que s'adaptava perfectament a la voluntat política reformadora impulsada des de la Mancomunitat de Catalunya. Els factors sobre els quals havia d'actuar la voluntat reformadora del moviment eren un territori i una llengua: transformar la *pàtria* en país i el *llemosí* en llengua catalana normativa. Tot plegat regit per un ordre –el «seny ordenador» de Prat de la Riba– i una forma.

Els resultats de tot aquest esforç van ser extraordinaris, eficaços i d'una transcendència innegable. Van crear l'**Institut d'Estudis Catalans** (1907), la Biblioteca de Catalunya (1914), la xarxa de biblioteques populars repartides per tot el país (des del 1915), els centres de formació professional –l'Escola Industrial i l'Escola d'Agricultura, així com altres centres de formació, com l'Escola de Bibliotecàries i l'Escola d'Infermeres–, els museus, etc. Per damunt de tot destacà la normativització de la llengua catalana gràcies, en primer lloc, a Pompeu Fabra (el 1913, la Secció Filològica de l'Institut d'Estudis Catalans va promulgar les ***Normes ortogràfiques***), que gaudia de la col·laboració d'un grup d'escriptors de primera fila –Carner, Guerau de Liost, Riba, Foix, etc., la majoria dels quals eren poetes–; i, en segon lloc, gràcies a la possibilitat de consolidar i vehicular totes aquestes aportacions a través dels centres culturals i docents vinculats a la Mancomunitat.

Pompeu Fabra

Pompeu Fabra.

Pompeu Fabra va néixer a Barcelona el 1868 i va morir a Prada (Conflent) el 1948.

Des de molt jove va expressar el seu interès per la lingüística, tot i que seguirà estudis d'enginyer industrial. L'any 1890 el trobem vinculat a la revista modernista *L'Avenç* en la qual publica les seves primeres propostes en el camp de la gramàtica. De fet la revista va apostar per la modernització ortogràfica de Pompeu Fabra, per la qual cosa va modificar l'ortografia de la capçalera canviant la «s» per «ç». Així doncs, Pompeu Fabra va tenir un paper cabdal en la campanya d'aquesta publicació per a dur a terme una reforma ortogràfica, amb la qual es posaven les bases del català modern. Durant la dècada dels trenta, Fabra dona a conèixer el *Diccionari general de la llengua catalana* (1932), autèntic pilar de la llengua. Pompeu Fabra es va exiliar l'any 1939, però el seu esforç per

Carles Riba.

En una gloriosa entitat cultural nostra, hem sentit de vegades algú que es planyia dels polítics com d'un etern destorb per als intel·lectuals. L'entitat on qui deia això desenrotllava la seva tasca, devia, però, la naixença a un ideal polític, formava part d'una vasta obra de construcció política, era sostinguda amb cabals de corporacions públiques, és a dir, polítiques. ¿Ho ignorava o ho desagraïa? Totes dues coses em semblen monstruoses. [...] En rigor, el que demanen al polític pròpiament dit és, en primer lloc, una tàctica i un èxit en vista dels fins col·lectius: diem en primer lloc, no exclusivament. El paral·lel del polític amb el general és tan fàcil, i tan clàssic, que ens sentim dispensats de traçar-lo: en allò que és ponderable i en allò que no ho és; sobretot, en la convicció, tan necessària a l'un com a l'altre, que tota actitud de pura dignitat té, al capdavall, una eficàcia assegurada. Un gran polític nostre deia que, per a emprendre l'ascensió d'una muntanya, cal deixar de veure, de moment, el cim. Sí, però és evident que també cal no oblidar el cim.

Si el polític l'oblida, si es perd entre els fets, ¿qui haurà de fer-lo gravitar novament cap als principis? ¿El poble, si és que això existeix, amb el seu mer instint, posat que un instint sigui sempre infal·lible? ¿O més aviat l'intel·lectual que, per definició, ha d'ésser home de consciència clara i franca, i avesat a tractar i a formular els valors eterns en llur jerarquia, de cara a llurs imperatius? Ens sembla que l'intel·lectual sempre complirà com a tal, enmig de les fluctuacions de la vida pública, essent més digne, en tot cas, que els polítics.

CARLES RIBA, «Polítics i intel·lectuals», *Escolis i altres articles*

Pompeu Fabra, Pere Lloret, Ramon Nogués, Carles Riba i Humbert Torres, a Montpeller.

dotar el català d'una eina útil i moderna no va cessar. A Prada de Conflent treballa en la seva pòstuma *Gramàtica catalana*, que veurà la llum el 1956 gràcies a l'acurada edició del seu deixeble Joan Coromines.

L'aportació més important del Noucentisme a la cultura catalana, més enllà d'una estètica i unes obres concretes, va ser definir el **model** de llengua literària per a una societat culta i moderna. Des de l'Institut d'Estudis Catalans, Pompeu Fabra va establir un català culte allunyat de les solucions individuals més o menys pintoresques, del perill de la castellanització i de l'excessiva fragmentació dialectal; en conseqüència, va fixar un **català apte** per a totes les variants lingüístiques.

A final de gener de 1939 Fabra, la seva dona i les tres filles van haver de deixar el país a corre-cuita. El dia 24 se'n van de la casa que tenien llogada a Sant Feliu de Codines, sense absolutament res més que la roba que portaven posada i els diners que es van poder endur. Van passar cinc dies (26-31) a Can Perxers, vora el poble pirinenc d'Agullana, un casal amb capacitat per a una cinquantena de persones, que a poc a poc és envaït per una riuada de gent. Rovira i Virgili ens n'ha conservat notes de dietari: «Manquen queviures, vaixella, llits, matalassos, flassades...», «La majoria d'aquests [estadants] duen escrita a la faç la desolació del cataclisme. [...] Hi llegiu tota l'angoixa de les vides trencades, de les llars desfetes, de l'obra costosa dels anys que s'esfondra, la de la dura pobresa que ve. El casal és com un vaixell ple de nàufrags». Els biògrafs ens presenten Fabra «resignat, tranquil, conseqüent», «passejant solitari sota les alzines [...], la mirada abstreta, joguinejant amb la pipa apagada»: «Però no costava pas d'arrencar-lo de la seva abstracció. Bastava que algú el saludés tot passant, perquè recuperés el somriure, l'expressió gairebé jovial». A pesar dels setanta-un anys, Fabra a Can Perxers tenia responsabilitats de part de la Institució de les Lletres Catalanes i intentava ajudar i animar els altres.

Però la desolació de Fabra s'incrementa per un altre motiu: «No puc deixar de pensar [...] en els meus papers i llibres, la riquesa que més estimo i que hauré d'abandonar quasi totalment. Sense les obres de lectura i de consulta, i sense els apunts manuscrits, em sentiré pobre i desemparat. Aquesta serà per a mi la pitjor pobresa», havia dit uns dies abans a Rovira i Virgili, quan encara no sabia que el seu pis de Badalona seria saquejat i que tots els seus llibres i papers es dispersarien o serien destruïts. Aquesta mancança de les pertinences intel·lectuals, que eren un aspecte fonamental de la seva vida i de la seva obra, l'afligiran durant els anys d'exili: no compta ni amb el seu propi diccionari, la fita més preuada de la seva obra, i Emili Granier-Barrera n'hi regalarà l'any 1939 un exemplar que li havia regalat a ell Josep Maria de Sagarra («Vaig pensar que seria més útil a mans seves que a poder meu»), un exemplar on Fabra, mancat a l'exili fins i tot de paper, va fer anotacions marginals. Afortunadament, aquest mític exemplar del diccionari s'ha salvat i ha sigut localitzat darrerament en mans dels seus néts.

Joan Solà, «Pompeu Fabra i Poch. Semblança biogràfica»

Tothom sap prou que són raríssimes les qüestions d'ortografia, de morfologia i de sintaxi en les quals els nostres escriptors estiguin completament d'acord.

Quan s'inicià la renaixença literària, la llengua parlada es trobava massa castellanitzada i malmesa per poder ésser adoptada integralment com a llengua escrita, i tot seguit començava la tasca de purificar-la i de polir-la cercant de reemplaçar les paraules, les formes i les construccions jutjades dolentes, per altres tretes de la llengua antiga o de les varietats rurals de la llengua parlada. Calia no res menys fixar l'ús de moltes lletres, de l'accent gràfic, de l'apòstrof. La tasca empresa era grossa i difícil, calia regirar una infinitat de qüestions, decidir-se en cada cas entre diferents solucions proposades, i, no havent-hi una autoritat reconeguda per tothom, havien fatalment de produir-se tota mena de divergències.

Conclusió

La solució definitiva que han de rebre una gran part de les qüestions morfològiques i sintàctiques examinades, depèn de la solució que donarem a una qüestió capital, que ha estat discutida en diferents ocasions (darrerament en el Congrés de la Llengua Catalana): la de quina relació ha de guardar la futura llengua literària amb la llengua parlada. ¿Hem de rebutjar en absolut els canvis que ha experimentat la llengua, els quals han romput la unitat aconseguida en dia, o recolzar el català literari sobre la llengua parlada, purificant-la, refinant-la, però evitant tots aquells retocs que la poguessin encarcarar? ¿Hem d'admetre, com ha estat proposat diferents cops, l'existència de dues llengües incompenetrables –una llengua familiar, vulgar, condemnada a una perpetual degradació– o rebutjar una tal dualitat i voler les dues llengües tan acostades que la parlada pugui infondre tota la seva vida a la literària i pugui, en canvi, anar assimilant-se tots els perfeccionaments i refinaments introduïts en aquesta?

En realitat, si cada escriptor escrivia en el seu català –no en el català de la gent ínfima de la seva encontrada sinó en el de la gent més culta–, les divergències que apareixerien en la llengua literària no foren potser, ja avui, tan grosses com molts pensen, i és de creure, venint temps favorables a la nacionalitat catalana, que aquestes divergències anirien atenuant-se, i una compenetració s'aniria operant entre la llengua literària i el llenguatge de la capital.

Pompeu Fabra,
Sobre diferents problemes en l'actual català literari

Coberta del *Diccionari general de la llengua catalana* (1932).

Activitats

1 Llegeix el text que tens a continuació.

Dèiem una vegada a un escriptor valencià: «Nosaltres, catalans, no desitjaríem altra cosa sinó que emprenguéssiu una obra de forta depuració del vostre idioma, encara que no us preocupéssiu gens d'acostar-vos al nostre català; que tractéssiu de descastellanitzar el valencià i de redreçar-lo i d'enriquir-lo procurant acostar-lo al valencià dels vostres grans escriptors medievals. Així, tot fent una obra purament valencianista, us trobaríeu haver fet una obra catalanista, d'acostament al nostre català: elevant la vostra llengua escrita per damunt dels parlars valencians actuals, recolzant-la en el valencià del segle xv, produiríeu un valencià que no seria pas una llengua altra que la catalana, al costat de la nostra modalitat catalana i de la modalitat balear.»

Molts valencians i balears creuen que l'obra d'unificació del català escrit suposaria la supeditació de llurs varietats dialectals al català de Catalunya. No, no es pretén de supeditar cap varietat a una altra: es tracta simplement que dins cadascuna de les tres grans regions de llengua catalana es realitzi una obra de depuració, de redreçament de la llengua. Cadascuna d'elles té els seus clàssics dins la nostra gran literatura medieval: que cadascuna els prengui per models per depurar i redreçar la seva varietat dialectal; i això sol faria que, sense sortir-nos els uns i els altres del nostre català, ens trobaríem escrivint modalitats no pas molt diferents d'una sola llengua literària.

Eliminats, dins cada varietat, els castellanismes de lèxic i de sintaxi, reintroduïdes en la llengua escrita les paraules i les construccions perdudes durant els segles de decadència literària, enriquida la llengua escrita pels mots i girs que ens ofereixen els diferents parlars actuals, bandejades les mil corrupteles que hi pul·lulen, evitades les grafies consagradores de pronúncies merament dialectals; les diferències que encara trobaríem entre el català de Catalunya, el català de València i el català de les Illes, potser es reduirien a unes quantes divergències morfològiques, les quals per llur nombre i per llur importància no justificarien pas de parlar, com encara alguns parlen, d'una llengua valenciana i d'una llengua mallorquina enfront d'una llengua catalana.

POMPEU FABRA,
La tasca dels escriptors valencians i balears

Contesta les preguntes:

- **a** Quin consell dona Pompeu Fabra a l'escriptor valencià?
- **b** Per quin motiu aquesta tasca seria alhora valencianista i catalanista?
- **c** Quines són les tres modalitats de la llengua que esmenta Pompeu Fabra?
- **d** Quin temor poden manifestar els parlants valencians i balears?
- **e** Quin és l'objectiu que planteja Pompeu Fabra?
- **f** Quines estratègies es planteja?

2 Cerca informació sobre la vida i l'obra de Pompeu Fabra.

- **a** On va néixer? On va morir?
- **b** Quina formació tenia?
- **c** On va realitzar la seva obra?
- **d** Per quin motiu es va haver d'exiliar?
- **e** Quins són els seus treballs més sdestacats?

3 Cerca informació sobre l'Institut d'Estudis Catalans.

- **a** Quan es va fundar?
- **b** Quina és la seva finalitat?
- **c** Existeix actualment?
- **d** Té alguna correspondència amb altres institucions d'altres llengües?

4 Llegeix aquest text de presentació de la Secció Filològica de l'IEC per completar la teva recerca:

SECCIÓ FILOLÒGICA

És una de les cinc seccions actuals de l'Institut d'Estudis Catalans (IEC). Fou creada, juntament amb la Secció de Ciències, l'any 1911 i acompleix des d'aleshores la funció d'acadèmia de la llengua catalana que té encomanada l'Institut. La composició inicial de la Secció Filològica integrava els dos grans lingüistes d'aquell moment: Antoni M. Alcover, que en fou el primer president, i Pompeu Fabra, que esdevindria el principal codificador de la llengua catalana. Al seu costat, hi figuraven tres grans escriptors, de generacions i tendències diverses: Àngel Guimerà, Joan Maragall i Josep Carner, que fou secretari de la Secció. I finalment, un hel·lenista —Lluís Segalà— i un biblista —Frederic Clascar.

D'acord amb l'article 3 dels Estatuts de l'IEC, corresponen a la Secció tres línies principals d'actuació:

- *L'establiment de la normativa lingüística.*
- *La investigació i l'estudi científic de la llengua.*
- *El seguiment del procés de normalització en el conjunt de les terres de llengua i cultura catalanes.*

Test final d'unitat

1 Digues si és veritat (V) o fals (F):

	V	F
a El Noucentisme és un terme que s'oposa a vuitcentisme	☐	☐
b El terme *Noucentisme* és d'origen popular	☐	☐
c La burgesia catalana industrial de principis del segle XX exigeix una política autonòmica en relació a l'estat espanyol	☐	☐
d La Lliga Regionalista era un partit polític pròxim al socialisme utòpic	☐	☐
e Enric Prat de la Riba va ser president de la Generalitat	☐	☐
f Torres i Bages era bisbe	☐	☐
g El 1923 es produeix un cop d'estat militar	☐	☐
h Xènius és el pseudònim d'Eugeni d'Ors	☐	☐
i Pompeu Fabra va ser al capdavant de la Secció Filològica de l'Institut d'Estudis Catalans	☐	☐
j Pompeu Fabra considerava que la llengua de València i de les Illes Balears no era català	☐	☐
k El 1913 es van promulgar les Normes de Circulació de Vehicles	☐	☐
l Pompeu Fabra va morir a l'exili	☐	☐
m El *Diccionari General de la llengua catalana* és publicat el 1932	☐	☐
n La *Gramàtica catalana* de Pompeu Fabra és publicada pòstumament a l'exili	☐	☐
o La Mancomunitat de Prat de la Riba va crear la xarxa de biblioteques populars a tot el país	☐	☐
p Prat de la Riba va escriure el pròleg del llibre de Josep Carner titulat *La nacionalitat catalana*	☐	☐
q El Primer Congrés Internacional de la Llengua Catalana es va celebrar l'any 1936	☐	☐
r El Primer Congrés Internacional de la Llengua Catalana es va celebrar a Prada de Conflent	☐	☐
s Carner i Riba van col·laborar en la Secció Filològica de l'IEC	☐	☐
t J.V. Foix es va oposar a la normativització de Pompeu Fabra	☐	☐
u En el període noucentista es va produir una estreta col·laboració entre polítics i intel·lectuals	☐	☐

2 Completa les següents definicions amb les paraules més escaients:

El Noucentisme és el moviment .... i .... que va donar forma a la política cultural reformista de la .... Es considera que la data de fundació del moviment és el .... Aquest any es produeixen 4 fets molt importants:

1. ....
3. ....
2. ....
4. ....

3 Exposa breument qui eren els personatges, les institucions o els fets històrics següents:

- Lliga regionalista
- *La Veu de Catalunya*
- Josep Torras i Bages
- Enric Prat de la Riba
- Mancomunitat de Catalunya
- Miguel Primo de Rivera
- Primer Congrés Internacional de la Llengua Catalana
- Institut d'Estudis Catalans
- Pompeu Fabra

4 Desenvolupa la següent afirmació:

L'aportació més important del Noucentisme a la cultura catalana va ser definir el model de llengua literària per a una societat culta i moderna.

5 La Mancomunitat de Prat de la Riba va proposar-se una transformació del país i de la llengua catalana com a eix de cohesió transversal. En aquest sentit van crear i posar en funcionament una sèrie d'institucions, organismes i infraestructures. Posa'n un exemple per cada àmbit de la llista:

- Construcció d'infraestructures
- Modernització de l'educació primària
- Modernització de la formació tècnica i industrial
- Modernització i formació agropecuària
- Foment de la divulgació científica
- Creació de xarxa de biblioteques
- Normativització de la llengua catalana
- Modernització de les arts
- Estudi i protecció del patrimoni

CONEIXEMENTS PREVIS

Llegeix aquesta glossa d'Eugeni d'Ors:

Un distingidíssim periodista francès, que està fent un viatge per l'Anglaterra, reconta una escena ben significativa, vista per ell als pocs moments d'arribar a Londres. Vaig a resumir aquesta escena, per a il·lustració d'un cert ordre especial de suggestions que intentaré desvetllar en l'esperit del que em llegeixi, parlant, en el present Glosari, d'Urbanitat –escrivint-ho així: Urbanitat, amb majúscula...–. I que n'haig de parlar més d'un cop.

Detingueu-vos, barcelonins, amics meus, detingueu-vos per un moment a imaginar. Tanqueu els ulls a n'aquest viure massa barrocament virolat, massa pintoresc, que us envolta. Figureu-vos una Ciutat –he dit «una Ciutat» i no un campament de pedra–, una gran Ciutat, plena, activa, normal, històrica i constantment renovellada alhora. Imagineu son lloc més cèntric, més vivent... ¿Veieu el quadro? En la gran plaça pública els grans edificis públics –columnates i escalinates– drets i sòlids, severs i augustos, patinats gloriosament per la carícia de les edats. Entre ells, cases particulars, sòlides també, històriques també, opulentes en ròtuls i anuncis. Aquí, desembocant-hi, una gran artèria comercial. Allí, eixint-ne, una gran via aristocràtica. Allà baix, nota alegre, una reixa de gran parc. Estàtues, fonts. D'aquí i d'allí i pel mig, i arreu –divergentes, oposades, contraposades, sempre harmòniques– les grans onades de multitud, vivents braços cívics...

Són les onze del matí, l'hora de més trànsit. Un automòbil arriba corrent de la gran via aristocràtica, i, a l'intentar donar la volta a la plaça, resta atascat, a son bell mig. Hi ha una gran quantitat de cotxes, d'òmnibus, de carros: la circulació és aturada. Cal que una llarga fila de vehículs esperi que l'automòbil sigui apartat. –Cap cotxer s'impacienta, ni crida, ni jura.– Guia l'automòbil un senyor tot elegant. Va asseguda, darrere d'ell, una senyora tota eleganta. Ambdós romanen quiets, correctes, indiferents. No tenen pas l'aire de sospitar que són ells els qui deturen la circulació en la gran plaça. Un mecànic, que va al costat de l'impassible conductor, salta a terra i prova de posar el vehícul en marxa. Vanament. Segon assaig, sense resultat. Ara són més de cent cinquanta els vehículs deturats.

Eugeni d'Ors, *Glosari*

Contesta les preguntes:

- a Què és una «glossa»? Aquest text ho és?
- b Quina és l'estructura del text? En quantes parts està dividit? Té una conclusió clara?
- c Quin és el tema?
- d Quina és la intenció?
- e Hi ha ironia?

B5 UNITAT

18

EUGENI D'ORS

En aquesta unitat estudiarem la figura, el pensament i l'obra de l'intel·lectual que ha estat considerat l'ideòleg del moviment noucentista: Eugeni d'Ors. És una figura molt influent per la seva tasca com a escriptor i sobretot com a organitzador cultural. En aquesta unitat estudiarem, per tant, alguns dels conceptes clau del Noucentisme. També llegirem alguns dels textos d'assaig i periodístics que van fer fortuna en les revistes i diaris de l'època.

Dimensió estètica i literària

- Vida i obra d'Eugeni d'Ors.
- Principis ideològics del Noucentisme.

Objectius

- Conèixer l'obra d'Eugeni d'Ors i la seva influència en el moviment noucentista.
- Identificar els principis ideològics del Noucentisme.

VIDA I PERSONALITAT

Eugeni d'Ors.

Eugeni d'Ors i Rovira va néixer a Barcelona el 1881 i va morir a Vilanova i la Geltrú el 1954. L'any 1905 es va doctorar en Dret a la Universitat de Barcelona, tot i que no va exercir mai d'advocat. Per la seva activitat com a escriptor i organitzador cultural, és un dels primers casos de professionalització de l'intel·lectual català. Posteriorment va estudiar Filosofia i Lletres i es va doctorar en Filosofia l'any 1913. Des de molt jove va freqüentar cercles literaris i artístics, i va fer algunes col·laboracions en la premsa modernista.

El 1906, Prat de la Riba li encarregà una nova secció d'opinió en el diari *La Veu de Catalunya* titulada «Glosari». Aquest «Glosari», que signava amb el pseudònim de *Xènius* i que es va publicar amb assiduïtat des del 1906 fins al 1920, va tenir una influència extraordinària en tota una generació d'escriptors i intel·lectuals, i en la vida pública catalana en general. Eugeni d'Ors es va convertir en el màxim teòric del moviment de renovació cultural, política i econòmica que propugnava la Lliga. La seva col·laboració amb Prat de la Riba va ser estreta i fructífera: el 1911 va ser nomenat secretari general de l'Institut d'Estudis Catalans; el 1915 va esdevenir director de l'Escola de Bibliotecàries, i el 1917, màxim responsable d'Instrucció Pública de la Mancomunitat de Catalunya.

Després de la mort de Prat de la Riba el 1917, es va produir un distanciament entre Eugeni d'Ors i la ideologia de la Lliga –especialment per les *Gloses de la Vaga*, en què mostrava simpatia pel sindicalisme, però també per la seva enemistat personal amb Josep Puig i Cadafalch, el segon president de la Mancomunitat; i encara, si seguim el testimoni de Josep Pla, per la seva excessiva egolatria, que el va convertir en un «dictador». Tot plegat exemplifica la **crisi** general del **moviment**, motivada per la impossibilitat de continuar defensant la **utopia** d'una **societat ideal** després del desastre de la guerra a Europa. Es va veure obligat a renunciar progressivament els seus càrrecs fins que, el 1920, va ser bandejat del tot. Durant alguns mesos va continuar publicant el «Glosari» en el diari *El Día Gráfico*, però finalment l'any 1923 es va instal·lar a Madrid, on es va dedicar a destruir sistemàticament i «per venjança» tot el que havia creat, i a defensar tot el que fins aleshores havia menyspreat.

> El senyor Eugeni d'Ors fou un antivuitcentista fabulós. Considerava que el vuit-cents havia estat la pura vulgaritat. Creà el noucentisme: fou el seu ideal. A dintre de la Lliga, d'Ors arribà a les posicions més altes, s'entén, a les posicions intel·lectuals. [...] El noucentisme, aquest era el seu fort, i alguns alts personatges de la Lliga no solament l'apreciaven, sinó que l'adoraven. Altres potser no tant, però en la direcció de la Lliga no hi hagué mai cap discrepància. [...] D'Ors fou utilitzat per Prat de la Riba en el moment de l'organització d'una cultura oficial catalana viva centrada al voltant de l'Institut d'Estudis Catalans. Es convertí en un home d'acció. El propagandista fou nomenat director d'Instrucció Pública i esdevingué professor, conferenciant. Foren creades escoles, biblioteques, publicacions de bona qualitat. Fou creada sobretot una Escola –la primera escola que hem tingut en aquest país, una escola pròpia, la millor, de la qual encara viu la meva generació. Fou un moment important.
>
> JOSEP PLA, *Obra completa* (XLIII i XI)

Aquest conjunt de fets van causar un gran impacte en els intel·lectuals catalans. Va col·laborar en la **premsa madrilenya** escrivint en castellà –va mantenir el pseudònim de *Xènius* i va publicar un «Glosario» en els diaris *ABC*, *El Debate*, *Arriba España* i *Arriba*. Va fer de conferenciant i, com a crític d'art, va publicar un dels llibres que més reputació li van donar en castellà: *Tres horas en el Museo del Prado* (1922). El 1927 va ser elegit membre de la Real Academia Española de la Lengua. Durant la rebel·lió contra la República el 1936, s'adherí al Govern facciós de Burgos, per la qual cosa, un cop acabada la guerra civil, els vencedors li van permetre participar una altra vegada en tasques d'organització cultural: va ser director general de Bellas Artes (1938), catedràtic extraordinari de la Universitat de Madrid, etc.

Una edició actual del *Glosari*.

Producció literària

Eugeni d'Ors és autor d'una sola gran obra, el *Glosari*, de la qual en sorgeixen d'altres publicades de forma independent amb pretensions més explícitament literàries o filosòfiques. Així, del «Glosari», publicat diàriament en *La Veu de Catalunya* entre el 1906 i el 1920, en van sortir diverses sèries de glosses literàries –generalment escrites en el període de les vacances d'estiu, i, per tant, concebudes més aviat com un divertiment. Aquestes glosses es van editar com a llibres: *La Ben Plantada* (1911); *Gualba, la de mil veus* (1915); *Lliçó de tedi en el parc*; publicada amb el títol *Oceanografia del tedi* (1916). Algunes d'aquestes glosses tenen una ambició ideològica: *Gloses de Quaresma*, publicades amb el títol *Filo-*

sofia de l'home que treballa i que juga (1914); *Lletres a Tina*, publicades amb el títol *Tina i la Guerra Gran* (1914-1915); *La vall de Josafat* (1918-1919), en què mostra simpatia vers el sindicalisme obrer, i finalment *El nou Prometeu encadenat* (1920), publicat en *El Día Gráfico* un cop l'havien desposseït de tots els càrrecs.

El *Glosari*

A través del *Glosari* –el qual comparava amb el *Diccionari filosòfic* de Voltaire i, fins amb els *Assaigs* de Montaigne–, Eugeni d'Ors va dur a terme una tasca d'il·lustració pública molt eficaç sobre els principis ideològics, ètics i estètics d'aquest projecte transformador sostingut per la burgesia catalana. L'escriptor establia un sistema d'oposicions entre el passat i el present que servia per definir, per afirmació i negació, les característiques del moviment noucentista: romanticisme / classicisme; el món rural / la ciutat; el carrer / la Universitat; l'espontaneïtat / el to; el popularisme / la civilitat; la sinceritat / la urbanitat; el fanatisme / la ironia; el caprici / la norma; el verisme / l'arbitrarietat; etc. Amb la intenció de capturar el que l'autor en deia «les palpitacions del temps», va anar difonent alguns mots clau que representaven les expectatives de canvi impulsades pel Noucentisme.

- **Noucentisme**. Indica les ànsies regeneracionistes del moment, en la cruïlla pretesament nova encetada amb el canvi de segle.
- **Imperialisme**. Fa referència a una alternativa econòmica i social a mig camí entre el liberalisme clàssic i el socialisme revolucionari, és a dir, una tercera via que optés per la intervenció en les necessitats públiques amb la intenció de frenar les reivindicacions de col·lectivització de la propietat privada.

Cartell d'Adrià Gual en què es pot veure un nou ideal de dona.

La Veu de Catalunya

DIARI NACIONALISTA CATALA

Dimecres, 31 de desembre de 1919

La defensa de la ciutat

El manifest de l'organització obrera, rectificant la conducta iniciada amb les vagues de l'escorxador, les farineres i les fleques, demostra que els directors del moviment sindicalista s'han convençut dels perills que la impopularitat de llur actitud representava per a la causa que diuen defensar. No hauria d'ésser aquesta la darrera rectificació.

Capçalera de *La Veu de Catalunya*, òrgan del Noucentisme polític i cultural.

- **Arbitrarisme**. Designa l'ètica que justifica l'actitud intervencionista, tant en qüestions socials com estètiques.
- **Civilisme** o **civilitat**. És el model de comportament de les transformacions infraestructurals proposades, concebut a imatge i semblança de la polis grega.
- **Classicisme**. Fa referència al passat grecoromà com a constant històrica i cultural heretada per la nació catalana.
- **Mediterranisme**. Representa el paisatge que remet i associa la nació catalana al passat històric clàssic.

La Ben Plantada

Exlibris i signatura d'Eugeni d'Ors.

Les glosses de *La Ben Plantada*, escrites l'estiu del 1911, se centren en una noia jove, maca i barcelonina, que passa alguns mesos en una colònia d'estiuejants en un poblet de la costa. El procés de mitificació que l'autor desenvolupa converteix la protagonista, Teresa, en l'element aglutinador dels membres de la petita comunitat d'estiu i, per extensió, en el símbol de la dona catalana, en la qual s'encarnen totes les virtuts del que Eugeni d'Ors anomenà «la Raça», i que cal entendre com la catalanitat des del punt de vista de la cultura.

En la tercera part del llibre, concebut com una antinovel·la, l'autor aclareix que «no escrivim un poema líric, sinó un assaig teòric sobre la filosofia de la catalanitat». Aquestes glosses, que van causar un gran impacte en el moment de la seva publicació, estan al servei dels principis de mediterranisme i classicisme que l'autor havia predicat, i justifiquen també l'arbitrarisme estètic i polític.

Activitats

1 Llegeix el text de *La Ben Plantada* que tens a continuació i contesta les preguntes.

Així, d'acostar-se a la Ben Plantada, hom esdevé millor. D'ésser presidit per la Ben Plantada, hi ha un guany de noblesa especial. Pels volts de la Ben Plantada tot és ordre i acord. Que ella deu ésser l'eternitat mateixa tornada bella aparença i gai instant. Res no hi ha comparable a aquesta influència. La influència, l'ensenyament de la Ben Plantada! Si la pogués contemplar així, i aprendre d'ella, no una petita colla d'homes, sinó tota la meva terra, amb les seves gents!

Coberta de *La Ben Plantada*.

Si vinguessin a l'escola de la Ben Plantada les generacions a guanyar-hi serenitat, a guarir de romanticisme, a salvar-se de mentides i captar-hi estil i normes de bellesa i ben viure, i tots abjuressin davant d'ella dels errors passats, i els ciutadans, els poetes, els artistes, els arquitectes, els polítics, els negociants, els mestres d'estudi sabessin, d'aquest punt endavant, infondre una mica de l'esperit de tan escaienta i profunda ensenyança a llur acció i llurs obres!

... Per ara i tant, la Ben Plantada, en el petit poble mariner on passa l'estiu, ja ha assolit aquests resultats meravellosos: que les altres noies, menys formoses que ella, menys esguardades que ella, menys celebrades, no li hagin agafat enveja o gelosia, sinó que es complaguin al seu costat, i l'estimin; i que els homes, mentre ella és present, s'acontentin tots per igual –i sense, fins avui, cap temptativa de desobeir aquesta llei tàcita–, amb la joia noble d'ésser els seus amics.

«De com la puixança
de la Ben Plantada s'exerceix per a l'ordre,
per al desordre no»
(cap. VIII, primera part)

a Creus que la denominació «Ben plantada» té una connotació ideològica o respon a una descripció del personatge?
b Quina és la gran influència de la Ben Plantada?
c Què vol dir «guarir de romanticisme»?
d A quins «errors passats» es refereix?

2 Llegeix la glossa del 8-11-1915, titulada «El museu» que tens a continuació i contesta les preguntes.

El museu

Darrera l'Acadèmia, la Biblioteca. Darrera la Biblioteca, el Museu. Això va prenent forma.
«Prendre forma» no vol dir solament guany en estructura. Vol dir també guany en bondat.
L'ordre és una cosa divina. El desordre és una cosa infernal. Discuteixen els comentadors si el Caos de què es parla en el Gènesi és o no personal. Si es tracta de l'estat del món abans de la distribució i arquitectura i intel·ligibilitat que la Paraula hi duia, o bé del mateix diable.
Si el Caos no és el diable, és almenys una cosa diabòlica.
Nosaltres som ara a camí amitjanat entre el Caos i el Jardí. De la confusió de les aigües surt una illa nova –delimitada, ordenada– una illa que és un Museu.
Som al dimecres de creació. Dimecres, mitja setmana. El diumenge, on es pot reposar, és encara lluny.
Si és que hi ha diumenge.

EUGENI D'ORS, *Glosari*

a A la glosa parla del caos. A què es refereix?
b Amb qui compara la tasca social dels noucentistes?
c Per què un museu té tan de valor social?
d Què vol dir «si és que hi ha diumenge»?

3 Llegeix la glossa del 7-12-1915 titulada «Meditació anti-pragmatista» i contesta les preguntes.

Meditació anti-pragmatista

La rèplica a Pascal.
Ell va dir:
«El cor té les seves raons que la raó no coneix».
Diguem nosaltres –en venjança:
«En canvi, la raó té els seus sentiments que la sensibilitat no sent».
L'exercici d'aquests sentiments de la raó, estranys a la sensibilitat, s'anomena «Gust».
El cultiu i respecte d'aquests sentiments de la raó, estranys a la sensibilitat, s'anomena «Classicisme».

EUGENI D'ORS, *Glosari*

a Qui és Pascal? Quina és la base del seu pensament?
b Què és el «Gust», segons Eugeni d'Ors?
c Què entén per «Classicisme»?
d Per què diu que la seva meditació és una venjança del pensament del filòsof Pascal?

Test final d'unitat

1 **Digues si és veritat (V) o fals (F):**

	V	F
a Eugeni d'Ors va ser poeta i dramaturg	☐	☐
b Va tenir càrrecs polítics dins del govern de la Mancomunitat de Catalunya	☐	☐
c Va col·laborar amb el setmanari satíric *Papitu*	☐	☐
d Va passar uns mesos a la presó per culpa de les seves idees polítiques	☐	☐
e A la guerra civil (1936-39) va unir-se al bàndol franquista	☐	☐
f Va escriure una obra teatral titulada *La Ben Plantada*	☐	☐
g El més destacable de la seva obra són els poemes èpics	☐	☐
h El *Glosari* es va començar a publicar el 1906	☐	☐
i Eugeni d'Ors va ser bandejat dels seus càrrecs el 1930	☐	☐

2 **Exposa breument què significa cada concepte:**

- Noucentisme
- Imperialisme
- Arbitrarisme
- Civilisme
- Classicisme
- Mediterranisme

3 **Omple la graella amb les oposicions següents que serveixen per definir el Noucentisme i els moviments anteriors:**

Passat	Present (Noucentisme)
Romanticisme	
	La ciutat
	La universitat
L'espontaneïtat	
	La civilitat
	La urbanitat
El fanatisme	
El caprici	
El verisme	

4 **Eugeni d'Ors comparava el seu *Glosari* amb el *Diccionari filosòfic* de Voltaire i amb els *Assaigs* de Montaigne. Cerca informació sobre aquests pensadors i segueix les indicacions de la graella:**

Autor	Nom complet	Dates naixement/mort	Títol obra destacada	Característica principal de la seva obra
Voltaire				
Montaigne				

5 **Llegeix el fragment de la glossa «Reformes» del dia 15-8-1910 que tens a continuació. Reflexiona sobre què vol dir «Doneu-me una palanca i jo us refaré un poble».**

Reformes

Rieu-se'n de les fatalitats ètniques!
Doneu-me una palanca –és a dir, un home o un grupet d'homes capaços de sacrificis– i un punt d'apoi –és a dir, un sentiment de nacionalitat nova, d'imperi a bastir o de religiositat fresca–, i jo us refaré un Poble.

EUGENI D'ORS, *Glosari*

CONEIXEMENTS PREVIS

Llegeix aquests textos de Josep Pla sobre Josep Carner.

19 de març del 1918 **(El quadern gris)**

Carner és probablement –tant si escriu en prosa com en vers– un dels retòrics més prodigiosos de l'època. El domini que té de la llengua i dels seus misteris és enorme, provoca una autèntica enveja. Perill permanent d'aquesta classe de virtuosismes: caure en el provençalisme, en el joc literari com a finalitat; confondre la forma amb el fons. Generalment parlant, Carner és graciós –formalment, sempre. Malgrat ésser barceloní, mai no és xaró. El xaronisme dels escriptors barcelonins és observable de vegades, àdhuc en les notes de societat: correspon al ruralisme abrupte i pedantesc dels escriptors de fora.

En l'obra de Josep Carner, la magnitud de l'esforç literari de vegades no és paral·lel a l'autenticitat humana del fons. És la muntanya parint un ratinyol. Carner fa l'efecte de l'home que ha imposat uns límits a la seva vida mental per delicadesa –per timidesa, potser– o potser, encara, per sentit del ridícul.

6 de maig del 1918 **(El quadern gris)**

Recordo que, l'hivern passat, Joan Climent em deia, a Barcelona, que la literatura de Carner és exquisida. Jo la trobo més que exquisida: Carner és un gran poeta. Ho és, en el sentit diríem tècnic, d'exercici escolar. En aquest pla, Carner és un enorme escriptor, probablement un dels més considerables del moment. Això que acabo d'escriure es comprèn sobretot si es té present que Carner treballa una llengua que literàriament està per fer, pobra, encarcarada, anquilosada, molt limitada de lèxic, plena de zones corrompudes, seca com ossos, d'una anarquia ortogràfica mantinguda per nuclis intel·lectuals del país, desenrotllant-se en una ciutat caòtica i immensa, enmig de la indiferència d'una gran part de la societat, en un nucli humà que té, més que la duresa d'un cristall de contrastació, un poder d'absorció merament biològic –l'aspiració d'una enorme esponja. En aquest sentit, el català viu en la tragèdia permanent. Haurem d'agrair, doncs, sempre a Carner l'esforç que fa –l'esforç tècnic.

Però després hi ha una segona part: la literatura de Carner no enganxa gaire, no té profunditat humana, tot i que mai no és frívola, té poc a veure amb la vida i les obsessions de la gent de l'època: de vegades fa l'efecte d'un provençalejar de vitrina, sempre molt graciós i elegant, però de poc pes a les vísceres.

Contesta les preguntes i reflexiona:

- **a** Quines característiques de Josep carner són poc valorades per Josep Pla?
- **b** Què és el que considera més valuós i important de la seva tasca intel·lectual?
- **c** Què vol dir «un provençalejar de vitrina»?
- **d** Creus que a Josep Pla li agrada la poesia noucentista?

B5 UNITAT
19

POESIA. JOSEP CARNER

En aquesta unitat estudiarem la poesia en tant que gènere predominant i quasi exclusiu en el Noucentisme. A més d'analitzar-ne els postulats temàtics i sobretot formals, estudiarem la producció poètica de dos poetes, Jaume Bofill i Mates (Guerau de Liost) i sobretot l'anomenat «príncep dels poetes», Josep Carner. L'obra de Carner és extensa i d'altíssima qualitat. Al principi de la seva producció literària representa l'essència de la formalització poètica noucentista, i de fet la publicació del seu poemari *Els fruits saborosos* al 1906 s'ha utilitzat com a data oficial d'inici del moviment. Tanmateix, la seva poesia va molt més enllà, esdevé més profunda i universal, una mostra de la qual és l'extraordinari poema *Nabí*, autèntic monument a la llengua catalana i una reflexió sobre el patiment, la guerra i l'exili.

Dimensió estètica i literària

- *La muntanya d'ametistes*, de Guerau de Liost.
- *Sàtires*, de Guerau de Liost.
- *Els fruits saborosos*, de Josep Carner.
- *Nabí*, de Josep Carner.

AUTORS I TEXTOS

- «A un auró» de Josep Carner, dins *Poesia* (1957).

Objectius

- Identificar les característiques pròpies de la poesia noucentista.
- Conèixer l'obra de Jaume Bofill i Mates i Josep Carner i la seva importància en el moviment noucentista.

EL TRIOMF DE LA POESIA

La supeditació de la creació literària noucentista als postulats ideològics de l'estètica arbitrària va tenir com a conseqüència lògica el predomini de la poesia sobre els altres gèneres: és en poesia on es pot plasmar millor l'obsessió per la forma. Així, doncs, la novel·la no entrava dins el programa noucentista –en certa manera, en sintonia amb la crisi del gènere novel·lístic estesa a tot Europa, un cop exhaurit el model realista del segle XIX–, tot i que una bona part dels poetes noucentistes es van dedicar a traduir les grans novel·les estrangeres, ja que consideraven la traducció literària un excel·lent laboratori de provatures lingüístiques. La prosa noucentista es va limitar a les glosses d'Eugeni d'Ors –d'estil encarcarat i barroc molt allunyat de la llengua parlada– i als exercicis de virtuosisme, mig tendres mig irònics, de Josep Carner en *Les planetes del verdum* (1918), *Les bonhomies* (1925) i *Tres estels i un ròssec* (1927). La poesia noucentista es caracteritza per:

- L'**artificiositat**. L'artificiositat de la poesia noucentista, construïda com a resultat d'una tècnica intel·lectual elaborada, es defineix per oposició a l'espontaneïtat modernista de Maragall –una poesia romànticament inspirada en un estat de gràcia de la «paraula viva». És significatiu el retret de Joan Maragall en *La muntanya d'ametistes* (1908), de Guerau de Liost, un veritable manifest estètic de la poesia noucentista: «Ho trobo en general massa pensat per ser poesia». És l'enfrontament de la «paraula viva» amb l'arbitrarisme.
- El **distanciament poètic** a través de la sàtira o la ironia. Alguns poetes noucentistes –Josep Carner en *Auques i ventalls* (1914), *Bella terra, bella gent* (1918), o, fins i tot, Guerau de Liost en *Somnis* (1913) i *Sàtires* (1927)– rescaten la sàtira literària de la grolleria i la marginació per fer-ne una poesia de fina causticitat.

Mural de Mon Repòs, obra de Joaquim Torres-Garcia.

- El **classicisme**. El nou arbitrarisme poètic invoca l'esperit apol·lini del classicisme grec i llatí, després d'un segle de romanticisme i simbolisme. Per aquest motiu, van ser respectades i recuperades les tendències poètiques del segle anterior que reivindicaven els valors clàssics, com el parnassianisme i, sobretot, l'Escola Mallorquina. Cal subratllar la coincidència en la data de publicació de dues obres que marquen el traspàs estètic d'un segle a l'altre: *Horacianes* (1906) –el darrer llibre de Costa i Llobera– i *Els fruits saborosos* (1906) –el primer llibre de Josep Carner i, per convenció, l'inici del noucentisme.
- El **civilisme**. La poesia noucentista ofereix una visió idíl·lica que ignora les turbulències d'uns anys certament revolucionaris –de la vida domèstica i burgesa, ordenada i regida per les normes establertes i la tradició acceptada; civilitzada, en resum.

Jaume Bofill i Mates (Guerau de Liost)

Jaume Bofill i Mates signà les seves obres amb el pseudònim de *Guerau de Liost*.

Jaume Bofill i Mates va néixer a Olot l'any 1878 i va morir a Barcelona el 1933. La seva família paterna era originària del Montseny; la casa pairal era a Viladrau, on Bofill i Mates va passar temporades molt llargues, sobretot a l'estiu. Així doncs, els seus orígens familiars provenen del **món rural**, i en concret del **Montseny**, paisatge que el poeta va reproduir idíl·licament als seus poemes. Instal·lat a Barcelona perquè el pare hi tenia un negoci de merceria, Bofill hi estudià el Batxillerat i la carrera de Filosofia i Lletres, i posteriorment la de Dret.

Les profundes conviccions religioses el van dur a plantejar-se la carrera eclesiàstica, cosa que finalment no va fer, en bona part per casar-se amb la seva cosina l'any 1907. Tanmateix, durant els anys d'universitat i més endavant, va assistir a les activitats de l'Acadèmia Catalana de la Congregació Mariana de Barcelona, presidida pel futur bisbe de Vic, Josep Torras i Bages, en la qual va conèixer Josep Carner, Josep M. López-Picó i altres companys destacats del que en un futur seria el moviment cultural noucentista.

L'amistat amb Josep Carner, sis anys més jove que ell però amb un gran ascendent sobre Bofill i Mates, va ser decisiva per a l'orientació de la seva carrera literària: va abandonar els primers intents poètics d'inspiració verdagueriana i modernista, i va seguir l'estètica propugnada per Eugeni d'Ors. En aquest sentit, es considera que *Guerau de Liost* –el pseudò-

Quan Carner es pensava haver arribat al punt de dalt en el seu treball de depuració lingüística es trobava gairebé sempre que Bofill havia anat més enllà, indiscutiblement. S'estimaven com es poden estimar dos operaris dedicats a la mateixa complicadíssima feina. Ni l'un ni l'altre no creien en la facilitat, en la inspiració, en la improvisació –és a dir, en tot allò que fa que a Catalunya hi hagi hagut tants poetes dolents i poquíssims de bons.

Josep Pla, «Jaume Bofill i Mates, poeta», *Homenots*, primera sèrie. *Obra completa* (vol. XI)

nim de to medievalitzant amb què el va batejar el seu amic Carner i amb què va signar totes les seves obres poètiques– és més noucentista que el mateix Carner, ja que segueix al peu de la lletra i amb més exigència els postulats estètics de la **poètica arbitrària** que tots dos compartien.

Es considera, doncs, que Guerau de Liost va més enllà en el Noucentisme perquè la seva poesia es presenta explícitament com un **esforç de construcció** –lingüística i retòrica– i, per tant, el que hi intervé és la **intel·ligència**. En canvi, la poesia de Carner sembla que flueix amb una naturalitat extraordinària –musical, sintàctica, lèxica–, deguda més a un do que a un treball esforçat. També cal tenir en compte que Carner va viure gairebé quaranta anys més que Bofill, i, per tant, la seva poesia va evolucionar i créixer més enllà dels límits estrictes del Noucentisme.

En qualsevol cas, el primer llibre de poemes de Guerau de Liost, *La muntanya d'ametistes* (1908), va ser prologat per Eugeni d'Ors, tot i que paradoxalment l'àmbit paisatgístic del poeta no era la Mediterrània –proclamada com l'espai geogràfic per excel·lència del classicisme noucentista– sinó la muntanya: un lloc d'esperit geogràfic amb reminiscències de l'edat mitjana. Aquest llibre havia de formar part d'una trilogia que Guerau de Liost no va acabar de dur a terme, que pretenia poetitzar els tres elements fundacionals de la ideologia noucentista: la **natura**, la **ciutat** i l'**esperit**. *La ciutat d'ivori* (1918) és una antologia fragmentària d'abast menor que ja evidencia la crisi estètica del moviment i del mateix poeta. L'any 1933 es va publicar pòstumament una segona edició de *La muntanya d'ametistes*, amb algunes modificacions significatives –la més rellevant va ser la substitució del pròleg de Xènius per un de Josep Carner– i, sobretot, amb la voluntat de simplificar la retòrica excessiva i d'estil barroc d'alguns poemes. El resultat va ser prou reeixit, i el llibre és considerat un dels manifestos del noucentisme literari.

Retrat de Guerau de Liost.

Josep Carner i Jaume Bofill i Mates.

Al Montseny total

No pas, com les muntanyes –braser de la calitja
o de geleres fossa que interdiria el pas–
trafiques amb paüres que l'inexpert desitja,
sinó que ens apaivagues amb la claror que fas.

Com un illot alpestre fistonejat d'escumes,
de la florida et voltes que de migjorn ens ve.
Els glops de marinada pentines i perfumes:
així la terra nostra és orejat verger.

Si cada impuls atàvic t'alçapremava massa,
amb una ermita el domtes que lliga amb ta carcassa.
Si de la banda gerda t'hauré fruït com cal,

no pas de ton perímetre clouré l'itinerari,
perquè d'aquest diàleg –viladrauenc rosari–
cada paraula estricta pren un ressò total.

Guerau de Liost, *La muntanya d'ametistes*

El Montseny.

Sàtira XXV del fantàstic orador

Grandiloqüent i versat
en article de quincalla!
Orador civil? Orador sagrat?
Arenga? Sermó? Picabaralla?

Fa bocabadar la gent
l'estranyesa de la parla.
Plau més la cotorra que no sap on dar-la]
que un tartamut de talent.

Castell de focs d'artifici,
vet ací el discurs:
llums de Bengala per inici,
algun tro que esvera el concurs,
rodes en folla cursa,
símbol anodí en colors,
coets que toquen el dos
si el parlament no s'escurça,
i la traca final,
vaitot suprem de retòrica,
amb una breu disquisició històrica,
èpico-funeral.

L'orador (explicar-ho no cal)
gesticula, plora i sua.
Camàlic de l'ideal,
carreteja la veritat nua.
S'arromanga per la tasca.
És a punt de caure en basca
i en un raig de llum s'aferra.
Es revifa i escomet.
Parla a mà dreta, a mà esquerra
i de cara a la paret.

Un minyó que li és a prop
mira el vaivé de la còrpora en doina
i dels llavis de l'ídol la càlida roina
i el trontoll de la copa
d'aigua bruta de xarop.

L'orador puja a la gropa
de l'indòcil parlament.
Parla d'Àfrica, d'Europa
i de l'extrem Orient.

De vegades el coet
d'un paràgraf se l'endú,
i l'home crida, insegur.
(El cridar no compromet.)
Trencat el fil dialèctic,
juga amb paraules, eclèctic;
i esdevé com una llufa
de cada mot que li fuig,
i brunz com una baldufa
amb més vanitat que enuig.
I no troba la manera
decorosa de plegar.
Es desempallegarà
de la paraula darrera?
Li porten d'orxata i soda
una barreja estantissa
i el bon home roda i roda
com per ajeure's, la quissa.

GUERAU DE LIOST, *Sàtires*

La natura com a espectacle va ser un dels grans temes de la poesia de Guerau de Liost. Lluny del romanticisme de Maragall, en el qual el poeta es fon emotivament amb el paisatge, l'actitud de Guerau de Liost és de distanciament: el poeta és l'observador conscient i analític d'un paisatge idealitzat del qual no forma part. Només per un aspecte manté una relació emotiva directa amb la natura: per la religiositat de caràcter franciscà de Bofill i Mates, reflectida en un pòsit de tendresa i de reverència cap a la creació del món, darrere de la qual hi ha Déu. En aquest sentit, Josep Carner va dir que *La muntanya d'ametistes* era una «Divina Comèdia vegetal o rupestre».

L'any 1910 es va incorporar a les Joventuts Nacionalistes de la Lliga Regionalista i va iniciar les col·laboracions en *La Veu de Catalunya.* D'aquesta manera va començar, a l'empara de Prat de la Riba, la seva carrera política.

L'any 1913 va ser elegit regidor de l'Ajuntament de Barcelona, on va tenir una destacada actuació com a defensor de la llengua normativa impulsada per l'Institut d'Estudis Catalans, en la Secció Filològica del qual va ingressar l'any 1918. El 1919 va ser diputat de la Mancomunitat de Catalunya i va ocupar càrrecs de govern importants, i va participar activament en la destitució institucional d'Eugeni d'Ors. Amb la dictadura de Primo de Rivera abandonà tots els càrrecs i les responsabilitats polítiques. De fet, en aquesta època va manifestar una profunda crisi política, literària i personal, que el va fer replegar-se en ell mateix, en la vida familiar i en la creació literària.

Pel que fa a la literatura, aquesta crisi es comença a manifestar en un dels llibres més ben considerats de Guerau de Liost, molt allunyat dels principis estètics programàtics del Noucentisme i de la trilogia que s'havia proposat: *Somnis* (1913). Es tracta d'una «quasinovel·la» en vers, d'una autobiografia satírica que plasma una reflexió moral i humorística sobre el seu projecte vital. La distorsió es converteix en caricatura en un altre llibre humorístic que també està al marge del Noucentisme estricte: *Sàtires* (1929). En aquest cas, l'objecte de contemplació és la gent del país, en un ampli panorama de vicis i defectes de la societat catalana –amb intenció moralitzadora. En aquestes dues obres, la visió del poeta és una visió en «miniatura», és a dir, destaca un petit detall parcial de la realitat, que acaba resultant emblemàtic i, per tant, representatiu. La sàtira queda limitada en extensió, però en canvi guanya en profunditat.

L'obra poètica de Guerau de Liost es completa amb uns altres reculls menys destacats, alguns dels quals evidencien les provatures i la crisi estètica: *Selvatana amor* (1920), *Ofrena rural* (1926) i un llibre inèdit de poemes que la mort no va poder acabar i que posteriorment es va incloure en l'edició de la seva *Obra poètica completa* (1948). A més de la poesia, Jaume Bofill i Mates va publicar textos polítics que demostren la seva vàlua com a orador: *La llengua catalana a l'Ajuntament de Barcelona* (1916), *Les joventuts catalanes* (1919) i, sobretot, una rèplica a Francesc Cambó, *L'altra concòrdia* (1930). També va escriure alguns llibres d'assaig sobre formes franciscanes d'espiritualitat: *Notes a l'esperit de Sant Francesc* (1927) i *L'afalac franciscà* (1928).

Francesc Cambó, en un apunt de Ricard Opisso.

JOSEP CARNER

Vida i producció literària

Josep Carner.

Josep Carner i Puig-Oriol va néixer a Barcelona l'any 1884 i va morir a Brussel·les el 1970. Va ser el fill únic d'un matrimoni de la petita burgesia cultivada (el seu pare havia fundat un diari conservador i carlí, i havia dirigit l'editorial i la revista catòlica *La Hormiga de Oro*).

El que més destaca en els primers anys de la vida de Josep Carner és, sens dubte, la precocitat intel·lectual: des de molt petit se li va despertar una vocació poètica i un talent propis dels nens prodigi.

A dotze anys ja era un col·laborador destacat i habitual de la revista *L'Aureneta*; quan en tenia quinze va guanyar el seu primer premi en els Jocs Florals de Barcelona (1899) –en va arribar a guanyar fins a tretze, a més del títol de Mestre en Gai Saber–; a divuit anys es va llicenciar en Dret i al cap de dos anys en Filosofia i Lletres –es va doctorar de totes dues disciplines a Madrid–; també a vint anys va publicar el seu primer llibre de poemes, *Llibre dels poetes* (1904), d'influència modernista, i l'any següent, *Primer llibre de sonets* (1905) –no va voler incloure cap dels dos llibres en la revisió i publicació de la seva obra poètica completa del 1957.

Aquesta precocitat, a més del seu caràcter extravertit i una facilitat de paraula proverbial –«És indispensable proclamar-ho: la conversació de Carner ha estat única entre persones de la nostra llengua en el nostre temps», va dir Josep Pla, en la semblança que va fer del poeta en *Homenots*–, en va fer un personatge de la Barcelona del començament del segle XX. En la primera dècada de la centúria, Josep Carner desenvolupà la seva faceta més influent en els àmbits literaris, intel·lectuals i polítics: és el Carner noucentista, el **príncep dels poetes**.

- Va publicar el llibre de poemes considerat emblemàtic del noucentisme: *Els fruits saborosos* (1906).
- En cercles catòlics i catalanistes –les reunions organitzades pel bisbe **Josep Torras i Bages**–, va conèixer alguns dels intel·lectuals que van formar part de l'elit dirigent del Noucentisme; especialment, va fer amistat amb Jaume Bofill i Mates.
- Va dirigir algunes revistes destacades de l'època: *Catalunya, Empori*. Va conèixer Mallorca i descobrí amb admiració els poetes de l'Escola Mallorquina –Joan Alcover i, sobretot, Miquel Costa i Llobera–, amb els quals va exercir de pont entre la tradició clàssica mallorquina i el Noucentisme català.
- Va treballar de prop amb el president de la Mancomunitat de Catalunya, Enric Prat de la Riba, i també amb Eugeni d'Ors. Col·laborà en *La Veu de Catalunya*, on va entrar en contacte amb Francesc Cambó.
- Va treballar a l'Institut d'Estudis Catalans, especialment en la tasca de fixació normativa de la llengua, encapçalada per Pompeu Fabra –«...orientat per un mestre il·lustre (no n'hi ha avui entre nosaltres, puc escriure amb goig, de més venerat); d'haver servit obscurament al qual en alguna hora crítica, als començaments de la Batalla Normista, tinc més plaer que de tota la meva provatura literària», diu Josep Carner en el pròleg de la segona edició d'*Els fruits saborosos* (1928).

Coberta d'una edició actual d'*Els fruits saborosos*.

Coberta d'*Auques i ventalls*.

Sóc molt més a prop de l'Escola Mallorquina. En ella veig dues vetes distintes. Alcover i Costa són alternativament, classicistes i folklòrics. En algunes de les seves composicions domina la beutat formal. De vegades, en canvi, semblen com emportats d'un alè terral, pintoresc. He de declarar que fou la veta clàssica la que em captivà d'ells? Instintivament ens ajuntàrem a la riba més allunyada d'aquella on Maragall brandà la seva encesa bandera romàntica. No estic penedit de la tria.

Josep Carner entrevistat per Tomàs Garcés, *Revista de Catalunya*

Per als qui, com jo, arribàrem a l'adolescència una vintena d'anys després de la primera edició d'*Els fruits saborosos*, la màgia perdurava encara, vull dir la màgia a part del valor intrínsec del llibre (al qual, és clar, també ens rendíem). Ens en parlaven els pares i els mestres, trobàvem referències freqüents en diaris i revistes. Era, al cap de vint anys, un llibre ben viu, i això, naturalment, vol dir moltes coses.

PERE CALDERS, *Josep Carner*

Les peres jovenetes

¡Ai la petita Ixena, voluble com l'amor,
que vols que et creguin muda, la boca ben estreta,
i ta mirada xiscla tan fort com l'oreneta
dessota les pestanyes, serrell del teu candor!

Quan obres la finestra, ja tot el món és clar;
l'olor que t'esperava del roserar, tremola;
la llum et pren la cara i pel teu cos rodola
i ta rialla dins un raig de sol se'n va.

I quan el cel és d'or i cada cosa invita
en el camí i el marge i el tros, sobtadament
sents una esgarrifança del goig d'ésser vivent,
l'esguard xipollejant en la llum infinita.

¡Ah si les albes roses i els branquillons d'abril
i el so de l'ocellada i el riu que s'adelera
poguessin lliberar-te, tu sola, tu primera,
de topar mai el dol, Ixena, més gentil

que les primeres peres que es fan acolorades
llavors que tant s'atarda el sol per la vessant:
les peres jovenetes, penjant extasiades
de cabre, justes, dintre la boca d'un infant!

JOSEP CARNER,
Els fruits saborosos

Una edició d'*Arbres*, de Josep Carner.

Un dibuix del poeta fet per Xavier Nogués.

I és que comptat i debatut, aquesta natura procedeix per una insinuadissa exigència de no cercar més enllà d'ella ni plaer ni pau; i adollant tanta de llum, sembla suggerir que en ella són tota la claredat i tot el saber possibles. És un fons sense espais metafísics darrera. [...] Així, en el delicat realisme dels seus quadrets hi ha una comedieta humana, en petit, però completa.

CARLES RIBA, *Els fruits saborosos* per Josep Carner

- Va dirigir l'Editorial Catalana, en la qual es van dur a terme iniciatives que incloïen diverses col·leccions literàries –per a les quals va traduir **clàssics universals**, com Defoe, Dickens, Andersen, Carroll, Twain, La Fontaine, etc.–, revistes i una *Enciclopèdia catalana*, de la qual va ser el director literari.
- Va escriure i publicar una **poesia** rica d'alta qualitat, la qual, mitjançant la idealització o la sàtira, estava al servei de la construcció de la «Catalunya ideal»: *Els fruits saborosos* (1906), *Verger de les galanies* (1911), *Les Monjoies* (1912), *La paraula en el vent* (1914), *Auques i ventalls* (1914) i *Bella terra, bella gent* (1918). És el Carner de la primera etapa, que reflecteix l'optimisme exultant del Noucentisme.

En aquests llibres, la natura és l'element principal; en rigor, la visió idíl·lica de la natura dona compte de la visió del món de Carner: una realitat harmònica, plàcida, ordenada i sensual, viscuda per uns personatges de serenitat, noblesa i aparença clàssiques, i mentalitat burgesa. La retòrica brillant, el preciosisme lingüístic, la musicalitat dels versos, la «**màgia verbal**», són el distintiu de la poesia carneriana, i molt més encara en aquesta primera època. A partir dels anys vint, el Noucentisme va començar a esquerdar-se: va morir **Prat de la Riba**, Eugeni d'Ors fou expulsat, la utopia reformadora no tenia justificació després de la guerra del 1914, etc.

Josep Carner –que el 1915 es va casar amb la xilena Carmen de Ossa, filla de diplomàtic, amb la qual va tenir dos fills– era un escriptor famós i reconegut en la cultura catalana, però no gaudia d'una situació professional i econòmica prou estable. Tot plegat el va portar a emprendre una carrera diplomàtica, que, d'una banda, li va assegurar uns ingressos regulars i, de l'altra, li va donar l'oportunitat d'allunyar-se d'una intel·lectualitat en crisi.

L'any 1920 va guanyar les oposicions al cos consular i el 1921 va abandonar de Catalunya –de fet, ja no hi va tornar a viure mai més– per iniciar la carrera de cònsol, que el va portar a viure a Gènova, San José de Costa Rica, Le Havre, Hendaia, Beirut, Brussel·les i París.

Tanmateix, les seves col·laboracions com a columnista de premsa i la seva obra poètica no es van aturar: *La inútil ofrena* (1924) –una antologia amorosa, la majoria publicada en llibres anteriors– i *El cor quiet* (1925), que representa el pas a una nova etapa de maduresa en la poesia carneriana. En aquest llibre, dividit en seccions d'extensió desigual i temàtiques diverses, s'hi reflecteix el Carner madur, reflexiu i en diàleg amb si mateix, l'home que enyora la pàtria i la joventut feliç, i fa balanç a la meitat del camí de la seva vida.

El resultat són uns versos brillants i esplèndids –amb una àmplia representació de diversitat mètrica i estròfica, en la

> [...]
> Un altre Carner se sobreposa al Carner anterior: un Carner llatzerat per les circumstàncies i per la vida, més meditatiu i reconcentrat, que posa en els seus versos un tremolor inèdit, conceptual o sentimental, patit en la seva aventura d'home més que en els càlculs d'escriptor. És el Carner de *Nabí*.
>
> JOAN FUSTER, «Josep Carner»,
> *Literatura catalana contemporània*

qual destaca l'ús del sonet–, però amb menys aportacions retòriques i lingüístiques, i que, en canvi, guanyen en profunditat i humanització. Els temes són variats i s'organitzen segons les cinc seccions del llibre: «Les nits», «Els arbres», «Les estampes», «Les adreces» i «L'assenyament».

A part de motius anecdòtics més o menys convencionals, en aquesta actitud reflexiva predominen –sobretot en la primera secció– els interrogants existencials de l'home davant el misteri de l'univers, la fe religiosa, la mort i l'angoixa del pas del temps, així com un grup de **poemes al·legòrics** sobre determinats estats d'ànim (el desig, la recança, la paciència, etc.).

D'altra banda, cal destacar els poemes que, mitjançant un pretext temàtic –per exemple, la descripció del paisatge o dels arbres–, parlen de l'**allunyament** de la **pàtria** i l'**enyorança** que aquest fet provoca, paral·lela a l'home madur que sent amb nostàlgia com la joventut és passada. Possiblement, aquesta nostàlgia, derivada d'un cert sentiment de desarrelament, explica la menor ironia en les reflexions, que cedeix terreny a una visió més càlida i entendrida. *El cor quiet* és, en conjunt, una mostra excepcional de la plena maduresa poètica de Josep Carner.

Josep Carner i la seva dona, l'abril de 1970, a Barcelona.

En la dècada dels anys vint, Carner aplegà i publicà una part dels articles apareguts en *La Veu de Catalunya* i *La Publicitat*, i també preparà una compilació de narrativa de ficció: *Del Pròxim Orient* (1917), *Les planetes del verdum* (1918), *Les bonhomies* (1925) i *Tres estels i un ròssec* (1927), un recull d'articles escrits durant la dictadura de Primo de Rivera. L'observador de la realitat incisiu i subtil que és Carner se serveix de la qualitat lírica i el to irònic que caracteritza aquesta prosa per fer-ne una lectura excel·lent, que és, de fet, un bon exemple de la tasca civilitzadora dels noucentistes.

Quan esclatà la guerra civil, Josep Carner va ser un dels pocs diplomàtics que es van mantenir fidels al Govern de la República. En perdre la guerra, lògicament es va haver d'exiliar. Amb la seva segona dona, Émilie Noulet, professora de literatura de la Universitat Lliure de Brussel·les i relacionada amb els cercles literaris europeus, se n'anà a Mèxic, fugint també de la guerra a Europa.

A la commoció de la guerra civil i l'impossible retorn que significava l'**exili**, cal afegir-hi altres pèrdues que trasbalsaren profundament Carner: la mort del pare i de l'amic Jaume Bofill i Mates l'any 1933, i la mort de la seva primera dona a Beirut l'any 1935.

Efectivament, uns quants anys abans de la guerra civil, Carner va començar a escriure aquest llarg poema narratiu de temàtica religiosa i dimensió existencial. Publicat a l'Argentina el 1941, es considera el punt àlgid de la poesia de Josep Carner.

Nabí

L'extens **poema narratiu** *Nabí*, enllestit definitivament al final de la guerra civil a París, però iniciat anys abans a Hendaia i Beirut (seguint l'itinerari de les destinacions diplomàtiques de Josep Carner), va ser publicat a l'exili: primer en versió castellana del mateix Carner a Mèxic (1939) i un any més tard en la versió original catalana a Buenos Aires (1940).

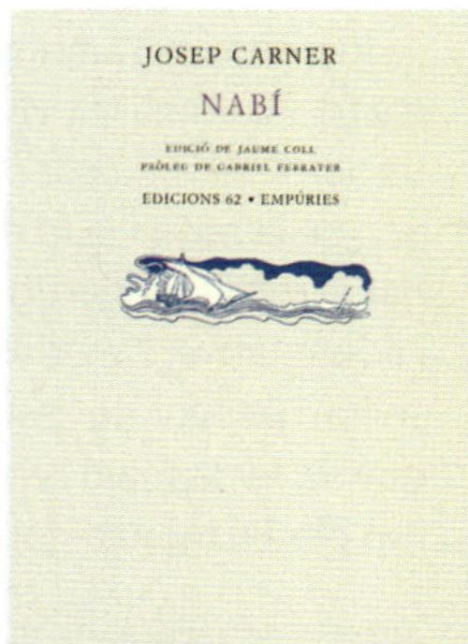

Coberta de *Nabí*.

Així, doncs, *Nabí* no s'ha d'interpretar com una expressió de l'experiència de la desfeta i l'exili –tot i que en alguns fragments l'al·lusió a la guerra civil és òbvia–, sinó que la profunditat intel·lectual i moral dels versos de Carner incideix en una **reflexió** sobre la **condició humana** enfrontada al patiment, la frustració dels ideals, l'escepticisme, la mort i, en darrer terme, l'esperança d'una nova vida.

La peripècia del Jonàs bíblic, interpretada i ampliada segons les exigències del poema, és utilitzada per Carner com un símbol universal de l'home en **conflicte** amb la seva pròpia vida **interior**. Per això és considerat una de les realitzacions poètiques més altes de Carner i de tota la poesia catalana, per la **perfecció formal** que assoleix i per la dimensió filosòfica i conceptual que planteja.

Nabí és un poema unitari format per **deu cants** d'extensió i estructura desigual, cadascun dels quals desenvolupa un episodi de la **narració bíblica** del profeta **Jonàs** (*nabí* és una paraula hebrea que significa 'portaveu', és a dir, intèrpret de Déu), i la seva missió a la ciutat de Nínive.

Dels versicles bíblics dividits en quatre capítols del llibre de Jonàs dins els llibres dels profetes, Carner treu el material narratiu per a quatre de les deu parts del seu poema: els cants III, IV, VII (confegit també amb altres episodis bíblics) i VIII. Així, al costat de les paràfrasis bíbliques que representen aquests cants, seguint al peu de la lletra el text bíblic –excepte el cant IV, en què el poeta amplia l'episodi de Jonàs al ventre del gran peix–, la resta del poema afegeix **complexitat dramàtica** a la narració reconeixent un passat en la vida del profeta (cant I), estenent-se en els seus viatges (cants II i V) i creant escenes completament noves a la seva aventura i d'un gran lluïment líric (del cant VI cal destacar, fonamentalment, el diàleg amb la dona, i del cant IX, el somniat homicidi de l'agnòstic).

¿Què em va llevar d'haver fugit,
d'amagar-me amb el braç, de pensar si no hi eres,
i en el fons de la nau d'estibar-me arraulit?
Tu ens rebateres
des de l'eixut un vent enfureït.
Tota la mar era un bull de venjança
i un frenesí de veus.

[...]

—Jo poruc, jo l'amagat a l'estiba
(car de la llum i tot vivia en trist recel),
us obriré el meu cor davant la mort que arriba.
Sóc de la terra i la fe d'Israel,
nat al rocall i la garriga calcinada;
i adoro Iahvè, Déu del cel,
solitari Senyor de l'estelada
que va fer la mar i l'eixut;
i só per Ell menat i fora d'Ell perdut.

Josep Carner, *Nabí* (cant III)

De tots els cants de *Nabí*, el que segueix més de prop el text bíblic és el cant III: la tempesta que amenaça d'enfonsar el vaixell amb el qual Jonàs es dirigia a Tartessos, mirant de fugir de la missió que Jahvè li havia encomanat. La fúria de Jahvè provoca el desastre, que Jonàs reconeix com un triomf: per fi el seu Déu, castigador i terrible, mostra un signe del seu poder.

Per això el cant IV té una estructura mètrica uniforme i assimilada a l'original bíblic dels salms; és un cant d'**exultació**: Jonàs se sent feliç i segur en l'«únic espai» que Déu ha preparat per a ell, en el qual, com en el claustre matern, intueix l'alegria d'una nova naixença.

S'han esvaït, d'una bocada a l'embranzida,
ma petitesa, mon esglai.
Re no em distreu, dubte no m'heu, desig no em crida:
Déu és el meu únic espai.

[...]

Déu juga. Déu ens tira lluny i mai no ens llença.
Canto son nom amb veu igual,
orb, doblegat, com esperant una naixença
dins la cavorca sepulcral.

Josep Carner, *Nabí* (cant IV)

El cant VI és una aportació original de Carner al desenvolupament de l'acció narrativa. Excepte els primers versos i els darrers, que tenen la funció d'acotació teatral per introduir un nou escenari i un nou personatge –els afores de la ciutat de Nínive i la «rònega dona ajaguda», que en un altre temps havia estat la sacerdotessa de l'Alba–, tot el cant està organitzat d'acord amb el diàleg. De fet, es tracta d'un fals **diàleg**, atès que els **monòlegs lírics** de tots dos personatges es combinen sense incidir un en l'altre, com dues interpretacions excloents de l'espiritualitat:

Finalment, Jonàs amenaça la subtil i delicada visió del món de la sacerdotessa amb el seu Déu potent i atemoridor, per la qual cosa la dona l'identifica amb el **profeta** de la destrucció i la guerra, que en essència és portador del mal dins d'ell mateix.

Jonàs

¿És saviesa
de viure com tu fas?
La terra passa afany, el cel trontolla.
Qui gosaria dir: «Ja no et mouràs!»
No pas jo, que en mon jaç de ginesteres,
arrabassat a un son pregon,
corro per a servir la Veu i m'esgarrio,
corro per a fugir-ne i és enfront.

Dona

Tot és follia,
córrer i estar, vetllar i dormir;
tot és engany de vides condemnades:
donar-se i escometre i resistir.
Sacerdotessa havia estat de l'Alba
damunt turons daurats:
és erm el lloc que enfistonà la vinya
i tots els meus parents són coltellats.

Josep Carner, *Nabí* (cant VI)

JONÀS

Lleu és l'aurora, que igualment sospira
d'ombres minvant, del sol arborador:
mai no té temps de voluptat ni d'ira;
fuig de la fosca i de l'esclat té por.
El déu potent és el tothora ardit
que amb el llamp les tenebres enlluerna,
o dels núvols cridant la baluerna
fa del migdia nit.

DONA

¿Sou el captaire que en la festa enutja
i encara amb do -perquè de tot s'està-
de fer venir la pluja
o bé d'esquivar el núvol cel enllà?
¿O sou el foll que el càstig nou celebra
per a un país poblat de gent i verd
i parla d'un sol déu -i trem de febre,
ple del tuf miserable del desert?

[...]

Ningú del món és bo.
Té, fins i tot el que més poc s'alçura,
cobejança en el prec, culpa en el plor.
Negre esperit que a l'esperit se'ns colla
a cadascú fa dir:
—La meva fe degolla:
un déu, pitjor que jo, s'agita en mi.

JOSEP CARNER, *Nabí* (cant VI)

En aquest cant, fonamental per entendre el **conflicte** entre **Jonàs** i **Déu**, el profeta exposa el convenciment que el poder i la immortalitat de Déu van lligats a la seva agressivitat i contundència, en oposició a la sensibilitat i la subtilesa del que exposa la dona.

Per això, Jonàs espera que en tots els casos el seu déu interior, aquest que «s'agita en mi», actuï sense pietat. I per això mateix al cant VIII el decep terriblement el perdó diví envers els habitants pecadors de Nínive que ell tant s'ha esforçat a amenaçar en nom de Jahvè.

La imprecació de Jonàs a Déu demanant la seva pròpia mort, davant la **desesperança** que li destina la vida, és contestada per Jahvè i la hi argumenta com a «un petit que hagués pres mal». I per primera vegada Jonàs és capaç

I en cessant Iahvè jo capia
que Ell no havia parlat des d'un ròdol tot clar
del cel, sinó de dins de mi que l'ofenia.
En el nostre esperit, on ningú no el destria,
al dellà de cent cambres Déu nia;
i l'home de sa casa s'ajeu en el llindar
com un servent, com un ca.

JOSEP CARNER, *Nabí* (cant VIII)

Representació de Jonàs engolit pel gran peix.

d'interpretar correctament aquesta veu que regeix els seus actes i la seva voluntat: és la seva pròpia **consciència**, el seu propi esperit, que assolirà la pau un cop s'acordi amb el seu déu interior.

A partir d'aquí Jonàs accedeix a una saviesa més gran: abandona la queixa i el ressentiment, i assoleix una plenitud transcendent. Aquest nou grau de coneixença d'ell mateix no li estalvia tensions internes representades per la lluita entre les diverses veus que reconeix dins seu.

Al contrari, el procés de coneixement és dificultós i contradictori, ple d'anades i reculades. Al cant IX, en somnis –és a dir, directament de dins–, Jonàs sent parlar una altra vegada de les seves veus; aquesta, però, «afectada de grec», que insinuant els arguments dels filòsofs antics, li suggereix un pensament agnòstic, negador que hi hagi cap veu privilegiada i decisiva. La vella actitud ferotge i violenta de Jonàs reapareix i actua per preservar els seus **ideals**, la fe en Déu: com un esperitat mata el descreient. Novament, Jonàs ha d'aprendre la lliçó: **Déu** és l'únic que pot manar sobre la **vida** i la **mort**.

El darrer cant és un cant de **mort**. En una fal·làcia patètica que equipara la terra del Líban a l'hivern amb la vellesa de Jonàs, el profeta reflexiona sobre la seva mort propera i el somni d'immortalitat que és a l'origen de la humanitat.

La veu de Jonàs és sentenciosa, allunyada de les inquietuds íntimes que l'han sacsejat al llarg del seu camí d'exiliat i de coneixedor, i anuncia el moment excels en què la llum vencerà la mort en una nova naixença.

Ell és qui esbrolla la garriga
i esporgarà son bell verger, faixat de rius.
Li lleva senyoria qui castiga;
per a la vida ens aixecà
i ens la prendrà quan l'hora siga:
així com a l'infant, que veu el món minvar
perquè sos ulls s'acluquen de fadiga,
hom pren una parença de cosa amb què jugà.

JOSEP CARNER, *Nabí* (cant IX)

Finalment, Jonàs comprèn el sentit que Déu ha volgut que tingués la seva vida: és símbol i exemple per als creients, per tal que al final de les seves vides descobreixin com la mort serà vençuda per la llum d'una nova naixença. Així, no era la seva paraula de predicador allò que feia conèixer la grandesa de Déu, sinó el miracle de la seva agonia, de la seva destrucció i de la seva renaixença.

Per això els darrers versos d'aquesta mena de *cant espiritual* són el comiat d'un home que, desprenent-se de tots els conflictes íntims apuntats des del cant VI, invoca les coses senzilles, endreçades i plaents de la vida que esdevenen expressió de la fe: les pomes, la mel, l'escalf maternal.

És, en definitiva, l'expressió d'una fe que no s'ha de llegir obligatòriament en clau religiosa, sinó més aviat com a reflexió molt crítica sobre la humanitat, però sense renegar de l'existència de la felicitat.

La complexitat conceptual i narrativa del poema *Nabí* és acordada amb l'excepcional riquesa formal que desplega Josep Carner: el lèxic sorprèn per la seva preciosa diversitat de **matisos expressius**. Per exemple: la mort és descrita des del camp semàntic de l'arquitectura: «porta final», «cúpula complida», «suport» i «ombradís»), la **imatgeria** és suggeridora (per exemple: el ventre del peix és designat com a «gola» i metafòricament com a «sepulcre» i «claustre matern»), i la sintaxi i la retòrica coincideixen a marcar el ritme del poema.

—Al repòs sota còdols i pinassa,
deia Jonàs, va decantant-se el cos:
he caminat i caminat lluny de mon tros,
i ja a una balma estreta en mi tot es compassa:
[...]
Adéu, però, grans grapes de càstig i avarícia!
Morir per a la nova naixó, clara delícia!
Només amor esdevindrà l'home rebel.
Car ultrapassaràs del Pare la justícia,
oh maternal condícia
del brossat, de les pomes i la mel!

JOSEP CARNER, *Nabí* (cant X)

No és pas la veu de Jonàs, la seva excitada dèria de torsimany, que al capdavall ha resultat eficaçment profètic, sinó la peripècia, el mite, de la seva vida. Un mite, no gaire més que una metàfora: només per això, perquè fos involuntàriament parit per segona vegada, haurà viscut Jonàs. És tot el sentit de la seva vida. [...] Jonàs no llega a la humanitat cap paraula intencionada, sinó una forma d'expressió. [...] I és segurament així mateix com Carner encarava la seva vida pròpia, i tota vida que valgui una mica la pena.

GABRIEL FERRATER, pròleg a *Nabí*

«Oh conradors de pobres pedregars,
oh pescadors de xarxa vella!
jo us donaré el miracle de Jonàs.»

JOSEP CARNER, *Nabí* (cant X)

Pel que fa a la **versificació**, excepte en la regularitat estròfica del cant IV, la resta del poema es caracteritza per la gran varietat de patrons estròfics, així com per la diversitat en la llargada dels versos (amb una major recurrència dels de dotze i deu síl·labes).

Tot aquest desplegament de recursos formals és al servei d'una extraordinària **fluïdesa discursiva**.

Un cop acabada la Segona Guerra Mundial, l'any 1945, Carner i la seva família van tornar a Europa i es van instal·lar a Brussel·les, on el poeta va impartir història de la literatura espanyola a la universitat. Durant aquests anys, i per voluntat de servei al país, va representar diverses vegades les **institucions catalanes** a l'exili, i, a més, va iniciar la revisió –correcció i reelaboració– de tota la seva poesia a fi de publicar-ne les obres completes. Aquest procés d'autocorrecció va acabar en la publicació del volum *Poesia*, el qual inclou l'obra poètica des d'*Els fruits saborosos* (els dos llibres anteriors no són inclosos per Carner en aquesta recopilació definitiva) fins a un darrer recull inèdit titulat *Absència*.

L'obsessió de Carner els darrers anys de la seva vida era tornar a Catalunya. La seva dona, Émilie Noulet, va intentar gestionar el retorn, però, en una controvertida i polèmica actitud, alguns «membres destacats» de la cultura catalana van considerar que la figura de Carner com a **símbol** era més útil a l'**exili**. Per aquest motiu polític van posar moltes traves al retorn del poeta. No obstant això, poc abans de morir, en una visita breu i quan ja estava molt malalt amb greus pèrdues de memòria, va tornar a Catalunya. Va morir a Brussel·les el 1970.

L'altre enyor

I

Terra d'atzar, indiferent xopluc,
i tu, cansada i erta llunyania,
guerra, menant els corbs a confraria,
mort, amb els teus alans sense lladruc,

¿seré tornat al viure benastruc,
a aquell redós d'una collada pia,
davant la meva mar de cada dia,
entre l'arboç, el romaní i el bruc?

¿Encar veuré, sota calitges somes,
les corrues de pins damunt les comes,
el blat espès, la vinya a farbalans?

¿I hauré talment, en renovada festa,
l'estiu en una embosta de ginesta
i l'advent en un pom de gallerans?

JOSEP CARNER, *Absència*

Activitats

1 Llegeix el poema «Sàtira XXV del fantàstic orador», de l'obra *Sàtires* (1929), de Guerau de Liost, que tens a la pàgina 190 i contesta les següents preguntes:

- **a** El poeta analitza la figura d'un orador. Creus que enalteix les seves virtuts o les critica? Subratlla els versos que ho reflecteixen.
- **b** Creus que Guerau de Liost se serveix de la ironia per descriure al «fantàstic orador»? Quins versos t'ho fan pensar? Et sembla que la ironia és una característica noucentista? Per què?
- **c** La sàtira és un tipus de composició poètica. Busca informació sobre aquest gènere, explica com funciona i posa exemples d'altres poetes de la literatura universal que l'hagin usat en les seves obres.

2 Llegeix el poema «Rambla avall» de Guerau de Liost:

Rambla avall

Bella Ciutat d'Ivori: escolta un pelegrí
de tos carrers i places. Del campanar del Pi
ragen set hores, fresques de l'aire del matí.

Ix de Betlem, s'atura sota el portal barroc
–del ciutadà bullici com afrontant el xoc–
una devota. I marxa, després, a poc a poc.

En caminar, camina molr graciosament.
La mantellina deixa entretenir amb el vent.
Entre ses randes vola, ullprès, el pensament.

Oh dona inconeguda qui et poses l'una mà
dessobre el pit, torçada caient, si fa no fa,
com una cabridella que fes de bon criar!

¿Amb les parpelles baixes, apagues l'innocent
esguard, com una boira que entela el pensament,
i t'acalores, púdica, si et fan un compliment?

¿Ets una pecadora de fàcil turpitud
i menes un esquàlid galant esmaperdut
com una santa mena un drac amb sa virtut?

¿Ets una jove vídua amb un infant d'escreix,
amb una filla núbil on ta beutat reneix,
i el vostre amic, oh dolça parella!, és el mateix?

¿Ets la fidel esposa d'un mariner qui és lluny,
qui tornarà de Cuba cap a darrers de juny
i és tan cepat que aixafa les nous d'un cop de puny?

Fins a Betlem me'n torno, refent el teu camí.
Prenc el Passeig de Gràcia per si podré esbargir
aquesta amor nascuda amb l'aire del matí.

Contesta les preguntes:

- **a** A quina ciutat correspon la *Bella Ciutat d'Ivori*? És una ciutat ideal o somiada o bé una ciutat real? Reflexiona la resposta segons l'ideari noucentista sobre la ciutat.
- **b** Aquest poema evoca una misteriosa figura femenina. Amb quins termes la descriu? És una dona imaginada, un arquetipus de madona noucentista o bé una dona real?
- **c** Escriu tres adjectius que distingeixin la dona noucentista.
- **d** Redacta l'argument d'aquest poema a partir de la informació dels versos de cada estrofa.
- **e** Compara «Rambla avall» amb algun altre poema (o poeta) noucentista que hagi tractat la temàtica urbana o el mite de la Ciutat.

3 Llegeix el poema «Les peres jovenetes» del recull *Els fruits saborosos* (1906) que tens a la pàgina 192 i contesta les preguntes:

- **a** Aquest recull ha estat descrit com «l'arcàdia noucentista». Què et sembla que significa aquesta expressió?
- **b** El poema està dedicat a Ixena. Quina edat creus que té la protagonista? Hi veus relació entre la figura humana representada i el fruit?
- **c** En quins versos es planteja un futur menys deliciós per a Ixena que aquest present de la infantesa?
- **d** Interpreta el primer vers. Per què diu que Ixena és voluble com l'amor?

4 Llegeix el poema «A un auró» de Josep Carner publicat per primer cop al poemari *Arbres* (1953), i recollit més endavant a *Poesia* (1957).

A un auró

Farà aviat un any que cada dia
et veig per la finestra al meu costat,
oh noble auró d'un jardinet, que muntes
més alt que no el teulat!

T'he vist perdre la fulla, trasmudar-te
de gronxada pintura en fi dibuix:
gran pomell d'angles, dominant el ròssec
de fulles en garbuix.

T'he vist, en afermada primavera,
movent a flocs el teu ramatge espès,
i entaforant-hi mes de cinc finestres
i retallant-ne tres.

Ja encambres dues merles amoroses;
gais, pluja i vent vanen ton delit;
mous fulles fosques i arracades tendres
i el sol juga amb ta nit.

Activitats

Josep Carner, en la seva última visita a Catalunya (1970).

I en l'alt escaig de la claror del dia,
quan als carrers la fosca s'ajaçà,
dalt de ton cim els falciots fressegen
com dalt d'un campanar.

Sovint em veus entre papers i llibres,
arraconats de la cortina els plecs,
o cercant ton consol en la fatiga
o solament perplex.

Tu vas dir-me en hivern: —He de reviure;
tu no m'hauries d'envejar aquest do:
ara, en el fred i amb testa esblanqueïda,
encara dones flor—.

Oh noble amic sobre lilàs i hortènsies!
Si algú troba el meu nom, temps a venir,
que no retreguin una tasca incerta,
sinó el teu cor veí.

Reflexiona sobre el poema a partir del comentari següent.

Passada la guerra civil i durant la diàspora republicana, després d'un llarg parèntesi de divuit anys, Carner reprenia amb «Arbres» (1953) la publicació de llibres a Catalunya. (...) El llibre de Carner parla de les persones per mitjà dels arbres. I els arbres escollits pel poeta (...) formen un bosc imaginari poblat per unes quaranta espècies, d'hàbitats diversos, de variada personalitat. Alguns arbres coincideixen en un mateix poema i d'altres, pocs, figuren a més d'un (pollanc, faig, pi, xicranda, xiprer). Quatre poemes ens parlen d'arbres genèrics, sense especificar de quin es tracta, i set més versen sobre fulles. I n'hi ha cinc on l'arbre no és arbre: «L'arbre de l'Esperança», «Arbre encastellat», «L'arbre de la nit», «La dona arbre» i «Arbre primer». (...) Josep Carner va viure sobretot a Barcelona i a Brussel·les, però entre aquestes dues ciutats, que omplen les primeres i les últimes dècades de la seva vida, també va estar instal·lat un mínim d'un any i un màxim de sis a vuit a d'altres ciutats: Gènova, San José, Le Havre, Hendaia, Madrid, Beirut, París, Ciutat de Mèxic. En aquest seu nomadisme, sobretot si tenim en compte els canvis continuats de domicili en una mateixa ciutat, el poeta procurava sempre plantar la tenda prop d'un parc o d'un jardí, com podem intuir per l'auró d'un dels domicilis brussel·lencs.

JAUME COLL, pròleg a *Arbres* de Josep Carner

Contesta les preguntes:

- **a** Descriu les característiques d'un auró: alçada, tronc, brancam, fulles i flor, arrels, etc. Digues en quin tipus d'ecosistema acostumen a créixer.
- **b** Identifica algunes de les característiques descrites amb versos del poema.
- **c** Quin és el punt de vista del poema? És el mateix al llarg de totes les estrofes?
- **d** Quan i per què s'introdueix el diàleg?
- **e** En la darrera estrofa el poeta expressa un desig de posteritat per a l'arbre. Quin sentit té?

5 Llegeix els fragments del poema *Nabí* (1940) que tens reproduïts en aquesta unitat. Contesta les preguntes:

- **a** Els deu cants del poema desenvolupen un episodi de la narració bíblica de Jonàs. Explica breument aquest episodi.
- **b** Què significa «nabí» en hebreu?
- **c** Per què aquest poema té una especial interpretació si pensem en la guerra i l'exili que va patir Josep Carner?

6 Llegeix el poema «L'altre enyor» del llibre *Absència* (1957) que tens a la pàgina 196 i contesta les preguntes.

- **a** A qui es dirigeix el jo poètic?
- **b** Quin és el to del poema?
- **c** Quina és la causa que motiva el patiment del poeta?
- **d** En quins termes està descrita la pàtria llunyana?

Test final d'unitat

1 Digues si és veritat (V) o fals (F):

	V	F
a Guerau de Liost és la denominació familiar de Jaume Bofill i Mates	☐	☐
b Els seus orígens familiars provenen del Montseny	☐	☐
c Va ser cunyat de Josep Carner	☐	☐
d El primer llibre de poemes es va titular *La muntanya d'ametistes*	☐	☐
e Va dedicar-se a la carrera política	☐	☐
f Va militar en un sindicat anarquista i obrer	☐	☐
g La característica més destacable de la seva obra *Somnis* és el simbolisme	☐	☐
h Va renegar de les idees religioses de la seva joventut	☐	☐

2 Digues si és veritat (V) o fals (F):

	V	F
a Josep Carner va néixer a Barcelona i va morir a Brusel·les	☐	☐
b Va ser considerat un nen prodigi i de gran talent per a l'escriptura	☐	☐
c El seu primer llibre de poemes el va escriure en castellà	☐	☐
d En la primera etapa de la seva producció poètica se'l coneixia com a «príncep dels poetes»	☐	☐
e Només va escriure poesia	☐	☐
f Va col·laborar a l'Institut d'Estudis Catalans amb Pompeu Fabra	☐	☐
g Durant el moviment noucentista va col·laborar amb els polítics de la Mancomunitat de Catalunya	☐	☐
h El seu llibre *Els fruits saborosos* és editat el 1914 i marca el final del moviment noucentista	☐	☐
i Es va casar dues vegades i no va tenir descendència	☐	☐
j A més de la seva tasca intel·lectual i poètica va dedicar-se professionalment a la carrera diplomàtica	☐	☐
k Es va mantenir fidel al Govern de la República	☐	☐
l Es va exiliar als Estats Units	☐	☐
m Després de la guerra no va voler tornar mai més a Catalunya	☐	☐

3 Defineix les característiques de la poesia noucentista.

- L'artificiositat
- El classicisme
- La ironia
- El civilisme

4 Josep Carner va dedicar-se extensament a la traducció literària. Cerca informació sobre aquests escriptors que van ser traduïts al català per Carner. Segueix les indicacions de la graella:

Autor	Nom complet	Dates naixement/mort	Títol de l'obra traduïda per Josep Carner	Característica principal de la seva obra
Defoe				
Dickens				
Andersen				
Carroll				
Twain				
La Fontaine				
Perrault				

BLOC 6

LES AVANTGUARDES

En aquest bloc estudiarem les diverses expressions artístiques que els moviments d'avantguarda van produir a Catalunya, en alguns casos contemporàniament al moviment noucentista. Distingirem dues generacions d'artistes, de les quals en la dècada dels anys vint destaca l'innovador Josep Maria Junoy i sobretot Joan Salvat-Papasseit, «poetavantguardistacatalà», tal i com ell mateix es presentava.

Per tal d'activar els coneixements previs, al principi de cada unitat presentem uns textos breus i unes preguntes que han de servir per iniciar-nos en els continguts essencials del període i dels diversos autors. Farem especial atenció als textos de lectura obligatòria, que llegirem i analitzarem. I per cloure, un test de coneixements al final de la unitat pot fer les funcions d'avaluació del que s'ha après.

UNITAT 20

EXPRESSIONS AVANTGUARDISTES

UNITAT 21

JOAN SALVAT-PAPASSEIT

CONEIXEMENTS PREVIS

Llegeix aquest text de Josep Palau i Fabre i contesta les preguntes:

Per què l'avantguarda?

L'avantguarda no ha significat i no significa sinó la plena consciència d'una actitud permanent en la humanitat i, sobretot, entre els artistes, els investigadors i les classes culturalment despertes. Aquesta actitud és la de tenir la sensibilitat i la intel·ligència abocades, espontàniament, vers el futur, vers l'eclosió de les formes noves d'expressió, en lloc d'orientar-les vers el passat i l'admiració incondicional de les obres pretèrites. Precisament, quan unes obres són molt ponderables i dignes de retre'ls un culte encomiàstic és senyal que un cicle queda clos, que alguna cosa, a través d'aquella modalitat o forma d'expressió, ha arribat a la seva saturació. I aquest és el signe inequívoc que impulsa a buscar un nou rumb, a obirar nous horitzons.

Aquesta actitud ha estat permanent en l'home. Degué tenir-la l'home de les cavernes quan aconseguí de domesticar el foc, quan obtingué de fondre els metalls. La tingueren els artistes del Renaixement quan descobriren la perspectiva, la tingueren els primers escriptors que abandonaren el cultiu del llatí pel de les llengües vulgars. En cada cas hi hagué els qui s'aferraren a les formes antigues, establertes, i els qui adoptaren les innovacions.

L'acceleració dels invents i de les descobertes durant el segle XX ha fet que aquesta positura esdevingués més ostensible que mai i que passés a primer pla, engendrant el que se n'ha dit les avantguardes, que ha proliferat. Que entre les avantguardes i els avantguardistes han existit i existeixen produccions banals, efímeres, i fins i tot els que han especulat o explotat les innovacions provocades pels canvis d'orientació, és evident. Però la defensa contra aquest mal no és la de girar-se vers el passat i no voler saber res del present o del futur, l'única defensa és la d'aguditzar els sentits i la intel·ligència per poder destriar el gra de la palla, l'aventura autèntica de l'enganyosa.

L'avantguarda tampoc no significa desconèixer o menystenir el passat, ans saber-lo admirar en el seu punt just i en el seu lloc i, encara més, saber-lo mirar amb ulls nous, saber fer-ne una lectura viva.

JOSEP PALAU I FABRE,
«Avantguarda i modernitat», *Circular*, núm. 14

- **a** Com defineix l'autor el significat de l'avantguarda artística?
- **b** Quan considera que s'ha esgotat un determinat moviment artístic o literari?
- **c** Quins exemples cita de diversos moments de la història?
- **d** Quin és el perill que comporta la innovació? Quina actitud intel·lectual s'ha de defensar?

B6 UNITAT

20

EXPRESSIONS AVANTGUARDISTES

En aquesta unitat estudiarem les principals expressions artístiques i literàries de les avantguardes a Europa i a Catalunya. Analitzarem els diversos autors i sobretot les característiques de les dues grans etapes dels moviments d'avantguarda. En la primera etapa destacarem l'obra innovadora de Josep Maria Junoy, introductor del cubisme a la poesia catalana.

Dimensió estètica i literària

- Les diferents avantguardes.
- Les avantguardes i la seva relació amb el Modernisme i el Noucentisme.
- Dadaisme i surrealisme.

AUTORS I TEXTOS

- «Oda a Guynemer» de Josep M. Junoy, dins *Poemes i cal·ligrames* (1920).

Objectius

- Identificar les característiques innovadores dels moviments d'avantguarda.
- Estudiar les mostres artístiques i els principals autors de les dues grans etapes dels moviments avantguardistes, especialment pel que fa a la poesia.
- Conèixer l'obra de Josep Maria Junoy com a introductor del cubisme a Catalunya.

EXPRESSIONS AVANTGUARDISTES DE L'ART

La cita dels amics, de Max Ernst.

Els anys que van de la **Primera Guerra Mundial** (1914-1918) a la **Segona Guerra Mundial** (1939-1945) corresponen a un dels moments més aguts de creació cultural a Europa, que va donar lloc a la literatura i l'art moderns. Durant aquest període, van rebre el nom d'**avantguardes** (els soldats de primera línia en una guerra) una sèrie d'actituds i obres literàries i plàstiques que tenien en comú la voluntat de revolta i el rebuig de les formes i els criteris consolidats per la tradició cultural immediatament precedent.

En la crisi generalitzada que va suposar l'impacte de la guerra, i que es va estendre al fracàs polític del projecte defensat per la burgesia i el liberalisme, es van gestar un seguit de moviments literaris i sobretot plàstics difícils d'ordenar.

A la revolució moral i política, s'hi va afegir una revolta formal plena de contingut, de la qual els manifestos avantguardistes donen notícia i estableixen el programa. La característica més rellevant i primera és la pluralitat i diversitat dels moviments avantguardistes: des del cubisme de Guillaume Apollinaire, el futurisme de Filippo Tommaso Marinetti (que va derivar en posicions ideològiques feixistes i va donar suport a Mussolini) i el dadaisme de Tristan Tzara, fins a una segona etapa avantguardista dominada hegemònicament pel surrealisme d'André Breton. De fet, aquests moviments originaris –l'avantguarda històrica– van donar lloc a moltes derivacions que s'excloïen i se succeïen amb una velocitat espectacular: fauvisme, expressionisme, imaginisme, constructivisme, creacionisme, vibracionisme, etc. En tots els casos, allò que els identifica –i alhora els relaciona– és la voluntat de revolta i l'afany d'experimentació

La majoria de creadors, sobretot pel que fa a la literatura, però molt menys –o gens– en la pintura, la música, el cinema, etc., després de la **ruptura inicial** van tornar a **posicions tradicionals**, clàssiques i fins i tot conservadores. Els poetes francesos en van dir l'*esprit de reconstruction*: el retorn a l'estrofa i a la rima més acadèmica gairebé sense transició. De l'aventura rupturista i de revolta quedava, tanmateix, un sediment de troballes lingüístiques, estètiques i literàries que van influir en la literatura que venia a continuació. A Catalunya, les avantguardes s'emmarquen en un context molt particular i tenen unes característiques distintives. Com a Europa, aquí també es poden establir dues etapes cronològiques més o menys delimitades:

- La **primera avantguarda**: del 1915 (data del primer cal·ligrama en llengua catalana: «Oda a Guynemer», de Josep M. Junoy) al 1924 (data de la mort de Joan Salvat-Papasseit).
- La **segona avantguarda**: del 1925 al 1936 (data de l'inici de la Guerra Civil Espanyola).

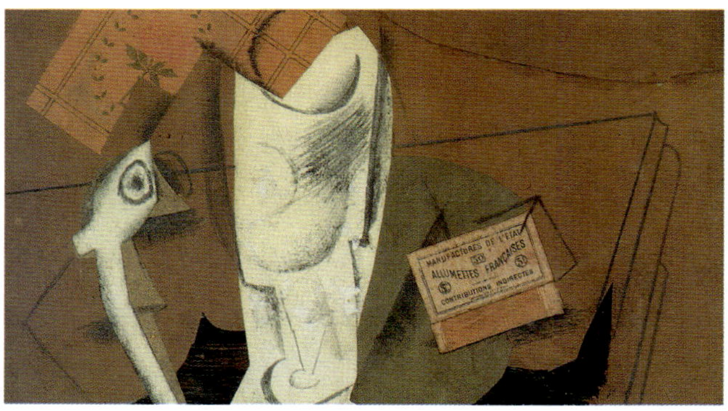

Pipa, copa i capsa de llumins, de Pablo Picasso.

LA PRIMERA AVANTGUARDA POÈTICA

La primera etapa de l'avantguarda catalana coincideix amb l'inici dels moviments avantguardistes europeus, en concret amb el cubisme i el futurisme. Tanmateix, s'ha de tenir en compte que a Catalunya la incidència de la crisi de les formes poètiques tradicionals va ser molt lleu; per tant, els paral·lelismes entre els moviments avantguardistes europeus i les manifestacions més o menys avantguardistes catalanes (esporàdiques, val a dir) s'han de mesurar amb un cert relativisme. Per començar, l'avantguarda catalana va conviure amb dos moviments perfectament instal·lats i consolidats que marcaven la tradició cultural i el relleu institucional d'aquesta tradició: el Modernisme i el Noucentisme.

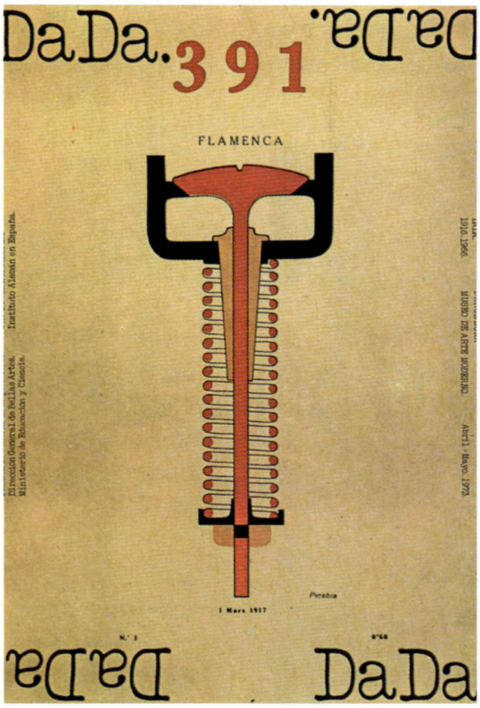

Portada de la revista *391*, dedicada al moviment dadà.

- **Avantguarda i Modernisme**. L'actitud de renovació, fins i tot de revolta, com també la recerca de formes noves importades directament d'Europa (sobretot de París), ja va ser empresa pels modernistes, si bé amb una visió més continuista de la tradició que els avantguardistes. El rebuig de la classe burgesa i del seu sistema de vida, la valoració de la joventut i del risc, la modernitat en les formes i l'anhel cosmopolita són algunes de les coincidències més destacables entre els dos corrents artístics. No és estrany, doncs, que alguns dels intel·lectuals modernistes col·laboressin en diferents iniciatives avantguardistes. El fet més destacat en aquesta línia és la invenció que Gabriel Alomar va fer del terme *futurisme* (1904), que anys més tard (1909) Marinetti adoptà per al seu moviment donant-li, però, un sentit completament diferent: allò que en Alomar era regeneracionisme modernista de caire romàntic, en Marinetti definia l'**antiacademicisme**, la **negació** del **passat**, la imaginació sense fils, etc. Amb tot, la idea del futurista a la manera d'Alomar, és a dir, com un líder de masses inspirat i romàntic, és descrita en el poema de Salvat-Papasseit *Columna vertebral: sageta de foc* (1911) i, en part, en el seu *Contra els poetes amb minúscula. Primer manifest català futurista* (1920).

- **Avantguarda i noucentisme**. La tradició intel·lectual noucentista no es va veure sacsejada per les actituds més o menys rebels dels artistes avantguardistes catalans. De fet, l'avantguardisme, en tant que posició revolucionària, va ser minoritari a Catalunya. Noucentistes com el poeta López-Picó van donar entrada a notícies sobre l'avantguarda en la *Revista de Catalunya*, i fins i tot el mateix Eugeni d'Ors en va publicar diverses glosses en *La Veu de Catalunya*, l'òrgan de difusió oficial del Noucentisme. La **fidelitat** als cànons més o menys rígids de la **tradició** es va seguir de forma majoritària: evidentment, la van practicar els poetes simbolistes neonoucentistes com Riba o Manent, i Sagarra en l'oratòria i la brillantor en el vers i la musicalitat; però també Salvat-Papasseit en moltes de les seves composicions, en què recorre a les formes estròfiques de la cançó tradicional, i així mateix cal esmentar el classicisme de J. V. Foix. Tanmateix, aquesta primera etapa de l'avantguarda coincideix amb els primers símptomes de crisi del moviment noucentista –mort de Prat de la Riba (1917), deserció d'Eugeni d'Ors (1920), allunyament voluntari de Carner (1921)– i amb una de les èpoques més convulses de la vida catalana, una autèntica crisi del sistema burgès –vagues, repressió obrera, pistolerisme, assassinat de líders sindicals, atemptats al carrer, crisi de la Lliga, formació d'Acció Catalana (primer partit catalanista i d'esquerres), etc.

Els moviments avantguardistes d'aquesta primera etapa són el **futurisme** i el **cubisme**, que a Catalunya es poden analitzar des d'una doble perspectiva: ambiental i, segons la producció o l'acció individual, a vegades fins i tot transitòria.

- Activitats relacionades amb el món de les arts plàstiques aposten per una **renovació pictòrica** en estreta sintonia amb l'art cubista europeu: el 1912, el galerista Josep Dalmau organitza una exposició de pintors cubistes a Barcelona (Duchamp, Léger, Gris, etc.); es fan exposicions monogràfiques de pintors locals i estrangers: Torres-Garcia (1917), Miró (1918), Picabia (1922) –amb el catàleg signat per André Breton–, Dalí (1924), i també una exposició col·lectiva –«Mostra d'art francès d'avantguarda» (1920)–, amb la presència de Matisse, Braque, Dufy, Duchamp, Miró, Dalí, etc.
- Molts artistes europeus es declaren **apàtrides** i es neguen a combatre en la guerra de 1914, una guerra que consideren al servei dels interessos de la burgesia.

En conseqüència, han de fugir dels seus països i arriben a una ciutat amb ambient artístic –generat des del segle passat pels contactes dels artistes modernistes amb París– i alhora neutral com Barcelona. Així, hi fan estada –alguns de camí cap a Nova York– artistes tan destacats com Francis Picabia, Chagall, Duchamp, Aragon, Breton, Apollinaire, etc.

Tres dones, de Fernand Léger.

- Tenen lloc actes públics de **provocació**. Per bé que la societat només hi reconeix el vessant provocador, els actes públics avantguardistes, que al començament tenien un caràcter programàtic i no únicament anecdòtic, van ser una de les vies de difusió i propaganda més efectives dels nous plantejaments ideològics i estètics de les avantguardes europees. Van començar en les famoses **vetllades** *–serate–* **futuristes**, tot i que els actes més incisius i paradigmàtics van ser els dadaistes i els surrealistes. A Barcelona, alguns d'aquests avantguardistes europeus refugiats, com Francis Picabia o Arthur Cravan, van protagonitzar o impulsar *performances* provocatives que van tenir més o menys ressò.
- Es publiquen **revistes** amb inquietuds avantguardistes que contribueixen, en diferent grau, a renovar l'expressió artística catalana. *Trossos,* en una primera etapa (1916-1918) és dirigida per Junoy, i després se'n fa càrrec J. V. Foix (1918-1922). *Un enemic del Poble. Fulla de subversió espiritual* és creada per Joan Salvat-Papasseit en dues sèries: la primera (1917-1918) està molt lligada als plantejaments de tipus regeneracionista, mentre que la segona (1918-1919) insinua un interès progressiu cap a les avantguardes. *Arc-voltaic*, també de Salvat-Papasseit, però amb un plantejament molt més avantguardista, defineix un autèntic programa futurista; en surt un únic número l'any 1918. *Proa*, la darrera revista de Salvat-Papasseit, de la qual van sortir dos números el 1921, té uns plantejaments postavantguardistes, com una liquidació del moviment.

A través de les revistes es va donar difusió a un seguit de **manifestos heterogenis** i de qualitats ben diverses. Els més brillants són probablement els del pintor i crític d'art Torres-Garcia; menys elaborats, però igualment representatius, són els de Salvat-Papasseit, el qual entre el 1919 i el 1920 va redactar tres textos programàtics: *Sóc jo, que parlo als joves*; *Concepte de poeta*; *Contra els poetes amb minúscula. Primer manifest català futurista*.

> No sabríem entendre la petja del Poeta sinó en la dignitat que hi deixa segellada. Perquè, com l'entendríem si no en una actitud de dignitat? Si tinguéssim Poeta, aquest seria, amics, un home independent. Potser, potser i tot, fins ni escriuria versos...
>
> Cada gest d'aquest home, cada mot d'aquest home seria com un vers. Signaria una ratlla, i aquesta sola ratlla podria no pertànyer a cap alexandrí, podria no sonar a les pobres orelles dels doblegats versaires a preu fet, però amb aquella ratlla tindríem un Poema.
>
> Jo us invito, poetes, a que sigueu futurs, és a dir, immortals. A que canteu avui com el dia d'avui. Que no mideu els versos ni els compteu amb els dits, ni els cobreu amb diners. Vivim sempre de nou. El demà és més bell sempre que el passat. I si voleu rimar, podeu rimar: però sigueu Poetes, Poetes amb majúscula: altius, valents, heroics i, sobretot, sincers.
>
> JOAN SALVAT-PAPASSEIT, *Contra els poetes amb minúscula. Primer manifest català futurista*

LA CONTINUACIÓ DE L'AVANTGUARDA

La segona etapa de l'avantguarda catalana abraça del 1925 a l'esclat de la Guerra Civil Espanyola, el 1936. Algunes consideracions bàsiques diferencien les manifestacions avantguardistes d'aquest segon moment de l'avantguarda inaugural:

- Els moviments predominants són el **dadaisme** i el **surrealisme**, que es confirma com el moviment més organitzat, rigorós i sistemàtic de totes les avantguardes europees (una mostra de la caducitat del futurisme és l'escassíssima receptivitat que va tenir la primera visita que va fer Marinetti a Espanya i a Catalunya, en concret a Barcelona el 1928).
- Tres activistes destacats del surrealisme –Salvador Dalí, Sebastià Gasch i Lluís Montanyà– van coincidir en iniciatives que van suposar el revulsiu més rellevant en la vida cultural catalana, la més notable de les quals va ser la publicació del *Manifest groc* (1928); atacaven les revistes tradicionals com *La Nova Revista* o institucions establertes i de prestigi com la Fundació Bernat Metge o l'Orfeó Català, a més de criticar la literatura catalana del moment.

- Encara que molt transitòriament, van funcionar com un grup organitzat al voltant de la revista *L'Amic de les Arts*, en la qual van escriure articles programàtics i de crítica d'art força virulents.
- **Federico García Lorca**, convidat per Dalí, arriba per primera vegada a Catalunya el 1925 i es posa en contacte amb intel·lectuals catalans.
- El març de 1930 té lloc la conferència de **Salvador Dalí** a l'Ateneu, en la qual sintetitza les idees que Breton havia exposat en el *Segon manifest surrealista*.
- J. V. Foix publica a la *Revista de Poesia* un article de gran transcendència literària en què proposa el **surrealisme** com a **alternativa** i, per tant, liquida el cubisme i el futurisme: «Algunes consideracions sobre la literatura d'avantguarda» (1925).
- Els principals canals de difusió de l'aventura surrealista van ser tres revistes: *L'Amic de les Arts* (Sitges, 1926-1929), la qual, dirigida per Josep Carbonell i J. V. Foix, va constituir la plataforma més sòlida de la plàstica avantguardista dels anys vint; *Hèlix* (Vilafranca del Penedès, 1929-1930), que va comptar amb múltiples col·laboracions de J. V. Foix, Dalí, Gasch, Montanyà, Buñuel, Giménez Caballero, etc., i *Art* (Lleida, 1933), amb propòsits surrealistes especialment del món de les arts plàstiques.

Els avantguardismes a Catalunya es van evaporar ràpidament un cop consumida la provocació episòdica; però, com va passar a la resta de literatures d'Europa, en alguns autors van quedar incorporats uns hàbits d'expressió, com també experiències d'**imatgisme** i la **immersió** en el **subconscient** pròpia del surrealisme.

El cant del cigne de les manifestacions avantguardistes, ja del tot assimilades, va ser la creació el 1932 de l'ADLAN (Associació dels Amics de l'Art Nou), amb gent molt diversa que provenia sobretot de *L'Amic de les Arts*. La darrera manifestació concreta de les avantguardes va ser un número monogràfic de la revista *D'Ací d'Allà* (1934), dedicat a un panorama global de l'avantguardisme.

Federico García Lorca a Catalunya (cinquè per la dreta) amb altres intel·lectuals.

JOSEP MARIA JUNOY

Primera avantguarda

Josep Maria Junoy i Muns va néixer el 1887 a Barcelona i hi va morir el 1955. Poeta, escriptor, dibuixant i crític d'art, la seva trajectòria intel·lectual i literària va ser sorprenent: des de les posicions **avantguardistes** inicials (va ser l'introductor del cubisme en la literatura catalana) fins a plantejaments radicalment **conservadors**, tant des del punt de vista estètic com ideològic.

Cal·ligrama de Josep Maria Junoy per a una exposició de Joan Miró.

El 1912 va publicar el seu primer llibre, *Arte y artistas*, que presenta la novetat de ser el primer llibre que s'ocupa del cubisme. Més tard va publicar *Poemes i cal·ligrames* (1920), prologat per Guillaume Apollinaire i traduït a diverses llengües; l'obra inclou el famós cal·ligrama «Oda a Guynemer» (1915), i de fet és una síntesi d'elements futuristes i cubistes, d'una gran bellesa plàstica.

El mateix any 1920 va publicar un altre llibre destacat, escrit en francès i en català: *Amour et paysage*, un recull d'haikus que va servir per introduir, per primera vegada en les lletres catalanes i en la literatura europea en general, una forma estròfica d'inspiració japonesa posada de moda per la modernitat francesa dels anys vint. Més o menys per aquesta època, Junoy va entrar en crisi i va renegar de totes les revolucions estètiques i ideològiques en què s'havia embarcat. A partir de la guerra civil, va escriure exclusivament en castellà i va defensar una literatura d'academicisme museístic i d'inquietuds religioses catòliques i dogmàtiques.

Davant de les coses que creava li agafava una espècie de tedi còsmic que el portava a passar-se amb armes i bagatge a l'enemic. Així, una vegada hagué imposat el cal·ligrama, en termes que no han estat superats, es passà al classicisme més pur i més artístic, que era el que solia fer sempre enmig del desconsol i del turment dels seus deixebles. És clar que no sol ser pas gaire corrent que el cap de colla es desentengui del que els seus deixebles han predicat i fet. Però aquesta fou la inestabilitat de Junoy: en el moment més impensat –o en el més pensat, com en el cas present– feia figa i deixava tothom amb un pam de nas, sobretot els seus deixebles, amics, saludats i coneguts.

JOSEP PLA, «Josep Maria Junoy», *Homenots*, quarta sèrie, *Obra completa* XXIX

Activitats

1 Llegeix aquest cal·ligrama de Guillaume Apollinaire.

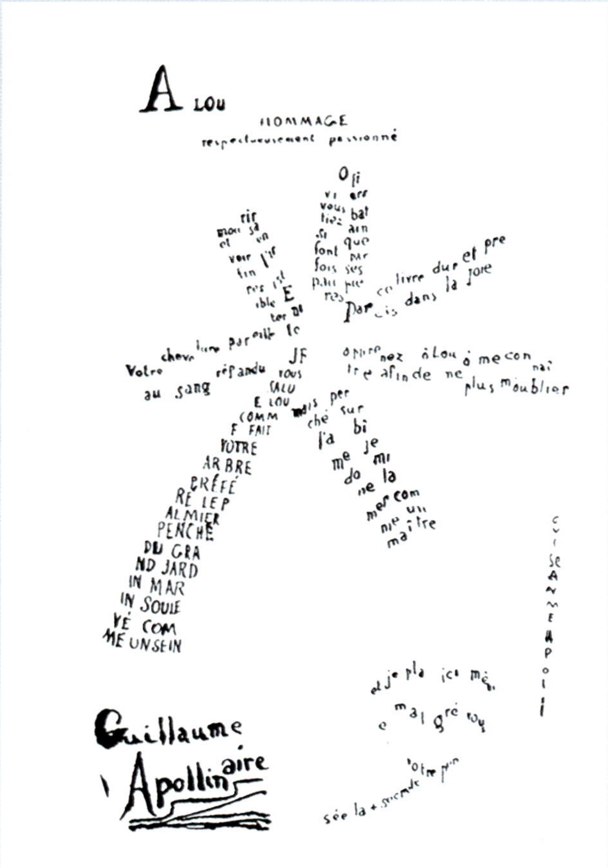

Cal·ligrama sense títol que representa una palmera.

Contesta les preguntes:

- **a** Què representa el dibuix?
- **b** Quina relació hi pot haver entre la forma i el contingut?
- **c** Quantes tipografies diferents identifiques?

2 Llegeix el cal·ligrama «Oda a Guynemer» de Josep Maria Junoy. Contesta les preguntes:

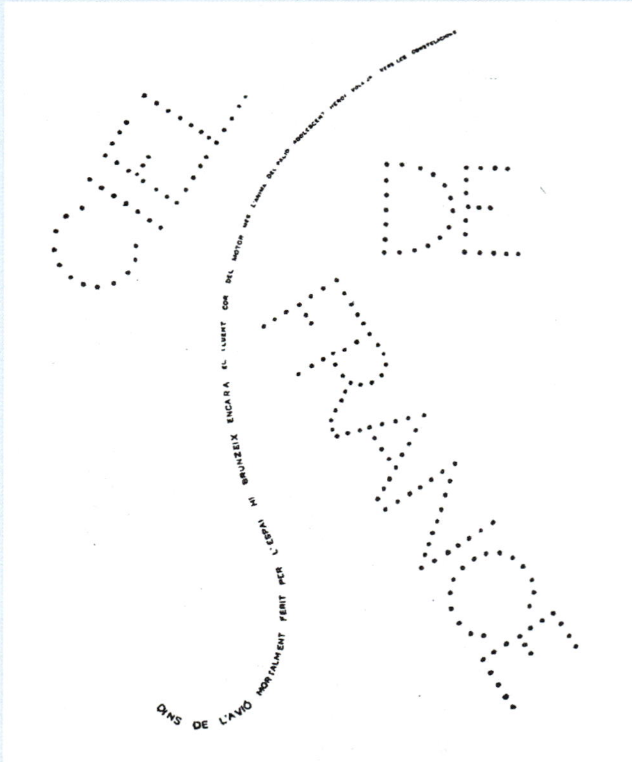

Josep Maria Junoy, «Oda a Guynemer», dins *Poemes i cal·ligrames*.

- **a** Compara aquest cal·ligrama amb el de Guillaume Apollinaire i digues què tenen en comú.
- **b** Quantes llengües s'hi combinen? Justifica-les
- **c** Quantes tipografies? Justifica-les
- **d** Quin és el tema del poema? A quin fet històric està dedicat?

3 Llegeix aquest cal·ligrama de J.V. Foix i contesta les preguntes que tens a continuació.

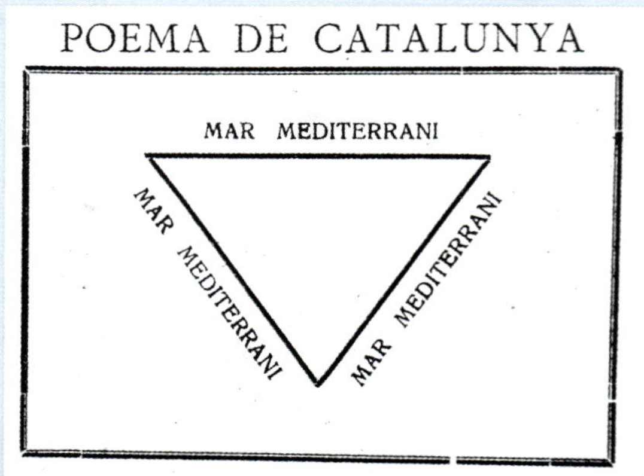

- **a** Com s'ha d'interpretar la representació plàstica d'aquest cal·ligrama? Fixa't en el títol del poema.
- **b** Creus que és un poema polític?
- **c** Quin missatge transmet?

Test final d'unitat

1 **Digues si és veritat (V) o fals (F):**

	V	F
a El període històric de les avantguardes és conegut com el període d'entreguerres del segle XX	☐	☐
b Les avantguardes són un moviment pictòric i molt poc literari	☐	☐
c Les avantguardes plantegen una revolució que és formal, no pas moral o política	☐	☐
d Es plantegen dos grans períodes en els moviments avantguardistes	☐	☐
e A Catalunya les avantguardes van conviure amb els moviments Modernista i Noucentista	☐	☐
f Gabriel Alomar va inventar-se el terme *futurisme* el 1904	☐	☐
g Gabriel Alomar va ser un destacat membre de l'Académie Française	☐	☐
h Els moviments d'avantguarda van esdevenir molt populars a Catalunya	☐	☐
i Molts artistes es van declarar apàtrides i van oposar-se a la guerra mundial	☐	☐
j Josep Maria Junoy va introduir el cubisme literari a Catalunya	☐	☐
k Junoy va compondre cal·ligrames i haikus	☐	☐
l Les darreres obres poètiques de Junoy són escrites en castellà i formalment clàssiques	☐	☐

2 **Defineix els següents moviments avantguardistes:**

- Futurisme
- Dadaisme
- Cubisme
- Surrealisme

3 **Cerca informació sobre els moviments d'avantguarda a Europa. Omple la graella.**

MOVIMENT	Cronologia	Renovació pictòrica (exemple d'obra o artista)	Renovació literària (exemple d'obra o literat)	NOMS DESTACATS a Europa i a Catalunya
Futurisme				
Cubisme				
Dadaisme				
Surrealisme				
Expressionisme				

4 **Indica quins d'aquests noms corresponen a artistes de l'avantguarda:**

NOM	SÍ	NO
Salvador Seguí		
Víctor Català		
Filippo Tommaso Marinetti		
Torres Garcia		
Francis Picabia		
Arthur Cravan		
Juan Blanco		
Juan Gris		
Carles el Calb		
André Breton		
Joan Miró		
Marcel Duchamp		
Marcelí Antúnez		
Marc Chagall		

CONEIXEMENTS PREVIS

Llegeix aquest cal·ligrama de Joan Salvat-Papasseit i contesta les preguntes:

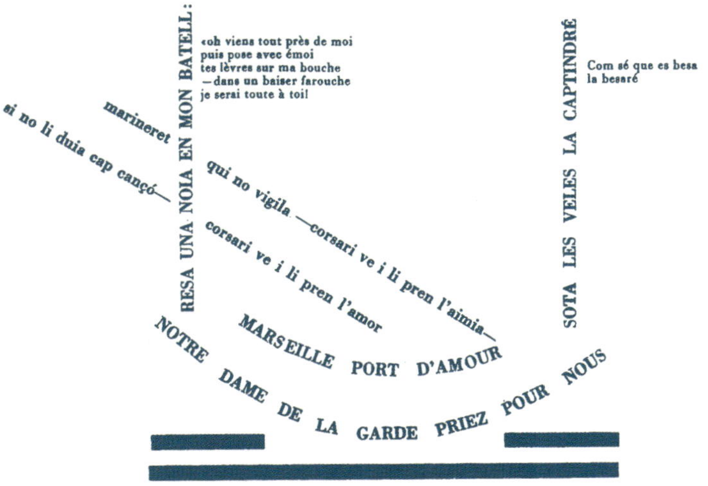

- **a** Llegeix atentament el cal·ligrama d'*El poema de la rosa als llavis*. Indica quantes llengües fa servir el poeta i quines són.
- **b** Podem considerar que aquest poema és un collage idiomàtic? Per què?
- **c** Indica en quins versos hi ha un ressò més eròtic i en quins es refereixen a la cultura popular religiosa.
- **d** Justifica la forma del cal·ligrama en funció del seu contingut.
- **e** Fixa't en el color del cal·ligrama. Per què creus que és de color blau?
- **f** Fes un cal·ligrama amb l'ordinador i juga amb diferents tipografies i formats. Després, compara'l amb els de la resta de companys de classe.

Llegeix el text que tens a continuació per entendre millor el pensament del poeta Joan Salvat-Papasseit.

Jo no sóc, doncs, modest. Estic enamorat d'aquests ulls meus petits, però profunds, perquè esguarden al lluny, I d'aquest front tan alt, que ho és per tant que pensa. No camino pels altres, i no bellugo els peus si no és per avençar i trepitjar quelcom. M'estimo els insurgents més que no els conformistes i oprimits. Processat i portat al banc dels acusats per una causa noble, he estat condemnat per un Jurat d'indoctes i un Tribunal de vells. Jo ara vaig contra aquests i la dita Justícia. I no sóc un programa, sinó una realitat, una forma tangible primer que no una imatge. Ni vull agrair res a aquells amb els qui he anat, perquè no he tingut mestre. Jo no prometo res. Només camino.

JOAN SALVAT-PAPASSEIT, *Autoretrat* (1917)

B6 UNITAT 21

JOAN SALVAT-PAPASSEIT

En aquesta unitat estudiarem la vida i l'obra d'un dels poetes més llegits i estimats de la literatura catalana: Joan Salvat-Papasseit. Repassarem extensament la seva vida que tan intensament va dedicar a la poesia. Analitzarem alguns escrits i poemes representatius de la seva inclinació avantguardista i també del vessant més líric dels seus versos.

Dimensió estètica i literària

- Vida i obra.
- Filiació al moviment avantguardista.
- La mitificació de la realitat.

TEXTOS

- «Tot l'enyor de demà» dins *L'irradiador del port i les gavines* (1921), de Joan Salvat-Papasseit.

Objectius

- Conèixer l'obra de Joan Salvat-Papasseit.
- Identificar els trets avantguardistes de l'obra de Salvat-Papasseit.
- Reconèixer el vessant més líric de l'obra de Salvat-Papasseit.

JOAN SALVAT-PAPASSEIT

Vida i obra

Vaig néixer el dia 16 de maig del 1894. Pocs dies després era batejat a la parròquia de Santa Madrona, dins una tarda tempestuosa d'aigua com una obstinació. Aquell dia a Montjuïc posaven en capella uns condemnats a mort. La ciutat, arraulida i poruga, no tenia respir. En fer-me cristià, el capellà va dir-los als qui em duien: «Nat amb aigua obstinada, morirà en foc potser...» Aquesta predicció mai no ha tingut tranquil·la la meva pobra mare.

Notes biogràfiques

Joan Salvat-Papasseit.

Joan Salvat i Papasseit (el guionet esteticista el va incorporar més tard) va néixer a Barcelona el 1894 i hi va morir el 1924. Els seus orígens familiars el remeten a les terres del camp de Tarragona. És destacable, a més, l'aspecte de faccions orientals de la mare. De fet, Salvat va heretar-ne els trets i un romàntic orgull de llinatge exòtic, la qual cosa va motivar que, en conèixer-lo, Josep M. Junoy l'anomenés «jove príncep asteca». El pare era fogoner de vaixell i, pel que sembla, no sabia ni llegir ni escriure, va morir en un tràgic accident a bord del vaixell *Montevideo*, quan Salvat tenia set anys. En una llibreta escolar –a les tapes de la qual hi havia dibuixat el monument a Colom i una caravel·la amb les veles desplegades, símbols precoços del **món mariner** que va mitificar en els seus versos–, el petit Joan va copiar fil per randa la notícia que descrivia el fet.

A bordo del *Montevideo*. Accidente desgraciado. En un despacho de Cádiz se dice lo siguiente: Procedente del puerto de Barcelona ha llegado el *Montevideo*. El fogonero Juan Salvat, que había embarcado en Barcelona, sufrió un accidente haciendo guardia, cayendo sobre las planchas del horno. El infeliz pereció abrasado.

La Publicidad (17-7-1901)

La figura del pare va ser necessàriament sublimada per Salvat en la seva poesia: la figura del mariner «lladre d'amor», la del corsari coratjós i aventurer, etc. A causa de la miserable situació familiar, Salvat es va acollir a la beneficència i, dels set anys als tretze, va viure a l'Asilo Naval Español, instal·lat a la coberta de diversos vaixells ancorats al port de Barcelona.

No cal dir que la formació escolar va ser, en aquestes circumstàncies, ben precària. Salvat es va convertir en un noi trist i desnerit, d'ànima sensible i, segons les seves pròpies paraules, d'altes ambicions espirituals: «A dotze anys jo era pur com no pot repetir-se: el meu destí, l'Església». En definitiva, una manera ben romàntica d'expressar unes inquietuds anímiques, vitals fins i tot. No cal interpretar-ne cap tendència envers el misticisme, ben aliè a la comprensió del món del poeta al llarg de tota la seva vida. A tretze anys, sense ofici ni benefici, es va haver de posar a treballar: aprenent en una drogueria primer, en un taller d'escultura religiosa més tard, o fent caixes de núvia. Res no el satisfeia. En aquesta època d'adolescent escrivia incansablement. I no menjava gaire. Amb els amics d'aquesta època, que va conservar fins a la mort –Emili Eroles, Joan Alavedra i Antoni Palau–, intercanviava llibres, idees i projectes.

I arribà en Salvat. Ell tenia disset anys. Jo, quinze. De seguida em va impressionar. Anava amb un vestit fosc, el barret una mica endarrera, decantat a un costat, i duia, habitualment, amb l'americana cordada, la mà dreta a la butxaca. Una mica corbat d'espatlles, però amb el cap dret i un front alt, arrogant. La pell de la cara –angulosa, de pòmuls marcats– molt bruna. Els ulls fondos, de color d'oli, dins unes conques negres, molt penetrants. Tenia una contenció carregada i, àdhuc quan estava en calma, feia una gran impressió d'agressivitat. Mirava fixament, amb la boca tancada. Anava net, i semblava pulcre. «Jove príncep asteca», digué Junoy quan el va conèixer, més tard.

JOAN ALAVEDRA, *El fet del dia d'ahir i d'avui*

Amb els amics freqüentà l'Ateneu Enciclopèdic, fundà el Grup Antiflamenquista Pro-Cultura –*cultura*, màgica i estimable paraula per a Salvat– i començà a col·laborar, en castellà, en la revista *Los Miserables* i en *Justicia Social*, de Reus, amb uns escrits encesos de contingut anarquitzant, o socialitzant, o simplement militant en la lluita contra la injustícia –«... hom ha estat explotat de mala manera que s'ha fet anarquista pels que eixorquen la vida...». Signà aquests escrits amb el pseudònim de *Gorkiano* (que en rus vol dir 'amarg' o 'malaurat'), en clar homenatge a l'escriptor, una de les seves lectures més influents.

L'any 1918, quan ja era un escriptor en català allunyat en part d'aquest regeneracionisme moral, aquests escrits es van aplegar en un llibre que es va titular *Humo de fábrica*. La seva ideologia, i la tria inicial de la llengua d'expressió, tenen l'arrel en les lectures de joventut: Ibsen, Gorki, Kropotkin, Eliseu Reclus i Nietzsche. «Escriu amb sang!», diu Zaratustra. I Salvat dirà: «A cada ferida, la sang d'un poema» (*La gesta dels estels*, 1922); «Encara no he escrit mai sense mullar la meva ploma al cor, esbatanat».

> En la seva extrema joventut, Salvat-Papasseit fou un escriptor social i anarquistoide, d'un sentimentalisme dramàtic de l'espècie més lívida, encara que totalment desproveït de malícia i sense cap sentit de l'acció.
>
> Escriví un volum titulat *Humo de fábrica* que firmà amb el pseudònim Gorkiano i que està format per un recull d'articles apareguts en una revista barcelonina anomenada *Los Miserables*. [...] El llibre és, exactament, pretenciós, pedantesc i sobretot, com ja diguérem, castellà. [...]
>
> Tot aquest vagabundatge gorkià anava acompanyat, en aquells anys, del lèxic social i polític de l'anarquisme.
>
> JOSEP PLA,
> «El poeta Joan Salvat-Papasseit», *Homenots*,
> quarta sèrie, *Obra completa* XXIX

Més endavant va llegir Walt Whitman, Novalis, Maragall, Dídac Ruiz, etc. És molt significatiu, en l'amor de Salvat per la literatura i el saber, el comentari que el seu amic Eroles fa de la cura exquisida que el poeta tenia pels llibres:

> Un tret molt curiós d'en Salvat-Papasseit, i que no era altra cosa que un reflex del seu esperit selecte, era la gran cura amb què tractava els llibres que llegia. Un llibre a les seves mans, per vulgar que fos, esdevenia una joia. L'amanyagava, el fullejava suaument, tant, que una vegada llegit semblava més nou que abans de comprar-lo. Mai ni un full doblat. Dins del llibre, hi posava sempre un tros de paper blanc, nítid, on anotava els números de les pàgines que tenien quelcom a comentar. Aquell paper era sempre igual, ben retallat, i els números que feia eren clars, de trets enèrgics. [...]
>
> Aquesta pulcritud amb els llibres s'estenia naturalment a tots els actes de la seva vida, àdhuc en el parlar i en el vestir; malgrat la misèria que patia, calladament, la seva vestimenta era impecable i mai no s'hi veia una taca, ni gens de pols.
>
> EMILI EROLES,
> *Boletín del Centro Comarcal Leridano*, 47

El **moralista social** que era Salvat en aquests primers anys entrà en un període de crisi que esdevé decisiu. En la cruïlla entre dos possibles projectes –el moralista regeneracionista o el poeta–, escollí el camí de la poesia i, per tant, de l'experiència avantguardista. Segons Emili Eroles, també són d'aquesta època, als voltants de l'any 1916, els primers versos en català.

> Aquesta transformació es produí a mesura que anà deixant (en l'escriptura) el castellà, que fou l'idioma literari de la seva extrema jovenesa, per adoptar un català ple de naturalitat i desproveït de tota petulància acadèmica. El fet li costà un gran esforç, perquè les seves lectures d'adolescent, totes en castellà, el castellanitzaren fins al moll de l'os.
>
> JOSEP PLA, «El poeta Joan Salvat-Papasseit»
> *Homenots*, quarta sèrie,
> *Obra completa* XXIX

I al mateix temps, a part dels versos i dels articles, Salvat va començar a festejar amb Carme Eleuterio, que més endavant es va convertir en la seva dona.

La lluita per la supervivència continuà, i en un dels moments més desesperats de la seva vida, per guanyar el pa de la mare i del germà petit del qual era responsable; Joan Salvat-Papasseit va treballar durant una temporada de vigilant de nit al moll de la Fusta de Barcelona.

Coberta de *La gesta dels estels*.

Retrat de J. Salvat-Papasseit fet per Joaquim Torres-Garcia.

Va continuar freqüentant els amics de sempre, va assistir a un curs del doctor Jordi Rubió als Estudis Universitaris Catalans (1914) i va ser condemnat a dos mesos i un dia de presó –condemna que no va complir– per un article publicat en *Los Miserables* (1916).

En aquesta època va conèixer el pintor Joaquim Torres-Garcia, que fou fonamental per a la seva formació futurista posterior.

Així mateix, va visitar Eugeni d'Ors al seu despatx de la Biblioteca de Catalunya (1916), el qual, en preguntar a Salvat de què treballava i saber que feia de vigilant al moll, el va recomanar per a una ocupació més escaient a Santiago Segura, empresari cultural de la secció de llibreria de les Galeries Laietanes.

Nocturn per a acordió

a Josep Aragay

Heus aquí: jo he guardat fusta al moll.
(Vosaltres no sabeu
què és
guardar fusta al moll:
però jo he vist la pluja
a barrals
sobre els bots,
i dessota els taulons arraulir-se el preu fet de l'angoixa;
sota els flandes
i el melis,
sota els cedres sagrats.

Quan els mossos d'esquadra espiaven la nit
i la volta del cel era una foradada
sense llums als vagons:
i he fet un foc d'estelles dins la gola del llop.

Vosaltres no sabeu
què és
guardar fusta al moll:
però totes les mans de tots els trinxeraires
com una farandola
feien un jurament al redós del meu foc.
I era com un miracle
que estirava les mans que eren balbes.

I en la boira es perdia el trepig.

Vosaltres no sabeu
què és
guardar fusta al moll.
Ni sabeu l'oració dels fanals dels vaixells
–que són de tants colors
com la mar sota el sol:
que no li calen veles.

Joan Salvat-Papasseit,
Óssa Menor

[...] darrera aquell munt de llibres intactes a l'entrada de les Galeries Laietanes, amb aquella figura que només duia la pell i l'os i s'aguantava per un voler de Déu, amb aquella veu fosca mig apagada, però cremant tot ell per la flama desesperadament irreductible del seu esperit.

Josep M. de Sagarra,
Cafè, copa i puro

◉ Tot l'enyor de demà

a Marià Manent

Ara que estic al llit
malalt,
estic força content.
–Demà m'aixecaré
i heus aquí el que m'espera:

Unes places lluentes de claror,
i unes tanques amb flors
sota el sol,
sota la lluna al vespre;
i la noia que porta la llet
que té un capet lleuger
i duu un davantalet
amb unes vores fetes de puntes de coixí,
i una rialla fresca.

I encara aquell vailet que cridarà el diari,
i qui puja als tramvies
i els baixa
tot corrent.

I el carter
que si passa i no em deixa cap lletra m'angoixa
perquè no sé el secret
de les altres que porta.

I també l'aeroplà
que em fa aixecar el cap
el mateix que em cridés una veu d'un terrat.
[...]
Tot això bé m'espera
si m'aixeco
demà.
Si no em puc aixecar
mai més,
heus aquí el que m'espera:

–Vosaltres restareu,
per veure el bo que és tot:
i la Vida
i la Mort.

Joan Salvat-Papasseit, *L'irradiador del port i les gavines*

Salvat evolucionava ideològicament, com a poeta que s'anava depurant. Si d'una banda es va allunyar del socialisme i va professar un individualisme vagament anarquista –«...jo us prego que vulgueu anomenar-me Salvat-Papasseit i deixar el «gorkiano» com a cosa passada i morta [...] Salvat-Papasseit vol dir jo mateix, vol dir lo que cal ser»–, de l'altra va publicar el primer poema avantguardista, un poema programàtic, «Columna vertebral: sageta de foc», en la revista *Un Enemic del Poble*, que ell mateix editava. L'any 1918 va publicar l'únic número de la revista *Arc-voltaic. Plasticitat del vèrtic – Formes en emoció i evolució – Vibracionisme d'idees – Poemes en ondes hertzianes*, títol significatiu pel que té de filiació avantguardista i que, en part, Salvat va recuperar per titular el seu primer recull de poemes.

Aquest mateix any es va casar amb Carme Eleuterio i va anar a viure a Sitges, on s'encarregava d'una botiga d'antiguitats del seu protector Santiago Segura. Però a l'estiu se li va manifestar la primera crisi important de la malaltia, la qual cosa el va obligar a abandonar Sitges i a iniciar la primera d'un seguit de cures de repòs finançades per amics i protectors. Finalment, va fixar la seva residència a la Barceloneta, on van néixer les seves filles Núria (1919) i Salomé (1922). Va viure intensament l'**ambient** agitat, **obrer**, tumultuós i viu del barri, i alhora el va descriure i sublimar en els seus versos.

A partir del 1919, any en què va començar a treballar a les Galeries Laietanes, va entrar en relació amb un gran nombre d'escriptors i artistes, amb molts dels quals va tenir una bona amistat: Xavier Nogués, Joaquim Sunyer, Manolo Hugué, Manuel Humbert, Josep Obiols, Josep M. Junoy, J. V. Foix, Joaquim Folguera, Josep M. López-Picó, Josep Pla, etc. Com a llibreter va editar algunes obres amb el peu editorial de Llibreria Nacional Catalana. Aquest any, prolífic en la vida de Salvat, va publicar els manifestos *Sóc jo, que parlo als joves* i *Concepte de poeta* i el volum *Poemes en ondes hertzianes*, escrits entre el 1917 i el 1919.

Coberta de *Poemes en ondes hertzianes*, de J. Salvat-Papasseit, amb dibuixos de Joaquim Torres-Garcia.

V

Dir Poeta vol dir exultament, sentir goig en copsar el bé de la blasfèmia. El mal no ha existit mai. Almenys els homes lliures, que són els homes forts, no l'han degut conèixer. Però existeix la nosa, que és la massa ignorant de la civilitat.

Aquesta massa enorme, tota la humanitat esporuguida i tonta, qui viu perquè ha establert com norma social la hipocresia, és ço que el Poeta blasma. Per això la reflexió no té un valor tan alt com l'optimisme i d'aquest l'entusiasme.

JOAN SALVAT-PAPASSEIT, *Concepte de poeta*

Les Escaldes,
14 de juny de 1922

Estimada Me:

Mira, el papa ja voldria que sabessis escriure. Sobre l'estalviar feina a la mama, diries unes coses que jo les trobo hermoses abans que les escriguis. I no fóra tan trist si estàvem separats. Perquè no enyoraries al teu papa.

Joan

Postal de Joan Salvat-Papasseit a les seves filles.

El 1920, Salvat va fer una breu estada a París que li va inspirar alguns poemes més o menys avantguardistes, però que, alhora, va marcar l'inici d'un decantament progressiu cap a la **cançó** i la **tradició**. De fet, aquest any, els postulats avantguardistes ja havien mostrat les seves contradiccions i estaven essent abandonats als centres d'influència originaris. Però probablement Salvat no podia percebre aquesta caducitat en una data tan primerenca. La seva **evolució** és molt més **personal** que corporativa. Per aquest motiu, el 1920 va publicar *Contra els poetes amb minúscula. Primer manifest futurista català*, on expressava –potser de forma imprecisa però amb total coherència– la seva **ideologia**: es declara contra les realitzacions concretes de la lluita social en els partits polítics, del cristianisme en les esglésies i de la poesia en els poetes amb minúscula. La seva actitud davant l'obra estètica és, abans que res, moral.

La creativitat del poeta contrasta amb la **dimensió fatal** que va prenent la seva malaltia. Ha de fer noves cures de repòs. L'abril de 1921 va publicar *L'irradiador del port i les gavines*, amb poemes escrits entre el 1919 i el 1921 que ja marquen l'evolució de la seva poesia cap a la cançó, com també diversos articles en *La Publicitat*, i les primeres proses d'*Els nens de la meva escala*.

A final d'any, esperonat per l'enyorament que li suposa trobar-se lluny de casa (estava internat al sanatori de Fuenfría, a Castella), escriu els primers poemes patriòtics de *Les conspiracions*, publicats al principi del 1922.

Aquest mateix any va passar sis mesos, del març al setembre, en diversos sanatoris d'Andorra i del sud de França. A un any de la mort, l'optimisme vital de Salvat és sorprenent. En una carta del mes de març, va escriure al seu amic Josep M. López-Picó: «Mai no havia tingut tanta certitud respecte la meva curació com ara». Un **vitalisme**, una **il·lusió espe-**

rançada que el mateix Salvat justifica de la manera següent: «Tot el secret d'aquest meu optimisme, amic, ve, i de no res més, de què jo he sofert molt. A mida que he pogut lliurar-me de fatics he estimat la vida i les coses del viure com un enamorat de primera volada». I parla d'un «enamorat de primera volada» de forma ben significativa. Alguns poemes de *La gesta dels estels*, publicat el 1922, i la història d'amor recollida en *El poema de la rosa als llavis*, del 1923, remeten a un amor viscut –o imaginat, i per tant desitjat amb tanta força com si fos viscut– durant l'estada al sud de França. A final d'any va tornar a Barcelona i es va instal·lar en una torre al barri d'Horta. Però s'hi va estar poc temps, perquè la casa era freda, i el camí fins a la llibreria on treballava, llarg i pesat. De l'eixida estant es veia el Montseny. Havien parat taula en una mena d'hort. Tot plegat tenia ben poca retirada amb la casa que descriu en un dels seus poemes:

La casa que vull,
que la mar la vegi
i uns arbres amb fruit
que me la festegin

De moment s'havia de consolar amb uns arbrets anèmics, plantats en una terra aspra, pelada, que donava, com per distracció, unes quantes clapes d'herbei magre i quatre romagueres.

Xavier Benguerel, *Memòries 1905-1940*

En aquella època es preparava per publicar *El poema de la rosa als llavis*, el gran **poema d'amor** que va aparèixer el febrer de 1923. Pel maig va publicar la darrera prosa d'*Els nens de la meva escala*.

Deixaré la ciutat

Deixaré la ciutat que em distreu de l'amor
la meva barca

el Port
i el voltàmetre encès que porto a la butxaca–

l'autòmnibus brunzent
i el més bonic ocell

que és l'avió
i temptaré la noia que ara arriba i ja em priva

li diré com la copa melangiosa és del vi
–i el meu braç del seu coll–
i veurà que ara llenço la stylo i no la cullo

i em faré el rostre pàl·lid com si fos un minyó
i et diré maliciós:
–com un pinyó és la boca que em captiva.

Joan Salvat-Papasseit,
El poema de la rosa als llavis

Finalment es va instal·lar al carrer de l'Argenteria, davant per davant de Santa Maria del Mar, en una estada llòbrega i trista. Passà al llit els darrers mesos de la seva vida. Els amics el visitaven amb freqüència; Salvat rebia cartes i n'escrivia.

I malgrat la **mort imminent** i la tristesa per la mort de la seva filleta Núria, Salvat pot dir:

Arquer d'amor

Si et veia la sina
veia dos fitons;
oh, deixa'm, amiga,
que provi el meu pols.

Si un pit et sagnava,
beuria ta sang;
si et sagnava l'altre,
amb les dues mans.

Obre ben bé els braços
i acluca bé els ulls:
si la carn no es bada
la vida s'esmuny.

Quan sentis ma boca
aguanta l'alè–
t'estremiràs tota
i és quan jo et prendré.

Amiga, la vida
és una cançó.
Jo canto ta sina,
arqueret d'amor.

Joan Salvat-Papasseit,
Óssa Menor

És tot fosc i jo al llit

És tot fosc i jo al llit
i em rosega el pit
una bèstia avara.

Sorolla la nit
i jo en tinc neguit

Bressol d'atzavara
diria el meu jaç:
suara m'amara,
suara em deix las.

Joan Salvat-Papasseit,
Poemes dispersos

Va morir el 7 d'agost de 1924. Tenia, sota el coixí, els originals dels seus darrers poemes, *Óssa Menor*, que van ser publicats pòstumament el 1925.

Poetavantguardistacatalà

L'obra de Salvat evolucionà des d'un plantejament inicial bàsicament ideològic i moral cap a una poesia depurada de propostes programàtiques i en què es condensen les incorporacions poètiques de la trajectòria del poeta. En una primera etapa de la seva activitat intel·lectual, pren la veu el moralista format en els ambients més compromesos de la bohèmia negra i abocat a la lluita politicosocial. És l'època de la militància socialista, la qual va considerar un autèntic fracàs que el va fer tendir a un anarquisme sui generis fortament individualista, amb el contrapunt d'idees vagament cristianes.

De seguida, en una segona etapa, incorpora l'estètica avantguardista, tot i que, com va dir Sagarra, es pot interpretar que «el seu avantguardisme era un vestit de delicada rebel·lia». El poema «Columna vertebral: sageta de foc» (1917) destaca el pas del moralista modernista d'idees nietzschianes i anarquitzants al poeta futurista que està a punt d'esdevenir: resol la tensió entre el moralista i el poeta a favor d'aquesta darrera opció. És la mateixa tensió que ell estableix entre les ideologies programades i la realitat, la qual prefereix per la seva fascinació il·limitada. El poeta es decanta per una ruptura formal i ideològica més o menys futurista.

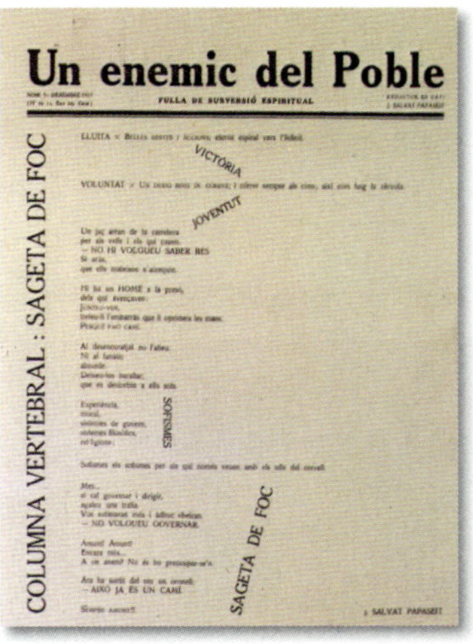
Un enemic del Poble
FULLA DE SUBVERSIÓ ESPIRITUAL
COLUMNA VERTEBRAL : SAGETA DE FOC
VICTÒRIA
JOVENTUT
— NO HI VOLGUEU SABER RES
SOFISMES
— NO VOLGUEU GOVERNAR
— AIXÒ JA ÉS UN CAMÍ
SAGETA DE FOC
J. SALVAT PAPASEIT

Portada de la publicació *Un enemic del Poble* amb el poema «Columna vertebral: sageta de foc».

L'any 1919, Salvat va tancar la revista *Un enemic del Poble* i va publicar els *Poemes en ondes hertzianes*, amb una bona part de poemes ja publicats i altres de nous.

Es tracta d'un llibre programàtic –el lema que l'encapçala és de Pierre Albert-Birot–, amb una mescla d'elements avantguardistes italians i francesos. Tanmateix, cal no oblidar que, per aquestes dates, els postulats de l'avantguardisme estaven perdent vigència i que el mateix Albert-Birot, el 1919, ja s'havia distanciat clarament del futurisme.

Quan Salvat es declara «poetavantguardistacatalà», probablement ho fa per atacar les estructures literàries catalanes –és a dir el Noucentisme–, el seny i les maneres correctes dels «poetes que han penyorat l'espasa pel bastó de passeig» (*Contra els poetes*..., 1920). I també perquè vol estar en sintonia amb les darreres novetats culturals, amb l'afirmació literària més moderna i cosmopolita.

Va intentar assimilar algunes de les proposicions teòriques postulades per les avantguardes, sobretot futuristes i cubistes, per bé que la pràctica resultant tingués un aire irremeiablement naïf. En tota la seva producció poètica, fins i tot la més avantguardista, el **món maquinístic** i **domèstic** esclafa l'home, el qual malda per alliberar-se de l'opressió i la frustració a través de la poesia, és a dir, de la cançó. I és en la conformació d'aquesta cançó que Salvat-Papasseit es perfila com a poeta amb una **veu pròpia** i molt personal.

Segons Joan Fuster, a Salvat la pràctica de l'avantguarda li és útil en alguns aspectes, però en el fons el deixa insatisfet, perquè se li escapa el cant, i la seva oportunitat és la **cançó popular**. Per això considera que «Salvat fou avantguardista, perquè l'avantguardisme se li brindava com una col·laboració revolucionària: el desplegament literari d'una rebel·lia».

És una interpretació subtil: Salvat es mou per un anhel de subversió, fins i tot més radical que la simplement literària. Tot i que entenem per què J. V. Foix el va titllar de «fals avantguardista», Salvat-Papasseit creu que la subversió és el denominador comú de tots els moviments avantguardistes, més enllà de la concreció pràctica i de la cronologia específica.

Ara bé, alguns dels seus poemes –els més agressius socialment, com «Columna vertebral: sageta de foc», «Drama en el port» o «Plànol»– s'expressen formalment en **termes futuristes**: eliminació dels signes de puntuació, trencament del vers, espais en blanc, paraules en llibertat, signes aritmètics, paraules flotants, etc.

Mercuri passant davant del Sol, de Giacomo Balla.

PLÀNOL

A J. M. de Sucre

MONT AVENTÍ

D
E
C
A
D
È
N
C
I
A

ESGLÉSIES

XALETS

ARISTOCRÀCIA VICI
IRONIA EN EL CRIM

S
U
B
U
R
B
I
S

HOSPITAL

RAMERES POBRES
LA GALERA
HONRADESA FAM

El sol ho encén tot

—Però no ho consum

El carrer Pelai de Barcelona cap a l'any 1908.

Efectivament, Salvat parla d'allò que ha viscut i, sobretot, d'allò que ha desitjat. La impotència el fa parlar de llibertat, de somni, d'optimisme vital. La poesia li permet transformar la realitat depriment que el configura, i encara viure i veure aquesta realitat com un obsequi que l'il·lusiona, l'intriga, l'excita i el commou infinitament.

En el seu món d'insuficiències, va optar per fer una descripció intimista de la realitat des d'un procés de mitificació aconseguit a través de dos mecanismes: el record i el somni.

Entén l'art com la sublimació de la realitat, i més si aquesta es presenta dramàticament adversa o simplement insatisfactòria; se serveix de l'art per sobreviure, o viure per sobre l'estricta i plana realitat.

Mitificació de la realitat

La poesia de Salvat anuncia el **realisme humanístic** optimista i vital en els seus millors poemes, els més allunyats de la pràctica avantguardista. Molts d'aquests, sota una aparent audàcia tipogràfica, responen a unitats mètriques tradicionals –hexasíl·labs, decasíl·labs, alexandrins o versos lliures de ritme controlat. És la poesia més rellevant i personal, la que obertament mitificarà la realitat quotidiana i ens parlarà, sobretot, de l'**amor**. La poesia cançó de Salvat és la poesia de l'entusiasme: l'**entusiasme** sincer dels romàntics que hereta del modernisme i sobretot de Maragall. Salvat era, per principi, un home entusiasta, malgrat la misèria, la vida frustrant i la malaltia. Va explicar les seves vivències i els somnis, les experiències del desig, en els seus versos: «–Soc, com a home de lletres, d'imaginació escassa… tot ho he vist o viscut».

Retrat de Salvat-Papasseit, obra de Rafael Barradas.

Res no és mesquí

Res no és mesquí
ni cap hora és isarda,
ni és fosca la ventura de la nit.
I la rosada és clara
que el sol surt i s'ullprèn
i té delit del bany:
que s'emmiralla el llit de tota cosa feta.

Res no és mesquí,
i tot ric com el vi i la galta colrada.
I l'onada del mar sempre riu,
Primavera d'hivern – Primavera d'istiu.
I tot és Primavera:
i tota fulla verda eternament.

Res no és mesquí,
perquè els dies no passen;
i no arriba la mort ni si l'heu demanada.
I si l'heu demanada us dissimula un clot
perquè per tornar a néixer necessiteu morir.
I no som mai un plor
sinó un somriure fi
que es dispersa com grills de taronja.

Res no és mesquí
perquè la cançó canta en cada bri de cosa.
–Avui demà i ahir
s'esfullarà una rosa:
i a la verge més jove li vindrà llet al pit.

Joan Salvat-Papasseit,
L'irradiador del port i les gavines

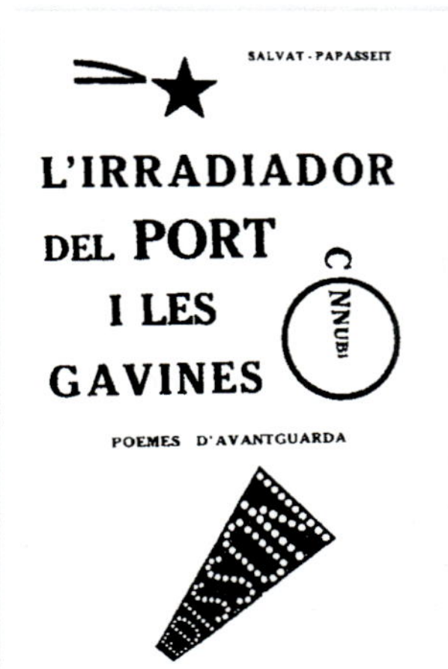

Coberta de *L'irradiador del port i les gavines*.

Salvat-Papasseit accepta la vida, no com la millor de les vides possibles, sinó com la sola vida possible, de la qual no s'exclou ni el dolor, ni el mal, ni tan sols la mort. No nega res ni anul·la cap aspecte de la vida, tampoc la no-vida, tot i que evita parlar-ne i per això la mort és una de les grans absències de la seva poesia. En la seva concepció de la vida i de la mort, Déu a penes és necessari, i quan l'esmenta és com a recurs per exaltar la vida terrenal, la del món que tant el fascina i que sobretot li permet estimar. Per això la seva poesia no és gens religiosa, ni transcendent. Si té alguns components religiosos –com en *El poema de la rosa als llavis*, en què alguns poemes fan referència a elements de la litúrgia catòlica–, és únicament com a referents culturals que li permeten desplegar un seguit de connotacions metafòriques. De fet, Salvat està tan seduït per la vida que no vol desviar-se'n, només vol parlar de la fascinació que li produeix. Ell diu que la vida té l'únic sentit de ser viscuda, que viure és tot i és suficient.

Ulls clucs l'amor

ulls clucs
          l'amor
sap que la vida sempre és una festa

una cançó
Déu se l'estima com la llàntia encesa

ulls clucs
          l'amor
Déu li manava que es lligués la bena

passava jo

i ara es venjava fent que fossis meva:

          xiula i feineja
          fa ta cambreta

Joan Salvat-Papasseit,
El poema de la rosa als llavis

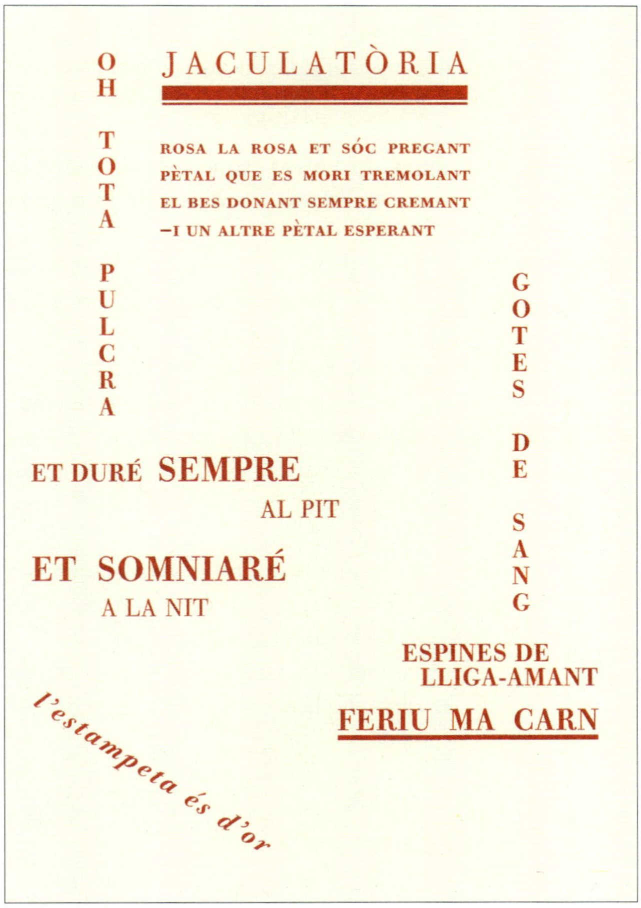

Cal·ligrama *Jaculatòria*, de Joan Salvat-Papasseit.

Activitats

1 Llegeix el text de J. V. Foix sobre Salvat-Papasseit. Creus que Foix té raó quan nega la filiació futurista de la poesia de Salvat-Papasseit? Pensa bé la resposta i recorda que Salvat-Papasseit s'anomenava a si mateix «poetavantguardistacatalà».

En rigor, les tendències extremes no han influït pas gaire en la literatura catalana contemporània. És un error citar en Salvat-Papasseit! S'hi enganyà ell i ha enganyat els altres. Aquest malaurat poeta no fou mai un avantguardista ni en la interpretació directa ni en l'equivocada donada a aquesta activitat literària. Els seus cal·ligrames són infelicíssims. Crec que els nostres crítics faran una bella obra d'abandonar tota hipòtesi de filiació d'En Salvat-Papasseit a cap escola ni tendència extrema.

No tan solament fracassà en el seu intent d'aportació de formes noves sinó que demostrà no comprendre'n ni llur significació més elemental. Com a poeta sincer, com a postmaragallià, en el seu esforç heroic per adaptar-se a una expressió classicitzant, és on Salvat dóna a conèixer el seu talent personal. No em toca, però, a mi, ni menys en aquestes notes, de referir-m'hi. Volia fer constar només que és menys modern que En Carner, que En López-Picó, que En Sagarra, per exemple, els quals, dins llurs característiques particulars i en llur pròpia expressió formal, han aportat imatges de modernitat efectiva.

J. V. FOIX, «Algunes consideracions sobre la literatura d'avantguarda», *Revista de Poesia*, vol. I, núm. 2

2 Llegeix el poema de Salvat-Papasseit «Deixaré la ciutat», dins *El poema de la rosa als llavis*, de la pàgina 216.

- **a** Fes-ne l'anàlisi mètrica. Per què hi ha versos que estan «trencats»?
- **b** Resumeix amb una sola frase el tema del poema.
- **c** Quin moment de l'itinerari amorós reflecteix el poema?
- **d** Cal analitzar les influències avantguardistes en el pensament i la poesia de Salvat-Papasseit per comprendre realment el sentit d'aquest poema. Reflexiona sobre aquest enunciat i justifica'l.
- **e** Fes una llista dels elements del món urbà/maquinista que hi apareixen. Després, fes-ne una altra dels elements tradicionals de la cançó amorosa.
- **f** Explica el significat metafòric dels versos que apareixen en el poema, «li diré com la copa melangiosa és del vi / –i el meu braç [és] del seu coll–».
- **g** El vers «–com un pinyó és la boca que em captiva» parla d'una boca petita i saborosa. Cerca altres comparacions, més o menys tòpiques, entre l'anatomia d'una noia bella i els elements de la natura, i explica'n el significat.

◉ 3 Llegeix el poema «Tot l'enyor de demà» que tens a la pàgina 214 i contesta les preguntes:

- **a** Fixa't en el títol del poema. Planteja una paradoxa. Quina? Com es pot justificar?
- **b** El poema té uns versos descriptius i uns altres més intimistes. Identifica'ls.
- **c** En la descripció del seu entorn, al barri de la Barceloneta, hi destaca un element tòpicament futurista. Quin és?
- **d** Als versos finals del poema es planteja una antítesi. Quina és?

4 Llegeix el cal·ligrama «Columna vertebral, sageta de foc», dins *Poemes en ondes hertzianes* (1919).

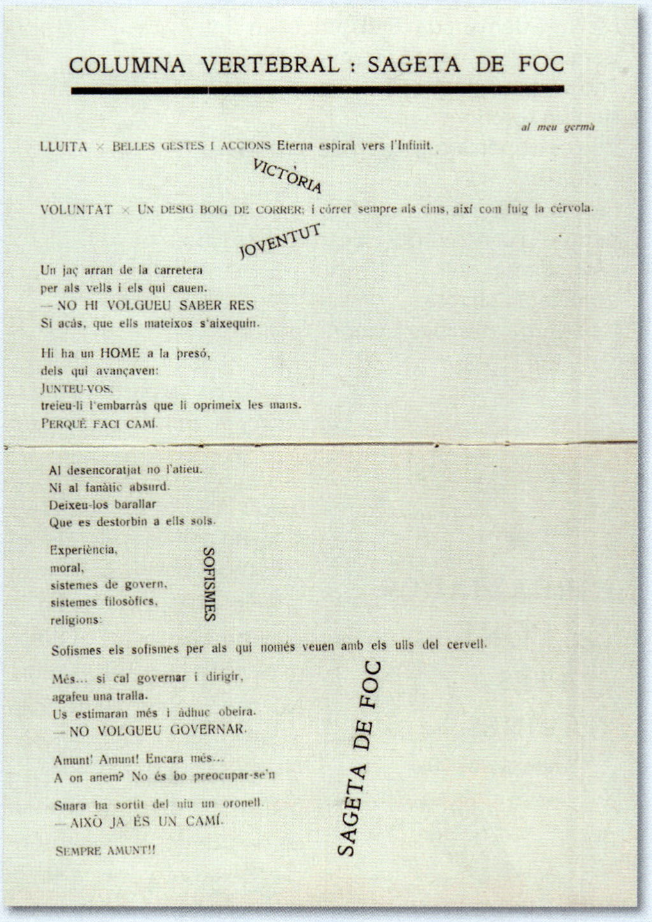

COLUMNA VERTEBRAL : SAGETA DE FOC

al meu germà

LLUITA × BELLES GESTES I ACCIONS Eterna espiral vers l'Infinit.

VICTÒRIA

VOLUNTAT × UN DESIG BOIG DE CORRER: i córrer sempre als cims, així com fuig la cérvola.

JOVENTUT

Un jaç arran de la carretera
per als vells i els qui cauen.
— NO HI VOLGUEU SABER RES
Si acàs, que ells mateixos s'aixequin.

Hi ha un HOME a la presó,
dels qui avançaven:
JUNTEU-VOS,
treieu-li l'embarràs que li oprimeix les mans.
PERQUÈ FACI CAMÍ.

Al desencoratjat no l'atieu.
Ni al fanàtic absurd.
Deixeu-los barallar
Que es destorbin a ells sols.

Experiència,
moral,
sistemes de govern,
sistemes filosòfics,
religions:

SOFISMES

Sofismes els sofismes per als qui només veuen amb els ulls del cervell.

Més... si cal governar i dirigir,
agafeu una tralla.
Us estimaran més i àdhuc obeira.
— NO VOLGUEU GOVERNAR.

Amunt! Amunt! Encara més...
A on anem? No és bo preocupar-se'n

Suara ha sortit del niu un oronell.
— AIXÒ JA ÉS UN CAMÍ.

SEMPRE AMUNT!!

SAGETA DE FOC

Indica els versos amb el següent contingut:

- exaltació de la lluita i l'agressivitat
- exaltació de la velocitat
- exaltació de la joventut
- exaltació del maquinisme

Test final d'unitat

1 Digues si és veritat (V) o fals (F):

	V	F
a Joan Salvat-Papasseit va néixer en una família de la burgesia industrial del sector tèxtil	☐	☐
b Joan Salvat-Papasseit va néixer en una família pobra a Barcelona	☐	☐
c El pare de Joan Salvat-Papasseit va abandonar la família i va fer-se ric a l'Argentina	☐	☐
d Joan Salvat-Papasseit va estudiar Dret a la Universitat de Barcelona	☐	☐
e Va viure una temporada a Sitges i a Vilafranca del Penedès	☐	☐
f Sempre va treballar com a comptable en una empresa de restauració de mobles	☐	☐
g No es va casar ni se li coneix descendència	☐	☐
h Va contraure de molt jove la malaltia de la tuberculosi	☐	☐
i Va estar a diversos sanatoris per guarir la malaltia	☐	☐
j Quan va morir tenia sota del coixí els últims versos que va escriure	☐	☐
k Els primers textos de Joan Salvat-Papasseit van ser escrits en castellà	☐	☐
l Al principi de la seva activitat com a escriptor va escriure textos polititzats i regeneracionistes	☐	☐
m Quan comença a escriure poesia combina els versos en català i castellà	☐	☐
n El seu poema programàtic es titula «Columna de fum: armes de foc»	☐	☐
o A partir de l'any 1918 edita una revista literària on es declara clarament avantguardista	☐	☐
p El principal tema de la seva obra poètica és l'amor	☐	☐
q El principal tema de la seva obra poètica és la mort	☐	☐
r Va escriure poemes patriòtics	☐	☐
s Va seguir l'estela dels poetes noucentistes que just el van precedir	☐	☐
t Al final de la seva vida es va dedicar a la poesia mística	☐	☐

2 Defineix el concepte de cal·ligrama.

3 Inventa un cal·ligrama que porti per títol: «Contra els poetes amb minúscules». Segueix les indicacions:

- **a** Pensa en el contingut del poema (el missatge)
- **b** Pensa en la forma plàstica del poema
- **c** Escriu el text (les paraules)
- **d** Fes l'esquema del dibuix
- **e** Reuneix text i dibuix en un sol full.

4 Converteix algun dels poemes (o una selecció dels versos d'un poema) de Salvat-Papasseit que tens en aquesta unitat en un cal·ligrama. Segueix les indicacions:

- **a** Títol del poema
- **b** Títol i data d'edició del poemari
- **c** Tema del poema
- **d** Proposta de dibuix
- **e** Fes el cal·ligrama

Poema	Títol del poema	Títol i data del poemari	Tema del poema
Vosaltres no sabeu què és guardar fusta al moll. Ni sabeu l'oració dels fanals dels vaixells -que són de tants colors com la mar sota el sol: que no li calen veles.			
-Vosaltres restareu, per veure el bo que és tot: i la Vida i la Mort.			
Res no és mesquí perquè la cançó canta en cada bri de cosa. -Avui, demà i ahir s'esfullarà una rosa: i a la verge més jove li vindrà llet al pit.			

BLOC 7

LA LITERATURA DELS ANYS 30 I 40

Aquest bloc és complex i llarg perquè inclou un dels períodes històrics, polítics i socials més interessants i alhora convulsos de la societat europea. Així analitzarem l'esclat de llibertat amb la Segona República Espanyola i la renovació literària d'aquestes dècades que coincideix amb un moment exultant de creativitat a tot Europa. En aquest context estudiarem l'obra d'alguns dels autors més importants de la literatura catalana dels segle XX, tant pel que fa a la poesia, com a la narrativa i al teatre: sobretot Carles Riba, Josep Pla i Josep Maria de Sagarra. La contrapartida social i política és l'alçament militar franquista de l'any 1936, la guerra civil i la posterior repressió de la dictadura que coincideix amb el nazisme europeu i la Segona Guerra Mundial.

Per tal d'activar els coneixements previs, al principi de cada unitat presentem uns textos breus i unes preguntes que han de servir per iniciar-nos en els continguts essencials del període i dels diversos autors. Farem especial atenció als textos de lectura obligatòria, que llegirem i analitzarem. I per cloure, un test de coneixements al final de la unitat pot fer les funcions d'avaluació del que s'ha après.

UNITAT 22

LA GUERRA CIVIL A CATALUNYA, L'EXILI I LA REPRESSIÓ FRANQUISTA

UNITAT 23

LA POESIA DELS ANYS 30 I 40

UNITAT 24

LA NARRATIVA DELS ANYS 30 I 40

UNITAT 25

EL TEATRE DELS ANYS 30 I 40. JOSEP M. DE SAGARRA

CONEIXEMENTS PREVIS

Llegeix aquest text d'Antoni Rovira i Virgili, que va ser diputat republicà al Parlament de Catalunya, i que, juntament amb tants altres catalans, es va haver d'exiliar. A continuació contesta les preguntes:

Jurament de l'exiliat

Ara que Catalunya ha caigut, trencada, esclafada, vençuda per la força; ara que volen esborrar el seu nom de la geografia, el seu idioma de la literatura, el seu amor dels cors; ara que Catalunya sembla que es desfaci i desaparegui en el clot negre de la persecució i de l'odi; ara que centenars de milers de catalans han de sortir de la pàtria envaïda pels vells enemics i per enemics nous; ara que és una hora de dolor i d'amargor, el meu pensament nacional s'afirma amb més vigoria.

Enmig del present desolat i tràgic, poso la meva esperança en els dies que vindran, en el dret que triomfarà, en les llibertats que es restabliran, en la llengua que persistirà.

No em descoratjo, no renuncio, no deserto. I somnio en la més gran Catalunya, la més gran pel territori, la més gran per la llibertat, la més gran per la civilització. De la màxima dissort, sortirà el definitiu redreçament de la nostra història, si els catalans sabem aprofitar les duríssimes lliçons que hem rebut.

Treballar en tot allò que jo pugui, perquè ressorgeixi –més sòlida, més pròspera i més noble encara que abans– la pàtria caiguda. Aquest és, mentre el tren en marxa s'allunya de Perpinyà, el meu jurament de català nacional. Que tots els catalans exiliats facin i compleixin el mateix jurament i vindrà el dia que podrem alçar damunt la recobrada terra de Catalunya les nostres veus, la nostra bandera i el nostre ideal.

ANTONI ROVIRA I VIRGILI,
Els darrers dies de la Catalunya republicana

- **a** Defineix què és un exiliat
- **b** Fes la llista de totes les agressions contra Catalunya que s'exposen al primer paràgraf
- **c** Fes la llista dels propòsits de lluita i reconstrucció dels segon i tercer paràgrafs
- **d** Per què l'autor se situa geogràficament a Perpinyà?
- **e** Quin és l'objectiu que planteja al final del jurament?

B7 UNITAT

22

LA GUERRA CIVIL A CATALUNYA, L'EXILI I LA REPRESSIÓ FRANQUISTA

En aquesta unitat estudiarem el context històric i polític de l'alçament militar franquista, la Guerra Civil Espanyola i la posterior desfeta social causada per la pèrdua de les llibertats i l'exili de gran part dels intel·lectuals catalans. La guerra i sobretot la posterior dictadura va coincidir amb el nazisme europeu i la segona guerra mundial. En aquest sentit la societat catalana en general, i molt particularment la literatura escrita en català, van patir una gran repressió al llarg de la dictadura franquista. Amb el pas dels anys es van anar reconstruint algunes de les activitats literàries i culturals que s'havien destruït.

Dimensió estètica i literària

- La desfeta cultural i els intents de reconstrucció en la postguerra.
- L'experiència de l'exili en la literatura catalana i els intel·lectuals catalans.

Objectius

- Conèixer el context històric i social de la Guerra Civil Espanyola i la seva influència en la desfeta cultural de Catalunya.
- Analitzar com la guerra i l'exili condicionen la producció literària catalana.
- Identificar els aspectes més rellevants de la guerra i sobretot l'exili en la poesia de Carner i Riba.

LA DESFETA CULTURAL I ELS INTENTS DE RECONSTRUCCIÓ EN LA POSTGUERRA

Els anys vint i trenta constitueixen un període complex i fèrtil pel que fa a la diversitat i la qualitat de la producció literària. La varietat de tendències estètiques pren com a punt de referència compartit l'herència assumida o rebutjada del Noucentisme. La complexitat s'explica en bona part per les raons socials i històriques que condicionen la producció literària. Durant les dècades dels anys vint i trenta, el país va viure tres fets històrics determinants: la **dictadura** de **Primo de Rivera** (1923-1930), que va dissoldre la Mancomunitat de Catalunya i tota la xarxa d'institucions culturals creada durant el període noucentista; la **Segona República** (1931-1936) i la instauració de la Generalitat, en un context molt favorable a la cultura catalana, i, en general, a la modernització estètica i de pensament, i la **rebel·lió militar franquista** i la guerra civil, que van tallar d'arrel totes les iniciatives culturals catalanes i de modernització anteriors.

L'**alçament militar** contra el Govern republicà que es va produir el 18 de juliol de 1936 va desembocar en la Guerra Civil Espanyola (1936-1939).

Tot i les variades posicions ideològiques i cíviques dels escriptors i intel·lectuals catalans respecte de la nova i greu situació, la majoria va manifestar-se fidel a la **causa republicana** i a la Generalitat, i va intervenir de forma activa per garantir la continuïtat de la vida cultural del país.

Les **institucions** més destacades en l'organització cultural durant la guerra van concentrar-se fonamentalment al Principat: la Universitat; la Fundació Bernat Metge (sota la responsabilitat de Carles Riba); el Comissariat de Propaganda (amb una política divulgativa i cultural al front i a la rereguarda, amb publicacions com l'*Oda a Barcelona* de Pere Quart); l'Agrupació d'Escriptors Catalans (afiliada al sindicat UGT i encapçalada pels escriptors Francesc Trabal i Joan Oliver, amb altres dirigents fundadors com Mercè Rodoreda, Xavier Benguerel,

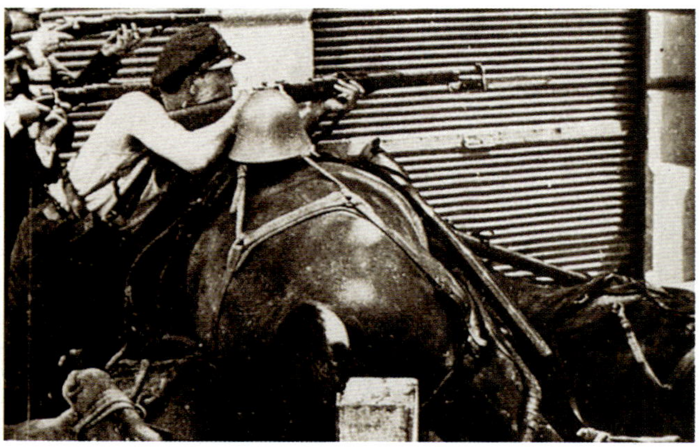

Barricada en un carrer de Barcelona durant la Guerra Civil Espanyola.

L'allau de refugiats

Pel camí trobo a cada pas refugiats catalans, coneguts i correligionaris de diverses comarques. M'aturo un moment amb alguns, que em conten episodis del viatge i ponderen la magnitud de l'èxode dolorós.

En una conversa amb un estimat amic, a Can Perxers, havia dit jo:

—Aquest èxode serà el més gran que mai s'hagi vist en la nostra història. Centenars de milers de catalans sortiran de Catalunya.

—No! Alguns milers –va rectificar ell.

—Centenars de milers –vaig insistir.

—Milers i prou –va insistir l'amic al seu torn.

Era jo qui tenia raó. A despit de les grosses dificultats i de les mesures restrictives, per tota la llargada de la frontera dels Pirineus Orientals, entra gent, una gentada seguida i espessa que omple carreteres i camins i viaranys i senders. Les fosques riuades de multitud que veiérem al nostre pas per Girona, Olot, Figueres i la Jonquera, i les riuades semblants que avançaven per altres llocs, van entrant al Rosselló a través dels colls pirinencs. [...]

ANTONI ROVIRA I VIRGILI,
Els darrers dies de la Catalunya republicana

Imatge de la campanya promoguda a Catalunya durant la guerra civil.

Carta de Mercè Rodoreda a Carles Pi i Sunyer

Roissy-en-Brie, 27 de maig de 1940

La nostra gent està bastant desfeta. Hi ha hagut uns dies de veritable pànic. Ara, però, s'han normalitzat una mica malgrat que la situació, sinó desesperada, continuï inquietant.

L'amic Riba ha proposat un trasllat a Bordeaux; en indicar algú Montpellier, va fer aquesta frase immortal: «I si entrava en guerra Itàlia?». D'això podríem dir-ne la lucidesa dels grans poetes. Que en Riba perdoni la meva ironia.

No tinc dia per a escriure cartes, avui. Aquí, a Roissy, tenim alarmes molt sovint, es viu amb els nervis una mica en tensió. A més, hi han instal·lat soldats i respires ben bé la guerra. Per a fer més punyent el contrast, la primavera és divina. Els camps i el cel, aquest cel i aquests núvols de França dolcíssims, tenen grans suavitats –que només evoquen el repòs i la pau.

C. A. Jordana, etc.), que va organitzar, entre altres activitats, el Servei de Biblioteques del Front; el Grup Sindical d'Escriptors Catalans (afiliat al sindicat de la CNT i sobretot relacionat amb els professionals del teatre); la Conselleria de Cultura de la Generalitat, presidida per Carles Pi i Sunyer, el qual va crear l'any 1937 la **Institució de les Lletres Catalanes**. Aquesta institució va esdevenir l'organització cultural més activa durant la guerra i sobretot a l'exili; la presidí Josep Pous i en foren vicepresident i secretari Carles Riba i Francesc Trabal, respectivament.

La major part dels escriptors catalans que es trobaven a Barcelona es van **exiliar** just abans de l'entrada de les tropes feixistes, el gener de 1939, evacuats amb els mitjans de transport que va posar a disposició la Conselleria de Cultura de la Generalitat. Al cap d'uns quants dies passaven la frontera cap a França: és un fet simbòlic que poetes com Carles Riba i Antonio Machado la creuessin junts.

Un grup d'escriptors catalans, majoritàriament membres de la Institució de les Lletres Catalanes (Rodoreda, Trabal, Jordana, Joan Oliver, Obiols, Benguerel, Calders, Bartra, etc., amb una bona part dels seus familiars), van instal·lar-se durant uns quants mesos al refugi del castell de Roissy-en-Brie, un *auberge de jeunesse* prop de París.

Imatge de la lluita al front d'Aragó.

La progressiva ocupació alemanya de França va precipitar els esdeveniments, i els refugiats espanyols i catalans van haver de triar entre dues **opcions de supervivència**: emprendre l'exili cap a terres d'Amèrica, o bé restar a Europa confiant poder tornar a Catalunya en algun moment més endavant.

Així com els exiliats que van restar a Europa (sobretot a França) no es van agrupar en colònies, sinó que van dur a teme una **resistència** més individual que col·lectiva, els exiliats a Amèrica (tant els qui van anar a l'Argentina, com a Xile, a Mèxic, a la República Dominicana o a la Martinica) van agrupar-se i van formar una pinya amb la clara consciència que l'única possibilitat cultural per a Catalunya era la **cultura d'exili**.

Amb aquest esperit, a més de subsistir fent «qualsevol feina que fos capaç de fer sense perdre la dignitat», com aconsellava Josep Carner, es va organitzar la vida cultural a l'Argentina, a Xile i a Mèxic aprofitant unes plataformes que ja havien fundat anteriorment els immigrants catalans, o bé creant-ne de noves:

- Els centres catalans de Buenos Aires i de Xile.
- A Mèxic, l'Orfeó Català, el PEN Club Català, la Unió de Periodistes de Catalunya i la Institució de Cultura Catalana, la continuïtat en la publicació de revistes ja existents (*Catalunya*, la *Revista de Catalunya*) i la creació de noves (*Quaderns de l'Exili*, *Lletres*, *La Nostra Revista*, *La Nova Revista*, *Pont Blau* –aquest títol volia relacionar els dos mons: el de la diàspora i el de l'interior).

Republicans catalans anant cap a l'exili.

D'entre els exiliats a Amèrica, uns quants (Joan Sales, Ferran de Pol, Joan Oliver, Xavier Benguerel, Ramon Vinyes) van decidir tornar al cap d'uns pocs anys; uns altres (Pere Calders, Tísner, Domènec Guansé) tornaren al cap de més temps (als anys seixanta), quan la situació a Catalunya era menys repressiva, i finalment d'altres (Francesc Trabal, Rodolf Llorens i C. A. Jordana) no van tornar mai més.

La **continuïtat cultural**, més enllà de les limitacions imposades per la situació d'exili o d'opressió a l'interior del país (l'**exili interior**), és l'objectiu primordial dels intel·lectuals catalans. En altres paraules: la cultura lluitava contra la barbàrie.

L'autoritat moral de **Carles Riba** li atorgà un paper de mestre molt directe en la reconstrucció cultural de Catalunya durant els anys quaranta i cinquanta, a través de la pròpia obra i de la influència que va exercir en un gran nombre d'escriptors i crítics més joves.

Riba, com a poeta, crític, traductor i humanista, a més d'intel·lectual compromès, encarnava els valors de rigor moral i exigència en la cultura de l'època que seran fonamentals per a la **reconstrucció del país**.

Producte de la anormalitat literària dels anys quaranta, i encara dels cinquanta, tot i que amb un nou realisme històric, es produí un **predomini** absolut de la **poesia** per damunt dels altres gèneres. El corrent poètic dominant d'aquest període va ser la tendència marcada pel crític Joan Triadú en l'*Antologia de la poesia catalana: 1900-1950* (1951), és a dir, el **postsimbolisme** portat a la seva última expressió en la poesia metafísica per Carles Riba.

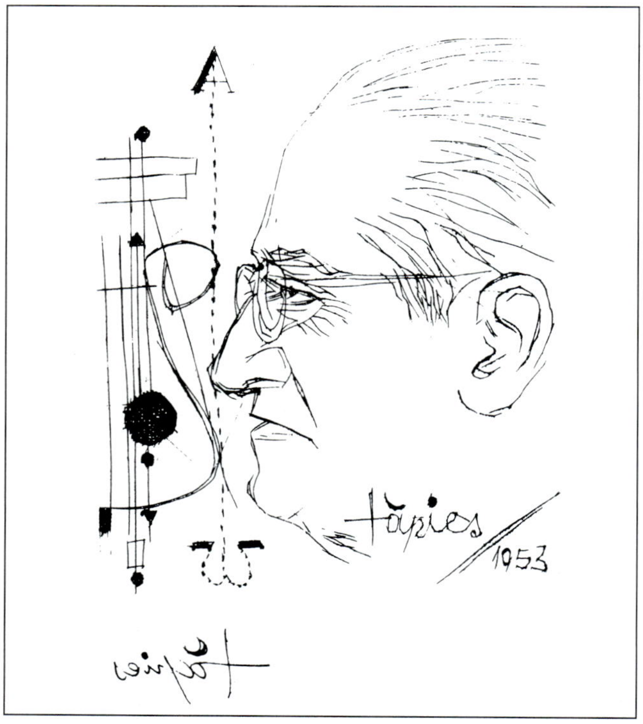

Caricatura de Carles Riba, per Antoni Tàpies.

Carta de Carles Riba a Rosa Leveroni

1 de maig de 1940

Vaig partir cap a l'exili per l'aprensió d'un perill personal; m'hi hauria empès així mateix la necessitat de reposar d'un cansament immens –el cansament no d'haver viscut, com es diu, molts anys en pocs; sinó, més durament per a mi (el refinat, almenys l'afinat!): el cansament d'haver estat precipitat a viure milers i milers d'anys enrere, com en una mena de prehistòria de violència i d'imbecil·litat, havent de reconquerir a cada moment tot allò que m'havia costat els meus quaranta-cinc anys de vida de crear-ho en mi.

[...] i he comprès que havia de tornar –quan serà possible. D'altres enyoren el campaneret, el sol, els mobles: jo els enyoro a vostès; i la solitud el sentiment de la qual m'ha punyit fins a fer-me plorar i fer-me rosegar els punys, ha estat la d'ésser sense vostès. Un dia cercàrem, uns emigrats no pas obscurs, de precisar-nos què és en rigor la pàtria. La pàtria, vaig dir jo, és aquell cercle –ample, estret, no importa– on la nostra paraula fa una acció, enllaçant-se amb els ressons i la meravella d'innombrables mortes veus inconegudes. Haver decidit això, haver-ho decidit sobre una presa de consciència de quins són els mitjans posats en mi per a respondre a la meva vocació, i no sols pels reeiximents que puguin obtenir-me, sinó també per les desfetes i les humiliacions que l'ús de llur imperfecta validesa em comporti –això, benvolguda amiga, ja és entrar en el camí del retorn.

A més de Riba, altres escriptors van exercir una influència en la vida literària catalana. Malgrat la distància, l'obra de Josep Carner –especialment *Nabí* (1941) i d'altres com *Llunyania* (1952) i *Absència* (1957)– va tenir una difusió constant, per bé que en alguns cercles la valoració del conjunt de tota la seva obra –aplegada al volum *Poesia* (1957)– va fer néixer algunes controvèrsies. No obstant això, va ser presentat com a candidat al premi Nobel de Literatura l'any 1962. Les generacions més joves van descobrir un nou mestratge en J. V. Foix amb *Sol, i de dol* (1947).

Redacció de la revista *Quaderns de l'Exili*, a Mèxic.

L'EXPERIÈNCIA DE L'EXILI EN LA LITERATURA CATALANA

Les experiències de la guerra, els camps de concentració i l'exili són alguns dels temes més destacats de la literatura catalana de postguerra. Especialment vinculada a la narrativa, la **voluntat testimonial** dels fets viscuts, amb diferents graus d'invenció, abraça des de la **crònica** o el **memorialisme** (diaris, dietaris, memòries) fins a la novel·la o el conte.

La frontera entre la història i la literatura, més enllà de les divisions dels models estètics canònics, és en alguns casos difusa, i a vegades els historiadors recorren a les novel·les en la recerca de dades. En aquest sentit, és exemplar i alhora corprenedor el testimoni de Joaquim Amat-Piniella en la seva novel·la sobre els camps d'extermini nazis, en concret el camp de Mauthausen, en el qual va estar empresonat. La intenció hi és explícita tant en la presentació de la novel·la com al llarg de l'exposició novel·lada d'una experiència de dolor i horror rigorosament real: l'objectiu de la literatura és fixar la memòria per **combatre** l'**oblit**.

A més de la voluntat testimonial de l'experiència, l'exili com a tema literari és destacable en els escriptors exiliats a Amèrica. Pel que fa als exiliats catalans, el model que els identifica s'acosta més a la figura del desposseït, aquell per a qui el retorn no és possible perquè el lloc i el temps d'origen són definitivament perduts, que no pas a la del viatger que, com Ulisses, pot tornar a la pàtria. Els motius arquetípics d'aquest exili americà són: l'**estrangeritat**, la **pèrdua** d'**identitat pròpia**, la **por** a ser devorat per la força d'una terra màgica i poderosa, els conflictes amb l'alteritat derivada del contrast cultural, el **rebuig** i alhora la fascinació per l'exotisme, la **nostàlgia** del passat i de la terra d'origen, etc.

Nabí i les *Elegies de Bierville*

La relació entre aquestes dues obres, de Josep Carner i Carles Riba, respectivament, respon a diversos aspectes:

- Són cronològicament **contemporànies**.
  - Josep Carner va escriure el poema *Nabí* l'any 1938 a París, tot i que havia estat concebut i iniciat alguns anys abans a Hendaia (hi escrigué una part del cant I entre els anys 1932 i 1934) i a Beirut (la pàtria del Jonàs bíblic, protagonista del poema, on va escriure el cant V entre el 1935 i el 1936).
  - Carles Riba va iniciar la redacció de les *Elegies de Bierville* el 1939 a la població de Bierville, prop de París, on va passar els primers mesos del seu exili.

Exiliats republicans anant cap a la frontera del Pertús.

- Totes dues obres representen la màxima expressió de la poesia d'ambdós poetes, i en conseqüència són la mostra més alta de la poesia catalana del segle XX.
- En tots dos casos es tracta d'una poesia que reflexiona sobre el **conflicte íntim** i transcendent de l'ésser humà –el mateix poeta o un personatge que n'esdevé un símbol– en confrontació amb el món i els ideals humans. És a dir, es tracta d'una poesia de gran densitat ideològica i moral.
- L'experiència transcendent descrita és una **experiència religiosa**.
- El jo poètic és, en ambdós casos, un ésser desvalgut, despullat, exiliat, humiliat, que té una trajectòria íntima i vital.
- Totes dues obres tenen com a tret distintiu la **perfecció formal** del text, de factura clàssica tant pel que fa a la mètrica com a la rima. Hi destaquen la gran diversitat de versos i estrofes.

Fins a la caiguda del III Reich alemany no es va posar al descobert tota la magnitud de les atrocitats comeses pel nazisme. Fou aleshores que les informacions, els documents trobats, les estadístiques, la fotografia i el cinema; els processos de Belsen, Dachau i Nuremberg i el testimoniatge dels que ho visqueren i foren rescatats amb vida s'abocaren en prova incontrovertible d'aquell crim monstruós. I avui, quan només els fanàtics de Hitler poden dubtar d'aquella tràgica realitat, veiem com el temps i els nous problemes internacionals van arraconant-la al caixó pietós de la Història. [...]

Amb aquest llibre ens hem proposat donar una idea de la vida i la mort d'aquests ciutadans del món que van crear enfront del nacional-socialisme la internacional del dolor. No fem la història d'un camp determinat, sinó una composició d'escenes, de situacions i de personatges, coneguts als quatre camps per on passàrem en el curs de quatre anys i mig. [...] Reeixir en aquesta comesa tindria el doble valor d'haver aportat la nostra veu en la requisitòria del món sencer contra el nazisme i de tributar als companys perduts el més fervent dels homenatges i el més pietós dels records. Milions d'homes foren assassinats perquè estimaven la llibertat i contribuiren amb llur mort a la possibilitat que la llibertat sobrevisqués.

JOAQUIM AMAT-PINIELLA, «Nota de l'autor» al pròleg de *K. L. Reich*

Activitats

1 Cerca informació sobre la novel·la *K. L. Reich*, de J. Amat-Piniella, i respon:

- Què significa l'expressió «K. L. Reich»?
- Busca informació sobre el camp d'extermini nazi de Mauthausen.
- Què és una novel·la testimonial?

Pots consultar els webs:

- http://www.amical-mauthausen.org/
- http://www.edu365.cat/eso/muds/catala/lectures/reich/index.htm

2 Llegeix el següent fragment de *K. L. Reich*, que correspon a l'inici de la novel·la, i a continuació contesta les preguntes:

El fred era molt viu. No calia pas pessigar-se la carn o tenir la certesa de no dormir. Ho era tant, que havia arribat gairebé a l'extrem oposat de produir com un començament d'anestèsia. Era necessari contreure i distreure els músculs i la pell de la cara, a tall d'exercici per tal d'evitar els progressos de la insensibilitat. També els dits dels peus, empresonats des de feia tres dies dintre les sabates ferrades i humitejats pels mitjons bruts, cedien sense resistència a la pressió rabiosa de la gelor que pujava de terra. Si ni hagués estat per aquest fred desconsiderat i pel bategar dels cors d'aquella multitud d'homes trasbalsats pel sobtat desvetllament, l'albada hauria semblat irreal. A través de la boira que s'espessia a mesura que el dia s'anava deixondint, no es distingia més que la forma difusa dels accidents del paisatge més proper. La neu, que sap fer clara la mateixa nit, fendia amb la seva llum indirecta en constant augment el vel gris que ho rodejava tot. L'edifici de l'estació sostenia damunt la seva teulada, en fort pendent, un gran coixí de neu, llis, lleugerament ondulant i sense arestes. La barana que rodejava els molls portava uniformement una cresta de merenga; els vagons, immòbils damunt de les vies invisibles, semblaven feixucs i lassos en llur abandó sota la flassada blanca. A l'altra banda de la carretera, en la qual s'arrengleraven penosament els nouvinguts, queia quasi vertical el tall del pujol mutilat pels qui construïen l'estació, la neu que s'havia posat damunt de les pedres sortints i els arbustos raquítics, feia contrastar les taques fosques dels racons on no podia arribar. Però la boira era prou espessa per a donar a tot plegat una tonalitat grisa amb tots els matisos possibles.

JOAQUIM AMAT-PINIELLA, *K. L. Reich* (capítol I)

a Explica com es descriu l'arribada al camp nazi a través dels sentits. Posa exemples extrets del text.
b Com definiries el tipus de narrador d'aquest primer capítols: intern, extern, omniscient, observador... Justifica la resposta.

3 Llegeix el fragment de la «Nota de l'autor» que tens a la pàgina 229 i respon:

a Per què creus que l'autor ha escollit el gènere de la novel·la per explicar la història d'uns fets que van passar realment?
b Per què creus que l'autor afirma que la mort de milions de persones va contribuir a què la llibertat sobrevisqués?

4 Llegeix les cartes personals entre diversos escriptors catalans que trobaràs en aquesta unitat. Contesta les preguntes:

a En quines circumstàncies personals es troben els autors de les cartes?
b Quines són les seves principals preocupacions?
c Quina valoració fan de l'exili?
d Qui es planteja tornar a Catalunya? Per què?

5 Cerca informació sobre Antoni Rovira i Virgili.

a Quin càrrec va exercir en el Govern de la República
b A quin partit polític pertanyia?
c Per què es va haver d'exiliar?
d Va retornar a Catalunya?
e Destaca algun aspecte de la seva activitat intel·lectual.

Test final d'unitat

1 Digues si és veritat (V) o fals (F):

	V	F
a L'alçament militar contra el Govern de la República es va produir el 24 de juny de 1936	☐	☐
b L'alçament militar contra el Govern de la República es va produir el 18 de juliol de 1939	☐	☐
c L'alçament militar contra el Govern de la República es va produir el 18 de juliol de 1936	☐	☐
d Aquest alçament militar va desembocar en la Guerra Civil Espanyola, des del 1936 al 1945	☐	☐
e Aquest alçament militar va desembocar en la Guerra Civil Espanyola, des del 1936 al 1939	☐	☐
f La Generalitat de Catalunya va intervenir de forma activa i es va mantenir fidel al Govern de la República	☐	☐
g La major part dels escriptors catalans es van exiliar just abans de l'entrada de les tropes franquistes a Barcelona, el desembre del 1937	☐	☐
h La major part dels escriptors catalans es van exiliar just abans de l'entrada de les tropes franquistes a Barcelona, el gener del 1939	☐	☐
i Els poetes Antonio Machado i Carles Riba van travessar junts la frontera cap a França	☐	☐
j Tots els escriptors exiliats van emprendre l'exili cap a Amèrica.	☐	☐
k Els intel·lectuals exiliats a Amèrica van reorganitzar-se com a grup i sovint van emprendre accions culturals d'exili.	☐	☐
l Carles Riba es va exiliar a Mèxic	☐	☐
m Carles Riba es va exiliar a França	☐	☐
n A l'exili es va produir un predomini absolut de la poesia per damunt dels altres gèneres	☐	☐
o Alguns intel·lectuals republicans no van exiliar-se i van seguir fent les seves tasques amb normalitat	☐	☐
p Dues obres poètiques molt representatives de l'experiència de pèrdua i exili són *Els fruits saborosos* de Josep Carner i *Cròniques de l'ultrason* de J.V. Foix.	☐	☐
q Dues obres poètiques molt representatives de l'experiència de pèrdua i exili són *Nabí* de Josep Carner i *Les Homilies d'Organyà* de Carles Riba	☐	☐
r Dues obres poètiques molt representatives de l'experiència de pèrdua i exili són *Nabí* de Josep Carner *Les Elegies de Bierville* de Carles Riba	☐	☐
s La gran novel·la catalana que relata l'experiència en els camps d'extermini nazis és *K.L.Reich* de Joaquim Amat-Piniella	☐	☐
t *K.L.Reich* de Joaquim Amat-Piniella no és una novel·la autobiogràfica	☐	☐
u Joaquim Amat-Piniella no va sobreviure al camp nazi de Mauthausen	☐	☐

2 Un dels llibres de recerca sobre l'experiència dels catalans als camps nazis és el llibre de Montserrat Roig titulat precisament *Els catalans als camps nazis*. Llegeix aquest text i contesta les preguntes:

La periodista, escriptora i assagista Montserrat Roig (1946-1991), que havia descobert el món concentracionari nazi amb K. L. Reich, *de Joaquim Amat-Piniella (Manresa, 1913 - l'Hospitalet de Llobregat, 1974), va seure, sense saber-ho, al costat de l'escriptor i deportat manresà: «Em vaig girar i vaig veure un home miop, de rostre ample i somriure trist», escriu Roig.«Van quedar l'endemà mateix i en moltes més ocasions i van tenir llargues converses», recorda l'historiador manresà Joaquim Aloy. Amat-Piniella, que havia sobreviscut a l'infern de Mauthausen, li va passar molta bibliografia i molts contactes, i li va obrir tot un món que ella ignorava. És a Amat-Pniella a qui dedica* Els catalans als camps nazis *(Edicions, 62): «A ell, al seu encoratjament, al seu relat, a la seva vida, dec l'existència d'*Els catalans als camps nazis... *Fou precisament la seva vida, la idea que ell em donà d'en Pere Vives, de l'Arnal... les converses que tinguérem sobre altres coses, les obsessions compartides com Catalunya, el socialisme o la literatura, el que em portà a escriure aquest llibre», hi diu l'escriptora. Roig va publicar aquesta obra monumental i pionera el 1977.*

a L'obra de Montserrat Roig és un assaig. Quina diferència hi ha entre l'assaig i la ficció?

b Què entens pel concepte «reivindicació de la memòria històrica»

c Per què creus que s'ha de reivindicar la memòria de les víctimes del nazisme i del franquisme?

d On estava situat geogràficament el camp d'extermini de Mauthausen?

CONEIXEMENTS PREVIS

Llegeix el text de Joan Fuster que tens a continuació. Després respon les preguntes.

Malgrat les turbulències socials de tota mena, el període dels anys vint i trenta es caracteritza per una tendència cap a la normalitat cultural. El nou període gaudeix de les primeres mostres de consolidació literària que té en els fonaments un procés de reconstrucció de la cultura catalana, el qual és iniciat a la Renaixença i s'enriqueix extraordinàriament amb les aportacions del Modernisme i del Noucentisme: l'augment progressiu de l'alfabetització, l'increment de la narrativa popular (el reconeixement de Josep M. Folch i Torres és obligat), les iniciatives privades de mecenatge (per exemple Francesc Cambó i la Fundació Bernat Metge, dedicada a la traducció de clàssics grecs i llatins per a la qual va treballar Carles Riba); l'establiment d'una crítica literària cada cop més especialitzada; una xarxa editorial moderna; una premsa periòdica d'ampli ventall ideològic i de qualitat en la qual col·laboren bona part dels escriptors (La Publicitat; Revista de Catalunya; El Matí; Mirador).

El que literàriament s'esdevé a Catalunya durant aquests anys es pot entendre de forma esquemàtica en la posició que els escriptors adopten a una banda o altra del llegat noucentista: els «neonoucentistes» (que tot i no comptar amb el suport d'un moviment cultural organitzat ni tan sols van fer cap intent per crear-lo, són els deixebles de la línia marcada per Josep Carner i Eugeni d'Ors); i els que aposten per una renovació estètica més radical (des dels corrents avantguardistes fins a la singularitat excepcional d'autors amb tant de pes com Josep Pla o Josep M. de Sagarra).

JOAN FUSTER,
«La successió del Noucentisme»,
Literatura catalana contemporània

a Quines són les principals «turbulències» a Europa, a Espanya i a Catalunya durant els anys trenta i quaranta del segle XX?

b Indica quins són els fonaments de consolidació de la cultura catalana. Segueix el fil i omple la llista:
- la Renaixença
- el ...
- el ...
- l'augment progressiu de ....
- l'increment de ....
- el mecenatge privat, especialment ....
- l'establiment de ....
- una ....
- una premsa variada i de qualitat: ....

c Qui són els «neonoucentistes»?

d Quin és l'altre corrent estètic?

e Quins són els autors més singulars que estan al marge dels corrents?

B7 UNITAT

23

LA POESIA DELS ANYS 30 I 40

En aquesta unitat estudiarem la renovació literària dels anys vint i trenta, especialment en la poesia. Aquesta renovació s'esdevé en un període històric molt contrastat. D'una banda la producció literària es caracteritza per l'esclat de llibertat creativa que, a Europa, coincideix amb el període d'entreguerres i a Catalunya s'emmarca en la Segona República. D'altra banda la insurrecció franquista del 36, la guerra civil i la posterior dictadura de Franco en la dècada més repressiva i negra de tota la postguerra. Així, la poesia dels anys 30 i 40 dona compte de la innovació estètica i posteriorment de la repressió social i cultural que va suposar en els intel·lectuals catalans.

Dimensió estètica i literària

- La poesia simbolista dels anys trenta i quaranta.
- Els poetes: Bartomeu Rosselló-Pòrcel, Màrius Torres, Marià Manent, Carles Riba, Clementina Arderiu i Rosa Leveroni.
- El mestratge poètic de Carles Riba.

AUTORS I TEXTOS

- «A Mallorca durant la guerra civil» de Bartomeu Rosselló-Pòrcel.
- «Cançó a Mahalta» de Màrius Torres.
- «Súnion, t'evocaré de lluny» de Carles Riba.
- «Cançó del risc» de Clementina Arderiu.
- «Elegies de la represa, VI» de Rosa Leveroni.

Objectius

- Conèixer els aspectes i autors destacats de la poesia simbolista als anys trenta i quaranta.
- Analitzar la producció poètica dels autors més representatius.
- Identificar els aspectes més rellevants de l'obra i el mestratge de Carles Riba.

Tomàs Garcés.

L'herència noucentista va donar, sobretot en **poesia postsimbolista**, alguns dels poetes més importants d'aquest període: Tomàs Garcés, Marià Manent, Clementina Arderiu, Carles Riba i, en una altra generació més jove, Joan Teixidor, Bartomeu Rosselló-Pòrcel i, també, Joan Vinyoli. Tots ells tenien relacions i projectes compartits.

Representen la continuïtat d'una poesia treballada i clara, amb un llenguatge triat, un bon gust i una elaboració formal acurada que el lector percep per la imatgeria i la música dels versos. Pel que fa als temes, i en consonància amb la poètica noucentista, destaquen la descripció idealitzada de la natura, l'ús del paisatge com a correlat d'estats d'ànim i l'amor.

M. Manent, J. Carner, J. Bofill i Mates i C. Soldevila fundaren la societat Amics de la Poesia (1920); M. Manent, T. Garcés, J. V. Foix, C. Riba i J. Teixidor coordinaren els *Quaderns de Poesia* (1935-1936), a més de publicar escrits de crítica poètica rigorosos i de qualitat sobre poesia catalana contemporània i també estrangera (per exemple, T. Garcés i M. Manent).

BARTOMEU ROSSELLÓ-PÒRCEL

Bartomeu Rosselló-Pòrcel.

Bartomeu Rosselló-Pòrcel va néixer a Palma el 1913 i va morir de tuberculosi al sanatori del Brull (Osona) l'any 1938. Tot i la seva breu producció poètica –hem de tenir en compte que va morir quan tenia vint-i-cinc anys–, és considerat el poeta més dotat literàriament després de Riba i Foix. En aquest sentit, Joan Fuster diu que «el poeta que fou és un esbós del poeta que hauria pogut ser». Això no obstant, Salvador Espriu, el seu gran amic en la universitat, considera que Rosselló-Pòrcel va escriure una desena de poemes més enllà de tot dubte i dignes de perdurar.

Va publicar tres llibres de poesia: *Nou poemes* (1933), *Quaderns i sonets* (1934) i el magnífic *Imitació del foc* (publicat pòstumament el 1938 i dedicat a Salvador Espriu).

En la seva formació intel·lectual van tenir un pes molt important l'obra i el tracte amb poetes com Gabriel Alomar (professor seu a l'institut de Palma) i Carles Riba (del qual va ser deixeble a la Universitat de Barcelona). Tot i certs deutes poètics amb l'Escola Mallorquina, no hi ha dubte que la poesia de Rosselló-Pòrcel va aportar un registre diferent en la **poesia mallorquina** (ell s'autoanomenava «català de Mallorca»), que va dur altres poetes com Blai Bonet o Jaume Vidal Alcover a allunyar-se del model tradicional de Costa i Llobera i Alcover.

L'estètica noucentista es manifesta en l'arquitectura de l'Exposició Internacional de Barcelona del 1929.

Però encara l'influïren més els poetes castellans de la Generació del 27: l'**intel·lectualisme** de Jorge Guillén, el surrealisme d'Alberti en el llibre *Sobre los ángeles*, el popularisme cultivat de Lorca, Pedro Salinas, entre d'altres. I a través d'ells, la descoberta del barroc castellà, sobretot Góngora, i, de retruc, els poetes catalans de segle XVII com Francesc Vicent Garcia (el Rector de Vallfogona).

A Mallorca, durant la guerra civil

Verdegen encara aquells camps
i duren aquelles arbredes
i damunt del mateix atzur
es retallen les meves muntanyes.
Allí les pedres invoquen sempre
la pluja difícil, la pluja blava
que ve de tu, cadena clara,
serra, plaer, claror meva!
Sóc avar de la llum que em resta dins els ulls
i que em fa tremolar quan et recordo!
Ara els jardins hi són com músiques
i em torben, em fatiguen com en un tedi lent.
El cor de la tardor ja s'hi marceix,
concertat amb fumeres delicades.
I les herbes es cremem a turons
de cacera, entre somnis de setembre
i boires entintades de capvespre.

Tota la meva vida es lliga a tu,
com en la nit les flames a la fosca.

BARTOMEU ROSSELLÓ-PÒRCEL,
Imitació del foc

A una dama que es pentinava darrere una reixa en temps de Vicenç Garcia

Amor, senyor de l'ampla monarquia
que publica el clavell i el foc proclama
en l'ardor de la galta i en la flama
de l'exaltació que l'aire cria,

els cabells de finíssima atzabeja
en el combat de vori que pentina
perú de lliris i de llunes mina,
ornament de les neus, dels ors enveja,

treu de la reixa, i que la saborosa
feina del bes, batalla graciosa
del córrer d'unes cames despullades,

deixi les verdes herbes alterades.
Oh desmai en les tiges onejants
de marbres, ceres, roses bategants!

BARTOMEU ROSSELLÓ-PÒRCEL,
Imitació del foc

El captiu

I

Llum, jovenesa de l'aire,
em trobes en camins alts i salvatges.
Àngel, baixa del cel amb el glavi a la mà,
amb el crit esmolat que minva gravideses.
No sóc el caçador que s'ha perdut
entre sols incipients, entre torres caigudes.
Ara cantes deliris en el darrer graó,
sota les roques que estan sota les roques,
a l'indret insegur
on cau el silenci de les cendres
i les fulles il·luminen els vents
i els cavalls fan sonar una pols remotíssima.
No em salvaran els vermells secrets, enfervorits.
– Per mi t'atansaràs
al riu encès que passa,
a la llum que defineix les coses
que han estat donades als noms,
que cada llunyania pren
angoixes de veritat.
Volaràs sobre la volera incendiada,
albatros cobejat pels mariners, tan forts.
Presoner! Oblida la platja deserta! Viu
pressa de segles en instants
i estalonar-se de moments
avars de llur estridència.
El camí d'esculls finirà.
Arriba l'àgil eixutesa.
Només els meus ulls en els teus
i, en decantar-los, no veurà res nou
(fúria falaguera de pesos,
desesperació dels vents).
[...]

BARTOMEU ROSSELLÓ-PÒRCEL, *Imitació del foc*

Tot i que morí lluny del front i per una malaltia, la figura de Rosselló-Pòrcel va esdevenir un símbol de la «generació sacrificada» per la guerra civil. Per la seva joventut escapçada i la seva obra interrompuda, el poeta encarna la figura simbòlica de l'heroi per a la generació de poetes més joves de la postguerra: des de Salvador Espriu fins a Josep Palau i Fabre.

MÀRIUS TORRES

Màrius Torres (Lleida, 1910 – Sant Quirze Safaja, 1942) es traslladà a Barcelona per cursar Medicina, seguint la tradició familiar. En acabar els estudis viatjà per Europa i, després, se n'anà a Madrid per fer el doctorat. El 1935 ingressà en el sanatori antituberculós de Puigdolena, on residí fins a la seva mort, set anys més tard. Durant aquest temps de reclusió es dedicà a la lectura, a la música i a l'escriptura.

Màrius Torres i Mercè Figueras, la seva gran amistat al sanatori.

En la poesia, hi van tenir una gran influència tant la figura del seu pare com les creences sobre la metempsicosi (el traspàs de l'ànima humana, en separar-se del cos pel fet de morir, al cos d'un altre ésser), la pròpia experiència del dolor i l'enfrontament amb la mort. Els seus models immediats foren Riba i Baudelaire. La llengua dels seus poemes s'allunya de tot col·loquialisme o dialectalisme.

L'obra de Màrius Torres restà inèdita fins que fou editada pòstumament a Mèxic, el 1947, amb el títol de *Poesies*.

La ciutat llunyana

Ara que el braç potent de les fúries aterra
la ciutat d'ideals que volíem bastir,
entre runes de somnis colgats, més prop de terra,
Pàtria, guarda'ns: la terra no sabrà mai mentir.

Entre tants crits estranys, que la teva veu pura
ens parli. Ja no ens queda quasi cap més consol
que creure i esperar la nova arquitectura
amb què braços més lliures puguin ratllar el teu sòl.

Qui pogués oblidar la ciutat que s'enfonsa!
Més llunyana, més lliure, una altra n'hi ha potser,
que ens envia, per sobre d'aquest temps presoner,

batecs d'aire i de fe. La d'una veu de bronze
que de torres altíssimes s'allarga pels camins.
I eleva el cor, i escalfa els peus dels pelegrins.

MÀRIUS TORRES, *Poesies*

MARIÀ MANENT

Marià Manent.

Marià Manent va néixer a Barcelona el 1898 i hi va morir el 1988. És el representant més carnerià dels poetes simbolistes entre els seus companys de generació. En els seus estudis destaca una sòlida formació en llengües, sobretot francès i anglès, la qual cosa va marcar la seva poètica i la seva tasca com a traductor. Els anys vint i trenta, fins a la guerra civil, va col·laborar intensament en activitats relacionades amb la poesia: va escriure per a la revista *Monitor* (1920), va dirigir la *Revista de Poesia* (1925-1927) i va fundar, juntament amb Foix, Riba, Garcés i Teixidor, els *Quaderns de Poesia* (1935-1936). La guerra civil va significar un daltabaix personal i familiar per a Manent.

Des de la seva ideologia catòlica, conservadora i catalanista, analitza el desastre amb una actitud escèptica que l'allunya de l'esdevenidor de la comunitat. Durant la guerra es va refugiar amb la família a la casa pairal de Viladrau, al Montseny, on va escriure el volum més celebrat dels seus dietaris: *El vel de Maia* (premi Josep Pla 1974, publicat el 1975).

Com dels coetanis europeus postsimbolistes, va construir una poesia, feta de visió, en què els jocs musicals hi tenen una importància cabdal, per a la qual és molt més important allò que és insinuat que no pas el que s'hi diu. Així, Manent ha bastit una obra poètica molt sintètica, aparentment molt breu, però que resta complementada i, doncs, ampliada, per l'obra en prosa i les traduccions d'altres poetes anglosaxons o xinesos.

Enric Bou, «Entre l'alba i el vent: la poètica de Marià Manent», *Poesia i sistema*

Matí

Ets eixida del son com del mar. Tota humida
somriu encar ta boca als somnis, dolçament.
Brilla el sol a les herbes, però tu veus l'argent
de la lluna, entre l'aigua adormida.

Una llum de maragda mig emboira els teus ulls;
té perfums d'aquell mar ta delicada argila;
i dus una gran perla pàl·lida sota els rulls,
ondulats com una alga tranquil·la.

Marià Manent,
L'ombra i altres poemes

Paisatge

Sié Ling-iun

El núvol blanc empolsa les roques solitàries;
els bambús, ran de l'aigua, la fan verda i gentil.
De bon matí i al vespre la fresca és més subtil.
La muntanya i les aigües tenen llums i encantàries,

i els pensaments se'ns tornen tots benaurats i bells.
S'oblida el vianant, amb la passa ronsera.
Al voltant de l'estany hi ha herbei de primavera,
i els pollancres canvien el color dels ocells.

Marià Manent,
L'aire daurat. Interpretacions de poesia xinesa

L'obra poètica de Manent és breu; consta de poc més de vuitanta poemes repartits en quatre llibres: *La branca* (1918), *La collita en la boira* (1920), *L'ombra i altres poemes* (1931) i *La ciutat del temps* (1961).

El corpus poètic és complementat per les més de quatrecentes traduccions i versions poètiques, sobretot de poesia anglesa i xinesa, que són una prolongació de la seva pròpia poesia. I encara cal afegir-hi els seus dietaris –escrits des de l'any 1918 de manera intermitent i sense la intenció de publicar-los–, en què, a través de la prosa, retrobem la mirada i el sentiment del poeta.

La poesia de Manent adopta una actitud més **reflexiva** i **metafísica** (pròxima a la poesia pura i de transcendència religiosa, emparentada amb Carles Riba) que la del Noucentisme, i va més enllà en el procés de depuració lírica. L'estil

Marià Manent, a l'Aleixar, amb la seva dona.

de la seva poesia és marcat per la senzillesa retòrica, per l'elegància i la contenció, per la suavitat del ritme i pel «do» de la paraula musical en el registre del millor Carner.

Els temes de la seva poesia són recurrents: l'amor, el pas del temps, el paisatge beatífic, els canvis subtils de les estacions, el bosc, etc. Tota aquesta bellesa és descrita des de la perspectiva d'una **actitud contemplativa** que, d'una manera minuciosa i atenta, ens aboca a un món redescobert.

El resultat d'aquesta contemplació és una sensació de gran puresa i, sobretot, de continguda subjectivitat. Com en la poesia oriental que tant es va complaure a traduir, la perfecció dels versos no comporta una fredor distant, sinó que, amb la subtilitat de les paraules mínimes imprescindibles, suggereix el ressò d'una subjectivitat amagada, d'una emoció. Anàlogament a Carner, la idea de poesia s'identifica essencialment amb la felicitat.

Si bé no hi ha cap dubte a classificar l'obra poètica de Marià Manent en la tradició de la **poesia simbolista** dels neonoucentistes, cal insistir que aquest no és l'únic referent literari de l'autor. Així, l'orientalisme, entès com a contenció expressiva i actitud contemplativa gairebé estàtica, i la influència de la poesia anglosaxona (sobretot els poetes romàntics) que havia llegit i traduït –és imprescindible la recopilació *Poesia anglesa i nord-americana* (1955)– contribueixen a forjar una veu poètica singular i preciosa.

A partir dels anys setanta i vuitanta, Manent va establir un contacte important amb els poetes joves d'aquestes generacions. A més, reprengué les col·laboracions habituals en la premsa escrita. Se succeïren els homenatges, la publicació de la seva obra i els estudis crítics sobre la seva poesia. L'any 1985 rebé el Premi d'Honor de les Lletres Catalanes.

CARLES RIBA

Carles Riba.

Carles Riba va néixer a Barcelona l'any 1893 i hi va morir el 1959. La seva obra literària, essencialment poètica, i ell, com a figura intel·lectual, són molt representatius de la literatura catalana del segle xx. Llicenciat en Dret i Lletres a la Universitat de Barcelona, va pertànyer a una generació formada sota la influència del *Glosari*, d'Eugeni d'Ors, és a dir, sota el Noucentisme. En aquesta època també va conèixer Josep Carner, a qui admirava i el qual va orientar-lo literàriament i li va presentar Joan Maragall. En els primers poemes de Carles Riba, els tempteigs recollits en *La paraula a lloure* (1912-1919), la influència del poeta de la «paraula viva» és ben visible. Des de l'inici de la seva activitat literària –es va donar a conèixer com a escriptor amb una traducció de *Les bucòliques*, de Virgili–, Riba va voler ser un **intel·lectual de professió**. Aquest plantejament va fer que la seva activitat es desplegués en tasques i vocacions diverses.

Traducció

L'habilitat de Riba en l'aprenentatge de llengües (francès, alemany, llatí, esperanto) ja s'evidencià en la seva època d'estudiant a l'institut. Va estudiar Filologia Clàssica, de manera que va demostrar la seva passió per les llengües, especialment les clàssiques.

A la Fundació Bernat Metge, creada per Francesc Cambó el 1922, li van concedir la càtedra de grec, en la qual va perfeccionar la seva faceta d'hel·lenista.

Va traduir clàssics com *L'Odissea*, d'Homer, i obres d'altres autors moderns, com Hölderlin, Kavafis i Rilke.

Narració

La seva activitat en aquest camp és escassa i se circumscriu al període 1917-1928. La major part de les seves narracions són contes infantils: *Aventures d'en Perot Marrasquí* (1924), *Sis Joans* (1928). També escriví narrativa per a adults, amb els quatre contes continguts en *L'ingenu amor* (1924), dedicat a la seva dona, la poeta Clementina Arderiu, amb qui es va casar el 1916.

Crítica literària

L'obra crítica de Riba és d'una gran importància perquè, d'una banda, contribueix a forjar el seu mestratge incontestat entre els escriptors catalans, sobretot en la postguerra, i, de l'altra, per la informació que facilita l'accés a la seva pròpia poesia.

> Hem començat dient que ens limitaríem a la funció literària; i acabem transcendint-la, només perquè ens hem esforçat a situar-nos en la seva més pura essència i en la nostra més urgent circumstància. És hora de vida o mort per al cos físic de Catalunya; i hem de pensar, cadascun des del seu ofici, insistim, des del seu deure, a salvar la seva ànima, fos quina fos la seva mort o la seva supervivència material. I al nostre entendre *es salva i salva* tot aquell que sol, o dins la millor cooperació d'un grup, ja abans de tot perill suprem ha sabut realitzar, en la profunda calma de la seva fe i en l'íntim sentit de cadascun dels seus actes i obres, militant i triomfant alhora, la plena perfecció d'una Idea.
>
> Carles Riba, «Literatura i grups salvadors», *Obres completes, II*

Imatge de la Universitat de Barcelona, on Carles Riba va llegir la tesi doctoral.

En aquesta línia d'influència intel·lectual i civil, de lideratge literari, de dimensió pública d'extraordinària ressonància, destaca la interessant correspondència que va intercanviar amb bona part dels escriptors catalans.

Docència i investigació

La seva dedicació professional a les lletres el va portar des dels inicis a exercir de professor: a l'Escola de Bibliotecàries (des del 1916 fins al 1939, tot i que va ser expulsat de l'ensenyament el 1924 per la dictadura de Primo de Rivera i restituït el 1932) i com a catedràtic de grec de la Fundació Bernat Metge i de la Universitat Autònoma de Barcelona.

L'any 1932 va esdevenir membre de la Secció Filològica de l'Institut d'Estudis Catalans, en les Oficines Lexicogràfiques del qual treballava amb Pompeu Fabra des de feia alguns anys.

No cal dir que la guerra va malmetre totes aquestes iniciatives culturals i de recerca. L'any 1936, Carles Riba va prendre partit per Catalunya i la República. Una anècdota que il·lustra l'actitud de rigor i compromís de l'escriptor és que va llegir la tesi doctoral a la Universitat de Barcelona l'any 1938 durant un bombardeig. L'any 1939 va haver d'emprendre el camí de l'**exili**. Riba i la seva família van passar quatre anys en diversos llocs de França, fins que el 1943 van decidir tornar a Barcelona.

Oficialment no podia treballar en cap dels càrrecs docents ni d'investigació que havia exercit abans de la guerra, tot i que, un cop renovades les activitats de la Fundació Bernat Metge, hi va col·laborar des del primer moment. Des de la **clandestinitat** i, també, quan va ser possible aprofitar les escasses oportunitats de difusió de la llengua i la literatura catalanes que permetia la dictadura franquista, Carles Riba va esdevenir el personatge més representatiu de la cultura catalana. Com a figura simbòlica de resistència, dignitat, rigor i altíssima talla literària va participar en els congressos de poesia celebrats a Segòvia (1952), Salamanca (1953) i Santiago de Compostel·la (1954).

Poesia intel·lectual

El 1919, Carles Riba va publicar el primer llibre d'*Estances*, que va causar un gran impacte i el va situar en un lloc rellevant dins el panorama de la poesia catalana. En aquest primer poemari encara es detecta una lleu empremta carneriana, si bé el factor de conceptualització i erudició dels seus poemes l'acosta a les posicions estètiques de la **poesia pura** a la manera del simbolisme francès. Les influències més notables són d'autors medievals com ara Dante, Petrarca i Ausiàs March, i molt poques del simbolisme francès.

Portada d'*Els Marges*.

El nucli temàtic del llibre és l'amor, analitzat en els termes de la vella lluita entre els sentits i la ment, que es resol en un difícil equilibri decantat cap a la idealització de l'estimada. El concepte de goig amorós és associat al de joia, el qual, com va dir Riba, fonamenta la poesia: «la joia expressada amb consciència és la lírica». Tot i això, de vegades, aquest estat de felicitat i joia amorosa present en la seva producció no exclou el pensament de la pròpia mort, que és tractada amb serenitat i optimisme quan es té l'esperança de «la joia novella», o bé resulta més inquietant quan sembla que és una substitució sinistra de la joia.

En la relació amorosa amb l'estimada, el poeta pren consciència d'ésser quan, a través del poema, pot conceptualitzar la felicitat que és originada pel plaer dels sentits. La intenció de la poesia de Riba és expressar les realitats psicològiques i emocionals mitjançant uns conceptes abstractes tradicionals –la ment, la consciència, el desig, els sentits, la joia, el goig.

Així, l'anècdota personal i l'experiència quotidiana quant a l'amor i les emocions, transcendeixen per assolir a través del poema allò que és essencial i, per tant, té valor universal.

En altres paraules, per Carles Riba la poesia és una eina de coneixement, sobretot d'autoconeixement, que vol dir de comprensió intel·lectual de l'experiència viscuda.

T'ha enquimerat la gràcia fugitiva
d'un desig i ara ets deserta, oh ment.
Ai soledat sense dolç pensament
i foll traüt sense paraula viva!

Però ¿què hi fa, si dins el teu oblit
la inquietud pregonament perdura?
Encara el goig sobre la carn s'atura,
duent l'anunci d'algun cant no dit.

I ell és el foc sagrat que et perpetua
damunt les cendres del desolament;
no vulguis calma en ton oblit, oh ment,
oh folla que has gosat mirar-te nua.

Carles Riba, *Estances*

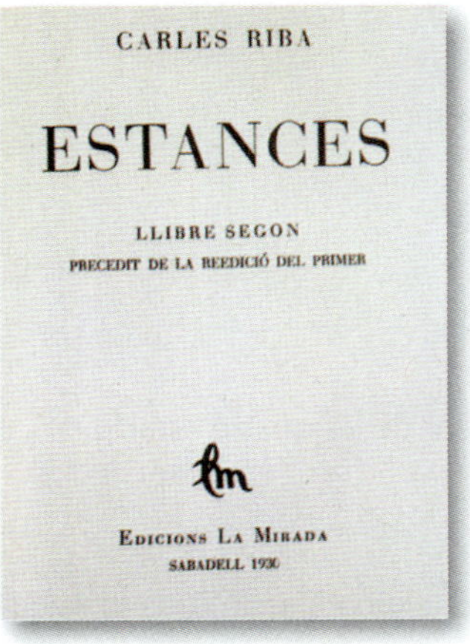

Primera edició del llibre segon d'*Estances*.

El 1930 es publicà el llibre segon d'*Estances*. Tot i que no hi ha continuïtat entre els dos llibres, s'editaren en un sol volum, amb el primer llibre sotmès a una profunda revisió lingüística i estilística.

La influència d'escriptors com Mallarmé, Valéry i Rilke serà, a la llarga, la més profundament acceptada. En aquest segon llibre assaja camins diversos, tant pel que fa als procediments formals (sempre en la línia del simbolisme francès, en la seva versió classicitzant) com als temes que hi desenvolupa.

Nu ajagut

La llum s'isola en un cel blanc,
com en el teu cos un amor
que no sap què fer-ne –terror
subtil de destins o de sang,

necessari si es vol cobrir
d'inútil tacte errant, per més
contenir l'imminent excés
de ta fluida aparença en mi.

Ah més nua com més pensada!
Entre jo i tu la verge onada
dels atzars revé. ¿Qui dels dos

prendrà? ¿Restaré a la riba
d'un somni fit, oh insidiós
horitzó de ta corba viva?

Carles Riba, *Estances*

Els dos llibres d'*Estances* poden ésser considerats com l'equivalent modern d'un cançoner medieval, en què l'amor és tractat amb una riquesa de perspectives gairebé sense comparació en la poesia del segle xx [...]. En tota poesia realment original, els motlles tradicionals han d'adaptar-se a l'experiència del poeta: així, tot servint-se d'uns conceptes preexistents, Riba els ha fet actuar entre ells fins a aconseguir una flexibilitat nova i inesperada.

Arthur Terry, «La poesia de Carles Riba», pròleg a *Obres completes*

El rigor i l'existència d'aquest conjunt de vuitanta-dos poemes no té parió en la nostra poesia del seu temps, i les *Estances*, àmplia base vàlida del Riba posterior, ajustaren la poesia catalana a les necessitats culturals de l'època en una mesura semblant a allò que feren, en llurs temps respectius, Verdaguer i Maragall.

Joan Triadú, pròleg a *Antologia poètica*

Aquesta acceptació càlida i oberta és potser la lliçó essencial de les *Estances* i la justificació d'una poesia que, a través de tant de rigor intel·lectual, no es cansa d'afirmar la vitalitat de l'experiència humana.

Marià Manent, pròleg a *Estances*

El llibre segon es divideix en dues parts de vint poemes. En la primera, el poeta es troba en plena **crisi intel·lectual** pel que fa a la manca de tradició literària catalana, la qual, en conjunt, no li serveix per orientar-se en el moment de crisi del Noucentisme. En la segona part es despleguen els elements més profunds de la influència de Valéry, i alhora es mostra la distància en què se situa Riba del concepte de poesia pura francès. Si per Valéry la poesia té el valor d'un pur exercici formal i, per tant, parteix d'estructures i conceptes mentals, en l'origen dels poemes de Riba hi ha les experiències afectives del poeta, que, en un elaborat exercici de construcció poètica, d'artifici, són abocades en l'estructura racional del poema a fi de superar la condició anecdòtica primera i esdevenir pensaments universals.

Pel que fa a les reflexions expressades en els poemes, el tema de la joia cedeix importància en favor de la meditació sobre el temps i l'amor físic: el pas del temps i la seva força destructiva que enverina l'instant del present amorós amb les imatges del record. La defensa contra l'acció devoradora del temps és una actitud que tindrà molta importància en la poesia posterior de Carles Riba: el risc que suposa assumir l'atzar de la vida tot acceptant-ne el perill de la desil·lusió i l'alegria del qui s'atreveix a viure autènticament. En termes de poesia pura, l'aposta de Riba consisteix a desestimar la temptació de tancar-se en una «torre d'ivori», tot aïllant la seva poesia del món exterior i tancant-la en ella mateixa. En canvi, el risc que el poeta assumeix amb la voluntat d'oberta acceptació de l'aventura posa la seva poesia en contacte amb la vida.

El poemari següent de Carles Riba es titula *Tres suites* (enllestit el 1935 però publicat el 1937 a causa de la guerra). El llibre es compon de tres sèries de deu sonets: «Un nu i uns ulls», «Lírica de cambra» i «Espectador». Els sonets, hermètics i sovint de comprensió difícil d'aquesta obra arrenquen sempre d'una situació inicial de contemplació de la realitat.

Coberta de *Tres suites*.

La primera secció és, en part, la continuació d'un tema que apareixia en alguns dels poemes de la darrera secció de les *Elegies*: el poeta amant que mira la dona despullada i en repòs dins la cambra. Aquesta situació inicial permet la recreació mental del poeta en l'observació dels elements ornamentals i quotidians de la intimitat. El desig de perfecció formal i la nuesa del pensament fan que qualsevol tema (una palmera darrere el balcó, dues butaques de la cambra, un peix dins la peixera, per citar-ne alguns de «Lírica de cambra») sigui suficient per justificar el poema, l'artifici retòric que es basta a si mateix segons l'estètica de la poesia pura. Tanmateix, el món exterior entra inevitablement en aquesta situació tancada en el mateix moment en què intervé el desig, i, per tant, el poeta no pot defugir el pas del temps malgrat la voluntat de retenir el poema en un precís i preciós estat de gràcia.

El poemari *Del joc i del foc* (1947) és escrit abans, simultàniament i posteriorment a les *Elegies de Bierville* (1943, escrites entre el 1939 i el 1942). El gran interès de Carles Riba per la **retòrica** en tant que «art» de construcció del poema el portà a experimentar amb **formes mètriques** variades, des del sonet fins a altres formes clàssiques, com ara el romanç i el vers blanc, passant per l'elegia antiga traspassada al català. En aquest cas, el poeta assimila la tanka japonesa, una forma estròfica breu, a un epigrama. El poemari comprèn dues col·leccions de tankes, «Tannkas de les quatre estacions» (1936-1938) i «Tannkas del retorn» (1943-1946), a més de deu poemes de diversa forma dins la secció «Per a una sola veu» (1935-1939). Tal com es proposa Riba en la concepció general de la seva poesia, aquests poemes aconsegueixen reduir l'experiència humana a un instant etern expressat amb la forma mínima imprescindible.

Peix dins la peixera

[...]
De més lluny que d'una memòria,
la llum et visita; tu ets
obscur sota la immòbil glòria

que travesses, amb ulls quiets,
com qui, sense comprendre, es mira
a un mirall que eternament gira.

CARLES RIBA, «Lírica de cambra», *Tres suites*

El meu exercici, doncs, fóra per a contenir una sensació, una representació, una reflexió, un fet d'amor o de recança, dins un traç sobri i just de paraula. L'epigrama és al capdavall això sol: una notació en el temps. [...] La ventura consistiria a fixar l'objecte suggerint, per expressió directa o associativa, la senzilla plenitud de la seva presència sobre un blanc, infinit, espai de silenci. De la seva presència i de la seva veritat humana. [...] Àdhuc la forma em vingué com prescrita: la de la tannka, la que en podríem dir corranda japonesa, afinada per segles del cultiu més exigent i subtil. M'era prescrita, però, nua dels seus recursos o ornats, apartada dels seus temes i figures, lliure de les seves condicions minucioses: només l'àmbit de les seves 31 síl·labes distribuïdes en cinc línies breus.

CARLES RIBA, notes a «Tannkas de les quatre estacions», *Del joc i del foc*

XXXII

La llangorosa
fi de la tarda em crida
no sé a quina
pau d'una falda antiga
on és naixença el somni.

CARLES RIBA, «Tankas de les quatre estacions», *Del joc i del foc*

El poemari *Elegies de Bierville* (1943) es considera una de les obres més importants i extraordinàries de la poesia catalana. Escrit sota la impressió del desastre de la guerra i l'exili, s'allunya de la poesia pura d'obres anteriors. Per primera vegada, la poesia de Riba es fa discursiva i concedeix una importància cabdal al contingut.

En aquest cas al·legat i clam: la guerra i l'exili introdueixen la gravetat en la seva poesia, mostra un estremiment humà que va més enllà de l'enlluernament formal. La presa de contacte directe amb la dolorosa realitat del seu temps i del seu país fan de les *Elegies* un exemple de poesia civil. L'experiència relatada en aquests poemes, però, no és únicament moral i cultural, sinó que pren una **dimensió transcendent** i **religiosa**. L'experiència religiosa –mística si l'entenem com a viatge cap a Déu– penetra per primer cop en els versos de Carles Riba.

Elegies de Bierville

Durant la guerra civil, Carles Riba va prendre partit sense cap mena de vacil·lació: va comprometre's de forma militant amb la cultura i el país; ell mateix va dir el 1938: «és hora de vida o mort per a Catalunya». No va abandonar mai la seva posició de mestratge intel·lectual, que en el seu cas encarnava uns valors d'exigència literària i alhora de rigor i coherència ètica. El seu missatge va ser que calia «salvar-se i salvar» per mitjà de la «plena perfecció d'una Idea».

Coberta de les *Elegies de Bierville*.

Amb la publicació de la seva obra d'exili, les *Elegies de Bierville* (1942), va donar un exemple modèlic de com es podia tractar el tema civil de l'exili en clau clàssica. En el pròleg a la segona edició de l'obra, el crític Joan Triadú va afirmar que Carles Riba «es proclamava el dirigent cultural de la postguerra, alhora que s'erigia en la consciència poètica d'una cultura».

Elegies de Bierville és un conjunt de **dotze elegies** independents que formen tanmateix un poema unitari. Foren escrites sense una planificació prèvia entre l'abril de 1939 i l'agost de 1942 a Bierville (elegies I-V), a L'Isle-Adam (elegies VI i VII), a Bordeus (elegia XI) i finalment a Montpeller, on la família Riba va acabar el seu exili (elegies VIII-X i XII). Carles Riba va explicar l'estat anímic i les circumstàncies en què les va escriure: els set primers poemes corresponen al mateix període d'exili; els altres cinc van gestar-se després d'haver decidit el **retorn** a la pàtria. En termes transcendents, aquest doble moviment significa la mort i la renaixença de l'ànima.

El punt de partida de les elegies és l'experiència de l'exili: la història d'un dolor personal, reduïda als seus termes essencials a fi d'aproximar-la a la situació col·lectiva. [...] A l'exili l'ànima queda reduïda a la seva pròpia essència; despullada de tota il·lusió, s'hi veu obligada a cercar la realitat.

[...] Parla de l'exili com d'una època de purgació, que l'obliga a cercar aquesta força preconscient que afaiçona la vida de l'individu [...]. El retorn de l'exili és vist com l'acompliment d'un procés impossible de predir, possible solament a través de la fe. [...] Les *Elegies de Bierville* són, sens dubte, un dels llibres més importants de la poesia catalana moderna.

Arthur Terry, pròleg a Carles Riba, *Obres completes, I, Poesia*

Si bé és cert que cada poema és en ell mateix una poesia acabada, el conjunt dibuixa molt clarament una trajectòria vital, un **viatge interior**, una exploració de tipus moral. L'exili i amb ell la derrota col·lectiva i la pèrdua individual representen el punt de partida que permet «tornar a l'ànima com a una pàtria antiga» (tal com diu Riba citant el poeta romàntic Novalis): és la necessària mort que cal acceptar a fi de poder renéixer.

...em submergí de ple dins el sentiment d'exili. Hi vaig entrar com a la mort; com a la mort, tal com per la figura de l'exili justament jo aprenia a conèixer-la.

Carles Riba, pròleg a *Elegies de Bierville* (segona edició)

Súnion! T'evocaré de lluny amb un crit d'alegria

Súnion! T'evocaré de lluny amb un crit d'alegria,
tu i el teu sol lleial, rei de la mar i del vent:
pel teu record, que em dreça, feliç de sal exaltada,
amb el teu marbre absolut, noble i antic com jo a ell.
Temple mutilat, desdenyós de les altres columnes
que en el fons del teu salt, sota l'onada rient,
dormen l'eternitat! Tu vetlles, blanc a l'altura,
pel mariner, que per tu veu ben girat el seu rumb;
per l'embriac del teu nom, que a través de la nua garriga
ve a cercar-te, extrem com la certesa dels déus;
per l'exiliat que entre les arbredes fosques t'albira
súbitament, oh precís, oh fantasmal! i coneix
per ta força la força que el salva als cops de fortuna,
ric del que ha donat, i en sa ruïna tan pur.

Carles Riba, «Elegia II», *Elegies de Bierville*

Amb l'experiència de les elegies, el poeta fa un acte d'introspecció i inicia un camí de salvació. La nova comprensió del món i d'ell mateix comporta una reflexió sobre l'experiència amorosa que es realitzarà completa en l'amor diví, és a dir, en la descoberta del misteri de la fe –«nit més enllà de la nit». Així, el «secret camí» de la primera elegia pren l'aire del tradicional **itinerari místic**, amb el despullament ascètic de l'exili de què parla el mateix poeta.

Aquest **viatge interior**, aquesta baixada al més profund i essencial del propi jo, és comparat a una caiguda, una mena de mort-exili, «aquella experiència de trobar-se de sobte sense res a esperar». I en aquesta no-espera, el poeta es troba davant les coses que bruscament prenen la seva forma definitiva i primordial: l'ànima és capaç de redreçar-se a través de la memòria, d'aquesta **memòria antiga**, «com una pàtria expectant» guiada per una oïda interior en l'escolta d'uns sons primigenis i uns mots exactes.

La consciència del poeta, a través de l'ànima que és sempre la qui recorda, és capaç de transcendir la primera mort aparent vers l'alliberació última que és l'esperança.

Clou-te, cúpula verda per sobre el meu cap cristal·lina!
Aigües de curs discret, brisa que a penes ets més
que un moviment del silenci, imiteu la manera senzilla
com la meva sang ara s'oblida i jo *sé*.
L'inacabable somni del món endolceix una a una
ses onades entorn del malencònic jardí.
Dins la meva ànima en pau sóc el nàufrag que [en l'illa profunda
on reneix de la mar, súbitament reconeix
una pàtria d'antany; i no en té sorpresa; el crepuscle
fa més pur el sender –oh pueril! oh reial!
que l'ha tornat a prendre, envellit i nu, però en flama
més a cada pas, més alentint cada pas
perquè vol la nit, i arribar a l'esposa secreta
com esperat d'un esclat sempre imminent de l'enyor,
i ésser l'un per a l'altre un do amorós del misteri
—nit amb joia dels ulls, nit més enllà de la nit!

Carles Riba, «Elegia V», *Elegies de Bierville*

...i per mètodes poètics, heu fet un assaig de transcendir-vos fins a trobar l'esperança: filla de la memòria, com la mateixa Poesia. I amb l'esperança –i, per què no?, amb la Poesia– Déu. Aquell Déu que era pregon i actiu dins l'impossible dels amorosos somnis.

Carles Riba, *Obres completes*, III

L'afirmació orgullosa de fe, l'experiència del renaixement en l'amor diví, confereix a l'obra una profunda **dimensió religiosa** que cerca la veritat de la condició humana.

Creia, simplement; cristianament creia en la meva persona «tu a Tu» amb Déu, en la meva redempció i en el meu perfeccionament últim; veia el sentit de la vida i de sobte, per l'exili, com per un assaig providencialment ofert, se m'anticipava el sentit de la mort.

Se m'anticipava: no hi podia restar. El que havia calgut era que la mort em fos negada per aquella brusca revelació gairebé sensible, perquè jo tingués el coratge de recobrar-me i de viure encara. El coratge d'acceptar la meva concretesa en el món i en el temps, que seria, transcendida, la meva concretesa en l'eternitat.

Carles Riba, pròleg a *Elegies de Bierville* (segona edició)

I, finalment, un cop realitzada aquesta experiència transcendent de l'ànima, aquest retorn-renaixement a les arrels d'un mateix, el poeta pot plantejar-se el **retorn** físic a la **pàtria**. Com el retorn d'Ulisses en *L'Odissea*.

Pel que fa a la forma, les *Elegies de Bierville* són una adaptació al sistema sil·làbic i accentual de la poesia catalana del ritme de l'**elegia antiga**. En les notes de Carles Riba que acompanyen l'edició dels poemes, els detalls, les llicències i les irregularitats hi són explicats i justificats. El comentari

Membres de la Fundació Bernat Metge, que es trobava sota el mecenatge de Francesc Cambó.

He navegat com Ulisses pel noble mar que separa,
amb un titànic somrís d'obediència a l'atzur,
l'illa de l'últim adéu, on es va inclinà' el meu migdia,
i el necessari ponent, dolç d'una glòria sagnant.
Sobre la rosa dels astres, set vents, atònits, deixaven
que n'exultés un de sol, el decretat del retorn.

CARLES RIBA, «Elegia VII», *Elegies de Bierville*

conclou amb l'afirmació que «en qüestió de ritme, el professor que hi ha en mi ha cedit discretament al poeta». Les **influències clàssiques** en aquestes elegies no s'acaben, és clar, en la forma. Hi són presents en tants referents literaris i filosòfics, explícits i implícits en els versos dels poemes, que no val la pena esmentar-los aïlladament a tall d'exemple. L'esperit de la Grècia clàssica, i el seu paisatge, és poderosament present en la poesia de Carles Riba, com ho és en aquestes elegies.

Vida volguda... olivar que fugint de les Roques baixava
tan inefablement impetuós cap al mar!

CARLES RIBA, «Elegia VIII», *Elegies de Bierville*

El bosc de les més estupendes oliveres que mai he vist, a través del qual es davalla de Delfos cap a Itea i el mar, fou per a nosaltres el símbol de la vida com la volem.

Notes de Carles Riba a *Elegies de Bierville*, «Elegia VIII»

Pàtria

He dit: La pàtria;
i he vist la folla herència.
Perquè per ella
jo sigui jo, en creixença
amb germans, l'he acceptada.

CARLES RIBA
(novembre del 1955)

XXVI

No ho diria en va, perquè
hi ha el dolor, que és orgullós:
és només per al joiós
que la vida fa el seu ple.

Cal fer pura a tot o re
la jugada, com si ho fos:
qui no mori d'amorós,
l'amor no el prendrà a mercè.

Més que el pensament, profunds
són els ulls, si el pit ens brunz
del que han vist, amb glòria igual,

i estimem, Pare! aquest dolç
nostre regne terrenal
com uns prínceps entre molts.

CARLES RIBA, *Salvatge cor*

L'any 1952, Riba publicà *Salvatge cor*, un recull de sonets en què es combina la poesia religiosa –l'amor a Déu– amb la poesia eròtica –l'amor humà. En contradicció amb la concepció asèptica de l'art en la poesia pura, Riba fa «uns versos humans, fins i tot massa humans, [...] que em fan escrúpol a mi mateix per llur excessiva càrrega humana». Certament, es tracta de la poesia més pròxima a la confidència personal de tota l'obra de Riba, en la qual el poeta, sentint que és «davant la darrera pujada, la de la vellesa», sap que «d'un cop la jugada és a tot o res». El llibre es divideix en tres parts: la primera (sonets I al VI) sembla justificar-se en la gratuïta musicalitat del vers, com per jugar; la segona (sonets VII al XIV), molt més dramàtica, exposa la recerca de la pròpia personalitat del poeta en un diàleg cara a cara amb Déu; en la tercera (sonets XV al XXVI), el poeta parla d'ell mateix a través de màscares que són personatges del món grec.

La temàtica religiosa hi és present, sense caure en la salvatge humanitat del poemari anterior, *Esbós de tres oratoris* (1957). Tres episodis emotius del Nou Testament són lliurement interpretats en tres poemes narratius: «Els tres reis d'Orient», «Llàtzer el ressuscitat» i «El fill pròdig», els quals representen al·legòricament la descoberta de la fe, la promesa de salvació, i el pecat i el retorn a la fe. Els darrers poemes de Carles Riba, escrits entre el 1952 i el 1958, no van ser recollits en cap llibre. S'hi pot apreciar un registre desacostumat que potencia la claredat d'expressió i una musicalitat en el vers, que permeten intuir un nou gir estilístic de la seva poesia, que, però, no es pogué consolidar per la mort del poeta.

CLEMENTINA ARDERIU

Clementina Arderiu neix el 1889 a Barcelona. El 1911, amb 22 anys, publica el primer poema i el 1913 és inclosa a l'*Antologia de poetes catalans d'avui* de la influent revista *L'Avenç*. El primer llibre veu la llum pocs anys més tard (1916), una recopilació que, amb el títol de *Cançons i elegies*, presagia els futurs interessos de l'autora. Aquest mateix any es casa amb el poeta Carles Riba, la qual cosa fa que prengui part activa a la vida literària catalana d'aleshores. La projecció de l'obra ribiana suposa una intensa vida intel·lectual que tots dos comparteixen i, també, nombrosos viatges que els porten a recórrer Europa. El 1920 publica el segon llibre de poemes, *L'alta llibertat* (1916-1920), on aprofundeix els trets fonamentals de la seva poètica.

Clementina Arderiu i Carles Riba a Cadaqués el 1953.

En acabar la guerra i amb la desfeta del país, Riba i Arderiu es veuen obligats a exiliar-se. Viuen exiliats juntament amb els seus fills fins al 1943 i la guerra té una presència important en l'obra posterior de l'autora. El 1938 havia guanyat el premi Joaquim Folguera amb *Sempre i ara*, però anys després, el 1946 afegeix una part que parla directament de les seves experiències de la guerra: «Sentiment de guerra». Entre el 1936 i el 1950 la producció poètica de l'Arderiu baixa de manera notable. Serà en aquesta dècada quan, després de situar-se dins l'ambient de postguerra, la parella de poetes tindrà de nou un paper essencial dins la poesia catalana, esdevenint un punt de referència dels autors que havien quedat al país i de les noves generacions. També durant la dècada de 1950 tornen a viatjar i tenen lloc els congressos poètics de Segòvia, Santiago i Salamanca. De les estades a Alemanya i Anglaterra surten els poemes del llibre *És a dir* (1958), que guanya els premis Óssa Menor (1958) i Lletra d'Or (1960).

La mort de Carles Riba l'any 1959 fa que Clementina Arderiu abandoni la poesia durant dos anys. A poc a poc s'aniria gestant un llibre que no veu la llum fins al 1969, *L'esperança encara*. Mor el 1976, a l'edat de vuitanta-set anys. Feia tres anys que havia publicat la seva *Obra poètica reunida*, de la qual va tenir cura ella mateixa.

Obra poètica

La seva poesia es pot identificar com a «neonoucentista», dit d'altra manera, segueix fonamentalment els postulats de Josep Carner i també en certa mesura la modernitat de Tomàs Garcés. Sovint la forma estròfica triada és la de la cançó perquè la intenció poètica de Clementina Arderiu és sobretot la de comunicar el seu món i el seu vitalisme amb la màxima senzillesa.

En la poesia de Clementina Arderiu trobem en primer lloc, una força personal envejable, un esforç conscient i intel·ligent de construcció de la pròpia vida, encara que els paràmetres dins dels quals es mou puguin semblar-nos, des del nostre punt de vista, limitats i limitadors. I, en segon lloc, una tensió semblant entre facetes contraposades del nostre caràcter, que s'ha vist conformat sota pressions educatives i socials no pas tan diferents com es podria pensar. Encara que, sovint, nosaltres trobem la mina de la nostra energia i força allà on ella identifica els seus pitjors enemics. Encara que ens agradi celebrar sàbats amb els seus dimonis interiors i ens haguem de debatre en una lluita sense fi amb els àngels tutelars que li recomanen més virtut. De la mateixa manera que encara viu en nosaltres «la filla obedient del pare» i hem de teixir i reteixir aquell altre ésser que anem descobrint i creant en nosaltres, en Clementina Arderiu hi ha una «petita esbojarrada» que clama, que res no aconsegueix de fer emmudir al llarg de la seva obra poètica. I hi ha una revoltada que, ara i adés, ha de tornar a tancar en aquella cambra fosca on ni l'amat ni tan sols ella mateixa no podria entrar sense perill.

Maria-Mercè Marçal. Pròleg a
Contracalor. Antologia poètica

Cançó del risc

Si visc no visc.
L'amor del risc,
com m'abellia!
No l'he cercat;
me l'han donat
quan no el volia.
Si visc no visc,
que temo el risc
i sa mentida.
El cel és d'or
i, ardent, el cor
no vol cap brida.
Però hi ha el risc:
si visc no visc.
Per una treva,
per un oblit,
dono el neguit
amb clau i lleba.
No fos el risc...
Si visc no visc.
Vés onsevulla,
passa la mar
-per quin atzar?-
la mar que rulla
paranys i risc.
Si visc no visc.
Ni mar ni treva
ni l'or del cel.
La meva arrel
si es torç, no es lleva.
Perquè, en el risc,
si visc, no visc.
Donaré ombra,
donaré flors,
fora del clos.
Feina sens nombre
dirà que visc.
Quan el gran risc
vindrà a topar-me,
amb cor segur,
sense ningú,
sabré lliurar-me
al risc, al risc!

Clementina Arderiu,
Sempre i ara (1946)

ROSA LEVERONI

Rosa Leveroni neix a Barcelona l'1 d'abril del 1910 en el si d'una família de la mitjana burgesia. Als quinze anys publica els seus primers versos a la revista *Patufet*, i comença a tenir clara la seva vocació literària. Tot i que el seu pare la pressiona perquè es dediqui al negoci familiar, als dinou anys, coincidint amb la caiguda de la dictadura de Primo de Rivera, entra a l'Escola de Bibliotecàries, que aleshores dirigeix Jordi Rubió. Aquesta institució, fundada per Eugeni d'Ors, té com a professors alguns dels intel·lectuals catalans més brillants del moment (Carles Riba, Ferran Soldevila, Nicolau d'Olwer, Rafael de Campalans). L'estada a l'Escola de Bibliotecàries i, en especial, la coneixença de Carles Riba, és cabdal en la formació intel·lectual i personal de Leveroni.

L'any 1933 rep una beca per anar a Madrid a fer una tesina sobre literatura infantil. En tornar, entra a treballar a la biblioteca de la Universitat Autònoma de Barcelona. Durant la guerra civil fa dos cursos de la carrera de Filosofia i Lletres. L'any 1937 és finalista al premi Joaquim Folguera amb el llibre *Epigrames i cançons*, que publica l'any 1938, prologat per Carles Riba. La influència ribiana i, en general, de tota la generació postsimbolista és molt present en aquest volum. Els temes que hi apareixen seran els que es repetiran durant tota la seva obra: la tristesa, la desolació amorosa, la melangia..., sentiments continguts i objectivats gràcies a la disciplina del vers.

El 1939, després de la guerra civil, la depuració de funcionaris de la Generalitat de Catalunya fa que perdi la feina com a bibliotecària de la Universitat Autònoma. Durant la dècada dels quaranta, Leveroni dedica tota la seva energia a la resistència cultural catalana enfront de la repressió franquista, i es converteix en l'ànima del grup intel·lectual que Carles Riba forma al seu voltant. És ella qui distribueix clandestinament les *Elegies de Bierville* de Riba, qui actua de contacte entre els intel·lectuals catalans de l'interior i els de l'exili, i és una de les primeres col·laboradores de la revista *Poesia* (fundada el 1940) i de la revista *Ariel* (fundada el 1946).

—Com anomenaríeu la vostra generació?

—La generació perduda. Qui seríem? Els escriptors que podien haver escrit des del 38 fins ara: Espriu, Vinyoli, Teixidor si voleu, Maria Perpinyà, Triadú, encara que aquest últim s'ha pogut expressar... També hi hauria la Palmira Jaquetti, la Clementina Arderiu... Abans hi havia més dones que no pas ara.

—Quins gustos teniu?

—No sóc bona cuinera, però m'agrada la bona cuina.

—Literaris, vull dir.

—Dels morts, m'agraden Riba, Carner i Salvat Papasseit. Dels vius Foix, Manent i Garcés... Dels joves? No ho sé. No llegeixo poesia ara, només prosa i assaig. M'agraden Teresa Pàmies, Lola Anglada, Carme Riera i Joan Fuster. També llegeixo molt Pla i Puig i Ferreter.

LLUÍS BUSQUETS I GRABULOSA.
Entrevista a Rosa Leveroni (1980)

Elegies de la represa, VI

No em preguntis, amor, per què t'estimo,
si no trobo raons. Però podria
dir-te del rossinyol la meravella
i el batec de la sang, ni la segura
dolcesa de l'arrel dins de la terra,
ni aquest plorar suau de les estrelles?
És que sabries, cert, l'ardent misteri
d'unes ales signant l'atzur en calma.
o el fluir de la font, o de la branca
aquest respir beat quan l'aire passa?...
No em preguntis, amor, per què t'estimo,
si et tenia dins meu i ni sabria
ja veure't com a tu, perquè respires
dintre del meu respir, si dels meus somnis
ets l'únic somni viu que no podria
arrabassar la Mort.

ROSA LEVERONI, *Presència i record* (1952)

L'any 1952 publica un segon volum de poesia, *Presència i record*, prologat per Salvador Espriu. La mort del seu pare, l'obliga a centrar-se en el negoci familiar. En aquesta època assisteix assíduament als congressos de literatura catalana que se celebren a Anglaterra, organitzats per la Catalan Society, entitat de la qual és membre. Durant les dècades dels seixanta i dels setanta, la seva figura es manté cada vegada més apartada i aïllada de l'escena literària catalana, fet al qual també contribueix el seu silenci poètic.

L'any 1981 publica el volum *Poesia*, que recull tota la seva obra poètica, amb pròleg de Maria Aurèlia Capmany i dos epílegs de Carles Riba i Salvador Espriu, escrits respectivament el 1938 i el 1950 i que havien prologat els dos reculls poètics. L'any següent, el conjunt de la seva obra és reconegut amb l'atorgament de la Creu de Sant Jordi de la Generalitat de Catalunya. Mor l'agost del 1985, poc abans que es publiqui un volum de contes que recull la seva producció narrativa. És enterrada a Port-Lligat.

Rosa Leveroni.

Activitats

BARTOMEU ROSSELLÓ PÒRCEL

1 Llegeix el poema «A Mallorca, durant la guerra civil» que tens a la unitat. Contesta les preguntes:

- **a** A qui es dirigeix la veu del poeta?
- **b** Quines circumstàncies biogràfiques expliquen l'enyorament del poeta de la seva terra? Com s'ha d'entendre l'adverbi *allí* del vers 5?
- **c** Justifica l'ús dels possessius en tot el poema.
- **d** Les metàfores que fan referència al foc són habituals en la poesia de Rosselló-Pòrcel. Indica-les i explica-les.
- **e** Quin és el sentiment predominant en aquest poema? Indica algun vers que ho justifiqui.

MÀRIUS TORRES

2 Llegeix el poema «Cançó a Mahalta» de *Poesies* (1947), de Màrius Torres:

Cançó a Mahalta

Corren les nostres ànimes com dos rius paral·lels.
Fem el mateix camí sota els mateixos cels.

No podem acostar les nostres vides calmes:
entre els dos hi ha una terra de xiprers i de palmes.

En els meandres grocs de lliris, verds de pau,
sento, com si em seguís, el teu batec suau

i escolto la teva aigua, tremolosa i amiga,
de la font a la mar —la nostra pàtria antiga—.

Contesta les preguntes:

- **a** **Aquest poema va ser escrit al sanatori de Puigdolena, el març de 1937. Digues quines són les circumstàncies biogràfiques i històriques que li donen significat.**
- **b** **Qui és Mahalta? Quina relació té amb el poeta? Com expliques el dramatisme del primer vers?**
- **c** **En els seus poemes, Màrius Torres sovint parla del seu propi dolor com una experiència universal. On es veu reflectit en aquest poema?**
- **d** **Aquest poema té una bellesa cromàtica molt subtil. Quins colors hi són suggerits?**
- **e** **A quina pàtria es refereix en l'últim vers?**

CARLES RIBA

3 Llegeix aquest text sobre la dimensió cívica i patriòtica de Carles Riba i compara'l amb la reflexió que fa el mateix poeta en el fragment de «Literatura i grups salvadors» de la pàgina 237 d'aquesta unitat.

Aquesta dedicació a les lletres fou solidària del seu designi de col·laborar en la dignificació definitiva d'una llengua i, per mitjà d'ella, a la reconstrucció civil d'un país.

Carles Miralles, *Carles Riba, home de lletres*

4 En aquest mateix sentit, fes un comentari interpretant el poema «Pàtria» de la pàgina 243, un dels darrers que escriví Carles Riba.

5 Llegeix el poema «Súnion! T'evocaré de lluny amb un crit d'alegria» de la pàgina 241, i respon les preguntes:

- **a** Què simbolitza el temple de Súnion?
- **b** Quin és l'assumpte del poema?
- **c** Troba aquestes tres figures retòriques: personificació, comparació i hipèrbole.

6 Llegeix el fragment de l'«Elegia VII» de la pàgina 245 en què el poeta fa referència a Ulisses. Cerca informació sobre l'*Odissea* d'Homer, i resumeix breument el fil argumental de l'obra.

CLEMENTINA ARDERIU

7 Llegeix el poema «Cançó del risc» que tens a la pàgina 244 de la unitat. Contesta les preguntes:

- **a** Analitza mètricament el poema. Són versos d'art major o menor?
- **b** En quins versos hi pots identificar aspectes biogràfics de l'autora?
- **c** Creus que identifica el risc amb la vida? Amb la mort?
- **d** Quin és el màxim risc que una persona pot assumir? L'autora ho fa?

ROSA LEVERONI

8 Llegeix el poema «Elegies de la represa, VI» que tens a la pàgina 243 de la unitat. Contesta les preguntes:

- **a** Una de les característiques de la poesia de Rosa Leveroni és reflexionar sobre l'amor i la mort. En quins versos del poema ho expressa més clarament.
- **b** A qui es dirigeix la veu poètica?
- **c** Esmenta en quins versos hi ha una sensibilitat religiosa o trascendent.
- **d** Quin vers destacaries per assenyalar la màxima identificació entre els dos amants?

Test final d'unitat

1 Llegeix el fragment amb què s'inicia l'*Odissea* d'Homer que va traduir Carles Riba.

Conta'm, Musa, aquell home de gran ardit, que tantíssim
errà, després que de Troia el sagrat alcàsser va prendre;
de molts pobles veié les ciutats, l'esperit va conèixer;
molts de dolors el que és ell, pel gran mar patí en el seu ànim,
fent per guanyà' el seu alè i el retorn de la colla que duia;
mes ni així els companys no salvà, tanmateix desitjant-ho,
car tots ells es perderen per llurs mateixes follies,
els insensats! que les vaques del Sol, el Fill de l'Altura,
van menjar-se; i el déu va llevar-los el dia en què es torna.
Parla'ns-en, filla de Zeus, des d'on vulguis, també a nosaltres.

a Qui és «aquell home de gran ardit»?
b Quin és l'episodi que va protagonitzar a Troia?
c On va acabar el seu viatge?
d Van tornar tots els companys?
e A qui es dirigeix el narrador?

2 Digues si és veritat (V) o fals (F):

	V	F
a La poesia dels anys trenta i quaranta és sobretot simbolista	☐	☐
b Els poetes simbolistes són els hereus literaris de les avantguardes	☐	☐
c Es caracteritzen pel rigor formal	☐	☐
d Carles Riba és el poeta més destacat d'aquest període	☐	☐
e Carles Riba i Clementina Arderiu es van casar i van tenir sis fills	☐	☐
f Bartomeu Rosselló-Pòrcel va néixer i morir a Mallorca	☐	☐
g Bartomeu Rosselló-Pòrcel va ser deixeble de Carles Riba	☐	☐
h Rosa Leveroni va ser deixebla de Carles Riba	☐	☐
i Rosa Leveroni es va exiliar a França amb Riba i Arderiu	☐	☐
j Màrius Torres va néixer a Lleida i es va exiliar a Mèxic	☐	☐
k Màrius Torres era metge	☐	☐
l Carles Riba i la seva família es van exiliar a França fins a l'any 1943	☐	☐
m El llibre *Elegies de Bierville* està escrit per Clementina Arderiu	☐	☐
n Les grans influències simbolistes de Carles Riba són els poetes Mallarmé, Valéry i Rilke	☐	☐
o Les grans influències simbolistes de Carles Riba són els poetes Malesherbes, Valéry i Goethe	☐	☐
p Carles Riba era un home amb fe religiosa	☐	☐
q Carles Riba va tenir un mestratge important en la reconstrucció cultural de Catalunya durant la postguerra	☐	☐
r Carles Riba va escriure a més de poesia, prosa i teatre	☐	☐
s Carles Riba va escriure sobretot poesia però també prosa	☐	☐
t Carles Riba va compondre un llibre seguint una forma estròfica japonesa	☐	☐
u Rosa Leveroni va formar-se a l'Escola de Bibliotecàries	☐	☐
v Clementina Arderiu era professora de llengües	☐	☐
w Clementina Arderiu va escriure poesia mística	☐	☐
x Bartomeu Rosselló-Pòrcel volia ser missioner religiós	☐	☐
y L'obra poètica més important de Rosselló-Pòrcel es titula *Foc al cor*	☐	☐
z L'obra poètica de Màrius Torres es va publicar pòstumament	☐	☐

3 Digues quins d'aquests títols són obres de Carles Riba:

- *Aventures d'en Massagran*
- *Aventures d'en Perot Marrasquí*
- *Sis Joans*
- *Estances*
- *Tres suites*
- *Foc al cos*
- *Del joc i del foc*
- *Elegies de Bierville*
- *Haikus de les quatre estacions*
- *Tannkas de les quatre estacions*

CONEIXEMENTS PREVIS

Llegeix els fragments d'*El quadern gris* que tens a continuació. En tots dos, Josep Pla reflexiona sobre l'ús de la llengua catalana literària del seu temps.

Ens trobem davant d'un poble que, en general, no sap ni llegir ni escriure en català, per moltes raons, és clar, de les quals una de les principals és el desinterès dels escriptors per acostar la gent a una manera d'expressió literària normal, separada de la grolleria i de la vulgaritat, però separada també de la tendència preciosista, culteranista, inextricable, de les posicions merament subjectives i personals, que, a la gent, li fan llençar els llibres com si fossin un drap.

JOSEP PLA, *El quadern gris*

—T'ho dic seriosament. No és pas que siguis noucentista de fons. No crec pas que tinguis prou coneixements per a ser- ho i encara menys que la manera de ser personal et decanti cap aquest cantó. Però és un fet que utilitzes l'estil noucentista.

Amb una ploma a la mà utilitzes aquest estil. Utilitzes aquestes paraules arcaiques, aquests medievalismes, simplement perquè ho has llegit…

—Això és absolutament cert.

—Era visible! ¿I per què uses aquests gal·licismes, aquests neologismes, aquests localismes que ningú no comprèn?

¿Per què no escrius com t'ha dit sempre el senyor Fabra a la penya, d'una manera natural, segons el llenguatge parlat… segons la manera de parlar del teu ambient? No em comprens?

JOSEP PLA, *El quadern gris*

Compara'ls i destaca'n els aspectes següents:

a Què significa per a l'autor «ser massa noucentista»?
b Què són gal·licismes, neologismes i arcaismes?
c Què vol dir «un català normal»?
d Per quins motius un lector llença un llibre «com si fos un drap»?

B7 UNITAT

24

LA NARRATIVA DELS ANYS 30 I 40

En aquesta unitat estudiarem la producció narrativa dels anys trenta i quaranta. Tot i que aquesta generació postnoucentista es decanta fonamentalment per la poesia, cal estudiar també l'obra de narradors destacables com Carles Soldevila i Miquel Llor. Un cas a part és la figura i l'obra de Josep Pla: autor d'una producció en prosa extraordinària i un model de llengua literària moderna, rica i expressiva. La narrativa dels anys 30 i 40 dona compte de la modernitat de la literatura catalana de l'època i ens emmarca l'inici de l'obra de Josep Pla la qual va molt més enllà de límits estètics i cronològics.

Dimensió estètica i literària

- La novel·la cosmopolita i burgesa de Carles Soldevila.
- La novel·la psicològica de Miquel Llor.
- L'obra de Josep Pla.

AUTORS I TEXTOS

- *El quadern gris* de Josep Pla.

Objectius

- Conèixer els autors destacats de la narrativa als anys trenta i quaranta i la seva obra, especialment Carles Soldevila i Miquel Llor.
- Identificar els aspectes més rellevants de l'obra de Josep Pla.

En l'ampli ventall de neonoucentistes no hem d'oblidar la producció en narrativa i en teatre. D'entre els noms més destacats cal esmentar Carles Soldevila i Miquel Llor, com a representants de la **novel·la psicològica**, i, en l'estil més renovador i allunyat de la línia «oficial», Francesc Trabal, Joan Oliver i el primer Pere Calders.

CARLES SOLDEVILA

Carles Soldevila.

Fill d'una família de la burgesia liberal, va néixer el 1892 a Barcelona i hi va morir el 1967. Al llarg de la seva vida va alternar la professió d'advocat amb la dedicació a les lletres, en tots els registres de la prosa: articles periodístics, contes, novel·les, teatre i traduccions. Va ser un dels periodistes més llegits –i unànimement valorat per lectors tan diversos com Carner i Pla pel seu estil elegant, irònic i modern, de frases curtes i no gens encarcarat–, sobretot en la seva secció diària en *La Publicitat* titulada «Full de Dietari». En la seva literatura va defensar un **model de societat burgesa**, liberal, moderna i cosmopolita que es corresponia amb l'ideal de civilitat noucentista. En aquest sentit són ben representatives les protagonistes de la seva trilogia novel·lística: *Fanny* (1929), *Eva* (1931) i *Valentina* (1933). Pel tema, la tècnica narrativa (va introduir en la narrativa catalana el monòleg interior, però no a la manera de Joyce, desfermat, obscè i sense puntuació, sinó més convencional i, per tant, adequat a l'intel·lectualisme de Soldevila) i la ideologia implícita, *Fanny* va causar un cert escàndol. Va ser, d'altra banda, la seva novel·la de més èxit.

L'aposta decidida per la modernitat, tant en la forma literària com en el tema, continuà i se superà en *Eva* (1931) i en *Valentina* (1933), on Soldevila assolí la maduresa com a novel·lista.

Pel que fa al teatre, Carles Soldevila seguí la intenció modernitzadora de la cultura catalana. La seva producció teatral –elegant, irònica i propera als **models europeus contemporanis**, com en el cas de la narrativa– és el màxim exponent de l'«alta comèdia» o de la «comèdia burgesa» en què es representa la vida de la burgesia culta i refinada, la qual, amb una bona dosi d'intel·ligent ironia, és retratada sense arribar a fer-ne una crítica excessivament radical. En aquest sentit, és simptomàtica l'anècdota, banal però enginyosa, de

Eusebi, incapaç de seguir gaire estona la pista de *l'aurea mediocritas*, sentia un ensopiment aclaparador. Comprovava que la presència constant de Clotilde era tot altra cosa que les seves aparicions periòdiques i misterioses en aquella torreta de la barriada de la Salut. I no és que ell s'hagués fet la il·lusió de trobar en el matrimoni una sèrie ininterrompuda de delícies. No; de cap manera. Ell ja descomptava que tan bon punt es normalitzessin llurs relacions, Clotilde perdria un cinquanta per cent dels seus encisos. Havia descomptat que la trobaria més vella: és tan diferent la visita furtiva, entre cinc i set de la tarda, de la convivència perpètua! [...] També sabia per endavant que un cop casats la trobaria menys enginyosa que no abans. En lloc d'escoltar-la una hora, sense altre objecte que la complaença i la voluptat, l'escoltaria dies sencers sobre els temes més vulgars de l'existència... La discussió amb les minyones, la reclamació, per telèfon, a la modista, als proveïdors... N'és de pesada quan s'hi posa!... I repeteix, repeteix fins a la sacietat, com si tots els qui l'escolten fossin sords o enzes...

CARLES SOLDEVILA,
«Anvers, Plaça Verda», *Valentina*

Ara, rai, que estic decidida a fer-li arribar noves de mi... No sé el que em faig... ¿On he ficat les sabates? Mira-te-les... De seguida vull començar a fer l'esborrany de la carta. Ha de ser molt concisa i al mateix temps molt clara; que tot i no revelar el motiu que m'ha decidit a escriure-li, doni entenent que és un motiu seriós i sense cap mena de segona intenció. Ja veuràs: no perdem més temps. Escriguem. «Estimat»... Fora! Res de «estimat». «Distingit»... Distingit, què?... Amic? Fora! «Distingit senyor». Això és el que pertoca. Ell és un senyor, i distingit es diu a tothom. «L'objecte de la present...» Fuig! Massa comercial!... una certa eixutesa ja m'estaria bé, però sense caure en la vulgaritat. Vinga una altra fórmula... «Sens dubte t'estranyarà»... Tampoc! No n'he de fer res de les seves estranyeses i, de més a més, no l'he de tutejar. «Si em determino a escriure-li, ja comprendrà que un motiu d'importància m'impel·leix a fer-ho»... això, si de cas, després. Per començar és millor que exposi planerament el meu desig de parlar-li. Veiam: «Desitjaria tenir ocasió de comunicar-li de paraula certes maniobres que s'han realitzat contra el meu bon nom...» Ai, no! És esgarrifós. Sona a melodrama.

CARLES SOLDEVILA, *Fanny*

Intel·lectuals amb Carles Soldevila (segon per la dreta).

Civilitzats tanmateix (1921), en què es planteja una situació grotesca entre tres nàufrags –dos homes i una dona– que resolen les relacions amoroses i sexuals en un triangle amorós que respecti totes les convencions socials de la doble moral i els «bons costums».

MIQUEL LLOR

Miquel Llor.

Va néixer l'any 1894 a Barcelona i hi va morir el 1966. La família de la seva mare tenia lligams familiars amb Vic, ciutat que va ser l'escenari de la seva novel·la més reconeguda: *Laura a la ciutat dels sants* (1931). El seu caràcter retret i solitari, marcat per una infantesa trista, queda reflectit en els seus personatges: de personalitat sensible, ofegats per un ambient social mediocre i hostil que els aboca a la incomprensió i, fins i tot, a la marginació, amb una vida amorosa i sexual insatisfactòria i conflictiva. Malgrat l'escassa formació acadèmica de Llor, les seves inquietuds artístiques i literàries el van incentivar a llegir fins a assolir una cultura sòlida. La seva dedicació a les lletres es va desenvolupar en la creació narrativa i les traduccions. El seu cas és paradigmàtic de la generació d'escriptors malmesa per la guerra civil: la seva primera novel·la, titulada *Història grisa* (1925), té un tractament costumista; en les obres posteriors és molt evident la influència d'André Gide (que Llor va traduir al català), Dostoievski i Freud (en un moment cultural en què van causar un gran impacte les teories sobre el subconscient i la sexualitat en la constitució de la personalitat). *Tàntal* (1928) i *Laura a la ciutat dels sants* (1931) són les obres més representatives i madures de la seva producció novel·lística; després de la guerra s'accentuà la crisi narrativa de l'escriptor, que no fou capaç de seguir els nous corrents literaris.

Com va dir Joan Fuster, Miquel Llor és menys intel·lectualista –menys neonoucentista– que Carles Soldevila, i alhora també és més novel·lista. La seva novel·la *Tàntal*, la història de la **decadència física** i **psicològica** del protagonista a l'entorn d'un amor impossible, va destapar la capsa dels trons de la moralitat benpensant del moment. El crític Manuel de Montoliu va afirmar que el contingut de la novel·la «passeja fregant les fronteres de la pornografia... No recordem en la novel·lística catalana un atreviment semblant». Amb tot, la seva novel·la més important és *Laura a la ciutat dels sants*, que constitueix una de les millors novel·les catalanes d'aquesta generació.

La identificació de «la ciutat dels sants» o Comarquinal amb la ciutat de Vic i, per extensió, la descripció del **paisatge moral hipòcrita**, hostil i resclosit que se'n deriva, va significar un nou escàndol en publicar-se la novel·la. Tanmateix, *Laura a la ciutat dels sants* va tenir un gran èxit de crítica i públic. De nou, la protagonista respon al perfil d'una personalitat sensible confrontada a la incomprensió de l'entorn que li és advers, en una història que aprofundeix els sentiments dels personatges, especialment en l'aspecte de la seva sexualitat.

> Com a novel·lista, Miquel Llor ha mostrat una visible preferència per individus i atmosferes lleument «descompostos». I s'inclina sobre ells per operar una dissecció exhaustiva, indagant mòbils, caràcters i gestos amb inflexible precisió. Es manté així dins el corrent més clàssic de la novel·la psicològica.
>
> JOAN FUSTER,
> *Literatura catalana contemporània*

En sintonia amb les teories **psicoanalítiques** de Freud que influeixen intensament en la literatura europea dels anys vint i en la cultura en general, els personatges són definits segons la seva actitud envers la sexualitat (d'acceptació, transgressió, sublimació, repressió, etc.).

Fotograma de la pel·lícula *Laura a la ciutat dels sants*.

Però Laura només sabia que la Teresa era una noia de quaranta anys, eixarreïda, que duia la cotilla passada de moda i robes fosques; que havia pujat entre les pràctiques religioses d'una superstició intolerant, que no era pas la fe clara i reconfortadora de Crist, sinó una por sinistra, abrandada de flames i de tortures infernals.

La Laura no s'adona que els plecs severs d'aquella roba, la cotilla antiquada, la senzillesa del pentinat de la cunyada, són com una revenja, un retret a la gràcia i a la bellesa de les altres dones, blanques i tendres de rostre, que llueixen les cames i el pit, que saben ésser gentils i atraure les mirades dels homes i que es casen per poder gaudir de l'embriaguesa de l'amor sense perill de cometre pecat mortal. És la verge pansida que, amb l'arma de la castedat, testimonia el seu menyspreu a la dona triomfant com la Laura, que no sabrà mai l'amarguesa que s'acumula en el cos de la qui sent el fracàs de la pròpia feminitat inútil.

La Laura, amb l'egoisme inconscient de les persones que ostenten pel món la bellesa i la gràcia, no pensa que la Teresa, malgrat la crosta de virtut exemplar amb què l'han uniformada, és una dona, amb les reaccions, els desigs, les coqueteries i subtileses femenines que ha hagut d'arraconar i que es manifesten de tant en tant, en forma de serenor, de pietat, de castedat escrupolosa.

MIQUEL LLOR, *Laura a la ciutat dels sants*

La protagonista de la novel·la, en aquest sentit identificada amb la dona sublimada –la Laura de Petrarca en seria el referent–, representa un personatge sensible en un món materialista en el qual indefectiblement les relacions amoroses i sexuals acaben en fracàs i l'aboquen a la solitud. Així, el final no pot ser un altre que la fugida, fet que posa en relleu la impossibilitat d'integració per als marginats.

JOSEP PLA

Josep Pla.

Josep Pla i Casadevall va néixer l'any 1897 a Palafrugell, al Baix Empordà (l'Empordanet, segons un terme inventat per l'autor), i hi va morir el 1981. Els seus orígens familiars (una nissaga de petits terratinents rurals, dels quals Pla deia que ell era el primer propietari de la masia que no havia llaurat la terra amb les seves mans), així com el **paisatge** i les **tradicions** ancestrals de la seva gent, van ser el motiu central de la seva obra. Joan Fuster considerava que, en el cas de Pla, el seu origen social –un *kúlak*, és a dir, un pagès amb terres de propietat– era determinant a l'hora de distanciar-lo de l'estètica i la ideologia noucentista, urbana i essencialment burgesa.

En el sistema de forces del país, els pesos estan en desequilibri. Barcelona i les ciutats industrials pesen molt –tenen el pes que han de tenir. Els pobles, en canvi, són inexistents, negligibles. Pesen poc com a quantitat i encara menys com a qualitat. No promouen el menor interès. És molt possible que aquest desequilibri sigui fatal per a la salut col·lectiva. [...]

Aquestes cases de pagès, les masies, solen ésser molt belles. El seu assentament sobre la terra no obeeix mai a cap caprici; està justificat per raons d'utilitat, generalment diversa. La realitat meteorològica fa que gairebé totes estiguin acarades a migdia –de vegades una quarta a l'Est, altres a l'Oest. Excepte les posades en la plana oberta, la necessitat de trobar un redós del vent dominant explica la seva presència. La proximitat de l'aigua, del bosc, la qualitat de les terres, són factors determinants de situació. La utilitat ajuda que les coses siguin belles.

JOSEP PLA, *Els pagesos*

Va estudiar el Batxillerat a l'institut de Girona i Dret a la Universitat de Barcelona, després d'un primer intent frustrat de cursar Medicina. Els anys d'estudiant a Barcelona, més enllà dels coneixements adquirits a la Universitat –que Pla sempre va menystenir–, li van servir per eixamplar horitzons i endinsar-se plenament en l'ambient de **bohèmia**, modernitat i **revolta social** que la ciutat oferia. Va ser acollit amb interès i simpatia a la penya de l'Ateneu, que en aquells anys era el centre de l'activitat literària i artística de la ciutat, on va coincidir amb Josep M. de Sagarra, entre d'altres. En aquest període va orientar definitivament la seva vocació literària per esdevenir una **dedicació professional**.

Al final del 1919, a més d'acabar Dret, va començar a collaborar en *La Publicitat*. El 1920 va ser nomenat corresponsal del diari a París, on va viure més de set anys.

Durant els anys vint va viatjar contínuament per Europa com a corresponsal de *La Publicitat*, *El Sol* i *La Veu de Catalunya*, i es va convertir en la figura màxima de la premsa barcelonina, amb un estil incisiu i antiretòric allunyat del noucentisme. La creació d'un estil propi implica l'adquisició d'una **veu narrativa pública** que combina la condició d'escriptor professional amb la personalitat literària de l'**antiheroi** cínic, ambivalent i contradictori –inspirat clarament en els personatges de ficció de la literatura de moda a l'Europa dels anys vint–, que a la llarga es va confondre amb el Josep Pla escriptor i home.

Aquesta veu narrativa serà el fil conductor de tots els seus escrits, que aplegà en l'*Obra completa*. Durant aquests anys va viure de primera mà el naixement del feixisme a Europa, primer a Itàlia i després a Alemanya durant la República de

Retrat de Josep Pla i autògraf de Miguel de Unamuno.

Weimar, davant del qual va reaccionar primer favorablement i més tard amb repulsa. Entre el 1924 i el 1927 va viure **exiliat** a causa d'un procés militar contra ell per un article crític amb la política de Primo de Rivera. En el seu exili a París, Pla coincidí amb altres exiliats catalans i entrà en contacte amb Francesc Macià, la qual cosa el portà a col·laborar políticament amb Estat Català.

De retorn a Catalunya amb la noruega Adi Enberg (la seva companya sentimental fins al 1939), es plantejà un canvi de tàctica política i s'acostà a **posicions conservadores**, amb un liberalisme de dretes assimilable per la Lliga Regionalista i l'adhesió a Francesc Cambó. Aquest tomb polític va motivar una polèmica encesa i l'acusació d'oportunisme, que ell va justificar afirmant que feia una política pràctica i possible. L'activitat política intensa i l'opció de convertir-se en un cronista del seu temps l'allunyaren del projecte inicial d'escriure unes vastes memòries que ja havia encetat amb la publicació dels primers llibres.

L'etapa de la República va ser la menys productiva literàriament parlant, tot i que va publicar alguns llibres que aplegaven bona part dels articles als diaris. Es va convertir en el divulgador més eficient de la ideologia de la Lliga, de manera que va fer una **crítica constant** i cada vegada més **radical** de la República i les esquerres. En esclatar la guerra civil, va iniciar una col·laboració (que mai no confessà) amb els serveis d'espionatge franquista finançats per Francesc Cambó i organitzats al sud de França, que proporcionaven informació al Govern de Burgos sobre els moviments del transport marítim amb la República.

Durant els anys de la guerra va viure un cert temps a Roma, on va redactar més llibres i va col·laborar en el *Corriere della Sera*. En acabar-se la guerra el 1939 va tornar a Catalunya, hi dirigí *La Vanguardia Española* durant unes quantes setmanes. Després d'un període d'inactivitat periodística, va començar la col·laboració en la revista *Destino*, que va durar més de trenta-cinc anys (fins al 1975), amb la secció «Calendario sin fechas», que es va convertir en el principal reclam de la publicació.

Després de la mort del seu pare l'any 1944, s'instal·là per sempre al mas familiar de Llofriu. Visqué una mena d'**exili interior** complex, abandonà la imatge de jove cosmopolita i aventurer per la d'un home solitari i endurit aferrat a la terra i a la vida de pagès. A partir dels anys cinquanta, i del mas estant, començà definitivament a donar un sentit unitari a tota la seva extensa producció. El 1949 inicià la publicació en català de la seva obra en l'Editorial Selecta, amb el projecte, a partir del 1956, d'oferir la seva obra completa. Tanmateix, l'any 1966 és la data més important d'aquest programa tan ambiciós: amb Josep Vergés, el seu amic i editor de Destino, emprenen la versió definitiva de la seva *Obra completa* a Edicions Destino, el primer volum de la qual és *El quadern gris* (1966). També durant aquests anys, i com a corresponsal de *Destino*, va reprendre els grans viatges: Europa, els Estats Units, l'Orient Mitjà, l'Amèrica del Sud...

L'edició de l'*Obra completa*, que supera els quaranta-cinc volums i les vint mil pàgines de prosa, l'ocupa de forma obsessiva fins als darrers dies de la seva vida. Convertit en un escriptor d'èxit i alhora polèmic, testimoni de mig segle de vida catalana, va morir sol al mas Pla de Llofriu l'any 1981.

La **bibliografia** de Pla és tan abundant que resulta molt difícil donar-ne notícia de manera ordenada. La classifica-

> Ja fa molts anys –en realitat des que em vaig organitzar una habitació i una petita biblioteca al mas Pla, a la parròquia de Llofriu– que faig la mateixa vida. En aquest casalot, considerablement desgavellat, fred a l'hivern, agradable a l'estiu, hi visc completament sol. [...] Quan la tarda declina i arriba l'hora, emprenc el viatge a peu a Palafrugell, faci el temps que faci. [...]
>
> Palafrugell no és pas un poble de vida social abundant. Abans, als cafès, hi havia tertúlia –algunes, molt notables. Ara no n'hi ha cap –si s'exceptua la del futbol, naturalment.
>
> JOSEP PLA, Notes disperses,
> *Obra completa*, vol. XII

1919 – 22 de març

Com a producte directe del país, jo sóc un estudiant indisciplinat i mediocre, però em semblà intolerable, gairebé diria criminal, el que succeïa en aquella caòtica ampliació de Ciències. No vull pas dir que el doctor Vila i Nadal fos un bon mestre. De moltes coses que succeïen al seu voltant, ell n'era purament el responsable. Vaig arribar, però, a sentir per ell una simpatia –la simpatia corresponent al menyspreu que em produïen els estudiants, aquells fills de la classe dirigent, destinats a ésser la classe dirigent de demà. M'indignaven els seus moviments de caprici, la seva revolta permanent contra un home bondadós i feble i que com a magatzem de coneixements era un de tants. Aquells estudiants que davant d'ell semblaven dominats pel frenesí del desordre i de l'anarquia [...]. Arribà un moment que el desordre em produí un fàstic intolerable. No vaig poder aguantar.

1919 – 6 de maig

Per evadir-me una estona de l'enervament que em produeixen els Procedimientos Judiciales i el Derecho Mercantil, camino a l'atzar, per la Rambla, a la nit.

Una de les coses que em fan més impressió de Barcelona és el que en podríem dir el seu dualisme: la proximitat en què es troba un carrer com la Rambla, tan carnal, terrestre, sensual, tan directe i simplistament humà, amb els temples que l'emmarquen (la Catedral, el Pi, Santa Maria) tan elevats, tan espirituals, tan sensibles, tan suggeridors de tendresa, d'una qualitat quasi divina.

1919 – 23 de juny

Xènius s'ha posat d'estiu i de vegades passa per la penya. Fa un gran efecte: porta una americana clara, de color crema; uns pantalons grisos amb un cinturó de cuiro i una corretja; coll i corbata; ha substituït el barret fort pel canotier, que porta una mica decantat sobre l'orella. El vestuari d'estiu el fa semblar més gras: el sotabarba, el clatell, l'anca, li van agafant unes proporcions considerables. El seu cos, més que ondulat, ja comença de semblar modulat –modulat per les notes greus d'un violoncel–.

1919 – 4 d'octubre

En vaig parlar amb Alexandre Plana, única persona que en definitiva coneixia els meus manuscrits.

—Què et sembla? –li vaig dir –. Això va molt malament...

—Sí, molt malament. Molt més, probablement que tu no et penses... T'ho diré amb dues paraules: ets massa noucentista.

—Què dius ara! Vols dir?

—T'ho dic seriosament. No és pas que siguis noucentista de fons. No crec pas que tinguis prou coneixements per a ser-ho i encara menys que la manera de ser personal et decanti cap aquest cantó. Però és un fet que utilitzes l'estil noucentista. Amb una ploma a la mà utilitzes aquest estil. Utilitzes aquestes paraules arcaiques, aquests medievalismes, simplement perquè ho has llegit...

—Això és absolutament cert.

—Era visible! ¿I per què uses aquests gal·licismes, aquests neologismes, aquests localismes que ningú no comprèn? ¿Per què no escrius com t'ha dit sempre el senyor Fabra a la penya, d'una manera natural, segons el llenguatge parlat... segons la manera de parlar del teu ambient? No em comprens?

JOSEP PLA, *El quadern gris* (fragments)

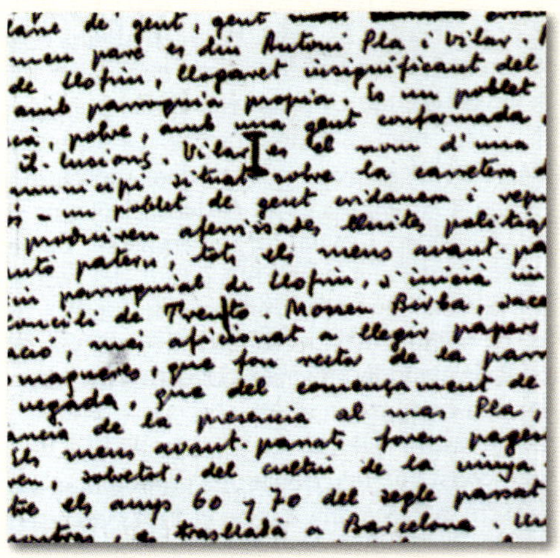

Detall d'una pàgina manuscrita d'*El quadern gris*, de Josep Pla.

ció per temes o gèneres que en va fer Joan Fuster, encara que esquemàtica i potser no prou rigorosa, és útil a efectes pràctics.

- **Narració**. Dues novel·les –*El carrer estret* (1951) i *Nocturn de primavera* (1953)– i diversos contes –*Primers escrits, Aigua salada, Mar de mestral* i *La vida amarga: històries i fantasies*. Va abandonar la ficció –deia que no sabia escriure novel·les– per descriure la realitat.
- **Assaig**. Són treballs d'extensió molt variada, alguns procedents del periodisme i, en general, amb una transparència absoluta pel que fa a la ideologia de l'autor i la seva actitud: *Les hores, Els anys, Els pagesos*, etc.
- **Llibres de viatges**. Recullen les experiències del reporter «rodamón» que va ser Josep Pla, amb tota la suggestió en la descripció de paisatges o ambients i la seva perspicàcia en l'anàlisi psicològica i sociològica: *Cartes de lluny, Cartes d'Itàlia, Les illes, Viatge per Catalunya, De l'Empordanet a Andorra* (1959), etc.
- **Reportatges**. Són les narracions de tipus informatiu, que responen a la seva activitat professional com a periodista: *Rússia, Week-end (d'estiu) a Nova York, Madrid: l'adveniment de la República*.
- **Biografies i retrats**. A banda d'algunes biografies més aviat convencionals, com *Vida de Manolo, Cambó* i *El*

Carnet de periodista de Josep Pla.

pintor Joaquim Mir, són molt destacables els retrats de personatges cèlebres de la vida i la cultura catalanes dels darrers anys, recollits en les diverses sèries dels *Homenots*. També convé esmentar el llibre *Un senyor de Barcelona*, en el qual, mitjançant els records i les observacions d'un personatge sense relleu públic però representatiu d'una determinada societat, es pot fer el retrat de tota una època.

- **Dietaris i memòries**. Tota l'obra de Josep Pla està concebuda com unes vastes i singulars memòries. *El quadern gris* (1966), el llibre més popular de l'escriptor i el que encapçala la seva *Obra completa,* pertany a aquest apartat.

El quadern gris

El quadern gris és una de les obres més universals de la prosa narrativa catalana. Sota l'aparença formal d'un dietari de joventut, Josep Pla escriu una **autobiografia** en què, a més d'abocar-hi els fets de la seva vida, manifesta les reflexions de caràcter moral, polític, social, literari, artístic, sentimental i de tota mena, que el defineixen com a home i com a intel·lectual.

El dietari s'inicia el 8 de març de l'any 1918 i s'acaba el 15 de novembre de 1919. Tant una data com l'altra són, en rigor, anacronismes, ja que no corresponen exactament als fets que volen explicar: la clausura temporal de la Universitat de Barcelona per una passa de grip –en realitat va tenir lloc set mesos més tard, l'octubre de 1918– i la marxa de Josep Pla com a corresponsal de *La Publicitat* a París –en realitat no se n'hi va anar fins a l'abril de 1920.

Ara bé, aquests detalls no tenen cap mena d'importància, perquè no es tracta d'estendre una acta notarial, sinó de fer una obra literària. Així, doncs, allò que és important és el procés de selecció i manipulació subjectiva que Josep Pla fa de la realitat viscuda, i no pas la constatació exacta d'aquesta realitat. Com ell mateix apunta: «Goethe diu que la memòria arriba just on arriba el nostre interès» (1918 – 21 d'abril).

El recurs formal del dietari permet a l'autor una gran llibertat per barrejar **gèneres** i **tipologies textuals**: notícia autobiogràfica i biogràfica, reflexions personals de caràcter moral, sentimental o ideològic, crítica literària, anotacions de la vida quotidiana, descripcions líricament subtils del paisatge, retrats i un esplèndid autoretrat, narracions independents més o menys de ficció, etc.

En aquesta crònica de la formació d'un escriptor, és a dir, de l'estil d'un escriptor, entremig de l'extensa quantitat i varietat de temes, en destaquen dos que actuen com a elements vertebradors de l'obra: el paisatge i l'obsessió per l'escriptura.

El paisatge

Josep Pla va ser un gran viatger, però tornava sempre a l'Empordà. Al llarg de la seva obra va descriure a bastament els pobles d'aquest territori, els seus cels únics, la llum, la tramuntana i les postes de sol. Emmarcats en aquest paisatge, va escriure sobre els homes i les dones d'aquestes terres, també el seu tarannà i els seus costums, i en moltes pàgines va parlar de l'esperit conservador i rabiosament individualista dels empordanesos.

1918 – 19 de novembre

Tardor a Calella. Aquest any el pas de l'estiu a la tardor ha estat brusc i inesperat. Una nit de pluja i de vent ha canviat l'aspecte i el color de la terra i del mar. Ha canviat també l'olor. La tardor és l'estació de les bones olors. En aquestes nits tan estrellades, lleugerament boiroses, una mica humides, els camps i els arbres fan olor d'ametlles tendres i de fulla de menta picant.

[...] A tot arreu tinc un amic que està sempre disposat a menjar un cent de cargols o un peix guisat o un conill de bosc, i amb aquests amics tan savis no hi ha manera de renyir. El vi de les vinyes que donen al mar és bo i té un aspret que cueja i us mossega la llengua. I de vegades, per començar, mengeu un rovelló o un pinetell a la brasa, i és com si us mengéssiu una orella de senyoreta impregnada de pinassa.

Josep Pla, *El quadern gris*

Calella de Palafrugell.

■ L'escriptura

L'**obsessió per l'escriptura** implica el reconeixement de la pròpia personalitat d'escriptor:

Així és com Josep Pla estableix finalment el seu estil: la **claredat**, la **intel·ligibilitat**, escriure «per als lectors», és a dir, pensant en un públic ampli i, com a declaració de principis estètics, l'antinoucentisme. El model per a la redacció d'aquest dietari, que combina la crònica de l'actualitat amb la memòria del passat, és el camí establert per Stendhal: el realisme.

He fet el que m'ha semblat més urgent: una literatura fàcil, clara, intel·ligible, corrent. Vaig iniciar un camí literari vulgar però sense pornografia, ni xafarderia, ni anarquia, sempre a favor d'una societat plena dels defectes que vulguin, però que és la més racial. M'he equivocat moltes vegades, certament, però no hi puc fer res: és normal.

He estat un dels escriptors més atacats d'aquest país. És indiferent. Molt més m'he atacat jo mateix. [...] sempre he escrit per als qui vindran el dia de demà. Crec que aquesta passió per la continuació és el que en el nostre país és essencial.

JOSEP PLA, «La meva literatura», *Darrers escrits, Obra completa*, vol. XLIV

Dimecres de cendra. Divago, ensopit i morós, pels carrers.

De dalt del carrer de Claris estant, es veu, al fons de la Via Laietana, un dit de mar.

La mar sembla haver-se assegut a l'horitzó tranquillament. El seny català sembla una forma comercial, positiva, de l'escepticisme.

JOSEP PLA, *El quadern gris*

La polèmica amb el meu pare és constant, permanent. No hi ha manera d'entendre's sobre gairebé res. Les generacions passen i els punt de vista, les idees han d'ésser per força, diferents. [...] Els vells –la generació anterior– defensen el que és. Els joves –la generació actual– defensen el que hauria d'ésser. El meu pare troba que el món no pot ésser diferent del que és. A mi em sembla que podria ésser diferent. Els joves troben que els vells tendeixen massa a la comoditat i a la hipocresia. Els vells consideren que els joves són insensats, tabalots i imprudents. Jo sospito que, en determinats països, el criteri dels joves té una sortida més fàcil que en altres, més anquilosats, cristal·litzats i d'una estructura més fibrosa. El nostre és un país d'aquests. El llenguatge popular està saturat de locucions de vell. Així ho hem trobat, així ho deixarem; a cada bugada perdem un llençol..., etc. Aquestes expressions, tan reiterades, em treuen de polleguera. Però, en fi, considerada en fred, tota aquesta cridòria és una mica pueril.

JOSEP PLA, *El quadern gris*

1919 – 30 de març

A la tarda tracto d'escriure alguna cosa. Descoratjament, fatiga nerviosa davant de les diabòliques dificultats d'escriure. Quan tracto de fixar sobre el paper alguna cosa que ha d'ésser per publicar, el que faig em surt, instintivament, pedant, obscur i pretenciós. El català és, a més a més, dificilíssim. És una terra verge, un camp llaurat superficialment. Les frases fetes –que formen una part principalíssima del que s'escriu en les grans llengües– no poden utilitzar-se en català per ésser rurals o vulgaríssimes. Arribar a una certa fluència és endimoniadament difícil.

1919 – 4 d'octubre

Després d'una petita pausa, Plana continuà:

—Per altra part, l'estat de la nostra literatura no permet pas gaires *francesilles*. La llengua és molt dura, molt poc treballada, d'un maneig molt difícil. S'han perdut moltes coses: una de les coses que no s'ha perdut, però, és l'esperit de la llengua. No vull pas dir l'esperit del segle XIII, que no crec que ningú conegui, sinó els elements d'aquell esperit actualitzats en els moments presents. Ens hem de mantenir en aquest esperit. Hem de mantenir un mínim d'intel·ligibilitat, de claredat, de senzillesa. No s'ha de tenir la diabòlica vanitat de rebutjar la gent que s'acosta als nostres llibres ni d'augmentar maldecaps i els problemes que ja de natural té. No ha pas arribat el moment encara –en realitat falta moltíssim– de fer una literatura de minories; és una literatura per a tothom la que s'ha de fer. [...]

Coberta d'una versió abreujada d'*El quadern gris*.

Vaig pensar llargament en tot el que Alexandre Plana em digué en el curs d'aquesta conversa –que fatalment he donat molt abreujada– i haig de confessar que el que em digué em produí un gran efecte. Vaig estripar una gran quantitat de papers, tot el que havia elaborat durant tants anys i amb tanta dificultat, amb estil diríem noucentista, per dir-ho d'alguna manera. De seguida vaig poder començar a escriure aquest quadern –*El quadern gris*. Fou la conseqüència natural de la destrucció d'aquell gavadal de papers. no s'estripen mai amb alegria –sobretot, i aquest era el cas, si han costat molt a fer. Però jo ho vaig fer i sense gaires compliments. Estic segur que vaig fer bé –almenys per mi mateix.

JOSEP PLA, *El quadern gris*

Activitats

1 Llegeix el fragment de *Fanny* de Carles Soldevila que tens a la pàgina 250 i respon les preguntes:

a Fanny és una noia jove, de classe benestant, soltera, que decideix perdre la virginitat. Treballa de corista al Paral·lel dels anys 20 per mantenir el seu amant. Creus que l'assumpte d'aquesta novel·la podia ser un escàndol en el seu temps? Per què?
b Aquest fragment, com bona part de l'obra, està escrit en la forma de monòleg interior. Busca informació sobre el monòleg interior i explica breument les seves característiques.
c Busca altres exemples de monòleg interior en la literatura catalana o en la literatura universal.
d Què sent Fanny amb els seus pensaments? Creus que hi ha una oposició de contraris, per exemple, falsedat-sinceritat?

2 Llegeix aquest fragment de *Tàntal* de Miquel Llor i fes-ne el comentari de text. Cal que tinguis en compte que es tracta d'una novel·la psicològica, de construcció d'un personatge, l'Eloi Torroella, fill d'uns aristòcrates arruïnats del camp de Tarragona, que decideix viure a Barcelona per desempallegar-se de l'autoritat de la seva mare. Busca informació sobre altres escriptors europeus que hagin pogut influir en aquesta novel·la de Llor, com ara Marcel Proust, Dostoievski o Virgina Wolf, o bé el neuròleg Sigmund Freud, i posa exemples concrets.

–No és barceloní, l'Eloi? –vaig dir jo, interrompent en Mateu.

–No. Fins a deu o dotze anys va viure en un mas prop de Tarragona. Es veu que la seva mare era una neuròtica per l'herència, educada amb totes les preocupacions aristocràtiques d'una gran família arruinada. En canvi el seu pare era un home simple i intel·ligent, que tant sabia administrar el patrimoni com llegir els llibres de la biblioteca. Eloi cresqué fort, lliure: s'emparrava als arbres, llençava rocs, amb desesperació de la mare, la qual li deia que un xicot de casa bona no pot córrer pels camps ni aviar estels amb els altres xicots. La desavinença era constant entre els pares de l'Eloi, esvaïda la passió dels primers anys que els dugué al matrimoni. Ella dalia per dur una vida ostentosa a la ciutat. A ell, l'enamorava la flongesa d'aquell viure tranquil: no moure's de la casa pairal, una mica lluny dels veïns, negligent dels comaratges de casino. Sols uns quants mesos, a l'hivern, es resignava a tancar-se en una casa fosca, ciutadana, paramentada a caprici de la muller.

–Digues que l'Eloi era la víctima dels pares?

–Absolutament. Em va contar una baralla seva amb un altre noi que volia treure un niu d'ocells. Ell va guanyar, però arribà a casa amb un trenc al front. La mare va rebre'l amb tot de xiscles perquè duia la camisa estripada.

Estic segur que al vostre pare li devia fer tot un altre efecte? –recordo que vàreig preguntar-li.

–No va dir-me res –em respongué l'Eloi,– però aquell vespre, en lloc de quedar-nos a casa, sortírem, com si fos diumenge. Ell m'havia passat el braç entorn del coll. Els blats onejaven, alts. No crec haver respirat mai un aire tan fresc com aquell vespre. Sentia la veu del pare, greu a estones, d'altres enternida. Entràrem a casa com dos lladregots, porucs de la mare.

3 Llegeix aquest passatge de *Laura a la ciutat dels sants*, de l'inici de la novel·la, quan l'heroïna arriba, acompanyada del seu marit, amb tren, a Comarquinal. A continuació contesta les preguntes.

Una mà calenta es posà al bescoll de la Laura; en Tomàs s'ha despertat.

–Que mires? –li pregunta.

–Aquest tel de boira, que sembla com si volgués tapar el sol.

–I el taparà; no ho dubtis. La nostra terra no és com la capital, on sempre fa bo. La boira no ens deixa de petja fins a darreries de maig –declara en Tomàs amb la seva veu gutural, d'home que està avesat a enraonar a ple camp–. En canvi, tampoc no tenim aquella humitat als vespres, com a Barcelona, que us fa estar grocs i us malmet el pit.

–No pas a tothom –observà la Laura molt pacífica.

–És clar que no! Tu n'ets una. Per això t'he triat. Eres el que hi ha de bo i millor a Barcelona, i m'ho emporto a casa. I encara que no tenim grans divertiments, em sembla que d'aquí a un parell de mesos no ho canviaries per cent Barcelones.

Cert que la novetat del canvi encanta la Laura. Passar un quant temps sense veure Barcelona amarga per a una noia pobra i malavinguda amb la mediocritat de la vida quotidiana; no veure l'esclat dels rics, no petjar més la pols oliosa de greix de motors d'automòbil, d'automòbils dels altres! No veure passejar la gent ben vestida, mentre que ella duu a contracor la roba aprofitada, al costat de la cosina i de la tia, amb les quals visqué des que se li va morir el pare.

a Fes un breu resum de l'argument general de la novel·la i explica, sobretot, la irrupció de l'heroïna a Comarquinal.
b Et sembla que és una Caputxeta Vermella dins el bosc? En sortirà il·lesa?
c Què representa el «tel de boira»? És l'avís d'una adversitat? Raona la resposta.

Activitats

4 Llegeix aquest text de *El quadern gris* de Josep Pla en què fa una descripció d'ell mateix.

Alçada: 1 metre 74. Acceptant la classificació de Retzius, el meu crani tendeix notòriament a la braquicefàlia. Sóc un cap curt i afegiré que sóc un cap gros. El meu cap està abundantment poblat de cabells. M'hauria estat absolutament indiferent no tenir-ne, però estic predestinat, segons una profecia formulada per un perruquer del carrer de Cavallers a la meva mare, quan jo era petit, a tenir cabells tota la vida. Fins a la mort, doncs, tindré cabells i això haurà estat, per als meus progenitors, principalment un pretext d'orgull i de satisfacció positiu. És poca cosa, si voleu, però sempre val més acontentar-se amb el que hom té. No tinc pas un front espaiós, enorme, fugitiu, suggeridor (hipotètic) d'una poderosa intel·ligència, segons els tòpics de la novel·lística. Tinc un front normal, dret i vertical al pla de la terra.

[...]

Tinc la cara notòriament plana i els pòmuls amples i sortits. Això féu dir a alguns amics de Barcelona –i Màrius Aguilar ho escriví més tard en un diari- que jo semblo un rus del Mediterrani. L'observació em féu molta gràcia i vaig prendre peu en la comparació per a elaborar una genealogia fantasista de la meva família. Segons aquest «pedigree», descendeixo d'una gent de raça eslava, per no dir mongòlica, que fou capturada el segle XVI per una nau algerina i alliberada davant d'aquestes platges per una fusta cristiana. Desembarcats i batejats que foren, els meus avantpassats trobaren que, en aquest país, s'hi estava tan bé que s'hi establiren definitivament. Alguns amics –i enemics- meus han arribat a inventar tants de detalls i a carregar la genealogia de tantes notícies entre absurdes i versemblants, que de vegades em sembla que quan en parlen s'arriben a creure el que diuen.

[...]

Sóc més sensible a la pobresa dels altres que a la pròpia: m'agrada –no hi puc fer més- la música dolenta; tinc observat que, a les persones a les quals agrada exclusivament la música bona, aquesta música els agrada per les mateixes raons per les quals a mi m'agrada la dolenta. Seria capaç d'adular una persona intel·ligent en qualsevol ram del saber, sempre que aquesta persona m'ensenyés alguna cosa. No seria capaç, però, d'adular ningú més mentre la meva pobresa no fos extrema. M'agraden més les dones simpàtiques que les dones belles; tinc una tendència al racionalisme matisada per la ironia.

a Escriu una descripció de tu mateix/a en què incloguis alguns aspectes físics i psicològics.
b Indica la diversitat de temes que es poden destacar d'aquest fragment de dietari.
c Creus que hi ha una visió irònica de les coses i d'ell mateix? Assenyala les frases del text representatives d'aquesta actitud.
d Assenyala la diversitat textual del fragment:
- text narratiu
- text expositiu
- text descriptiu
- text dialogat

5 Llegeix aquest fragment de *El quadern gris* de Josep Pla en què parla dels continguts escolars. Després contesta les preguntes.

Els homes i les dones reben a les escoles educacions acurades: hom els ensenya la història i la gramàtica, l'aritmètica i la física, la gimnàstica i el francès. Jo no sé perquè no han de rebre lliçons d'idealisme, de cordialitat i d'amor. Els programes escolars són suficientment poc pràctics perquè aquestes assignatures s'hi poguessin afegir sense que en patís la moralitat general. Mentre el «Romeu i Julieta» de Shakespeare no formi part dels programes escolars, els homes i les dones sortiran de les escoles savis però vulgars. I els novel·listes dedicats a esbrinar aquests misteris no tindran més remei que ésser mentiders o adotzenats.

a Quins són els continguts que Pla considera realment importants en un programa escolar?
b Hi estàs d'acord?
c Què vol dir «ser savi però vulgar»?
d Què hi trobes a faltar i què hi sobra en el teu programa d'estudis?

6 Llegeix aquest fragment de *El quadern gris* de Josep Pla en què parla de la seva experiència com a estudiant. Després contesta les preguntes.

No vaig comprendre mai el sentit que tenia allò de passar llista. Tenir un control de presència dels estudiants, saber els que anaven a classe i els que no hi anaven, era absolutament intranscendent. Els que no anaven a classe era notòriament perquè no els interessava. No es podia pas demanar una espontaneïtat més respectable. Però, en fi, les coses anaven d'aquella manera i res no ho hauria pogut esmenar. [...] imagineu-vos el que representa l'enumeració en alta veu de tres-cents energúmens disposats a aprofitar qualsevol ocasió per fer un escàndol estentori i manicomial. Sovint els trenta primers minuts de la classe –que oficialment durava una hora- eren ocupats a passar llista.

a De què es mostra partidari l'autor?
b Què vol dir «manicomial? Creus que és un adjectiu irònic?
c Quina crítica es fa a la gestió de l'aula i del temps?

Test final d'unitat

1 Digues si és veritat (V) o fals (F):

	V	F
a Els noms més destacats de la novel·la psicològica són Carles Soldevila i Miquel Llor	☐	☐
b Carles Soldevila va alternar les professions d'advocat i periodista	☐	☐
c Carles Soldevila va escriure un article diari a *La Vanguardia*	☐	☐
d Soldevila com a literat va escriure poesia, narrativa i teatre	☐	☐
e El seu món literari ideal es corresponia amb l'ideal de civilitat noucentista	☐	☐
f Les seves novel·les més famoses són *Fanny, Tommy* i *Valentina*	☐	☐
g La novel·la *Fanny* va ser la més escandalosa i la que tingué més èxit	☐	☐
h El món descrit per Soldevila és el de la burgesia moderna i cosmopolita	☐	☐
i Miquel Llor va néixer, viure i morir a Vic	☐	☐
j *Civilitzats, tanmateix* és el títol de la primera novel·la de Miquel Llor	☐	☐
k *Laura a la ciutat dels sants* és la seva millor novel·la	☐	☐
l *Comarquinal* és el nom de la ciutat de Barcelona en la novel·la de Miquel Llor	☐	☐
m Josep Pla és un cas singular dins del corrent literari del noucentisme	☐	☐
n Va néixer i morir a Palafrugell, a la masia propietat de la seva família	☐	☐
o Josep Pla va estudiar Dret però no va treballar mai d'advocat	☐	☐
p No va viatjar mai fora de Barcelona i l'Empordà	☐	☐
q La masia familiar és el mas Pla de Llofriu	☐	☐
r Va treballar de periodista per a tots els principals diaris de Catalunya	☐	☐
s Va col·laborar amb Francesc Macià i Estat Català	☐	☐
t Va col·laborar amb els serveis d'espionatge de Franco	☐	☐
u Es va exiliar l'any 1924 perquè va escriure un article crític amb el dictador Primo de Rivera	☐	☐
v L'edició de la seva obra completa ocupa més de vint mil pàgines	☐	☐
w La seva obra més famosa és un fals dietari	☐	☐
x La seva obra més famosa es titula *El quadern gris*	☐	☐
y Va escriure en català i en castellà	☐	☐
z Va ser un ferm partidari de l'obra lingüística normativa de Pompeu Fabra	☐	☐

2 Classifica els següents títols de Josep Pla segons el gènere al qual pertanyen.

- *El carrer estret*
- *El quadern gris*
- *Nocturn de primavera*
- *Les illes*
- *Els pagesos*
- *Les hores*
- *Un senyor de Barcelona*
- *Homenots*
- *Rússia*
- *Cartes de lluny*

- Novel·la
- Assaig
- Llibre de viatges
- Reportatge
- Biografia/Retrat
- Dietari/Memòries

3 Aquí tens una llista d'obres de Carles Soldevila i Miquel Llor. Indica quins títols de novel·la pertanyen a cada autor.

- *Valentina*
- *Fanny*
- *Eva*
- *Laura a la ciutat dels sants*
- *Civilitzats, tanmateix*
- *Tàntal*

CONEIXEMENTS PREVIS

Llegeix el text i contesta les preguntes:

Hi ha dues menes de poetes: els qui consideren la poesia com una evasió de la vida pròpia i com un moment a part de la llur activitat moral, i els qui consideren la poesia inherent a la vida i a l'activitat moral i que fan de la poesia llur treball i llur ofici i en ella saben veure una grandesa i una servitud.

Jo em penso que sóc dels darrers. En la poesia he vist la meva servitud d'obrer de la meva pròpia llengua, esforçant-me per vèncer-la, per conquistar-la, per fer meus els seus secrets i les seves possibilitats. I això ha requerit treball de molts anys i esforç inajornable.

En la poesia he vist també tota la grandesa a la qual jo pugui aspirar. I no és altra que haver col·laborat amb una aportació personal al monument d'una llengua i d'una cultura.

JOSEP M. DE SAGARRA, *Vint-i-cinc anys de poesia*

a Quins són els dos tipus de poetes que planteja el text?
b Què vol dir «l'activitat moral»?
c Què entens per «servitud»? De quina servitud parla Sagarra?
d I on està la grandesa?

B7 UNITAT

25

EL TEATRE DELS ANYS 30 I 40

En aquesta unitat estudiarem la producció teatral més destacable dels anys trenta i quaranta, és a dir, el teatre de Josep Maria de Sagarra. Ara bé, la importància de l'obra literària de Sagarra va molt més enllà del teatre. Josep Maria de Sagarra és autor d'una obra literària total que abasta de forma excel·lent la poesia, la prosa (narrativa de ficció, periodística, etc.) i el teatre. Per això el presentem com a autor de teatre pel fet que és en aquest gènere que va assolir un gran èxit social i de públic, però el considerem un altíssim poeta i l'autor d'una novel·la imprescindible d'aquesta època com és *Vida privada.*

Dimensió estètica i literària

- La figura de Josep Maria de Sagarra: un mite popular.
- L'obra poètica.
- La novel·lística.
- L'obra teatral.
- Les traduccions literàries.

AUTORS I TEXTOS

- «Vinyes verdes vora el mar», de *Cançons de rem i de vela.*
- *El cafè de la Marina.*
- *Vida privada.*

Objectius

- Conèixer la figura i l'obra de Josep Maria de Sagarra.
- Analitzar les característiques més rellevants de la poesia de Sagarra.
- Identificar els trets característics de Sagarra en la seva producció teatral.
- Conèixer l'obra en prosa de Sagarra, especialment la novel·la *Vida privada.*

JOSEP M. DE SAGARRA

Josep M. de Sagarra.

Josep Maria de Sagarra i de Castellarnau va néixer a Barcelona l'any 1894 i hi va morir el 1961. Era el fill petit d'una família de la petita aristocràcia barcelonina, il·lustrada i conservadora.

En les seves *Memòries* (1954), una de les mostres més extraordinàries de la prosa catalana del segle xx, el poeta parla dels seus orígens i, en general, escriu l'elegia d'un temps i una manera de viure que, segons el seu parer, va acabar amb el desastre de la guerra europea del 1914.

És natural en els llibres de records, dedicar un espai més o menys considerable als propis ascendents i caçar les dates de més gruix sobre una pretèrita realitat, de la qual l'autor és conseqüència legítima.

Jo, seguint aquest costum, intentaré explicar el que conec de la meva família, atenint-me purament a veritats estrictes. Procuraré no inflar ni vestir els meus avis amb casaques imaginàries; i si la història no dóna per a més, lloat siga Déu!

Amb aquest propòsit, començaré dient que els Sagarra, o els Segarra –que així es devia escriure el meu cognom–, penso que som gairebé tots originaris de la Segarra, que, com és sabut, forma una comarca lleidatana, potser la més austera del nostre país, enclavada entre l'alt Urgell, el baix Urgell, la Conca de Barberà i la comarca d'Igualada.

[...]

Ara bé; entre tots els Sagarra coneguts, n'hi ha uns que som nosaltres; vull dir els de la meva sang, i aquests són els únics que naturalment m'interessen per a aquest llibre.

[...]

En realitat jo era un Josep Maria, que venia a substituir un germanet pretèrit: aquell Josep Maria mort, existent només en el record dels meus pares; o sigui que fins el meu nom no s'inventà per a mi; ja l'havia dut un altre. Com també havia dut un altre, o uns altres, la meva gorra, la meva capa i fins el meu vestit de batejar. Tot això eren les gangues de constituir les escorrialles d'una família i d'arribar amb prou feines al moment precís que els meus pares anaven a tancar la botiga dels naixements.

JOSEP M. DE SAGARRA, «Cendra i ànimes»,
Memòries, primera part

Sagarra visqué en una casa senyorial del carrer dels Mercaders, a Barcelona, en la qual hi havia una extraordinària biblioteca –el seu pare era un historiador erudit dedicat a la recerca històrica– que des d'un bon començament el va predisposar a la cultura: quan tenia poc més de quinze anys, a més de publicar els primers versos en diverses revistes, ja era lector de Shakespeare, Plutarc, Ariost i Dante, a part d'autors catalans com Verdaguer i Maragall. D'altra banda, no hem de menystenir el vessant més **naturalista** de l'escriptor –una de les seves primeres proses és *Els ocells amics* (1922)–, un enamorat del paisatge i la natura evocada en la finca dels estius infantils a Santa Coloma de Gramenet i, ja de gran, al Port de la Selva.

Va cursar el Batxillerat als jesuïtes i l'any 1910 va començar la carrera de Dret. En aquesta època va ingressar en la penya literària de l'Ateneu Barcelonès, i de seguida es va introduir en la **vida cultural** i nocturna: les tertúlies dels cafès, les redaccions de diaris i revistes, els cabarets del Paral·lel, i tot l'ambient alhora cosmopolita i revolucionari de la Barcelona dels anys vint i principi dels trenta. D'aquesta època –sobretot a partir de l'esclat de la República–, en què la societat respira una major llibertat, són les seves divertidíssimes col·laboracions en la revista política i satírica *El Be Negre*. Aquesta publicació recollia l'herència d'altres com *La Campana de Gràcia* o *L'Esquella de la Torratxa*. Dirigida per Josep M. Planas, tenia col·laboradors excepcionals com Just Cabot, Avel·lí Artís-Gener *Tísner*, Francesc Fontanals *Soka*, etc. L'estil i el to d'aquest tipus de **literatura satírica**, sovint recuperada gràcies a la memòria popular, fou utilitzada per Sagarra en alguns registres de les novel·les *All i salobre* (1928) i *Vida privada* (1932).

Josep M. de Sagarra guanyà l'Englantina d'Or als Jocs Florals (1913) amb el poema «Joan de l'Ós»; publicà finalment el seu primer poemari, titulat *Primer llibre de poemes* (1914), i més tard *El mal caçador* (1915); estrenà la seva primera obra teatral al Romea, *Rondalla d'esparvers* (1917), i publicà la primera novel·la, *Paulina Buxareu* (1919). Durant aquests anys combinà la vocació literària amb els estudis en el cos diplomàtic i consular, que el dugueren a viure una temporada a Madrid. Allí també freqüentà les principals tertúlies, com la del cafè Pombo, i conegué Gómez de la Serna, Ortega y Gasset, etc.

Hem sopat amb molta gent
i a vegades amb gentussa,
però mai tan malament
com als hotels de la HUSA.

JOSEP M. DE SAGARRA

Finalment abandonà els estudis diplomàtics per dedicar-se a fer de periodista, una ocupació que li va agradar sempre i que li permetia molta més llibertat creativa.

En 1919-1921 va recórrer els països de l'Europa central fent de corresponsal del diari *El Sol*. En tornar a Barcelona ja havia esdevingut un autor d'èxit popular que era capaç de diversificar la seva producció en tots els gèneres literaris possibles –des de la poesia fins a la novel·la, passant pel periodisme i sobretot el teatre–, en un català vivíssim allunyat de l'esteticisme noucentista– però, en canvi, molt superior en riquesa lèxica– molt acurat i seguidor inflexible de la normativa establerta per Pompeu Fabra.

Sagarra es convertí en un **mite popular**, al costat de Verdaguer, Guimerà i, també, Maragall. La seva relació amb el públic, especialment amb el teatral, va ser des del començament molt bona.

Josep Maria de Sagarra va viure una època daurada de la nostra cultura: del 1906 al 1936, des del *Glosari* o *Enllà*, de Maragall, fins a la culminació de l'edifici cultural noucentista.

Malgrat que Eugeni d'Ors i d'altres fossin exigents, en aquells anys gairebé tothom podia fer-se un lloc més o menys destacat en aquella Catalunya regeneracionista, comptant-hi els avantguardistes o algun modernista reressagat com J. Puig i Ferreter.

Durant els anys vint i fins a la guerra civil, va assolir el cim de la seva projecció pública i va publicar les seves obres més representatives, tant en poesia, com en novel·la, crítica teatral, articles periodístics. Ara bé, per damunt de tot, Sagarra destaca en la creació del **gènere teatral** del «poema dramàtic»: *Cançons d'abril i de novembre* (1918), *Paulina Buxareu* (1919), *Cançons de taverna i oblit* (1922), *Cançons de rem i de vela* (1923), *Cançons de totes les hores* (1925), *Marçal Prior* (1926), *El comte Arnau* (1928), *All i salobre* (1929), *Cafè, copa i puro* (1929), *La filla del Carmesí* (1929), *La corona d'espines* (1930), *El poema de Nadal* (1931), *El mal caçador* (1931), *L'Hostal de la Glòria* (1931), *Vida privada* (premi Crexells 1932), *El Cafè de la Marina* (1933) *L'aperitiu* (1937), entre moltes altres.

Coberta d'*El Cafè de la Marina*.

La Guerra Civil Espanyola va marcar un abans i un després en la seva vida –l'estil de vida del paisatge barceloní que encara li lligava el passat amb el present– i en la seva obra. Per diversos motius (ajudar a fugir una germana seva monja juntament amb altres persones que corrien perill, a més d'uns versets satírics contra la FAI publicats en *El Be Negre* –pels quals es va haver d'amagar–), decidí creuar la frontera amb un cotxe de la Generalitat.

El 1936 es va casar a París, i durant vuit mesos va viatjar per la Polinèsia. Fruit d'aquesta experiència són el llibres *Entre l'equador i els tròpics* (1946) i *La ruta blava* (publicat primer en castellà el 1942 i pòstumament l'original català, el 1964). Va viure a França fins al 1940, any en què va decidir retornar a Barcelona juntament amb la seva família.

Josep M. de Sagarra no deixa transcendir a la seva poesia –el detall és una vertadera pedra de toc– la commoció de la guerra del 1936, tan traumàtica per a l'obra de Carner, Riba i Joan Oliver, entre d'altres. D'aquells anys tràgics, Sagarra només «revela» la seva excursió a la Polinèsia en l'obra *Entre l'equador i els tròpics*, i un esforç de responsabilització en traduir Dante i Shakespeare. El seu silenci sobre el que era fonamental és prou simptomàtic.

La postguerra a Barcelona fou molt dura: tot va ser desmantellat (tertúlies, penyes, diaris i revistes, engranatge editorial, etc.) i, en conseqüència, la popularitat de Sagarra va perdre l'escenari on actuava. Per guanyar-se la vida es dedicà a traduir: va acabar la magnífica versió de la *Divina Comèdia*, de Dante Alighieri, que ja li havien encarregat el 1935. Gràcies al mecenatge de Miquel Mateu (un dels empresaris catalans que va donar suport incondicional al cop d'estat del general Franco) va començar a traduir Shakespeare. S'incorporà a la **vida literària clandestina**, escriví el *Poema de Montserrat* (1942-1945) i, a partir del 1946, començaren les negociacions per reprendre el teatre en català: la reposició de

> Sagarra, frenat per la còrpora, caminava amb una certa pesantor, anava vestit amb elegància, com un senyor de Barcelona, feia un somriure obert o maquinal i de vegades semblava cansat, absent o somniador, però sabia escrutar les actituds o les passions recòndites dels qui tenia davant. Fumava tabac ros i era un «gourmet» i un refinat, tot i que de vegades no s'estava d'emprar expressions frapants «pour épater le bourgeois».
>
> Presentava un cert desmenjament que la calidesa de l'amistat convertien en aparença. I fruïa tant en la relació personal i social que esdevingué un dels vessants de la seva personalitat.
>
> I ho sabia fer amb gràcia i habilitat tant si s'esplaiava amb Quimet, el pescador que duia la barca de J. V. Foix, i que Sagarra immortalitzà en un poema, com si calia sumar-se a les nocturnes plagasitats de Francesc Pujols o del món del teatre. En una penya literària, com la mítica de l'Ateneu, en un saló distingit o entre els caputxins de Sarrià, tan amics dels intel·lectuals del Nou-cents, Sagarra lluïa sense proposar-s'ho i sovint era l'oracle.
>
> ALBERT MANENT,
> «Perfil d'un literat de raça» (5-3-1994)

Per a Josep Carner, Carles Riba, Joan Oliver, per a pràcticament la majoria dels escriptors catalans –poetes o no– que els tocà de viure de ple aquella circumstància, la guerra va ser un sotrac dolorós, i en les seves obres i en la seva actitud moral s'adverteix la repercussió de la tragèdia col·lectiva. No importa quin sentit prengué la reacció de cadascú: el fet és que el 1936 els «commou» profundament.

Sagarra, en canvi, sembla quedar-se al marge de la història. L'aristòcrata que ell és es neguiteja molt menys que els seus col·legues burgesos. En darrer terme, Sagarra creia –són paraules seves– que amb la guerra europea de 1914-1918 «s'acabà el segle XIX» i que «des d'aleshores començà a imperar pertot arreu la confusió i la ximpleria».

JOAN FUSTER,
«El cas a part de Josep M. de Sagarra»,
Literatura catalana contemporània

Sagarra forma part del que jo en diria –en dic– la Gran Generació, integrada, bàsicament, per quatre personalitats dissemblants i aparentment contradictòries: Riba, Sagarra, Salvat-Papasseit i Foix. Nascuts a pocs mesos de distància l'un de l'altre (el 1893 Riba, el 1894 Salvat, Sagarra i Foix), acompleix, cada un d'ells, una tasca ingent i molt diferenciada de la dels altres. Tant, que sembla impossible, sense tenir en compte les petiteses del país, que hagin pogut ser confrontats i presentats com antagònics i, gairebé, incompatibles. [...] Sagarra hi aporta l'aire del carrer, l'aire directe de la vida, sense passar per les biblioteques, a causa, sobretot, de la seva condició de dramaturg i, més tard, de novel·lista. Gràcies a ell la seva generació és més multitudinària i menys de torre de vori.

JOSEP PALAU I FABRE,
Quaderns de l'Alquimista

L'Hostal de la Glòria fou una altra vegada un èxit clamorós de públic. Tanmateix, les noves inquietuds dramàtiques de Sagarra, sobretot degudes a la influència del teatre europeu contemporani, el portaren a escriure drames en prosa d'**inspiració existencialista** –«intentava fer un teatre més d'acord amb la meva consciència i més d'acord amb el clima espiritual del nostre temps»–: *El prestigi dels morts* (1946), *La fortuna de Sílvia* (1947) i *Galatea* (1948), que foren fracassos de públic i de taquilla.

Finalment, en treu la conclusió que «el públic d'aquí, i el meu públic, no estaven per innovacions ni per filigranes, i que pel meu nou camí, si aconseguia l'assentament d'una minoria selecta, a fi de comptes m'hi feia més savi que ric». En conseqüència, féu un gir al passat i retornà a la vella fórmula del poema dramàtic, estrenà algunes de les seves obres més famoses i recuperà el favor del públic: *L'hereu i la forastera* (1949), *Les vinyes del Priorat* (1950), *L'alcova vermella* (1952) i *La ferida lluminosa* (1954).

En els darrers anys va col·laborar amb estaments de la cultura més o menys oficials i es va aproximar a alguns sectors del règim. Aquestes col·laboracions van propiciar campanyes de desqualificació de la seva actitud i de la seva obra per part dels cercles culturals catalans més combatius. A seixanta anys emprengué la redacció de les *Memòries* (1954), que arriben fins al 1918. Són una brillant reconstrucció mig històrica i mig imaginativa del seu món perdut en què exposa la seva autèntica visió de la realitat. Va morir just quan es preparava per viure durant un cert temps a Roma com a corresponsal per a diversos diaris.

Representació de *L'Hostal de la Glòria*.

Joan Fuster considera que la procedència social de Josep M. de Sagarra, «aristòcrata pels quatre costats», explica en gran part el distanciament i la impermeabilitat de la seva poesia respecte dels postulats, tan burgesos, dels noucentistes. Així, tot i respectar i, fins i tot, admirar el treball i l'ambició del Noucentisme, Sagarra escriu una obra creada des d'una perspectiva anacrònica de la literatura. Ha estat dit a bastament que són nombrosos els punts de contacte de Sagarra amb els romàntics –Verdaguer i Guimerà–, i també que el seu «sentit de la Natura» és fonamentalment «maragallià».

La poesia

En tota l'obra de Sagarra, una de les més ambicioses per la diversitat i l'extensió, no hi ha cap dubte que la poesia hi ocupa un lloc destacat. De fet, es considerava a si mateix, i per damunt de la seva gran vocació teatral, poeta. Si entenem que un poeta és un creador de llenguatge, Sagarra ho era quan componia versos, redactava un article, construïa una novel·la o escrivia un diàleg per ser declamat dalt de l'escena d'un teatre.

La poesia de Sagarra té com a intenció primera la **claredat** i la **intel·ligibilitat** immediata, i a més es reconeix per la seva **sonoritat**. L'enlluernament per les paraules –res a veure amb la contenció expressiva noucentista–, les imatges estilísticament simples, l'enunciat directe de sentiments primaris i contundents, la utilització de frases col·loquials i

Josep M. de Sagarra intenta fondre els refinaments carnerians amb l'aspre realisme poemàtic de Guimerà. [...] Aquell món primari que Carner volgué enterrar per sempre, i que rebrotava ara amb una punta de perversitat tota moderna. [...] Per totes aquestes circumstàncies no pot dir-se que segueixi les rutes de la poesia del seu temps, aquesta cada vegada més a la vora de l'àlgebra que de l'eloqüència, cada vegada més a la vora de la metafísica que de la fisiologia.

JAUME BOFILL I FERRO, nota introductòria a *Un segle de poesia catalana*

paraules d'un registre familiar o popular són d'una eficàcia poètica infal·lible, tot plegat servit en uns versos de gran musicalitat per la varietat de les rimes i dels ritmes.

Més enllà del que ell mateix anomenava «palla decorativa» –que també n'hi ha en la seva poesia–, els versos de Sagarra són vehicle d'un devessall d'emocions voluptuoses en estat pur. Aquests versos sovint es complauen en la **descripció** de la natura, el sentiment amorós, la vida quotidiana i la idealització d'un temps perdut. Així, doncs, la poesia de Sagarra es fa cançó.

L'altre interès poètic de Sagarra és el poema narratiu de **to llegendari**, a través del qual recupera alguns dels mites imaginaris o històrics de Catalunya. N'és un exemple paradigmàtic *El comte Arnau* (1928), una obra impressionant composta per més de nou mil versos.

Voldria, ni molt ni poc:
ésser lliure com una ala,
i no mudar-me del lloc
platejat d'aquesta cala;
i encendre el foc
del pensament que vibra,
i llegir només un llibre
antic,
sense dubte, ni enveja, ni enemic.

[...]

I fer tot el que fem,
oberts de cor i de parpelles,
i amb tots els cinc sentits;
sense la por de jeure avergonyits
quan surtin les estrelles.

Comprendre indistintament
rosa i espina;
i estimar aquest moment,
i aquesta mica de vent,
i el teu amor, transparent
com una aigua-marina.

JOSEP M. DE SAGARRA, *Àncores i estrelles*

Coberta d'*El comte Arnau*.

I en les baralles dels senyors
ets tu la veu que arbitra,
ets tu el dels braços apaivagadors;
i en penetrar pels negres corredors
les dues punxes de la teva mitra,
dins la beina s'amaguen els punyals,
i s'encongeix l'audàcia,
i resta mut el jurament en fals,
perquè, contra l'escàndol dels timbals,
imposes una mena d'eficàcia
sense ni puny ni ganivet
per a l'atac o la defensa,
però que té la vigoria immensa
d'aquell que sempre va pel camí dret
en tot allò que fa i allò que pensa.

[...]

Perquè tu, Oliba, de l'esforç ingent
que, en ordenades pedres, la fe marca
damunt de la barbàrie de la gent,
escrupolós cenobiarca
i prelat exigent,
en vols treure la mostra més perfecta
i el model de més urc i més vernís,
per aplicar-los, amb cop d'ull precís,
a totes les grandeses que projecta
la passió que sents pel teu país.

JOSEP M. DE SAGARRA, «El gran constructor II», *El poema de Montserrat*

La prosa

A banda dels excel·lents articles periodístics en *La Publicitat* i *Mirador*, el més destacable de la prosa de Sagarra és la narrativa de ficció, i molt especialment la darrera de les tres novel·les que va publicar: *Vida privada* (premi Crexells 1932).

Aquesta novel·la va aparèixer envoltada de polèmica i d'un escàndol extraordinari. (N'és una mostra el comentari de Joan Coromines en una entrada de l'obra del seu *Diccionari etimològic*: «remugador de coses infectes com les que tristament infectaren l'exgran poeta Sagarra, en la lamentable novel·la citada».) Malgrat el to de modernitat que l'anunciava com una **novel·la escàndol** en què s'explicaven els secrets més amagats d'una certa vida barcelonina, se sap, a través dels coneguts articles en *La Publicitat* –«Novel·la catalana» (1924) i «La utilitat de la novel·la» (1925)–, que Sagarra tenia una concepció de la **novel·la** més aviat **vuitcentista**, encara que expliqués fets de màxima actualitat en el seu temps.

En *Vida privada* pretén donar testimoni d'una realitat que es preveu històrica però de la qual, de moment, se n'ha de fer una crònica d'estil gairebé periodístic. Aquesta realitat novel·lada abraça dos moments històrics separats pel punt d'inflexió de la caiguda del règim monàrquic i l'adveniment de la República el 1931.

Al llarg dels cinc anys que van del 1927 al 1932, es despleguen els fets històrics i següents:

- cop d'estat i dictadura de Primo de Rivera (1923-1930)
- supressió de la Mancomunitat de Catalunya (1925)
- fugida del rei Alfons XIII (1930)
- proclamació de la Segona República Espanyola (1931-1936)

Cartell de l'Exposició Internacional de Barcelona del 1929.

Les dues parts de la novel·la, amb tot de retrospectives que situen la narració fins al darrer terç del segle XIX, corresponen a aquests dos períodes històrics i mostren dues maneres d'entendre el món i la vida. Barcelona recull tot el pes de la narració: és una ciutat que es transforma –l'Exposició del 1929 és un reflex de tots aquest canvis–, plena de tensions, nostàlgia i riscos. Amb tot, els protagonistes que representen la caiguda dels antics valors i la incorporació dels nous són els membres de tres generacions d'una família arruïnada provinent de l'aristocràcia rural.

Són molt evidents les **coincidències biogràfiques** d'aquests Lloberola amb l'anècdota familiar dels Sagarra, per la qual cosa sembla lògic que en *Vida privada* l'autor faci conviure dues formes de discurs narratiu: la ficció novel·lística i l'evocació memorialística. En aquest sentit, Sagarra s'esplaia a l'hora de descriure una ciutat que coneix, que forma part dels seus recorreguts habituals des de la infantesa, l'interior dels salons que també ha sovintejat. En definitiva, construeix la trama d'uns fets ficticis en un context social històric i real amb una mirada subjectiva que evoca, mig amb nostàlgia mig amb escepticisme, el passat definitivament perdut i moralment sublimat. La primera part, amb una estructura molt més ben travada que la segona, presenta aquest món sentenciat, els personatges i els fets del qual s'expliquen en funció de l'última i simbòlica escena, el suïcidi del baró de Falset. La segona part planteja les conseqüències d'aquest fet en els personatges i les seves circumstàncies. En clau històrica, l'autor repassa –amb una bona dosi d'ironia– la nova situació dels personatges després del **canvi de règim**. En totes dues parts, els eixos a l'entorn dels quals es mou tota l'acció de la novel·la són el sexe i els diners, o més precisament, la cara oculta de la vida sexual inconfessable, d'una banda, i, de l'altra, els interessos econòmics que en secret dominen les relacions socials i personals.

Conxa no sentia cap mena d'atracció pels xicots del seu braç; en canvi, quan veia els pescadors joves que estiraven les barques amb les parelles de bous o s'anaven a la vesprada a sardinals o a l'encesa, els ulls fosforescents de Conxa llançaven unes espurnetes doloroses. Conxa tenia un cor de medusa histèrica. Hauria volgut que aquells xicotassos brutals i inofensius s'haguessin tirat nus a la mar amb un ganivet a la boca i li haguessin portat damunt de la sorra un monstre marí, llepissós i fascinador.

Conxa hauria ambicionat altres coses més, i d'aquesta ambició se n'adonà perfectament un d'aquells xicots brutals i inofensius, ensenyant-li unes dents molt blanques, un dia que «la senyoreta de can Pujol» s'arriscà massa a la vora de les samarretes afavorides de tuf i de sal. Conxa s'abandonà a la democràcia privada, i una mala llengua assegurava que una nit entre les barques l'havien vist revinclar-se com un déntol llevat de l'aigua, sota les expansions poc refinades d'un minyó, que entre els mariners li deien el «Mala Ganya».

JOSEP M. DE SAGARRA, *Vida privada*, primera part

La darrera d'aquestes proves fou la proclamació de la República. Don Tomàs, amb la Dictadura, no és que cregués realitzar el seu somni, però el carlisme de don Tomàs era ja una mica cadavèric, i en la Dictadura hi veia si més no una mena de pacte entre el Sagrat Cor de Jesús i el rei Alfons XIII. El mitjancer d'aquest pacte era el general Primo de Rivera, i les tonalitats del pacte consistien a enaltir la religió i la moral i aniquilar l'anarquisme, el sindicalisme, el comunisme i el catalanisme que eren les coses que a don Tomàs li feien més horror. Don Tomàs creia que amb un quant temps de Martínez Anido i de Cardenal Segura, a Espanya fóra possible instaurar un tribunal que s'assemblés a l'anacrònic del Sant Ofici.

La caiguda del Dictador va fer tremolar el vell Lloberola, i quan es va veure la República al damunt, les últimes reserves d'energia que li quedaven el convertiren en un eriçó. Don Tomàs recordava la revolució del seixant-nou i la República del setanta-tres. Recordava els soldats ballant damunt l'altar de la parròquia de Betlem i tots els horribles sacrilegis vuitcentistes. [...]

Al cap d'una setmana d'haver tingut les dues monges refugiades, don Tomàs ja no s'aixecà del llit. Totes les vísceres li anaven malament. Una temperatura alta, un deliri seguit. Els somnis vermells de don Tomàs l'ofegaven; els comunistes li estiraven els llençols i li marcaven el ventre amb un ferro vermell. Es va passar tres dies patint i cridant. Un pare carmelità va sagramentar-lo; Leocàdia i els seus fills estaven al capçal del llit.

Leocàdia com immunitzada ja pel dolor, i els fills amb unes ganes terribles que el seu pare s'acabés de morir i no els empipés més. [...]

El frare carmelità que va confortar-lo fins a l'últim moment, tingué una frase: «Aquest sant ha mort assassinat per la República...» [...]

Don Tomàs, mort, feia l'efecte d'una disfressa malsana; un ninot esgarrifós inventat pel temperament d'un brètol.

L'enterrament encara es va poder fer amb una mica de pompa. Hi assistiren quatre gats.

Així acabà don Tomàs de Lloberola i Serradell, de Genís i de Fontdeserta, setè Marquès de Sitjar i quart Marquès de Vallromana.

JOSEP M. DE SAGARRA, *Vida privada,* segona part

Francesc Macià proclama la República Catalana el 14 d'abril de 1931 a la plaça de Sant Jaume de Barcelona.

Pilar Romaní va aclucar els ulls una matinada del mes de juliol. En el terrat de la casa del carrer Ample els falciots i les orenetes feien els xiscles de la gran indiferència.

Les parades de la Rambla estaven atapeïdes de roses blanques i vermelles, d'aquelles roses que Pilar Romaní deia que eren exactament iguals que les roses del seu temps.

A la Rambla s'hi sentia una olor barrejada de noctàmbuls, d'excursionisme i de democràcia. Els taxis grocs s'enduien cap a dormir les escorrialles de la tristesa i de la prostitució.

Entre les roses vermelles, caminava, una mica insegur, un home gris, de galtes indefinides, d'edat indefinida, amb l'estómac ple de whisky i amb el cor ple de roses vermelles.

JOSEP M. DE SAGARRA,
Vida privada, segona part

El relat es tanca amb un to volgudament poètic que presenta la mirada més profunda de totes les que apareixen al llarg de la novel·la: la **mirada escèptica**, **nostàlgica**, però en últim terme enlluernada per aquest món de sexe i diners al cor bategant de Barcelona.

El teatre

El teatre va proporcionar a Sagarra, a més de diners, la seva popularitat més gran. Era un poeta extraordinàriament dotat i en els seus versos per al teatre apreciem el que en va dir Josep Pla: «posseïa el do de la llengua». En la seva extensa producció dels anys trenta (setze estrenes en set anys), va establir la fórmula per assegurar-se l'adhesió fervent del públic: el **poema dramàtic**.

En l'èxit de drames com *La filla del Carmesí* (1929), *La corona d'espines* (1930), *L'Hostal de la Glòria* (1931), *El Cafè de la Marina* (1933), *La plaça de Sant Joan* (1934) i *La Rambla de les Floristes* (1935), hi són més que evidents les concessions al gust que imposava el públic mitjà barceloní.

Les característiques d'aquest gènere són:

- versificació brillant i lluïda;
- retòrica enlluernadora i alhora poc elaborada;
- ambientació en un temps indefinit del passat i en indrets més aviat rurals o mariners;

- trama amb un conflicte sentimental més o menys previsible però sempre convuls;
- elements còmics en la trama secundària de l'obra;
- personatges «del poble» extrets d'un tipisme costumista: pagesos, classe baixa ciutadana, mariners, petita aristocràcia rural, etc.;
- llengua viva i poètica que, malgrat l'exigència del vers, conserva la versemblança dels personatges, i
- un final feliç per al conflicte plantejat.

S'ha dit que aquest teatre, intrínsecament **anacrònic**, hauria estat el que, en una evolució «normal» de la literatura catalana, s'hauria produït en aquest país després dels clàssics medievals i abans de la Renaixença. En tot cas, no deixa de sorprendre que s'acceptés amb «naturalitat» al segle xx. D'aquestes obres, una de les més valorades és *El Cafè de la Marina*, per uns valors inqüestionables que, més enllà de consideracions historicistes, en fan una peça de qualitat.

Les traduccions

Sagarra va traduir dues de les fites màximes de la **literatura universal**: la *Divina Comèdia,* de Dante Alighieri (el Dant, com en deia Sagarra), i vint-i-vuit de les trenta-set peces de l'obra dramàtica de Shakespeare. Es va dedicar a la tasca de traductor, sobretot durant la postguerra, molt condicionat per les exigències econòmiques. En aquest sentit convé saber que, pel que fa a la traducció de les obres de Shakespeare, almenys durant els anys 1942 i 1943, cobrava a tant la peça i n'havia de lliurar una al mes. Aquesta circumstància probablement va fer que comencés per les més breus i que deixés per al final *El rei Lear i Hamlet*, que finalment no va traduir.

Shakespeare és, potser, un dels autors més complexos de traduir a una altra llengua. Així, doncs, Sagarra manifesta la seva voluntat de ser formalment fidel a l'original, de manera que en respecta la forma (vers o prosa).

Josep Maria de Sagarra és un dels nostres escriptors més endinsats en l'entranya viva del nostre país. Llegir una ratlla d'ell és com posar-se un corn de mar a l'orella: la seva ressonància és profunda i dilatada, i us sembla sentir-hi la bonior de la vida del nostre país. Tenim amb prou feines un inici d'esperit i de literatura nacional, i al meu entendre Sagarra, amb tots els seus defectes i tot, n'és un dels més legítims representants. [...] Té el do de la llengua. En coneix l'esperit etern i els tics més imperceptibles. Per a ell l'idioma no té a penes cap misteri. I bé: jo crec que això, en dies així, ha de passar davant de tot, mentre i tant, s'entén, no hi hagi ningú en el nostre àmbit teatral capaç de realitzar una ambició més alta.

JOSEP PLA,
«Josep Maria de Sagarra», *Homenots*

Sagarra escriu *El Cafè de la Marina* (1933), on la seva facilitat versificadora i la seva aguda percepció psicològica es vessen sobre uns homes i unes maneres de viure que coneix molt bé. El món pescador del Port de la Selva forneix al poeta un material que aquest traspassa al dramaturg. Dins l'obra sagarriana *El Cafè de la Marina* no té continuació ni superació.

XAVIER FÀBREGAS, «Josep M. de Sagarra,
possible» *El teatre o la vida*

Fotograma de la pel·lícula *El Cafè de la Marina.*

Conversa amical, tot prenent la fresca a Sant Pol, amb el mestre Amadeu Vives.

Les traduccions de Shakespeare de Sagarra són un cas a part. Sagarra és un home de teatre, és un poeta i un gran escriptor. Tantes coses plegades no solen presentar-se sovint. Jo amb Shakespeare no m'hi arriscaria mai, i no perquè sigui teatre sinó perquè és poesia.

CARME SERRALLONGA,
Cuadernos de Traducción e Interpretación, núm. 5-6

Rosa: Saps què penso?
Que a mi el Rafel com a home ja m'agrada,
però m'agrada més...
Caterina: Què t'emboliques?
Rosa: M'agrada més tenir una criatura.
Us en rieu?...
Gracieta: Si dius aquestes coses.
Rosa: Què és res de mal? És de debò que hi penso,
i per 'xò és que m'estimo an el meu home,
perquè així tindré un noi que se li assembli,
amb els ulls negres i el nas fi...
Gracieta: Que ets boja!
Caterina: Oh, bé no riguis!, no és
cap bogeria
el que ella diu...
Gracieta: Veuràs, jo...
Caterina: Tu no hi penses?
Mai hi has pensat?
Gracieta: Jo no, tinc altra feina;
m'agraden els xicots perquè m'agraden
i m'agrada ballar i que t'acompanyin
a la font, i mirar-me'ls... però encara...
Caterina: Encara no somies, quan apreta
aquest sol de l'istiu damunt les barques,
i el moll està adormit, i sols t'arriba
la xiscladissa dels menuts que riuen
i es barallen amb l'aigua ran de ventre,
torrats de pell i vius de nas i orelles...
Magres com gallimons, però amb el nervi
d'homenets, que aviat faran la ruta
de Cap de Creus, les nits primes de lluna
amb el gregal que els bufa la camisa
i el rem als dits, i amorraran la barca
davant d'aquest cafè, molls però alegres,
tots platejats d'escates de sardina.
No has pensat que entre aquestes criatures
n'hi hagi un de teu, ben teu i del teu home,
que tu te l'has criat, que l'ensenyaves
a caminar, i el nom de cada barca
i el nom de tot l'ormeig de la botiga
i del peix de la mar... un que s'acosta
cap al teu davantal, i riu, i apreta
amb les mans un juell primet de cua
que ell l'ha pescat, i diu que és seu i crida
perquè els altres menuts l'hi volen prendre,
i tu defenses el teu fill, i el portes
a casa, i te'l veus sol, a dins la cuina,
i li eixugues la mica de les llàgrimes,
i el guaites, i somrius, perquè s'assembla
al teu home, i és teu, i és el més murri
i el més rissat i el més valent del poble?...
(Entra Rafel)

Josep M. de Sagarra,
El Cafè de la Marina, escena VIII, acte primer

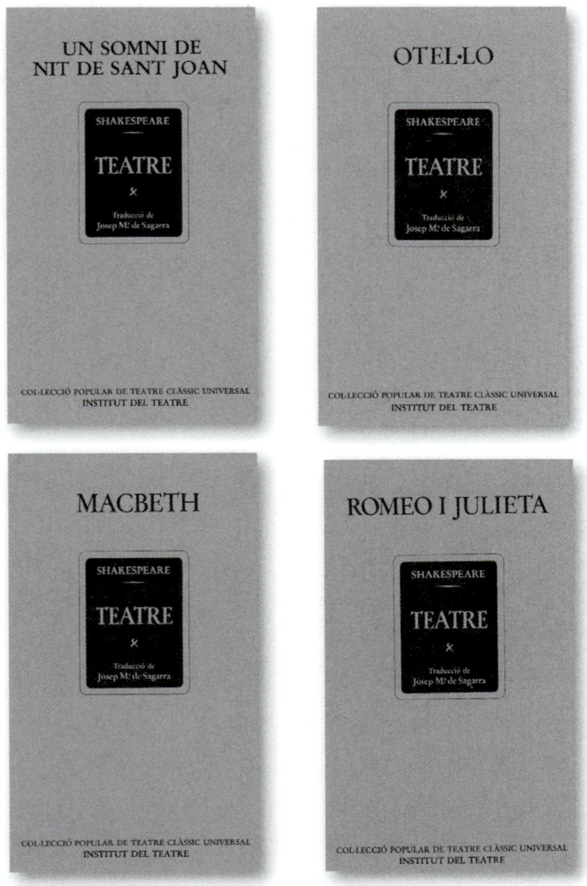

Com a traductor, Josep M. de Sagarra va destacar per la traducció de gran part de l'obra teatral de William Shakespeare.

Activitats

1 Llegeix el poema «Vinyes verdes vora el mar», del llibre *Cançons de rem i vela* (1923), de Josep Maria de Sagarra. Després contesta les preguntes.

Vinyes verdes vora el mar

Vinyes verdes vora el mar,
ara que el vent no remuga,
us feu més verdes i encar
teniu la fulla poruga,
vinyes verdes vora el mar.

Vinyes verdes del coster,
sou més fines que la userda.
Verd vora el blau mariner
vinyes amb la fruita verda,
vinyes verdes del coster.

Vinyes verdes, dolç repòs,
vora la vela que passa;
cap al mar vincleu el cos
sense decantar-vos massa,
vinyes verdes, dolç repòs.

Vinyes verdes, soledat
del verd en l'hora calenta.
Raïm i cep retallat
damunt la terra lluenta;
vinyes verdes, soledat.

Vinyes que dieu adéu
al llagut i a la gavina,
i al fi serrellet de neu
que ara neix i que ara fina...
Vinyes que dieu adéu!

Vinyes verdes del meu cor...
Dins del cep s'adorm la tarda,
raïm negre, pàmpol d'or,
aigua, penyal i basarda.
Vinyes verdes del meu cor...

Vinyes verdes vora el mar,
verdes a punta de dia,
verd suau de cap al tard...
Feu-nos sempre companyia,
vinyes verdes vora el mar!

a Troba el tema principal del poema i comenta'l.
b Aquest poema se centra en la descripció d'un paisatge, com si fos un quadre; per això, el poeta utilitza una gamma de colors, on el verd és el protagonista. Comenta aquesta descripció fixant-te en els versos que mostren aquest cromatisme.
c Podries identificar el paisatge de «Vinyes verdes vora el mar» amb un indret concret de la geografia de Catalunya? Per què?
d Com és tractada la natura al llarg dels versos? Quines sensacions transmet?
e A què pot fer referència el raïm? Creus que la natura està al servei de l'home? Explica-ho amb un exemple.
f Detecta el gènere poètic d'aquesta composició. Després comenta l'estructura del poema, la mètrica i la versificació. Busca tres figures retòriques diferents.

2 En l'obra *El Cafè de la Marina*, sovint els personatges usen noms de peixos o d'altres animals per definir la manera de ser o de fer dels altres. En general, en el text se citen molts noms de peixos. Llegeix aquests fragments i després contesta les preguntes.

CATERINA: *Amb aquell rap voleu que me les hegui?*
(Acte segon. Escena XIII)

CLAUDI: *No sóc un pop com el Rafel…*
(Acte primer. Escena XIII)

RAFEL: *Doncs au, pela els teus congres*
i deixa estar tranquils als que treballen.
(Acte primer. Escena I)

CATERINA: *[…] sóc dels meus mals, que quan l'escorpra et punxa*
t'hi deixa el senyal total la vida.
(Acte primer. Escena X)

LIBORI: *Mussiú Bernat, la vida: tu les puges,*
et costen treballar, i arriba l'hora
que un malarmat et veu l'artó i s'hi fica,
et forada l'ormeig i et fuig l'anxova!
És la vida, sabeu?
(Acte segon. Escena IV)

CLAUDI: *Quan els rogers s'afaitin el bigoti…*
(Acte segon. Escena XVI)

a Amb quin peix et definiries? Per què? Compara amb els teus companys les qualitats que tens del peix seleccionat.
b Comenta el significat que tenen totes les expressions d'aquests diàlegs.
c Subratlla els noms de peixos que hi apareixen i busca en diccionaris (especialitzats, si cal) la descripció de cada animal; busca a Internet fotografies d'aquests peixos i fes-ne una descripció. Fixa't també en els noms diferents que pot tenir un mateix peix.

Test final d'unitat

1 **Digues si és veritat (V) o fals (F):**

	V	F
a Josep Maria de Sagarra era aristòcrata i va néixer a finals del segle XIX	☐	☐
b Va néixer a Barcelona, en una casa senyorial del barri gòtic	☐	☐
c La seva família tenia terres i una finca a Santa Coloma de Queralt	☐	☐
d Tenia una germana monja	☐	☐
e La seva família era conservadora i catòlica	☐	☐
f Va passar molts estius a Port de la Selva	☐	☐
g Tenia una personalitat inhibida i no li agradava la vida social	☐	☐
h Va col·laborar en revistes satíriques catalanes dels anys trenta	☐	☐
i Tenia una capacitat poètica extraordinària	☐	☐
j Va viure a Santiago de Compostela mentre estudiava per ser diplomàtic	☐	☐
k Va combinar la seva carrera literària amb el periodisme	☐	☐
l La seva producció literària és total i es diversifica en tots els gèneres literaris	☐	☐
m Va ser un escriptor crític amb la normativa de Pompeu Fabra	☐	☐
n La seva popularitat la va obtenir gràcies a les obres teatrals	☐	☐
o Durant la guerra civil va estar fora de Catalunya	☐	☐
p Els anys de la guerra va estar refugiat a Suïssa	☐	☐
q Un dels temes més importants de la seva obra és la guerra i l'exili	☐	☐
r Va traduir algunes autors universals com Dante i Shakespeare	☐	☐
s Una de les seves obres teatrals més famoses és *L'Hostal del mar*	☐	☐
t Va escriure unes *Memòries* que arriben fins al final de la primera guerra mundial	☐	☐
u Va escriure una novel·la guanyadora del premi Crexells titulada *Vida oculta*	☐	☐
v En aquesta novel·la s'expliquen fets històrics des de la dictadura de Primo de Rivera fins a la proclamació de la República	☐	☐
w Aquesta novel·la, *Vida privada,* es va considerar molt escandalosa	☐	☐
x Va escriure obres de teatre en prosa i en vers	☐	☐
y Les obres teatrals en vers responen al gènere del «poema dramàtic»	☐	☐
z Sagarra es considerava a si mateix sobretot poeta	☐	☐

2 **Identifica els diferents títols de Josep Maria de Sagarra amb el gènere literari al qual pertanyen.**

Títol	Narrativa periodística	Narrativa de ficció	Poesia	Teatre
Paulina Buixareu				
La corona d'espines				
L'Hostal de la Glòria				
La ruta blava				
La fortuna de Sílvia				
La ferida lluminosa				
Vida privada				
Cançons de taverna i d'obli				
El poema de Nadal				
Cafè, copa i puro				
El comte Arnau				
El cafè de la Marina				
Cançons de rem i de vela				

BLOC 8

LA LITERATURA DELS ANYS 50 I 60

En aquest bloc estudiarem la producció literària del segon període de la postguerra espanyola: les dècades dels anys cinquanta i seixanta. La dictadura franquista s'ha establert definitivament i troba el seu encaix en la nova organització del món occidental de la guerra freda. En una societat esclafada per la guerra i reprimida pels vencedors durant la postguerra, és a partir de la dècada dels cinquanta que la cultura catalana comença a recuperar-se amb grans limitacions i en moltes ocasions des de la clandestinitat. Per tal de presentar ordenadament l'obra dels autors més destacats, en primer lloc estudiarem la producció poètica i a continuació la narrativa. També hem establert una cronologia que agrupa els autors més grans amb els de la generació que els precedeix, el relleu generacional.

Per tal d'activar els coneixements previs, al principi de cada unitat presentem uns textos breus i unes preguntes que han de servir per iniciar-nos en els continguts essencials del període i dels diversos autors. Farem especial atenció als textos de lectura obligatòria, que llegirem i analitzarem. I per cloure, un test de coneixements al final de la unitat pot fer les funcions d'avaluació del que s'ha après.

UNITAT 26
LA POESIA: LA PRIMERA GENERACIÓ

UNITAT 27
LA POESIA: EL RELLEU GENERACIONAL

UNITAT 28
LA NARRATIVA: LA PRIMERA GENERACIÓ

UNITAT 29
LA NARRATIVA: EL RELLEU GENERACIONAL

CONEIXEMENTS PREVIS

Els meus autors preferits en prosa?
« … els qui en vulgar parlaren sobirà …»

Els meus poetes preferits?
« … oh Llull! Oh March! …»

Els herois de ficció?
« … l'Orat del Cim, a la Casa Vermella, que farga a mitjanit …»

Les meves heroïnes de ficció favorites?
«Na Constança, la filla del Ferrer, alta, negra i cabelluda …»

J. V. FOIX, Respostes al «Qüestionari Proust» segons Lluís Permanyer

Els meus autors preferits en prosa?
La Bíblia deixada de banda (amb aquell magnífic aparteu les criatures del Déu de l'Antic testament, sempre a punt d'engegar-se com un coet nord-americà), Plató, Tucídides, Sal·lusti, Tàcit, Sèneca, Ramon Llull, Montaigne, Cervantes, […] Ah, i Maquiavel, que no hi pot faltar.

Els meus poetes preferits?
La Bíblia a part, gairebé no en tinc. Però hi podem posar, si no se n'estranya, Horaci, Villon, Leopardi i Machado, quan es deixa d'encluses i campanes i s'acontenta de ser un pur, senzill, incomparable líric. […] I, per a la meva particular devoció, Rosselló-Pòrcel.

Els herois de ficció?
Els dels mons de Cervantes, de Stendhal, de Dickens, de Tolstoi.

Les meves heroïnes de ficció favorites?
Dulcinea, Desdèmona (per entaforar-hi Shakespeare), la Sanseverina, Anna Karènina, etc.

SALVADOR ESPRIU, respostes al «Qüestionari Proust» segons Lluís Permanyer

Els meus autors preferits en prosa?
Les meves preferències, forçosament molt limitades, són eclèctiques i inestables. El Gènesi, el Nou Testament (tret de Sant Pau), alguns diàlegs de Plató, part de les *Mil i una nits* (Mardrus), part del *Quixot*. Molière, Voltaire, Dostoievski, Kafka, algun Valle Inclán, Brecht, etc.

Els meus poetes preferits?
L'*Odissea* (Riba), Isaïas, l'*Infern*, Ausiàs March, Garcilaso, Sant Joan de la Creu, Villon, Rimbaut, Shakespeare. El rigor de Riba, la tibantor d'Espriu ...

Els herois de ficció?
Prometeu, *L'idiota*

Les meves heroïnes de ficció favorites?
No sabria triar, així, de cop.

JOAN OLIVER, respostes al «Qüestionari Proust» segons Lluís Permanyer

B8 UNITAT 26

LA POESIA: LA PRIMERA GENERACIÓ

En aquesta unitat estudiarem la represa cultural en les dècades dels cinquanta i seixanta, especialment la primera generació de poetes. Aquesta represa va significar una renovació estètica en la literatura catalana, i un refinament en la producció poètica. El primer poeta, J. V. Foix inicia la seva producció als anys trenta, i de fet s'identifica amb el futurisme i sobretot el surrealisme. La guerra va provocar la interrupció de tota activitat literària i intel·lectual, la qual és represa en el cas de Foix a partir dels anys cinquanta quan la seva obra va començar a tenir una presència pública. També estudiarem l'obra de Salvador Espriu –poètica, narrativa i teatral–, així com Joan Oliver (Pere Quart). Finalment la poesia d'Agustí Bartra marcada fonamentalment per l'exili, i la de Joan Vinyoli el qual cronològicament està a cavall de les dues generacions.

Dimensió estètica i literària

- La represa cultural en les dècades dels anys 50 i 60.
- La renovació de la poesia.
- L'obra del poeta J. V. Foix.
- L'obra literària de Salvador Espriu: poesia, narrativa i teatre.
- L'obra literària de Joan Oliver: poesia (Pere Quart), narrativa i teatre.
- L'obra poètica d'Agustí Bartra.
- L'obra poètica de Joan Vinyoli.

AUTORS I TEXTOS

- «Em plau, d'atzar, errar per les muralles...» de J. V. Foix.
- «Quan la llum pujada des del fons del mar...» de Salvador Espriu.
- «Corrandes d'exili» de Joan Oliver (Pere Quart).
- «Oda a Catalunya des dels tròpics» d'Agustí Bartra.
- «Gall» de Joan Vinyoli.

Objectius

- Conèixer el context històric i social que permet la represa de l'activitat intel·lectual de la cultura catalana.
- Analitzar aspectes destacats de la renovació poètica dels anys 50 i 60.

LA REPRESA CULTURAL EN LES DÈCADES DELS CINQUANTA I SEIXANTA

Al final dels anys quaranta, i sobretot en començar la dècada dels cinquanta, la dictadura franquista es va estabilitzar definitivament i va trobar el seu encaix en la nova organització del món occidental de la guerra freda (l'any 1952, l'Espanya franquista s'incorporà a la UNESCO, el 1953 signà el concordat amb el Vaticà, el 1955 entrà a formar part de l'ONU, etc.).

Atesa la situació, en què la dictadura ja era un govern estable que es preveia de llarga durada, tothom es va posar a treballar combinant dues perspectives que per força havien de coexistir: la clandestinitat i les limitades possibilitats d'incidir en la societat i la cultura des de la legalitat franquista.

Amb la nova dècada s'obria una certa **clandestinitat** estructurada en tertúlies, fòrums, revistes, etc., en què convivien diversos grups generacionals i diverses ideologies, per bé que dominaven les més conservadores, amb nombrosos elements clericals i una estructura organitzada progressivament sota l'empara de l'Església. Les iniciatives culturals més rellevants van rebre l'impuls dels grups més joves, els quals van **dinamitzar** la **vida cultural** amb la fundació de revistes, l'articulació de grups de debat, etc.

Amb el precedent de *Poesia* (1944-1945) del poeta Palau i Fabre, a Barcelona destaquen les revistes *Ariel* (1946-1948), d'arts i lletres i l'artística i rupturista *Dau al Set* (1948-1951), i a *València, Esclat* (1948), totes tres tan ben editades que no semblaven sortides d'un país i una cultura amb dificultats.

Serra d'Or (nascuda arran de la transformació del butlletí *Germinàbit* de l'Abadia de Montserrat), que aplegava intel·lectuals de moltes tendències amb el denominador comú de la lluita catalanista i l'**oposició a la dictadura**, va ser la revista més difosa; va aparèixer l'octubre de 1959 i encara es manté.

Portada de la revista *Dau al Set*.

Portada de la revista *Serra d'Or*.

Joan Fuster conversant amb Vicent A. Estellés.

Entre els joves intel·lectuals que es començaven a organitzar a València sobresurten els noms d'Enric Valor, Carles Salvador, Joan Fuster, Manuel Sanchis Guarner i Vicent Andrés Estellés. A les Balears van ser principalment Guillem Colom, Francesc de Borja Moll i Miquel Dolç els qui van assegurar el relleu i la continuïtat.

Una de les iniciatives més ambicioses, rigoroses i imprescindibles, impulsada l'any 1949 per Francesc de Borja Moll (fundador de l'Obra Cultural Balear), Manuel Sanchis Guarner i Joan Ballester, va ser la **Campanya per la Llengua** del *Diccionari català-valencià-balear*. També cal destacar, a Catalunya, la funció de mecenatge, encapçalada per Fèlix Millet amb la fundació d'Òmnium Cultural (1961), que va dur a terme alguns projectes importants:

- la creació i l'organització d'una xarxa d'ensenyament en llengua catalana;
- la subvenció de l'Institut d'Estudis Catalans;
- la promoció de premis literaris, i
- la creació del polèmic Premi d'Honor de les Lletres Catalanes (el qual, com va dir Joan Fuster, «es va deixar escapar» a Josep Carner i Llorenç Villalonga, i es va negar a Josep Pla «per aquesta pega de l'exemplaritat»).

En la dècada dels cinquanta comença per als escriptors catalans una de les estratègies més reeixides d'incidència en la societat, d'incentiu per a la creativitat i de possibilitat legal de represa: els **premis literaris**.

L'any 1951 va néixer la Nit de Santa Llúcia, en què es van agrupar els premis Joanot Martorell de novel·la i Óssa Menor de poesia (transformat en el Carles Riba després de la mort del poeta l'any 1959); el 1953 es van crear el Víctor Català de narrativa i l'Aedos de biografia; el 1960, gràcies a Òmnium Cultural, es va crear el Sant Jordi de novel·la, amb una dotació econòmica que pretenia equiparar-lo al Nadal de narrativa en castellà (1944).

XXX

Diversos són els homes i diverses les parles,
i han convingut molts noms a un sol amor.

La vella i fràgil plata esdevé tarda
parada en la claror damunt els camps.
La terra, amb paranys de mil fines orelles,
ha captivat els ocells de les cançons de l'aire.

Sí, comprèn-la i fes-la teva, també,
des de les oliveres,
l'alta i senzilla veritat de la presa veu del vent:
«Diverses són les parles i diversos els homes,
i convindran molts noms a un sol amor.

SALVADOR ESPRIU, *La pell de brau*

Tot i això, l'arrencada editorial va ser lenta i difícil. Cal esmentar les editorials Selecta i Barcino, la qual el 1947 va reprendre la col·lecció «Els Nostres Clàssics» –a més de crear la col·lecció poètica d'«Els Llibres de l'Óssa Menor», estrenada amb *Les cançons d'Ariadna,* d'Espriu, i la reedició de les *Elegies de Bierville*, de Riba–; a més, va crear col·leccions renovadores com «El Club dels Novel·listes» o la més popular «Nova Col·lecció Lletres».

En general, és en la dècada dels cinquanta quan els nous autors tenen l'oportunitat de publicar (Manuel de Pedrolo, Jordi Sarsanedas, Josep M. Espinàs, Joan Fuster, Miquel Martí i Pol, Vicent Andrés Estellés, etc.), a més d'aquells que venen de l'exili, com Xavier Benguerel i Pere Calders –entre altres intel·lectuals que van tornar a Catalunya–, i d'autors que consoliden la seva obra, com Joan Oliver (Pere Quart) i Salvador Espriu.

A la universitat comencen a sorgir moviments d'agitació estudiantil, influïts, d'una banda, per les protestes obreres i, de l'altra, pel compromís cívic dels intel·lectuals i escriptors: l'any 1958, Joan Oliver i Salvador Espriu van llegir els seus poemes a la Universitat de Barcelona; l'any 1960, Carles Riba hi va entrar per primera vegada des del 1939.

Una dada significativa: l'any 1954 es va fer la segona edició del *Diccionari general de la llengua catalana* (1932), a càrrec de l'Institut d'Estudis Catalans. Aquesta edició, prologada per Carles Riba, va complementar el *Diccionari ortogràfic* (1917) i va representar la culminació de la tasca empresa per Pompeu Fabra de fixació i depuració del català modern.

Aquest diccionari ha estat reeditat vint-i-una vegades fins al 1986. El 1983 se'n va en una nova edició (*Diccionari manual Pompeu Fabra*) amb inclusió d'exemples, incorporació de noms científics, modificacions i addicions, i una ordenació de les entrades per aglutinació etimològica.

LA PRIMERA GENERACIÓ

La dècada dels cinquanta i, sobretot, la dels seixanta van significar una **renovació estètica** en la literatura catalana i, alhora, un refinament de la producció poètica.

A la dècada dels anys cinquanta es va consolidar l'obra dels poetes més grans (nascuts els darrers anys del segle XIX, o a les primeres dècades del segle XX), que havien començat a publicar-ne una part abans de la guerra (com J. V. Foix, Salvador Espriu o Joan Oliver); són autors que pateixen l'experiència de la guerra i l'exili quan són adults i que finalment veuran la **consolidació** i **difusió de la seva obra** durant els anys cinquanta i seixanta –alguns perquè tornen de l'exili, i, en general, perquè les circumstàncies socials i polítiques del país permeten les primeres manifestacions de recuperació cultural.

Fotografia dels guanyadors del premi Joanot Martorell del 1948 al 1956: Ramon Folch, Joan Sales, M. Aurèlia Capmany, Josep Pla, Xavier Benguerel, Josep M. Espinàs i Manuel de Pedrolo.

Josep Vicenç Foix

> Ve't aquí que has nascut en un país que no has triat, en una època que no has triat, d'una família que no has triat, parlant una llengua que no has triat, inscrit en una religió que no has triat. Ja tindràs feina! Són els mateixos dubtes dels disset anys els que han anat voltant la meva vida.
>
> J. V. Foix – Narcís Comadira, *Diàlegs a Barcelona*

J. V. Foix.

Josep Vicenç Foix va néixer a Barcelona el 1893 i hi va morir el 1987. La seva família paterna procedia del Solsonès i la mare, de Manresa. Un cop instal·lats a Barcelona, van regentar una pastisseria, negoci del qual el poeta es va fer càrrec durant molts anys. Va estudiar a l'escola pública de Sarrià, on va coincidir amb el pintor Josep Obiols, amb qui va compartir amistat a més d'interessos artístics. En acabar el Batxillerat, va començar la carrera de Dret a la Universitat de Barcelona, però va abandonar els estudis al cap de dos anys perquè no li interessaven. En canvi, a la biblioteca de la universitat va descobrir els clàssics de la literatura, que va fer seus per sempre més: Ausiàs March, Ramon Llull, Jordi de Sant Jordi, Dante, Petrarca i els trobadors occitans. Va continuar la seva formació sota la influència de la cultura oficial del seu temps, el Noucentisme –el *Glosari* d'Eugeni d'Ors– i estudiant amb passió la gramàtica de Pompeu Fabra.

> Amb en Pompeu Fabra, la nostra llengua té un mestre segur i sense èmfasi. Compareu l'estil recargolat dels panegiristes de l'idioma que precedeixen o acompanyen els comunicats, amb l'estil amb què en Pompeu Fabra ha redactat el seu. Va mig segle avançat. Tan lluny del vuitcentisme rerassagat dels llagrimosos exaltadors de la «parla de l'avior», com del noucentisme en la versió que Xènius dóna a aquest mot, que, en ell, es nodreix de les deixes preciosistes i decadentistes de fi de segle.
>
> Voto per En Pompeu Fabra!
>
> J. V. Foix, *Catalans de 1918*

En aquesta època, cap als voltants del 1918, s'integra en la vida cultural barcelonina: les penyes dels cafès, com l'Hotel Continental, les redaccions de les revistes, les exposicions d'art (Dalí, Miró, entre d'altres), etc.

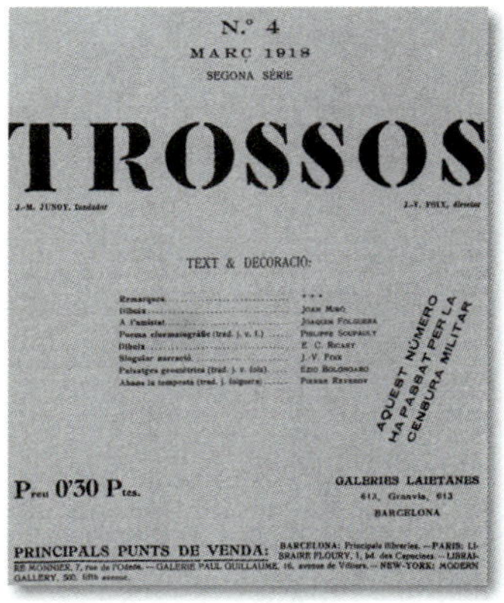

N.º 4
MARÇ 1918
SEGONA SÈRIE

TROSSOS

TEXT & DECORACIÓ:

AQUEST NÚMERO HA PASSAT PER LA CENSURA MILITAR

Preu 0'30 Ptes.

GALERIES LAIETANES
BARCELONA

PRINCIPALS PUNTS DE VENDA:

Portada de la revista *Trossos*, dirigida per J. V. Foix.

Fa amistat amb gent de la seva generació, com Joan Salvat-Papasseit, Josep Carbonell, Joan Miró, Joaquim Folguera; coneix les avantguardes francesa i italiana, i alhora contribueix a introduir el cubisme i el futurisme a Catalunya, etc. Inicia una intensa **activitat intel·lectual i periodística**: treballa de publicista i periodista en revistes com *Trossos* (de la qual dirigeix els dos darrers números el 1918), *La Revista* (1917-1919) i *Terramar* (Sitges, 1919-1920) i en el diari *La Publicitat* (com a director de la secció literària del 1923 al 1936, any en què l'esclat de la guerra civil estronca definitivament la seva carrera periodística).

A partir del 1925 col·labora en *Revista de Poesia*, on comença a desplegar la seva pròpia teoria literària més enllà dels postulats de l'avantguarda, i *L'Amic de les Arts*, on publica la major part dels poemes en prosa aplegats en els dos primers llibres, *Gertrudis* (1927) i *KRTU* (1932). El vessant polític de Foix es manifesta en els articles publicats en *La Cónsola* (1919-1920) i, sobretot, en *Monitor. Revista Nacional de Política, Art i Literatura* (1921-1923), fundada amb el seu amic Josep Carbonell. El poeta hi exposa un **ideari nacionalista** –en un moment en què se sentia molt identificat amb les noves idees futuristes d'avantguarda, es va acostar a les idees més aviat vagues del primer feixisme italià, sens dubte interessat més pel que tenien de modernitat que de política– vinculat a **posicions radicals** i **progressistes** com les d'Acció Catalana.

> No pas l'atzar ni tampoc la impostura
> Han fet del meu país la dolça terra
> On visc i on pens morir. Ni el fust ni el ferre
> No fan captiu a qui es don' l'aventura
>
> Clos segellat, oh perfecta estructura
> De la mar a Ponent, i a l'altra serra
> –Forests dels Pirineus–, on ma gent erra!:
> A Ella els cors en la justa futura.
>
> Sòl de beutats: la Mar és el teu signe
> I els teus magnes cabdills la feren dea;
> Pagà tribut i un temps fores insigne.
>
> Oh vigorosa estirp! Esclava indigna
> Que cobeges viltats: Sagna, i signa
> El teu rescat, i el retorn a la Idea!
>
> J. V. Foix, *Sol, i de dol*

Quan Foix es decanta definitivament per la literatura, les seves posicions catalanistes esdevenen molt més culturals i es repleguen sobre les seves pròpies reflexions privades, precisament perquè havia tingut una enorme decepció davant la vida col·lectiva del país. Amb tot, va publicar els textos de *Monitor* en un volum titulat *Revolució catalanista* (1934).

La data de **1918** és un moment mític per a J. V. Foix, ja que va esdevenir fonamental en la construcció de tota la seva obra literària posterior. És l'any del final de la Primera Guerra Mundial, determinant per al canvi de mentalitat d'una societat que fins llavors havia cregut en un sistema de vida i d'organització social que fracassa dramàticament –recordem que Josep Pla situa el seu fals dietari *El quadern gris* als anys 1918-1919, i que Josep M. de Sagarra considera que el seu món s'acaba precisament amb la guerra.

D'aquest any simbòlic daten les primeres anotacions en el seu dietari –recollit en part en *Diari 1918* (1956)–, que va ser la inspiració literària que va abastar la seva poesia, com també els retrats literaris –*Catalans de 1918* (1965)–, les ficcions de prosa poètica, etc.

Foix, a part de la poesia, ha publicat una sèrie de proses que són –en diu ell– parts del *Diari 1918*. Això no és pas una fantasia. Vull dir que aquest diari de 1918 existeix. L'he vist. Són uns quaderns d'hule negres escrits amb una lletra força infantil, o sigui que és autèntic. Però el que passa és que Foix, abans de publicar-ho, ho reescriu, simplement. I per això hi trobaran que hi ha al·lusions, doncs, per exemple, a l'esquí nàutic, cosa que l'any 18 no existia gens. Però la base és autèntica.

[...] Per a Foix, ¿quina mena de valor mític té l'any 1918?... Aquesta data, m'imagino que té per a ell un sentit col·lectiu. [...] El procés d'individualització dels escriptors catalans des de Carner és una forma de presa de consciència social. Fins a Carner, creien en la possibilitat que es formés una cultura catalana autònoma. Creien que hi havia elements prou sòlids per formar una cultura coherent i organitzada. [...] la generació representada arquetípicament per Foix i per Pla es caracteritzava per ser la primera generació d'escriptors catalans que va preferir la seva expressió personal per damunt de, diguem-ne, l'expressió d'una idea de servei al país i d'organització col·lectiva.

GABRIEL FERRATER, *Foix i el seu temps*

Per a Joan Miró

Les cases, de roure i de caoba, s'enfilaven turó amunt i formaven una piràmide caprici d'un artífex ebenista. Aquell era el poble on, sota el signe d'Escorpió, sojornava Gertrudis. Eren tan drets els carrers, que em creia, abans d'ésser al cim, defallir. De l'interior de les cases sortien rares músiques com d'un estoig de cigars harmònic. El cel, de pur cristall, es podia tocar amb les mans. Blava, vermella, verda o groga, cada casa tenia hissada la seva bandera. Si no hagués anat carregat d'un feixuc bidó de vernís, inelegant, m'hauria estret més el nus de la corbata. Al capdamunt del carrer més ample, al vèrtex mateix del turó, sota una cortina blau cel, seia, en un tron d'argent, Gertrudis. Totes vestides de blau cel també, les noies lliscaven, alades, amunt i avall dels carrers, i feien com si no em veiessin. Cenyien el cabell amb un llaç escocès i descobrien els portals i les finestres on vidrieres de fosques colors innombrables donaven al carrer el recolliment de l'interior d'una catedral submergida a la claror de les rosasses. El grinyol del calçat em semblava un cor dolcíssim, i la meva ombra esporuguia l'ombra dels ocells presoners de l'ampla claraboia celeste. Quan em creia atènyer el cim, dec haver errat la passa: em trobava en el tebi passadís interminable d'un vaixell transatlàntic. M'han mancat forces per cridar i, en cloure'm la por els ulls, desplegada en ventall, una sèrie completa de cartes de joc em mostrava inimaginables paisatges desolats.

J. V. FOIX, *Diari 1918, Gertrudis*

El passeig marítim de Barcelona, en l'època de joventut de J.V. Foix.

L'any 1931 es va casar amb Victòria Gili, de qui es va separar el 1948. En aquests anys anteriors a la guerra civil, Foix va representar el Centre Català del Pen Club en el congrés de Dubrovnik (1933), va dirigir per encàrrec del conseller de Cultura de la Generalitat la ***Revista de Catalunya*** (1934) i va iniciar la seva col·laboració com a redactor de *Quaderns de Poesia* (1935-1936). En el moment en què el seu llibre de sonets *Sol, i de dol* era a la impremta, va esclatar la Guerra Civil Espanyola (1936).

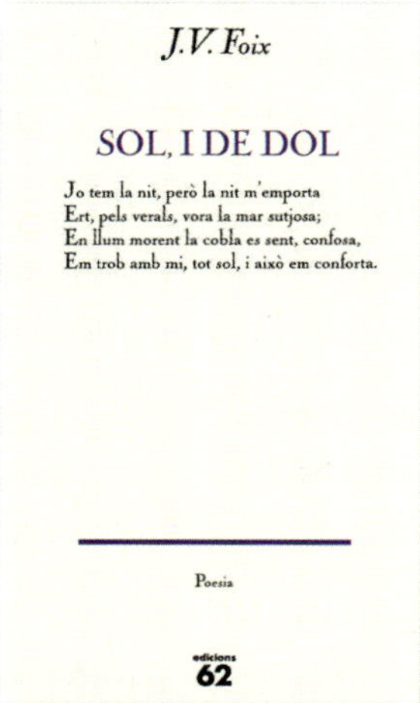

Coberta de *Sol, i de dol*.

Va interrompre qualsevol mena d'**activitat literària** i **intel·lectual** durant els anys de la guerra, i encara els primers anys de la postguerra. Tanmateix, al principi dels quaranta va prendre part en activitats literàries clandestines, va col·laborar en les revistes *Amics de la Poesia*, *Poesia* i *Dau al Set*, i per fi va publicar *Sol, i de dol* (el 1947, però amb peu d'impremta fals del 1936, per esquivar la censura), amb algunes modificacions importants, com l'afegit dels sonets de la darrera secció. Al mateix temps, va col·laborar amb els joves artistes catalans que rescataven l'art d'avantguarda català, estroncat i marginat per la dictadura franquista (dugué a terme obres conjuntes amb els artistes de Dau al Set, principalment amb Joan Ponç, Joan Miró i Antoni Tàpies).

Els anys cinquanta, la seva obra va començar a tenir una presència pública, que va anar afermant-se en l'àmbit literari: va assistir, juntament amb Carles Riba i altres, als congressos de poesia de Segòvia (1952) i de Salamanca (1953). A partir de la dècada dels anys seixanta, l'obra de Foix va ser redescoberta pels joves artistes i escriptors, que el van considerar un mestre, un precursor i un dels poetes més brillants de la literatura catalana; va ser nomenat membre de la Secció Filològica de l'Institut d'Estudis Catalans (1962). Els anys setanta foren alhora de gran creativitat i de reconeixement de la seva obra. El 1973, quan va fer vuitanta anys, va rebre el Premi d'Honor de les Lletres Catalanes.

> Poeta d'idees, i d'imatges que en són el reflex, la seva obra resta un dels punts més alts d'elaboració i exigent domini verbal que hagi assolit la literatura catalana posterior als clàssics del segle XV.
>
> PERE GIMFERRER, *La poesia de J. V. Foix*

Entre l'aparició de *Sol, i de dol* (1947) i el 1985, Foix publica la major part de la seva obra: *Les irreals omegues* (1949), *On he deixat les claus...* (1953), *Diari 1918* (1956), *Onze Nadals i un Cap d'Any* (1960) –que recull diverses felicitacions de Nadal que havia enviat als amics entre el 1948 i el 1958–, *L'estrella d'en Perris* (1963) –una altra selecció de les proses recollides en *Diari 1918*–, *Desa aquests llibres al calaix de baix* (1964), *Catalans de 1918* (1965) –una altra de les seleccions del diari, en aquest cas sobre els seus companys de generació–, *Els lloms transparents* (1969) –una selecció dels articles publicats en *La Publicitat*–, com també *Allò que no diu «La Vanguardia»* (1971) i *Mots i maons o a cascú el seu* (1971) –recull d'articles antics de *La Publicitat* i altres de més recents sobre arquitectura i urbanisme, dedicats als seus amics de l'ADLAN i del GATCPAC–, *Darrer comunicat* (1970), *Tocant a mà...* (1972) i, finalment, el darrer llibre de proses poètiques: *Cròniques de l'ultrason. L'estació* (1985).

Els anys vuitanta són anys d'homenatges i reconeixements arreu. J. V. Foix va morir l'any 1987, l'endemà d'haver fet noranta-quatre anys.

> No puc callar que, en poesia, amo totes les tendències. Potser per una inclinació, que em ve d'anys, a considerar les escoles literàries no pas com a tals, sinó com a gèneres. [...] Un poeta pot, sense ésser abominat per ningú, transcriure o descriure, en clàssic, en acadèmic, en naturalista, en realista, en cubista, etc. [...] És ben cert que jo empro, tant com ningú, el vers lliure en ritme automàtic. Però ho és també, perquè me n'he confessat, que fa temps, potser sempre, que escric els meus poemes en un pla franc d'investigació. No em satisfà d'anomenar-me poeta, ans investigador en poesia.
>
> J. V. FOIX, *Quaderns de poesia*, núm. 6

> El poeta, mag, especulador del mot, pelegrí de l'invisible, insatisfet, aventurer o investigador a la ratlla del son, no espera res per a ell. Ni la redempció. No floreleja, no concurseja, ni vol acontentar les tietes. Si fos prou coratjós i el cofoi aburgesat de tots estaments amb la seva extrema vanitat no li hagués encomanat certes malures, no signaria les obres. Plantaria, a l'hora d'alba, els poemes, com a pasquins, a les parets, o els llançaria des dels terrats. Manifestaria francament el seu desplaer pels grans, pels satisfets, pels asseguts, pels conformats i per les vídues castes i resignades.
>
> J. V. FOIX, «Lletra a Clara Sobirós», *Obres poètiques*

Aquesta declaració de principis, veritable síntesi de la concepció de Foix sobre la seva poètica, és una excel·lent introducció per apuntar alguns dels elements fonamentals de la seva obra, que alhora expliquen la seva dimensió humana i cívica.

M'exalta el nou i m'enamora el vell

Innovació i tradició

En la poètica de Foix predomina la voluntat de **síntesi** i d'**harmonia ideal** que lluita per acordar realitats confrontades. La pugna més destacable de la seva literatura és la que s'estableix entre el desig de recerca i d'innovació, que pren forma en els moviments d'avantguarda –el futurisme i el cubisme en un primer moment, i després de forma més intensa i perdurable alguns aspectes del surrealisme–, i el rigor metòdic en la construcció d'una literatura que pren els grans noms del passat com a models.

J.V. Foix, primer per l'esquerra, amb altres membres de l'Aeroclub de Catalunya, del qual va ser un dels fundadors.

En aquest sentit, és significatiu aquest vers del sonet de *Sol, i de dol*: «M'exalta el nou i m'enamora el vell». La **investigació** que, com a poeta, planteja Foix es fonamenta en aquesta síntesi entre la novetat i la ruptura i la tradició en la qual es capbussa. Per això *Sol, i de dol* és un llibre essencial que, malgrat la dificultat inicial de comprensió, mostra clarament quin és en essència el pensament de Foix. És el llibre més unitari i extens de tota la seva poesia, i alhora el seu primer recull de poemes (els anteriors eren, en sentit estricte, proses poètiques): setanta sonets de factura rigorosament clàssica (sonets petrarquitzants de decasíl·labs catalans o italians), distribuïts en sis seccions d'extensió irregular. Cada secció és encapçalada per un títol que respon a diverses citacions en vers d'autors modèlics, en la concepció que Foix té de la seva tradició literària: els trobadors occitans, els clàssics catalans medievals, els clàssics italians renaixentistes i, en últim lloc, la Bíblia.

Els primers dies de primavera, de Salvador Dalí.

La tècnica de composició d'aquests sonets és molt més tradicional i, per tant, objectiva que en altres textos més onírics de Foix (per exemple, el sistema d'imatges de caire surrealista de les proses del *Diari 1918*), i en aquest sentit es tracta d'una poesia més didàctica, de pensament metafísic i de meditació del món, en què els grans conceptes, essencialment substantius, són remarcats amb la primera lletra en majúscula. La llengua emprada és falsament arcaica, com si el poeta es disfressés d'antic, mentre que en realitat gairebé no hi ha cap **arcaisme** (excepte la terminació de la primera persona del singular del present d'indicatiu, que sistemàticament no acaba en *-o*, per bé que també es pot interpretar com un tret dialectal).

Les sis seccions del llibre responen a una voluntat d'**ordenació expositiva** de l'aventura interior del poeta. La primera i segona seccions (de divuit sonets cadascuna, xifra especialment significativa per al poeta) plantegen les **inquietuds** cíviques i psíquiques de Foix: la lluita per harmonitzar els sentits i el cos amb la ment i la raó; la solitud que comporta aquesta lluita i la tensió que se'n deriva; la compenetració del passat i el present; la recerca de l'ideal cívic i intel·lectual; el diàleg entre les moltes solituds que malden per la construcció de l'ideal.

A Carles Riba

–La nit, diem; i el cor comú batega,
Brillen els ulls i l'esperança neix;
El respirar de tots és un sol bleix:
Súbdits del Tot, vivim l'alfa i l'omega.

Oh pura nit d'estiu! Tothom ofega
El seu voler, però la Ment s'acreix,
I en el repòs d'un acimat relleix
Fem nostre l'U sota el signe de Vega.

I comença el diàleg tu a tu,
Més enllà de la carn i de la secta,
Llum i cristall en un paratge nu;

I planegem –filòsof!, arquitecte!–,
El futur transparent, en un cel blau,
Del temple, de la Farga i del Palau.

J. V. Foix,
Sol, i de dol

L'aurora, de Paul Delvaux.

La tercera secció connecta amb els poemes d'amor cortès i del model de *donna angelicata* dels poetes italians del *dolce stil novo*, és a dir, un ideal amorós neoplatònic. És la secció més breu del llibre, en la qual el món es mostra reconciliat per la unió eròtica entre el poeta i l'estimada. Es tracta de sis sonets de **tema amorós**, molt poc freqüent en la poesia foixiana. Les seccions quarta i cinquena, que cal entendre –com les dues primeres– com una unitat, són un parèntesi de poesia lúdica (la que conté més jocs verbals, d'un virtuosisme extraordinari) en què el poeta, endut per la joia de la joventut, se sent Narcís i Dionís alhora.

En el pròleg de l'obra, l'autor diu que en aquests poemes «hi provava d'expressar, incidentalment, en ritmes vells i sons arcaics, les follies vitals i estètiques entenedores només pels qui en foren circumstants». Finalment, la darrera secció conté deu **sonets religiosos**, un tema relativament poc habitual en la poesia de Foix. Els temes de l'**ordre**, de l'**absolut** i de l'**ideal** es troben aquí sotmesos a la divinitat. Els sonets exposen sobretot un diàleg punyent entre el poeta i Déu, en què l'home es presenta ple de confusions i contradiccions internes que el fan patir.

Les imatges del son que l'ull evoca

Adscripció a les avantguardes: surrealisme

Segons Gabriel Ferrater, Foix es va refugiar en el **surrealisme**, tot i que la irracionalitat era absolutament contrària al seu tarannà –se li atribueix haver dit en una conferència: «en tot Catalunya, jo només he conegut una persona que no sigui surrealista, i aquest sóc jo»–, perquè la guerra del 1914 li va produir una reacció extrema de fàstic i d'horror fins al punt que ja no va poder creure en cap possibilitat de comunicació constructiva i de col·laboració amb la societat. És a dir, va reaccionar com la majoria dels escriptors i intel·lectuals europeus contemporanis.

Ara bé, en Foix aquesta opció surrealista és més moral que estilística; per això, la seva poesia respon només en part a l'aplicació concreta de la imatgeria onírica i de dissociació de la personalitat pròpia del **surrealisme**, que produeix un efecte de distanciament, com d'una literatura sense intimitat en què només es descriuen imatges exteriors (això sí, de gran plasticitat).

El tret més característic d'aquest onirisme és la seva volguda quotidianitat: escenaris coneguts de Sarrià, Sitges, el Port de la Selva, amb personatges gairebé pintorescos –la lletera, el pescador, el mestre d'aixa, el cobrador del tren, etc. L'altra part és la cura rigorosa de la llengua, el respecte per la sintaxi, la reivindicació dels models més clàssics de la tradició, els patrons mètrics ortodoxos, etc.

Quan he sabut que el meu oncle havia mort d'una guitza de mula –li donava terrossos per farratge– he deixat l'Hostal i, pels passos de Vall-llonga, he arribat al Priorat de Desvalls. He vorejat, tot fent marrada, els torrents de Foix i de Lladurs per arribar a un planell on un vol de corbs, senyorívols malgrat la llegenda i planyívols de llur dissort, ha ombrejat, un moment, les pregoneses dels erms que reivindiquen, monòtons, el meu nom. Volia parlar amb el senyor Rector, però caçava el mussol pels baixos del serrat de Busa i m'ha rebut, en hoste, un pastor que gaudeix, als Torrents, del benefici d'aixoplugar-se al casalot que ha estatjat els meus. Té el seu culte propi, descaradament heretge, i en els dies filtrats adora el Sol i la Lluna, més alts que tots, segons ell, i els ofrena formatges invocats i olives al quadrant màgic. En temps de fretura, crema herbes macerades, pels tucs més alts, i conjura els astres. Del fons de la petxina de la pila baptismal de la Parròquia, n'ha tret uns pergamins matxucats i allisant-los, grosser, amb el palmell de la mà, m'ha assenyalat, amb un ditàs d'on brollaven herbes nodrides amb fang adobat, un paràgraf on el meu nom es repetia, amb insolent prestigi, a cada ratlla. «Tot això», ha dit, «és d'un tal Foix, hereu d'una nissaga morta i que ningú no sap on ronca.» No li he dit que era jo, però li he demanat que em deixés els més vells dels seus vestits i, bastó en mà, recorro dia i nit, amb bous magres i cabres deslletades, el vell reialme del Cardener on, durant segles, els meus han plantat l'ullastre. [...]

Avui, però, des de les escletxes d'on, d'infants, espiem el Sol, la Lluna i els cometes defallents projectats en negre damunt l'or del drap de la nostra bandera, rajava sang espessa i calenta. He clamat venjança per ponts i cabrisses i, a les Codines, agonitzaven els cavalls. A la desesperada, he pintat damunt el sèpia del portaló de l'hort, una creu amb negre bullent.

J. V. Foix, *Diari 1918*

Dels qui en vulgar parlaren sobirà

Nació, llengua i tradició literària pròpia

J. V. Foix, a dalt i al centre, amb altres poetes catalans assistents al congrés de poesia de Salamanca.

La identitat personal i literària de J. V. Foix no es pot entendre sense tenir en compte la seva **concepció** de **nació** –concebuda en un sentit ampli, el qual inclou la terra i la cultura occitanes, per la qual cosa reivindica com a pròpia la tradició lírica trobadoresca–, associada a la llengua i en conseqüència a la tradició literària catalana. Per expressar la identitat personal, el poeta es fixa en formes culturals ancestrals i primitives: la **terra** –«El meu país és un roc», diu en un poema–, i l'**estirp** –«dels Foix, dels Torrents» (la família paterna prové dels Torrents de Lladurs, a Solsona).

La presa de **consciència patriòtica**, a diferència de la generació d'escriptors noucentistes que es van implicar en un projecte de construcció cultural i nacional col·lectiu, només es pot expressar individualment. Per això, la referència a un caràcter tan independent i excepcional com Ramon Llull és absolutament significativa.

> Pels carrers assolellats de la vila corre la nova que En Llull, el barbaflorit, es presenta pels volts de migdia al peu del monòlit que amitjana la Ribera. Diuen que vesteix gramalla fosca cenyida amb un tros de cuir vell i balder. Conten que s'asseu damunt un pedrís mal apuntalat, tot voltat de llibres i paperassa. Tantost mira el pèlag ondós i els espellats banyistes, tantost amb ploma d'oca dibuixa signes rars en un quadern rebregat i esfulladís amb sentors de fusta humida. Avui n'he volgut ésser testimoni. Tocades les dotze, al peu mateix del roc commemoratiu, un homenàs barballarg, vera efígie d'En Ramon lo Foll, deixava vesta burella i caperó morat al sorral, i entrava a l'aigua, voltat de clarors, amb un infant al braç dret, que enlairava com si li ensenyés el mar per ensinistrar-lo a nedar. Volia endur-me-li els llibrassos i els pergamins: però algú m'ha estirat enrere i m'ha embenat els ulls amb teles fregnants. M'ha dit uns mots de l'antigor a cau d'orella, i m'ha persignat amb sals verges. A cegues, m'ha obligat a cavalcar no sé pas quina alada bestiassa brogidora, i m'he desentenebrat en aterrar, entre brugueres, sol i abrasat per noves ardors, tocant al Pas de la Mala Dona.
>
> J. V. Foix, *L'estrella d'en Perris*

En definitiva, allò que de debò interessa al poeta són els «mots de l'antigor», que són els seus propis mots, la matèria de què està feta la seva poesia. La llengua, doncs, l'objecte més valuós de la literatura:

> Jo em decanto a favor d'una llengua literària establerta pels bons escriptors i pels pragmàtics segurs, damunt els dialectes; no dubto gens que cal partir d'un dels dialectes per a aconseguir un català normal, amb validesa per a totes les varietats literàries. I, més enllà potser que el mateix Pompeu Fabra, crec que certs arcaismes de la llengua i certs neologismes que exigeixen el pensament i l'estètica literària d'avui, han d'ésser sempre benvinguts si llurs introductors tenen congènit el sentit de l'idioma, el do de l'expressió universal i la sort de no haver-se desarrelat del català permanent en la seva evolució. Per a qui és bon artesà, tot mot, vell o nou, pren ufana.
>
> J. V. Foix, *Catalans de 1918*

A les cales secretes dels teus ulls

Amor i erotisme

El tema de l'amor i de les relacions sexuals, tractat de forma explícita, és rar en l'obra de Foix. El reconeixem en la tercera secció –la més breu– dels sonets de *Sol, i de dol*. En canvi, hi sovinteja un ambient eròtic més o menys difús, però d'una clara sensualitat, que ja apareix en les proses de *Diari 1918* publicades abans de la guerra en *Gertrudis* i *KRTU*.

Les relacions eròtiques són presentades en una actitud peculiar d'atracció-repulsió del fet sexual, que acostuma a expressar-se metafòricament amb imatges de violència. En general, i molt concretament en *Gertrudis*, l'estimada és fugissera i perversa, fet que provoca alhora un sentiment d'hostilitat i frustració en el poeta, que la desitja i l'odia.

L'Única Veu, la Imatge i el Seu Nom!

Inquietuds religioses

La darrera secció de *Sol, i de dol* conté una sèrie de deu sonets de temàtica religiosa, en una **aproximació metafísica** i **ascètica** del concepte de Déu. El jo poètic s'hi mostra confús i angoixat per la impossibilitat espiritual d'assolir l'**Absolut**. També *Onze Nadals i un Cap d'Any* (1960) ens acosta a la religiositat de Foix, des d'una òptica molt més assequible i popular. Al poeta li va interessar capturar l'aroma d'una religiositat pròpia de la cultura popular catalana, d'aquí l'interès d'adoptar el motlle de la nadala. Amb una expressió poètica més planera –sense que això signifiqui que no hi siguin presents la complexitat i l'elaboració foixianes.

Ho sap tothom i és profecia.
La meva mare ho va dir un dia
Quan m'acotxava amb blats lleugers;
Enllà del somni ho repetia
L'aigua dels astres mitjancers
I els vidres balbs d'una establia
Tota d'arrels al fosc d'un prat:
A cal fuster hi ha novetat.

Els nois que ronden per les cales
Hi cullen plomes per llurs ales
I algues de sol; i amb veu d'albat
Criden per l'ull de les escales
Que a cal fuster hi ha novetat.
Els qui ballaven per les sales
Surten i guaiten des del moll
Un estel nou que passa el coll.

[...]

Els de la Vall i els de Colera
Salten contents a llur manera
I els de la Selva s'han mudat;
Amb flor de fenc calquen a l'era:
A cal fuster hi ha novetat.
De Pau i Palau-Saverdera
Porten les mels de llur cinglera
I omplen els dolls de vi moscat.

Els de Banyuls i els de Portvendres
Entren amb llanes de mars tendres
I un raig de mots de bon copsar
Pels qui, entre vents, volen comprendre's.
Els traginers de Perpinyà
Amb sang perenne en drap de cendres
Clamen dels dalts del pic nevat:
A cal fuster hi ha novetat.

Res no s'acaba i tot comença:
Vénen mecànics de remença
Amb olis nous de llibertat;
Una Veu canta en recompensa:
Que a cal fuster hi ha novetat.
Des d'Alacant a la Provença
Qui mor no mor si el son és clar
Quan neix la Llum en el quintar.

La gent s'agleva en la nit dura,
Tots anuncien la ventura,
Les Illes porten el saïm
I els de l'Urgell farina pura;
Qui res no té, clarors del cim.
La fe que bull no té captura
I no es fa el Pa sense el Llevat:
A cal fuster hi ha novetat.

J. V. Foix, el Port de la Selva,
18 de novembre de 1953,
Onze Nadals i un Cap d'Any

El poeta s'esforça a fer una poesia que presenti tots els **registres** possibles de la literatura catalana, en aquest cas de la **poesia popular**. Així, doncs, aprofitant el clima de religiositat popular, i encara que explícitament invoqui el nom i la figura de Jesús, el poeta parla del país, de la geografia, de la gent, de la llengua.

Coberta d'*Onze Nadals i un Cap d'Any*.

Somnàmbul d'herència, comparegué el cavall closes les parpelles i submergit a la foscor. El vaig esperonar amb la punta de l'estilo, i li vaig untar el pitral i xopar els ulles amb el negre betum estimulador que regalimava d'un pujol. Enardit, cavalcàvem amb Gertrudis tot vorejant un abís, quan un tuf de bardissar, ductilitzant-me per terça vegada, em féu decantar el cap per heure el benifet inassolible. Guarit d'una amnèsia crònica, vaig recordar que Gertrudis, les virtuts de la qual jo havia sinonimitzat amb les del trilema retòric, havia estat seduïda per un negre a les escales de la plaça-mercat de Sarrià, i que jo mateix n'havia estat testimoni tot tenint-li a l'estranger un cistell d'or del qual en sobreeixia l'estridència escarlata d'uns llagostins.

Aquest record em desvetllà una antiga gelosia. Vaig prendre Gertrudis bruscament i em vaig adonar, amb èmfasi, que era només un manyoc de parracs perfumats: vaig estimbar-la. Desllorigat d'esglai, vaig sentir la lamentació d'un moribund amb l'expressió del darrer espasme d'una placa tarada de gramòfon.

J. V. Foix, «Gertrudis – Sense simbolisme», *Gertrudis*

Portvendres, de Rafael Benet Vancells.

Salvador Espriu

Salvador Espriu.

Salvador Espriu va néixer el 1913 a Santa Coloma de Farners (Selva), on el seu pare exercia de notari. Dos anys després, a causa de la professió paterna, la família es va instal·lar definitivament a Barcelona, ciutat on el poeta va viure fins a la seva mort, l'any 1985.

Els lligams familiars, per part dels pares, el relacionen estretament amb Arenys de Mar (Maresme). Barcelona i Arenys es converteixen en dos espais simbòlics dins la seva obra: **Lavínia** i **Sinera**, respectivament, que, des d'una òptica grotesca i a voltes idíl·lica, descriuen els topants de la cosmovisió del món espriuà.

Va estudiar a la Universitat de Barcelona, en la qual es va llicenciar en Dret (1935) i Història Antiga (1936). Allí va conèixer companys intel·ligents i estimulants, entre els quals destaca el seu íntim amic, el poeta mallorquí Bartomeu Rosselló-Pòrcel.

Una de les experiències més enriquidores d'aquests anys va ser un viatge en creuer, organitzat per la universitat el 1933, que durant 45 dies li va permetre conèixer les principals ciutats del Mediterrani des de Grècia fins a Palestina i Egipte.

Cartell de la pel·lícula *Laia,* basada en la novel·la de Salvador Espriu.

El cop d'estat del 1936 va estroncar tot aquest món i el futur acadèmic de Salvador Espriu, el qual s'inclinava per llicenciar-se en Filologia Clàssica i continuar a l'estranger estudis d'egiptologia.

A més del desastre de l'aixecament militar i la consegüent mobilització dels joves com Salvador Espriu (es va incorporar a l'Auditoria de Guerra), es van succeir les morts del seu amic Bartomeu Rosselló-Pòrcel (1938) i del seu pare (1940), i, finalment, el triomf dels insurrectes en la guerra civil i l'establiment de la dictadura franquista. Salvador Espriu es va referir a l'any 1936 com la data de la seva mort civil.

> Llicenciat en Història, sotragat per una «tamborinada històrica», instal·lat per naixença i per acatament en un país on el coneixement de la història és una necessitat i la presa individual de posició un deute ineludible, Espriu, tenaç forjador d'una cosmovisió, d'una manera d'entendre el món i d'entendre-s'hi, és un autor preocupat per la història.
>
> CARLES MIRALLES, «El món clàssic en l'obra de Salvador Espriu», *Eulàlia. Estudis i notes de literatura catalana*

Abans de la guerra ja havia començat a publicar una obra important, que va causar prou impacte –*Israel* (1929), escrita en castellà per influència de la dictadura de Primo de Rivera; *El doctor Rip* (1931); *Laia* (1932); dotze narracions en *Aspectes* (1934)–, en la qual es remarquen algunes directrius fonamentals de tota la seva producció literària: l'obsessió per la mort, la lucidesa pessimista en la valoració de la condició humana, la mitologia hebrea i el poble d'Israel, el món mariner i ancestral d'Arenys de Mar, etc.

Així doncs, la seva producció literària es va iniciar en la **prosa** i des del començament va marcar la distància respecte de l'ortodòxia noucentista, pel que fa als temes i al model de llengua emprat –Espriu es considerava, juntament amb Josep Pla, representant d'una generació literària que havia superat el format del Noucentisme–, i del mestratge de Carles Riba, amb qui va compartir recíprocament un exquisit recel i alhora una profunda admiració. Després de la mort de Riba, en els cercles literaris Espriu es va confirmar com la figura representativa del mestratge, tot configurant el nou **canvi generacional**.

> L'estètica d'Espriu es troba en absoluta oposició amb l'estètica ribiana. La contraposició de generacions és, ens sembla, ben clara. Espriu, en oferir-li com a homenatge pòstum el seu llibre *La pell de brau* (1960), posa en relleu l'autoritat del mestre mort i reclama per a la seva obra la continuïtat d'una llengua de múltiple futur. Ve a dir als homes de la Bernat Metge: «Som molt lluny de vosaltres, però sense vosaltres no existiríem».
>
> MARIA AURÈLIA CAPMANY, *Notícia de Salvador Espriu i dels seus llibres*

En aquest sentit, és molt significativa la dedicatòria del poema «Inici de càntic en el temple», en *Homenatge a Salvat-Papasseit*, pel fet de ser un poeta contemporani de la generació del nou-cents, i alhora un representant d'una llengua popular i viva, del català parlat, i que va merèixer la desconsideració més desdenyosa per part de les grans patums noucentistes.

La **preocupació** d'Espriu **per la llengua** ve de lluny –Catalunya i el català ja són una acusació i una queixa en un dels seus primers textos, *El doctor Rip* (1931). El poeta considera que l'escriptura ha de ser sempre una referència lúcida a la mort; alhora, la poesia i la matèria de què està feta, la llengua, són també allò que ens en pot salvar. Aquesta llengua és la dels seus morts, la llengua del paradís de la infantesa que s'ha perdut i que ha estat envilit i arrabassat; són els mots que en el somni del poeta hauran de ser respectats i enaltits.

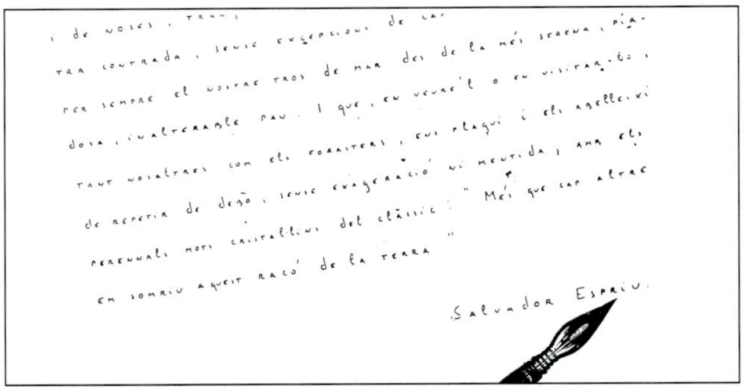

Fragment d'un text de Salvador Espriu.

Ara digueu: «La ginesta floreix,
arreu als camps hi ha vermell de roselles.
Amb nova falç comencem a segar
el blat madur i, amb ell, les males herbes».
Ah, joves llavis desclosos després
de la foscor, si sabíeu com l'alba
ens ha trigat, com és llarg d'esperar
un alçament de llum en la tenebra!
Però hem viscut per salvar-vos els mots,
per retornar-vos el nom de cada cosa,
perquè seguíssiu el recte camí
d'accés al ple domini de la terra.
Vàrem mirar ben al lluny del desert,
davallàvem al fons del nostre somni.
Cisternes seques esdevenen cims
pujats per esglaons de lentes hores.
Ara digueu: «Ens mantindrem fidels
per sempre més al servei d'aquest poble».

Salvador Espriu, «Inici de càntic en el temple»,
Les cançons d'Ariadna

Durant tota la seva vida va combinar la feina a la notaria, i més tard en una empresa d'assegurances mèdiques, amb la creació literària, plantejada des del començament com una elaborada i exacta arquitectura en què cada llibre és una peça calculada i estricta del conjunt unitari. En consonància amb l'obertura cultural que la dictadura de Franco va permetre els anys seixanta, la seva poesia adquireix el **to** més **civil** i **èpic** –destaca el recull *La pell de brau* (1960), del qual de seguida es va fer una edició bilingüe en castellà– i és interpretada com un símbol de la repressió nacional i, alhora, com un referent de la resistència cultural.

A partir d'aquests anys, l'obra i la figura d'Espriu adquireixen una celebritat inusual per a un escriptor català, per la qual cosa el poeta es va trobar en la tensió entre el seu desig de reclusió i dedicació a l'escriptura i la necessitat de prodigar-se en actes públics i d'homenatge. Diverses vegades va ser presentat com a candidat al premi Nobel de Literatura i l'any 1972 va rebre el Premi d'Honor de les Lletres Catalanes.

El **món mític** d'Espriu es defineix per uns personatges i uns espais ben delimitats: **Sinera** (Arenys a l'inrevés); **Lavínia** (la dona d'Enees, nom relacionat amb una ciutat del Laci antic i que simbolitza Barcelona); **Alfaranja** (Catalunya); **Konilòsia** (és a dir, «terra de conills», que representa grotescament Espanya), i **Sepharad** (antic nom hebreu dels jueus expulsats de la península Ibèrica per referir-se a la seva antiga pàtria).

Els personatges del seu món assumiran totes les tradicions culturals assimilades per Espriu: la tradició de l'antic Egipte, la Bíblia, la tradició jueva i la mitologia clàssica grega. Així, al costat de mites com ara Antígona i Fedra, i els plantejaments epicuris, moderadament hedonistes i, fins i tot, d'un clar estoïcisme –amb la seva resignació serena–, trobem innombrables imatges de la **ceguesa** escampades al llarg de l'obra. Aquestes es poden llegir parcialment en clau de referència literària (Èdip, Tirèsies, el mateix Homer-poeta contador d'històries, l'Altíssim-narrador i recitador, els «cecs al llarg del mur», a partir d'un versicle bíblic en els poemes més metafísics i elegíacs, etc.). Sovint, el poeta ha caracteritzat l'home com una persona cega (aquí potser és interessant recordar que el pare d'Espriu era pràcticament cec).

Representació de *Primera història d'Esther*, de Salvador Espriu.

Altres elements en l'obra d'Espriu són els **mites grotescos** i **domèstics** de l'àmbit de Sinera i de Lavínia (són els personatges d'*Ariadna al laberint grotesc*: Esperança Trinquis, Salom –àlter ego del poeta–, el pedant Crisant Baptista Mestres –en una al·lusió a Carles Riba en el conte *Teoria de Crisant*–, la Quel·la, en Tianet, i molts altres). En el món literari i d'unitat espriuà, tots aquests mites conviuen i es defineixen en una permeabilitat de referències literàries i de manlleus de tradicions.

La fórmula literària d'Espriu és el resultat de relacionar la realitat política del moment i la vida quotidiana (a voltes nostàlgica i sublimada, com en la recreació de la infantesa a Sinera; d'altres, satírica, grotesca o fins i tot esperpèntica) amb els mites clàssics, en un complex joc de desmitificació i revaloració.

El tema que, d'una manera obsessiva, dóna contingut a aquest artifici literari és essencialment la consciència de la **mort**. El poeta reflexiona una vegada i una altra sobre l'experiència de la mort (d'ell mateix, o d'algun dels seus personatges), que transcriu en una rica **simbologia**: el **mur** (les parets del cementiri, el lloc dels morts), que representa la mort i allò que ens en separa; els **homes** que com **cecs** caminen al llarg d'aquest mur fent via pels caminals del laberint (la vida humana), que són marcats per les parets, i, al centre d'aquest laberint, l'**home titella** que es confon amb qui en mou els fils, qui sap si el mateix home o el Déu no-res. Tot plegat se sintetitza en el títol del recull poètic *El caminant i el mur* (1954).

Prec de Nadal

Mira com vinc per la nit
del meu poble, del món, sense cants
ni ja somnis, ben buides les mans:
et porto sols el meu gran crit.

Infant que dorms, no l'has sentit?
Desperta amb mi, guia'm la por
del caminant, aquest dolor
d'uns ulls de cec dintre la nit.

SALVADOR ESPRIU, «Les ombres, el riu, el somni perdut (I)»,
El caminant i el mur

L'obra de Salvador Espriu es caracteritza, d'una banda, per la diversitat formal i tècnica (abasta tots els gèneres i registres literaris possibles), i, de l'altra, per l'aspiració de la unitat. Es tracta d'una **dimensió metafísica**, la qual inspira des del començament l'estructura literària global de la producció espriuana.

Cal interpretar aquesta imatge, considerada d'**influència cabalística** –és a dir, de la mística jueva–, com les diverses manifestacions particulars de la tradició sagrada i laica de les cultures del Mediterrani –l'antic Egipte, Israel, la Bíblia i la cultura clàssica grega i llatina–, en el sentit de tradició total que Espriu assumeix com a trossos d'una veritat ètica i mítica vàlida per a tota la humanitat. La tasca del poeta consisteix a restituir la unitat original tot fonamentant-se en un **plantejament filosòfic i literari**.

De tan senzill, no t'agradarà

Cansat de tants versos que no fan companyia
–els admirables versos de savis excel·lents–,
i de mirar com passa l'emperador tot nu,
i del gran plany del vent, aquest vell adversari,
i de l'excés de mi, sense missatge,
ara us diré, amb paraules ben clares,
amb un crit elemental, lluny d'artifici,
que vull només parar-me en el camí,
ja decantat amic de l'última injustícia,
i ajaçar-me per sempre, sense recança, mort,
damunt la bona terra.

SALVADOR ESPRIU, «El Minotaure i Teseu (III)»,
El caminant i el mur

Per això, la seva obra respon a un rigorós entramat de referències intertextuals que configuren l'univers mític particular d'Espriu i que cal llegir com un llarg **diàleg de diverses veus** (poètica, narrativa, teatral, grotesca, elegíaca, didàctica, etc.) que la crítica ha convingut a estructurar en els tres plans que va establir Josep M. Castellet per al conjunt de l'obra: el satiricogrotesc, l'eticocivil i el liricoelegíac. Així, podem classificar la producció literària d'Espriu segons aquest criteri i les grans etapes històriques marcades per la guerra civil.

Penseu que el mirall de la veritat s'esmicolà a l'origen en fragments petitíssims, i cada un dels trossos recull tanmateix una engruna d'autèntica llum.

SALVADOR ESPRIU, «Parlament final de l'Altíssim»,
Primera història d'Esther

Caricatura de Salvador Espriu, de Josep M. Subirachs.

La preguerra

Les obres *El doctor Rip* (1931), *Laia* (1932), *Aspectes* (1934) i *Ariadna al laberint grotesc* (1935) enllacen amb els models narratius propis dels anys vint i trenta (des del monòleg interior fins a la novel·la psicològica –en la línia de recuperació de la novel·la modernista– i el corrent satíric i de registre avantguardista que conrea el Grup de Sabadell, etc.).

▪ La guerra civil

Les novel·les curtes *Miratge a Citerea* (1935), *Fedra* (1937, que està inspirada en l'obra teatral que Llorenç Villalonga havia escrit en castellà) i *Letizia i altres proses* (1937) serveixen per reflexionar al·legòricament sobre la situació d'una Catalunya abocada a la guerra civil.

Immediatament després de la caiguda de Barcelona, Espriu va escriure l'obra teatral *Antígona* (1939, publicada el 1955 i refeta el 1964), una de les més profundes i commovedores reflexions sobre la tragèdia de la **destrucció** d'un poble i la necessitat d'un missatge de perdó i **reconciliació** entre els germans enfrontats.

Fotografia posterior a un bombardeig (Barcelona, 1937).

Tal com explica el pròleg a l'inici de l'obra, els fets en què es basa són els tràgics esdeveniments del llinatge dels reis de Tebes, immortalitzats per Èsquil en *Els set contra Tebes* i per Sòfocles en *Antígona*. La influència, doncs, del **món clàssic** és molt explícita en aquest cas, tot i que la versió d'Espriu incorpora un personatge grotesc absolutament clau en la interpretació del mite: **Eumolp**.

El personatge d'**Antígona** és tractat amb un respecte poc habitual en la literatura d'Espriu: en destaca la valentia i la pietosa honestedat d'una noia a qui la dignitat condueix a un **destí tràgic**.

La seva figura es dreça contra la covardia d'Ismene, la indecisió i la falta de compromís de Tirèsies, la roïnesa moral d'Eurídice, la crueltat, la rancúnia i la supèrbia de Creont, i l'odi i la destrucció angoixant que l'**omnipresència** de la **mort** i la **guerra** imprimeixen al llarg de l'obra. Antígona està sola, amb l'altiva dignitat dels herois clàssics i tràgics. Tanmateix, Espriu li atorga un company, grotesc esclau geperut, càustic i escèptic, una mena de bufó que «no té res a perdre», que podria ser «espectador de la desgràcia que arribi», i que, en canvi, tria acompanyar l'heroïna i fer-li costat sense grans gestos ni paraules inflades.

Aquest esclau irreverent, emparentat etimològicament amb una de les muses i per extensió amb la poesia, representa el poeta que sense grans escarafalls decideix acompanyar Antígona al sacrifici. El darrer parlament de la condemnada, en la seva grandesa potser absurda, desplega un missatge d'esperança que, en darrer terme, és la seva raó. La versió del 1964 introdueix en l'obra un canvi substancial: el personatge del **Lúcid Conseller** que apareix en la tercera part enmig dels consellers de Creont, i que té un darrer parlament que tanca la tragèdia, analitzarà amb distància i ironia els fets de què és testimoni.

EURIGANEIA: Aquesta ciutat de discòrdies! Dos germans es disputaven la corona, germans de pare i de mare. I tots els nostres varen morir, a causa dels qui es disputaven la corona de la ciutat.

SALVADOR ESPRIU, *Antígona*, primera part

El Lúcid Conseller és, per tant, un personatge pràcticament aliè als fets, molt menys angoixat pel dolor de la tragèdia que els altres; en definitiva, representa la possibilitat de jutjar els esdeveniments amb la fredor que permet la distància emocional i temporal (recordem que la segona versió s'allunya vint-i-sis anys de la guerra civil i de la primera versió). El Lúcid Conseller no és sinó la lúcida consciència del poeta.

ANTÍGONA (*amb una suprema dignitat*): [...] Calmeu el poble i que torni a les cases, que cadascú torni a casa. No sé si moro justament, però sento que moro amb alegria. Privada de la llum, en una lenta espera, recordaré fins al darrer moment la ciutat. Recordaré els carrers, la font, els camps, el riu, aquest cel. Que la maledicció s'acabi amb mi i que el poble, oblidant el que el divideix, pugui treballar. Que pugui treballar, i tant de bo que tu, rei, i tots vosaltres el vulgueu i el sapigueu servir.

SALVADOR ESPRIU, *Antígona*, primera part

Escena d'*Antígona*, de Salvador Espriu.

La postguerra

Espriu es decanta cap a la **poesia** (les facilitats de publicar –més que en cap altre gènere literari– i, per tant, de superar els entrebancs de la censura hi van contribuir de manera decisiva), dins el corrent que s'ha anomenat *postsimbolista*.

El primer llibre de poesia, *Cementiri de Sinera* (1946), evoca el món destruït per la guerra, que el poeta identifica amb **Sinera**. En el següent, *Les cançons d'Ariadna* (un recull de trenta poemes publicat el 1949 que va ampliar fins a un centenar en la versió definitiva del 1978), recupera el món d'Arenys en una visió satírica que enllaça amb la narrativa anterior a la guerra.

I

—La Trinquis, la Trinquis!

Sardana i mofa entorn de l'embriaga.

—La Trinquis, la Trinquis!

La mainada no s'acontentava amb el crit i ara feia giravoltar mandrons. Un roc s'enduia el tarot de la captaire. Esperanceta Trinquis (nas inflat, mitges al garró, veritablement no massa clara) esbrinava amb la llengua pastosa:

—És sistema d'establir ròssecs de conferències?

Els menuts paraven, perquè una pausa en el diàleg descansa sempre, i cap acció no té solta sense el comentari i el relleu de la paraula. Complien una profunda llei de cercle (viciós, no cal dir-ho) amb la ignorància dels petits i dels pobles. Cridaven de lluny i simulaven que tenien por. El Bassot unificava consciències:

—No veus que estàs piorna? Qui pot, si no, penetrar en el garbuix de les teves manifestacions?

Reien. La Trinquis argumentava:

—Les raons de la meva mui són d'evidència, malgrat una opinió desvergonyida. D'altra banda, que ho estigui o no, la dama us subleva fonamentals criteris?

El Bassot responia, escarafallós:

—Ni t'ho pensis, Trinquis. Per nosaltres, ni gota de tírria. El teu mam no és encimat, pólvora a nivell de qualsevol prestigi, filla, què t'afiguraves? On entafores, però, el costum? Sempre s'ha fet així, i tu ho domines prou, que no ets tova. Altrament, aquells ossos dansarien.

Assenyalava el Mal Temps i el cementiri, els límits de Sinera.

—M'hi avinc, sí, cal riure –va dir la Trinquis. Ara, que no em feu mal, eh?

—Aquestes mofes mai no han vessat del roig –va dir el Bassot. Au, nois, som-hi!

—Espereu! –va dir la Trinquis. Sóc, és cert, molt favorable a la funya. Sabeu, però, amb qui bescanvieu conceptes? Una senyora, ep!, una senyora. Aquests espellofats varen encaminar l'última bromera d'en Nab, considereu!

—El de quin llibre? –va dir el Bassot. Sagramentes el designi de torbonada, Trinquis.

—Gairebé –assentia ella. I prou, néts. Au, autor, allunya'm el brunzir d'aquest eixam! –em va cridar. No m'obliguis a representar més pítima.

—Si ho estàs, què hi farem –vaig dir jo. La història diu que ara t'han d'apedregar. Au, noia, no et revoltis, és inútil. Jo no hi entro.

—Quin déu –va blasfemar la Trinquis.

—Pirandel·liana! –vaig respondre jo, amb rancúnia.

—Apa, prou, què tants sorabis, aquí –va dir el Bassot. A esbotzar-li els cinc de ratafia, àngels!

II

—Ja que ho manes, no et puc negar la relació –em va dir a contracor la vella. T'odio, saps? Per la teva culpa, el Bassot em va fer, vulgues que no, abandonar la protectora, i el mullader se m'escampà de dalt a baix. I tu hauries pogut atenuar aquell destí i t'hi negaves. Sóc, però, el teu personatge i t'obeeixo. Mira, doncs: el meu conte, massa enllardufat. No sé per què percaces la meva ombra, a tants anys de distància. Amiga de la Melera, de tota la vida. Rodolar, passa la maneta i prou. Un glop de tard en tard. Sí, per perdre contactes de memòria, mi-te'l. La fama que tu explotes, de seguida, i no xarrupava més que la Melera o en Nab, ho juro. Amb aquest, com germans. El vaig veure morir.

—És veritat que hi assistien Candelera, Oliva i Perpètua? –vaig preguntar, amb neguit d'evangelista.

—Sí. I també la viuda, en Pepa Sastre, Pasquala Estampa, Pudentil·la Closa, Cristeta Mils i Doloretes Bòtil. Tots de família. Quin moment! Ploràvem. El mort trigava. Contàvem menuderies, per entretenir-nos. El mort s'acomiadà de tots, amb sagraments i resignat. Mossèn Silví dirigia el parenostre. El mort, però, trigava. Formàvem aleshores un cercle i l'espiàvem fins que accelerà marxes. Ploràvem, amb els ulls fits en ell, no et pensis. Espectacle, fill. Es va entenebrir al carrer, a la llarga, i ja no li vèiem l'afinada. Compta, a finals de setembre! Ens vàrem distreure uns instants, perquè allò anava a poc a poc, i ens ficàvem en pells. Fins que ella, més atansada (li tocava, pobreta), va dir: «Ja està!» Vàrem respirar.

—Aquesta va ser la mort Nabucodonosor? –vaig dir jo.

—No t'ho conto? L'evangèlit –tallà la Trinquis. I que no me l'he poguda esborrar mai més.

—Glòria és persistència en el record –vaig meditar jo.

—Què? –va fer la Trinquis.

—No res –mormolo. I digues: aquest va ser l'instant més enlairat de la teva vida.

—Si tu ho vols, quin remei! –contestà la Trinquis. De tota manera, va ser una sensació il·lustre de cortesania. Au, s'ha acabat –va afegir. No tens més dret a la meva conversa, fill. Me'n vaig.

—Trinquis! –li vaig manar.

Però ja no hi era.

SALVADOR ESPRIU, «Glòria i caiguda d'Esperanceta Trinquis», *Ariadna al laberint grotesc, Obra Completa*

Amb sis agulles
d'estendre roba em pengen
–el jutge ho ha manat–,
per eixugar-me al sol.
Quin pes, Mare de Déu!
Ho trobo un disbarat.
Del nas enterc em raja
un ample rierol
de ratafia amb neu.
Aprofiteu hisendes
que perdo! Bona gent,
baixeu-me de seguida,
us parlo en testament:
mireu la meva ganya,
ja res no m'importa.
No mouré pestanya,
perquè sóc ben morta.

Cases de Sinera
m'han tancat la porta
quan vacil·lant passava,
carrers enllà, camins enllà.
Els vailets deixaven
un moment els jocs,
amanien fones,
em llançaven rocs
i de mi es mofaven,
tot donant-me escorta.
Era prou difícil
de guanyar-me el pa.
Però no m'importa,
perquè ja sóc morta.

M'han trobat glaçada
per on corre el tren,
en un clot. Escolto
com tothom s'ho pren
(sempre els he fets riure):
–Reina de les coves,
Esperança Trinquis,
plena de minoves,
tarot a la clepsa,
mitges al garró,
has begut les gotes
del darrer flascó.

Com que sóc ben morta,
ja res no m'importa.
Ara han davallat
el lleig cos a terra.
Quan l'hauran deixat
dintre quatre fustes,
en la gran quietud,
sota les estrelles
cantarà el cucut.

Salvador Espriu,
«Cançó d'Esperanceta Trinquis»,
Les cançons d'Ariadna, Obra Completa

És evident el lligam entre les narracions d'*Ariadna al laberint grotesc* (1935), que ocupa un lloc central i de síntesi en la prosa d'Espriu, i *Les cançons d'Ariadna*, que pretén ser la summa més representativa de la seva poesia.

El missatge de perdó expressat en *Antígona* és contestat mitjançant una altra obra teatral, *Primera història d'Esther* (1948), considerada l'obra culminant de la literatura catalana de postguerra. Espriu la va concebre com a homenatge i testament de la llengua catalana (que veia en un imparable camí de desaparició), en una barreja de **referents cabalístics**, **bíblics** i del món de **Sinera** des de l'estètica esperpèntica d'un teatre de titelles.

S'ha perdut la cadència de la meva llengua imperial. Ara la parlen a crits, sense acabar els períodes, afermada amb renecs i blasfèmies i una gesticulació xarona i brutal, amb reminiscències d'homínid. Se m'ha convertit en un patuès o en un *volapuk* sense intimitat ni finor, sense matisos, empedreït de paraules sibil·lines, fredes, pedants, insuportables. Ningú no la llegeix, i les lletres que uns quants cultiven, en general raquítiques, amorfes, grises, sense personalitat ni rigor, ni tan sols ofici, sovint no es proposen sinó servir interessos bastards. Aliens a una tradició de profunda cultura i de finesa, els meus fills no s'interessen per l'esperit. Materialistes com són, imiten tècniques estrangeres.

Salvador Espriu,
«El país moribund», *Ariadna al laberint grotesc*

En el relat «El país moribund», que tanca *Ariadna al laberint grotesc*, expressa l'opinió d'aquesta llengua «pagesa i aristocràtica» que, enmig d'escarafalls pedants de patrioterisme idiota, es va deixant degradar barroerament.

En *Primera història d'Esther*, decideix retre homenatge a la **llengua viva** i **dúctil** explotant-ne literàriament tots els registres sense transigir en allò que té d'errades, de pèrdua de sentit genuí per influències alienes imposades des de fora. Atenent la tan preuada unitat, utilitza elements que, en principi, es podrien considerar irreconciliables –arcaismes, cultismes, tecnicismes, vulgarismes, localismes, dialectalismes, etc.–, amb què assoleix un resultat impressionant, harmoniós tant des del punt de vista del significat com dels sons.

Precisament, és aquest contrast de la diversitat ben conciliada en una **síntesi unitària** el tret més característic de l'estil espriuà i allò més innovador de la seva obra. D'aquesta manera, la llengua i la seva obra esdevenen indestriables. Els llibres de poemes següents, juntament amb *Cementiri de Sinera*, configuren el cicle líric i metafísic d'Espriu: *Les hores* (1952), *Mrs. Death* (1952), *El caminant i el mur* (1954) i *Final del laberint* (1955).

Escena de *Primera història d'Esther*, de Salvador Espriu.

Altíssim: Que Déu us doni sempre la seva llum. Jo, l'Altíssim, cec d'aquesta parròquia de Sinera, tinc missió de convocar nens i crescuts... no a la «Sala Mercè», ara de magna esbaldida, que tant li convenia..., sinó al jardí dels cinc arbres, sota el roser de la pell leprosa, la troana, la camèlia, el libanenc i la palmera gànguil, avui, una tarda d'estiu, sense cap núvol al cel, segons quedo notificat per la xerra caritativa de la Neua. Mossèn Silví Saperes, el nostre propi senyor ecònom, us convida als putxinel·lis de Salom, a mirar i aprendre la bíblica i vera història de la bona reina Esther. Veniu, amb la quitxalla, vilatans, patricis, homes, dones i compatricis! Les històries s'afeixuguen, hi ha molta calma a mar, xisclen pels rials les orenetes. ¿On trobareu més divertiment i més amable aire, per un preu, diguem la suposició, gairebé de franc? Promès, ho deixo al fibló de cada consciència: que la voluntat fixi l'entrada. Rotlleu-vos, doncs, a pler, entorn del petit teatre. Feu via, que ja el rei s'emprova la corona del seu càrrec, el gran rei, a Susa, lluny d'aquí, prop d'aquí, potser davant aquests mateixos nassos. Els ninots parlaran i ballaran, moguts per la misteriosa traça de l'Eleuteri, el fill de la Marieta, el noi de la casa del costat, que un dia s'escolarà, com sabeu, sense temps ni d'un badall, les cames ben tallades, arreplegat per una màquina... Però avui Salom li encarrega encara de comandar la bellugor dels seus titelles. Procureu de distreure-us una estona i oblidar-vos de tot el mal que ens ha de succeir. Després, quan el sol s'hagi post i l'Hereu Quiliè camini contra la fosca de Sinera amb la canya d'encendre els fanals, anireu xano-xano a sopar i a esperar la son i la gràcia d'un nou matí, per a qui arribi. I prego al selecte d'amainar gatzara, car la representació comença. ¿Estàs a punt, rei de Pèrsia?

[...]

La veu d'algú: Pel baptisme, cristià.
Pels sentits, pilloc pagà.
Per la pega, català.
La carota, d'albardà.
I aquest morro, de senglar
barrigant rera la gla.

Làmed: El renoc raucava al rec
florilegis de renec,
francesilles per al llec,
mentre corbs de cuitós bec
amb esquírria em deixen cec,
tot xautant-se del meu prec.

Mem: La mulé, xupa, cuïc,
per ninou, malgrat l'abric,
m'endinyava, sense explic,
un pessic dins el melic.
Ai, joell, brèvol xemic,
prou xauxino al ritme inic!

Nun: A l'ombreta d'un aloc
m'adormia com un soc
–per capçal només un roc–,
quan m'escarbillo al toc
repelenc i, pell al noc,
m'esfetgego, tan renyoc!

Sàmec: Un parell de mots amb «sóc»
rimaré, i àdhuc amb «jóc».
Més de «boc» i «moc», no puc:
vejam tu, versista ruc.

Ain: Pel meu lluc, massa feixuc:
ni ho trauria per retruc.
Repussall, xaruc, matxuc,
en belar perdo el remuc.

Banyeta: Amb tentines d'embriac
de mistela i de conyac,
la cataifa del rebrec
dirigeixo. Cap rebec,
tanmateix, al meu repic,
no replica mai, ni un xic.
I si ho fa, fort o pioc,
d'un carxot el torno a lloc
(també tusto algun maluc
amb varetes de saüc).
Sentiràs d'arreu el xac.
Atzucac, catric-catrac!

[...]

Altíssim: Vilatans, patricis de Sinera: som a les acaballes de la faula.[...] ¿I de què et servirà furgar, Salom, contra aquesta imprescriptible llei, en el misteri de les paraules, anhel d'insentesa, cavalleria desbocada que t'arrossega a la destrucció? Maleït tu, orgullós foll perdedor de tot, excepte d'una estèril tristesa lúcida, que amb rictus de desdeny i amb precària burla trepitges el teu cor en la solitud. Ai, vosaltres, els morts espectadors, compadiu, però, el gos assedegat que es llepa fugint els trencs de pedrots i vergassades, apiadeu-vos del qui s'endinsa sense retorn pels presidis de l'enyorança i dels anys! I no te'n riguis, Tianet, i escolta la veu feble que s'adreça, amb preferència, a tu i als teus companys de joc, des de l'ambó momentani. Atorgueu-vos sense defallences, ara i en créixer, de grans i de vells, una almoina recíproca de perdó i tolerància.

Cartell de *Primera història d'Esther,*
de la Companyia d'Adrià Gual.

Salvador Espriu,
Primera història d'Esther

▪ La dècada dels seixanta

El **discurs cívic** d'Espriu és el que li va donar més ressò i popularitat com a poeta, sobretot a partir de la publicació de *La pell de brau* (1960), que va ser rebut com un llibre extremament modern, en sintonia amb la literatura èpica i de combat ideològic.

Els poemes del llibre reflexionen sobre la **llibertat**, la **tolerància** i la **diversitat** dels diferents **pobles** que formen la península Ibèrica, la qual és anomenada de manera al·legòrica amb l'antiga denominació hebrea (dels jueus expulsats en nom de la intolerància i la ignorància, cal no oblidar-ho): Sepharad.

I

El brau, en l'arena de Sepharad,
envestia l'estesa pell
i en fa, enlairant-la, bandera.
Contra el vent, aquesta pell
de toro, del brau cobert de sang,
és ja parrac espesseït per l'or
del sol, per sempre lliurat al martiri
del temps, oració nostra
i blasfèmia nostra.
Alhora víctima, botxí,
odi, amor, lament i rialla,
sota la closa eternitat del cel.

XLVI

A vegades és necessari i forçós
que un home mori per un poble,
però mai no ha de morir tot un poble
per un home sol:
recorda sempre això, Sepharad.
Fes que siguin segurs els ponts del diàleg
i mira de comprendre i estimar
les raons i les parles diverses dels teus fills.
Que la pluja caigui a poc a poc en els sembrats
i l'aire passi com una estesa mà
suau i benigna damunt els amples camps.
Que Sepharad visqui eternament
en l'ordre i en la pau, en el treball,
en la difícil i merescuda
llibertat.

SALVADOR ESPRIU, *La pell de brau*

Tanmateix, els llibres de poemes següents van significar un retorn al **registre metafísic** de to hermètic i al món de Sinera: *Llibre de Sinera* (1963), *Per al llibre de salms d'aquests vells cecs* (1968) i *Setmana Santa* (1971).

Cartell de l'espectacle *Ronda de mort a Sinera.*

▪ La dècada dels setanta i vuitanta

La producció d'Espriu en els anys setanta i vuitanta va ser més dispersa.

Destaca la darrera obra teatral, *Una altra Fedra, si us plau* (1978) –encarregada al poeta per l'actriu Núria Espert–, alguns llibres de poemes, un recull molt original de narracions titulat *Les roques i el mar, el blau* (1981), en què s'entrecreuen els mites clàssics amb el **món grotesc** de Sinera, i *Per a la bona gent* (1984).

Els darrers anys de la seva vida, Salvador Espriu es va dedicar principalment a una última i molt rigorosa revisió de la seva obra, amb la finalitat d'adaptar els llibres ja publicats per a l'edició definitiva de les obres completes, seguint una ambició de **perfecció** i **coherència literària** constant al llarg dels anys.

Apunta i toca. Amb els ulls no li veieu l'arc, el veieu amb l'intel·lecte. Sou platònics, quin remei –i us parlo sense cap propòsit d'ofendre-us ni d'afalagar-vos. El noi té dues classes de sagetes, recordeu-ho. Guardeu-vos, si podeu, de totes dues. És un xicot capriciós i cruel, que es diverteix amb el sofriment de les seves víctimes, amb el dolor dels cossos, i de les ànimes de qui fereix.

SALVADOR ESPRIU, «Eros», *Les roques i el mar, el blau*

▪ Joan Oliver (Pere Quart)

Joan Oliver.

Joan Oliver, que utilitzà el pseudònim de *Pere Quart*, en la seva producció poètica (correspon al seu segon nom de baptisme i al fet de ser el quart d'onze germans), va néixer el 1899 a Sabadell, fill d'una de les famílies més poderoses de l'alta burgesia industrial catalana del segle XIX, i va morir a Barcelona el 1986. El seu besavi patern va ser un ric propietari rural del Vallès i fundador de la Caixa d'Estalvis de Sabadell. L'avi matern, polític i teòric de l'economia, va ser un dels grans industrials del Foment del Treball Nacional i va aconseguir introduir en l'Estat espanyol els principis del proteccionisme.

Joan Oliver va ser educat en un ambient de «casa bona»: Batxillerat als escolapis, Dret a la Universitat de Barcelona, viatges per Europa i amistat amb altres joves benestants, amb els quals compartia interessos intel·lectuals (Francesc Trabal i Armand Obiols, amb qui havia de formar el Grup de Sabadell).

Tota la vida va manifestar una actitud de rebel·lia revolucionària contra els poders establerts, les mentalitats acomodatícies i benpensants, l'ordre històric imposat i les posicions immobilistes, actitud que es va concretar en un **enfrontament** directe amb la classe social a la qual pertanyia: la **burgesia**.

> Jo sóc un anarquista en potència. I, si no ho sóc de fet, és per por de la soledat, de la falta d'amor, per por de la intempèrie. De la misèria, que és una cosa que em fa basarda.
>
> JOAN OLIVER, *Diàlegs a Barcelona*

Aquesta clara **ruptura** amb els seus orígens benestants condiciona la seva visió del món, l'ètica que sosté la seva vida i, com no pot ser d'una altra manera, la seva obra literària.

Així, les seves primeres incursions literàries en el Grup de Sabadell són de **to iconoclasta** i d'un **rupturisme avantguardista** en part humorístic (organització d'uns Antijocs Florals; creació d'un club de senyors d'estil britànic del qual van nomenar president un ase), però també amb iniciatives culturals ambicioses, com ara la fundació de les Edicions La Mirada (1925), que va publicar amb prou rigor autors de l'altura de Carles Riba o Josep Carner i les obres dels mateixos membres del grup.

Tota la seva obra literària (poètica, narrativa, teatral) manté aquesta posició inicial d'enfrontament contra els criteris ideològics i estètics de la burgesia: el títol del primer llibre de poemes –*Les decapitacions* (1934)– indica d'una manera prou expressiva aquesta voluntat de decapitació sociològica i d'**innovació literària**.

XI

L'infant el cavall de cartó
turmenta i mutila amb gest obstinat.
Li escurça les potes, li talla la cua,
li esclafa les anques a cops de martell
i amb llargues agulles forada ses nines.
(L'infant clou els llavis, té rostre de vell.)
Llavors l'abandona per altres joguines.
Se'n cansa i reprèn el cavall mutilat,
car vol escapçar-lo. Com bleixa! Com sua!
I brolla la sang invisible...

PERE QUART, *Les decapitacions*

Durant la guerra civil es va comprometre a fons amb el Govern republicà, en la lluita antifeixista i per una **posició nacionalista** i **revolucionària**. Va presidir l'Agrupació d'Escriptors Catalans (filial de la UGT socialista), va ser cap de publicacions de la Conselleria de Cultura de la Generalitat, va organitzar el servei de Biblioteques del Front, va fundar la Institució de les Lletres Catalanes, va escriure la lletra de l'himne de l'Exèrcit Popular i es va encarregar de l'evacuació dels intel·lectuals compromesos; el 1936, el Comissariat de Propaganda va editar la seva *Oda a Barcelona.*

[...]
Barcelona!
Barcelona, ferida i eixalada.
Repiquen les campanes soterrades,
volen creus,
ocells d'incert auguri.
Els murs suporten voltes invisibles,
fumeres, panys de cel,
roba blanca de núvols.

D'aquí estant, Barcelona,
el tumult és ordre.
L'or pàl·lid ni respira.
[...]

Barcelona,
els teus fills no t'acaben d'entendre,
bruixa frenètica,
matalàs d'esperes.
Escabellada, ronca,
perds la vergonya i la senyera,
però et guanyes la vida,
entre la mort i la follia.
[...]
Treballa. Calla.

Malfia't de la història.
Somnia-la i refés-la.

Vigila el mar, vigila les muntanyes.
Pensa en el fill que dus a les entranyes.

PERE QUART, *Oda a Barcelona*

Perduda la guerra, es va exiliar a França –al castell de Roissy-en-Brie, amb tants altres intel·lectuals catalans allí aplegats: Trabal, Rodoreda, Obiols, Bartra, Calders, etc.–, i uns quants mesos més tard es va embarcar en el vaixell *Florida* cap a l'exili a Santiago de Xile, on va viure vuit anys.

A Xile, a més de guanyar-se la vida com podia, va continuar la seva tasca intel·lectual col·laborant en **revistes d'exili** (*Catalunya, Germanor,* etc.) i va fundar amb Xavier Benguerel la col·lecció «El Pi de les Tres Branques», en què va editar des de *les Elegies de Bierville,* de Carles Riba, fins al seu *Saló de tardor* (1947).

En contra d'alguns amics, com el mateix Benguerel, que li desaconsellaven el retorn, l'any 1948 va tornar a Catalunya.

> El Florida, sense bandera, sense cap insígnia ni senyal visible, pintat d'un blau marí brut, avançava a tota màquina escortat per dos destructors francesos. De nit anàvem sense llums, i no era permès de fumar als ponts. El passatge era format per una dotzena grassa de catalans i una vintena de jueus centreeuropeus. Tots fugíem de Hitler i companyia –aleshores els turistes i els viatjants de comerç no sortien de casa o s'havien deixat endossar l'uniforme. Tots els emigrants ocupàvem cabines de tercera, a popa. Els salons, els bars, els espais oberts destinats a l'esplai dels passatgers, no comptaven per a nosaltres.
>
> Joan Oliver, *Nadal de 1939*

Xavier Benguerel i Joan Oliver compartint els seus records en una entrevista.

A Barcelona va ser detingut i empresonat dos mesos i mig perquè la policia va trobar a casa seva una revista mexicana en la qual hi havia articles contraris al règim de Franco.

La seva situació econòmica era molt precària, i el context social dels anys quaranta, miserable; la seva dona, Conxita Riera, va morir de leucèmia uns quants mesos després de tornar. Van ser, sens dubte, uns anys molt amargs per a l'escriptor.

La seva situació va començar a canviar a partir del 1955, any en què va acceptar dirigir la col·lecció de novel·la catalana «El Club dels Novel·listes»; a més, va col·laborar amb l'Agrupació Dramàtica de Barcelona, va treballar a l'editorial Montaner i Simó, es va tornar a casar i va publicar moltes traduccions teatrals d'autors tan diversos com Molière, Goldoni, Txèkhov, Shaw, Beckett i Brecht.

A partir dels anys seixanta, coincidint amb la publicació del seu recull de poemes més prestigiós –*Vacances pagades* (1960)–, es va produir un autèntic reconeixement social i literari de la seva figura i la seva poesia.

Vacances pagades i *La pell de brau* (1960) d'Espriu són considerats els llibres representatius d'una nova concepció de la poesia: el **realisme històric** i la **poesia social**. Oliver es converteix en una figura pública reconeguda com a símbol i exemple per als intel·lectuals més joves, i participa en gairebé tots els actes de protesta i reivindicació cívica.

A partir d'aquest gir en la seva obra, s'aboca a una **literatura** cada cop més escèptica, irònica i sarcàstica, rabiosament **inconformista** i **militant**, que, en definitiva, aspira a comunicar la realitat sense hermetismes.

Cartell de *La fam,* dibuixat per Ramon Calsina.

La figura i l'obra de Joan Oliver han tingut alts i baixos importants, i han estat reconegudes com a emblemàtiques o ignorades segons els interessos circumstancials de les modes crítiques.

Tanmateix, el temperament crític, ètic, cívic i insubornable de l'autor va ser una constant en totes les seves manifestacions públiques, socials i polítiques, i en tota la seva producció intel·lectual. El 1970 va rebre el Premi d'Honor de les Lletres Catalanes, mentre que el 1982 va refusar la Creu de Sant Jordi de la Generalitat de Catalunya.

La producció de Joan Oliver abasta totes les expressions literàries –narrativa, teatre i poesia– i, en general, es pot dividir en tres moments històrics ben diferenciats: la producció anterior a la guerra, la literatura de combat i la producció de postguerra fins a la transició democràtica.

El denominador comú del conjunt de l'obra és l'**actitud crítica** constant que Oliver manté d'una manera coherent al llarg dels anys, juntament amb un racionalisme escèptic expressat sobretot per mitjà de l'humor i en un registre lingüístic que es pretén que sigui d'allò més normal.

La seva poètica s'oposa explícitament, a vegades fins i tot fent-ne la paròdia, al preciosisme postsimbolista, hermètic i, per tant, elitista de la poesia catalana dels anys trenta. Això l'aproxima a la poesia del realisme social que s'inicia a Europa. Aquest rebuig de l'hermetisme, essencial en tota tradició simbolista, és una constant estètica de tota la seva obra, juntament amb uns principis ideològics fonamentals: la **intenció moralitzadora** de la literatura i la **consciència històrica**.

Així doncs, l'objectiu essencial de la producció literària de Joan Oliver, tant en poesia com en narrativa, però sobretot en teatre, és la **voluntat de comunicació**. En aquest sentit, el rigor de la seva aposta formal es fa compatible amb el distanciament del català literari que van crear els escriptors noucentistes i s'assoleix mitjançant un llenguatge que podríem qualificar d'«apoètic», les característiques del qual són:

- refús de la retòrica;
- utilització del vers lliure;
- to col·loquial, fins i tot vulgar;
- estructures sintàctiques pròpies de la prosa;
- ús dels recursos retòrics més senzills: enumeracions, paral·lelismes, etc.;
- predomini del substantiu i el verb davant l'escassesa d'adjectius;
- adjectius sovint amb una funció satírica o irònica;
- domini de la llengua acadèmica i normativa, «tots els vocables del diccionari», i
- coneixement profund de les fórmules expressives populars.

Cartell signat per Joan Oliver per a un recital de poesia de l'any 1970.

El motor principal de la literatura de Joan Oliver ha estat gairebé sempre l'enfocament irònic impregnat de desencís de la realitat més immediata i material. Aquesta visió de l'home i de la societat, juntament amb la denúncia i la voluntat d'intervenció, van convertir l'obra i el personatge en un dels exponents més clars i programàtics de la poesia social dels anys seixanta.

Així, Pere Quart va ser reconegut com un **poeta del realisme** amb una personal vena **satírica** que cal entendre com una tècnica intel·lectual de distanciament d'aquesta realitat, alhora apassionant i esfereïdora, que converteix en poesia.

Els motius temàtics recurrents de la seva obra són:

- la crítica de la classe social a què pertany: la burgesia;
- la consciència històrica;
- la reflexió religiosa, en què destaca la figura de Jesús i del cristianisme, com una personalitat de caràcter revolucionari;
- els episodis bíblics, sovint parodiats, i
- la reflexió sobre l'ofici de poeta o la tradició poètica catalana, també en clau paròdica.

Abans de la guerra

Joan Oliver va publicar el primer llibre de narracions el 1928 –*Una tragèdia a Lil·liput*, que es tornaria a publicar ampliat l'any 1937 amb el títol *Contraban*– i el primer llibre de poemes el 1934 –*Les decapitacions*–, quan tenia gairebé trenta-cinc anys. Per aquesta raó és difícil situar-lo des d'una perspectiva generacional: per edat pertany a la lleva de Riba, Foix, Sagarra o Salvat-Papasseit, però la seva producció l'agermana cronològicament amb Espriu o Vinyoli.

En poesia publica l'obra *Bestiari* (1937), una nova mostra de la seva innovació conceptual i formal que l'allunya de la poesia de tradició simbolista.

En teatre va publicar sis peces abans de l'any 1936, de les quals destaca precisament la darrera: *Allò que tal vegada s'esdevingué* (1936).

En totes les seves obres teatrals és evident la voluntat de superació dels plantejaments burgesos que havia representat el teatre d'autors com ara Carles Soldevila. La intenció d'Oliver és la crítica social despietada, sovint recorrent a la ironia i l'humor. El més interessant d'aquesta etapa de preguerra és la renovació formal de la literatura catalana, que, en coincidència amb els supòsits del Grup de Sabadell, s'oposava als codis noucentistes.

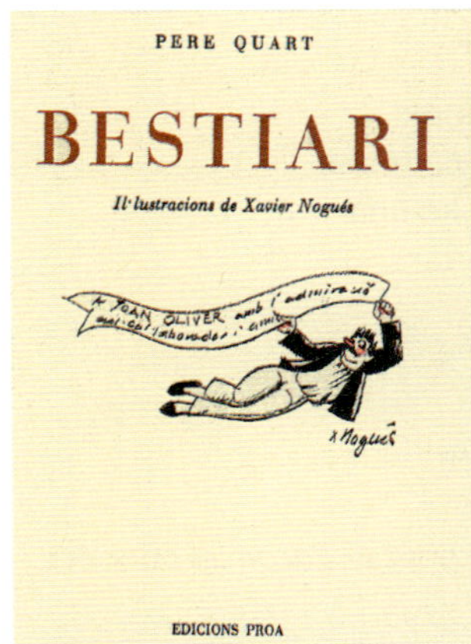

Una edició del *Bestiari*.

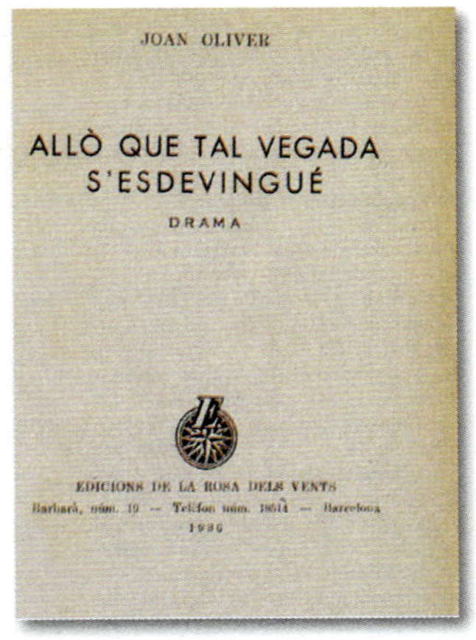

Edició d'*Allò que tal vegada s'esdevingué.*

Literatura de combat (1936-1939)

Els fets bèl·lics van convertir Joan Oliver en un escriptor de combat. En *Oda a Barcelona*, editada, com hem dit, pel Comissariat de Propaganda el 1936, opta per una posició nacionalista i revolucionària.

Pel que fa al teatre, durant la guerra civil es va estrenar *La fam* (1938), una obra que, a través del model formal de la comèdia burgesa, opina sobre aspectes candents de la ideologia revolucionària.

La postguerra

Perduda la guerra, Joan Oliver, com la gran majoria d'intel·lectuals catalans, s'ha d'enfrontar a la dura experiència de l'exili. És una època d'**introspecció** i tristesa. En són una mostra *Saló de Tardor* (1947), publicat a Xile, i *Terra de naufragis* (1956), publicat de tornada a Catalunya. Es tracta de dos reculls de poemes d'aparença solemne (no gens humorístics), de **to elegíac** i greu, en què reflexiona sobre l'exili, l'enyor i la mort.

Uns quants anys més tard, un cop superat aquest primer tram de la postguerra, va aparèixer la seva obra mestra: *Vacances pagades* (1960), símbol de la **poesia social** que recull l'esperit de resistència i lluita contra la dictadura. És considerat un dels millors llibres de Pere Quart, tant per raons estrictament literàries com per l'impacte que va tenir. El poeta s'hi expressa amb una veu pròpia, més en sintonia amb la d'abans de la guerra, i recupera l'humor irònic, el racionalisme escèptic, el pessimisme desmitificador, la crítica social i la reflexió ètica.

S'hi distingeixen tres tipus de poemes: els que recorren a motius religiosos, els que reflexionen sobre la poesia i l'ofici de poeta, i els de caràcter més militant –poesia de denúncia i de finalitat política.

Us llego, amics, senzillament,
els tres quefers humils de sempre:
viure (i menjar) amb decòrum cada dia;
si podeu, endegar cobejança i luxúria;
pensar (creure o dubtar)
en la certesa i les hipòtesis
de la mort de la carn
i de la vida nova de l'ànima.
No hi ha res més a fer; i ja basta.
La resta és literatura.

PERE QUART, «Codicil d'un poeta», *Vacances pagades*

Els reculls de poemes que segueixen –*Circumstàncies* (1968), *Quatre mil mots* (1977), *Poesia empírica* (1981) i *Refugi de versos* (1987)– continuen la **crítica** implacable de la **realitat**, centrada en referències autobiogràfiques o en relectures dels motius bíblics i de la tradició. Hi ha, a més, un tema del tot nou: l'al·lusió freqüent a la **mort**. Les seves posicions ideològiques són pacifistes, compatibles amb la sàtira i l'ètica humanista que el caracteritza de sempre.

Joan Oliver hauria pogut ser un autèntic **renovador** del teatre català, però les circumstàncies històriques no li ho van permetre. La gran reivindicació de l'autor va ser el que avui anomenaríem una «normalització de l'escena teatral catalana»: escriure obres de qualitat, per a un públic majoritari i, per tant, no elitista, amb la continuïtat i la normalitat suficients que permetessin als dramaturgs viure de la seva obra.

Ball robat (1956) és la peça més representativa d'aquest període, a més d'altres com *Primera representació* (1955), *El roig i el blau* (1956), *Una drecera* (1957), *Tercet en Re* (1959), *Conferència a la vall* (1965), *El mercat comú* (1965), *Noè al port d'Hamburg* (1966) i *Vivalda o l'Àfrica tenebrosa* (1967).

Cartell de *Pigmalió*, representada per Dagoll Dagom.

Pel que fa a la narrativa, va aplegar diverses proses en *Biografia de Lot i altres proses* (1963), com també narracions i articles publicats en la premsa entre el 1964 i el 1970, amb el títol *Tros de paper* (1970). La seva producció narrativa segueix els passos estètics i de contingut de la seva poesia: neix amb la crisi dels codis noucentistes i recull, sovint amb una gran dosi d'humor, les preocupacions morals i artístiques més destacades del seu temps.

Vacances pagades és una poesia de lluita, de combat, i és també una poesia classista que dona testimoniatge de l'esfondrada d'una classe social, la burgesia. En recórrer el llibre anem trobant el reconeixement, per part de l'autor, d'haver pertangut als grups encimbellats d'aquesta classe social. [...] El nostre escriptor es regira amb inusitat braó contra la seva classe social en descobrir que no té altre mòbil que el seu profit material, el qual disfressa amb grans i belles paraules i idees.

Vacances pagades és la fita que assenyala l'enderrocament d'un vell, enorme i fals edifici històric; damunt aquest solar cal bastir les cases de la dignitat i de l'aire.

SERGI BESER,
pròleg a *Vacances pagades*

Agustí Bartra

Agustí Bartra.

Agustí Bartra va néixer el 1908 a Barcelona, fill d'una família treballadora. Quan tenia vuit anys, es van instal·lar a Sabadell. A tretze anys va començar a treballar en un magatzem de teixits, en un ambient gris, pobre i poc propici a la cultura. Va morir a Terrassa el 1982.

La seva formació **autodidàctica** abastava una gran quantitat de lectures que instintivament van seguir el rastre de la gran literatura de tots els temps. El fet més important d'aquests anys és la decisió –revelació, en diu el poeta– d'esdevenir escriptor.

Quan el febrer de 1939 va passar la frontera cap a França, després d'haver estat mobilitzat al front d'Aragó i de Lleida, era un escriptor de trenta anys que havia publicat un llibre de narracions –*L'oasi perdut* (1937)– i un de poemes –*Cant corporal* (1938).

Bartra va ser un dels nombrosos exiliats empresonats als camps de concentració francesos (Sant Cebrià, Argelers, Adge). D'aquesta situació en va fer literatura, primer amb la novel·la *Xabola* (1942), i més tard, després de diverses revisions, amb la memorable *Crist de 200.000 braços* (1968): «una obra que, si fos, seria el testimoni bategant i commovedor d'un home en qui no oblidar és la central militància de la seva ànima».

Amb aquest bagatge d'experiències i tres llibres (el diccionari Fabra, els *Quaderns de Malte Laurids Brigge*, de Rilke, i una biografia del poeta Joan Maragall) va arribar a la residència dels intel·lectuals al castell de Roissy-en-Brie. Allà va conèixer la seva companya de sempre, l'escriptora Anna Murià, amb la qual el 1940 va iniciar l'**exili** cap a Mèxic. A partir d'aleshores, Bartra va dedicar tota la vida i tot el seu temps a l'obra poètica, fins i tot en períodes ben difícils econòmicament i personalment.

Després de passar per Santo Domingo i Cuba, va arribar finalment a Mèxic, on va trobar bona part dels intel·lectuals catalans exiliats, dels quals Pere Calders va ser sempre el més proper i bon amic. A Mèxic van néixer els seus dos fills.

Va col·laborar en les revistes d'exili i en altres empreses culturals i, sobretot, va anar escrivint la seva obra: *L'estel sobre el mur* (1942), *Oda a Catalunya, des dels tròpics* (1944), *L'arbre de foc* (1946) i *Màrsias i Adila* (1948), entre d'altres.

L'any 1948, la Fundació Guggenheim li va concedir una beca per a un parell d'anys de residència a Nova York, on va continuar escrivint i va publicar una molt celebrada *Antologia de la lírica nord-americana* (1951).

En tornar a Mèxic el 1951, va començar a escriure una sèrie d'obres teatrals: *Cora i la magrana, Octubre, La noia del gira-sol, El tren de cristall*, i el compendi de poemes, narració, prosa lírica i teatre *Odisseu* (1953), que representa la figura de l'etern exiliat, Ulisses, amb el qual el poeta es va identificar tant. En aquest període inicia l'amistat amb Juan Rulfo i, sobretot, amb tot un estol de joves poetes mexicans.

Continua escrivint poesia –*Poemes d'Anna* (1955) i *Quetzalcòatl*– i es comença a difondre la seva obra a Catalunya, malgrat les dificultats a què s'ha d'enfrontar per la situació general del país i els interessos i les tensions dels diversos grups, les quals incidien en els premis literaris, les editorials, etc.

Vicent Andrés Estellés, Joan Oliver i Agustí Bartra, en un acte d'homenatge a Miquel Martí i Pol.

Algunes de les seves obres es publiquen primer a Mèxic, en castellà, i després a Catalunya en català: *Quetzalcòatl* (1960 i 1991) i *Ecce homo* (1964 i 1968). Comença a preparar el retorn a Catalunya, cosa que es reflecteix en l'obra *Cartell per als murs de la meva pàtria* (1969).

El gener del 1970 torna de l'exili, i l'any següent es publica l'edició de *L'obra poètica completa*. Continua escrivint poesia, i el 1973 guanya el prestigiós premi Carles Riba amb *Els himnes*. En aquesta última etapa de la seva vida publica deu llibres: *Poemes del retorn* (1971), *Els himnes* (1973), *Rapsòdia d'Arnau* (1974), *Deixant flors a la tomba de Rilke* (1975), *Soleia* (1977), *El gos geomètric* (1979), *Haikus d'Arinsal* (1982), entre d'altres; escriu assaig, en què es preocupa de justificar i explicar la seva **art** poètica i la concepció que té de la poesia: *El somriure del gat: per què serveix la poesia?* (1975) i *Sobre poesia* (1981); imparteix conferències arreu del món... És un moment de gran fecunditat i de reconeixements públics nacionals i internacionals.

El tema primordial de la seva poesia és l'**Home**, amb majúscula, entès segons les paraules d'Anna Murià com «tota la vida terrenal, còsmica, física i metafísica: «aquest ésser petit i immens, moridor i infinit, que anomenen *Home*». Així, un dels llibres cabdals de la seva producció és *Ecce homo* (1968), que refà una obra anterior, titulada *Poema de l'Home*, inclosa en *L'arbre de foc* (1946). L'heroi és el mateix poeta com a representant de l'home del seu temps.

> De nou he procurat apropar-me a l'evangeli de l'home, i aquesta vegada ho he fet des de la concreta primera persona del singular, mitjançant el jo líric de l'home poeta que canta, diria, la seva temporalitat com un mite proper, en funció d'una veritat i una llibertat viscuda des de dins.
>
> AGUSTÍ BARTRA, pròleg a *Ecce homo*

Entorn d'aquest home central en la poesia de Bartra –l'home que invoca la força, la voluntat, el desig de superació i de salvació– hi ha una sèrie de **temes complementaris**: l'amistat, l'antibel·licisme, l'amor, l'esperança i, en una dimensió més col·lectiva, sobretot la pàtria. El tractament extremament mitificat de la pàtria, determinat per l'exili i l'allunyament del poeta de la seva terra –«mai no m'he sentit, amb tants anys d'exili, separat de la meva terra, encara que algú lluités per separar Catalunya de mi i em condemnés a l'oblit»–, resulta un tret distintiu de la producció de Bartra. En aquest sentit, la seva obra més ambiciosa és *Màrsias i Adila* (1948).

Cant XI

Damunt l'aigua emblavida caboteja la barca.
El vent de la partença la seva vela enarca,
sota un cel de derrota, de llàgrimes i mort.
Núvols de comiat en la blavor palpiten.
Avall, devers la cala, sa imatge precipiten
baladres de tristesa i pins de desconhort.

La blancor de la vela, que els cims d'atzur escala,
dintre l'aigua s'adorm amb un bategar d'ala.
Al lluny, l'oneig del mar aixeca un udol sord.
Un torterol de fum, terra endins s'airecela.
La barca salparà sense rastre d'estela:
l'exili plora a bord.

AGUSTÍ BARTRA,
«La vela roja», *Màrsias i Adila*

Bartra recorre sovint als **mites de diferents cultures** –grega clàssica, nàhuatl (mexicana indígena), catalana, etc.– per expressar simbòlicament l'essència moral i espiritual de l'Home: Ulisses, Odisseu, Penèlope, Quetzalcòatl i el comte Arnau, entre d'altres. Probablement, una de les obres més complexes de Bartra és la que recrea la figura mítica del cabdill i profeta mexicà Quetzalcòatl, l'Home Llum, el destructor dels pensaments obscurs.

La figura de Quetzalcòatl, el gran rei i sacerdot tolteca, indubtablement històrica, s'entrellaça i es fon míticament amb el Quetzalcòatl primordial, un déu de la vida la imatge del qual era la serp emplomallada, xifra d'una constel·lació cultural i religiosa que s'escampa arreu de Mesoamèrica durant molts segles.

AGUSTÍ BARTRA, *Quetzalcòatl*

La poesia d'Agustí Bartra es caracteritza formalment per un retoricisme insòlit, sovint construït a partir de la recreació de mites en una interpretació transcendent, i per un afany creador de llenguatge poètic, del qual reivindica «la veu contra la paraula», és a dir, fer **poesia d'esperit**.

La poesia no es pot explicar, és. Les paraules són una aproximació, uns signes vàlids mitjançant els quals els esperits endevinen. Algú preguntà un dia a una gran ballarina russa quin significat tenia una dansa que executava amb una rara genialitat. La dansarina va replicar amb aquestes paraules: «¿Creieu que si jo ho pogués explicar amb paraules em prendria la feina de ballar-ho?».

AGUSTÍ BARTRA,
Carta a J. Vallès (1946), *Sobre poesia*

Crec que tota gran poesia és sempre religiosa, és a dir, que es refereix al misteri de la vida i de l'esperit, i que aporta una «solució» o, millor, una salvació.

És en aquest sentit que m'interessa la poesia; la resta... són versos.

AGUSTÍ BARTRA,
Carta a J. Fuster (1950), *Sobre poesia*

Aquesta concepció de la poesia d'esperit és la conseqüència més important del sentit **transcendent i religiós** del poeta.

Baix relleu que representa el naixement de Quetzalcòatl.

Aquest sentit es concreta en una actitud de rilkeana fidelitat a la pròpia veu irrenunciable: «Tinc una veu i el meu deure és elevar-la fins que es trenqui o la trenquin... Estic disposat a tot per la meva vocació».

Bartra defensa la poesia –la seva poesia– com a missió, i l'ofici de poeta com a destí: la seva obra i la seva vida evolucionen concèntricament al voltant d'aquest eix. Ho podem comprovar en els versos següents:

Com aquell que se'n va amb la maror i el crepuscle,
com la pluja s'adorm en les fulles del salze,
com petjades d'amant devers l'amor que bleixa,
com el vent que transforma la immòbil faç de l'aigua,
com el conquistador que uneix bandera i terra,
com les vocals d'escuma de la mar riallera:
així voldria jo que entressis, Poesia,
amb l'ocell, la foguera, el somni i les estrelles.

AGUSTÍ BARTRA, *La fulla que tremola*

Joan Vinyoli

Joan Vinyoli.

Joan Vinyoli va néixer l'any 1914 a Barcelona i hi va morir el 1984. A causa de la mort del seu pare quan ell era molt petit, la situació econòmica familiar sempre va ser bastant precària. Tanmateix, les coneixences i relacions de la seva família li van permetre estudiar als jesuïtes en règim de «classes de favor» i estiuejar fora de Barcelona, sobretot a Santa Coloma de Farners. A setze anys va començar a treballar en una editorial, i abans d'esclatar la guerra civil ja col·laborava en la pàgina literària del diari *La Publicitat.*

D'aquesta època és la relació amb qui havia de ser el seu mestre i mentor, Carles Riba, el qual es va interessar pel jove poeta que havia traduït un poema de Rilke publicat en *La Publicitat*. La **coherència unitària** de la poesia de Vinyoli es manifesta des d'aquests inicis amb l'adopció de Rilke i Riba –a més de Shakespeare i Li Tai-Po– com a models poètics. Durant la guerra, pel fet de ser fill de vídua sense mitjans econòmics, no es va haver d'incorporar al front, tot i que va fer serveis auxiliars al Centre de Reclutament.

En ple conflicte bèl·lic publicà el primer recull de poemes, *Primer desenllaç* (1937), molt lligat a la **tradició simbolista**.

En perdre la guerra no va voler marxar a l'exili; en aquells temps, a més de l'opressió política es van fer ineludibles les necessitats econòmiques, per la qual cosa va haver de substituir l'autèntica vocació poètica que sentia per la feina burocràtica en una empresa comercial.

Per això no és estrany que publiqués el segon llibre –*De vida i somni* (1948)– onze anys després del primer. De fet, fins als anys setanta, en què es va produir l'esclat públic de la seva obra i el reconeixement de lectors i crítica, només va publicar tres llibres a més dels ja esmentats: *Les hores retrobades* (1951), *El callat* (1956) i *Realitats* (1963).

És un poema clos, emmirallant-se en la pròpia perfecció, en el qual cada paraula ocupa el seu lloc, sense que sigui ni tan sols imaginable de treure'n o d'afegir-hi cap element. És un poema esglaiós, al·lucinador, d'una presència visual enorme. [...] És el poema príncep de Vinyoli, i, per al nostre gust, un dels grans poemes de la lírica catalana d'ara i sempre.

SALVADOR ESPRIU, *Obra poètica de Joan Vinyoli*

El **perfeccionament formal** assolit culmina en un dels poemes més celebrats de Vinyoli, «Gall», del recull *El callat*, considerat un dels centres neuràlgics de la seva lírica.

Gall

Gall que cimeges en la torre més alta,
heus-me aquí en la partió de la nit i l'aurora.
En la nit del temps crida sempre el teu cant.

Temps difunt, temps difunt, et veig
com un riu allargant-se en la fosca.
De la terra sóc hoste inexpert,
sempre en exili, dintre meu,
mirant les aigües entre murs
de la ciutat abandonada.

Gall que cimeges en la nit,
gall salvatge endinsat
en la boscúria espessa –qui no es mou
de la ribera trista, contemplant
el pas feixuc de l'aigua morta,
mai no et veurà ni sentirà el teu crit.

Però el bon caçador que es lleva
a l'hora greu entre la nit i l'alba,
sent la crida en el bosc,
ple de secretes aigües vives,
i pren el camí que duu
cap a la veu intacta.

Penell tocat per l'aurora,
al cim de tot de la flama,
pausadament gira el gall.

JOAN VINYOLI, *El callat*

La poesia de Vinyoli va encaixar malament en els pressupòsits del realisme històric dominant els anys seixanta, que la consideraven excessivament formal i hermètica, suposadament conservadora, i lligada a un simbolisme i un romanticisme antihistoricistes, tot i que els crítics i teòrics li reconeixien una **alta qualitat literària**.

Si bé és cert que no va conrear la poesia política ni social, és indubtable el **compromís del poeta** amb el clima moral de la seva època i de la seva terra. A partir del 1970, coincidint amb un llibre cabdal de la seva producció poètica –*Tot és ara i res* (1970)–, va començar l'etapa més productiva, de gran difusió i impacte, sobretot entre els poetes de la nova generació que començaven a escriure durant els anys setanta.

Amb aquest llibre s'obre un cicle poètic de gran profunditat, ple de preguntes sobre la vida, farcit d'experiències i desenganys entorn de la figura expectant del poeta protagonista. El món de Joan Vinyoli resulta amarg, amarat d'una actitud estoica que, en el desig per la vida, el goig i la passió, no oblida mai que l'altra cara de la moneda és massa present: la vida duu a la mort, la joia al desencís, l'amor a la solitud i l'enyorança. En aquesta acceptació de la vida entesa lúcidament en totes les seves facetes, no hi ha resignació ni submissió, sinó el coneixement vacil·lant i ple d'interrogants que dona l'experiència i la plenitud dels sentits. «La poesia no és cosa de sentiments, sinó d'experiències», diu Rilke, i en aquest sentit la poesia de Vinyoli és **poesia de l'experiència**: «la meva poesia són records».

Entesa d'aquesta manera, tal com l'entén Vinyoli, la poesia és l'instrument que permet conèixer la veritat del món i d'un mateix, i l'autèntic propòsit últim de tot poeta.

Deia Carles Riba que la poesia se li plantejava com un mètode de pensament i de coneixement de si mateix i del món i que tota la poesia prové d'una il·luminació espasmòdica o tranquil·la sobre una realitat íntima que no ens importa tant de considerar com de veure.

JOAN VINYOLI,
«Epíleg», *Domini màgic*

Joan Vinyoli

[…] mira [els objectes] a contraclaror, i que són per a ell [Vinyoli] el «correlat objectiu» d'una única i més fonda realitat: el llarg saber de la vida que s'ha acumulat en un home madur, i que sempre li presenta cada objecte en infinita relació amb tot el que formen tots els altres.

GABRIEL FERRATER, *Reduccions*

Tot és ara i res

El que jo sóc és un concupiscent,
però no perdo, mal que ho sembli,
del tot la mesura:
els crepitars d'agost
vora la mar, la llum meridiana,
les pluges de setembre, els coures octubrers,
les gleves roges dessagnant-se com entranyes,
els arbres enteranyinats on les aranyes aguaiten
l'insecte amb ulls vermells fins que l'atrapen i el
[devoren,
les branques negres fent crec-crec amb pes de
[neu als hiverns,
m'estrenyen fort, em fan caure, contemplativament.
[És un dir...

Pregunto si no és
un gran consol dir la paraula «pluges»
i fer que plogui tot un llarg
matí d'abril,
on a recer d'una ala
de plom prenyada de tempesta
puja en espiral el cant d'un rossinyol
efemellat, des del fullam espès
que esquinça i omple de memòries
els racons emborlats de dàlies.
Quin jardí?
Quina era sola? Quins pallers? Quin rec?
L'arbre ja sec s'embeu d'aquestes aigües
filtrades dels orígens,
el fullatge
caduc revé ple de molts ulls d'abril
i la verdor puja compacta
de l'ancestral subsòl de pedra tosca.
Crits
que jo m'invento, que ningú no sent; els morts
flueixen hiperbòlics.
Tot és ara i res.

JOAN VINYOLI, *Tot és ara i res*

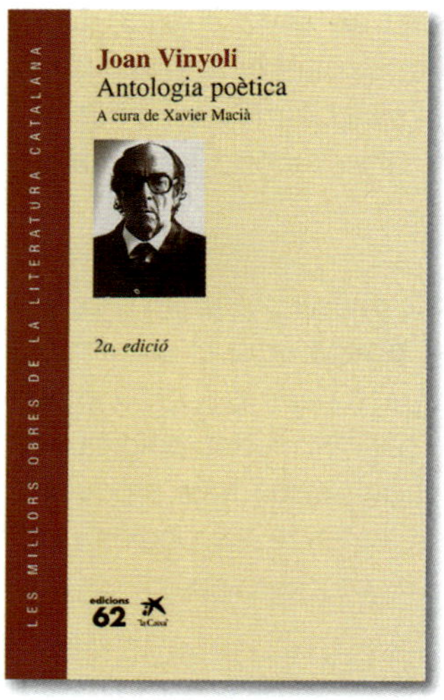

Coberta de l'*Antologia poètica*.

Es tracta de la gran poesia d'experiència i meditació que escriu durant els darrers catorze anys de la seva vida: *Tot és ara i res* (1970), *Encara les paraules* (1973), *Ara que és tard* (1975), *Vent d'aram* (1976), *Cercles* (1980), *A hores petites* (1981), *Domini màgic* (1984), *Passeig d'aniversari* (1984). També té dues col·leccions de *Poesia completa* (1937-1975, 1975-1979) i les traduccions de Rilke (1984 i 1985).

El món d'inquietuds metafísiques del poeta, l'exploració d'uns temes transcendents, com ara l'enfrontament amb la mort, el pas del temps, la tensió entre la realitat i el desig (el real i l'irreal), la reflexió sobre l'escriptura, etc., han portat a considerar l'obra de Vinyoli com una poesia gairebé religiosa.

Certament, la poesia pren una entitat catàrtica i purificadora (**poesia redemptora**). L'experiència particular de la qual es nodreix el poema assolirà un caràcter universal que li atorgarà el dret de perviure més enllà del seu origen temporal. Així, el poema es converteix en una formulació lingüística independent que sobreviu a aquell qui el va engendrar.

En el seu conjunt, la poesia de Joan Vinyoli es caracteritza per la **maduració personal i profunda** d'un poeta que transforma l'experiència subjectiva en literatura, en la qual, més enllà d'una successió simplificadora d'etapes creatives diferenciades, «cada nou llibre seu ha estat una rèplica de l'anterior i alhora la continuació o la intensificació d'un aspecte que en l'anterior apuntava».

Activitats

J. V. FOIX

1 Llegeix el poema de *Sol, i de dol* dedicat al poeta Carles Riba, de la pàgina 281.

- **a** Fes-ne l'anàlisi mètrica.
- **b** Destaca els ideals culturals, cívics i patriòtics que s'hi reflecteixen.
- **c** Com interpretes el significat dels símbols temple, Farga i Palau de l'últim vers?

2 Llegeix el text *Catalans de 1918*, de la pàgina 278, en què Foix reflexiona sobre la llengua.

Compara aquest text amb el sonet de *Sol, i de dol* titulat «Oh! Si prudent i amb paraula lleugera».

Oh! Si prudent i amb paraula lleugera
Sabés fixar l'imperi de la ment,
I amb hàbils mots, la passió naixent,
Del meu estil pogués fer presonera;

Si, fugitiu de la faisó estrangera,
Arromancés en dura nit, dolent,
L'amor del Tot i del Res, sense esment
Del fosc i el rar, i a l'aspriva manera

Dels qui en vulgar parlaren sobirà,
–Oh Llull! Oh March!–, i amb claredat de signes,
Rústec però sever, pogués rimar.

Pels qui vindran; si, ponderats i dignes,
Els meus dictats guanyessin el demà,
Sense miralls ni atzurs, arpes ni cignes!

Respon de manera argumentada les qüestions sgüents:

- **a** A quina mena d'«hàbils mots» fa referència el poeta?
- **b** Quin és el seu «estil»?
- **c** Què significa «Oh! Si prudent i amb paraula lleugera sabés fixar l'imperi de la ment»?
- **d** Com interpretes «qui en vulgar parlaren sobirà»?
- **e** Qui són «els qui vindran»?

3 Llegeix el fragment de *Diari 1918* que tens a la pàgina 282 i el fragment de *Gertrudis* de la pàgina 279.

- Fes una llista amb totes les imatges oníriques i simbòliques que hi trobis. Remarca si hi ha coincidències entre tots dos textos.
- Com interpretes el subtítol «Sense simbolisme» del fragment de Gertrudis?
- Cerca en un atles de Catalunya aquests indrets esmentats en el text: Vall-llonga, Priorat de Desvalls, Foix, Lladurs, Cardener, Codines.

4 Llegeix el sonet «Em plau, d'atzar, d'errar per les muralles...» de *Sol, i de dol*. Fes dues llistes: l'una amb els versos o expressions que es decanten per la innovació artística i l'altra amb els que reivindiquen la tradició clàssica.

Em plau, d'atzar, d'errar per les muralles
Del temps antic, i a l'acost de la fosca,
Sota un llorer i al peu de la font tosca,
De remembrar, cellut, setge i batalles.

De matí em plau, amb fèrries tenalles
I claus de tub, cercar la peça llosca
A l'embragat, o al coixinet que embosca
L'eix, i engegar per l'asfalt sense falles.

I enfilar colls, seguir per valls ombroses,
Vèncer, rabent, els guals. Oh món novell!
Em plau, també, l'ombra suau d'un tell,

L'antic museu, les madones borroses,
I el pintar extrem d'avui! Càndid rampell:
M'exalta el nou i m'enamora el vell.

Innovació i ruptura	Tradició clàssica
M'exalta el nou (v. 14)	M'enamora el vell (v. 14)
...	...

Contesta les preguntes:

- **a** En el primer quartet es descriu una mena de «locus amoenus». Digues què és i com és descrit.
- **b** Què li agrada fer quan es fa de nit? I al matí?
- **c** En les estofes primera i segona planteja una confrontació de desitjos. Quina és aquesta oposició?
- **d** Creus que els dos arbres esmentats (versos 3 i 11) tenen una connotació simbòlica. Digues quina.
- **e** Esmenta dos pintors que podríem identificar amb «les madones borroses» i dos altres amb «el pintar extrem d'avui».
- **f** Explica la diferència entre «exaltar-se» i «enamorar-se».

Activitats

SALVADOR ESPRIU

5 Al llarg de la unitat has estudiat la importància de la mitologia en l'obra de Salvador Espriu.

- Cerca el significat de *mite* i també el de símbol.
- Fes una llista dels mites recurrents en l'obra d'aquest autor.
- Busca informació sobre els mites grecs que més han influït en l'obra d'Espriu.
- Pots consultar el web: http://www.escriptors.cat/

6 Llegeix aquest poema emblemàtic de Salvador Espriu i remarca'n els versos en què fa una crítica del seu país. Què en condemna o critica?

Oh, que cansat estic de la meva
covarda, vella, tan salvatge terra,
i com m'agradaria d'allunyar-me'n,
nord enllà,
on diuen que la gent és neta
i noble, culta, rica, lliure,
desvetllada i feliç!
Aleshores, a la congregació, els germans dirien
desaprovant: «Com l'ocell que deixa el niu,
així l'home que se'n va del seu indret»,
mentre jo, ja ben lluny, em riuria
de la llei i de l'antiga saviesa
d'aquest meu àrid poble.
Però no he de seguir mai el meu somni
i em quedaré aquí fins a la mort.
Car sóc també molt covard i salvatge
i estimo a més amb un
desesperat dolor
aquesta meva pobra,
bruta, trista, dissortada pàtria.

Salvador Espriu,
«El Minotaure i Teseu (III)», *El caminant i el mur*

7 Llegeix el poema «Quan la llum pujada des del fons del mar...» de *Llibre de Sinera*.

Quan la llum pujada des del fons del mar
a llevant comença just a tremolar,
he mirat aquesta terra,
he mirat aquesta terra.

Quan per la muntanya que tanca el ponent
el falcó s'enduia la claror del cel,
he mirat aquesta terra,
he mirat aquesta terra.

Mentre bleixa l'aire malalt de la nit
i boques de fosca fressen als camins,
he mirat aquesta terra,
he mirat aquesta terra.

Quan la pluja porta l'olor de la pols
de les fulles aspres del llunyans alocs,
he mirat aquesta terra,
he mirat aquesta terra.

Quan el vent es parla en la solitud
dels meus morts que riuen d'estar sempre junts,
he mirat aquesta terra,
he mirat aquesta terra.

Mentre m'envelleixo en el llarg esforç
de passar la rella damunt els records,
he mirat aquesta terra,
he mirat aquesta terra.

Quan l'estiu ajaça per tot l'adormit
camp l'ample silenci que estenen els grills,
he mirat aquesta terra,
he mirat aquesta terra.

Mentre comprenien savis dits de cec
com l'hivern despulla la son dels sarments,
he mirat aquesta terra,
he mirat aquesta terra.

Quan la desbocada força dels cavalls
de l'aiguat de sobte baixa pels rials,
he mirat aquesta terra,
he mirat aquesta terra.

Contesta les preguntes:

a Digues quina és la figura retòrica més destacada d'aquest poema.
b Quin és el tema del poema? Creus que és un poema d'amor?
c Tenint en compte la informació que tens sobre Salvador Espriu, on situes geogràficament el paisatge descrit al poema?
d Creus que podem identificar la descripció amb una època de l'any determinada?
e Com s'ha d'interpretar el vers 18?
f Què significa «passar la rella damunt dels records»? Per què diu que aquesta activitat exigeix «un llarg esforç»?

Activitats

JOAN OLIVER (PERE QUART)

8 Llegeix el poema de Pere Quart i comenta'n els aspectes següents:

- Per què en el títol diu *plagi*?
- Per què en el vers 4 parla d'oest o sud?
- Per què en el vers 19 especifica *meva* i *nostra*?
- Valora els adjectius del darrer vers referits a la pàtria.

Assaig de plagi a la taverna

Oh, que avingut estic amb la meva,
petita, esclava, poc sortosa terra,
i com em recaria allunyar-me'n
oest o sud enllà,
on sembla que la gent és bruta
i pobra, accidiosa, inculta,
resignada, insolvent!
Aleshores, a la taverna nova, els companys dirien
fotent-se'n: «Com qui s'agrada de la lletja,
així el lluç que pica un ham sense esquer»,
mentre jo, encara prop, pensaria
en les velles fretures i confiances
d'aquest tossut poble.
I, ja tot sospesat, recularia
per restar aquí fins a la mort.
Car, fet i fet, tampoc no sóc tan ase
i estimo més amb un
irrevocable amor
aquesta meva —i nostra—
bastant neta, envejada, bonica pàtria.

PERE QUART, *Circumstàncies*

9 Llegeix el poema «Corrandes d'exili» de *Saló de tardor.*

Una nit de lluna plena
tramuntàrem la carena
lentament, sense dir re.
Si la lluna feia el ple
també el féu la nostra pena.

L'estimada m'acompanya
de pell bruna i aire greu
(com una Mare de Déu
que han trobat a la muntanya).

Perquè ens perdoni la guerra,
que l'ensagna, que l'esguerra,
abans de passar la ratlla,
m'ajec i beso la terra
i l'acarono amb l'espatlla.

A Catalunya deixí
el dia de ma partida
mitja vida condormida;
l'altra meitat vingué amb mi
per no deixar-me sens vida.

Avui en terres de França
i demà més lluny potser,
no em moriré d'enyorança
ans d'enyorança viuré.

En ma terra del Vallès
tres turons fan una serra,
quatre pins un bosc espès,
cinc quarteres massa terra.
«Com el Vallès no hi ha res».

Que els pins cenyeixin la cala,
l'ermita dalt del pujol;
i a la platja un tenderol
que bategui com una ala.

Una esperança desfeta,
una recança infinita.
I una pàtria tan petita
que la somio completa.

Contesta les preguntes:

a A quin fet històric i biogràfic es refereix el poema?
b Quina és «la carena» dels vers 2?
c I la «ratlla» del vers 12?
d A quin lloc de les «terres de França» es refereix el vers 20?
e A les estrofes 5 i 6 es produeix un canvi de to en el poema. A què és degut?
f A quina «esperança desfeta» es refereix el vers 33?
g Creus que és un poema patriòtic?

AGUSTÍ BARTRA

10 Llegeix el poema «Oda a Catalunya des dels tròpics» de *L'arbre de foc.*

Entre aquell febrer i aquest novembre
l'enyorança no.
No l'enyorança d'ulls immòbils i lentes llàgrimes
que necessita orfeons i llegendes,
sinó la difícil duresa del temps, ja sense espera,
que fa navegables els records,

Activitats

No la gotejant enyorança que plany un sostre,
renova el gust d'oblidades farines
i desvetlla l'ombra d'una flor a un rostre,
sinó crit de zel fluvial,
Vigoria desesperada del vol de la meva
sang sense diàleg,
ets tu, Pàtria!
Sols, pluges, terres i mars m'estan ocultant l'uniforme
de la teva tristesa ennoblida i callada,
però no deixen d'arribar-me les barques que endoles
clandestinament.
Em saps perdut per les illes, mossegant la delicada
arrel del teu nom.
Aquí, on Àfrica i els ciclons es citaren,
la sal d'aquestes aigües soscava l'antiga alegria
de la meva mirada,
el tròpic clava creus de plata furiosa al meu front.
Aquí, sents?, em sorprenc a les platges cercant la
ruïna d'un palúdic àngel de madrèpora.
Estrany dins l'aire estrany, circulo entre les argentades
columnes dels temples de palmeres,
sentint com el meu cor accedeix a la sirga cruel
dels continents,
comprenent el rictus secret d'aquestes roques tan
fabulosament distants dels pins.
Oh, Pàtria que tant se t'ha estimat plorant!,
què faig aquí, com sempre fugitiu de tota arribada,
assetjat per atlètics perfums,
dins les tardes de cavalls i arcs iris,
prop dels rius que no coneixen la línia del meu cos?
Sé que també podria plorar-te,
sanglotar damunt les radioses mans dels dies
adornades amb els anells senzills de les hores,
perquè aquí tot és distància per a la tristesa nòmada,
perquè aquí tot és llunyania per a l'anhel que, a
través de les branques negres,
anava, adés, a immobilitzar-se en la llum dels hiverns.
Plor i sanglot potser, però l'enyorança no.
Com puc enyorar-te si no t'has desprès de mi,
si ets tan forta d'existència
com l'amor en el refugi
dels cossos?
La teva crida immensa -detonació de veles
dins la boira immòbil-
ha romput el somriure de l'univers que s'iniciava
en mes cansades pregàries.
Total i sense límits en mi, sentint-te, minant-te,
integrant-te a l'instant que encara remunta,
trobant-te entre la realitat abrupta de la riba i el
ràpid somni de la correntia.
Tu ets la terra,
l'arbre,
el foc.
Invenciblement s'ha d'anar aixecant el so de la
teva caiguda,
el violat pes jove de la teva llibertat ha de brotar,
als cims, sota els arcs de l'alba nova.
Jo només visc per l'entrada lluminosa dels teus
ocells als graners del món,
per la resurrecció exacta de la teva veu entre
les escumes…

Contesta les preguntes:

a Identifica la figura retòrica dels versos 2 i 3.
b En aquest poema es fa una contraposició entre la Pàtria (Catalunya) i en Tròpic. Fes una tria de versos que identifiquin cada concepte. Omple la graella.

Pàtria (Catalunya)	Tròpic

c Comenta el vers 25 «cercant la ruïna d'un palúdic àngel de madrèpora». Per què fa referència al tròpic?
d Comenta el vers 40 «tristesa nòmada».
e Per què el poeta diu que plora la pàtria que sent llunyana però que no l'enyora? (vv 44-48)
f Quin és l'objectiu que manté viu al poeta?

JOAN VINYOLI

11 Llegeix el poema «Gall» d'*El callat* que tens a la pàgina 299 de la unitat. Contesta les preguntes:

a Aquest poema es titula «Gall». A quin gall es refereix el poeta? Relaciona el «gall» del vers 1 amb el «penell» del vers 22. Creus que té un valor metafòric?
b El vers 1 utilitza la segona persona per dirigir-se al gall. A continuació al vers 2 el poema passa a la primera persona que identifica el poeta. Com es justifica aquest canvi?
c En aquest poema es parla de la vida i de la mort. Amb què identifica el poeta el temps de la mort?
d Al vers 6 el poeta diu que és «hoste de la terra». Com ho interpretes?
e Què vol dir que està «sempre en exili» (vers 7)?
f Qui és metafòricament «el bon caçador» del vers 16?

Test final d'unitat

1 Digues si és veritat (V) o fals (F):

	V	F
a La vida cultural catalana als anys cinquanta era fonamentalment clandestina	☐	☐
b «Serra d'Or» és el restaurant on es van celebrar certàmens literaris	☐	☐
c A la dècada dels anys cinquanta es van crear diversos premis literaris de poesia i narrativa	☐	☐
d El premi més ben dotat econòmicament era el de poesia	☐	☐
e Òmnium Cultural era una institució franquista	☐	☐
f A la dècada dels cinquanta comencen a publicar nous autors com Miquel Llor, Carles Soldevila i Rosa Leveroni	☐	☐
g A la dècada dels cinquanta comencen a publicar nous autors com Carles Riba, Clementina Arderiu i J.V. Foix	☐	☐
h A la dècada dels cinquanta comencen a publicar nous autors Manuel de Pedrolo, Jordi Sarsanedas i Josep M. Espinàs	☐	☐
i En la poesia catalana dels anys seixanta el corrent majoritari és el realisme històric	☐	☐
j J.V. Foix comença a publicar abans de la guerra	☐	☐
k J.V. Foix es va llicenciar a la Universitat de Barcelona, a la facultat de Dret	☐	☐
l J.V. Foix col·labora com a fotògraf en les principals revistes culturals de l'època	☐	☐
m *Sol, i de dol* és un poemari de Foix escrit l'any 1936	☐	☐
n *Diari 1918* és una revista poètica dirigida per J.V. Foix	☐	☐
o El moviment avantguardista més pròxim a J.V. Foix és el surrealisme	☐	☐
p Salvador Espriu crea uns espai simbòlic en la seva poesia que representen Catalunya, Barcelona i el seu poble d'Arenys de Mar	☐	☐
q Sinera és Catalunya	☐	☐
r Lavínia és Barcelona	☐	☐
s Sepharad és Arenys	☐	☐
t Durant tota la seva vida, Espriu va treballar en diverses ocupacions administratives i al mateix temps va crear la seva obra	☐	☐
u Espriu va conrear tots els gèneres literaris, excepte la narrativa de ficció	☐	☐
v Pere Quart és el pseudònim poètic de Joan Oliver	☐	☐
w Joan Oliver va pertànyer al Banc de Sabadell	☐	☐
x Joan Oliver es va comprometre en molts àmbits amb el govern republicà i la lluita antifeixista	☐	☐
y Joan Oliver no es va exiliar	☐	☐
z Joan Oliver va conrear poesia, narrativa i teatre	☐	☐

2 Relaciona l'autor amb el títol de l'obra:

AUTORS

- J.V. Foix
- Salvador Espriu
- Joan Oliver
- Agustí Bartra
- Joan Vinyoli

OBRES

1 *Diari 1918*
2 *Passeig d'aniversari*
3 *Ariadna al laberint grotesc*
4 *Sol, i de dol*
5 *La pell de brau*
6 *Les dacapitacions*
7 *Les irreals omegues*
8 *Llibre de Sinera*
9 *On he deixat les claus*
10 *Laia*
11 *Bestiari*
12 *L'arbre de foc*
13 *Onze Nadals, i un Cap d'Any*
14 *L'estrella d'en Perris*
15 *El doctor Rip*
16 *Les hores retrobades*
17 *Els lloms transparents*
18 *Saló de tardor*
19 *Tocant a mà*
20 *El caminant i el mur*
21 *El callat*
22 *Cròniques de l'ultrason*
23 *Antígona*
24 *Vacances pagades*
25 *Primera història d'Esther*
26 *Ball robat*
27 *Oda a Catalunya, des dels tròpics*
28 *Tot és ara i res*

CONEIXEMENTS PREVIS

Llegeix aquest text de Josep Palau i Fabre:

Pledejar contra la pena de mort és sempre pledejar una mica a favor d'un mateix; és pledejar a favor d'aquest criminal que tots duem dins i que molts, per sort nostra, a causa de l'educació, de les circumstàncies, i d'una pila de factors individuals i socials imponderables, hem pogut evitar, apaivagar o bandejar. Matar el criminal que hi ha latent en nosaltres és tasca de civilitzat. Només jo sé la quantitat de cadàvers que jeuen amuntegats en el meu cementiri interior. Que ningú no es cregui massa fort, massa segur, massa impermeable a les escomeses d'aquest instint ancestral que rau oblidat, la majoria de les vegades, a l'interior de nosaltres mateixos. Que ningú no es consideri a part. [...] Abolir la pena de mort és, evidentment, un acte temerari, perquè és un acte de fe en l'home. Però, o la societat és bastida, amb tots els riscs que això comporta, sobre aquesta fe —com hi és bastida la pedagogia actual, com hi és bastida la moderna convivència conjugal, com hi és bastida tota autèntica democràcia—, o es queda en el mateix punt, sense poder avançar.

JOSEP PALAU I FABRE, «Contra la pena de mort».
Avui, 19 d'agost del 1977

Contesta les preguntes:

- **a** Actualment les lleis de l'estat espanyol han abolit la pena de mort. Saps quan van produir-se les últimes sentències de pena de mort a Espanya? Investiga sobre el cas de Salvador Puig i Antich.
- **b** Quin és el principal argument contra la pena de mort que planteja Palau i Fabre?
- **c** Creus que una societat autènticament democràtica pot defensar la pena de mort?
- **d** Aquest article és escrit l'any 1977. Quin règim polític hi havia a l'estat espanyol? Quin canvi polític s'havia produït?

B8 UNITAT

27

LA POESIA: EL RELLEU GENERACIONAL

En aquesta unitat estudiarem la represa cultural en les dècades dels cinquanta i seixanta, especialment la generació de poetes que, nascuts a partir de la segona dècada del segle XX, representa el relleu generacional. El primer poeta, Josep Palau i Fabre, inicia la seva producció als anys quaranta la qual abasta la poesia, la crítica poètica, la narrativa i molt especialment l'estudi sobre l'obra artística de Picasso. En destaca la reflexió analítica i l'experimentació vers l'art. També Gabriel Ferrater, el qual va desplegar la seva gran activitat intel·lectual sobretot a la dècada dels seixanta i que va ser reivindicat com a model i influència pels nous poetes dels setanta. Al País Valencià, Vicent Andrés Estellés l'obra completa del qual inclou deu volums. I a les Illes, Blai Bonet, reconegut sobretot com a poeta, però l'obra del qual abasta tots els gèneres.

Dimensió estètica i literària

- L'obra poètica i d'assaig de Josep Palau i Fabre.
- L'obra poètica de Gabriel Ferrater.
- L'obra poètica de Vicent Andrés Estellés.
- L'obra poètica Blai Bonet.

AUTORS I TEXTOS

- «L'aventura» de Josep Palau i Fabre.
- «Cambra de tardor» de Gabriel Ferrater.
- «Els amants» de Vicent Andrés Estellés.
- *Cant espiritual* de Blai Bonet.

Objectius

- Conèixer els poetes que representen la renovació generacional en la poesia catalana.
- Analitzar aspectes destacats de la renovació poètica dels anys 50 i 60.
- Identificar els aspectes més rellevants de la producció de Palau i Fabre, Ferrater, Estellés i Bonet.

Activitats

PERE CALDERS

7 **Llegeix el conte «Feblesa de caràcter» de *Cròniques de la veritat oculta.***

Un dia, trobant-me dormint com he dormit tantes i tantes vegades, va despertar-me un soroll que venia del meu despatx.

—Ja hi som! –Vaig dir-me. És el lladre.

Fi, caminant de puntetes, vaig guanyar la distància que em separava del lloc on algú m'espoliava. Allí hi havia un senyor desconegut, amb un sac, que triava aquelles de les meves coses que li feien més goig i les amuntegava en una pila.

—Ep! Parlem-ne… –Li vaig dir.

Ell es va girar sense sobresalt ni sorpresa, em va mirar de cap a peus i respongué:

—No cal. Jo us guanyo. Així, calculant-ho a ull, peso uns vint quilograms més que vós. Aquest avantatge natural m'estalvia tota mena d'explicacions. Porteu armes?

—No.

—Raó de més. I procedí a omplir el sac amb els meus béns, fent com si m'ignorés. Jo, com és de bona llei, no em vaig pas resignar:

—Però home, això no és qüestió de força. Hi ha la moral, m'enteneu? Sense principis no anireu enlloc i tothom us mirarà de cua d'ull…

—La moral! –digué. És el pes més inútil que pot carregar un home.

I, posant-se seriós de sobte, em preguntà:

—Que hi creieu de debò en la moral?

—I tant, Mare de Déu, i tant!

Va rebre aquesta afirmació de la meva fe amb una gran contrarietat. Abandonà la seva feina, m'agafà pel braç i em convidà a seure. I em dirigí les següents paraules:

—Mireu: em feu una mica de llàstima i vull que rebeu l'ajut de la meva experiència.

«Jo, temps passats, també em refiava de la moral. Era casat, tenia un fill, i un amic del cor, i un negoci. M'havia guanyat la fama d'ésser l'home més bo del barri i, per tant, també el més taujà. El meu confessor quan em veia tremolava, perquè la meva consciència neta no li donava ocasió de lluïment. "Que poc divertit que sou!", solia dir-me, i, per poders, em beneïa.

»De vegades, el meu tedi m'esgarrifava, però la pau de la meva llar, el bon nom de la família i la netedat de costums em feien companyia. "Aguanta't, noi, aguanta't –em deia. Tot això tindrà el seu premi".

»I sabeu quin va ser el premi? Ara us ho explicaré: un dia el meu fill, que acabava de fer catorze anys, va fugir amb la minyona. Esverat, vaig anar a cercar la meva dona per compartir la pena amb ella, i només vaig trobar una carta seva en la qual m'explicava que, cansada del meu ensopiment, se n'anava a viure amb un senyor del tercer pis, que ell sí que era simpàtic i sabia viure.

»Desfet, vaig decidir submergir-me en el negoci i al cap d'un parell de dies m'assabentava que el meu amic del cor, valent-se d'una maniobra comercial, me l'havia pres.

»Només em quedava el confessor. Vaig explicar-li el que em passava i sense pensar-s'hi gens em digué que tota la culpa era meva i em va posar una penitència d'aquelles que et deixen baldat.

»I el bon nom que tenia pel barri? Ja us ho diré: quan jo passava pel carrer, la gent es girava a mirar-me i reia.

»Com podeu comprendre, era un bon moment per a fer balanç de la meva vida i trobar que, fins aleshores, havia errat. No es pot anar contracorrent, i si hi vas en pagues les conseqüències. Això quedava tan clar que vaig decidir canviar de vida.

»Ara trobo que faig el que vull sense noses de consciència i tothom troba que estic tan bé: les dones em sol·liciten, els coneguts proclamen la meva simpatia i els veïns, quan els vaga, diuen entre ells: «Ja ho veus, tan ase que semblava i encara farà carrera!»

»Això és tot. Si us pot servir d'alguna cosa, aquí ho teniu.

»—Vinc amb vós! –vaig dir-li. Em sabria molt de greu ser víctima d'una decisió tardana.

»L'endemà els diaris publicaven la següent notícia:

»"Ahir de bon matí, els lladres entraren en un pis de l'avinguda Oriental. Entre altres objectes de valor, hom trobà a faltar l'amo de la casa, ja que ningú no sap donar raó del senyor Calders, ciutadà honorable i contribuent de bons costums."»

Contesta les preguntes:

- **a** Fes un resum argumental del conte.
- **b** Quin és el tema? Com es justifica el títol.
- **c** Quin tipus de narrador hi ha en aquest conte?
- **d** Quin és el punt de vita narratiu?
- **e** Identifica el personatge clau. Hi ha personatges secundaris?
- **f** Quin és el «fet trasbalsador» que determina l'excepcionalitat d'una història aparentment realista.
- **g** Hi ha ironia en aquest conte?

Picasso (1979), *Picasso vivent, 1881-1907* (1980), *El secret de les Menines de Picasso* (1981), *Estimat Picasso* (1998), etc.

Josep Palau i Fabre amb Pablo Picasso el 8 de maig de 1965.

L'obra de Picasso ha estat per a mi, des de sempre, una obra plena d'interrogants i de respostes. Em pregunto sovint què hauria estat de mi, en tots els sentits, sense la presència actuant de l'obra de Picasso. La més gran satisfacció de la meva vida haurà estat el fet que aquesta atracció instintiva, intuïtiva, que remunta a la meva adolescència, ell acabés adonant-se que era autèntica.

JOSEP PALAU I FABRE, *Quaderns de l'Alquimista*

Palau i Fabre interpreta l'obra de Picasso com un reflex metafísic de la seva vida, que pot ser també vista *in extenso* com una manifestació de l'home en general. En la seva diversitat d'estils i pluralitat, Palau hi veu la fragmentació de l'home contemporani, la inesgotable potencialitat humana que es manifesta en una sensibilitat plural, filla del temps.

PILAR PARCERISAS, «Palau i Fabre, investigador de Picasso»

L'any 1952 va aplegar la seva obra poètica –produïda fonamentalment durant els anys quaranta– en *Poemes de l'Alquimista*, que inclou *L'aprenent de poeta* (1943), *Imitació de Rosselló-Pòrcel* (1945), *Laberint* i *Atzucac*. Des d'aleshores, aquest recull ha estat reelaborat en successives reedicions, les quals no han estat completes fins als anys 1977 i 1979, en què no intervenia la censura política.

La producció poètica de Palau i Fabre va tenir una difusió molt limitada fins a la reedició del 1972 de *Poemes de l'Alquimista*, quan la seva poesia va exercir una notòria influència en la nova generació de poetes dels anys setanta, que es volien distanciar de l'estètica i els postulats estrictes del realisme històric.

La seva radical concepció de l'acte poètic el fa extremament singular i el relaciona molt directament amb les posicions avantguardistes, sobretot amb l'herència surrealista. Palau i Fabre entén la poesia com un **acte investigador**, «no com un fi en ella mateixa, sinó com un mitjà d'exploració o d'experimentació», i també com una provocació. Es comprèn, doncs, que els poetes més joves de la «nova poesia» l'adoptessin com un referent innovador, alhora formal i vital.

Des de les primeres reflexions teòriques a *Ariel*, va plantejar la pràctica de la poesia com una fase del coneixement, relacionada molt de prop amb la metafísica i el que ell reivindica com a *alquímia*: «La poesia és l'art de traduir la vida de l'esperit mitjançant l'esperit».

En la producció de Palau i Fabre, la **reflexió analítica** a l'entorn de la poesia i de l'art és tan important com l'obra poètica pròpiament dita, si no més. En aquest sentit, cal relacionar els articles d'assaig dels *Quaderns de l'Alquimista* (1997) amb el conjunt dels *Poemes de l'Alquimista*: «Per a mi, dir *Poemes de l'Alquimista*, *Quaderns de l'Alquimista* o *Teatre alquímic* vol dir adoptar una actitud equivalent, enfront d'aquestes activitats –la poesia, el pensament, el teatre–, a la dels alquimistes medievals, una **actitud d'experimentació**, per tal de fer emergir l'or del poema, l'or del pensament, l'or de la representació».

Poeta-Narcís

Vers: sigues igual a mi.
Jo em veig en tu si em veus.
Som una o dues veus?
Quina, però, és de qui?

JOSEP PALAU I FABRE, «L'aprenent de poeta», *Poemes de l'Alquimista*

Aquests quatre versos no són tant una explicació racional de Narcís, com la seva realització en l'acte de la poesia. L'últim vers suposa el suïcidi del poeta, acaba arran mateix de l'acció: ni un mot més no pot ésser proferit. D'on la mort de Narcís i, per tant, del poeta que ha escollit els mots com a mirall...

JOSEP PALAU I FABRE, notes a *Quaderns de l'Alquimista*

Retrat de Josep Palau i Fabre, de Pablo Picasso.

En la dècada dels setanta, sobretot a partir del 1975, Palau i Fabre va iniciar una etapa dinàmica, amb l'estrena de diverses **peces teatrals** –*Homenatge a Picasso* (1972) i *La tràgica història de Miquel Kolhas* (1978)–, l'edició de les primeres incursions en la **narrativa** amb el llibre *Contes despullats* (1973) i la presidència del Centre Català del PEN Club (1976-1979). Pel que fa a narrativa, va publicar altres reculls de contes: *La tesi doctoral del diable* (1984), *Amb noms de dona* (1988), *L'Alfa Romeo i Julieta i altres contes* (1993), *Contes de capçalera* (1993) i *Les metamorfosis d'Ovídia i altres contes* (1996).

El 1996 va rebre el Premi Nacional de Cultura, i el 1999, el Premi d'Honor de les Lletres Catalanes.

Gabriel Ferrater

Gabriel Ferrater.

Gabriel Ferrater va néixer a Reus l'any 1922 i va morir a Sant Cugat del Vallès el 1972. Fill d'una família progressista, il·lustrada i benestant, va tenir una formació **autodidàctica** i una curiositat intel·lectual enorme. El 1947 es va matricular a la facultat de Ciències Exactes de la Universitat de Barcelona, però va abandonar els estudis un any abans que el seu pare, arruïnat, se suïcidés (1951).

> Vaig néixer a Reus, el 20 de maig del 22. Els altres fets de la meva vida són de més incerta descripció i més difícils de datar. M'agrada la ginebra amb gel, la pintura de Rembrandt, els turmells joves i el silenci. Detesto les cases on fa fred i les ideologies.
>
> GABRIEL FERRATER

Durant els primers anys de la dècada dels cinquanta, es va establir professionalment a Barcelona (traductor, crític d'art, lector editorial, etc.) i, sobretot, va conèixer diversos intel·lectuals i artistes barcelonins: Joan Vinyoli, Rosa Leveroni, Eduard Valentí, Carles Riba i, el grup vinculat a la revista *Laye* (Josep M. Castellet, Jaime Gil de Biedma, Carlos Barral, José A. Goytisolo i altres poetes de l'anomenada *Escuela de Barcelona*, més joves que ell i sobre els quals va exercir un ascendent important).

El 1958 va començar la seva producció poètica, que pràcticament va escriure en només sis anys, fins al 1963; amb posterioritat tan sols va fer uns quants poemes nous i va preparar l'edició de l'obra completa, amb el títol ***Les dones i els dies*** (1968).

En la dècada dels seixanta va desplegar una **gran activitat intel·lectual**: director literari de Seix Barral, professor de lingüística (va introduir l'estudi de la **gramàtica generativa** a Catalunya i a Espanya) i de crítica literària a la Universitat Autònoma de Barcelona, conferències, seminaris, estudis, traduccions, etc. Són els anys dels reconeixements públics i de la difusió de la seva obra. Això no obstant, el 27 d'abril de 1972, pocs dies abans de fer cinquanta anys, es va suïcidar.

Gabriel Ferrater va ser un **intel·lectual** heterodox, independent i crític, d'una gran curiositat i, per damunt de tot, lúcid i provocador. En la seva formació van ser fonamentals les lectures dels poetes **surrealistes i simbolistes** francesos. Va estudiar a fons Shakespeare, i va assimilar en la seva poesia l'obra dels clàssics catalans (March, Carner, Riba, Foix), dels quals va fer una lectura crítica lúcida i imprescindible, i, també, d'autors antics com Catul i Chrétien de Troyes i clàssics europeus i americans (Villon, Baudelaire, Rimbaud, Graves, Pavese, Cavafis, Eliot, Auden, Brecht, etc.).

La teoria poètica de Ferrater defensa la necessitat d'assumir que en l'**art tot és forma**, com també la convicció que la literatura es fa amb paraules i no amb idees. En la seva trajectòria intel·lectual cal ressaltar la producció no poètica com a crític d'art, lingüista i estudiós de la literatura.

Va escriure i va publicar la seva poesia durant els anys seixanta, però la consolidació del model ferraterià no es va produir fins al final de la dècada i amb els nous poetes dels setanta, que en van reivindicar la influència. La producció poètica de Gabriel Ferrater fou tardana i molt breu. Consta de tres títols: *Da nuces pueris* (1960), *Menja't una cama* (1962) i *Teoria dels cossos* (1966)– es va aplegar en un sol volum, titulat *Les dones i els dies* (1968).

Els centres temàtics del recull són representats clarament en el títol i fan referència, d'una banda, a les complexes relacions de l'ésser humà i a la dimensió moral de les seves experiències (les dones), i, de l'altra, al marc històric en què tenen lloc aquestes experiències (els dies), i, en conseqüència, al paper decisiu que hi juga la memòria que fixa i recupera un passat.

En aquest sentit, podem parlar d'una poesia que descriu un cert **realisme històric** i **quotidià**, matisat per una actitud escèptica als antípodes de qualsevol dogmatisme ideològic. Així, podem distingir temes diversos en els seus poemes: la reflexió literària, l'observació social, l'experiència personal introspectiva sobre la vida moral, i l'amor i l'erotisme.

Probablement, el més característic de la poesia de Ferrater és un **to poètic** marcadament experiencial, reflexiu, contingut i sincer. La distància necessària entre la vida del poeta i la seva poesia recolza en dos recursos molt concrets: la **ironia** i la **mètrica**.

Cambra de tardor

La persiana, no del tot tancada, com
un esglai que es reté de caure a terra,
no ens separa de l'aire. Mira, s'obren
trenta-set horitzons rectes i prims,
però el cor els oblida. Sense enyor
se'ns va morint la llum, que era de color
de mel, i ara és de color d'olor de poma.
Que lent el món, que lent el món, que lenta
la pena de les hores que se'n van
de pressa. Digues, te'n recordaràs
d'aquesta cambra?
«Me l'estimo molt.
Aquelles veus d'obrers –Què són?»
Paletes:
manca una casa a la mançana.
«Canten,
i avui no els sento. Criden, riuen,
i avui que callen em fa estrany.»
Que lentes
les fulles roges de les veus, que incertes
quan vénen a colgar-nos. Adormides,
les fulles dels meus besos van colgant
els recers del teu cos, i mentre oblides
les fulles altes de l'estiu, els dies
oberts i sense besos, ben al fons
el cos recorda: encara
tens la pell mig del sol, mig de la lluna.

GABRIEL FERRATER, *Les dones i els dies*

La forma de la seva poesia combina un **simbolisme** prou complex amb una volguda **naturalitat discursiva**, intel·ligible, col·loquial i sobretot divertida, que defuig sempre tota mena de jocs malabars conceptuals i formals. L'anàlisi de l'estil i del llenguatge de la poesia és complexa a causa de la diversitat de tècniques poètiques que utilitza, si bé cal ressaltar una gran **perfecció formal** –especialment lingüística, amb una sintaxi molt elaborada i coherent–, al costat de la valoració del llenguatge popular i col·loquial. Alhora, en remarquem la sòlida estructura interna, construïda a partir de nombroses imatges recurrents i metàfores obsessives.

Aniversari

Ja l'any quaranta dels meus anys
jeu fosc a dues carboneres,
ribotat. El munt d'encenalls
se l'han partit la marmanyera
memòria, la mentidera,
i l'oblit, el drapaire mut.
L'una en farà curtes fogueres,
l'altre, caliu d'inquietud.

GABRIEL FERRATER, *Les dones i els dies*

Coberta de *Les dones i els dies.*

Xifra

Amor, portaves al món
set mil set-cents seixanta-cinc
dies, en cloure's la nit
que em vas cridar del teu racó,
veu que s'havia compadit
i em rebies, cos bondadós.
Quin joc perdut, quin rodar
fins a trencar un brancam fosc.
Set mil set-cents seixanta-cinc
dies, abans no vaig trobar
on te m'havies arraulit,
amor, per créixer lluny de mi.

GABRIEL FERRATER, *Les dones i els dies*

Vicent Andrés Estellés

Vicent Andrés Estellés.

Vicent Andrés Estellés va néixer el 1924 a Burjassot, a l'Horta, i va morir el 1993 a València. Alguns fets de la seva biografia es recullen en l'**obra poètica**: ser «de poble», viure la por de la guerra i també la misèria de la postguerra, les morts familiars (algunes, pròpies d'un ambient de *vendetta* siciliana), la malaltia i el patiment físic, els oficis que va aprendre, els llibres estimats i prohibits, l'amor i la sexualitat, els fills, el compromís militant polític i civil, les dificultats econòmiques, les persecucions, la lluita, l'esperança...

Poeta de realitats, com ha dit també Joan Fuster, realitza tot un món en la seua poesia: l'horror de la guerra, la mort concreta i palpable de la seua infantesa i joventut, la fam, la degradació col·lectiva de tot un poble, les persecucions, la ràbia, la impotència, l'alienació, la incomunicació, però també l'esperança, la lluita gairebé constant, els moments fràgils d'alegria. Tot açò i més és la poesia d'Estellés. [...] És la poesia militant d'un home que riu i plora amb el poble, que igual recita uns poemes en una associació de veïns que rep el Premi d'Honor de les Lletres Catalanes o viu solidari la causa dels explotats.

JAUME PÉREZ MONTANER i VICENT SALVADOR,
Una aproximació a Vicent Andrés Estellés

Tot i que Vicent Andrés Estellés inicia la producció poètica en la postguerra, la seva vocació literària es va manifestar molt aviat, tant en la creació poètica com en la composició de peces teatrals «de combat» durant els anys de la guerra civil.

El conflicte bèl·lic el va obligar a deixar els estudis, però va llegir una gran quantitat de llibres (García Lorca, Machado, Verdaguer, Sagarra, Carner, etc.), la majoria dels quals van ser prohibits amb la victòria franquista.

Un cop acabada la guerra, es va posar a treballar: forner com el pare, orfebre, mecanògraf, ordenança i finalment periodista en el diari valencià *Las Provincias*, del qual va assolir el càrrec de redactor en cap, tot i que era un diari que organitzava campanyes agressives contra els qui feien esforços pel redreçament cultural i lingüístic de la cultura valenciana.

Finalment, el 1978, any en què va rebre el Premi d'Honor de les Lletres Catalanes, va ser acomiadat arbitràriament d'aquest diari, a més de ser perseguit i amenaçat pels nostàlgics del règim franquista.

Aquest any miserable,
M.CM.LXIII. d. de C.,
serà molt recordat i molt amargament.
Vicent Ventura, desterrat a Munic o París;
Joan Fuster, a Sueca;
–diuen pel veïnat que escriu de nit a
màquina, i
circula un tenebrós prestigi–,
Sanchis Guarner recorre, perplex, la ciutat;
jo escric i espere a Burjassot,
mentre pels carrers de València
la gent, obscena, crida i crema un llibre.

VICENT ANDRÉS ESTELLÉS, *Horacianes*

Els anys cinquanta va iniciar la seva relació i amistat amb intel·lectuals de l'època com Joan Fuster i Manuel Sanchis Guarner, i va publicar el seu primer llibre de poesia: *Ciutat a cau d'orella* (1953).

El 1955 es va casar amb Isabel Llorente, amb la qual va tenir una filla que es va morir al cap de quatre mesos; el dolor d'aquesta mort, viscut amb intensitat pel poeta, és recollit literàriament en *La nit* (1956) i en el cant III de *Coral romput*.

Vicent Andrés Estellés va ser un poeta extraordinàriament **prolífic**, que va publicar la seva obra de manera dispersa i en continu procés de reelaboració –en destaquem el *Llibre de meravelles* (1971), un autèntic èxit editorial en un moment en què l'autor i la seva obra començaven a esdevenir **símbol** del País Valencià–, fins a l'any 1972, en què l'editor Eliseu Climent en va començar a publicar l'obra completa (el primer volum, *Recomane tenebres*, prologat per Joan Fuster).

Els temes de Vicent Andrés Estellés, en una última reducció, tenen la nua elementalitat de la vida de cada dia: la fam, el sexe, la mort. [...] són vivències que tenen una datació exacta. I són locals, frenèticament locals: de Burjassot a València. Jo no gosaria afirmar que això siga «realisme històric». Però sí que és un testimoniatge –o un testimoni– de la «realitat». I escrit des d'un angle molt precís: des d'una cantonada.

JOAN FUSTER, «Nota provisional i improvisada sobre la poesia de Vicent Andrés Estellés»

L'obra completa inclou deu volums: l'esmentat *Recomane tenebres* (1972), *Les pedres de l'àmfora* (1974), *Manual de conformitats* (1975), *Balanç de mar* (1978), *Cant temporal* (1980), *Les homilies d'Organyà* (1981), *Versos per a Jackeley* (1982), *Vaixell de vidre* (1983), *La lluna de colors* (1986) i *Sonata d'Isabel* (1990).

Més endavant, uns quants dies després de la mort de Franco (1975), va començar a escriure l'immens *Mural del País Va-*

lencià, integrat per seixanta llibres, on evoca personatges històrics, paisatges, productes de la terra, fets, costums, celebracions, etc., amb un **to** desesperadament **optimista** que marcarà un canvi en la visió tenebrosa definida pel sofriment, que havia determinat fins aleshores la seva poesia. El conjunt d'obres del *Mural del País Valencià* configuren un ambiciós retaule, una mena de fresc alhora poderós i èpic, però també un cant de les coses menudes i quotidianes.

La poesia de Vicent A. Estellés manifesta la voluntat de ser una **crònica** apassionada de la realitat, escassament estilitzadora, amb l'objectiu de fer l'inventari de personatges, indrets, situacions i esdeveniments. Joan Fuster, en parlar de la intensitat dels seus versos, va dir que «feia segles que al País Valencià no es feia sentir, en poesia, una veu tan intensa i tan potent».

En la variada temàtica dels seus poemes, un dels valors més reivindicats és l'assoliment de la imatge de dignitat personal i civil: deutor del Riba de les *Elegies de Bierville*, Estellés escriu també des d'un exili interior, nacional i de classe social.

Els continguts que l'obsessionen són fonamentalment la **mort**, les **relacions íntimes** entre les persones i la **vida quotidiana** –a vegades vulgar, d'altres sublim, com en l'homenatge que fa a la llengua catalana, la llengua literària i elevada, i la llengua tel·lúrica del poble–, que es debat en l'esperança de continuar vivint.

En definitiva, es tracta de deixar constància del món i de l'experiència de viure, de la qual l'exaltació de les relacions eròtiques és la motivació bàsica, erigida com a únic contrapès de la mort. Així, en la poesia de Vicent Andrés Estellés retrobem la perenne i universal dialèctica entre *eros* i *thànatos*, la tensió entre amor i mort.

Els diversos procediments retòrics de la seva poesia es corresponen amb la mateixa ambiciosa **amplitud temàtica**, de la qual destaca l'aspecte novel·litzador d'una època determinada: «és una poesia que podria haver estat novel·la», va dir Joan Fuster.

Dels poemes de contingut combatiu passem als poemes més intimistes; passem del poeta més culte al poeta més popular sense cap contradicció inherent.

D'aquesta manera, abasta gèneres de la tradició, si bé sovint en clau de paròdia, com les èglogues, referències a les *Horacianes* del món clàssic llatí o tòpics poètics fonamentats en la Renaixença, i alhora s'expressa en un **valencià** ric, **col·loquial** i «de poble», amb un ús expressiu dels topònims, que per a Estellés són carregats de simbolisme. El domini lingüístic es demostra en el constant **experimentalisme formal** del poeta.

La seva obra literària és essencialment poètica, tot i que també va escriure prosa i teatre, del qual destaca *Oratoris del nostre temps* (1978), que en definitiva podem qualificar de «poesia escènica».

El gros de la seva obra va ser conegut popularment gràcies al desplegament que en van fer els cantants de la Nova Cançó, com Raimon, Al Tall, etc., i sobretot Ovidi Montllor, el qual va fer una lectura personal i profunda de la seva poesia.

A partir dels anys setanta i fins al final de la seva vida, es van anar succeint els homenatges populars i acadèmics –entre els quals cal destacar un premi de poesia que des del 1973 porta el seu nom dins els premis Octubre de València–: la Lletra d'Or (1974), el Premi d'Honor de les Lletres Catalanes (1978) i el Premi d'Honor de les Lletres Valencianes (1990).

III

Aquella olor que tenia el teu cos...

No era l'olor dels cossos que es perfumen.
Era una olor com d'aigua, elemental,
era una olor –ni tan sols era olor–
de netedat i pulcra intimitat,
una tendral netedat com de brossa,
fonamental, primordial, primera.
Abans de fer l'amor jo perseguia
a cada pam, damunt la teua pell,
la fascinant arrel d'aquella olor
que, molt golut, secretament m'atreia
fins a arribar el moment del vertigen;
i com aquell qui adelerat es dutxa,
queia damunt el teu cos amadíssim
o te'm posava damunt el meu cos,
car el teu cos, molt sovint, em cobria
com una brossa, una pluja, propici.

No era l'amor, i era més que l'amor.

Era un amor de forestal origen,
era un amor com quan plou a la selva,
era un amor, tel·lúrica fondària,
fins a arribar al principi dels arbres.

VICENT ANDRÉS ESTELLÉS, *Les acaballes de Catul*

Adéu

Amb el sonet al coll com un taüt,
de cap a peus, definitivament,
vestit de pobre, perquè ho sóc, i dut,
sobrant-me mort, a jeure tristament

fins al fossar em trobe complagut,
deixant caure la síl·laba i l'accent,
ací el monocorde, ací l'agut;
i, mentrestant, que seguesca plovent.

Adéu, Ovidi. Bona nit, Serrat.
Ho enyore tot abans d'abandonar-ho.
Adéu, les meues flors de l'amistat.

Esposa, fills i nét, us he estimat
com no sabria dir-ho ni expressar-ho.
Bona nit! I la pau. De veritat.

VICENT ANDRÉS ESTELLÉS, *Assaig d'un adéu*

Escultura dedicada a Vicent Andrés Estellés a Burjassot.

La seva obra s'ha traduït a diverses llengües. L'impressionant *Mural del País Valencià* (1996) es va publicar pòstumament, tot i que encara queda per recollir i editar una abundant producció inèdita.

Blai Bonet

Blai Bonet.

Blai Bonet va néixer el 1926 a Santanyí (Mallorca), on va morir el 1997. A deu anys va ingressar al seminari de Palma, però el 1947 va haver d'interrompre els estudis eclesiàstics a causa d'una tuberculosi. Les conseqüències de la malaltia i el sentiment religiós angoixant i existencial van condicionar intensament i perennement la seva vida i la seva obra. El 1956, la intel·lectualitat barcelonina (Riba, Castellet, Espriu, etc.), que s'havia manifestat captivada per la seva poesia, li va finançar un tractament mèdic en una clínica de Barcelona i va fer possible una estada de quatre anys (1953-1957) al sanatori de Caubet, al Montseny, on, a més de recuperar la salut, Blai Bonet diu que «vaig aprendre el més bàsic. Els llibres no em podran ensenyar mai el que vaig aprendre al bosc, a les fonts, amb els pagesos. Des de Breda a Riells hi havia el que va del segle XIII al segle XX. Quant em va ensenyar trepitjar la terra durant tres anys, tot sol...!».

Contra la tuberculosi es rebel·la amb una **voluntat vitalista** i una **recerca** angoixada de **Déu**.

La seva estada a Catalunya li va permetre establir amistat amb altres poetes –Josep M. de Sagarra, Gabriel Ferrater, J. M. Valverde i, sobretot, Carles Riba. En la dècada dels seixanta va guanyar alguns dels premis més importants de la literatura catalana, tant de poesia com de novel·la i teatre. També va decantar els seus interessos cap al món de l'art, la filosofia i la teologia. L'any 1972 va tornar definitivament a Mallorca i va començar una vida retirada dels cercles literaris, per la qual cosa la seva obra es va tornar cada cop més desconeguda per a les joves generacions d'escriptors. Els darrers anys vuitanta i durant els noranta, es va produir un **redescobriment popular** de la seva personalitat i la seva obra, amb un reguitzell de premis i homenatges tant a les Illes com a Catalunya.

La Guerra? No la recordo gaire: era un vailet. Ens divertia, la guerra. Construíem refugis pel que pogués passar. I no passà res, tret del desembarc a Manacor i d'algun bombardeig que estirant molt matava algun porc. Jo volia arribar a ser monjo de Montserrat, però vaig voler estudiar al seminari perquè els estudis eren millors. Als disset anys ja llegia Hesíode, Píndar, *L'Odissea* o *La Ilíada* en original grec, jo. Em fa quasi vergonya de dir-ho... Vaig conèixer abans Homer que Costa i Llobera o l'Alcover, ja veus.

«Entrevista de Lluís Busquets i Grabulosa», *Plomes catalanes d'avui*

L'**obra literària** de Blai Bonet, reconegut sobretot com a poeta, abasta tots els gèneres possibles: poesia, novel·la, crítica d'art, teatre –*Parasceve* (1958)–, periodisme i narrativa memorialística: *Els ulls* –Diari I– (1973), *La mirada* –Diari II– (1975) i *La motivació i el film* (1990).

Poesia

Al sanatori de Caubet va començar a escriure els dos primers reculls de poemes: *Quatre poemes de Setmana Santa* (1950) i *Entre el coral i l'espiga* (1952). Es va donar a conèixer amb *Cant espiritual* (1953), que va ser prologat per Salvador Espriu.

La seva obra cabdal en poesia és, probablement, el recull que el 1962 va guanyar el premi Carles Riba i que va trigar cinc anys a publicar-se per problemes amb la censura: *L'Evangeli segons un de tants*.

En la poesia de Bonet destaquen alguns **temes** recurrents i fonamentals, presents en els primers llibres i continuats i ampliats en cada nova obra: la **consciència del dolor**, del dolor físic, com una companyia inevitable que condicionarà tota la seva vida i, per tant, la seva obra; la certesa de posseir la **facultat creadora del llenguatge** com un do compensatori que Déu li ha atorgat; la impossibilitat de conciliar desig i realitat, cosa que tanmateix no és font de frustració, sinó d'impuls vitalista. Molts dels seus poemaris reflecteixen l'empremta dels clàssics, del *Càntic dels Càntics* de la Bíblia, d'Ausiàs March, de Sant Joan de la Creu, de Joan Maragall i de la Generación del 27 (Lorca, Alberti, Guillén). També s'acostà en poesia al realisme social, amb el poemari *Comèdia* (premi de la Crítica 1960), en què parla de la relació entre Catalunya i Espanya.

Abans de dir «estimeu-vos»,
sobretot abans de dir «edificaré la meva Església»,
tot de vegades he dit «no tingueu por»,
i mai no ho has pres com un manament.
I el primer manament és: no tinguis por. La por és dels
[animals.
Que el teu cos cada dia menys s'assembli al d'un animal.

Si tens por és perquè no saps què passarà.
I, si no saps què et passarà,
és perquè no has triat encara entre el càlcul de probabi-
[litats i jo.
Els meus són intel·ligents, atroçment decidits i pràctics:
saben que passaran per on vaig jo,
perquè només hi ha aquest camí,
s'hi passa gana, solitud, intel·ligència,
injustícia, calúmnia, filosofia i lletres.
Però només en aquest carreró podràs parlar clar i ferm
als qui han convertit la meva redempció en una carrera.

Blai Bonet, *L'Evangeli segons un de tants* (fragment)

Novel·la

Bonet escriu la seva obra narrativa principalment entre el final de la dècada dels cinquanta i durant els seixanta. Incorpora a les novel·les, de manera personal, els diversos **corrents narratius** i les **tècniques innovadores** de la narrativa estrangera (existencialisme, experimentalisme, *nouveau roman*, monòleg interior, etc.).

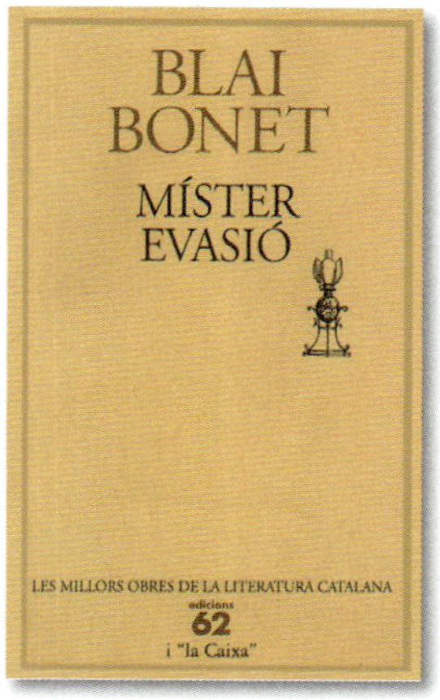

Coberta de *Míster Evasió*.

Cal esmentar *Judes i la primavera* (1963), *Míster Evasió* (1969) i *Si jo fos fuster i tu et diguessis Maria* (1972), entre altres obres. Tanmateix, la novel·la de major impacte va ser la primera que va publicar, titulada *El mar* (premi Joanot Martorell el 1957), que va escriure durant l'estada al sanatori de Caubet.

Es tracta d'una història basada en experiències autobiogràfiques que respon a la intenció de comunicar de manera crua i sensible el món del **dolor** i l'omnipresència de la **mort**, un món encarnat en un grup de joves malalts de tuberculosi que, com ell mateix, són en un sanatori. Més enllà de l'impacte que va suposar el contingut existencial de la novel·la, destaca la seva importància en l'aspecte formal, pel fet d'assimilar les tècniques més avançades del segle xx.

L'aigua del lavabo és freda. M'ensabono les mans, repetidament, com un maníac. No sé per què m'ensabono més insistentment la mà amb la qual he donat la benedicció al cadàver de Jaume Galindo. És l'agitació del meu desordre que vibra com jo mateix, convulsament. Però la meva ànima i el meu sacerdoci no poden ser desordenats, perquè no tenen parts que es puguin descompondre. Són un bloc de confiança davant Déu.

Però les meves coses brutes, escampades, com si em sobrassin! Damunt del lavabo, la borla està dreta des del darrer dia, plena de sabó, al costat de la maquineta, sense desmuntar, amb la Gillette rovellant-se. Al peu del llit, damunt la catifa, uns mitjons foradats; les espardenyes de sola d'espart, polsoses, estan sota el sol que entra per la finestra.

Certament no és la taula d'un sacerdot aquesta taula plena de tinta, amb el quadern de notes –les notes del meu tracte amb Déu– amb una taca d'oli damunt el cartró de la coberta; la poma que no em vaig menjar ahir, els mitjons nets, aplegats, [...]

la copa buida, amb una gota seca, aferrada en el fons. I aquesta brutor de la calç, plena de moscards esclafats a la paret. Jo penso si el cilici ple de suor i de sang no és brutor davant la presència de Déu.

Blai Bonet, *El mar*

Activitats

JOSEP PALAU I FABRE

1 Llegeix el poema «L'aventura» d'*Els poemes de l'Alquimista*.

L'AVENTURA
SENSATION

Par les soirs bleus d'été, j'irai dans les sentiers,
Picoté par les blés, fouler l'herbe menue:
Réveur, j'en sentirai la fraîcheur à mes pieds,
Je laisserai le vent baigner ma tête nue!
Je ne parlerai pas, je ne penserai rien.
Mais l'amour infini me montera dans l'âme;
Et j'irai loin, bien loin, comme un bohémien,
Par la Nature -hereux comme avec une femme.

RIMBAUD, *L'aventura*

L'aventura
SENSACIÓ

I
Pels vespres blaus d'estiu aniré pels conreus,
picotejat pels blats, sollant l'herba menuda.
Somniós, sentiré la frescor sota els peus,
deixaré el lliure vent banyar ma testa nua.
No pensaré en res, no parlaré per res,
mes l'amor infinit m'inundarà l'entranya.
I aniré lluny, ben lluny, de mi mateix després,
feliç, per la Natura -com amb una companya.

II
Pels vespres blaus i verds aniré pels conreus,
esgarrinxant pels blats i petjant l'herba fresca.
Sentiré palpitar la terra sota els peus
som si una dona nua s'oferís a ma destra.
Sens parlar, ni pensar, ni enyorar-me de res,
l'ample vent m'ompliria els narius i l'entranya.
I aniré lluny, molt lluny: allí on és defès

-tot sol, amb mi mateix- com amb una companya.

III
Pels vespres blaus de verd aniré al groc de l'aire
amb les cames ferides per espases de blat.
Sentiré sota els peus aquell ventre apagat
que les bèsties flairen amb un desig minaire.
I emmudit -el cap nu- irremeiablement,
em donaré amb furor al gran desig de l'aire,
i em deixaré bressar com una lleu sement
que fecunda una flor -altiva o solitària.

IV
En els blaus i en els verds, a l'estiu, prop de l'aire,
fecundat per llavors que prodigava el vent,
aniré, sense nord, com una rel dansaire,
per la muntanya amunt, cercant el meu ponent.
Vegetal -o animal- i sens bri de raó,
confós amb la natura ardent i solitària,
seré el pol·len que duu el vent de la tardor,
quan la tempesta brunz i s'alça l'alimària.

V
Sense blaus, sense verds, perdut en mi mateix,
conqueriré l'altura que el sol llaura.
Sense fred, sense vent, madura d'un sol bleix,
l'antiga terra encara trepitja Minotaure.
si la font ni la flor no troben la paraula,
la pedra la dirà com el meu front.
En el desig del vent se'n va la vella faula.
El front, la pedra, occeixen. -Resta el desig pregon.

JOSEP PALAU I FABRE, *Poemes de l'Alquimista*

a Aquest poema pertany a un recull titulat «Poemes de l'Alquimista». Què és un alquimista? Pots entendre i justificar per què Palau i Fabre reivindica aquesta figura per a la seva identitat com a poeta?

b Qui és Arthur Rimbaud? Quina mena de poesia fa? A quina tradició poètica pertany?

c Palau i Fabre explica la seva tasca creativa en base a l'experimentació en la poesia. En aquest poema es dedica a fer cinc interpretacions del poema de Rimbaud. En cada versió s'allunya més de la imitació i cada cop apareix més explícitament la seva pròpia personalitat poètica, la seva identitat. Analitza aquesta progressió a partir dels aspectes següents. Repeteix la graella per a les 5 versions.

Versió	Tema	Lèxic	Forma
Imitació			
Innovació			
…			

GABRIEL FERRATER

2 Llegeix el fragment del poema «In memoriam» de *Les dones i els dies*.

Quan va esclatar la guerra, jo tenia
catorze anys i dos mesos. De moment
no em va fer gaire efecte. El cap m'anava
tot ple d'una altra cosa, que ara encara
jutjo més important. Vaig descobrir
Les Fleurs du Mal, *i això volia dir*
la poesia, certament, però
hi ha una altra cosa, que no sé com dir-ne
i és la que compta. La revolta? No.

Així en deia aleshores. Ajagut
dins d'un avellaner, al cor d'una rosa
de fulles moixes i molt verdes, com
pells d'eruga escorxada, allí, ajaçat
a l'entrecuix del món, m'espesseïa
de revolta feliç, mentre el país
espetegava de revolta i contra-
revolta, no sé si feliç, però
més revoltat que no pas jo. La vida
moral? S'hi acosta, però se'm fa ambigu.
Potser el terme millor és l'egoisme,
i és millor recordar que als catorze anys
hem de mudar de primera persona:
ja ens estreny el plural, i l'exercici
de l'estilista singular, la nàusea
de l'enfilat a dalt de si mateix,
ens sembla un bon programa pel futur.
Després vénen els anys, i feliçment
també s'allunyen, i se'ns va cansant
la mà que acaricia el front tossut
de l'anyell íntim, i ve que adoptem
aquest plural, no sé si de modèstia,
que renuncia al singular, se'n deixa,
però agraint-lo i premiant-lo. Prou.

Contesta les preguntes:

- **a** Què significa «in memoriam»?
- **b** En el poema es produeix un canvi de to poètic del vers 7 al vers 15. Com ho justiques?
- **c** Què és *Les Fleurs du Mal*? Cerca informació sobre l'obra i l'autor. Té alguna relació amb el poeta Arthur Rimbaud que has llegit en el poema de Josep Palau i Fabre?

3 Llegeix el poema «Cambra de tardor» de *Les dones i els dies* que tens a la pàgina 311 de la unitat. Contesta les preguntes:

- **a** Aquest poema parla del record d'un amor passat (o que està a punt d'acabar). També de la incertesa del futur. Quin valor simbòlic té la paraula «tardor» del títol?
- **b** És un poema alegre o més aviat pessimista?
- **c** Quines són les paraules que et permeten justificar el to del poema?
- **d** En quin vers hi ha una sinestèsia? I un paral·lelisme? I una antítesis?
- **e** El poema està dividit en dues parts, una es refereix al passat i l'altra al present. El diàleg, frontissa de les dues parts, també té una referència al passat (veus que riuen) i al present (veus que callen). Com interpretes l'últim vers del poema «tens la pell mig del sol, mig de la lluna».

Justifica amb versos del poema els aspectes indicats. Omple la graella:

	Versos del poema
TEMA	
TO	
LÈXIC	
RECURSOS	
ESTRUCTURA	

VICENT ANDRÉS ESTELLÉS

4 Llegeix el poema «Els amants» del *Llibre de meravelles* i contesta les preguntes.

La carn vol carn (Ausiàs March)

No hi havia a València dos amants com nosaltres.

Feroçment ens amàvem del matí a la nit.
Tot ho recorde mentre vas estenent la roba.
Han passat anys, molt anys; han passat moltes coses.
De sobte encara em pren aquell vent o l'amor
i rodolem per terra entre abraços i besos.
No comprenem l'amor com un costum amable,
com un costum pacífic de compliment i teles
(i que ens perdone el cast senyor López-Picó).
Es desperta, de sobte, com un vell huracà,
i ens tomba en terra els dos, ens ajunta, ens empeny.
Jo desitjava, a voltes, un amor educat
i en marxa el tocadiscos, negligentment besant-te,
ara un muscle i després el peço d'una orella.
El nostre amor es un amor brusc i salvatge
i tenim l'enyorança amarga de la terra,
d'anar a rebolcons entre besos i arraps.
Què voleu que hi faça! Elemental, ja ho sé.
Ignorem el Petrarca i ignorem moltes coses.
Les Estances de Riba i les Rimas de Bécquer.
Després, tombats en terra de qualsevol manera,
comprenem que som bàrbars, i que això no deu ser,
que no estem en l'edat, i tot això i allò.

No hi havia a València dos amants com nosaltres,
car d'amants com nosaltres en son parits ben pocs.

- **a** Quin tipus d'amor és descrit en aquest poema?
- **b** Per què Vicent Andrés Estellés s'oposa a Petrarca, a Riba, a Bécquer i a López Picó?
- **c** Com interpretes la dedicatòria del poema? Quina relació té Vicent Andrés Estellés amb Ausiàs March?
- **d** Quina reivindicació es fa en l'últim vers del poema?

Activitats

BLAI BONET

5 **Llegeix aquests versos del llibre *Cant espirtual* (1953) i contesta després les preguntes que es plantegen.**

Déu company

Jo som el vostre ca que bava,
el meu clamor és una saliva amarga.
Des del llim de la terra, la meva veu com un colomí,
com un colom de mar ferit pels caçadors.
Les meves mans no han cantat,
estic a la fosca com un munt de baleigs,
i la meva memòria cruix com una garba d'aritges.
Jo no he tret espiga; només herba, Senyor.
Te cant com un marge ple d'escanya-rossins.
Però en la meva soca desficiosa pel banyarriquer,
de cada aurora, de cada dia, de cada lluna,
és més alta la flama vibrant del vostre amor,
que ara és el meu amor, Senyor.
Les meves malures brillen com a rams fosforescents de civada,
i és d'amor damunt el meu front com un batall joveníssim.
I Vós, Senyor, vora els meus ossos incendiats,
vora la meva carn agra com un pa florit,
estau com un ca fidel,
llepant-me aquestes nafres que, amb la seva claror,
canten la misericòrdia de la vostra saliva.

a El poeta dirigeix un missatge a Déu però també hi ha un discurs sensual, fins i tot sexual. Identifica els versos que es podrien relacionar amb aquest platejament.
b Interpreta els dos primers versos: «Jo som el vostre ca que bava / el meu clamor és una saliva amarga». A què es refereix? Què representa Déu per al poeta?
c Joan Maragall també va escriure el seu *Cant espiritual*. Busca informació sobre aquest poema i compara'l amb l'obra de Blai Bonet. En què s'assemblen? En què es distancien?

6 **Llegeix aquest fragment de la novel·la *Míster Evasió*. Després contesta les preguntes.**

– Les noies, pel que en sé, sou més aviat dones que no pas nosaltres homes. I un cop s'és home, costa una colla d'anys deixar de ser nens. Als nois, sovint no ens és fàcil de ser un bon animal.
– Poc fa falta ser un bon animal. Poc ho vull de tu. Te'n riuràs potser, però un matxote em fa tant o més fàstic que un noi efeminat. T'ho ben juro. No tornis a dir que un noi ha de ser un bon animal.
– No, No, No em dec haver sabut expressat bé. Volia dir que els xicots, aquí, triguem a ser homes. Ho entens? I una noia, és clar, des del primer dia, el que vol rebre és un home, no una barreja de nen, fill, estudiant i tio, però encara amb tot de cosa enganxada de la mamà, del pis amb piano. La teva mare toca el piano?
– ...
– Marta, he dit alguna cosa que no estigués bé?
– ...
– Marta, escolta.
– Jo no tinc mare.
– No ho sé. Visc amb uns oncles.
– Perdona'm. La meva no fa res més que tocar el piano i fer les ensalades russes els dies d'extraordinari. Llavors sí, llavors sí, tan blanques com les juntures del xalet en construcció, se li varen veure dents de riure.
– Què és el que t'agrada més de Barcelona?
– Que hi hagi de tot. Barcelona no s'acaba mai.
– Per als xicots, no. Podeu fer tot el que voleu.
– A tu, t'hauria agradat ser noi?
– No! I ara! M'agrada estar amb tu.
– Si fossis xicot, podries estar amb una noia.
– No pot ser mai la mateixa cosa.
– Què en saps tu?
– Res. Però m'ho penso.
– Penses què?
– Un xicot, no ho sé, s'ha de sentir més desgraciat que una noia. I, a més d'estar amb ell, la noia el rep, l'acull, no? De la parella, el que té l'altre en els braços crec que és la noia. Et semblarà una idea de cupletista, potser. Però, a mi només m'agraden els nois de cara trista. Fan per a casa.
– Jo com sóc, per a tu?
– Trist, amb nervi, però.
– I si resultés que t'agrado perquè ja fa fosca?
– Jo estic amb tu a les fosques perquè sota els llums del passeig m'has agradat.
– Això m'agrada, coi, perdona. ¿Tu t'enamores del primer xicot que et ve a acompanyar?
– De cop, un noi m'agrada o no. A estimar, s'hi deu començar per una mica.
– Tu ja m'estimes una mica?
– Calla. Ets tan maco que em faries dir que sí.
– Però m'estimes, sí o no? Sí o no?
– No ho sé. Encara que et volgués, però, ara no podria dir que «no». És una paraula que no existeix, sembla. Per a mi ara no existeix dir que «no».
– Sóc el xicot més antipàtic de Calella, oi?
– No!
– ...
– Dolent. Maco.
Vaig sentir que jo la rebia, i que Penèlope venia a mi de molt lluny: del desert de la tradició.

a Per què aquesta novel·la porta el títol de *Míster Evasió*? A qui creu que pot referir-se?
b Aquest fragment és la reproducció d'un diàleg entre dues persones. Prova de trobar el tema d'aquesta conversa i comenta'l. Et sembla que l'autor usa una tècnica innovadora?

Test final d'unitat

1 Digues si és veritat (V) o fals (F):

	V	F
a A la dècada de 1960 comença un nou període de la poesia catalana anomenat *realisme històric*	☐	☐
b Els crítics Josep M. Castellet i Joaquim Molas es van mantenir al marge d'aquesta renovació	☐	☐
c Josep Palau i Fabre va fundar la revista *Dau al Set*	☐	☐
d L'obra poètica de Josep Palau i Fabre es va aplegar en un volum anomenat *Poemes de l'Alquimista*	☐	☐
e L'obra poètica de Gabriel Ferrater es recull en un volum anomenat *Les dones i els anys*	☐	☐
f Gabriel Ferrater només va produir una poesia on descriu el realisme històric i quotidià	☐	☐
g La poesia de Gabriel Ferrater presenta un to marcadament experiencial, reflexiu i sincer	☐	☐
h Els temes de la poesia de Vicent Andrés Estellés són la mort, les relacions íntimes i la vida quotidiana	☐	☐
i Vicent Andrés Estellés és un poeta valencià nascut a Horta de Sant Joan	☐	☐
j Molts poemes de Vicent Andrés Estellés els va cantar Maria del Mar Bonet	☐	☐
k «Els amants» és un poema de Vicent Andrés Estelles adaptat del *Llibre de meravelles* de Ramon Llull	☐	☐
l Blai Bonet és un poeta mallorquí que també va escriure novel·les en prosa	☐	☐
m El temes principals de la poesia de Blai Bonet són l'alegria de viure i la recerca de la felicitat	☐	☐
n *L'Evangeli segons un de tants* és un llibre de poemes de Blai Bonet	☐	☐

2 Identifica les frases amb cada autor:

AUTORS

- Josep Palau i Fabre
- Vicent Andrés Estellés
- Gabriel Ferrater
- Blai Bonet

FRASES

a Va fundar la revista *Ariel*
b La seva obra poètica completa es titula *Les dones i els dies*
c Va néixer a Barcelona
d Va col·laborar amb el grup de poetes i artistes plàstics Dau al set
e Va viure molts anys a París
f Va iniciar estudis eclesiàstics
g Va formar part del grup d'intel·lectuals vinculats a la revista *Laye*
h La seva obra poètica més reconeguda és *L'Evangeli segons un de tants*
i Els seus assaigs són centrats en l'estudi de l'obra de Picasso
j Va estar malalt de tuberculosi
k Va ser professor de lingüística a la Universitat Autònoma de Barcelona
l La seva obra poètica completa es titula *Poemes de l'Alquimista*
m Va escriure una novel·la titulada *El mar*
n Molts dels fets de la seva biografia són temes dels seus poemes, per exemple la mort d'una filla
o Dona gran importància a la perfecció de forma poètica, i al llenguatge
p A partir dels anys setanta publica diversos reculls de contes
q Va néixer a Reus
r La seva poesia vol ser una crònica de la realitat quotidiana, variada i desmitificadora
s La seva poesia combina el simbolisme amb la naturalitat discursiva
t Va néixer a Burjassot
v Va treballar de forner, d'orfebre, entre d'altres oficis i finalment de periodista
u Va néixer a Santanyí

3 Omple la fitxa per a cada autor de la unitat.

- Josep Palau i Fabre
- Vicent Andrés Estellés
- Gabriel Ferrater
- Blai Bonet

1. Nom i Cognom
2. Lloc i data de naixement/mort
3. Obra literària (indica almenys un títol per a cada gènere)
a poesia
b narrativa
c assaig
d teatre
4. Característiques de la seva poesia
a temes
b característiques formals
c tradició literària

CONEIXEMENTS PREVIS

Els meus autors preferits en prosa?
Molts, en general francesos.

Els meus poetes preferits?
Pocs.

Els herois de ficció?
Odissea. Le Saint Loup, de Proust, el jove oficial de *No ho sap ningú*, de Rubió.

Les meves heroïnes de ficció favorites?
La Regenta. Currita Albornoz. Manon Lescaut –pobreta–. Les Claudines.

LLORENÇ VILLALONGA. Respostes al «Qüestionari Proust» segons Lluís Permanyer

Els meus autors preferits en prosa?
Tots aquells que, amb l'esquer d'interessar-me o divertir-me, m'han fet aprendre una lliçó perdurable. Els màgics que amb una bella manera de dir m'han convidat a una compromesa manera de pensar.

Els meus poetes preferits?
Tots els que m'han fet estimar –i de vegades témer– el misteri com a cosa de cada dia. Els creadors d'escenaris per al somni on he pogut representar petits papers. Els que, amb una paraula càlida, m'han fet estremir la pell, com de fred.

Els herois de ficció?
Ara que m'hi fan pensar, veig que no tinc heroi de ficció de planta, i és una omissió que m'amoïna. Posat a haver-ne de buscar, se m'apareix tot seguit la figura de «Superman», però amb casc blau, tret de la influència nord-americana i posat al servei de les Nacions Unides.

Les meves heroïnes de ficció favorites?
Era fictícia Julieta? En cas afirmatiu, ella. Si no, passo.

PERE CALDERS. Respostes al «Qüestionari Proust» segons Lluís Permanyer

B8 UNITAT

28

LA NARRATIVA: LA PRIMERA GENERACIÓ

En aquesta unitat estudiarem la producció narrativa més important dels anys cinquanta i seixanta. En aquest període destaca la necessitat de reconstrucció del mercat literari, del públic lector que calia recuperar per a la literatura en català, i dels estralls de la censura especialment rigorosa amb els llibres escrits en català. Els autors més rellevants són de la generació que havia començat a publicar abans de la guerra: Mercè Rodoreda, Llorenç Villalonga i una mica més jove, Pere Calders.

Dimensió estètica i literària

- El context de censura i lluita per la reconstrucció cultural dels anys 50 i 60.
- L'obra literària de Mercè Rodoreda.
- L'obra literària de Llorenç Villalonga.
- L'obra literària de Pere Calders.

AUTORS I TEXTOS

- Selecció de textos narratius de Mercè Rodoreda.
- Selecció de textos narratius de Llorenç Villalonga.
- Selecció de textos narratius de Pere Calders.

Objectius

- Conèixer el context social i cultural que permet la represa de l'activitat intel·lectual de la cultura catalana, i alhora les limitacions de la censura franquista.
- Identificar els aspectes més rellevants de la producció narrativa de Mercè Rodoreda, Llorenç Villalonga i Pere Calders.

LA NARRATIVA

La narrativa dels anys cinquanta i seixanta, tant pel que fa al conte com a la novel·la, presenta un ventall de tendències literàries prou ampli i divers. Tanmateix, la característica més rellevant i global del període es refereix a la necessitat de **reconstrucció del mercat literari**, desfet a causa de la guerra, i al fet que els autors catalans –com també el seu públic potencial– constituïen majoritàriament el bàndol dels perdedors. Dit en altres paraules, els autors havien de tornar a connectar amb els lectors i oferir-los un producte literari competitiu. L'empresa era certament difícil perquè, a més de la diàspora dels intel·lectuals catalans, calia tenir en compte dos problemes més:

- La **competència** amb el mercat literari en castellà: autors del relleu de Carmen Laforet, José M. Gironella, Ana M. Matute, etc., i editors com Josep Janés o l'editorial Destino, van convertir Barcelona en el centre editorial més important d'Espanya.

- La **censura**, especialment rigorosa amb els llibres escrits en català, que prohibia les traduccions de novel·les estrangeres (aquestes traduccions constituïen la major part dels títols dels catàlegs editorials) amb l'objectiu de reduir la cultura catalana a un fet local i regional i, en conseqüència, no competitiu des del punt de vista comercial.

Les estratègies per aconseguir la **normalització** de la producció literària en català es van aplicar des de l'excepcionalitat:

- Creació d'editorials catalanes, amb col·leccions dissenyades segons les diverses necessitats de cada gènere.
- Creació de clubs de lectors i subscripcions literàries.
- Presentacions públiques d'obres i homenatges destinats a la difusió dels llibres.
- Creació de **premis literaris** amb vista a promoure el conreu de la poesia, però sobretot la novel·la. Destaquen el premi Joanot Martorell de novel·la, creat l'any 1947 per l'editorial Aymà, i del qual la censura va prohibir alguna obra guanyadora –*El cel no és transparent* (1948), de M. A. Capmany, publicada el 1963 amb el títol *La pluja als vidres*– i, sobretot el premi Crexells, creat la nit de Santa Llúcia del 1947 i convertit el 1960 en el prestigiós premi Sant Jordi, convocat per Òmnium Cultural i encara vigent.

La preocupació per la **novel·la** és comprensible si s'entén que aquest gènere és, sens dubte, la **peça fonamental** d'una política de reconstrucció del mercat literari i, per tant, de retrobament amb els lectors, pel fet de ser de consum molt més general i popular que no pas la poesia, per definició més elitista i, per tant, de consum més restringit. En aquest període, el mercat de novel·la en català és com un peix que es mossega la cua: com que no hi ha un públic lector majoritari, els autors no es poden professionalitzar; alhora, sense professionalització no es produeixen obres amb la tranquil·litat i el rigor necessaris per assolir la competitivitat imprescindible.

A conseqüència d'aquesta situació, tampoc no existeix una crítica literària eficaç que, d'una banda, revisi i actualitzi la tradició literària de preguerra i, de l'altra, sàpiga reconèixer i configurar un cos teòric per als nous corrents estètics.

Els autors dels anys cinquanta i seixanta tenen problemes per publicar, tal com comenta Joan Fuster en el pròleg a *Recull de contes valencians*:

> No se m'ocorre demanar que l'home de lletres valencià es guanye la vida escrivint: tampoc al Principat els prosistes no viuen de la literatura; ni en viuen els escriptors de països on la cultura té un desenvolupament sense entrebancs i àdhuc fomentat. Però és evident que no és possible una prosa, ni ací ni enlloc, a base d'aficionats; una prosa en bloc, apta, variada.
>
> JOAN FUSTER,
> pròleg a *Recull de contes valencians*

Tanmateix, pel que fa a la narrativa podem establir –encara que sigui esquemàticament– el panorama que s'explica a continuació.

La narrativa dels anys cinquanta

En aquesta dècada hi ha un clar domini del **conte** sobre la novel·la, sobretot considerant la qualitat dels llibres apareguts. Es publiquen algunes antologies de contes que tenen com a objectiu enllaçar els autors antics amb la descoberta de valors nous. Les **tendències literàries** són bàsicament dues:

- Enllaç amb la **tradició psicològica** –realista, fins i tot testimonial–, que correspon al tipus de narrativa predominant a l'exili.

- Recreació de la **realitat** a través de la imaginació i la fantasia. Al marge del corrent dominant en la narrativa anterior a la guerra, aquesta tendència constitueix la veritable renovació del període: l'encreuament dels mons del real i l'irreal permet incorporar tècniques literàries aportades per l'avantguarda.

En general, els contistes dels anys cinquanta passen força desapercebuts, si bé cal destacar **Joan Perucho** –en la línia del seu món particular ple de màgia i de misteri, d'antigues tradicions i d'extraordinària intel·lectualitat, en el qual barreja amb una originalitat absoluta els referents erudits del joc literari amb elements onírics–; **Jordi Sarsanedas** –autor d'una obra de gran impacte per la seva qualitat: *Mites* (1954), que esdevé el punt culminant del conte de postguerra–; **Mercè Rodoreda** –autora d'un parell de reculls de contes, que cal interpretar com a obres de transició cap a la novel·la: *Vint-i-dos contes* (1958), o de transició cap a un nou estil novel·lístic: *La meva Cristina* (1967)–, i, finalment, l'autèntic contista i l'autor més representatiu del gènere, amb una obra unitària i coherent de gran qualitat: **Pere Calders**.

Mercè Rodoreda acompanyada de Lluís Villalonga a Mallorca.

La narrativa dels anys seixanta

En aquesta dècada, el conte és deixat de banda com a gènere de transició cap a una normalització que implica l'establiment de la **novel·la**.

Els anys seixanta són dominats pel **realisme històric**, per la qual cosa els elements fantàstics i psicològics passen a un segon terme; a més, es dona pas a l'**observació objectiva**, que segueix les tècniques de la narrativa europea del moment. De manera esquemàtica, podem estructurar el panorama novel·lístic dels seixanta en quatre tendències bàsiques:

- **Realisme psicològic**. Insisteix sobretot en les **tècniques tradicionals** de la dècada anterior i en els models ja establerts i acceptats per la narrativa europea. En són representatives les obres de maduresa d'autors consolidats com Carles Soldevila, Miquel Llor, Rafael Tasis, Joan Puig i Ferreter (amb els dotze volums d'*El pelegrí apassionat*, iniciats el 1938) i un autor més jove com Xavier Benguerel, que s'hi insereix plenament.

  Aquesta tendència novel·lística integra la **novel·la catòlica**, de la qual són representatius autors com Joan Sales i, en certa manera, Blai Bonet, que hi afegeix una reflexió existencialista.

- **Novel·la simbòlica**. Sens dubte l'obra més representativa és la de Mercè Rodoreda, en què es produeix a més un procés de **mitificació** de la **realitat**.

- **Realisme testimonial**. En són exemples les novel·les d'**exili**, que incorporen tècniques de la novel·lística americana d'entreguerres. Destaquen autors com Riera Llorca, J. Amat-Piniella, Avel·lí Artís-Gener, etc.

- **Realisme històric i de reflexió existencial**. Es tracta del corrent més innovador dels anys seixanta, i del que té un predicament més ampli en la confluència amb les propostes marxistes i existencialistes. Els autors destacats són Josep M. Espinàs, Manuel de Pedrolo, Blai Bonet, Ferran de Pol (en part) i Baltasar Porcel.

LA PRIMERA GENERACIÓ

Mercè Rodoreda

Mercè Rodoreda.

Mercè Rodoreda i Gurguí (Barcelona, 1908 – Girona, 1983) és considerada l'**escriptora catalana** més important del segle XX. La seva obra està molt condicionada pels fets i les circumstàncies de la seva vida, tant des del punt de vista històric com estrictament privat.

Malgrat que l'autora diu: «En tots els meus personatges hi ha característiques meves, però cap dels meus personatges no és jo», alguns aspectes de la seva **biografia** apareixen de **manera recurrent** en la seva prosa.

La infantesa de Mercè Rodoreda va tenir com a escenari el barri de Sant Gervasi de Cassoles, a Barcelona, una part de la ciutat amb moltes torres i jardins. Les persones que més la van influenciar durant els primers anys van ser el seu avi, Pere Gurguí, i la seva mare. De l'avi va aprendre a admirar les flors i els versos de Verdaguer, i un sentit patriòtic catalanista molt arrelat. Uns quants anys més tard, el 1928, es va casar amb el seu oncle matern Joan Gurguí, amb qui va tenir un fill, però el matrimoni es va desfer. A partir dels anys trenta, Mercè Rodoreda es va començar a dedicar intensament al món de les lletres i va escriure la seva primera novel·la –*Sóc una dona honrada?* (1932)–, la qual seguiren d'altres que la mateixa autora va rebutjar en revisar la seva obra al cap dels anys. També va col·laborar assíduament en diaris i revistes –*Clarisme, Mirador, La Publicitat, Meridià, Revista de Catalunya*–, fins i tot durant la guerra civil.

El vespre que els meus pares van anar per primera vegada a aprendre de declamar, cosa que no m'agradava gens que fessin, la meva mare es va empolainar com mai i es va posar el vestit nou. Recordo que mentre es cordava el cinturó davant del mirall gros de l'entrada, rabiosa de gelosia li vaig arrencar el cinturó d'una gran estrebada i vaig començar a clavar-li cops de peus als turmells. El meu pare em va agafar d'un braçat i em va tancar al bany, que era on tancaven el canari quan hi havia visites i cantava sense parar amb la gàbia posada a dalt d'una columna jònica daurada. L'avi em va venir a obrir al cap d'una estona. Els meus pares no es veien enlloc i l'avi se'm va endur al seu llit, alt de tres matalassos, i quan es devia pensar que dormia em vaig tirar daltabaix. L'endemà estava malalta i tenia el llavi de dalt esberlat. Aleshores, els meus pares, per poder anar a aprendre de declamar dues vegades cada setmana sense drama, es van empescar una història que al principi em vaig creure. Em ficaven al llit, i, abans d'anar-se'n, em deien que se n'anaven a matar llops. La riera de Sant Gervasi, m'explicaven, n'estava infestada. El meu pare, per tal de fer més convincent aquella història, des dels peus del llit m'ensenyava un ganivet molt gros, amb la fulla nova i mànec de banya. Fins que un dia, al cap de molt temps, vaig trobar, clavat a la terra de castanyer d'una gran gerra amb una hortènsia a dintre, el ganivet d'anar a matar llops amb la fulla rovellada. No vaig dir res. M'havien enganyat. I durant unes quantes setmanes, o mesos, em vaig arraconar al meu avi perquè tenia els meus pares avorrits.

MERCÈ RODOREDA,
«Imatges d'infantesa», *Memòria i ficció*

Mercè Rodoreda acompanyada dels escriptors Miquel Llor (a l'esquerra) i Sebastià Joan i Arbó i Agustí Centelles (1934).

■ Obres de joventut

La formació literària d'aquesta etapa de provatures i aprenentatge culmina amb la publicació de la novel·la *Aloma* (1938, guanyadora del premi Crexells l'any 1937), la primera novel·la que Mercè Rodoreda admet plenament com a **inici** del conjunt de **la seva obra**, tot i que la va reescriure el 1968 a Ginebra.

—L'amor em fa fàstic!

Havia pensat tota la tarda en aquell pobre gat i, sense voler, va tancar el reixat d'una revolada. A dalt de tot, entre rodones i cargols de ferro despintat, mig decantada i coberta de rovell, es veia una data: 1886. Havien comprat el reixat feia uns quants anys, a preu de ferro vell, en l'enderroc d'una finca expropiada per eixampla. La casa de seguida va semblar més senyora. I el jardí. Abans tenia una portera de fusta i si el qui hi entrava era massa alt s'havia d'ajupir una mica.

Primera edició d'*Aloma*.

[...] L'altre va saltar al jardí una tarda de fred i de vent. Era blanc i negre, superb, amb el coll gruixut i la pell llustrosa. Es va acostar a la gata a poc a poc i Aloma, que els mirava des de la finestra, va veure que la gata s'anava arraconant. Va provar d'enfilar-se al taronger, però estava acabada i es va posar a vomitar amb unes grans extremituds. El gat no la deixava. Era una persecució tenaç, i els miols es barrejaven amb el vent que xisclava. Aviat va ser negra nit i Aloma va tancar la finestra. Li havia vingut mareig.

L'endemà van trobar la gata estirada al carrer, encarcarada. El vigilant l'havia matada d'un cop de garrot entre les orelles mentre estava gatinant.

MERCÈ RODOREDA,
Aloma

En aquesta novel·la, a banda de les correspondències autobiogràfiques més o menys ocultes –la relació de la protagonista amb un parent més gran que ve d'Amèrica; el patiment, la malaltia i la mort d'un nen petit (quan Mercè Rodoreda era petita es va morir un germà seu); la frustració de l'ideal amorós; la solitud i la violència inherent a la vida–, s'hi troben alguns dels motius que esdevindran constants en la literatura de Rodoreda, especialment pel que fa al retrat psicològic dels personatges femenins.

Aloma és fonamentalment una **novel·la psicològica** en què són presents alguns referents simbòlics, que podem sintetitzar en dos: d'una banda, les flors i el jardí, i, de l'altra, el gat.

Aloma no és la descoberta d'una novel·la sola. Sinó d'una novel·lista. En *Aloma* hi veiem totes les novel·les que ens donarà el seu autor. Endevinem tota la producció d'un autor que ha engegat un doll. Un doll que ja no s'estroncarà.

FRANCESC TRABAL, «Salut, Aloma!», *Meridià*

Obres de maduresa

Amb l'**exili** que Mercè Rodoreda va emprendre cap a França l'any 1939, es va estroncar la seva producció i la de bona part d'escriptors catalans. Al castell de Roissy-en-Brie, prop de París, es van concentrar durant uns quants mesos una vintena d'intel·lectuals, fins que l'esclat de la guerra a Europa va precipitar la marxa de la majoria cap a l'exili americà i la fugida del nazisme dels pocs que no van voler sortir del continent. És el cas de Mercè Rodoreda i Armand Obiols (pseudònim de Joan Prats), a qui va conèixer al castell de Roissy i amb el qual s'uní sentimentalment.

Els anys quaranta van ser terriblement difícils i dolorosos. Van haver de recórrer diverses ciutats de França (Llemotges, Bordeus, París una altra vegada), en unes circumstàncies personals de gran pessimisme i greus dificultats econòmiques.

La meva vida durant aquests anys te l'aniré donant a trossos en diverses cartes. He fet bruses de confecció a nou francs i he passat molta gana. He conegut gent molt interessant i l'abric que duc és herència d'una russa jueva que es va suïcidar amb veronal. A Limoges van quedar-se'm un ovari però el que no deixaré a França serà ni la meva energia ni la meva joventut, fins a cinquanta anys penso conservar un cert *genre fregate*. Encara donaré molt joc: no pas amb cartes. I, sobretot, vull escriure, necessito escriure; res no m'ha fet tant de plaer, d'ençà que sóc al món, com un llibre meu acabat d'editar i amb olor de tinta fresca.

Carta a Anna Murià (Bordeus, 19-XII-1945)

La duresa de la vida quotidiana la va obligar a deixar de banda la literatura, tot i que anava escrivint com podia alguns contes que enviava a revistes d'exili, els quals van ser agrupats posteriorment en el primer volum publicat després de la guerra: *Vint-i-dos contes* (premi Víctor Català 1957).

Tal com va declarar l'autora uns quants anys més tard, en aquesta etapa de la seva vida va escriure contes perquè «no hauria pogut escriure una novel·la baldament m'haguessin apallissat». Afirma que es trobava com si no hagués escrit mai i que el que li calia era començar una altra vegada; és a dir, va definir el conte com un gènere de transició cap a la novel·la.

Aquest mecanisme de la novel·lista, que entén el conte com un **recurs frontissa** que li permet fer el canvi d'un període a un altre, el va repetir Mercè Rodoreda en ocasions posteriors. La mateixa autora va dur a terme la selecció i l'ordenació d'aquest recull de contes, concebuts com uns «exercicis d'experimentació» de tècniques narratives i temàtiques diverses.

Veu? –em va dir–, en aquesta panera sense res, el meu marit cada any hi plantava les dàlies. Feia un sot amb un punxó en la terra flonja i jo li anava donant les cabeces d'una a una i ell les colgava i les cobria a poc a poc. I a la nit, quan em deia «vine!» i em feia posar el cap damunt la seva espatlla i em voltava amb el braç –perquè deia que sense mi ben a prop no es podia adormir–, tot i que s'havia rentat les mans jo sentia aquella olor de terra tan bona. I el meu marit deia que les dàlies eren els nostres fills, perquè el meu marit era així, sap?, ple d'acudits i sempre amb ganes de fer broma, per fer-me riure. Jo regava la panera cada tarda i quan el meu marit tornava de la feina, tot i que així que travessava el jardí ja veia que la terra de la panera era humida, em deia, tot fent-me un petó: «Ja has regat les dàlies?». I, veu?, a mi, de joveneta, era una mena de flors que no m'agradaven, perquè més aviat són unes flors que fan pudor. Però avui, quan passo per davant d'un jardí on hi ha dàlies o davant l'aparador d'una florista, sempre m'aturo a mirar-les i és com si una mà molt grossa i molt forta m'agafés el cor i l'estrenyés de pressa, i em ve com una mena de mareig.

MERCÈ RODOREDA,
«La sang», *Vint-i-dos contes*

A partir dels anys cinquanta, les circumstàncies econòmiques van millorar. Juntament amb Obiols, Rodoreda va anar a viure a Ginebra, on, tot i sentir-se sempre com una exiliada, va trobar un clima d'estabilitat personal que no havia tingut fins llavors, gràcies al qual es va veure amb cor d'escriure la seva segona novel·la: *La plaça del Diamant* (1962).

Mercè Rodoreda en un homenatge popular després de rebre el Premi d'Honor de les Lletres Catalanes, l'any 1980.

Placa que es troba a la plaça del Diamant de Barcelona.

La plaça del Diamant, sens dubte l'obra clau de Mercè Rodoreda, és considerada per la crítica la novel·la més important de la **postguerra** i el *best-seller* de més èxit de la literatura catalana moderna. Cal remarcar, però, que la va presentar amb el títol de *Colometa* al premi Sant Jordi el 1960 i no en va resultar guanyadora, la qual cosa li va causar una gran decepció.

Es tracta d'una història centrada en un personatge femení, la Natàlia / Colometa, de la qual explica l'**evolució personal** de la joventut cap a la maduresa, en sintonia amb l'evolució de la Catalunya que esclata amb l'alegria de la República, s'embruteix amb la guerra i, després de la derrota, travessa els negres anys de la postguerra. El punt de vista narratiu és el **monòleg** de la protagonista, que descriu i analitza els fets a mesura que li van passant. És una **novel·la psicològica** –amb un estil descriptiu molt poètic–, i alhora plena de símbols: l'embut, el caragol marí, les nines de la casa dels hules, les balances dibuixades a la paret, el ganivet amb què al final de la novel·la la Colometa escriu el seu nom i, evidentment, els coloms.

> La volia kafkiana, molt kafkiana, absurda, és clar, amb molts coloms; volia que els coloms ofeguessin la protagonista del començament fins a la fi.
>
> MERCÈ RODOREDA,
> pròleg a *La plaça del Diamant*

En el pròleg de l'edició del 1982, Mercè Rodoreda reivindica que, a més d'altres coses, també és una novel·la d'amor «per més que sense ni un gra de sentimentalisme». De fet, el món mític que es fa present en l'última part de la novel·la demostra la voluntat de superar el patiment i la tristesa de la vida, i de transformar l'angoixa i la bogeria en una mica d'alegria i un cert benestar: així, els coloms infernals de la primera part acaben metamorfosant-se en ocells que, en llibertat, semblen àngels que porten una mica de cel a la terra.

> I el mot *contents*, darrer de la novel·la, no és pas gratuït. No el vaig posar perquè sí. Deixa entendre que, encara que al món hi hagi tanta tristesa, sempre el pot salvar algú amb una mica d'alegria.
>
> MERCÈ RODOREDA,
> pròleg a *La plaça del Diamant*

Mercè Rodoreda va escriure encara dues novel·les més –*El carrer de les Camèlies* (1966) i *Jardí vora el mar* (1967)– abans de donar un tomb definitiu a l'etapa dominada per *La plaça del Diamant*. Si bé la primera representa una continuació dels aspectes temàtics i simbòlics més representatius –el temps de la postguerra, marcada per la derrota i la mort; una protagonista femenina que evoca el seu passat des d'un punt de vista subjectiu; relacions amoroses complicades i angoixants, descrites amb motius recurrents com el vòmit, l'avortament, etc.; un final alliberador recreat en l'entorn d'un jardí ple de flors–, la segona és una novel·la que insinua el canvi cap a l'etapa següent, marcada per una nova concepció mítica del món i la vida.

> Vaig anar comprant més àngels i els feia dur tots a la torre. En tenia d'alts i de baixos, amb tirabuixons i els cabells estirats, amb una copa a la mà, amb una palma, amb un raïm.
>
> MERCÈ RODOREDA,
> *El carrer de les Camèlies*

> Miri com està el jardí. Per sentir-ne la força i l'olor. Aquesta és la millor hora. Miri els til·lers... ¿Veu les fulles com els tremolen i ens escolten? Vostè riu... Si un dia passeja de nit per sota dels arbres, ja veurà que n'hi dirà de coses aquest jardí...
>
> MERCÈ RODOREDA,
> *Jardí vora el mars*

Obres de vellesa

Inaugura aquesta etapa *La meva Cristina i altres contes* (1967), que recull narracions en què es desenvolupa un món mític, impregnat de fantasia, en el qual destaca el tema de la metamorfosi, és a dir, el canvi que permet l'alliberament dels protagonistes.

Mirall trencat (1974) representa la culminació d'un procés narratiu. És una novel·la tancada que explica la formació, l'ascensió, la davallada i la desaparició d'una família. Hi destaca el símbol del mirall, que reflecteix la realitat o bé fragments d'aquesta realitat, o la seva desaparició si es trenca. Representa, a més, el pas del temps. El final de la narració és la destrucció total, marcada per la trencadissa del mirall de Sofia quan abandonen la torre, que simbolitza l'espai familiar. Els símbols destacats tornen a ser l'aigua, la infantesa, l'arbre i el jardí.

> El mirall s'havia trencat. Els bocins s'aguantaven en el marc, però uns quants havien saltat a fora. Els anava agafant i els anava encabint en els buits on li semblava que encaixaven. Les miques del mirall, desnivellades ¿reflectien les coses tal com eren? I de cop a cada mica de mirall veié anys de la seva vida viscuda en aquella casa.
>
> MERCÈ RODOREDA, *Mirall trencat*

Semblava de seda i altres contes (1978) és un recull heterogeni de contes i narracions publicats en diverses revistes. Les proses de *Viatges i flors* (1980) foren compostes en diferents èpoques: «Viatges a uns quants pobles» i «Flors de debò».

Quanta, quanta guerra... (1980) narra el viatge de perfecció d'un noi jove, l'Adrià Guinart, fins que assoleix la maduresa. L'arbre esdevé el «leitmotiv» de la novel·la.

> Només hi ha els morts que no em facin por. [...] Se'ls ha d'enterrar ben endins de la terra perquè puguin reposar per sempre ben a la vora de les arrels. I fer-se arbres.
>
> MERCÈ RODOREDA, *Quanta, quanta guerra...*

L'escenari en què es desenvolupa la novel·la és un espai obert i natural on destaca l'element vegetal, seguint la simbologia característica de l'obra rodorediana. En aquest espai, l'arbre esdevé un símbol d'unió entre la terra i el cel, idea compartida per diverses creences religioses i esotèriques, un símbol d'immortalitat, d'eternitat. És al peu d'un arbre de característiques molt especials, on serà enterrada Eva, un personatge femení idealitzat que acompanya simbòlicament el protagonista en el seu viatge. És amb una branca, igual que la Maria de *Mirall trencat*, que Eva perd la vida a mans dels seus violadors:

> Forcejava per deslligar-se i com més feia més dintre de la carn se li encastaven les cordes ... però no la vaig veure plorar mai. M'hauria agradat veure-li una llàgrima, almenys una, en aquells ulls tan de color violeta. I no. Mai. Ja no va tornar: no me la van tornar. Me la vaig trobar l'endemà a punta de dia, nua sota dels arbres amb una branca clavada allà on neix la vida [...]
>
> MERCÈ RODOREDA, *Quanta, quanta guerra...*

La mort i la primavera (1986) és una obra inacabada que es publicà pòstumament. Hi fan un paper determinant la mort i un món de ficció profundament simbòlic, representat per elements recurrents en la narrativa de Rodoreda, com ara l'aigua, la terra, el foc, etc. La novel·la reprèn el fil conductor de *Quanta, quanta guerra...* El protagonista és un jove adolescent que comença un viatge iniciàtic en una societat cruel representada pel poble on viu. Hi té un paper destacat el món oníric.

> Quan el van treure de l'aigua ja era mort. I el van tornar a l'aigua. Els qui morien a l'aigua els tornaven a l'aigua. I el riu se'ls enduia i no se'n sabia mai més res. Però de nit, allà on els havien llançats, es veia una ombra.
>
> Al poble només hi havia un pres. Antigament n'hi havia hagut un altre i va viure, deien, el doble del que vivia la gent. Eren lladres. Al poble només es castigava els qui robaven. I el càstig era fer que no fossin persones.
>
> MERCÈ RODOREDA, *La mort i la primavera*

Llorenç Villalonga

Llorenç Villalonga.

Llorenç Villalonga i Pons va néixer l'any 1897 a Palma, on va morir el 1980. La seva personalitat, a més de les seves opcions ideològiques, va resultar sempre conflictiva amb relació a la cultura catalana i a la majoria dels intel·lectuals de la seva generació, cosa que és especialment punyent per la **filiació falangista** de Villalonga i pel suport que va donar a la rebel·lió franquista, tenint en compte que aquest alçament i la dictadura consegüent van comportar la desfeta nacional i cultural de Catalunya. Això no obstant, l'obra literària de Villalonga és d'una altíssima qualitat literària, reconeguda i impulsada per les personalitats més destacades de la cultura. Va ser el quart fill d'una família establerta a Mallorca des del segle XV per part de pare, tot i que, per la condició de militar d'aquest, van viure de manera itinerant en diverses ciutats d'Espanya.

Va estudiar el Batxillerat a Palma –Gabriel Alomar va ser un dels seus professors–, però per cursar estudis de Medicina va tornar a residir fora de Mallorca: a Múrcia, Barcelona, Madrid i, finalment, Saragossa, on va acabar la carrera el 1926. D'aquesta època són les primeres col·laboracions en diaris, en les quals es revela el seu tarannà esnob, curiós, atret per les novetats avantguardistes i amb una clara tendència cap a la cultura francesa. És també l'època de la seva formació intel·lectual, amb lectures d'Anatole France, Ortega y Gasset, Marcel Proust i Freud.

A París, a partir del 1929, va acabar la seva formació com a metge especialitzant-se en psiquiatria, dins de la qual es va decantar per la **psicoanàlisi clínica**. De retorn a Palma, s'hi va instal·lar definitivament i va entrar en contacte amb els cercles intel·lectuals de Mallorca, elitistes i cosmopolites, on va conèixer la poetessa argentina Emilia Bernal, amb qui va mantenir una relació sentimental que va traslladar a la seva obra *Fedra* (1932).

L'any 1931 va publicar ***Mort de dama***, obra que va causar un impacte impressionant tant per la seva innegable qualitat com per l'escàndol amb què va ser acollida per la societat benestant de Mallorca.

Naturalment, Salvador Espriu havia de descobrir, admirat, la bellesa, l'agilitat, la síntesi intel·ligent de *Mort de dama*, així com Villalonga s'havia de sentir subjugat per la civilitzada atmosfera que dominava les pàgines d'Espriu. El germà del gran novel·lista mallorquí recorda amb admiració, matisada de rancor, l'encontre de Salvador Espriu i Llorenç Villalonga; en la mesura que és advers a la circumstància que descriu, pot fer-nos comprendre, més que qualsevol apologista, quin era el terreny que trepitjaven aquests homes, entre vint i vint-i-cinc anys, que es preparaven per prendre les regnes del futur cultural de Catalunya:

«Era ya tarde y acababa de acostarme. Medio en sueños percibía una sorda conversación. Se abrió la puerta que comunicaba los dos cuartos y entró Lorenzo: «Acaba de estar a verme Salvador Espriu». Aquel nombre me desveló. [...] Creo que por aquel entonces el novelista contaba veintiún años y había producido ya dos obras maes tras que han pasado casi en silencio: *Miratge a Citerea* y *Ariadna al laberint grotesc*. [...] y este libro tan breve ha estado durante largos años a la cabecera de la cama de Lorenzo, quien me aseguraba que todas las noches releía algunas páginas, casi siempre las mismas. Yo no tenía por entonces humor para dedicarme a preciosismos y nada dije acerca del libro. Ante la catástrofe presentida dedicaba mis ocios de militar retirado por el régimen a escribir sobre temas castrenses y a comentar la Historia de España. El bello volumen de Espriu, por estar escrito en catalán, me irritaba».

M. AURÈLIA CAPMANY, *Salvador Espriu*

Un any abans d'esclatar la guerra, en un viatge que va fer a Barcelona amb el seu germà Miguel –destacat cap de Falange Española–, va conèixer Salvador Espriu, amb qui va mantenir durant molts anys una relació epistolar.

Un cop esclatada la guerra civil, Llorenç Villalonga es va afiliar a Falange Española. El mateix any 1936 es va casar amb la seva cosina Maria Teresa Gelabert, que tenia propietats a la part interior de l'illa i, se suposa, inspirà el personatge de Maria Antònia de *Bearn*. Els anys de postguerra van ser d'un cert aïllament i, sobretot, d'un rutinari model de vida de «professional liberal amb interessos literaris».

Pati de l'entrada de la casa on va viure Llorenç Villalonga a Palma.

Els anys cinquanta va iniciar el **contacte** amb **intel·lectuals** tan prestigiosos com Sanchis Guarner, la relació amb el qual va resultar decisiva per a la catalanització de l'obra de Villalonga i el seu apropament a la cultura catalana, a més de reconciliar-lo amb Francesc de Borja Moll. Alhora, va contactar amb les noves generacions d'escriptors illencs: Llorenç Moyà, Josep M. Llompart, Jaume Vidal Alcover i Baltasar Porcel. Entre els anys 1952 i 1954 va redactar en català la seva obra mestra, la novel·la *Bearn o La sala de les nines*, però quan li faltaven poques pàgines per acabar-la es va rebel·lar davant la correcció d'estil que l'editorial Selecta de Barcelona li imposava per a l'edició de *Mort de dama*. Enutjat, va refer i enllestir la novel·la completament en castellà.

Jo he pres cafè amb ell [Villalonga] durant molts anys, encara que té una ideologia política i moral que no compartesc. Crec que Villalonga ha literaturitzat massa Mallorca. És excel·lent, però no testimonial. La Mallorca que escriu només existeix com a mite. Saps que si no hagués estat per Sanchis Guarner hauria escrit *Bearn* en castellà? Ho sé del cert perquè jo li passava en net tot el que anava escrivint. Fins i tot la va presentar al Premio Nadal l'any que Sánchez Ferlosio va guanyar-lo amb *El Jarama*. Fou després d'haver volgut publicar *Bearn* en castellà –per cert que la vaig compondre jo a la impremta– que la va publicar en la versió catalana original...

LLUÍS BUSQUETS I GRABULOSA,
«Entrevista a Jaume Vidal i Alcover»,
Plomes catalanes d'avui

Finalment, la **versió catalana** del 1961 va aconseguir la projecció merescuda. Els anys seixanta, l'obra novel·lística de Villalonga va ser absolutament reconeguda i admirada pels intel·lectuals catalans. En aquest sentit, més enllà dels premis, és remarcable la publicació de les *Obres completes* (1966) en una col·lecció titulada significativament «Clàssics Catalans del Segle XX». És interessant recordar les paraules que Villalonga va deixar escrites amb motiu de la tercera edició d'una gran novel·la que ell admirava molt i que va traduir al català, *El guepard*, del príncep sicilià Giuseppe Tomasi de Lampedusa:

> Ben poques perspectives tindria el català si només fos la llengua d'una sola ciutat, per gran i gloriosa que fos aquesta. Sortosament ho és de sis o set milions de persones, escampades des de l'estany de Salses fins a Guardamar i des del Cinca fins a Maó i l'Alguer. Repetesc una vegada més allò que he dit en altres bandes: «Tots junts, els catalans del Principat, els valencians i els balears poden fer encara una novel·lística ambiciosa, amb una base suficient de lectors; si es reclouen, recelosos o escèptics, cadascú en el seu àmbit, no faran més que tres novel·lístiques comarcals».
>
> LLORENÇ VILLALONGA, pròleg a la tercera edició d'*El guepard*

L'**obra literària** de Llorenç Villalonga es compon de diverses novel·les, uns quants llibres de contes i peces teatrals, que en la majoria de casos han servit d'esquema inicial per a algunes de les seves novel·les més significatives. De forma esquemàtica, es poden establir **tres etapes** per estructurar el conjunt de la seva producció literària.

Primera etapa (1924-1939): *Mort de dama*

El 1924 va iniciar les seves col·laboracions d'escriptor en el diari *El Día*, de Palma, amb articles sobre temes culturals diversos. Més tard va assumir la direcció literària de la revista *Brisas* (1934-1936), on va donar a conèixer alguns relats curts, una peça teatral i el començament de la novel·la *Madame Dillon* (1937). Aquesta revista, inspirada en la moderna *D'Ací i d'Allà* barcelonina, pretenia respondre a una **imatge cosmopolita i moderna de Mallorca**, en clara confrontació amb el tipisme folklòric de l'Escola Mallorquina i de revistes com *La Nostra Terra*.

Llorenç Villalonga a la seva casa de Palma.

Aquesta primera etapa és la de l'esnob Dhey –el pseudònim més conegut amb què signava els seus articles periodístics–, de la frivolitat i la joventut. Literàriament, destaquen sobretot la novel·la *Mort de dama* (1931) i la tragèdia *Fedra* (1932), escrita primer en castellà i més tard refeta i traduïda al català pel mateix autor.

No hi ha dubte que *Mort de dama* és un clàssic contemporani de les lletres catalanes, a més de ser la novel·la que més atencions ha rebut per part del seu autor (des de la primera i segona edicions fins a la quarta, l'obra va estar sotmesa a diverses addicions, supressions i modificacions).

La ficció creada per Villalonga elabora, entorn de l'**agonia** d'una **aristòcrata** mallorquina, el món ordenat d'una societat que desapareix i que és descrit a través d'uns personatges representants dels diversos sectors socials.

Personatges

- **Dona Obdúlia**. Representa la vella aristocràcia inculta, vulgar i provinciana, a desgrat del llinatge. Villalonga va dir que el personatge estava inspirat en una tia seva de Palma, Rosa Ribera.

- **Maria Antònia**, baronessa de Bearn. Pertany a l'aristocràcia idealitzada que Villalonga s'ha fabricat per a la seva sàtira novel·lística, l'aristocràcia irreal i somiada per l'esnob que és. És una figura purament literària, l'essència del mite creat per l'escriptor, i, per tant, no es va poder identificar mai amb cap dona coneguda. Aquesta baronessa refinada, distant, com absent, tan senyora, era necessària per contrastar el plebeisme de l'aristocràcia real, Obdúlia de Montcada.

> Maria Antònia, sense voler, imposava. La fredor del seu perfil i la mirada dels ulls clars tenien, a estones, quelcom d'inhumà. I després, les seves maneres irreprotxables acabaven per avorrir o per ofendre. Quan la tia Obdúlia, deixant-se dur per la imaginació, parlava de pretendents passats, pintant-se sempre festejada, desdenyosa i majestàtica, la baronessa callava. I ni tan sols podien llegir censura en aquest silenci, perquè els ulls clars de Maria Antònia, vagant sense mirar, donaven a les seves faccions acadèmiques una expressió d'estàtua. Maria Antònia no sentia les estridències ni les ordinarieses: tornava de pedra al menor contacte vulgar. En la joventut aquesta facultat de la baronessa era de vegades francament molesta. Els anys i la ruïna li havien fet molt de bé, esborrant d'ella tota ombra d'insolència. Ara la seva actitud de no sentir era més aviat somniosa i, si és cert que els cabells grisos, ja quasi blancs, contribuïen a donar-li més semblança amb un marbre, es tractava d'un marbre essencialment poètic, encès en vida psíquica. L'autor de la present diguem-li novel·la, tot i havent volgut fer principalment un llibre de riure [...].
>
> LLORENÇ VILLALONGA, *Mort de dama* (cap. XXI)

- **Marquès de Collera**. Representa les patums de tota la vida, la classe poderosa, influent, políticament conservadora i de falsa erudició cultural. El registre grotesc amb què Villalonga descriu el personatge és remarcat per una sospita d'homosexualitat, que segons el novel·lista és una característica del caràcter.

- **Aina Cohen**. Més que un personatge, representa una idea, l'esperit de l'Escola Mallorquina que Villalonga odiava amb tota la seva ànima. La descripció de «l'exquisida poetessa» traeix la irritació de l'autor, que en fa un tractament escarnidor, sense gota d'ironia ni distanciament. En aquests personatges conflueixen dos dels grans **odis** de l'autor: els **xuetes** (jueus conversos mallorquins) i l'estil poètic de l'anomenada **Escola Mallorquina** (amb els seus mestres Miquel Costa i Llobera i Joan Alcover). El món mallorquí del temps de *Mort de dama* és profundament estratificat socialment, en el qual els xuetes són un estament particular: no importa l'antiguitat del seu origen a l'illa, ni la professió o riquesa, ni l'educació; només els determina el fet de ser jueus –de fet, el cognom Cohen no correspon estrictament als llinatges xuetes de Mallorca, sinó que es refereix simbòlicament al judaisme internacional. Per a l'autor, aquesta és una condició denigrant en si mateixa. Per això el novel·lista posa en marxa tots els recursos literaris necessaris per denigrar el personatge, el més maltractat de tota l'obra. El grup cultural de l'Escola Mallorquina, amb la seva revista programàtica *La Nostra Terra*, és caricaturitzat en el «clan» que dona suport a la poetessa, tot substituint el nom de la revista pel ridícul i cofoista *Bé Hem Dinat*.

- Les senyores **Curt** i **Gradolí**. Pertanyen a la burgesia enriquida o arruïnada que dissimula amb beateria les seves estretors econòmiques.

- **Remei Huguet**. És el «paràsit obligat de tota casa bona», com es diu en la novel·la.

- **Miss Nell**. Hi dona la nota d'excentricitat, com a testimoni del món no dels mallorquins sinó dels forasters, convertit en matèria d'anàlisi superficial i tòpica.

Coberta de *Mort de dama*.

Li deien, de mal nom, «s'escorpí». Tenia la veu estrident i el geni agre. Els ulls, un poc desviats, i quan s'enfadava, que era quasi sempre, mirava tort d'una manera horrorosa. Solia dur la cara plena de moc: havia nat per ésser geni, i les contingències materials no li importaven. «Dona una besadeta an aquestes senyores», li deia son pare. I la nina, feréstega i fosca, els fregava de mala gana el moc per les galtes. Únicament s'humanitzava quan la feien rimar. Els versos li vessaven com una secreció. Segurament si no se'ls hagués trets haurien acabat per emmetzinar-la. [...] En els seus començaments, la poetessa rimava en castellà. Anys després, ja llançada, va entrar a *Bé Hem Dinat*, on aprengué de fer sonets als ametllers en flor. El marquès de Collera, com si pressentís les futures aficions de la poetessa, va ésser el primer a comparar-la amb Safo. Aina Cohen s'anava saturant d'esnobisme. Ja tenia la ruta traçada: l'antic escorpí s'havia convertit en una dolcíssima poetessa, abella cridada a destil·lar mel... La publicació del seu poema «La camperola», acabà de consagrar-la. El bisbe i tot la felicità. Aina Cohen havia triomfat.

Llorenç Villalonga,
Mort de dama (cap. XIV)

En aquesta novel·la, doncs, Villalonga imagina un món expressat a la manera d'un mite, més que no pas amb la voluntat de fer-ne una novel·la testimonial. El final d'aquesta divertida novel·la és esperpèntic i deixa entreveure la **intenció irònica** i **humorística** de l'autor: d'una banda, la poetessa Aina Cohen, després de recitar el seu *Anàlisi de pagesa*, «emocionada, abraçà i besà la pageseta que feia de model. [...] Reia i plorava ensems i en desaparèixer amb la musa, pegà un xiscle estrident: «Visca la malvasia!», que la concurrència celebrà com un humorisme, però que indicava que havia perdut el cap». De l'altra, i paral·lelament, dona Obdúlia fa hereva la neboda cupletista Violeta de Palma i redacta un testament absolutament grotesc que fa pensar a les honorables senyores que la van vetllar durant tants dies: «Mos ha perdut ésser massa decents».

Segona etapa (1939-1961): *Bearn*

Coberta d'una edició de les novel·les del cicle de *Bearn*.

La **sàtira** deixa lloc a l'**elegia**, que en aquesta etapa es desenvolupa en la llarga elaboració del mite de Bearn. L'eix central d'aquesta mitificació serà la memòria, entesa segons el lema de Proust: «No hi ha més paradisos que els paradisos perduts». Gran part de les seves altres obres, novel·les, contes o peces teatrals s'integren en el món que ha estat anomenat **cicle de Bearn**.

Amb unes relacions més acostades a la intel·lectualitat

catalana, entre els anys 1952 i 1954 va redactar l'obra mestra de la seva novel·lística: *Bearn o La sala de les nines* (editada el 1961 després d'un seguit d'entrebancs motivats pel malentès amb el model lingüístic imposat per l'editorial). Es tracta d'una novel·la molt complexa que edifica una ficció fascinant sobre un tema de gran tradició literària: l'**ensorrament** insalvable d'**un llinatge** i del **món històric**, ideològic i estètic que representa. Davant el món modern abocat al desordre que s'esfondra i es destrueix amb la guerra i l'estupidesa, Villalonga prefereix lloar la seguretat del sistema antic. En aquest sentit, només cal destacar els versos de *Cementiri de Sinera* del seu amic Salvador Espriu, que va escollir per encapçalar la darrera i definitiva versió de la novel·la:

> Els meus ulls ja no saben
> sinó contemplar dies
> i sols perduts...

Estructura i punt de vista

La novel·la oscil·la en un **sistema de dualitats** que comença en el mateix títol i abraça tot el món novel·lístic, i que es fa present sobretot en el doble punt de vista a partir del qual es donen a conèixer els fets: la carta que mossèn Joan Mayol escriu al seu amic, el secretari del cardenal, en què presenta i explica el contingut de les «Memòries» de don Toni de Bearn.

En els dos punts de vista es concentren les característiques de tractar-se a la vegada d'un document (objectiu), d'unes memòries (subjectiu) i d'una mena de confessió.

Així, accedim a la **veritat** sobre uns fets, a la **realitat** d'un món, des de dues òptiques discordants oposades: tota la novel·la es fonamenta en el principi filosòfic que el món se sustenta en una **harmonia de contraris** que no és ni de bon tros destructiva.

Cartell de la pel·lícula *Bearn,* basada en la novel·la de Llorenç Villalonga.

De la mateixa manera, la novel·la s'estructura en dues parts oposades (deixant de banda l'epíleg, que no apareixia en la versió del 1961 i que l'autor afegí en la del 1965) que descriuen dues actituds filosòfiques diferents.

- En la primera, titulada «Sota la influència de Faust», el protagonista don Toni es llança a la recerca del coneixement a través de la passió, en aquest cas de la passió amorosa per la neboda Xima.
- En la segona, titulada «La pau regna a Bearn», el fracàs de l'ideal d'aventura i d'irracionalisme de l'esperit fàustic condueix a un canvi de valors, al racionalisme escèptic, irònic i relativista de la il·lustració francesa (don Toni és comparat amb Voltaire).

Personatges

Don Toni. El llinatge representant del **món antic** és encarnat per don Toni de Bearn, protagonista de la novel·la i personatge enormement fascinant que possibilita que, per primera vegada, la novel·la catalana de caire psicològic s'endinsi en l'estudi d'un cas on la **intel·ligència** predomina sobre l'interès patològic. Així, cal desxifrar els signes de la seva personalitat en clau cultural i social. L'ambició de don Toni, i en conseqüència el sentit últim de la novel·la, és la **cerca de l'eternitat**, del triomf sobre el temps i la mort (un anhel fàustic). Aquesta ambició s'aconsegueix únicament en el pla de l'art i de la literatura; per això, en la segona part de la novel·la, deu anys després de l'aventura parisenca amb dona Xima, es dedica a escriure les «Memòries»:

> Acabava de comprendre que l'eternitat no s'aconsegueix venent l'ànima al Dimoni, sinó detenint el temps, fixant-lo. L'eternitat que ell desitjava (eternitat terrenal, perquè era massa pagà per a pensar en l'altra) se l'havia de crear ell mateix. Era tard per repetir, però no per recordar. [...]
>
> LLORENÇ VILLALONGA,
> *Bearn o La sala de les nines,* primera part (cap. XVII)

> És difícil enjudicar la seva figura. [...] Aquella existència benaurada que en hores d'amargor he contraposat a la meva existència, es veié reduïda a cremar la seva biblioteca i a refugiar-se en la ironia. Hagué de fabricar-se un món en les «Memòries».
>
> *Bearn o La sala de les nines* (epíleg)

Joan Mayol. És el personatge **narrador**, contraposat a la figura de don Toni, i qui fa possible el desig de perpetuació del senyor: «Arriba un moment en què convé escriure. O tenir fills. [...] Si ens il·lustram, és per il·lustrar alguna vegada, per perpetuar allò que hem après», diu don Toni a aquest fill carnal seu, impossible continuador del llinatge. El capellà de *Bearn*, Joan Mayol, a més de la sospita que el senyor pugui ser el seu pare, assumeix l'herència de la possessió més valuosa de don Toni: el record del que ha viscut, la memòria. Així, es converteix en l'encarregat de perpetuar l'autèntic esperit fàustic dominant en cadascuna de les accions d'aquesta història. Joan Mayol esdevé el salvador de *Bearn*: escriu, com a novel·lista, la veritat. Els dos personatges, don Toni i Joan Mayol, són de manera complementària els creadors del *Bearn* mític.

Per l'exposició d'aquella vida estranya en tres parts, com si es tractàs d'una novel·la. La primera es podria titular *Sota la influència de Faust* i respon a l'època tempestuosa. La segona discorre més bé dins la calma d'aquestes muntanyes i es podria dir (si bé en un sentit un poc irònic, perquè la calma era més aparent que real) La pau regna a Bearn. Respecte a la tercera, constitueix un epíleg escrit poc després, amb motiu d'una visita recent, estranya i desconcertant.

Una darrera observació és que no t'espantis de veure consignades algunes frivolitats i algunes crueses a les meves pàgines. Ten en compte que he de presentar el senyor tal com fou en vida, i que des del moment que sotmet la seva figura al judici de l'Església mai no retrataré prou la realitat dels fets, encara que per damunt de totes les incomprensions possibles, quedarà Déu, que constitueix la comprensió infinita.

Carta de don Joan Mayol de Bearn a don Miquel Gilabert, secretari del senyor cardenal primat de les Espanyes

- **Maria Antònia / Xima**. En la línia d'harmonia de contraris present en tota la novel·la, aquestes dones representen les **dues passions** de don Toni: són oposades i fins i tot rivals, però alhora s'assemblen i es confonen.

Pensava sens dubte que totes les dones s'assemblen un poc. «I què és que no s'assembla, Joan?», m'ha dit mil vegades. Sempre descobria analogies entre les coses, i quan no les trobava directament les trobava per contrast.

LLORENÇ VILLALONGA,
Bearn o La sala de les nines, primera part (cap. XIX)

Tercera etapa (1960-1975)

En aquest darrer període, Llorenç Villalonga publica obres de **caràcter autobiogràfic** –*Falses memòries de Salvador Orlan* (1967), *Les fures* (1967) i *El misantrop* (1972). També publica les tres novel·les del cicle *Flo la Vigne* (transposició literària de l'escriptor Baltasar Porcel, que ja havia protagonitzat una primera novel·la curta titulada *L'àngel rebel*, del 1961), que mostren un **pensament regressiu** contrari a la modernitat en tots els sentits. La Mallorca mitificada del cicle de Bearn ja s'ha acabat, i en la darrera etapa de la seva producció Villalonga descriu l'enfrontament del món del turisme i la modernitat –el mal i la negació de la Raó– amb el seu món ancestral. Tot plegat portarà a la desfeta de la societat, a la barbàrie i a la irracionalitat.

El 1975, Llorenç Villalonga va guanyar el premi Josep Pla amb la novel·la *Andrea Víctrix*. Va tancar la seva producció amb *Un estiu a Mallorca* (1975) –una versió narrativa d'una obra de teatre anterior, *Sílvia Ocampo* (1935).

Pere Calders

Pere Calders.

Pere Calders i Rossinyol va néixer l'any 1912 a Barcelona, on va morir el 1994. La seva trajectòria vital va estar condicionada, com per a la gran majoria dels seus companys de generació, pels fets de la **guerra civil**, l'**exili** a Mèxic i el **retorn** posterior a Catalunya.

La seva obra literària recull la mirada irònica, distanciada, intel·ligent, crítica i tendra alhora d'un escriptor que, segons testimoni dels seus amics, semblava talment un dels personatges de ficció dels seus contes.

La formació de Pere Calders es va iniciar de petit a l'Escola Catalana Mossèn Cinto, en la qual va conèixer Avel·lí Artís-Gener, *Tísner*, que amb el temps va esdevenir el seu cunyat. La seva formació posterior, com a escriptor i també com a dibuixant, s'emmarca en l'ambient cultural dels anys trenta: una època hereva de la **tradició noucentista** i a cavall de les **propostes** rupturistes de les **avantguardes**, que, per damunt de tot, aspirava a la normalitat.

D'aquesta època són els seus dos primers llibres, un recull de contes titulat *El primer arlequí* (1936) i la novel·la curta *La glòria del doctor Larén* (1936). L'any 1937 es va allistar com a voluntari i va ser assignat al Servei de Cartografia militar; d'aquesta experiència en va sortir una crònica de guerra –*Unitats de xoc* (1938)– en la qual, per damunt del rerefons ideològic, pren relleu el registre humanitzat i antièpic, a voltes humorístic, del relat. Durant tota la guerra va desplegar una gran activitat: a l'Agrupació d'Escriptors Catalans; com a dibuixant (amb el pseudònim *Kalders*) i escriptor en diverses publicacions; presentant-se a diversos premis literaris, o escrivint la novel·la *Gaeli i l'home déu* (1937).

Una generació que, sense renunciar a la reflexió crítica sobre les contradiccions i les febleses humanes, començava a sentir-se alliberada de «sagrades missions patriòtiques» i se sentia més compromesa amb la qualitat formal de l'obra creativa que no pas amb l'efecte reformador que aquesta obra pogués tenir sobre el seu entorn social immediat.

JOAN MELCION, «Pere Calders», *Literatura catalana contemporània*

Amb la derrota va venir l'exili: primer, el camp de concentració francès de Prats de Molló, del qual es va escapar; després, una breu estada al castell de Roissy-en-Brie, amb tants altres escriptors exiliats, i, finalment, l'embarcament cap a Mèxic, país que va triar sobretot perquè, a més d'altres amics exiliats que l'havien precedit, hi residia Josep Carner. Aquesta relació i l'admiració que Calders li professava són la llavor de la particular i suggeridora biografia que en va escriure més endavant: *Josep Carner* (1964).

A l'**exili de Mèxic**, s'hi va estar vint-i-tres anys, sempre amb la intenció de tornar a Catalunya. Després d'algunes ocupacions esporàdiques, es va estabilitzar professionalment en el món editorial. Vivint «de cara a Catalunya» (per tant, amb molt poca voluntat d'integració en el país que el va acollir) va participar en iniciatives culturals organitzades pels intel·lectuals catalans a l'exili: en les revistes *Quaderns de l'Exili, Lletres, La Nova Revista, Pont Blau*, etc.

Calders va escriure molt, sobretot contes, que es van aplegar i publicar amb el títol de *Cròniques de la veritat oculta* (1955), que va guanyar el premi Víctor Català. A partir d'aquest moment, la seva figura de narrador va assolir un lloc absolutament rellevant en el panorama de les lletres catalanes dels anys cinquanta, situació que es va confirmar amb la publicació de *Gent de l'alta vall* (1957) –quatre narracions curtes de tema mexicà– i el recull de contes *Demà a les tres de la matinada* (1959).

Josep Carner em va ajudar molt. Quan em vaig presentar a veure'l, tot just arribat a Mèxic, va preguntar-me si tenia algun original meu per publicar. Jo sempre portava alguns papers meus en una mena de sarró i li vaig fer a mans tres contes. Me'n va donar 80 pesos, que en aquells moments per a mi constituïen una fortuna. Va ser una ajuda delicada. El primer que vaig fer amb els 80 pesos va ser comprar-me un vestit i un barret. Amb aquell barret nou de trinca vaig tenir la sensació que em reincorporava a la vida civil i pacífica. [...] Però quan va arribar l'onada de refugiats, els mexicans van veure de seguida que no era la mena d'aventurers espanyols que havia anat allà a explotar-los i a veure què en treien. Als refugiats ens van dir per sempre «los que llegaron después», que ho trobo molt encertat. Quan ens presentaven, acostumaven a dir: «el señor es de los que llegaron después» i ells ja sabien que era una altra mena de persona.

JOAN OLIVER i PERE CALDERS, *Diàlegs a Barcelona*

He fet sobre Mèxic cinc contes i una novel·la, però aquesta ja fou escrita a Barcelona, la qual cosa vol dir que, des d'un punt de vista literari, Mèxic m'influí poc. Com he explicat moltes vegades, jo hi feia una vida en règim d'estricta transitorietat. A més, treballava amb catalans, vivia amb catalans, em feia amb catalans, de manera que el contacte amb els mexicans era molt superficial... Amb tot, he d'admetre que la meva obra, sense l'estada a Mèxic, fóra diferent, però no a causa del país que m'acollí, sinó d'haver marxat del meu: no hi influí Mèxic, sinó l'enyorament i, com a conseqüència, un desig d'evasió, de fugir de la realitat dura de cada dia.

PERE CALDERS, entrevista a *Serra d'Or*

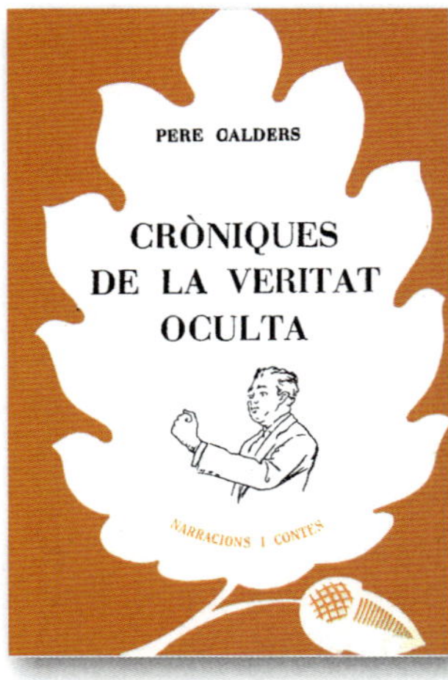

Primera edició de *Cròniques de la veritat oculta*.

En els contes de *Cròniques de la veritat oculta* es troben els aspectes estilístics més representatius de la literatura de Calders, com també l'expressió de la seva **actitud filosòfica** davant la vida, centrada fonamentalment en la relació entre la **realitat aparent** de les coses i la **realitat oculta**: el sentit més pregon d'aquesta mateixa realitat vista des de la perspectiva que ofereix el somni o el desig.

Perquè en definitiva, el somni és tan consubstancial a l'home com la percepció física d'una punxada. Encara que sigui la cosa més aparentment irreal, és un fenomen que forma part d'una realitat física que és la meva. Quan ens queixem del realisme, és quan es limita a un sol aspecte de l'home. Quan jo parlo amb els escolars, els dic tot sovint: «En llevar-vos i acomplir durant tot el dia un horari, esteu somniant». El qui compra un número de la rifa, compra somni. I va somniant tota una sèrie de coses que faria en cas de guanyar, que són completament irreals. I l'esperança no es pot definir de manera realista. El realisme tal com l'hem definit deixa de banda una part molt important de la persona. [...] No sabem res del fenomen del somni, que en el fons no és sinó una realitat que tots coneixem.

JOAN OLIVER i PERE CALDERS, *Diàlegs a Barcelona*

Calders entén que la realitat evident és el punt de partida que permet incidir en un altre vessant més profund de la realitat global: el somni, la fantasia, la il·lusió, que, en definitiva, resulten més eficaços per accedir a la veritat. En aquest sentit, els seus contes ben sovint recreen situacions en què un entorn de rutina quotidiana aparent és trencat per un **fet extraordinari**, sobrenatural, inversemblant, que permetrà al protagonista/autor conèixer la seva **autèntica veritat**. Aquest procés de coneixement es fa mitjançant uns mecanismes de reflexió lògics i comprensibles si s'analitzen des del punt de mira distanciat i relativista del sentit de l'humor intel·ligent i irònic.

Així, l'ús d'un **llenguatge col·loquial** d'una correcció normativa impecable com a vehicle d'expressió d'unes situacions fora de tota normalitat lògica crea un **efecte humorístic** caldersià. Dels contes del recull, el que planteja de manera més explícita aquesta reflexió és «La ratlla i el desig»: un científic (un agrimensor) formula un desig –escurçar la llargada del camí que l'ha de conduir a casa seva–, que li és concedit. Aquesta situació li genera un greu problema de consciència: els seus coneixements científics li impedeixen acceptar una realitat que ha resultat radicalment transformada per l'acció del seu desig. La interpretació que de tot plegat fa un viatjant a qui el protagonista demana el seu parer ens remet a l'essència del pensament de Calders.

I així, amb la mirada alta i perduda, és quan vaig veure la ratlla de la llum. Fou cosa d'un instant: la sorpresa de la ratlla, la revelació immediata que es tractava de la caiguda d'una estrella i la reminiscència supersticiosa que m'obligà a formular el desig de trobar la casa i l'esposa esperant-me després del primer tombant del camí.

Per joc, gairebé tothom ha procedit d'una manera semblant a la contemplació del fenomen. [...]

«Allò que no entenc –digué [el viatjant]– és que si el vostre desig era trobar la casa allí no us resignéssiu amb la seva satisfacció, tot derivant-ne alegria».

Vaig dir-li que tothom ha desitjat de volar amb el propi impuls una vegada o altra, però que si algú, batent els braços, aconseguís elevar-se uns quants metres, voldria tornar a terra de seguida. [...]

Els joves viviu en una mena de plat de poc fons i tot va bé perquè us hi ofegueu. Això que us sembla tan extraordinari ha passat milers i milers de vegades i cadascú adopta la solució que va més d'acord amb el seu temperament, com en totes les coses. Un poeta acceptaria allò demanat i obtingut de l'estrella, i la casa a mig camí hauria estat casa seva, amb eliminació de tota altra. Un home de preparació científica, per exemple, sigui el que sigui allò que es presenta mentre camina, troba la seva casa allà on sap que ha d'ésser, al capdavall dels quilòmetres que calguin. D'acord amb aquestes reflexions, podeu multiplicar exemples i triar...

[...] fins a quin punt em sentia poeta o agrimensor? O bé ¿quina altra cosa podia ésser en el fons, que em pogués assegurar una tria afortunada?

PERE CALDERS, «La ratlla i el desig»,
Cròniques de la veritat oculta

El sentit de tota l'obra de Calders es concentra en la reflexió sobre les formes de **representació de la realitat**, que variaran segons el tipus d'interpretació triada: la interpretació científica, la imaginació poètica o mitològica, les convencions morals i les normes de conducta, etc.

Per això trobem en els seus relats una galeria tan variada de personatges, d'ambients, d'escenaris, de temes: de científics a éssers sobrenaturals; de fenòmens paranormals a situacions estrictament corrents i quotidianes, totes condicionades pels hàbits de conducta que de manera absurdament convencional incideixen en la realitat; de qualsevol indret (l'Índia, Mèxic, Barcelona o un altre lloc indeterminat) a qualsevol època (més aviat contemporània, però voluntàriament indefinida), etc.

En definitiva, Calders, com tots els grans escriptors, no fa sinó exposar a través de la literatura la seva percepció de la realitat, una percepció que copsa els aspectes més insòlits (obscurs) dels esdeveniments des d'una perspectiva que no pretén ser sentenciosa ni transcendent, sinó distanciadament irònica. La **ironia**, el recurs estilístic més present en el conjunt de la seva obra, permet assolir una **complicitat** entre la voluntat crítica de l'autor i la intel·ligència del lector.

Coberta de *Tots els contes*.

Al començament dels anys seixanta, l'adquisició d'una editorial barcelonina per part de l'empresa on Calders treballava a Mèxic li va permetre l'anhelat retorn a Catalunya. El 1962 es va instal·lar amb la seva família a Sant Cugat del Vallès, primer, i a Barcelona, definitivament. En aquesta nova etapa va publicar diverses novel·les –*L'ombra de l'atzavara* (1964), d'ambient mexicà i més o menys pròxima al realisme històric imperant en l'època; *Ronda naval sota la boira* (1966), i una altra de tema mexicà: *Aquí descansa Nevares* (1967)–, a més del volum *Tots els contes* (1968), que recollia tota la seva obra de contista del 1936 al 1967.

Tot i la falta d'integració a Mèxic i la seva cultura que tantes vegades havia proclamat Calders, és indubtable que les dues dècades viscudes a Mèxic van incidir d'alguna manera en la seva literatura.

Cal entendre aquesta incidència, més enllà dels temes, motius o personatges mexicans d'alguns dels seus llibres, com un reforçament del punt de vista d'espectador distanciat d'una **realitat** que a vegades, de tan insòlita, es pot considerar **màgica** o **fictícia**. Pot analitzar aquesta realitat sense sentir-s'hi implicat i, per tant, la pot veure des d'una òptica diferent de la convencional. Les narracions de Pere Calders connecten amb un cert esperit del «**realisme màgic**» de la literatura americana, sense arribar a confondre-s'hi mai i mantenint sempre la perspectiva distanciada, comprensiva, solidària i també irònica, però essencialment allunyada.

Durant la meva estada a Mèxic, prenia notes de fets reals amb el propòsit de convertir-los després en narracions. Cal repetir (ho he dit altres vegades) que allò que nosaltres entenem per realitat, té a Mèxic una altra dimensió: la gent allí fa coses que en altres latituds cal inventar per als personatges ficticis.

PERE CALDERS, *Taula de canvi*

Coberta d'*Aquí descansa Nevares*.

La novel·la curta *Aquí descansa Nevares* pren com a punt de partida el fet real d'un grup d'indis mexicans que, espantats per les pluges torrencials que amenaçaven de destruir el barri de barraques on vivien, van decidir ocupar les construccions més sòlides de les tombes i els panteons d'un cementiri de luxe per tal d'instal·lar-s'hi a viure. Calders en fa una narració que analitza l'esdeveniment com una rebel·lió social i, alhora, com una rebel·lió contra una determinada concepció de la realitat, i de les convencions morals i socials que regeixen la realitat acceptada. És a dir, planteja una revolta típicament caldersiana: el canvi de la perspectiva per analitzar la realitat.

Pere Calders al seu despatx editorial.

Van ocupar els panteons amb pocs incidents, enduts per la il·lusió, que els feia tornar comprensius i generosos. A més, hi havia lloc per a tots, ja que era un cementiri d'antiga tradició per a gent adinerada. Els vells solitaris i els joves sense família s'acomodaren en tombes especials, petites en comparació amb les destinades a una esplendor hereditària, que havien de passar de mort a mort la vanitat funeral d'un mateix cognom. Per a persones soles, eren pròpies les construccions pensades per a difunts benestants, però també solitaris. La de l'àngel amb una cinta de pedra pertanyia a un adolescent belga, desaparegut lluny de la seva pàtria, i en va prendre possessió el cantaire de la guitarra, que hi cabia sense gaire folgança, però bé: ajagut damunt la làpida interior, ben guardat de la intempèrie, podia estirar els peus i encreuar còmodament els braços sota el clatell.

La Magda, una noia òrfena que tots protegien una mica, es va instal·lar en un mausoleu romàntic. Gravada al granit, hi figurava la següent llegenda: «A Càstula, flor d'immarcescible poesia».

PERE CALDERS, *Aquí descansa Nevares*

El reconeixement públic, més enllà dels cercles intel·lectuals restringits dels premis literaris, no va arribar fins a la darreria dels anys setanta, coincidint lògicament amb la transició a la democràcia i, en conseqüència, amb la normalització literària i cultural de Catalunya.

«Resulta que acabo d'entrar en una crisi profunda», digué a l'amic. «M'he plantejat el problema del sentit de la vida i no en puc treure l'entrellat».

L'amic, que en aquells moments afrontava un conflicte de lletres vençudes i d'un amor contrariat (tot alhora), se'l va mirar interrogativament.

—I doncs? Què hi podríem fer?

—No ho sé. Per això t'he vingut a veure, perquè tu tens unes mans de plata i sempre has estat traçut de mena.

—Què et passa?

—Em pregunto per què he vingut en aquest món, què hi faig i on anem...

—I et convé molt de saber-ho?

PERE CALDERS, *De teves a meves*

L'any 1978, el grup de teatre independent Dagoll Dagom va estrenar una adaptació teatral de contes de Calders sota el títol ***Antaviana***, amb un èxit popular i de crítica abassegador.

Aquell mateix any, va publicar un nou recull de contes –*Invasió subtil i altres contes* (1978)–, deu anys després de la del seu darrer llibre.

A partir d'aquest moment, la seva **projecció pública** va anar en augment i la seva obra es va convertir en una de les més llegides, mentre ell esdevenia un autor cada cop més admirat pels seus lectors. Durant tots aquests anys va anar combinant la seva obra d'escriptor –*Tot s'aprofita* (1983), *De teves a meves* (1984)– amb una àmplia **activitat periodística** en diversos diaris i revistes; el recull antològic *El desordre públic* (1985) és una mostra representativa del seu sentit crític, lúcid, humorístic i, en definitiva, de la seva particular manera de prendre partit per la realitat. El 1986 va rebre el Premi d'Honor de les Lletres Catalanes.

Poder dir el que penso, amb tota llibertat i amb el dret d'escriure-ho i de publicar-ho, ha estat una de les grans aspiracions de la meva vida. I no he pogut fer-ho mai en la mesura que ho desitjo.

Aquesta declaració, feta després d'haver superat els setanta anys, no deixa de produir-me una certa tristesa: resulta que no he estat mai un ciutadà lliure. He viscut una monarquia que va caure, un parell o tres de dictadures, una República, una guerra, dos intents d'autonomia, un llarg exili, una transició democràtica (amb restauració monàrquica) i un espectacular triomf del socialisme. Sembla que, en una ocasió o altra, m'hauria d'haver estat possible de practicar el periodisme (que m'atreu amb força) sense reserves ni pors. Doncs no ha estat –ni és– així.

Durant l'exili, el país que ens acollí fou prou generós per deixar-nos publicar lliurement llibres i revistes. En aquest sentit, no puc pas dir que ens mediatitzés una censura oficial. Però «sentíem» l'altra, la permanent. Tots –o gairebé– teníem parents i amics a Catalunya que podien sofrir les conseqüències de les nostres expansions d'opinió. Si més no, parlo per mi, o sigui que el fre hi era i continuava abusant de la seva prepotència.

Vet aquí que ja ha sorgit un concepte immortal, que tenim encastat: la censura i els seus derivats, un dels quals ens ha quedat com a malaltia crònica: l'autocensura. [...]

Tanmateix tenim uns clàssics dins l'especialitat. Un dels més incisius i subtils fou en Josep Carner. Servint-se d'una variada gamma de pseudònims, en Carner s'aplicà a anar-hi dient la seva. [...] En Carner era, a més, un gran poeta, i ja se sap que la poesia juga un gran paper en èpoques de resistència. [...]

El present llibre conté alguna de les meves provatures de passar la corda fluixa amb la ploma als dits. [...] Mantinc el somni d'arribar a veure i a viure el dia en el qual la llibertat d'expressió anirà de bo de veres. Però tinc un cert neguit, perquè si triguen gaire m'ho hauran d'explicar els serafins.

PERE CALDERS, *El desordre públic*

Activitats

MERCÈ RODOREDA

1 **Busca en un diccionari de símbols el significat d'alguns dels mots més utilitzats per Mercè Rodoreda: *colom, arbre, jardí, aigua, flors*, etc.**

2 **A partir de la lectura dels textos de Mercè Rodoreda comenta i justifica l'afirmació següent sobre la seva narrativa:**

I els anys reflectits en la novel·la són, precisament, els que Mercè Rodoreda va viure a Barcelona i que tenen com a centre la seva infantesa: uns anys que han constituït un dels materials bàsics de les seves ficcions. Es tracta, en definitiva, de la recuperació màgica i plenament literària del passat –«una novel·la són paraules», diu lúcidament l'autora.

CARME ARNAU, pròleg a *Mirall trencat*

3 **Llegeix aquest fragment del primer capítol de *La plaça del Diamant*:**

Capítol I

I va dir que m'havia dit que al cap d'un any seria la seva senyora i que jo ni me l'havia mirat, i el vaig mirar i aleshores va dir, no em miri així, perquè m'hauran de collir de terra, i va ser quan li vaig dir que ell tenia els ulls de mico i vinga riure. La cinta a la cintura semblava un ganivet i els músics, ¡tararí! ¡tararí! I la Julieta no es veia enlloc. Desapareguda. I jo amb aquells ulls al davant, que no em deixaven com si tot el món s'hagués convertit en aquells ulls i no hi hagués manera d'escapar-ne. I la nit anava endavant amb el carro de les estrelles i la festa anava endavant i la toia i la noia de la toia, tota blava, giravoltant... La meva mare al cementiri de Sant Gervasi i jo a la plaça del Diamant... ¿Ven coses dolces? ¿Mel i confitura?... I els músics, cansats, ficant les coses a dintre les fundes i tornant-les a treure perquè un veí pagava un vals per tothom i tots com baldufes. Quan el vals es va acabar la gent va començar a sortir. Jo vaig dir que havia perdut la Julieta i aquell noi va dir que ell havia perdut en Cintet i va dir, quan estarem ben sols, tota la gent desada a dintre de les cases i els carrers buits, vostè i jo ballarem un vals de punta a la plaça del Diamant... volta que volta... Colometa. Me'l vaig mirar molt amoïnada i li vaig dir que em deia Natàlia i quan li vaig dir que em deia Natàlia encara riu i va dir que jo només em podia dir un nom: Colometa. Va ser quan vaig arrencar a córrer i ell corria al meu darrere, no se m'espanti... ¿que no veu que no pot anar tota sola pels carrers, que me la robarien?... i em va agafar pel braç i em va aturar, ¿que no veu que me la robarien, Colometa? I la meva mare morta i jo aturada com una bleda i la cinta de goma a la cintura estrenyent, estrenyent, com si estigués lligada en una branqueta d'esparreguera amb un filferro.

Contesta les preguntes:

- **a** Quin és el punt de vista narratiu d'aquest fragment?
- **b** Quin és l'estil narratiu?
- **c** Com interpretes simbòlicament el canvi de nom de la protagonista? És un canvi lliurement escollit?
- **d** Com qualificaries la relació entre la Colometa i en Quimet?

LLORENÇ VILLALONGA

4 La primera part de la novel·la *Bearn* es titula «Sota la influència de Faust». Busca informació sobre el personatge de Faust, de l'obra del poeta romàntic alemany J. W. Goethe (1749 - 1832).

5 Llegeix el text de *Mort de dama* que tens tot seguit i analitza'n les característiques dialectals pròpies del mallorquí:

- article salat
- verbs
- lèxic
- anglicismes

Trenta anys enrere

L'arxiduc Lluís Salvador s'acostava a saludar-la. Era un príncep llunàtic, fuit de la cort de Francesc Josep per cercar el sol i la llibertat de la Mediterrània. Les oscil·lacions del seu cor esburbat i romàntic no li impedien els estudis seriosos i les investigacions científiques, a l'Alemanya. L'Arxiduc arribà per primera vegada a Mallorca en 1867, viatjant d'incògnit sota el nom de comte de Neudorf. Al cap de dos anys, ja havia publicat els primers toms de les incommensurables Die Balearen. Treballava fort i feia treballar els seus secretaris.

—Bona nit tenga, Altesa.

—Encantat de saludar-la, senyora. Com es troba? Sempre tan bella, tan desmesurada... –exclamava el príncep, que parlava totes les llengües del món, però no dominava els adjectius–. Com li agrada aquesta festa? Dones pretioses, no és així? D'on es deriva es vocable? De pretty, tal vegada? –prosseguia en un lloable afany d'aprendre. Però dona Obdúlia no sentia interès per la filologia.

—Ja he sabut sa desgràcia d'es missatge, Altesa. M'ho contà l'amo de Ses Colomes.

—Ah, molt lamentable. Sa nova raça que he volgut crear ha estat un acollament desgraciat. M'han sortit molt feroços i sense nas. Vull dir sense olfacte.

No satisfet amb confondre idiomes, la inquietud del príncep l'impulsava a barrejar races de cans. El fet era que un dels seus productes, híbrid de bulldog i no sé què més, havia trobat de nit un missatge, i, com que la fosca era completa i l'animal no tenia olfacte, l'havia devorat.

—Molt lamentable –explicava Lluís Salvador– És clar que totes ses persones tenen sa seva pudor especial... Es diu pudor, no és ver?... i es cans coneixen son amo a dins sa fosca. Tots pudim...

—Per l'amor de Déu, Altesa –protestava dona Obdúlia–, tots, no!

—Tots, sí senyora –seguia el príncep, ja perdut dins els seus imbrogli poliglots. Geruch. To smell. Odeur, en francès, i també puanteur. Pudor. Això és. Tots pudim. Vostè put.

Dona Obdúlia es congestionava:

—Ah, no, senyor! Jo no put! Qui put és Vossa Altesa!

El príncep, pacient i didàctic, no comprenia la indignació de la dama.

—Sí, senyora, també. Vostè, jo, tots pudim. Cada persona, igual que cada planta, té la seva pudor.

Dona Obdúlia s'aixecà de la cadira. Vint generacions de Montcades li pujaren a la cara.

—Veig que Vossa Altesa està de broma –digué–. I li repetesc: qui put és Vossa Altesa.

LLORENÇ VILLALONGA, *Mort de dama* (cap. III)

6 Torna a llegir el fragment de *Mort de dama* i fes-ne un comentari fixant-te en els aspectes següents:

- les referències historicistes en la introducció del personatge,
- la ironia i el sarcasme a l'hora de caracteritzar la protagonista, i
- el to humorístic de l'escena.

Pots consultar els webs:

- http://www.escriptors.cat/autors/villalongall/
- http://www.uoc.edu/lletra/noms/lvillalonga/index.html

Activitats

PERE CALDERS

7 Llegeix el conte «Feblesa de caràcter» de *Cròniques de la veritat oculta*.

Un dia, trobant-me dormint com he dormit tantes i tantes vegades, va despertar-me un soroll que venia del meu despatx.

—Ja hi som! –Vaig dir-me. És el lladre.

Fi, caminant de puntetes, vaig guanyar la distància que em separava del lloc on algú m'espoliava. Allí hi havia un senyor desconegut, amb un sac, que triava aquelles de les meves coses que li feien més goig i les amuntegava en una pila.

—Ep! Parlem-ne... –Li vaig dir.

Ell es va girar sense sobresalt ni sorpresa, em va mirar de cap a peus i respongué:

—No cal. Jo us guanyo. Així, calculant-ho a ull, peso uns vint quilograms més que vós. Aquest avantatge natural m'estalvia tota mena d'explicacions. Porteu armes?

—No.

—Raó de més. I procedí a omplir el sac amb els meus béns, fent com si m'ignorés. Jo, com és de bona llei, no em vaig pas resignar:

—Però home, això no és qüestió de força. Hi ha la moral, m'enteneu? Sense principis no anireu enlloc i tothom us mirarà de cua d'ull...

—La moral! –digué. És el pes més inútil que pot carregar un home.

I, posant-se seriós de sobte, em preguntà:

—Que hi creieu de debò en la moral?

—I tant, Mare de Déu, i tant!

Va rebre aquesta afirmació de la meva fe amb una gran contrarietat. Abandonà la seva feina, m'agafà pel braç i em convidà a seure. I em dirigí les següents paraules:

—Mireu: em feu una mica de llàstima i vull que rebeu l'ajut de la meva experiència.

«Jo, temps passats, també em refiava de la moral. Era casat, tenia un fill, i un amic del cor, i un negoci. M'havia guanyat la fama d'ésser l'home més bo del barri i, per tant, també el més tauja. El meu confessor quan em veia tremolava, perquè la meva consciència neta no li donava ocasió de lluïment. "Que poc divertit que sou!", solia dir-me, i, per poders, em beneïa.

»De vegades, el meu tedi m'esgarrifava, però la pau de la meva llar, el bon nom de la família i la netedat de costums em feien companyia. "Aguanta't, noi, aguanta't –em deia. Tot això tindrà el seu premi".

»I sabeu quin va ser el premi? Ara us ho explicaré: un dia el meu fill, que acabava de fer catorze anys, va fugir amb la minyona. Esverat, vaig anar a cercar la meva dona per compartir la pena amb ella, i només vaig trobar una carta seva en la qual m'explicava que, cansada del meu ensopiment, se n'anava a viure amb un senyor del tercer pis, que ell sí que era simpàtic i sabia viure.

»Desfet, vaig decidir submergir-me en el negoci i al cap d'un parell de dies m'assabentava que el meu amic del cor, valent-se d'una maniobra comercial, me l'havia pres.

»Només em quedava el confessor. Vaig explicar-li el que em passava i sense pensar-s'hi gens em digué que tota la culpa era meva i em va posar una penitència d'aquelles que et deixen baldat.

»I el bon nom que tenia pel barri? Ja us ho diré: quan jo passava pel carrer, la gent es girava a mirar-me i reia.

»Com podeu comprendre, era un bon moment per a fer balanç de la meva vida i trobar que, fins aleshores, havia errat. No es pot anar contracorrent, i si hi vas en pagues les conseqüències. Això quedava tan clar que vaig decidir canviar de vida.

»Ara trobo que faig el que vull sense noses de consciència i tothom troba que estic tan bé: les dones em sol·liciten, els coneguts proclamen la meva simpatia i els veïns, quan els vaga, diuen entre ells: «Ja ho veus, tan ase que semblava i encara farà carrera!»

»Això és tot. Si us pot servir d'alguna cosa, aquí ho teniu.

»—Vinc amb vós! –vaig dir-li. Em sabria molt de greu ser víctima d'una decisió tardana.

»L'endemà els diaris publicaven la següent notícia:

»"Ahir de bon matí, els lladres entraren en un pis de l'avinguda Oriental. Entre altres objectes de valor, hom trobà a faltar l'amo de la casa, ja que ningú no sap donar raó del senyor Calders, ciutadà honorable i contribuent de bons costums."»

Contesta les preguntes:

a Fes un resum argumental del conte.
b Quin és el tema? Com es justifica el títol.
c Quin tipus de narrador hi ha en aquest conte?
d Quin és el punt de vita narratiu?
e Identifica el personatge clau. Hi ha personatges secundaris?
f Quin és el «fet trasbalsador» que determina l'excepcionalitat d'una història aparentment realista.
g Hi ha ironia en aquest conte?

Test final d'unitat

1 Digues si és veritat (V) o fals (F):

	V	F
a L'obra de Mercè Rodoreda és representativa del corrent de novel·la simbòlica	☐	☐
b L'entorn de la infantesa de Rodoreda va ser el del barri de Sant Gervasi de Cassoles de Barcelona	☐	☐
c La novel·la *Aloma* no té cap correspondència amb la vida de Rodoreda	☐	☐
d L'any 1939 molts escriptors catalans es van exiliar, però Rodoreda va decidir quedar-se a Barcelona	☐	☐
e A *La plaça del Diamant*, l'autora hi utilitza el recurs del monòleg interior	☐	☐
f *Mort de dama* és la segona gran novel·la de Mercè Rodoreda	☐	☐
g A *Bearn*, Llorenç Villalonga recrea un món que s'està acabant a través del personatge de don Toni, un aristòcrata	☐	☐
h Pere Calders és l'autor d'*El primer arlequí*	☐	☐
i Pel que fa a la llengua, Pere Calders utilitza un llenguatge molt elevat i, sovint, de difícil comprensió	☐	☐
j *Antaviana* és el nom d'una obra de teatre basada en els contes de Pere Calders	☐	☐
k Pere Calders va exiliar-se a Mèxic després de la Guerra Civil Espanyola, i s'hi va estar vint-i-tres anys	☐	☐

2 Llegeix els fragments que tens a continuació. En cada cas completa la fitxa amb les dades que corresponen a cada fragment.

1. Títol de l'obra
2. Autor/a
3. Tema
4. Estructura narrativa
5. Característiques formals i estilístiques

TEXT 1

Aquell dia, Obdúlia Montcada, viuda de Bearn, comprengué que es moria. Conservava als vuitanta-quatre anys la mateixa intel·ligència, clara i escassíssima, que a vint-i-cinc. Les veritats fonamentals que arribà a captar dona Obdúlia foren senzilles: sabia que les cases amb les entrades estretes són cases maçones, que la noblesa de Palma és la primera del món i que la família Montcada és la primera entre totes les famílies de Mallorca (ella, que era quasi analfabeta, s'havia llegir els quatre toms de la vida del beat Joan de Montcada)[...] Comprenia també dona Obdúlia que el món es divideix en dos grups molt grans: el de les persones assenyades, que pensen com ella, i el dels pertorbats, que opinen d'una altra manera.

TEXT 2

L'hora en punt

La mort es presentà quan no se l'esperava, i ell li digué que no li havia donat hora.

—És que l'hora la dono jo —va respondre-li la mort.

—No sempre, no sempre... —replicà ell—. Ara, per exemple, tinc l'agenda plena i a vós no us ve d'un dia. Però a mi sí. Telefoneu-me dimarts que ve, a quarts de cinc, i quedarem per una data.

—És irregular, no puc fer-ho. Va contra els reglaments —digué la gran senyora.

—Apa, bah! —es defensà ell, tot empenyent-la suaument cap a la porta—. Amb la feinada que teniu no em direu pas que depeneu d'un difunt puntual. En canvi, jo tinc compromisos inajornables.

I la mort se'n va anar amb la calavera entre les cames, sense saber-se'n avenir. No li havia passat mai.

TEXT 3

Sentia la brasa dins el cervell, encesa i vermella. Veces, abeuradors, menjadors, colomar i cabassos de colomassa, ¡tot a passeig! Escala de paleta, espart, bola de sofre, bútxeres, ullets vermells i potes vermelles, ¡tot a passeig! Cua de gall d'indi, caputxa, monja, colomins i colomons, ¡tot a passeig! La golfa del terrat per mi, la trapa tapada, les cadires a dintre de la golfa, la volta dels coloms aturada, el cove de la roba al terrat, la roba estesa al terrat. Els ulls rodons i els becs punxents, el tornassol malva i el tornassol poma, ¡tot a passeig! La mare d'en Quimet, sense voler, m'havia donat el remei ... I vaig començar a marejar els coloms. La golfa del terrat bullia com un forn, tot el sol del dematí s'apilotava al sostre i el feia cremar; i entre la febre dels coloms i la pudor de la febre, allò era l'infern.

CONEIXEMENTS PREVIS

Llegeix aquests textos de Joan Fuster.

Llegir no és fugir. Encara que hi hagi molts que no cerquin en la lectura sinó el succedani honorable d'un estupefaent, llegir és tot el contrari d'embriagar-se o d'ensopir-se. Es llegeix per comprendre el nostre temps. I fins i tot per comprendre el passat, el qual, en última instància, és també passat «nostre», passat «d'avui». Acudim a l'obra literària a la recerca de noves o millors dades, d'opinions, de coratge, respecte al món que ens envolta, respecte al món de què som part. I el que no sigui això, serà perdre el temps; és a dir, perdre el nostre temps.

«Lectura» dins *Diccionari per a ociosos*

[...] D'altra banda, cal no oblidar que tota política que no fem nosaltres, serà feta contra nosaltres. Finalment, pensem que política no és sinó l'art o la ciència de convèncer el nostre veí que deu ser conseqüent amb ell mateix i amb la seva dignitat d'home. Ara cedeixo la paraula –la reflexió– al lector.

«Política» dins *Diccionari per a ociosos*

Contesta les preguntes:

- **a** Quin és el veritable sentit de la lectura, segons l'autor?
- **b** Què cerques tu com a lector en les lectures que fas?
- **c** Quin és el gènere literari que més t'interessa?
- **d** Creus que la política és exclusivament una tasca professional dels polítics?
- **e** Segueixes la política del teu entorn? A través de quins mitjans ho fas?

B8 UNITAT 29

LA NARRATIVA: EL RELLEU GENERACIONAL

En aquesta unitat seguim amb l'estudi de la producció narrativa més important dels anys seixanta i setanta, és a dir els autors que representen en certa mesura el relleu generacional dels qui van començar a publicar la seva obra just abans de la guerra. Destaquem Manuel de Pedrolo per la seva extensa producció narrativa, però també autors com Josep Maria Espinàs; Maria Aurèlia Capmany en narrativa, teatre i assaig; Avel·lí Artís-Gener, a cavall entre l'exili i el retorn a Catalunya a partir dels anys seixanta, Joan Perucho i el poeta Jordi Sarsanedas, que també té una important obra narrativa. Finalment hem deixat un apartat d'assaig per a la influent obra de Joan Fuster.

Dimensió estètica i literària

- La diversitat d'estils i continguts en la producció en prosa dels anys seixanta i setanta.
- L'obra literària de Manuel de Pedrolo.
- L'obra literària de Josep Maria Espinàs, Maria Aurèlia Capmany, Avel·lí Artís Gener, Joan Perucho i Jordi Sarsanedas.
- L'obra assagística de Joan Fuster.

AUTORS I TEXTOS

- Selecció de textos narratius de Manuel de Pedrolo.
- Selecció de textos narratius de Josep Maria Espinàs, Maria Aurèlia Capmany, Avel·lí Artís-Gener, Joan Perucho i Jordi Sarsanedas.
- Selecció de textos assagístics de Joan Fuster.

Objectius

- Conèixer la diversitat en l'obra dels autors més destacats en la narrativa dels anys seixanta i setanta.
- Identificar els aspectes més rellevants de la producció narrativa de Manuel de Pedrolo.
- Identificar els aspectes més rellevants en la producció assagística de Joan Fuster.

EL RELLEU GENERACIONAL

Manuel de Pedrolo

Manuel de Pedrolo.

Manuel de Pedrolo va néixer a l'Aranyó (Segarra) el 1918 i va morir a Barcelona el 1990. La seva família eren propietaris rurals, tot i que el seu pare va ser un advocat il·lustrat membre d'Acció Catalana. Pedrolo va passar la infantesa a Tàrrega fins que el 1935 es va traslladar a Barcelona per fer el Batxillerat.

Amb l'esclat de la guerra civil, el seu desig d'estudiar Medicina no es va poder fer realitat, ja que, afiliat a la CNT, es va incorporar a la branca d'artilleria de l'Exèrcit Popular.

Un cop perduda la guerra, no va voler marxar de Barcelona i va ser mobilitzat per fer el servei militar. En acabat, es va establir definitivament a Barcelona, on, per poder guanyar-se la vida, va treballar en diverses ocupacions: en una agència d'assegurances, en una de publicitat, com a investigador privat i, finalment, en una editorial, fent d'assessor literari, corrector de textos i traductor de novel·les de consum.

Va començar a escriure des de molt jove, però no va ser fins als anys setanta que va poder viure de la literatura com a **escriptor professional**: Pedrolo és probablement un dels casos d'anormalitat més destacats del mercat literari català.

Per la seva personalitat introvertida i a vegades polèmica, a més d'una obra que difícilment es pot catalogar en una determinada «família intel·lectual», va viure prou aïllat dels cercles literaris de la postguerra. Amb tot, va obtenir gairebé tots els premis literaris d'aleshores: el Joanot Martorell de novel·la l'any 1954, el Sant Jordi el 1962 i el Premi d'Honor de les Lletres Catalanes l'any 1979.

> Manuel de Pedrolo, novel·lista català inèdit, és la revelació d'aquests darrers vint anys en el camp de la novel·la catalana i que, probablement, haurà d'ésser considerat com el novel·lista més important que s'hagi donat a Catalunya després de Narcís Oller.
>
> RAFAEL TASIS, «Pedrolo novel·lista inèdit», *Pont Blau*

Pedrolo va conrear tots els gèneres –de fet, el primer llibre que va publicar és un recull de poemes de caràcter existencialista, titulat *Ésser en el món* (1949), i pel que fa al teatre, la seva obra només va tenir un ressò minoritari fins que va deixar d'escriure'n–, però és fonamentalment **novel·lista**.

Durant més de quaranta anys no va parar mai d'escriure i, mentre les circumstàncies ho permetien, de publicar.

Coberta de *Mecanoscrit del segon origen.*

La seva bibliografia de creació supera el centenar de títols, alguns dels quals, com la novel·la *Mecanoscrit del segon origen* (1974), es troben entre els majors èxits comercials de la literatura catalana, especialment entre el públic juvenil.

La dificultat que suposa analitzar una obra tan ingent, que a més presenta importants problemes de correspondència entre la cronologia de redacció i de publicació, ha impedit una relectura ordenada i sistemàtica de la producció de Pedrolo per part de la crítica, a l'hora de fer una valoració global i articuladora d'aquest **corpus literari** tan **impressionant**.

Diverses novel·les de Manuel de Pedrolo.

Manuel de Pedrolo va tenir una gran influència sobre determinats sectors de la societat dels anys setanta i vuitanta, com a escriptor i com a personatge públic. Ideològicament es va declarar combativament independentista, amb una actitud ferma i irreductible de compromís amb el **país** i la **llengua**, a més de defensar uns valors socials de llibertat i justícia. Ens va deixar com a llegat una obra amplíssima caracteritzada per la diversitat temàtica i tècnica.

La intenció literària de Pedrolo és la **investigació** sobre la **condició humana**, és a dir, la reelaboració de la realitat a través de la literatura. En aquesta recerca, situa l'home com a protagonista d'unes situacions que volen explicar la totalitat del món, tot assumint la realitat en tota la seva integritat i, per tant, incorporant-hi tot allò que té d'insòlit, absurd o inversemblant. En aquest sentit, és un **escriptor realista**, que tanmateix no es limita a proporcionar una descripció fonamentalment testimonial de la realitat, sinó que concep la literatura com una eina d'investigació amb una càrrega inherent de responsabilitat moral i social (existencialista, en part).

> [...] en principi tota novel·la és un estudi de situacions imposades al personatge o creades per ell i que afecten el seu esdevenir, les seves relacions amb els altres i, en general, la seva posició davant el món. L'espai és un lloc, o una sèrie de llocs successius on estem ancorats, però la veritable tragèdia està en el temps.
>
> MANUEL DE PEDROLO

L'opció estètica del novel·lista rebutja la visió contemplativa i purament intel·lectual de la realitat i, en canvi, aposta per la concepció que dona prioritat a la **narrativitat**, la visió dinàmica dels homes i la vida. D'aquesta manera, la investigació s'ha de dur a terme per mitjà d'una diversitat tècnica que intenti exhaurir les múltiples formes d'aproximació a la realitat que permet la creació literària.

S'explica, doncs, que un dels trets distintius de la seva producció sigui l'**experimentació**, a vegades excessivament mecànica, de les grans aportacions tècniques de la novel·lística del segle xx. Entre totes les que va assajar, destaquen:

- Les tècniques narratives de la novel·la americana d'entreguerres, especialment la **novel·la negra**: economia de llenguatge; observació imparcial i externa dels fets; bandejament de l'anàlisi psicològica dels personatges...
- La funció conscienciadora i moralitzadora de la literatura, derivada de l'**existencialisme**, que responsabilitza l'autor d'exercir una acció de denúncia: la manca de llibertat; el no-sentit de la vida; la incomprensibilitat del món; l'enigma de la mort; l'estrangeritat...
- La utilització de l'**absurd** com a recurs d'indagació filosòfica que confronta la lògica humana amb la irracionalitat de les situacions.
- El **detallisme** minuciós, proper al neorealisme italià, que permet oferir una recreació directa de la vida de postguerra.

Manuel de Pedrolo va conrear el teatre de l'absurd amb produccions com *Homes i No*.

- La **descripció** directa i punyent de les escenes de caràcter sexual, seguint –dins les moltes limitacions que imposa la censura– la línia de Henry Miller, amb el clar propòsit de denunciar l'opressió política i la manca de llibertat sexual.

En general, a Pedrolo li va interessar conrear la **novel·la** de gènere a fi d'investigar-ne les característiques tècniques i narratives que imposa, a vegades per subjectar-se a les normes formals del model –per exemple, en la novel·la policíaca: *L'inspector arriba tard* (1960), *Joc brut* (1965), *Mossegar-se la cua* (1968), i, en general, en la tasca exercida com a director i creador de la primera col·lecció de novel·la policíaca en llengua catalana, «La Cua de Palla» (1963-1970)–, i en altres casos per capgirar aquestes normes –per exemple, en la incursió que fa en el gènere de la ciència-ficció amb la novel·la *Mecanoscrit del segon origen* (1974).

La seva producció novel·lística es pot estructurar en **tres etapes**:

- **Primera etapa** (**anys cinquanta**). Publica poc, tot i que escriu molt, sobretot **poesia** i **narracions curtes**. Una de les vies d'experimentació que inicia en aquest període és la distorsió de les coordenades lògiques del temps i l'espai, tècnica que empra per crear situacions límit caracteritzades per la sensació d'«estranyament» i absurditat, que pren un sentit existencial de denúncia.

  D'aquesta etapa destaca una de les seves novel·les més importants, titulada *Cendra per a Martina* (1952, publicada el 1965).

- **Segona etapa** (**anys seixanta**). En l'obra de Pedrolo es manifesta una evolució paral·lela a l'evolució cap al realisme històric de caràcter existencialista present en la literatura catalana d'aquesta dècada.

Així doncs, fa explícit el seu compromís amb la realitat social i cultural. A més, l'autor comença a planificar la seva obra amb una visió de conjunt, i van apareixent progressivament diversos cicles novel·lístics. El més destacat, titulat *Temps obert* (onze novel·les articulades en dues sèries), té com a protagonistes Daniel Bastida i la seva família, sotmesos a una mateixa situació conflictiva –un bombardeig–, de la qual en cada novel·la es deriven unes conseqüències diferents.

D'aquesta etapa més combativa, en són exponents les novel·les *Estat d'excepció* (1961, publicada el 1975 amb el títol *Acte de violència*), *Totes les bèsties de càrrega* (1965, publicada el 1967) i *Hem posat les mans a la crònica* (1969, publicada el 1977), i novel·les policíaques com *Joc brut* (1965).

La publicació de *Totes les bèsties de càrrega* va tenir un gran impacte. Es tracta d'una novel·la complexa que, en clau simbòlica, reflexiona sobre l'**opressió d'un poble** i la lluita dels seus habitants, que esdevenen supervivents enmig de la irracionalitat, la injustícia, la destrucció sistemàtica de la llengua i la llibertat de pensament. L'ambient recreat en la novel·la fa pensar en la literatura de Franz Kafka i, en molts casos, en el món apocalíptic i futurista del *1984* de Georges Orwell. L'estil narratiu d'aquesta novel·la, doncs, expressa un **clima asfixiant**; Pedrolo en subratlla els detalls més repulsius mentre pretén identificar-lo amb la realitat social del país. La novel·la té un final pessimista, amb el qual l'autor mostra la seva visió desesperançada de la vida.

- **Tercera etapa** (**darrers anys**). En la dècada dels setanta aconsegueix publicar bona part de l'obra que, per raons de mercat i de censura, encara restava inèdita. Finalment es pot professionalitzar com a escriptor. Continua amb l'experimentació pel que fa a tècniques i gèneres narratius –en **ciència-ficció**, el molt conegut *Mecanoscrit del segon origen* (1974)–, com també amb la configuració del darrer dels cicles narratius, titulat *Apòcrifs* (quatre volums escrits del 1982 al 1985), que sorprenentment representa un cert retorn a les formes narratives tradicionals.

Empeny la porta i penetren en l'habitació on els acull una atmosfera espessa de carn humana, de vapors d'èter, de cloroform, que l'obliga a tancar els ulls un moment i a obrir la boca en un intent, gairebé inútil, de respirar. El cor se li enfila a la gargamella, encara no aquietat dels trasbals de l'ascensor, els pulmons es desinflen sota les costelles, la tràquea té un moviment espasmòdic abans d'admetre un glop d'aire dens i raspós que se li enganxa al paladar. S'asfixia.

MANUEL DE PEDROLO, *Totes les bèsties de càrrega* (cap. 0)

Coberta de *Joc brut*.

Em va caldre atansar-me a la finestra per a examinar-la a la comparativa llum que entrava de fora. Era una arma negra, una Astra, neta, impecable, estranyament pesada. El carregador era ple i vaig passar una bala tan silenciosament com em fou possible. Així i tot, el menut espetec em féu sobresaltar, m'obligà a immobilitzar-me, un cop més atent al que s'esdevenia passadís enllà, al despatx. No se sentia res.

El cor se m'havia tornat a disparar, però vaig obligar-me a avançar cap a la porta, cap al ventall de llum que permetia de veure uns rajols vermells amb tot d'aigües, cap al llindar darrera el qual ell devia haver-se abstret en la contemplació d'algun segell, perquè el silenci era absolut.

Manuel de Pedrolo.

I aleshores el vaig veure. Estava realment assegut darrera la taula, tenia una petita lupa a la mà i tot el cos s'inclinava cap a l'àlbum obert al seu davant. No era la primera vegada que presenciava aquella escena muda. Ella mai no m'havia descrit l'habitació, jo no hi havia pensat mai, però ara la reconeixia. Era una cosa familiar. I ho era l'home, un individu calb, bigotut, vestit amb una jaqueta de pijama d'un color torrat, molt discret, uniforme, alterat només per dues inicials, E. V., brodades a la butxaqueta que, sense això, gairebé no hauria estat possible de distingir.

Vaig fer un altre pas, i ell encara no s'havia mogut, abocat sobre el petit rectangle de paper que no es cansava d'examinar, el colze repenjat, a la taula, l'altra mà invisible, a sota. Vaig aixecar l'arma, feixuga com un cos sideral.

MANUEL DE PEDROLO, «Els fets», *Joc brut*

Dia 29 de gener de 1988

El Daniel Bastida escriptor tenia sis anys en acabar-se la guerra i va haver de fer els seus estudis en castellà. No el van ensenyar en català, ni tan sols no van ensenyar-li el català. Va ensenyar-se'l ell mateix, un cop despertat el seu interès per les lectures que feia i, també, per l'entorn familiar, concretament per la cosina a casa de la qual passà a viure de jovenet.

Autodidacte del propi llenguatge, s'ha de notar per força en els seus escrits una insuficiència que, més que en faltes gramaticals, es manifesta en una falta de soltesa i en un desconeixement de la totalitat dels recursos de l'idioma; en un empobriment, doncs, de l'estil, que reitera construccions fàcils i cau en tics com, en el seu cas, l'abús de la conjunció perquè. Ara, al cap d'anys, aquesta monotonia m'ha caigut damunt com una llosa i he procurat palliar-la sense, tanmateix, enriquir indegudament el seu estil. Era quelcom que no podia fer sense convertir-lo en un altre. M'ha semblat que el punt i coma alleugeria prou la seva prosa sense amagar la poca destresa de l'escriptor novell, format en una llengua que no és la seva.

Classe de geografia en una escola de cap a 1960.

Em cal dir que els problemes d'en Daniel van ser els meus, home d'una generació anterior, no pas per això més ben tractada. Problemes que, d'altra banda, potser mai no he resolt del tot.

MANUEL DE PEDROLO, *Darrers diaris inèdits*

Josep Maria Espinàs

Josep Maria Espinàs.

Josep Maria Espinàs va néixer a Barcelona el 1927. Ha destacat com a novel·lista i periodista. Entre les seves obres cal esmentar *Com ganivets o flames* (1954), premi Joanot Martorell; *El teu nom és Olga* (1986); nombroses cartes adreçades a la seva filla afectada per la síndrome de Down; la sèrie de llibres de viatges: *Viatge al Pirineu de Lleida* (1957), Viatge al Priorat (1962), Viatge a la Segarra (1972), que ha assolit una àmplia difusió, i algunes biografies destacades, com la de Josep Maria de Sagarra, escrita el 1962.

A banda, ha desenvolupat una vasta producció periodística. En una de les seves novel·les més importants, *Combat de nit* (1959), explica la vida de dos camioners que fan el trajecte Barcelona-Valladolid-Barcelona. Aquesta obra ha estat considerada una novel·la reportatge, ja que l'autor va recórrer en camió aquest mateix trajecte descrit en la narració.

A més, Josep M. Espinàs fou un dels fundadors d'Els Setze Jutges i impulsor de la Nova Cançó. La seva obra completa ha estat editada en diversos volums per l'editorial La Campana, fundada per ell mateix.

Ha obtingut el Premi Nacional de Cultura (1995), el Premi d'Honor de les Lletres Catalanes (2002) i la Medalla d'Or de la Ciutat de Barcelona (2002).

He tornat a fer com aleshores: aturar-me abans d'entrar-hi. La velocitat és l'enemiga de l'assimilació, i no és pas el mateix veure Cervera –com s'estira damunt del turó, com s'acosta– des de la finestra d'un cotxe, que aturar-se, baixar del vehicle i estar-se una estona palplantat de cara al fris allargadíssim de la ciutat, només pendent de la contemplació, amb les mans i el cervell deslliurats de qualsevol altra feina. Per a veure físicament les coses, per a «saber» esquemàticament com són, la velocitat –que no ens permet passar de la superfície– no és un obstacle. També n'hi ha prou amb un cop d'ull per conèixer el títol i el nom de l'autor escrits en el llom d'un llibre. Però si volem anar una mica més endins, cal sotmetre's a la llei del temps. Només amb l'ajut del temps s'aconsegueix la impregnació de la realitat, i aquesta impregnació és el resultat desitjable.

[...]

La gent s'ha acostumat a passar de llarg per Cervera. Quina llàstima! El Museu és una autèntica meravella, que sorprendria els antimuseistes més convençuts. Tot és tan interessant, i està tan ben posat, que s'hi veu la mà del senyor Duran i Sanpere, il·lustre cerverí que és una autoritat mundial en el camp de la Història. Jo sóc una persona corrent, no gens erudita, i potser per això el lector em farà cas si li recomano que faci una visita per aquest Museu. No s'ho perdi.

JOSEP MARIA ESPINÀS, *A peu per la Segarra*

Maria Aurèlia Capmany

Maria Aurèlia Capmany.

Maria Aurèlia Capmany (Barcelona, 1918 – 1991) va estudiar Filosofia i Lletres. Participà activament en la vida política i pública catalana. Fou cofundadora, l'any 1960, de l'Escola d'Art Dramàtic Adrià Gual. Va conrear la novel·la, l'assaig i el teatre, i col·laborà en diverses publicacions. La seva obra, de caràcter intimista i psicològic, va rebre una forta influència de l'existencialisme francès.

Pel que fa a la producció novel·lística destaquen, entre d'altres, *Necessitem morir* (1952), *El cel no és transparent* (*La pluja als vidres*) (1948), *Betúlia* (1956), *Tana o la felicitat* (1956), *Traduït de l'americà* (1958), *El gust de la pols* (1962), *Un lloc entre els morts* (1967), *Feliçment, jo sóc una dona* (1970).

Quant a les obres d'assaig, cal remarcar *El feminisme a Catalunya* (1973) i *Dona, doneta i donota* (1975, amb Avel·lí Artís-Gener). Finalment, cal subratllar obres de teatre com ara *Preguntes i respostes sobre la vida i la mort de Francesc Layret, advocat dels obrers de Catalunya* (1971), *El cavaller Tirant* (1977) i *Món, dimoni i carn* (1982).

L'amor ha vingut a trobar-me tan sovint armat de les seves virtuts pedagògiques! Jo no arribaria a entendre que l'Agustí Turull s'havia enamorat de mi perquè m'havia descobert diferent de totes les dones que coneixia i respectava i exercia el seu amor per fer de mi una persona nova cada cop més semblant a totes les dones que coneixia i respectava.

No sempre resultaria eficaç la pedagogia amorosa, i val a dir que si vull fer justícia a l'Esteve Plans li he de concedir el dret de la victòria. Però jo no vaig estimar l'Esteve Plans i m'havia enamorat fins al desesper de l'Agustí Turull.

Jo no podia preveure com es desencadenava aquest mecanisme, fins que m'hi trobaria aferrada i sense saber com sortir-me'n. Molt més tard, quan Benito i jo ens estimaríem, sense que ell es disposés a fer-me al seu gust, comprendria per primera vegada què vol dir llibertat, però seria tan breu.

MARIA AURÈLIA CAPMANY,
Feliçment, jo sóc una dona

Avel·lí Artís-Gener

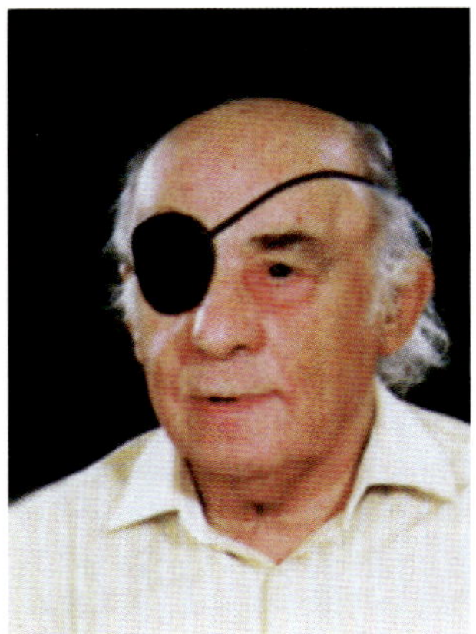

Avel·lí Artís-Gener.

Avel·lí Artís-Gener (Barcelona, 1912 – 2000) és conegut amb el pseudònim de *Tísner*. Va conrear la literatura, el dibuix i la pintura, i també es va dedicar a la traducció. Després de lluitar en la guerra civil, se n'anà a Mèxic, on escriví algunes novel·les fruit de l'experiència de l'exili, com *Paraules d'Opoton el Vell* (1968). A més de les obres de ficció, va publicar *La diàspora republicana* (1975), *Les nostres coses* (1978), els quatre volums de *Viure i veure* (1989-1995), *Ciris trencats* (1997) i *Més ciris trencats* (1998), entre d'altres. Fou Premi d'Honor Jaume I (1981) i rebé el Premi d'Honor de les Lletres Catalanes l'any 1997.

Ara ja tinc vint vegades quatre anys i quasi només hi veig amb els dits, amb la polpa dels dits. Podria parlar de molts altres que ara ja tindrien la meva edat si no fos que vaguen per la Casa Sense Portes ni Finestres des de fa temps, que és la manera de dir que ja són morts, i no sabem si Allà també fan els seus comptes d'anys o no els fan.

El meu cosí de Xalco, que té una terra cosa de no res més enllà de Xalco, entre Xalco i Tlalmanalco, com aquell qui diu, a desgrat que ell mateix la treballi, m'ha dut tot aquest munt de fulls de paper d'*amatl* i a ell els hi va donar una bona dona que es diu Nentàcatl i que es veu que no sabia què fer-ne, com així passa sovint, i per mirar d'aprofitar-los, car sempre [dol] llençar una cosa com aquesta, em poso a escriure tot allò que ens va passar i que encara em queda a la memòria.

Puc ben dir que ho he perdut tot menys el record i és sot aquest color que em poso a escriure. Jo sóc l'únic vivent de tots els qui hi vam anar i no quedarà posat en el paper per presumir ans perquè és la bona veritat de Déu.

El meu cosí de Xalco i altres, no vull dir cosins sinó amics, m'han dit moltes vegades que fóra bo que jo escrivís allò que ens va passar, atès que en sé. No diré pas que ells ho vulguin llegir, car s'ho saben de cor i no entenen gran cosa en qüestions de llegir i escriure perquè ells mai no han anat amb els frares com jo i tot el que diré s'ho saben de memòria, de tants cops d'haver-m'ho sentit explicar i ara penso que potser m'han dit d'escriure-ho per veure si s'estalvien que els torni a sacsejar explicant-los-ho.

AVEL·LÍ ARTÍS-GENER,
Paraules d'Opoton el Vell

Joan Perucho

Joan Perucho.

Joan Perucho (Barcelona, 1920 – 2003) va escriure novel·la, poesia i algun tractat crític sobre art. La seva obra, vinculada al realisme màgic, conté una extraordinària relació de referències històriques i literàries. La seva producció, irònica i sorprenent, està influïda per l'obra de Lovecraft i Kafka. Cal destacar-ne les novel·les següents: *Llibre de cavalleries* (1957), *Les històries naturals* (1960) i *El baró de Maldà i les bèsties de l'Infern* (1994). Va rebre la Creu de Sant Jordi (1991) i el Premi Nacional de Literatura (1995), entre altres condecoracions. El 1998 li fou dedicada l'exposició «El món de Joan Perucho. L'art de tancar els ulls».

Les ruïnes

Avançava per passadissos d'ombra, cap a l'extrem oriental del mur, on hi havia una esquerda de claror. De sobte, escoltà el crit de les gavines i veié la mar estesa als seus peus. Batia el vent contra les ruïnes, contra aquell silenci mineral, i se sentia una aroma de farigola i d'alga, d'humitat i de garriga cremada.

Sorgia la cripta de les Santes Maries de la Mar, amb la tomba de Sara, i el castell del rei René. Sis-cents homes, amb l'estendard del casal d'Aragó, havien defensat el palau de Benet XIII, en la rica i solar Avinyó, la de les mules de plata i el pont on hom dansa. Es podia veure la muralla intacta, bastida amb coqueteria, entre somriures del més noble clergat i el perfum de les dames de Joana de Nàpols. Apareixien els rostres dels cavallers, coberts de teranyines i de pols, amb les cotes oxidades i l'ànima endurida, aturada a l'esguard. Corns de caça recorrien els camps d'oliveres i de vinya, i duien una ratxa de fosca inquietud a la gent que s'afanyava al conreu, sota el sol i la suor, sota la fatalitat i la mort.

JOAN PERUCHO, *Llibre de cavalleries*

Jordi Sarsanedas

Jordi Sarsanedas.

Va néixer a Barcelona l'any 1924 i hi va morir el 2006. Professor de llengua i literatura francesa, va escriure novel·les i contes i destacà per les traduccions. El seu recull més important, *Mites* (1954), està format per quinze proses poètiques d'arrel surrealista que, mitjançant el subconscient i l'absurd, representen dues realitats.

Sarsanedas fa una anàlisi en la seva obra de la condició humana. Durant els últims anys intensificà el seu ritme d'escriptura, de manera que publicà amb més assiduïtat. Destaquen els llibres de poesia *L'enlluernament, al cap del carrer* (2001) i *Com una tornada, sí* (2003). També va dirigir teatre i és autor de diversos treballs crítics, proses i articles. D'altra banda, va tenir càrrecs de responsabilitat en diverses institucions i entitats culturals, com per exemple la revista *Serra d'Or*, de la qual va ser redactor en cap del 1964 al 1997, i la Institució de les Lletres Catalanes, de la qual va ser degà del 1988 al 1999. Entre els guardons que rebé destaca el Premi d'Honor de les Lletres Catalanes (1994).

Mite de la noia de les trenes

Ara a la plataforma hi havia una noia. El cabell, negríssim, se li migpartia al clatell en dues trenes que li queien al damunt l'abric blau marí. D'ella ell només veia, a més d'una orella, la fugida de la galta i, quan parpellejava, la fosca fugissera de les pestanyes. Les dues negres trenes, gruixudes, lluents, que naixien del clatell salvatgement ben pentinat, queien sobre les espatlles de l'abric blau marí. Segurament la noia portava l'abric com una capa. El tram sotraguejava fent dringar els vidres i cruixir les fustes, com tots els trams. Dringava molt lluny, alegrement, amb música de rellotge. La capa blava, amb el sotragueig, anà rellicant. Sentí una cremor a les galtes. Els seus braços s'allargaven i les seves mans, a la dreta i l'esquerra, agafant el coll de l'abric, el tornaven a lloc, amb delicadesa.

[...]

Girant els ulls vençuts cap a les seves mans, es veié als palmells les dues negres trenes, la dreta i l'esquerra, les trenes decapitades.

I, alçant la mirada al cel, veié els seus ulls, els seus ulls de llevant a ponent, com dos enormes globus rojos.

¿Quin pit malalt, quin mugró ferit podia donar aquella llet sangonosa?

JORDI SARSANEDAS, *Mites*

L'ASSAIG

Joan Fuster

Joan Fuster.

Joan Fuster va néixer l'any 1922 a Sueca, al País Valencià, on va morir el 1992. Quan va esclatar la guerra civil tenia catorze anys. Va estudiar la carrera de Dret a la Universitat de València, i durant uns quants anys va exercir d'advocat. Dels anys de la universitat, recorda passar moltes estones a les llibreries de vell, on va anar descobrint «el català com a llengua de cultura». Després d'una breu trajectòria com a poeta els primers anys cinquanta –*Sobre Narcís* (1949), *Escrit per al silenci* (1954)–, la seva **producció** literària va ser **assagística**: historiador de la literatura, crític literari, historiador social de la llengua i investigador de la cultura en general.

Juntament amb Vicent Andrés Estellés, els anys quaranta va col·laborar amb grups intel·lectuals i literaris valencians –fonamentalment el grup L'Espiga–, però les posicions ideològiques sobre qüestions com la llengua o la identitat nacional els en van fer prendre distància. A partir dels anys cinquanta, Fuster va entrar en contacte amb els cercles intel·lectuals catalans, on va conèixer la gent del grup editorial Ariel, a més de figures com Carles Riba, M. Aurèlia Capmany, etc.

Al començament de la dècada dels seixanta, va publicar el seu assaig més famós i controvertit, *Nosaltres els valencians* (1962), que ha esdevingut un **referent intel·lectual** indiscutible arreu de les terres de parla catalana per a bona part dels intel·lectuals de les generacions posteriors. En aquest assaig, enfocat des d'una perspectiva històrica i escrit amb un rigor científic impecable, formula nous plantejaments per al nacionalisme valencià, en els quals defensa que llengua, poble i nació –entesa com a conjunt de tots els pobles catalans– formen un tot indestriable.

Primera edició de *Nosaltres els valencians*.

> Ser nacionalista, avui, també és un anacronisme. Només que, en el fons, hi ha «pobles» que encara no poden ser res més que això. És absurd. Tristament absurd.
>
> JOAN FUSTER, *Diccionari per a ociosos*

A partir d'aquest moment, la figura i el pensament de Joan Fuster van esdevenir punt d'atenció dels sectors ideològics més conservadors i espanyolistes de la Comunitat Valenciana, fins al punt que l'any 1981 va ser objecte d'un atemptat amb bomba a casa seva, a Sueca.

A més dels escrits sociopolítics, Fuster es va interessar per la **crítica literària** i, en general, per la investigació sobre la història de la literatura catalana. En aquest sentit, són paradigmàtics dos títols que han gaudit d'una difusió amplíssima: *Literatura catalana contemporània* (1972) i *Contra el noucentisme* (1978).

També són rellevants els seus estudis sobre poesia valenciana, l'obra *Ausiàs March* (1959), les edicions crítiques de *Flor d'enamorats*, de Joan Timoneda (1973), i el pròleg estudi de *Recomane tenebres* (1972), de Vicent Andrés Estellés.

Joan Fuster s'ha declarat hereu d'una tradició d'**assaig humanístic**, de la qual proclama com a mestre europeu l'escriptor francès del segle XVI Michel de Montaigne. Aquesta literatura d'idees neix sovint del diari personal –no cal dir que defugint qualsevol tipus d'esplai sentimental o íntim– i acaba trobant en el periodisme d'opinió el seu vehicle d'expressió més a l'abast. Com a gènere es caracteritza pel fragmentarisme (es tracta de parlar de tot allò que pugui tenir interès) i moltes vegades corre el perill de la descohesió estructural quan es publica en forma de llibre.

En aquest sentit, Fuster va assajar diversos criteris d'unitat: en el seu assaig *Les originalitats*, publicat el 1956, planteja explícitament que caldrà buscar la unitat del volum en la personalitat de l'autor, és a dir, en els temes i les tendències que defineixen la seva trajectòria intel·lectual i professional.

En un altre llibre –*Diccionari per a ociosos* (1964)– va organitzar el material d'una manera canònica: ordenant alfabèticament els

> L'assaig és això, una provatura que ha tingut algun resultat positiu. En realitat, un capítol del tractat que l'autor duu, en un projecte implícit, dins de si. Amb el temps l'anirà acabant.
>
> Cada línia que escriga serà una nova peça que vindrà a ajustar-se a les anteriors. Una forta coherència íntima ho ordenarà tot. L'obra –tota l'obra, la sola obra– serà la més exacta constància d'ell mateix. Amb aquesta confiança vaig començar a escriure, un dia.
>
> JOAN FUSTER, pròleg a *Les originalitats*

conceptes, com en un diccionari, cosa que li permetia estructurar una sèrie de textos assagístics de forma i extensió ben diferent.

Silenci

Ben sovint, gairebé sempre, callar també és mentir.

JOAN FUSTER,
Diccionari per a ociosos

La intenció fonamental de l'assaig fusterià és presentar el món des d'una nova mirada que trasbalsi les inèrcies de la percepció de sempre i desemmascari els paranys ideològics. La primera reacció que vol aconseguir és la discussió crítica, sotmesa a les regles de joc de la dialèctica, és a dir, com un instrument de coneixement: «Doneu-me un bon contradictor i seré capaç de construir les més excelses teories».

Aquest capgirament de les consciències comporta un estil literari determinat. A Fuster li cal treballar amb un llenguatge que es desmarqui de les paraules massa retòriques i gastades, i que alhora sigui un instrument de pensament àgil i lectura amena. La influència de Josep Pla, la seva prosa i la seva sorneguería desmitificadora en són els referents més directes.

Així doncs, l'**estil** de Joan Fuster es caracteritza per diversos aspectes:

- una tria singular dels adjectius, que resulten sorprenents quan s'atribueixen a conceptes abstractes (*esquerra tartamuda*, *llengües lil·liputenques*, etc.);
- una combinació d'erudició i col·loquialisme (en les frases fetes, les interjeccions, els estirabots), i
- un estil com de conversa que marca la diferència respecte dels discursos filosòfics més convencionals.

Fuster defuig sistemàticament el to dogmàtic; el seu estil sentenciós, a vegades amb frases rotundes o aforismes expressius, és, més que res, escèptic.

Els títols de la producció assagística de Joan Fuster són nombrosíssims i tracten de temes ben diversos. A més dels llibres esmentats més amunt, cal valorar com una aportació rellevant el seu *Diari 1952-1960* (1969), concebut com un recull de textos per ser publicats en forma d'articles periodístics, monografies o llibres independents. En qualsevol cas, és l'expressió intel·lectual d'un pensador erudit i lúcid que es va sentir –i es va mostrar– èticament compromès amb la societat de la qual formava part.

Quan el dimoni preguntà a sant Andreu –segons la narració de Voragine– quina era la cosa més admirable que Déu havia fet en un més petit espai, el benaventurat va contestar-li: «La varietat i l'excel·lència de les cares; perquè entre tants homes com han existit d'ençà de la creació del món, i com n'existiran fins a la consumació dels segles, no en trobareu dos les cares dels quals presentaran una semblança perfecta... «. I si això pot dir-se, amb una ingènua, irrefutable veritat, de les cares, molt més es podria dir dels esperits. L'home és irrepetible: cada un de nosaltres és un exemplar únic. No n'hi ha dos que, *superposats*, coincidesquen, com no n'hi ha, diu la brama, dues fulles d'arbre en el mateix cas. *Únic*, és el mot adequat. Tots som únics. Poc o molt, cadascú se sent distint dels altres. Allò que dèiem, en començar, del paroxisme a què ha arribat, avui dia, aquesta convicció, reposa sobre els imperatius de la circumstància històrica. La consciència de ser únics, però, se'ns apareix com a consubstancial amb l'home, gairebé com una condició d'humanitat –com la pura i estricta condició humana.

Ara m'interessa aquest uniquisme en tant que transcendeix als dominis de l'esperit objectivat: a l'art, a les lletres, al pensament. Tothom –tothom qui n'és *conscient*– té alguna cosa a dir: alguna cosa que no podrà dir mai altri per ell. I, precisament, es tracta de *dir-nos*.

JOAN FUSTER, *Les originalitats*

Epitafi

Per exemple:
ací jau
j f
va morir
com va viure
sense ganes

JOAN FUSTER, *Diccionari per a ociosos*

Joan Fuster i Josep Pla.

Activitats

1 **Llegeix el text de *Totes les bèsties de càrrega* (1967) de Manuel de Pedrolo que tens a continuació. Després contesta les preguntes.**

—L'has trobada, la mare?

—És aquí –contesta–. On tu i jo parlem i aquest noi copia cançons. Entre els meus companys de la muntanya que s'organitzen una i altra vegada. Al ventre de les noies que volen que les prenyem... No l'han matada, no han pogut matar-la.

La dona avança fins a la taula, s'asseu al seu davant amb la mà allargada cap a la llista que l'infant ja ha acabat d'escriure.

—Però ho tornaran a intentar –repeteix ell lentament–. I potser ens pensarem que ho han aconseguit, com m'ho pensava jo.

—Un dia ho faran –insisteix ella.

—Quan tu i jo i tots els altres vulguem. Ni un moment abans.

[...]

Entren al menjador en filera índia, el noi davant, mig corrent sobre els mitjons, i darrere un individu alt i vigorós que precedeix un altre home més baixet però ample d'espatlles.

—Ah, sou aquí –fa el més alt–. No l'enteníem, aquest noi. Que no sap parlar, potser?

—És mut. Li vau tallar la llengua –declara ell sense embuts.

—A col·legi, ho devien fer –replica l'altre sense immutar-se–. Això no és feina nostra.

Comenta el valor simbòlic dels personatges i de la situació descrita en el fragment del capítol 12 (0). Tenint en compte el moment històric en què s'emmarca l'obra, reflexiona sobre els aspectes següents: els personatges i el seu simbolisme, els diàlegs, la recerca de la identitat, la llibertat d'expressió, la lluita per la llengua i la pàtria.

2 **Llegeix el fragment del text «D'una assassina a una dona de bé» de Maria Aurèlia Capmany del recull *Cartes impertinents* (1971).**

«Vaig somriure, doncs, una vegada més, i vaig dir-li:

—Ets tan comprensiu! No sé pas per què porto una vida tan inútil.

I en aquell moment, l'àngel de la llar, satisfet, em mirava, des de l'altre cantó de la sala, des del fons del mirall.

No vaig deixar de somriure, ni de fer la veu dolça, perquè no volia que aquell endimoniat àngel de la llar se m'escapés. Havia comprès que si deixava de somriure desapareixeria. Mai no havia estat tan amable com aquells dies. Em sentia a mi mateixa dient: «Sí estimat... Sí, estimat», com en les traduccions de les novel·les angleses. Somrient així vaig perseguir el meu àngel per tots els racons de la casa. I una tarda, una de les tardes més avorrides de la meva vida, mentre el meu marit feia migdiada, bo i assegut a la butaca, vaig veure l'àngel estintolat a la paret, entre la televisió i el cove de la roba neta. Vaig fer un salt elàstic i vaig engapar-li just el coll. Vaig prémer fort, amb tota la meva ànima i vaig veure, amb els meus propis ulls esverats, com l'àngel es fonia. Hi va haver una lleugera escampadissa de plomes, res més. Quan el meu marit es va despertar em va dir:

—Ja t'ho deia jo, que s'havien de recosir aquests coixins.

—I tant –vaig contestar–. Els homes de la casa haureu d'apuntar-vos a un curs de recosir coixins, estimat.

L'«estimat» em quedava com un tic nerviós que ja quasi ha desaparegut del tot.

He de confessar que, al primer moment, em vaig sentir una mica desemparada. Sense el meu somriure habitual i sense la meva contesta amable, havia de resoldre a cada instant què contestaria, quina havia de ser la meva opinió.

—Com has canviat! –em deien parents i amics.

Al primer reclam del marit ja vaig saber contestar-li:

—Tinc una feina urgent, amor meu. Quan acabi estaré per tu.

I quan arriben els meus fills de col·legi els dic:

—Quan truquin per telèfon, pregunteu primer de part de qui, i si no és ningú de la llista digueu que no hi sóc. I ara tanqueu la porta, tresors de la mareta.

Em queden encara frases fetes dels vells temps d'amabilitat, però ja no sóc dolça i comprensiva, i he recobrat a poc a poc el meu propi rostre. Cada u hi diu la seva, és clar, i hi ha qui afirma que m'he tornat insuportable. Però em suporten, naturalment, com jo abans els suportava.

Aplica't la història, senyora de bé, i creu-me: si vols fer alguna cosa de bo en aquest món, i no et resignes a ser un esbós de persona, assassina l'àngel de la llar; només així començaràs a viure.«

Contesta les preguntes:

- **a** Què representa «l'àngel de la llar»?
- **b** Quin valor té l'assassinat de l'àngel?
- **c** En quins aspectes la protagonista «ha canviat»?
- **d** Creus que és un text feminista?

Test final d'unitat

1 Digues si és veritat (V) o fals (F):

	V	F
a Manuel de Pedrolo va néixer en un castell medieval	☐	☐
b Manuel de Pedrolo va lluitar amb l'exèrcit republicà	☐	☐
c Pedrolo va publicar més de cent títols entre narrativa, assaig, teatre i poesia	☐	☐
d En la producció narrativa de Pedrolo destaca el gènere de novel·la negra	☐	☐
e Els primers llibres de Pedrolo són escrits en castellà	☐	☐
f *Mecanoscrit del segon origen* és una de les novel·les més llegides de la literatura catalana	☐	☐
g L'únic gènere que Pedrolo no va conrear va ser la ciència-ficció	☐	☐
h Pedrolo defensava la independència política de Catalunya	☐	☐
i En moltes de les seves novel·les es mostra una visió optimista i alegre de la realitat	☐	☐
j Pedrolo va dedicar-se a la tasca de traducció literària	☐	☐
k Pedrolo va col·laborar en la fundació d'un partit polític	☐	☐
l *Totes les bèsties de càrrega* és una novel·la inspirada en *Rebel·lió a la granja* de Georges Orwell	☐	☐
m Josep Maria Espinàs és conegut com a novel·lista i periodista	☐	☐
n Espinàs va ser cantant folk amb el grup *Els Setze Jutges*	☐	☐
o Bona part de l'obra de Josep Maria Espinàs són les cròniques dels seus viatges per l'Amazones i la Patagònia	☐	☐
p Maria Aurèlia Capmany és coneguda sobretot per la seva obra poètica	☐	☐
q En la ideologia de M. A. Capmany destaca la defensa del feminisme	☐	☐
r És destacable la tasca de M. A. Capmany en la renovació teatral dels anys seixanta	☐	☐
s Avel·lí Artís-Gener és conegut pel pseudònim *Tintin*	☐	☐
t Va lluitar amb l'exèrcit republicà	☐	☐
u Es va exiliar a Brussel·les	☐	☐
v L'obra narrativa de Joan Perucho està relacionada amb el realisme màgic	☐	☐
w Joan Perucho va escriure tractats sobre heràldica	☐	☐
x Jordi Sarsanedas va crear una obra poètica important	☐	☐
y La prosa de Sarsanedas es caracteritza pel to poètic i surrealista	☐	☐
z Joan Fuster és l'autor d'assaig més important de la literatura catalana	☐	☐

2 Completa els textos amb la informació que calgui.

Manuel de Pedrolo i Sánchez de Molina (l'Aranyó, 1918 - Barcelona, 1990) va ser un .... català. Conreà tots els .... poesia, ..., narrativa i .... La seva obra, un dels corpus més .... de les lletres catalanes, és sovint eclipsat per l'èxit de la seva obra més coneguda, «....................». És considerat l'escriptor més prolífic de les lletres catalanes.

Maria Aurèlia Capmany i Farnés (....................,1918 - 1991) fou una novel·lista, ... i assagista. Va rebre el Premi Sant Jordi de novel·la del 1968 amb l'obra *Un lloc entre els morts* i el Premi Joanot Martorell del 1948 amb *El cel no és transparent*. Fou presidenta del PEN català entre 1979 i 1983. Destacà també com a activista cultural, ... i ....

Joan Fuster i Ortells (...................., la Ribera Baixa, 1922-1992) fou un escriptor .... en llengua catalana. Tot i que va ser més reconegut popularment per la seva obra principal, ... històric *Nosaltres, els valencians*, el seu llibre més influent, la seva tasca investigadora i editorial abraça diferents facetes i camps de coneixement, incloent-hi la ...., la història i la .... És considerat com un dels .... en català més importants del segle XX.

BLOC 9

LA LITERATURA DE FINAL DEL SEGLE XX

En aquest bloc estudiarem la producció literària de les últimes dècades del segle xx, fonamentalment des dels anys setanta fins als darrers noranta. Des del punt de vista social i històric destaquem sobretot la transició democràtica posterior a la dictadura franquista. Des del punt de vista cultural és important entendre les iniciatives que tenen com a objectiu la normalització de la llengua i la cultura catalanes. Alguns dels autors que estudiarem són encara vigents i productius al segle xxi, d'altres van morir fa uns anys i, per tant, la seva obra ja està acabada. Per tal de classificar-los millor hem distribuït la producció literària per gèneres –poesia, narrativa i teatre– tot i que hi ha autors l'obra dels quals abasta més d'un gènere.

Per tal d'activar els coneixements previs, al principi de cada unitat presentem uns textos breus i unes preguntes que han de servir per iniciar-nos en els continguts essencials del període i dels diversos autors. Farem especial atenció als textos de lectura obligatòria, que llegirem i analitzarem. I per cloure, un test de coneixements al final de la unitat pot fer les funcions d'avaluació del que s'ha après.

UNITAT 30
LA POESIA

UNITAT 31
LA NARRATIVA

UNITAT 32
EL TEATRE

CONEIXEMENTS PREVIS

Llegeix aquest text extret de la Viquipèdia. Reflexiona sobre la necessitat d'implementar la immersió lingüística de la llengua catalana que es va dur a terme amb la transició democràtica.

La immersió lingüística és l'exposició intensiva a una segona llengua, vivint en una comunitat que la parli de forma habitual, per tal d'aprendre-la més ràpidament i assolir així el bilingüisme dels aprenents. És un procés propi de les estades lingüístiques, sigui en colònies d'estiu o estudiant a l'estranger (programa Erasmus, any lingüístic, doble titulació europea...), i dels immigrants que van a viure a un nou país, on aprenen la llengua a la vida quotidiana encara que puguin tenir un complement de classes formals.

També s'anomena immersió quan es posa en contacte l'aprenent durant moltes hores de la jornada amb la llengua que es vol dominar, encara que no estigui a la comunitat que la té com a llengua materna. Per exemple, a l'escola catalana la immersió lingüística s'ha esdevingut pel fet de convertir el català en llengua vehicular de l'ensenyament, de forma que la majoria de matèries s'imparteixen en aquest idioma. Aquesta immersió garanteix un coneixement suficient del català encara que els alumnes parlin altres idiomes fora de l'escola.

Pel que fa a les experiències en l'àmbit lingüístic català, l'extensió de l'aplicació escolar de la immersió afecta pràcticament tots els territoris: el Principat, el País Valencià, les Illes, l'Alguer i la Catalunya Nord. Tots ells amb experiències de diversa extensió i durada i alguns amb resultats altament consolidats, malgrat les condicions socioculturals i administratives en què s'han desenvolupat i que no són, en absolut, les que hi ha hagut en el Principat.

El model català del Programa d'immersió, desenvolupat a les escoles del Principat a partir dels anys vuitanta, ha esdevingut un referent internacional de l'ensenyament de les llengües aplicant aquesta metodologia d'aprenentatge, tant per la quantitat d'alumnes implicats com per la complexa estructura de suport legal i tècnic amb què el va dotar el Govern de la Generalitat des dels seus inicis, i pels resultats que s'han obtingut i publicat.

A Catalunya, després de la prohibició del període franquista i restablerta certa autonomia política, s'iniciaren tot un seguit de canvis i accions per promoure la normalització del català. La introducció de la llengua catalana a l'escola era una acció prioritària per a incrementar l'ús social del català. Miquel Siguan va promoure la idea d'educar els alumnes en la llengua minoritzada, com a model més vàlid per garantir la seva normalització, idea recollida des de la direcció del Servei d'Ensenyament del Català de la Generalitat de Catalunya (SEDEC), dirigit per Joaquim Arenas, qui en dirigí la implantació.

«La immersió lingüística en català»

B9 UNITAT

30

LA POESIA

En aquesta unitat estudiarem el context social i polític de la transició democràtica i les circumstàncies que van permetre iniciar el procés de normalització de la cultura catalana. Ens fixarem en la producció poètica, la diversitat d'autors, alguns dels quals han continuat la seva obra literària al segle XXI.

Presentem els autors d'aquesta unitat seguint la cronologia del seu any de naixement, començant per Montserrat Abelló i acabant amb Maria Mercè Marçal.

Dimensió estètica i literària

- La poesia dels anys setanta, vuitanta i noranta.
- L'obra poètica de Montserrat Abelló.
- L'obra poètica de Joan Brossa.
- L'obra poètica de Miquel Martí i Pol.
- L'obra poètica de Maria Àngels Anglada.
- L'obra poètica de Joan Margarit.
- L'obra poètica de Marta Pessarrodona.
- L'obra poètica de Narcís Comadira.
- L'obra poètica de Francesc Parcerisas.
- L'obra poètica de Pere Gimferrer.
- L'obra poètica d'Enric Casasses.
- L'obra poètica de Maria Mercè Marçal.

AUTORS I TEXTOS

- «Cap de bou» de Joan Brossa.
- «L'Elionor», de *La Fàbrica* de Miquel Martí i Pol.
- «El bosc», d'*Arietta* de Maria Àngels Anglada.
- «T'estimo perquè sí. Perquè el cos m'ho demana», de *Sal oberta* de Maria-Mercè Marçal.

Objectius

- Conèixer el context històric i social dels anys de la transició democràtica i la normalització cultural.
- Analitzar aspectes destacats de la diversitat poètica dels anys setanta, vuitanta i noranta.
- Identificar els aspectes més rellevants de la producció literària de M. Abelló, J. Brossa, M. Martí i Pol, M. A. Anglada, J. Margarit, M. Pessarrodona, N. Comadira, F. Parcerisas, P. Gimferrer, E. Casasses i M. M. Marçal.

LA TRANSICIÓ DEMOCRÀTICA I LA NORMALITZACIÓ CULTURAL

La dècada dels anys setanta

La dècada dels anys setanta va ser, tot i els evidents signes d'anormalitat, una època de prodigiosa creativitat en tots els àmbits culturals. La generació dels setanta és constituïda per creadors i artistes nascuts després de la guerra civil i, per tant, formats sota l'educació del franquisme. Tanmateix, és un grup que es caracteritza per la **rebel·lia**, la **solidaritat** i el reconeixement del llegat històric català.

Els darrers anys de la dictadura franquista i els primers de la transició democràtica van possibilitar un context estimulant per concretar canvis molt significatius respecte de la producció cultural anterior.

A l'any 40, quan jo vaig nàixer,
encara no havien mort tots.
[...]
Jo no he vist aquelles morts de ràbia,
jo no he vist aquelles morts de fam,
jo no he vist aquelles morts al front,
jo no he vist aquelles morts a les presons.
No, jo no ho he vist i tot m'ho han contat,
i encara avui al meu poble ho conten,
i encara avui la gent que ho ha vist amb
[por, ho conta

No, jo no ho he vist ni vull veure-ho mai,
ni a l'any 70, ni a l'any 40,
ni a cap dels anys.

RAIMON, *Cançons d'amor i de lluita*

El cantant Raimon.

De manera esquemàtica, podem establir alguns dels elements definidors d'aquest context sociocultural:

- **Politització de la cultura**. Cultura i societat es relacionen a través de la ideologia, per la qual cosa la cultura s'entén com un exercici de resistència contra el franquisme amb l'objectiu d'incidir en la societat.

- **Amateurisme cultural**. La complicitat entre cultura i societat civil es concreta en xarxes de teatre independent als barris, associacions de veïns i professionals, editorials, publicacions, etc., fins a arribar a l'escenari popular per excel·lència, el carrer, on la cultura esdevé alhora una reivindicació i una festa. Aquesta complicitat es torna paradigmàtica en determinades iniciatives artístiques que no ambicionen un públic majoritari, sinó que s'adrecen a una audiència reduïda, amb la qual comparteixen un compromís més ideològic (per la democràcia, la cultura perseguida, la ruptura social, etc.) que no pas estètic.

- **Experimentalisme i risc**. L'ambició dels creadors és una obertura a les iniciatives més modernes, cosmopolites i prestigioses d'Europa i dels Estats Units. En aquest sentit, la vocació aprofessional d'aquestes persones impulsa un gran nombre d'iniciatives arriscades i rupturistes.

- **Trencament amb les figures consagrades**. Els joves creadors tenen la voluntat explícita de trencar amb un passat que mira encara cap a la tragèdia de la guerra civil, i alhora pretenen organitzar les seves pròpies plataformes independents, encarades cap a un futur normalitzat.

- **Reivindicacions lingüístiques**. Les consideracions a l'entorn de la situació sociolingüística són complexes i apassionants alhora. El 1979 apareix el polèmic manifest «Una nació sense estat, un poble sense llengua», de la revista *Els Marges*, en què es planteja una situació crítica per al futur del català per la falta d'una vida pública catalana que justifiqui i desenvolupi la llengua i, per tant, la cultura.

La situació de conjunt de la llengua catalana resulta, de molt, força més precària i inquietant avui dia que no pas durant el transcurs dels decennis immediatament anteriors. [...] De tota la present anàlisi, no se'n poden extreure –ni se'n volen extreure– sinó preguntes, formulades, això sí, amb un to malèvol i amarg. Preguntes del tipus de com ha de ser possible –i ho ha de ser–, en aquesta avançada segona meitat del segle XX, d'aconseguir que perduri i es desenvolupi la llengua i, per tant, la cultura, d'una nació mancada d'estat [...]

ARGENTER, CASTELLANOS, JORBA, MOLAS, MURGADES, NADAL i SULLÀ
«Una nació sense estat, un poble sense llengua»

Malgrat la duresa de la repressió en algunes manifestacions, com la del 1976, la democràcia es va acabar imposant al final dels anys setanta.

L'article d'*Els Marges* és encapçalat per uns versos de Josep Carner que en determinen la tesi principal: la situació de precarietat d'una llengua que no és capaç de realitzar-se en el present i que, en canvi, es rabeja en un passat transcendentalitzat.

> Ans que la nit final em sigui a punt
> al fatídic avui tombo la cara;
> [...]
> i torno, cor batent, a la llum clara
> per galeries del record profund.
>
> JOSEP CARNER

En definitiva, es tracta tant d'una nova expressió de la voluntat de trencar amb els mecanismes del passat com d'una nova proposta d'anàlisi lúcida per al present. La **reivindicació** a favor de la llengua i la cultura catalanes esdevé, de forma generalitzada, un compromís progressista.

- Un cert **desconcert**. A les acaballes dels anys setanta i a principis dels vuitanta es va produir un corrent de decepció en aquells qui esperaven una transició més rupturista. L'entusiasme de les primeres conquestes democràtiques es va oposar a una realitat que oferia menys solucions de les esperades. Els canvis de la nova dècada van determinar uns plantejaments culturals absolutament nous: irrupció de la cultura de massa; estructuració de les primeres polítiques culturals (dels primers diners públics); eclipsi de la societat civil en benefici de les institucions; adequació de les ofertes culturals a les lleis del mercat, etc.

Tot plegat va derivar inevitablement en la professionalització dels creadors, en un procés en què es tendia a abandonar el risc per la indústria i en el qual algunes editorials, discogràfiques, publicacions, associacions, etc., que havien estat eficaces durant la resistència, no van suportar ara la normalització.

Manifestació de l'11 de setembre de 1977 per la recuperació de l'autonomia.

La dècada dels anys vuitanta i dels noranta

Els anys vuitanta van suposar per a molts autors una època més normalitzada, amb menys necessitats de canvis radicals en els àmbits de la vida social i literària. En la dècada dels anys noranta, es donaren a conèixer un seguit de poetes i narradors, la majoria dels quals continuen escrivint i publicant actualment, i, en molts casos, col·laboren com a guionistes en diversos mitjans audiovisuals (televisió, ràdio i cinema).

La promoció del llibre

El llibre i la lectura tradicional competeixen no ja sols amb la ràdio, sinó, i per descomptat, amb la televisió, amb la música en disc, casset o CD, amb el vídeo, amb la pantalla de l'ordinador i Internet, amb els videojocs, etc. Certs gèneres literaris se n'han ressentit enormement i han esdevingut minoritaris arreu: les editorials de poesia en són un cas exemplar.

[...]

La difusió i la promoció del llibre, doncs, esdevenen una arma de doble tall. Poderosa a les mans del mercat comercial per la quantitat de diners que mou, però menystinguda en el camp de la crítica i de la consideració lectora i intel·lectual si no sap assolir uns paràmetres de dignitat, entreteniment i diàleg amb el lector. Pot ser forta en la consideració i l'estima lectora, però afeblida per manca de circulació si no sap trobar els canals adequats.

El poder de la comunicació ha ajudat a crear nous mites per al llibre i la indústria literària gràcies a programes televisius, clubs de lectors, entrevistes amb autors, discussions públiques, etc. Però l'equilibri entre aquesta difusió massiva i la qualitat d'allò difós sempre és a la corda fluixa. Vetllar perquè aquesta corda no es trenqui, perquè sigui tesa i consistent d'una punta a l'altra, perquè la filigrana del funambulista literari continuï essent possible, és, al capdavall, allò que tots plegats desitgem.

FRANCESC PARCERISAS, *La creació literària catalana avui*

La conclusió de tot plegat és, malgrat tot, optimista: el país sembla que accepta sense immutar-se la desaparició de la literatura catalana –la seva absoluta irrellevància. Els factors institucionals, reescriptors, mitjancers, de projecció interior i exterior, canonitzadors i de mecenatge no acaben de funcionar; però, tot i així, el pols creatiu de la literatura catalana que ara s'escriu és força alt: hi ha bons llibres, hi ha bons autors, hi ha diversitat de propostes.

Ara només falta que algú se'ls cregui i els llegeixi i ens ho faci saber. Ara només falta que discursos com aquest no siguin necessaris i puguem dedicar-nos a detectar tendències i derives.

MANEL OLLÉ, *Creació i recreació en la literatura catalana*

LA POESIA

Tota la literatura dels anys setanta es fonamenta en uns canvis significatius amb relació a la literatura anterior, si bé cada gènere els recull de manera diferent. La dècada dels setanta i el començament dels vuitanta van ser anys de **grans transformacions**, de ràpida substitució d'esquemes socials i polítics, una situació que va empènyer els escriptors a servir-se dels models literaris –i a substituir-los amb la mateixa rapidesa– segons les necessitats del moment.

La reacció més radical contra el passat, i la més sistematitzada pels mateixos creadors, va ser en la **poesia**, que va haver d'assumir el repte d'assegurar-se la continuïtat tot alliberant-se d'obligacions polítiques i morals. Alhora, cal tenir en compte que l'extensa nòmina d'autors que iniciaven la seva obra a la dècada dels anys setanta donava pas a tota mena d'opcions poètiques.

La poesia dels anys setanta

Ras i curt, podem considerar que la «nova poesia» dels anys setanta s'oposava a la de tradició realista que en la dècada dels seixanta va comportar la renovació poètica. Els detractors del realisme poètic, que en un moment determinat van ser gairebé tots els poetes dels setanta, li retreien un excés d'esquematisme en el contingut i un tancament a l'esperit d'experimentació poètica.

Els membres de la nova generació poètica, que exercien alhora de crítics i poetes, es van definir en conjunt com a «formalistes», si bé la seva producció poètica va ser clarament heterogènia. Van reivindicar una **nova estètica**, referida tant a la poesia d'esperit retòric com a la poesia avantguardista o experimental, basada en l'intent de recuperar per a la llengua catalana el llenguatge de la més vella **tradició mètrica**, lèxica i sintàctica. Pel que fa al contingut, van defensar una poesia de la **individualitat**, en oposició a la poesia de la comunitat.

El denominador comú va ser la reivindicació d'autors que, en la generació literària anterior, ja havien fet canviar la marxa de la poesia catalana: el mestratge altíssim de Josep Vicenç Foix (poeta considerat atípic, i marginat pel seu avantguardisme, que durant els anys setanta va cloure la seva obra publicant un seguit de proses poètiques inèdites com també la gran edició crítica de tota la seva producció poètica); el renovat **impuls líric** de poetes com Agustí Bartra, Joan Oliver i Joan Vinyoli, que durant els setanta es contagiaren de la il·lusió per les transformacions socials en la **transició democràtica**, i el tancament de l'obra poètica de Salvador Espriu, amb un ambiciós llibre unitari –*Setmana Santa* (1971)– i un recull de poemes.

També fou comuna als nous poetes la reivindicació d'alguns autors, tant de caràcter realista com més experimental: Josep Palau i Fabre, per qui l'avantguardisme no era una opció estètica sinó vital i que, tot i haver tancat la seva producció poètica els anys cinquanta, va anar projectant una influència important en diversos àmbits de la cultura; Joan Brossa, que amb la publicació de *Poesia rasa* (1970) ocupà un lloc central en la poesia catalana contemporània, i la continuació de la línia realista de Gabriel Ferrater, amb Miquel Martí i Pol i Vicent Andrés Estellés. Aquest exercí una influència decisiva en el **moviment poètic de València** al llarg dels anys setanta i vuitanta.

Joan Oliver i Miquel Martí i Pol.

Així, doncs, tots els poetes es consideraven units en la lluita per la **recuperació lingüística** i la creació de plataformes (col·lectius de poetes a l'entorn de col·leccions poètiques com «Llibres del Mall», «Ausiàs March» i «Cristalls», i d'editorials com 3i4), que apostaven per la renovació creativa i el reconeixement dels autors esmentats.

La poesia dels anys vuitanta

Els anys vuitanta, molts d'aquests poetes van avançar en la seva obra en la tranquil·litat d'una dècada molt més **normalitzada**, amb menys necessitat de canvis radicals en els àmbits de la vida social i literària, i per tant en una línia cada cop més individualista i menys de grup. Així, es va consolidar la producció poètica d'autors com Parcerisas, Pessarrodona, Marçal, Oliva, Comadira i Gimferrer, entre d'altres. Tanmateix, després de l'eclosió transformadora dels setanta, un cert buit va aturar la forta **renovació** que es produïa. La jove poesia dels vuitanta se servia d'altres mecanismes de difusió, com, per exemple, la participació en **premis literaris** com a única via de publicació, cosa que plantejava noves polèmiques. Així mateix, els referents poètics prenien noves opcions, amb la incorporació del llenguatge del rock i de noves estètiques. Finalment, cal no oblidar una dada prou significativa: entre el 1970 i el 1988, més de set-cents poetes van publicar en llengua catalana.

La poesia dels anys noranta

La poesia de la dècada dels anys noranta es caracteritza per una extraordinària diversitat, de manera que es fa difícil establir-hi tendències clares i definides. D'altra banda, el fet que actualment no hi hagi grans referents poètics es pot explicar perquè la diversitat característica fa que aquesta personalització no sigui possible. La proliferació d'antologies en aquests darrers temps és un bon símptoma, tant de la diversitat com de la qualitat i la voluntat selectiva.

Montserrat Abelló

Montserrat Abelló.

Va néixer a Tarragona l'any 1918. La seva obra poètica s'ha donat a conèixer tardanament, tot i que va publicar el primer llibre de poemes, *Vida diària*, l'any 1963. Formà part del cercle d'alumnes de Carles Riba a la Universitat de Barcelona. Acabada la guerra civil, es va exiliar a França i després al Regne Unit, on va entrar en contacte amb la llengua anglesa i, a través d'aquesta, amb la seva gran vocació, la traducció.

Parlen les dones,
la seva poesia
tendra i forta.

Ben pocs s'aturen
a escoltar aquestes veus,
que, trasbalsades,
un nou llenguatge diuen
nascut al fons dels segles.

MONTSERRAT ABELLÓ, *Dins l'esfera del temps*

Marxaré per
un llarg camí
ja no hi retrobaré la veu,
l'amic. Aturada en el
camí, desconeixeré
la meva ombra allargada
al portal dels adéus.

La mà estirada plena
de records d'ahir.
I, amb l'esguard fit
a l'horitzó, esperaré
el meu propi retorn.

MONTSERRAT ABELLÓ, *Paraules no dites*

Llicenciada en Filologia Anglesa, s'ha dedicat a l'ensenyament de la llengua i, sobretot, a la traducció de poetes anglosaxones, especialment Sylvia Plath.

D'altra banda, ha traduït a l'anglès textos de Salvador Espriu, Mercè Rodoreda, Maria Àngels Anglada i Maria-Mercè Marçal. L'any 2002 es va aplegar tota la seva obra poètica en *El cor de les paraules. Obra poètica 1963-2002*, en un volum. El 2008 guanyà el Premi d'Honor de les Lletres Catalanes en reconeixement a la seva llarga trajectòria, tant en el vessant literari com en el personal.

Montserrat Abelló és considerada una autora fonamental per a la poesia i la traducció catalanes de la segona meitat del segle XX. Mor el 9 de setembre de 2014, a Barcelona, a l'edat de noranta-sis anys, participant fins al darrer moment de la vida cultural i artística catalana.

Joan Brossa: Entre la poesia i l'escena

Joan Brossa.

Joan Brossa va néixer el 19 de gener de l'any 1919 a Barcelona i hi va morir el 30 de desembre de 1998. Des de ben jove es va interessar per l'art (el seu pare era gravador) i la literatura. A disset anys es va incorporar al front republicà de Lleida durant la Guerra Civil Espanyola.

Anys quaranta

Va conèixer alguns dels artistes plàstics més rellevants de l'avantguarda catalana –des de Miró fins als més joves, com Arnau Puig, Joan Ponç i Antoni Tàpies, amb qui va tenir una sòlida amistat–, i també es va relacionar amb el poeta J. V. Foix, gràcies al qual es va interessar per l'aspecte formal de la poesia i les estrofes clàssiques.

De la seva activitat cultural destaquen la publicació de la primera revista avantguardista després de la guerra civil (*Algol*) i la fundació del grup d'investigació i difusió de l'art d'avantguarda **Dau al Set** (1948-1956), juntament amb els artistes Modest Cuixart, Joan Ponç, Antoni Tàpies i Joan Josep Tharrats.

En aquesta **etapa postsurrealista**, Brossa es va començar a interessar per la psicologia, l'inconscient i les tècniques que se'n deriven, com ara les associacions lliures i les imatges hipnòtiques, les quals combinà amb les formes poètiques de la tradició popular i el llenguatge col·loquial. Els registres literaris abracen des de la poesia textual fins a les proses curtes i la poesia escènica, en què des del 1945 expressa la necessitat d'acció i moviment que tenen els seus poemes.

Anys cinquanta

Convivint amb els trets més surrealistes de la seva primera època –és a dir, la recerca en el món de l'**inconscient**–, els anys cinquanta Joan Brossa va demostrar més interès per la realitat quotidiana i el compromís polític. Tanmateix, la seva poètica es desmarcà, pel que fa a la forma, de la tendència majoritàriament postsimbòlica dels anys cinquanta i socionarrativa dels seixanta. Adoptà una forma poètica minimalista –l'**antipoesia**– i alhora recuperà les formes clàssiques tradicionals cultes i populars, amb una intensificació del compromís polític.

Anys seixanta

L'experimentació poètica a la recerca de **nous llenguatges** el va abocar a una preocupació per l'**essencialisme** i el poder representatiu de les paraules. El silenci, el blanc de la pàgina, esdevé tan important com les paraules, mentre que les lletres es poden arribar a independitzar de la mateixa paraula per mostrar la realitat d'una forma expressiva i suggeridora.

Calç i rajoles (estrenada el 1964 al Palau de la Música Catalana), amb el subtítol *Homenatge a Ignasi Iglésias,* és una fita més en l'obra teatral d'un dels poetes catalans més notables del segle xx. Joan Brossa es considerava un «poeta atípic», un marginat dins el panorama de la literatura catalana, la qual cosa vol dir que ell es definia com a poeta. Per això, de la seva obra teatral en deia *poesia escènica*, en la qual, com diu Pere Gimferrer, «el poeta busca una tercera dimensió, una projecció concreta, una altra veu que perllongui en l'espai material i en el temps el monòleg de la poesia tradicional».

Aquesta obra estrafà la forma d'un **sainet popular**, seguint-ne l'esquema i l'ambientació, i reprodueix els diàlegs de ritme ràpid i llenguatge planer que es poden associar a les obres d'Ignasi Iglésias. Els personatges –una vella pagesa, un matrimoni, el pagès i la seva muller, tres xicots de poble, la filla i el seu promès hereu, el mestre i l'enterramorts– responen a la tipologia de personatges populars del **quadre de costums**, tot i que les seves intervencions presenten una lògica especial que conjuga monòlegs poèticament irònics i diàlegs realistes, amb el contrapunt surrealista de l'associació lliure i el joc lingüístic.

Pel que fa a l'estructura, *Calç i rajoles* està dividida en tres actes d'una durada desigual. Entre acte i acte no hi ha continuïtat argumental ni progressió dramàtica, per bé que es mantenen els mateixos personatges. En aquest sentit, l'obra respecta, més que no pas d'altres, l'estructura del teatre convencional. En el tercer acte, el més breu, es fa palès l'homenatge a Ignasi Iglésias, ja que reprodueix, lleument modificades, les últimes escenes de *Les garses*. El sentit de l'obra, profundament poètic, com no podia ser d'una altra manera, incita a la reflexió conceptual sobre el valor del llenguatge –la paraula, la convencionalitat del signe lingüístic– i, alhora, a la revolta ètica i social.

Aquest **procés d'essencialització**, que evidencià la crisi del llenguatge al llarg del segle xx, va desembocar de ple en la poesia visual i en les, cada vegada més freqüents, col-

Cal entendre, doncs, l'obra d'en Brossa com un discurs ininterromput, tant si es tracta de teatre com si es tracta de poesia. I el tema de la poesia d'en Brossa, en darrer terme, és el llenguatge, el català. La llibertat dels mots comença al seu primer llibre de poesia, *Fogall de sonets*, pel camí de la poesia automàtica, i explica la dinàmica posterior de l'obra brossiana. Tot recolzant-se en la capacitat expressiva d'un vocabulari que serva la seva força primigènia, en Brossa porta a terme una experiència, potser única, dins l'àmbit de les literatures modernes, d'alliberament del llenguatge.

Pere Gimferrer,
pròleg a *Calç i rajoles*

Acte I

Pagès (*es busca a les butxaques*): Té! Ara m'he deixat la pipa.

Vella: Potser l'heu perduda pel camí.

Pagès: Per què ho dieu, això?

Vella: No sé: jo no fumo.

Pagès: Vós sabreu el que més us convé.

Vella: Jo, el que tinc a casa, és un fanal; i el poso damunt una cadira. Sembla una estació. Com si visqués en una estació.

Pagesa (*arriba*): He tornat de l'hort. He vist que no em sorties a rebre.

Pagès: Per veure que hi ha portes no has de mirar per cap reixa.

Vella: Que teniu algú presoner, potser?...

Pagesa: Nosaltres? No, no.

[...]

Vella: Vols més noblesa? (*Pausa.*) Jo per tothom faria els impossibles, però la gent té ben tancada la caixa dels secrets. I no em tenen prou confiança per fer-los esbravar. Acabaré. On vaig? A veure si surt fum del dipòsit. Ja comença a ser hora que torni a casa. El gatet deu estar gelós. S'asseu al costat meu i m'explica les seves coses. De vegades me'n diu de ben dolces. Quan em veu molt trista m'agafa la mà i em pregunta per què tremolo. Avui n'espero mots de tendresa. Apa, noiet, et deixo, ja que tu no em demanes cap festa. (*Agafa la llenya.*)

Joan Brossa, *Calç i rajoles*

laboracions amb artistes plàstics, com també en les accions espectacle (*happenings*), que van marcar una clara distància respecte del teatre convencional.

En darrer terme, aquesta experimentació culmina en la **materialització del poema** –el poema objecte– a partir del 1967, amb el qual expressa inquietuds com la recerca de la màgia quotidiana, la denúncia social i la indagació en l'essència de les coses.

Poema visual sense títol.

Anys setanta

Durant els anys setanta, diversos factors van permetre la **difusió pública** de l'obra de Joan Brossa:

- La publicació d'alguns reculls de les seves poesies. *Poesia rasa (1943-59)* (1970), i *Poesia escènica* (1974) i *Poemes de seny i cabell (1957-63)* (1977) iniciaren el camí de la recopilació dels poemes inèdits escrits al llarg de moltes dècades.
- La fi de la dictadura franquista i l'inici de la transició democràtica.
- El reconeixement, per part dels autors més joves de la generació dels setanta, de l'obra i la personalitat de l'autor com un referent per a la seva producció literària al qual cal donar difusió.

El llibre titulat ***Poesia rasa (1943-59)*** (1970) va causar un gran impacte en la generació de nous poetes catalans dels anys setanta. Es tracta d'una selecció de disset poemes escrits entre els anys 1943 i 1959 que, en alguns casos, no es van poder publicar sencers a causa de la censura.

L'edició d'aquest llibre va suposar un **esdeveniment reivindicatiu** des del punt de vista ideològic –un poeta que assumia sense reserves la seva condició d'artista d'un temps i d'un país determinats– i estrictament literari.

Bombeta.

Roda.

País.

En aquest llibre hi ha gèneres barrejats i també, com dius, posicions diferents davant la literatura. El que m'horroritza és encasellar-me. Jo sempre he tingut una norma: treballar sense lligar-me al resultat del treball. Ser lliure. Si un dia noto que tinc massa demanda i que l'obra se'm tira a sobre, plego i torno a la «clandestinitat». No vull ser víctima, com molts, del mercat.

Marta Nadal,
«Converses literàries: Joan Brossa,
un poema atípic», *Serra d'Or*

La poesia visual no és dibuix, ni pintura, és un servei a la comunicació.

Joan Brossa

Anys vuitanta i noranta

Posteriorment, Brossa va anar publicant la seva obra literària en diverses editorials, tot i que es va allunyar cada cop més del món literari per acostar-se a la plàstica. També va intervenir en alguns projectes cinematogràfics i musicals. Tal com ell deia, la seva professió sempre ha estat la pràctica de l'art.

La seva obra, sempre en llengua catalana, se centra en la **paraula**, entorn de la qual expressa totes les seves reflexions i associacions. Així, el seu art és poesia escrita, visual, escènica i, fins i tot, objecte, entès dins els paràmetres del que ell mateix definia com a «neosurrealisme», amb algunes propostes que van més enllà de les avantguardes històriques.

Joan Brossa sempre va entendre que calia apostar per una poesia –o una antipoesia– de combat, que, en el seu cas, es concreta en l'amor, el patriotisme i una posició ideològica al costat de la classe obrera, definida amb uns trets democràtics i republicans.

Sóc dels que creuen que el fenomen artístic és una unitat total en què les diverses arts volen dir mitjans diferents d'expressió d'una realitat idèntica.

No són més que un canvi d'eina.

MARTA NADAL,
«Converses literàries: Joan Brossa,
un poeta atípic», *Serra d'Or*

Cartell de Joan Miró en què s'anuncia l'obra *Quiriquibú*, de Joan Brossa.

Miquel Martí i Pol

Miquel Martí i Pol.

L'obra poètica de Miquel Martí i Pol es fonamenta en els episodis de la seva **experiència vital**, lligada a un temps històric i analitzada des de l'òptica de la classe treballadora a què pertanyia. És un dels poetes en llengua catalana més populars i llegits. Va néixer a Roda de Ter (Osona) el 1929 i va morir a Vic el novembre de 2003. A catorze anys va entrar a treballar en una de les fàbriques tèxtils del poble, fins al 1973, quan tenia prop de trenta anys. A dinou anys, una tuberculosi pulmonar el va obligar a passar un any al llit, la qual cosa li va permetre llegir moltíssim. La malaltia va ser una presència important en la seva vida, i d'ella en va fer matèria de reflexió poètica, sobretot quan el 1970 li van diagnosticar esclerosi múltiple.

Autobiografia

Del claustre matern
–per dir-ho com als llibres–
vaig passar directament a la fàbrica.
I em sentia desolat i enyorós
quan van donar-me l'uniforme.

Els primers dies plorava pels racons
i la fressa de les màquines
em ressonava dins el cap durant vint-i-quatre hores.

Va ser una creixença difícil,
ho confesso.
Però ara tinc la pell tan dura
com el qui més,
he deixat enrera tot el que em podia
recordar els anys d'esforç
i espero en pau l'hora de tornar
al si de la terra
–per dir-ho com als llibres.

MIQUEL MARTÍ I POL, *El llarg viatge*, dins *Obra completa*, vol. II

Cap a la dècada dels cinquanta va començar a participar activament en moviments culturals i polítics d'oposició a la dictadura, i va convertir la seva poesia en una eina de **denúncia social** i **política** encarnada en dos compromisos que li són essencials i propis: el **sentit de país** i la **reivindicació de classe social**. A partir dels anys setanta, la seva poesia assolí el reconeixement públic tant de la crítica literària com dels lectors, i, gràcies a la publicació de les seves obres, molts dels seus poemes han estat musicats, cosa que ha incidit més encara en la difusió popular de Martí i Pol.

També a partir del final dels setanta se succeïren homenatges i reconeixements de tota mena d'institucions públiques i cíviques, entre els quals destaca el Premi d'Honor de les Lletres Catalanes l'any 1991.

Miquel Martí i Pol s'ha dedicat principalment a la poesia, tot i que també ha escrit un llibre de narracions –titulat *Contes de la vila de R. i altres narracions* (1978)–, dos volums de memòries i un d'articles periodístics, i ha fet crítica literària –la revista *Reduccions de Vic*, per esmentar un exemple significatiu, de la qual formà part del consell de redacció des de l'any 1977– i traduccions d'autors com Saint-Exupéry, Simone de Beauvoir, Apollinaire, Flaubert, Racine, Zola i Gianni Rodari, entre d'altres.

La dedicació de Martí i Pol a la poesia va començar al final dels anys quaranta i es va concretar en els primers llibres a l'inici de la dècada dels cinquanta: *Paraules al vent* (1954), *Quinze poemes* (1957) i *El fugitiu* (1957), en els quals expressa una angoixada meditació existencial, unida a una crisi dels valors religiosos i de la fe en Déu, en la qual havia estat educat.

El poeta es presenta com un **home íntimament isolat** que lluita per fugir de la seva angoixa. La sortida de la crisi es resol mitjançant la solidaritat social i la descoberta de la «seva gent»: *El poble* (1966) i *La fàbrica* (1972) són el resultat de la poesia més directament compromesa amb la realitat que l'envolta. Amb aquests poemes s'inclou en el corrent anomenat **realisme històric**.

Descriu tan bé el món que coneix perquè és el seu, és la vida dels treballadors, dels jubilats, de les dones que fan la feina de casa... els quals esdevenen els seus herois, convertits en protagonistes d'una quotidianitat que el poeta considera una autèntica gesta èpica. El seu compromís poètic es formalitza en un **llenguatge directe** i assequible que aconsegueix mantenir el nivell poètic gràcies a una molt acurada tria lèxica, a la recurrència a metàfores simples i evocadores i a uns versos en què es combina la narrativitat amb el lirisme.

Els efectes de l'esclerosi múltiple diagnosticada el 1970, i per la qual el poeta es veu obligat a replantejar-se a fons la seva pròpia vida, es manifesten en diversos reculls de poemes, els quals prenen un aire més intimista.

Qui sóc i per què escric

Per a mi la poesia ha estat sempre com una mena de gran interrogació. Cada poema aclareix, en certa manera, uns àmbits més o menys obscurs, però al mateix temps planteja nous interrogants. És un vaivé semblant al del viure; és una manera de viure tan digna com qualsevol altra. Molta gent prova d'escriure, d'adolescent o de jove. Al cap d'un temps, la majoria ho deixa córrer. D'altres –pocs– persistim. Per què? No m'atreveixo pas a respondre si no és dient que perquè ens agrada. Potser sí que tenim més desenvolupada la capacitat de fabulació, d'expressió; potser sí que som més orgullosos, o més xafarders, o més introvertits, o més perepunyetes. És igual. Tot això explica ben poca cosa. Escrivim perquè ens agrada. A d'altres els agraden altres coses: fer negocis, jugar a futbol, convertir infidels, i s'hi dediquen, si poden, amb cos i ànima. Alguns d'aquests, potser de joves havien escrit poemes. Després van descobrir el que de debò els agradava i ja no ho van deixar. Com nosaltres si fa no fa.

MIQUEL MARTÍ I POL, seminari «El gust per la lectura»

En *Vint-i-set poemes en tres temps* (1972) i *Cinc esgrafiats a la mateixa paret* (1976) trobem una altra vegada un home sol que reflexiona sobre la seva existència, que sembla haver tocat el fons, però que es declara un supervivent, reduït al seu món tancat, del qual ha d'aprendre les noves dimensions.

A les acaballes dels setanta i durant els vuitanta, la poesia de Miquel Martí i Pol ens ofereix aquest món interior i exterior redescobert, amb l'erotisme del recull *Estimada Marta*

Els anys de la creixença

Els anys de la creixença
sorprenen molta gent en màniques de camisa;
als pobles, ja se sap...!

Abans ningú no se'n feia un problema,
però ara la cosa és molt més greu
perquè les noies viuen
enfilades al cim d'uns talons fràgils
com l'hipotètic benestar dels pobres
i quan caminen l'univers sencer
es balanceja al ritme dels seus passos.

Sortosament les noies no llegeixen,
als pobles, ja se sap...!,
ni es preocupen pel futur, ni creuen
en l'esperit que tot ho vivifica
i només baixen dels talons per dir
«de cap manera, ho sent?»
i fer l'amor,
o bé per no dir res
i fer l'amor.

Hi ha homes que es revolten
contra el destí,
un matí qualsevol, amb la mateixa
senzillesa d'aquell que obre una porta
que mai ningú no havia obert,
i amb anys i sacrifici
arriben a poder canviar la camisa
per un jersei amb el davant de plàstic.
I els diumenges d'estiu sedueixen les noies.
Abans, però, van a missa de dotze
i preguen, una a una, per les noies
que volen seduir
i en acabat, quan surten al carrer,
eixamplen els pulmons i encenen una
o dues cigarretes.

Els anys de la creixença
són anys d'esforç i prova,
com hi ha Déu!,
són anys de sofriment i de dolor;
ho dic jo, que he crescut.

MIQUEL MARTÍ I POL, *El poble*

Ara mateix

Ara mateix enfilo aquesta agulla
amb el fil d'un propòsit que no dic
i em poso a apedaçar. Cap dels prodigis
que anunciaven taumaturgs insignes
no s'ha complert, i els anys passen de pressa.
De res a poc, i sempre amb vent de cara,
quin llarg camí d'angoixa i de silencis.
I som on som; més val saber-ho i dir-ho
i assentar els peus en terra i proclamar-nos
hereus d'un temps de dubtes i renúncies
en què els sorolls ofeguen les paraules
i amb molts miralls mig estrafem la vida.
De res no ens val l'enyor o la complanta,
ni el toc de displicent melanconia
que ens posem per jersei o per corbata
quan sortim al carrer. Tenim a penes
el que tenim i prou: l'espai d'història
concreta que ens pertoca, i un minúscul
territori per viure-la. Posem-nos
dempeus altra vegada i que se senti
la veu de tots solemnement i clara.
Cridem qui som i que tothom ho escolti.
I en acabat, que cadascú es vesteixi
com bonament li plagui, i via fora!,
que tot està per fer i tot és possible.

Miquel Martí i Pol, *L'àmbit de tots els àmbits*

Nou tankes de circumstàncies

Passo les tardes
llegint, escrivint versos.
D'altres viatgen,
o fan l'amor, o moren.

Són maneres de viure.

Miquel Martí i Pol, *Per preservar la veu*

Clou-me l'espai

Clou-me l'espai, que torno fet cançó
per evocar-te.

La solitud se'm fa mirall de tu,
i pel coll del silenci
travesso la frontera que ens separa,
mentre al defora el vent esfulla crits.
Clou-me l'espai, que jo amb les mans dibuixo,
a poc a poc, els mots que et representen.

Miquel Martí i Pol, *Els bells camins*

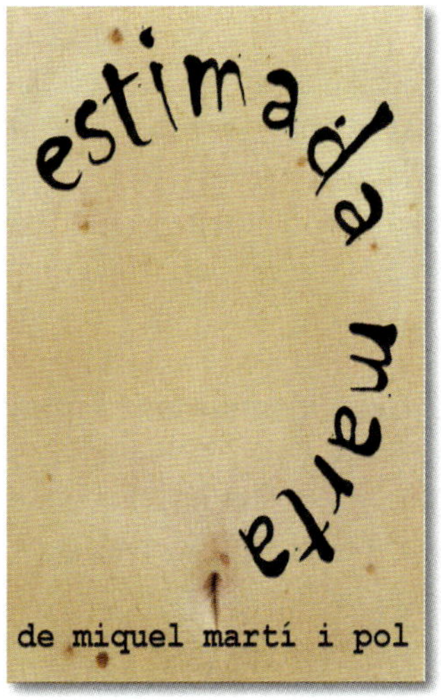

Coberta d'*Estimada Marta*.

(1978, premi de la Crítica 1979) i la nova dimensió social i de reconstrucció nacional en *L'àmbit de tots els àmbits* (1981, premi Ciutat de Barcelona).

L'aposta del poeta és per l'**optimisme**, per la lluita col·lectiva, pel futur, per la **reflexió cívica**, per l'amor, etc., temes que omplen alguns dels textos més madurs i de més volada literària de la seva poesia, sempre amb una constant autobiogràfica i simbolista.

En aquest **procés d'introspecció** serena i d'**autoanàlisi**, lligat a l'experiència personal, Martí i Pol aprofundeix un nou àmbit de reflexió: la poesia i la seva activitat com a poeta, i reprèn l'exploració introspectiva d'una línia existencial.

El vehicle d'aquesta reflexió ha de ser per força una paraula poètica senzilla, i, alhora, rigorosa i precisa, la qual esdevé objecte d'atenció preferent en els poemes. Aquest nou àmbit de reflexió, iniciat en alguns poemes del final dels setanta, es va accentuant al llarg dels anys vuitanta i noranta en llibres com *Primer llibre de Bloomsbury* (1982) i, sobretot, *Els bells camins* (1987). Entremig destaca el *Llibre d'absències* (1985), dedicat al dolor que li produeix la mort de la seva primera dona l'any 1984.

En la poesia que publica els anys noranta –*Un hivern plàcid* (1994, premi de la Crítica 1995), *Llibre de les solituds* (1997, premi de la Crítica Serra d'Or de poesia 1998)– presenta un accent de desconcert i desencís que contrasta amb la sensació de serenitat dels reculls anteriors.

Es tracta de **sensacions íntimes**, accentuades pel pas dels anys i la vellesa, però també referides a la valoració de la vida col·lectiva del país. El desencís esdevé, doncs, crític, i retroba en la **ironia** el recurs per salvar-se de la resignació.

Coberta *Amb els ulls oberts*.

L'any 1993 inicià una fructífera col·laboració amb Lluís Llach, el qual publicà el disc *Un pont de mar blava*, en què musicava textos del poeta. Posteriorment, van tornar a col·laborar en *Rar* (1994), *Verges 50* (1995), *Temps de revoltes* (2000) i *Germanies 2007* (2001).

El darrer poemari de Martí i Pol es titula *Després de tot* (2002). Pòstumament se'n va publicar *Quietud perduda* (2004).

I

Pensem-la clara aquesta quietud
que escampa tants de ressons impensats;
pensem-la clara i suggerent,
que ens ompli l'espai concret d'ara mateix,

l'espai en què no hi ha cap mena de sorpresa
i tot és vell, i trist, i necessari.

Vam girar full temps ha, i alguns s'entesten
a llegir encara la mateixa plana.

MIQUEL MARTÍ I POL, *L'àmbit de tots els àmbits*
(poema musicat per Lluís Llach en el disc
I amb el somriure, la revolta)

Maria Àngels Anglada

Maria Àngels Anglada

Va néixer a Vic el 1930 i va morir a Figueres el 1999. Llicenciada en Filologia Clàssica per la Universitat de Barcelona i coneixedora del món clàssic, va traduir textos del llatí i del grec al català. Va conrear diversos gèneres com la poesia, la narrativa, la crítica literària i l'assaig literari. Va col·laborar en diverses publicacions periòdiques. De les seves obres, destaquen: *Les Closes*, novel·la guanyadora del premi Josep Pla 1978, *Sandàlies d'escuma*, premi Lletra d'Or 1985, *Columnes d'hores*, recull de tota la seva poesia fins l'any 1990, a la qual va seguir un petit poemari titulat *Arietta*. La seva popularitat es consolida sobretot amb la publicació de *El violí d'Auschwitz*, novel·la elogiada tant per la crítica com pel públic, i també *Quadern d'Aram*, a més d'un parell de llibres de relats sobre la mitologia grega adreçats als lectors joves.

Com a poeta, Maria Àngels Anglada és autora de *Díptics* (1972) i *Kyparíssia* (1980), que, amb *Carmina cum fragmentis*, conformen un conjunt poètic aplegat en el volum *Columnes d'hores* (1965-1990) (1990). Posteriorment ha publicat *Arietta* (1996). Es tracta d'una poesia que no s'allunya gens de les característiques definidores de la seva literatura, tant en prosa com en vers: l'essencialitat musical, el diàleg entre les arts i la profunda sensibilitat per la cultura clàssica. Els vint-i-cinc poemes d'aquest recull són un síntesi clara dels interessos estètics i literaris de l'autora: alguna

Després dels dies passats tancats a la cel·la, la llitotxa la va trobar fins i tot tova. Els companys, poc o molt pollosos com ell, un suport càlid, conegut.

El van despertar, aquesta vegada. No es podia tornar a quedar adormit! Aleshores ningú no el salvaria dels agreujants temibles, i la mirada del metge Rascher no era cap bon averany. Malgrat que encara se sentia dels cops, la nit li havia passat en un son i, potser per la companyia, sense malsons. El «secretari» del barracot el va treure d'un altre món. En somnis es trobava al seu taller, tan ben endreçat, treballant en la construcció d'una viola, entre l'olor coneguda i agradable de la fusta, les coles i els vernissos –no el baf del barracot. A dalt, la seva mare cantussejava tot cuinant el dinar, que també feia una flaire deliciosa. Tot eren sensacions delectables: el sol daurava les fustes, els arrencava reflexos com de posta, càlids, d'or vell tenyits de vermell i, curiosament, de blau i tot. Contrastant amb els seus tons, l'acer de la seva col·lecció de ganivets de violer resplendia amb el seu fred brillant.

MARIA ÀNGELS ANGLADA, *El violí d'Auschwitz*

El bosc

No m'envegeu la cistella mig plena
i flairosa de bosc.
Fa molts anys que camino sota els pins,
les alzines, els roures.
Sense voler he trepitjat les tiges
d'alguna flor amagada.
Però mai no he disparat contra un ocell
ni contra una esperança.
M'he esgarrinxat entre els garrics la roba,
la pell i el cor.

Fa molts anys que camino sota els brancs
i espio la claror
i les remors en el bosc de la vida.
Paro difícilment,
no tan subtil com l'aranya a les herbes,
la meva teranyina
i miro et sotabosc sense descans.

De tant en tant, si la pluja ve a l'hora,
si el vent foll signa traves,
el bosc -me'n meravello sempre- em lliura
a contracor
rovells de foc estriats d'esperança,
una mica tacats
de pinassa, molt poc humits de plor.
De tant en tant.

MARIA ÀNGELS ANGLADA, «El bosc», dins *Arietta*

peça reivindicativa, evocacions del món clàssic, poemes de contingut crític, homenatges a autors cabdals de la literatura catalana, variacions sobre temes grecs i poemes escrits a la manera dels apòcrifs... En definitiva es tracta d'una poesia complementària del seu món narratiu i assagístic. *Arietta* és, per damunt de tot, allò que el títol suggereix: la veu d'una petita ària que enllaça melodies tot allargassant-se a través del paisatge personal de la creació. En alguns poemes, la veu de Maria Àngels Anglada omple el cor del lector de placidesa, d'aquella sensació que el món està bé, que té un sentit, que no tot és absurd.

Joan Margarit

Joan Margarit.

Joan Margarit, poeta i arquitecte, va néixer a Sanaüja el 1938. Començà a escriure en castellà, i l'any 1981 publicà *L'ombra de l'altra mar* i *Vell malentès* (premi de la Crítica 1981), en què aprofundeix la recerca de les seves arrels personals. Cal destacar-ne les obres següents: *Joana* (2002), *Càlcul d'estructures* (2005), *Casa de Misericòrdia* (2007, premis de la Crítica, Nacional de Cultura de la Generalitat de Catalunya i Nacional de Poesia del Ministeri de Cultura 2008) i *Misteriosament feliç* (2008). També ha publicat les antologies *L'ordre del temps. Poesia 1980-1984* (1985), *Poesia amorosa completa (1980-2000)* (2001), *Els primers freds* (2001), *Poesia 1975-1995* (2004) i *Barcelona amor final* (2007). Els darrers poemaris són *Des d'on tornar a estimar* (2015) i *Un hivern fascinant* (2017) en el qual fa una reflexió sobre la darrera etapa de la vida, la vellesa.

> Per a mi el que ara compta només és
> allò que s'ha buscat fins a la mort.
> El fascinant hivern de l'animal de fons.
>
> JOAN MARGARIT, «La soledat del mar» dins *Un hivern fascinant*

L'obra poètica de Joan Margarit té aparentment dues llengües, el català i el castellà. Ara bé, es tracta d'una única obra expressada primer en castellà i després en una altra llengua, el català, que finalment acceptà com a llengua poètica. En aquesta trajectòria lingüisticopoètica, la descoberta de l'autèntica, la primigènia llengua poètica li ha permès adonar-se que el poeta ha de trobar la seva pròpia veu. En Margarit, la poesia recupera dos dels grans sentits definidors: d'una banda, la recreació de la realitat mitjançant la paraula, i, de l'altra, la representació de l'art a través de les paraules, que són el refugi del creador per fer art. Amb relació a aquesta funció de la literatura (concretament la poesia), diu el poeta en el seu llibre *Casa de Misericòrdia* (2008):

> Les cases de misericòrdia eren edificis molt corrents en la meva infantesa. Eren orfenats. Un dia, mirant una exposició sobre cases de misericòrdia, em vaig adonar que hi havia sol·licituds de vídues de marits afusellats. Perquè eren els fills dels represaliats els qui després de la guerra omplien els orfenats. I no vaig sentir ràbia, pena, dolor, rebuig..., no vaig sentir res. Em vaig demanar per què una dona demanava al «vencedor» que li havia afusellat el marit de posar els nens a la casa de misericòrdia? Molt senzill, perquè si no anaven a parar allà sols els restava la intempèrie. La casa de misericòrdia no era gran cosa [...], però era molt més que res. Perquè res era la mort. [...] I llavors dic, què és la poesia? Home, un poema no és gran cosa, però és millor tenir un poema que no tenir res, en el moment que se't mor un fill. Aquest és el joc.
>
> JOAN MARGARIT, *Casa de Misericòrdia*

Casa de Misericòrdia

El pare afusellat.
O, com el jutge diu, *executat*.
La mare, la misèria i la fam,
la instància que algú li escriu a màquina:
Saludo al Vencedor, Segundo Año Triunfal,
Solicito a Vuecencia deixar els fills
dins la Casa de Misericòrdia.

El fred del seu demà és en una instància.
Els orfenats i hospicis eren durs,
però més dura era la intempèrie.
La vertadera caritat fa por.
És com la poesia: un bon poema,
per bell que sigui, ha de ser cruel.
No hi ha res més. La poesia és ara
l'última casa de misericòrdia.

JOAN MARGARIT, *Casa de Misericòrdia*

Marta Pessarrodona

Marta Pessarrodona.

Va néixer a Terrassa l'any 1941. Poetessa i traductora, també ha conreat el teatre, la narració, l'assaig i la crítica literària. Ha destacat en el camp de la traducció amb versions d'autors de la literatura anglosaxona, especialment Doris Lessing, Susan Sontag, Sylvia Plath i Virginia Woolf.

Com a creadora, s'ha dedicat sobretot a la poesia: *Poemes 1969-1981* (1984), *Berlin suite* (1985), *Homenatge a Walter Benjamin* (1988), *L'amor a Barcelona* (1998) i la darrera antologia, *Poemes 1969-2007* (2008). El darrer poemari publicat és *Animals i plantes* (2010). La seva poesia, de vegades càustica i una mica lapidària, és realista, sense artifici retòric aparent, sovint sentenciosa i irònica, i sol néixer de la meditació o del record.

Narcís Comadira

Narcís Comadira.

Va néixer a Girona el 1942. A més de poeta, és pintor i traductor. Va començar a publicar la seva poesia a la meitat dels anys seixanta, *La febre freda*, dins *Cinc poetes de Girona* (1965), i *Papers privats* (1969), però, de fet, va ser a partir del 1972, amb *El verd jardí*, quan va trobar una veu poètica personal.

La seva poesia reflexiona sobre els sentiments, les emocions i les impressions de la vida quotidiana, els lligams amb la societat i la terra on ha nascut i on viu.

L'any 1981, Comadira va aplegar tota la seva producció poètica (exceptuant el llibre anterior a *Amich de plor*; és tota la poesia del 1970 al 1980) en el volum titulat *La llibertat i el terror. Poesia 1970-1980* (1981), en el pròleg del qual, que reproduïm a continuació, declara quina és la seva posició davant la poesia i, en general, la seva **interpretació de l'art**.

Més endavant va publicar *Enigma* (1985), *En quarantena* (1990) i *Usdefruit* (1995). També és autor de llibres de **prosa** sobre temes ben diversos, des de reflexions sobre el menjar –*Fórmules magistrals* (1997)– fins a guies de viatge i arquitectura –*Girona. Matèria i memòria* (1989)–i **assaig literari** –*Sense escut* (1998)–, entre d'altres. Així mateix ha escrit diverses **obres de teatre**, que han estat representades al llarg dels anys noranta: *La vida perdurable* (1992), *L'hora dels adéus* (1995) i *El dia dels morts. Un oratori per a Josep Pla* (1997). Els darrers poemaris són *Llast* (2007), *Lent* (2012, Premi de la Crítica Serra d'Or 2013) i *Manera negra* (2017). Influït de manera més o menys conscient per la seva passió per la pintura, en la poesia de Comadira l'art pictòric és una constant amb abundants descripcions de quadres de Piero della Francesca, Massacio o Seurat, poemes dedicats a Morandi, Balthus o Tàpies, però també homenatges a músics (Mozart, Bach, Faurés), perquè com diu Comadira «totes les arts són experiències que poden ser motiu d'un poema».

Per a en Gabriel Ferrater

La primavera del setanta-u
jo tinc vint-i-nou anys i ja m'espanto
que el gener dels meus trenta se m'acosta
no gens voltat de flors ni de ventet
ni de noies ni bruses ni rebeques.
Abrics gruixuts, paraigües i bufandes
en clima nòrdic me'ls faran més tristos.
Potser caldria preparar-s'hi ara,
deixar aquest gin, tan vague, ni tan sols
una mica alcohòlic: somnis, bafs
de dolor immatur, i començar,
entre les ratlles primes dels meus versos,
a pensar en la petita poesia
de cada dia, més opaca i,
per tant, no tan enfosquidora ni
cruel com l'altra, saps, i rebuscar
algun llibrot de vell, alguna llengua
que com el català que a tu et capfica
mereixi que algú en faci la gramàtica...

NARCÍS COMADIRA, *El verd jardí*

[...] ja fa anys, vaig decidir que jo volia ser un home de carn i ossos, mai un home de lletres; i és en aquesta lluita que encara em debato. [...] L'altre –cosa que també vaig decidir fa anys– és que mai no he volgut ser un poeta català sinó, simplement, un català poeta.

NARCÍS COMADIRA

La meva poesia és variada, diversa i dispersa. No voluntàriament. Surt així i em limito a deixar-la sortir. He repetit ja massa vegades que no vull fer carrera de poeta. [...] No em preocupa la coherència total en absolut. Demano poder ser divers i dispers: i els crítics que s'hi perdin. Això perquè no sóc professional. Sóc un poeta amateur: faig poesia perquè l'estimo i perquè en sé, simplement. I m'importen molt poc la Cultura, la Literatura, l'Art i les seves respectives Històries. L'única cosa que m'importa és la vida i una certa vida difícil d'obtenir, i cada dia més. [...] Poesia, pintura, lectura, cinema, teatre, coneixement de totes aquestes manifestacions al llarg del temps, no són més que suplències del desig. Desgraciadament aquest Tot no és d'aquest món i per això totes aquestes coses són l'únic refugi i la sola arma possible. [...] només l'art pot oferir, com a món ideal que és, i per tant capaç de ser perfecte, una terra on viure val la pena i morir pot tenir un sentit. Un poema, ja que parlem de poesia, llavors, no és més que un objecte construït des d'aquest punt de vista: ha de salvar-se i salvar-me (i si salva algú més ja és la meravella de les meravelles). Però cal que sigui perfecte. Suficientment perfecte o perfectament imperfecte. [...]

NARCÍS COMADIRA, *La llibertat i el terror*

Com a traductor, cal esmentar-ne les versions d'autors com ara Auden, Pavese, Bassani, Leopardi, Lowell i Montale, com també la publicació d'una antologia de la poesia italiana.

Francesc Parcerisas

Francesc Parcerisas.

Nascut a Begues (Baix Llobregat) el 1944, és poeta, traductor i crític literari. Ha publicat diversos reculls: *Homes que es banyen* (1970), *L'edat d'or* (1983), *Focs d'octubre* (1992), *Natura morta amb nens* (2000) i *Dos dies més de sud* (2006). Alguns dels seus articles de crítica literària s'aplegaren en el volum *L'objecte immediat* (1991). També ha desenvolupat una intensa tasca com a traductor. El darrer poemari es titula *Seixanta-un poemes* (2014). La poesia de Parcerisas s'ha vist molt afavorida per la seva intensa tasca de traductor i de crític, unes ocupacions des de les quals s'ha pogut afinar encara més el seu sentit de la llengua, en especial d'aquella que els literats decideixen de sotmetre a l'exigència del seu art.

Pere Gimferrer

Pere Gimferrer.

Va néixer a Barcelona el 1945. A la universitat va estudiar Dret i Filosofia i Lletres. Des de molt jove va sentir un interès profund pel cinema, especialment per les pel·lícules de Hollywood dels anys quaranta i cinquanta, com també un desinterès per la literatura realista imperant els anys seixanta.

La seva preocupació per trobar uns **models literaris** útils per a la seva formació el va fer conèixer Joan Brossa, J. V. Foix –el qual li va permetre identificar-se amb una tradició esplendorosa i una estètica afí–, i Vicente Aleixandre i Octavio Paz, per carta.

La seva **producció poètica** és inicialment en castellà: *Arde el mar* (1966) guanyà el Premio Nacional de Literatura. A partir del 1970 va canviar la seva llengua d'expressió artística, canvi en què va ser decisiva la coneixença de la pianista Rosa Maria Caminals, amb qui es va casar el 1971 i a qui ha dedicat tots els llibres de poesia que ha escrit en català– i va publicar *Els miralls* (1970), *Hora foscant* (1972) i *Foc cec* (1973). Més endavant, va sortir a llum *L'espai desert* (1977) i el recull de tota l'obra poètica anterior, amb el títol *Mirall, espai, aparicions* (1981). Els darrers llibres de poesia són *El vendaval* (1989), *La llum* (1991), *Mascarada* (1996) i *L'agent provocador* (1998). També ha escrit una novel·la, titulada *Fortuny* (1983), i les originals proses de *Dietari (1979-1980)* (1981) i *Segon Dietari (1980-1982)* (1982). Els darrers llibres de poesia publicats són *Marea solar, marea lunar* (2000), *El diamant dins l'aigua.* (2001), *El castell de la puresa.*(2014) i *Marinejant.* (2016).

Coberta de *Dietari (1979-1980).*

> Yo soy un poeta anticonfesional. Porque la mía es una voz integrada por muchas voces: un poeta en castellano y en catalán; un prosista que puede ser un ensayista erudito o poemático. Son distintas voces en su diferencia de tono.
>
> [...] A ello [reflexionar sobre lo esencial de cada hombre] yo no puedo llegar más que con el catalán. Por mucho que el castellano sea una lengua muy mía, la lengua con la que aprendía a nombrar las cosas es la catalana. Y hay cosas a las que sólo con esa lengua básica, primera, se puede llegar.
>
> VÍCTOR GARCÍA DE LA CONCHA, «Entrevista a Pere Gimferrer», *Ínsula*

> Escrivim perquè volem imitar i reproduir alguna cosa que ens ha agradat de la lectura.
>
> PERE GIMFERRER

Estètica

Els referents artístics de Gimferrer, els seus semblants clàssics, moderns i contemporanis –Góngora, Ausiàs March, Proust, Miró, Tàpies, Foix, Brossa, etc.–, configuren «l'itinerari de l'escriptor», en el qual estableix un **diàleg interior** entre dues veus complementàries de la seva poètica: una és llegir, i les notes de lectura que se'n deriven en els textos d'assaig, i l'altra escriure, és a dir, l'obra de creació estricta.

Gimferrer se sent atret pels artistes que practiquen un **lliurament total** a l'obra d'art, que fan una substitució de la vida per l'art amb l'objectiu de crear una realitat més elevada, perfecta. Així, doncs, els jocs de fingiments, de miralls i de màscares donen forma a la concepció estètica de Gimferrer, per a la qual se serveix tant d'una relectura del Barroc com de l'experimentalisme avantguardista. En aquest sentit, pren relleu un dels elements clau de la seva concepció artística: la creació del personatge, l'aparença d'artista, la reflexió sobre la pròpia escriptura i l'ofici d'escriure.

En aquesta reflexió, Gimferrer és autor d'una literatura literària (la **metaliteratura**), que descriu les experiències d'artistes que, com ell, fonen vida i art.

Temàtica

En paraules de Gimferrer: «Crítica del món; crítica de l'obra. Aquests són els dos pols d'imantació de l'art contemporani». Els seus textos són alhora de **teoria** i de **creació**, en els quals la reflexió s'articula en quatre nuclis essencials, indestriables els uns dels altres:

- El tema de la personalitat i del qüestionament de la **consciència individual**.
- La reflexió activa sobre l'**amor** i l'**erotisme**, molt més evident sobretot en els darrers llibres.
- La constitució de l'artefacte literari, les referències a escriptors i artistes que li resulten exemplars, la concepció de l'**ofici d'escriptor**.

> Hay un paso de hablar como personaje literario a tratar de hablar como «yo», en primera persona. Ello conlleva arribar a una poesía filosófica que, con una cita famosa, podría llamarse «del yo esencial».
>
> VÍCTOR GARCÍA DE LA CONCHA, «Entrevista a Pere Gimferrer», *Ínsula*

Art poètica

Alguna cosa més que el do de síntesi:
veure en la llum el trànsit de la llum.

PERE GIMFERRER, *Com un epíleg*

Salvador Puig Antich, març del 1974

Ara sabem que el cel és fosc de ginesteres.
L'erm crepita: el granís flagel·la la foscor.
Ara, un silenci incert de desertes banderes.

PERE GIMFERRER, *Poemes esparsos*

A la memòria de Salvador Puig Antich, obra d'Antoni Tàpies.

- La **condició històrica** de l'activitat de l'**artista**, que no s'ha de llegir amb la voluntat de didàctica social, sinó d'opinions compromeses sobre temes del present.

La tasca de reflexió que dona lloc a la seva obra es formalitza en tres «modulacions d'una mateixa veu», en tres tipus de textos:

- L'obra d'**assaig** (auto)analítica, en llibres com els dedicats a Octavio Paz i J. V. Foix, en els quals la imatge obtinguda de la reflexió crítica de l'obra d'un altre autor se superposa a la imatge de la seva pròpia obra creativa.
- Les **proses** dels dos dietaris, en què Gimferrer fixa amb precisió el seu itinerari d'escriptor.
- L'**obra** de creació.

Enric Casasses

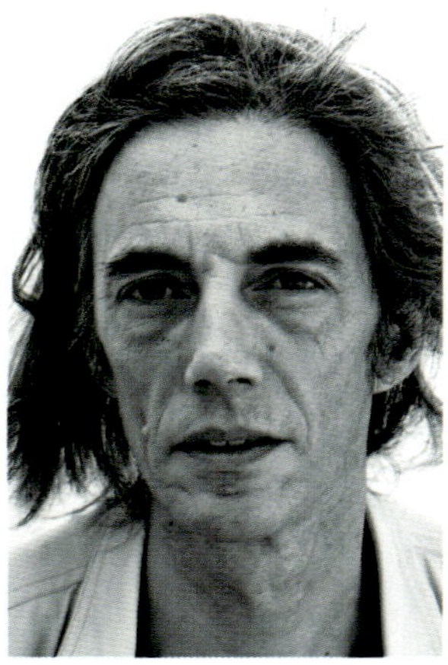

Enric Casasses.

Va néixer a Barcelona l'any 1951. Poeta i rapsode, sempre ha recitat els seus poemes, tot entroncant amb la tradició dels trobadors. La seva poesia ha esdevingut els darrers anys un punt de referència en el panorama literari català. Hi han contribuït els seus recitals personalíssims, que denoten una poderosa voluntat de fer viva la poesia fora dels llibres i de la lletra impresa. Els textos, considerats transgressors i de màxima modernitat, posen de manifest un ampli coneixement de la tradició poètica, des de la poesia trobadoresca i les formes clàssiques, com el sonet, fins a la influència de la generació *beat* nord-americana. Des del primer recull, *La bragueta encallada* (1972), no ha deixat de publicar. Els darrers llibres són: *D'equivocar-se així* (1997), *Plaça Raspall: poema en set cants* (1998), *Canaris fosforescents* (2001), *Descalç* (2002) i *Que dormim?* (2002). També ha col·laborat amb Pascal Comelade en diferents muntatges poeticomusicals de la seva obra, i ha estrenat dos espectacles teatrals: *Do'm* (2003) i *Monòleg del perdó* (2005). Els darrers poemaris publicats són *A la panxa del poema en prosa que no hi neva ni plou* (2013), *T'hi sé* (2013) i *De la nota del preu* (2015).

Song for Petra

1

Al final, després de tantes bregues mal portades, només em queda aquesta màquina d'escriure per única arma i a més no és meva, me la deixen, i he de tirar endavant, no diré per força però quasi. També podria sortir al carrer i deixar-me portar de l'esperança, que potser algú m'obrirà una porta a una vida aventurera, amb les delícies, per la corda fluixa, tot. O no serà tant i em toca baixar dels burros, caminar amb deu potes (taula, cadira i jo), ficar-me un moment a la festa amb un xiulet de serp que té un verí que fa riure i plorar segons com, però xiulet produït pel tac-tac-tac de la màquina d'escriure. No tinc res més, i no puc negar que m'ho hagi buscat. Doncs au, al tros!

Això era com si diguéssim el pròleg i ara hauria de venir el cos de la cosa, la vianda, la que ajuda a viure. La virtut, com deia l'avi, és tan virtuosa que ha perdonat els vicis. El mal s'ha quedat sol i ha hagut de ficar-se a tot arreu.

2

Ben amagats al fons d'un cau que no és nostre, en una bombolla de llum, masteguem la nit i celebrem per dins la lluna plena. Les ales et pesen molt. I sento com et toca la llum d'un sol de migdia, al cim de la muntanya i amb la ciutat als peus. La mar et roba les mirades.

ENRIC CASASSES, *Que dormim?*

La manera més salvatge

La manera més salvatge,
selvàtica i salvadora
de moure el cos, la manera
més subtil i muscular,
més a prop de la Matèria
Feta Font Perquè Font És,
el moviment del cos més
insultant de tots i, sí,
si vol, el més amorós
és la paraula i parlar.

ENRIC CASASSES, *Cantat*

Maria-Mercè Marçal

Maria-Mercè Marçal

Maria-Mercè Marçal (Ivars d'Urgell, 1952 - Barcelona, 1998) va ser poeta, traductora i narradora. Es va donar a conèixer els anys setanta amb la publicació de *Cau de llunes* (1977) i es perfilà com una de les veus més innovadores i interessants de la poesia catalana de la seva generació. A més de consolidar la seva obra poètica, es dedicà a la lluita política i a la militància en diverses organitzacions.

Com he dit en alguna banda, prossegueixo l'intent de trobar una veu pròpia que entronqui alhora amb la tradició literària catalana –com totes essencialment masculina– i amb l'experiència quotidiana –sense veu– de les fades i les bruixes. Com a coses noves esmentaria una recerca molt més conscient de la meva veu com a dona, en el sentit individual i col·lectiu de la paraula. L'aparició del binomi bruixa-lluna, la dona solidària amb les altres dones i al mateix temps, com l'altra cara de la moneda, la dona sola: amb l'assumpció de la pròpia solitud com a condició indispensable per a l'existència com a individu autònom, com a «peix sense bicicleta»...

LLUÍS BUSQUETS I GRABULOSA, entrevista a Maria-Mercè Marçal en *Plomes Catalanes Contemporànies*

El 1979 publicà el poemari *Bruixa de dol*, que la convertí en una poetessa d'èxit. La seva poesia està marcada per una ètica individual i lliure, plena de simbologia femenina.

La poesia és per Maria-Mercè Marçal una mena d'autobiografia simbòlica i imaginària, un discurs oníric i complex i una temptativa d'identitat des del femení.

Així, *Bruixa de dol* (1979) és una obra de pas, un ritus d'iniciació dual en què encara hi ha el ressò amable de la infantesa –les bruixes que es pentinen, mig fades mig amb l'escombra–, però alhora hi ha el dol per les bruixes, dones sàvies perseguides i massacrades al llarg de la història per representar una alternativa als estereotips de la feminitat.

De la seva obra destaca, a més de la reflexió i les vivències sobre la condició de dona, el cicle de poemes sobre la gestació i l'experiència de la maternitat en *Sal oberta* (1982) i en *La germana, l'estrangera* (1985). En aquest darrer recull recuperà els poemes de *Terra de mai* (1982), en què es

XII

Pujaré la tristesa dalt les golfes
amb la nina sense ulls i el paraigua trencat,
el cartipàs vençut, la tarlatana vella.
I baixaré les graus amb vestit d'alegria
que hauran teixit aranyes sense seny.

Hi haurà amor engrunat al fons de les butxaques.

MARIA-MERCÈ MARÇAL, «Tombant», *Bruixa de dol*

tracta obertament l'amor entre dones. El 1989 va recopilar la seva obra poètica en *Llengua abolida* (1973-1988). Els eixos temàtics de l'obra giren a l'entorn de la identitat femenina: l'amor, la maternitat, etc. L'any 1994 publicà la novel·la *La passió segons Renée Vivien*, que rebé diversos premis (entre els quals el premi Carlemany de novel·la 1994).

Avui les fades i les bruixes s'estimen

Avui, sabeu? les fades i les bruixes s'estimen.
Han canviat entre elles escombres i varetes.
I amb cucurull de nit i tarot de poetes
endevinen l'enllà, on les ombres s'animen.

És que han begut de l'aigua de la Font dels Lilàs
i han parlat amb la terra, baixet, arran d'orella.
Han ofert al no-res foc de cera d'abella
i han aviat libèl·lules per desxifrar-ne el traç.

Davallen a la plaça en revessa processó,
com la serp cargolada entorn de la pomera,
i enceten una dansa, de punta i de taló.

Jo, que aguaito de lluny la roda fetillera,
esbalaïda veig que vénen cap a mi
i em criden perquè hi entri. Ullpresa, els dic que sí.

MARIA-MERCÈ MARÇAL, *Bruixa de dol*

Activitats

JOAN BROSSA

1 **Llegeix aquests poemes de Joan Brossa i fes-ne un comentari destacant-ne els aspectes següents:**

- El contingut social que hi ha en els textos.
- La posició ideològica i política del poeta.

Saltamartí

Ninot
que porta un
pes a la base i que,
desviat de la seva posició
vertical, es torna a posar
dret.

El poble.

Història

Aquí és un home
Aquí és un cadàver
Aquí és una estàtua.

Poema

És cert
que no tinc diners
i és patent que la major part de
monedes són de xocolata;
però si agafeu aquest full,
el doblegueu pel llarg
en dos rectangles,
després en quatre,
feu llavors un plec
oblic amb els quatre
papers i el separeu
en dos gruixos,
obtindreu
un ocell que mourà
les ales.

2 **Llegeix aquest poema visual de Joan Brossa, concebut el 1971 i fet el 1982.**

- Fes-ne un comentari descriptiu.
- Interpreta'l i analitza'n la metàfora visual.
- Comenta el valor dels diversos codis de comunicació (des del llenguatge fins a les formes plàstiques) en la poesia de Joan Brossa.

Pots consultar el web:

- www.joanbrossa.org

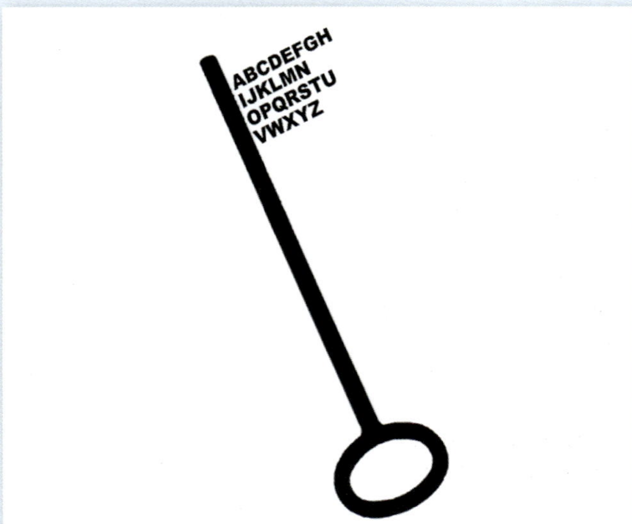

Activitats

3 Llegeix aquest poema visual de Joan Brossa titulat «Cap de bou». Completa la interpretació del poema amb el text que hi ha a continuació.

«Cap de bou» 1969-1982.

No és un cap de bou girat de l'inrevés
la A, punt de partida de tota expressió
lingüística?

Poemes públics, 1974-1975

Contesta les preguntes:

- **a** Explica descriptivament per què el poeta identifica la lletra A amb un cap de bou.
- **b** Quina importància metafòrica té la primera lletra de l'abecedari?
- **c** Explica quin valor té capgirar la primera lletra a l'inrevés.
- **d** Reflexiona sobre els àmbits artístic, polític i social en què Joan Brossa es presenta com a transgressor del sistema establert.

MIQUEL MARTÍ I POL

4 Llegeix amb atenció el poema «Si parlo de la mort», de Miquel Martí i Pol.

Si parlo de la mort

Si parlo de la mort és perquè em moro
i al capdavall més val parlar de coses
que hom coneix intensament. La meva
mort, per exemple, la tinc ben sabuda;
fa molt de temps que convivim i encara
conviurem molt de temps, fins que es resolgui
d'un cop per sempre el plet, que mai no aporta,
malgrat els aldarulls, sengles sorpreses.
Llavors serà el moment de l'elegia
i algú hi haurà per fer-me el panegíric
(en català, si us plau, i en decasíl·labs)
que jo, bo i mort, escoltaré amb respecte.
Mentrestant parlo de la mort, tal volta
perquè és allò que tinc més viu i pròxim,
per no caure en subtils pedanteries
que, fet i fet, no porten a cap banda.
Parlo, doncs, de la mort, i a més em moro.
No es pot demanar més honradesa.

MIQUEL MARTÍ I POL, *Quadern de vacances*

- **a** Comenta la ironia amb què el poeta tracta de la mort.
- **b** Exposa breument l'experiència biogràfica que dona fonament al poema.
- **c** Què és un panegíric? Com interpretes el vers «en català, si us plau, i en decasíl·labs»?
- **d** A quina mena d'honradesa fa referència l'últim vers del poema?

5 Llegeix el poema «L'Elionor» de *La fàbrica* (1972)

L'Elionor

L'Elionor tenia
catorze anys i tres hores
quan va posar-se a treballar.
Aquestes coses queden
enregistrades a la sang per sempre.
Duia trenes encara
i deia: «sí, senyor» i «bones tardes».
La gent se l'estimava,
l'Elionor, tan tendra,
i ella cantava mentre
feia córrer l'escombra.
Els anys, però, a dins la fàbrica
es dilueixen en l'opaca
grisor de les finestres,
i al cap de poc l'Elionor no hauria
pas sabut dir d'on li venien
les ganes de plorar
ni aquella irreprimible
sensació de solitud.
Les dones deien que el que li passava
era que es feia gran i aquells mals
es curaven casant-se i tenint criatures.
L'Elionor, d'acord amb la molt sàvia
predicció de les dones,

Activitats

va créixer, es va casar i va tenir fills.
El gran, que era una noia,
feia tot just tres hores
que havia complert els catorze anys
quan va posar-se a treballar.
Encara duia trenes
i deia: «sí, senyor» i «bones tardes».

Contesta les preguntes:

a Quina experiència biogràfica de Miquel Martí i Pol es veu reflectida en aquest poema?
b És un poema realista o més aviat simbòlic?
c Els versos 6 i 7 caracteritzen una noia molt jove, quasi una nena. Quins recursos utilitza el poeta per crear el personatge?
d L'Elionor evoluciona de l'alegria i la tendresa a una tristesa i una sensació de solitud. Indica els versos en què es produeix aquest canvi. A què és degut?
e El poema presenta en els dos darrers versos una repetició. Quina és? Com s'ha d'interpretar?
f Per què podem considerar que és un poema cíclic?

MARIA ÀNGELS ANGLADA

6 **Llegeix el poema «El bosc» del poemari *Arietta* que tens a la pàgina 365 de la unitat. Contesta les preguntes:**

a En aquest poema el bosc té el valor simbòlic de la vida. Indica en quins versos l'autora mostra que n'ha gaudit i que també ha patit.
b Als versos 7 i 8 es planteja una comparació entre un element real i un simbòlic. Explica-ho
c Per què el bosc –la vida– lliura «a contracor» alguna cosa bona?
d Com interpretes el darrer vers del poema.

NARCÍS COMADIRA

7 **Llegeix el poema «Jo», de Narcís Comadira, i analitza com s'hi presenta el poeta. Després, compara'l amb el de Maria-Mercè Marçal que tens a la pàgina 374.**

Fixa't en els aspectes següents:

- Tema dels poemes: autopresentació.
- Identitat de gènere.
- Origen social i familiar.
- Identitat lingüística i nacional.
- Identificació com a poeta / artista.
- Creences i ideologies.
- Identificacions culturals.
- To irònic.

Jo

Sóc mascle i gironí. Mitja estatura.
Cabell castany, ullets de marrec trist.
Romàntic una mica, cosa dura
en el temps que vivim. Prou ho tinc vist.
Mozart més que cap altre m'entabana,
i, en versos catalans, Josep Carner.
Crec en l'amor, la taula quan tinc gana,
els plaers de la carn, que em moriré.
I si a estones em vaga de fer versos
i confegeixo quatre mots dispersos,
no ho faig pensant en un darrer sentit,
que no vull fer carrera de poeta.

Ai las! Lletraferit de la A a la Z
en llengua fosca i en país petit!

NARCÍS COMADIRA, *El verd jardí*

PERE GIMFERRER

7 **Llegeix el text de Pere Gimferrer titulat «La llengua com a màscara» i contesta les preguntes següents:**

- Per quina raó els calia expressar-se en paraules que no fossin catalanes?
- Què significa «el carnaval dels genocides»?
- Com interpretes la importància del mot paranys?
- Què significa «les màscares queien»?
- Què vol dir «mots maridats amb l'ésser»?

La llengua com a màscara

No portarem mai més la llengua com a màscara. El nostre temps va ser el temps de la identitat balbuça: cap prohibició formal, després dels anys de la garreperia, sinó una mena d'irrigada convenció tàcita; per expressar-nos, ens calia fer-ho amb paraules que no fossin catalanes. Això arribava al moll de l'os: anàvem tots amb caràtules, amb escafandres, amb guants de goma, a les palpentes pels corredors grogosos, calçats amb esclops, falcant-nos el paladar i la campaneta, fent veu de batall o de bóta, disfressats, estrafent el xiscle d'un clarinet o el gemec d'un violí o el xerric de rovell d'una porta espantada; parlàvem i no parlàvem, en un bosc de sons que no reflectien imatges i d'imatges que no trobaven ressò; escindits,

Activitats

acarats a la fossana que separava allò viscut d'allò que dèiem, el mot del sentit del mot, i ho colgava tot en un sol grumoll; caracteritzats, maquillant-nos, fent veu de nas, parlant com si masteguéssim farinetes; conjurant-nos, de sobte, juramentant-nos per tornar a esdevenir aquells que érem, dient, per sant i senya, qualsevol mot com ara aquell que tu deixaves anar (i giravoltàvem, sota la foscor sideral, llum borratxa de les matinades del Sàndor, llepades pel foc lacti dels fanals): el mot «paranys», només el mot «paranys», la primera paraula del primer poema del meu primer llibre en català; un mot enter, no trencadís, irreductible: «paranys», deies, i, de cop i volta, era tot un poble de sons que s'encenia, i la nit n'esdevenia habitada, perquè un sol mot és prou fort per trencar el temps de la impostura; i ens agafàvem de la mà, i les màscares queien desfetes com rímmel, i les veus ja no se sentien com si passessin per un filtre de cotó fluix, i els mots flamarejaven al full en blanc com un foc de bengales: el mot «parany», el mot «engavanyar», el mot «petricó», el mot «abellidor», el mot «oliaire», el mot «pouar»; mots mormolats que passaven d'uns llavis als altres com el salconduit («la mà que salvaguarda per després», que digué Gabriel Ferrater), l'única cosa que els quedava, als desballestats i despullats d'ésser, quan damunt la pedra del pont vell de Roda se sentien zumzejar els avions dels genocides, en un vespre de fang; sí, i el mot «lleixiu», i el mot «manefla», i el mot «eixida», i el mot «afalac», i el mot «gruar»; mots transparents, mots maridats amb l'ésser; mots que, de tan clars, eren tots claror; i, davant el Sàndor, la plaça era erta i colgada i cadavèrica, tenia la cara de mort; però giravoltàvem, i tu havies dit «paranys», i tot, de sobte, era veritat, i tot esdevenia veritat, i ja no dúiem cap pomada a la boca, i només amb els mots ens retrobàvem, i havíem arribat a ser els que érem, i un sol mot esberlava les carasses de la nit, el carnaval dels genocides; i encara dius «paranys» en aquell instant ininterromput, i, l'un davant l'altre, ens veiem reflectits a la pell de llum de les paraules sagrades: tu i jo, idèntics a la claredat.

Pere Gimferrer, *L'agent provocador*

MARIA-MERCÈ MARÇAL

8 Llegeix aquest poema de Maria-Mercè Marçal i analitza com es presenta ella mateixa.

Divisa

A l'atzar agraeixo tres dons: haver nascut dona,
de classe baixa i nació oprimida.
I el tèrbol atzur de ser tres voltes rebel.

Maria-Mercè Marçal, *Cau de llunes*

9 Llegeix el poema «T'estimo perquè sí. Perquè el cos m'ho demana» de *Sal oberta* (1982) de Maria-Mercè Marçal.

T'estimo perquè sí. Perquè el cos m'ho demana.
Perquè has vingut de l'ona sense ordre ni concert.
Perquè el brull del boscatge t'enrama la cabana
sense panys ni bernats, en un desvari verd.

Perquè vull. Perquè em xucla la rel de la follia.
Perquè és l'amor, dallat, que ha granat al meu llit.
Perquè duc, ben reblat, el bleix de l'escorpit
que provoca el salobre i encrespa la badia.

Perquè sóc massa fràgil per bastir l'aturall
a la marea viva que em nega a l'endeví.
Perquè sóc massa forta perquè em blegui un destí
que han signat, sense mi, les busques de l'estrall.

Perquè l'aigua més fonda no vol ni pau ni treva
i pregona ben fort que sóc d'estirp romeva.

Contesta les preguntes:

- **a** Cada estrofa planteja una raó al fet d'estimar, encapçalada per la conjunció «perquè». Explica com justifica l'autora el desig d'estimar.
- **b** L'amor d'aquest poema, és intel·lectual o eròtic?
- **c** Esmenta els versos en què l'autora reivindica la força de la rauxa i del desig desfermat.
- **d** A la tercera estrofa l'autora es descriu a si mateixa a través d'una antítesi. Digues quina és.
- **e** Què vol dir «estirp romeva» (vers 14). A quin poeta associes aquesta idea?

Test final d'unitat

1 Digues si és veritat (V) o fals (F):

	V	F
a Montserrat Abelló va formar part del cercle d'alumnes de Carles Riba	☐	☐
b L'exili familiar a Anglaterra va permetre a Montserrat Abelló el profund coneixement de la llengua anglesa, de la qual tradueix poesia al català	☐	☐
c A més d'altres lluites, destaca la militància feminista de Montserrat Abelló	☐	☐
d El títol de l'obra poètica completa de Montserrat Abelló és *El cor de les tenebres*	☐	☐
e Joan Brossa va lluitar a la guerra civil al front Republicà	☐	☐
f A més de literatura, Brossa va destacar en l'àmbit musical	☐	☐
g L'obra artística de Joan Brossa s'associa a l'avantguarda	☐	☐
h Al final de la seva producció literària, Joan Brossa abandona l'experimentació poètica	☐	☐
i Joan Brossa escriu poesia i teatre	☐	☐
j La poesia de Joan Brossa és tradicional, visual, escènica i objecte	☐	☐
k Miquel Martí Pol neix a Roda de Ter (Osona)	☐	☐
l La família de Martí Pol pertany a la classe burgesa industrial i benestant	☐	☐
m Un dels temes recurrents de la poesia de Martí i Pol és la malatia i la presència de la mort	☐	☐
n La poesia de Martí i Pol s'inscriu en el corrent avantguardista	☐	☐
o La poesia de Martí i Pol es caracteritza per la introspecció i l'autoanàlisi	☐	☐
p Martí i Pol escriu diverses obres teatrals que han estat estrenades al TN de Catalunya	☐	☐
q Maria Àngels Anglada neix a Palma de Mallorca	☐	☐
r Maria Àngels Anglada és especialista en cultura clàssica	☐	☐
s L'obra novel·lística més coneguda de M.A. Anglada es titula *La música d'Auschwitz*	☐	☐
t Joan Margarit escriu poesia en francès i en català	☐	☐
u A més de la literatura, Margarit s'ha dedicat professionalment a la seva carrera de metge	☐	☐

2 Digues si és veritat (V) o fals (F):

	V	F
a El darrer títol de l'obra poètica de Margarit és *Un hivern fascinant*	☐	☐
b L'obra de Marta Pessarrodona comprèn poesia, narrativa, crítica literària i traducció	☐	☐
c Pessarrodona ha traduït sobretot autores de la literatura anglosaxona	☐	☐
d Narcís Comadira neix a Perpinyà	☐	☐
e La producció poètica de Narcís Comadira s'inicia en llengua castellana	☐	☐
f A més de publicar poesia i obres en prosa, Comadira és autor d'una obra pictòrica reconeguda	☐	☐
g Narcís Comadira és traductor de la poesia tradicional japonesa al català	☐	☐
h Francesc Parcerisas és poeta, dramaturg i pintor	☐	☐
i La tasca de Parcerisas com a traductor influeix en el rigor del seu llenguatge poètic	☐	☐
j La producció poètica de Pere Gimferrer s'inicia en llengua castellana	☐	☐
k A partir dels anys setanta Gimferrer escriu poesia exclusivament en català	☐	☐
l Gimferrer se sent pròxim al corrent literari del realisme històric	☐	☐
m És molt destacable la tasca de Pere Gimferrer com a crític literari	☐	☐
n Enric Casasses és conegut per l'expressivitat dels recitals poètics en què dona a conèixer els seus poemes	☐	☐
o El primer recull poètic de Casasses es titula *La bragueta encallada*	☐	☐
p Maria-Mercè Marçal va néixer a Girona	☐	☐
q En l'obra de Marçal s'hi reconeix la seva militància feminista	☐	☐

3 Digues qui és l'autor d'aquests versos:

A l'atzar agraeixo tres dons: haver nascut dona,
de classe baixa i nació oprimida.
I el tèrbol atzur de ser tres voltes rebel.

Cridem qui som i que tothom ho escolti.
I en acabat, que cadascú es vesteixi
com bonament li plagui, i via fora!
que tot està per fer i tot és possible.

Parlen les dones,
la seva poesia
tendra i forta.

CONEIXEMENTS PREVIS

Llegeix el text de Jaume Cabré que tens a continuació:

La literatura es concreta en l'escriptura. La literatura és un art que, com a material, fa servir la paraula. I ara us diré una sàvia obvietat: una novel·la són paraules. Ho deia Mercè Rodoreda i no em canso de repetir-ho: una novel·la són paraules. Aquest és el secret, la joia, la màgia de la literatura i reivindico aquesta oportunitat, ara que us tinc segrestats aquí, per parlar-vos d'aquest miracle. Que comença amb la lectura. Quan un text et commou, quan una història llegida arrela dins teu; quan un poema ben dit t'enrampa; quan vius amb els personatges d'una novel·la com si fossin vells coneguts, estàs tastant el poder transformador de l'art. Tu passes a ser tu més aquesta lectura. Jo no sóc el mateix després de Proust, de Tolstoi o de Foix. M'he transformat en un altre. És el que ens passa, d'una manera més directa i inexplicable quan sentim música. O és també aquella bufetada que et suposa veure un Bosco o un Edvard Munch davant teu sense barreres. En el moment que decideixes explorar en l'escriptura, esperonat pel plaer i l'enriquiment proporcionat per la lectura, t'adones que el camí és molt llarg. Sóc escriptor perquè un dia vaig llegir uns contes d'Andrei Platònov que em van commocionar. Sóc escriptor perquè en reconèixer el trasbals, vaig voler esbrinar-ne les causes. I vaig rellegir, analitzar, racionalitzar la lectura. El resultat, que estava cantat, em va sorprendre; tot: anhels, il·lusions, intriga, tristeses, alegries, ens és donat pel miracle de la paraula transformada; de la paraula en tensió; de la paraula dita amb intencionalitat artística. Llavors vaig comprendre què volia dir «una novel·la són paraules». I vaig entendre què diferencia un text d'un text literari: la intencionalitat del llenguatge, la voluntat estilística, l'estil. Em vaig adonar que tot, en literatura, és fruit de l'estil, de la manera com fem servir el llenguatge per dir el que ens veiem abocats a dir per no rebentar. Em vaig adonar que l'ànima de l'escriptor s'arrauleix en el llenguatge que fa servir i que en la vella dicotomia aristotèlica, la forma és el fons quan treu el nas. I que, en l'obra d'art, tot és fons i forma de manera indestriable..

JAUME CABRÉ, «Paraules al Palau».
Premi d'Honor de les lletres catalanes 2010

Reflexiona sobre els aspectes següents:

- **a** La carrera d'un escriptor comença amb la lectura.
- **b** La lectura literària t'ha d'emocionar i commocionar.
- **c** Una novel·la són paraules, és a dir, és la llengua amb intenció artística.
- **d** L'estil, la forma és el fons.
- **e** La llengua és la pàtria d'un escriptor.

B9 UNITAT

31

LA NARRATIVA

En aquesta unitat seguim estudiant la producció literària dels anys d'inici de la transició democràtica i la normalització de la llengua i la cultura catalanes. Ens fixarem en la producció narrativa, la diversitat d'autors d'arreu (Catalunya, País Valencià i les Illes Balears), alguns dels quals han continuat la seva obra literària al segle XXI.

Presentem els autors d'aquesta unitat seguint la cronologia del seu any de naixement, començant per Baltasar Porcel i acabant amb Quim Monzó.

Dimensió estètica i literària

- La narrativa dels anys setanta, vuitanta i noranta.
- Baltasar Porcel.
- Joan Francesc Mira.
- Jesús Moncada.
- Montserrat Roig.
- Jaume Cabré.
- Carme Riera.
- Maria Barbal.
- Ferran Torrent.
- Quim Monzó.

AUTORS I TEXTOS

- *Camí de Sirga* de Jesús Moncada.
- *Ramona, adéu* de Montserrat Roig.
- *Pedra de tartera* de Maria Barbal.
- *Mil cretins* de Quim Monzó.

Objectius

- Analitzar aspectes destacats de la diversitat narrativa dels anys setanta, vuitanta i noranta.
- Identificar els aspectes més rellevants de la producció narrativa de Baltasar Porcel, Joan Francesc Mira, Jesús Moncada, Montserrat Roig, Jaume Cabré, Carme Riera, Maria Barbal, Ferran Torrent i Quim Monzó.

LA NARRATIVA

La narrativa dels anys setanta destaca pel fet de ser el **reflex autobiogràfic** d'una generació. En aquest sentit, la novel·la, en tant que crònica sentimental d'aquesta generació, experimenta una multiplicitat de veus i, també, de noves propostes.

Cal remarcar la importància d'autors de tots els àmbits de les terres de parla catalana: a les Illes Balears, Baltasar Porcel, Gabriel Janer i Manila, Antònia Vicens, Maria Antònia Oliver, Pau Faner, Carme Riera, Biel Mesquida; a Catalunya, Robert Saladrigas, Terenci Moix, Montserrat Roig, Jordi Coca, Jaume Fuster, Oriol Pi de Cabanyes, Josep Albanell, Jaume Cabré i a la Comunitat Valenciana, Amadeu Fabregat, Joan F. Mira, Josep Piera, Josep Lluís Seguí, Ferran Cremades.

La **influència** intel·lectual i crítica **europea**, sobretot francesa, va propiciar una confrontació teòrica sobre la forma narrativa per la qual calia apostar: d'una banda, la línia tradicional, i, de l'altra, la recerca que pretenia renovar els codis expressius. En la mateixa línia d'influència intel·lectual europea es va consolidar un dels debats ideològics i socials més rellevants: el feminisme, tal com es recull en les millors novel·les de Montserrat Roig.

La narrativa dels anys vuitanta

En aquest període, la narrativa va prendre un caràcter marcadament memorialístic en els autors més veterans, els quals, després d'iniciar l'activitat literària en la dècada dels cinquanta, es van decantar cap a aquest gènere en una mena de balanç creatiu i vital (M. Aurèlia Capmany, Josep M. Castellet, Manuel de Pedrolo, Joan Perucho, Avel·lí Artís-Gener, etc.). Els autors més joves van desenvolupar temàtiques del gènere fantàstic, eròtic, de terror, policíac, etc., en què destaca el col·lectiu Ofèlia Dracs, amb narradors de la generació dels setanta (Josep Albanell, Joaquim Carbó, Jaume Cabré, M. Antònia Oliver, Jaume Fuster, i altres de més recents com Quim Monzó).

La narrativa dels anys noranta

Entre els narradors que van començar a publicar els anys vuitanta, cal esmentar autors consagrats com ara Quim Monzó, Ferran Torrent, Robert Saladrigas, M. Antònia Oliver, Maria Barbal, Isabel-Clara Simó, Josep Albanell, Jaume Fuster. I d'altres que s'anaren consolidant, com Maria Mercè Roca, Vicenç Villatoro, Jordi Coca, Miquel de Palol, Maria Àngels Anglada, Lluís-Anton Baulenas, Pep Coll, Mercè Ibarz, Ramon Solsona. Pel que fa als més joves, destaquen Sergi Pàmies, Màrius Serra, Jaume Subirana, Maria de la Pau Janer, etc. El 1987, cinquanta anys després de la seva fundació, la Institució de les Lletres Catalanes reprengué les seves activitats. Durant aquest període, han continuat en actiu l'Associació Internacional de Llengua i Literatura Catalanes, l'Associació d'Escriptors en Llengua Catalana i el Centre Català del PEN Club, el qual organitzà a Barcelona el 57è Congrés Mundial del PEN el 1992. Amb motiu dels cinc-cents anys de l'edició de *Tirant lo Blanc*, el 1990 i el 1991 es va celebrar l'Any del Tirant amb nombrosos actes, destinats tant a la divulgació com a l'aprofundiment erudit d'aquesta novel·la.

Dins una progressiva normalització, durant els anys noranta va continuar l'embranzida de les traduccions, en què, a més de la ràpida incorporació de *best-sellers* i novetats internacionals, cal destacar edicions erudites i acurades de clàssics literaris a l'abast de tots els públics. També van contribuir a la normalització les campanyes «L'escriptor del mes», els premis Octubre (que el 1996 van celebrar la 25a edició), etc. La producció literària d'aquests anys, força esplendorosa en el context esmentat de professionalització, partia de propostes individuals. Tot plegat no impedia que continuessin vives algunes tendències pel que fa als gèneres, com, per exemple, la novel·la històrica. Destaquen, entre d'altres: Jaume Cabré: *El llibre de Feixes* i *L'ombra de l'eunuc* (1996); Jesús Moncada: *Estremida memòria* (1997); Carme Riera: *Dins el darrer blau* (1995), etc.

Els darrers anys del segle XX es produí la polèmica sobre la pèrdua de projecció social de la literatura catalana i la percepció d'una certa manca d'ambició. Encara que aquest debat és força universal, el cas català presenta algunes peculiaritats, com ara l'adequació dels mecanismes de la cultura resistent a la situació actual (els premis literaris, el màrqueting editorial) i la posició de l'escriptor davant la problemàtica lingüística. En aquest context, el fenomen de vendes dels autors anomenats *mediàtics* ha estat prou important i no exempt d'alguna controvèrsia sobre el fet cultural i literari.

Tres pintures i un dibuix, de Miquel Barceló.

Baltasar Porcel

Baltasar Porcel.

Nascut a Andratx l'any 1937, Baltasar Porcel és un dels novel·listes més importants de la generació d'escriptors que van iniciar la seva producció en la dècada dels anys seixanta. La seva obra abasta diversos gèneres: periodisme, assaig, narració, teatre, etc. Va escriure la seva darrera novel·la *Cada castell i totes les ombres* (2008) un any abans de morir a Barcelona el 2009.

La narrativa de Porcel arrenca de la mitificació simbòlica de la seva Mallorca natal (en concret, del poble d'Andratx) i evoluciona incorporant altres àmbits temàtics i experimentant diversos estils narratius. Així, en la seva producció narrativa distingim esquemàticament tres grans cicles:

- El **cicle mallorquí d'Andratx**, descrit des d'uns paràmetres realistes i fins i tot tremendistes, on es posen en relleu personatges moguts per les passions primàries (el sexe, la riquesa, el poder). De fet, es tracta de novel·les amb una vocació de **crònica** i **denúncia social**: *Solnegre* (1961), *Els escorpins* (1965) i *Els argonautes* (1968).
- A partir dels anys setanta, s'inclina per un procés d'interiorització vitalista i cosmopolita dels seus referents mítics, en una versió molt personal del **realisme màgic**. Formen part d'aquest cicle novel·les com *Difunts sota els ametllers en flor* (1970), el recull de contes *Reivindicació de la vídua Txing* (1977) i la trilogia formada per les novel·les *Cavalls cap a la fosca* (1975), *Les pomes d'or* (1980) i *Els dies immortals* (1984). La nissaga familiar i el món màgic i mític d'Andratx que trobem en *Cavalls cap a la fosca* són represos en *Les primaveres i les tardors* (1986).

Palma, la capital de Mallorca... Vaig aspirar amb fruïció l'aire, dens, saturat d'olors i regust de mar, de marisc, d'arbres... I al cap de poques hores, a Sant Telm, a la punta occidental de l'Illa, després d'haver passat per la cala de Camp de Mar i pel poble d'Andratx! Amb l'aire, una sensació exultant m'omplí el pit.

Els darrers mesos havien estat, per mi, de pur deliri. Actuava com un autòmat, i havia passat els exàmens finals, l'ordenació, el comiat del meu germà i de la seva família, tot, sense quasi parar-hi la més petita atenció. M'omplia una joia estranya, fabulosa, i vivia en ella i d'ella. Aquell món mític –la infància, la mare, l'assolellat estiu i l'al·lota de cabells roigs, d'ulls verds...– havia deixat de ser-ho. I era realitat. Una realitat en mi, però també objectiva, precisa: trobaria aquella al·lota en un paisatge lluminós, en una altra nit de lluna...

BALTASAR PORCEL, *Els escorpins*

Es trobava cansat, nerviós, i per un moment aquell acte físic li proporcionà com un alleujament muscular i mental. Una imatge li va passar, instantània, per la ment: ell, de nen, dins la nit dolça i en el camp de Sant Telm, a una finca de casa seva, collint un brot de figuera per batre un plat de llet i fer llet amb figuera, sota un cel d'estrelles grosses, com en relleu. Una imatge ara irreal, però que reconstruïa un acte que havia fet tantes i tantes vegades... Reaccionà amb un estremiment i va mirar al seu voltant: sentí com l'impenetrable gruix de la fosca i del renou de la mar, en aquella nit tapada de núvols, l'estrenyia, l'engrapava. Es veié sol, en coberta, terriblement sol i que podia caure en mar i enfonsar-se amb una simple empenta de l'oneig... Amollà un renec i d'una revolada es va ficar dins el seu camarot, que era davant la cabina i més baix que ella.

BALTASAR PORCELL, *Els argonautes*

- Les obres de la dècada dels noranta canvien d'escenari i s'ambienten a Barcelona. Reflecteixen el **món polític**, que atreu l'atenció de l'activitat periodística de Porcel.

Amb *El divorci de Berta Barca* (1989), *Lola i els peixos morts* (1993), *Ulisses a alta mar* (1997) i *El cor del senglar* (2000) retorna al retrat de la societat mítica de Mallorca des d'una visió retrospectiva, amb extensions a la Provença i a Cuba.

Ha obtingut els premis més importants de la literatura en català; entre d'altres, el Josep Pla (1970), el Prudenci Bertrana (1975 i 1997), el Sant Jordi (1986), el Ramon Llull (2001) i el Premi d'Honor de les Lletres Catalanes (2007).

Baltasar Porcel en una fotografia dels anys setanta.

De nen, Alexandre llegia contes de guerra, de fades, d'humor. I quan tenia problemes a l'escola, a casa seva, quan les parets ingrates se li dreçaven al davant, fantassejava que se li podria aparèixer un nigromant que li entregués un espasí màgic, amb el qual pogués vèncer qualsevol dificultat i obtenir tots els desitjos i diners que volgués. Però a mida que s'havia fet gran, s'havia anat avergonyint d'abandonar-se a aquell joc d'encanteris mentals. Els quals tornaven a brollar, més frondosos i tendres i exigents que no abans, amb Adelina. Tenint-la a ella, s'havien deslligat totes les traves. Ja ni tan sols havia de vèncer res, sinó volar i volar.

Va caminar unes passes. El tros de mar guaitava entre la negror de la muntanya, el travessaven lluentors furtives, com si hi tingués lloc una inexplicable activitat. En la matinada silent el món semblava haver perdut tantes i tantes resistències com el constituïen i entregar-se a tots els que imaginaven que el podien posseir.

Per la xemeneia va bufar de sobte un ram d'espurnes, rutilant i evanescent. Algú dins la sala devia haver remogut el caliu. Alexandre va pensar que gairebé sempre que recordava Son Taltavull, veia la sala, la llar encesa, els Taltavulls xerrant. S'hi veia a ell entre ells. I va sentir que sí, que tocava una veritat: el que ell era i en la terra que trepitjava hi residien una força i un instint que, malgrat que no sabia quins eren ni com eren, el farien feliç.

BALTASAR PORCEL, *Les primaveres i les tardors*

Joan Francesc Mira

Joan Francesc Mira.

Va néixer a València l'any 1939. Es podria definir com a escriptor, antropòleg, professor de grec, ciutadà compromès, agitador cultural i polític ocasional. Ha excel·lit en totes les facetes creatives, professionals i públiques, i ha rebut una gran quantitat de premis, entre els quals destaquen el Premi d'Honor de les Lletres Catalanes (2004), premi Joan Fuster (1984) (*Crítica de la nació pura*). També destaca la seva tasca com a traductor, especialment amb la *Divina Comèdia*, premi de la Crítica Serra d'Or, del Ministeri de Cultura i Medalla d'Or de la ciutat de Florència, i els *Evangelis*. La seva producció novel·lística, iniciada els anys setanta, comprèn diversos títols: *El bou de foc* (1974), *Borja papa* (1996) i *Purgatori* (2003), com també els volums de narracions *Els cucs de seda* (1975) i *Quatre qüestions d'amor* (1998). Així mateix, cal esmentar la seva implicació en la construcció d'un espai cultural i cívic comú per al conjunt de les terres de parla catalana. El darrer premi que li han atorgat és el Premi Nacional de Cultura de la Generalitat de Catalunya (2017) pel conjunt de la seva trajectòria literària i intel·lectual.

La pertinença, i per tant la dignitat, no són cap problema, quan es posseeixen de manera suficient, clara i segura. Passa com amb els diners i amb la salut: un excés pot dur a la descurança, o a la prepotència i a l'avassallament; un defecte, a l'angoixa obsessiva, o a ser arraconat i avassallat. La gent d'aquesta espècie som així, i no s'hi valen optimismes sobre la bondat natural: el pobre és menyspreat pel qui no ho és, el coix i el sord són objecte de burla brutal o dissimulada..., i més encara quan el pobre vol «ser tant» com el ric, o quan el coix intenta córrer com els qui tenen bones cames. I tal passa amb els pobles d'identitat prepotent, respecte als altres. Cosa que no és cap novetat, ni en general ni en algun cas concret que ens afecta. Ja escrivia Cristòfol Despuig al segle XVI que els castellans «volen ser tan absoluts i tenen les coses pròpies en tant i les estrangeres en tan poc, que sembla que són ells sols vinguts del cel i que la resta dels hòmens és lo que ha eixit de la terra» (*Los col·loquis de la insigne ciutat de Tortosa*). No sé si han canviat massa les coses.

JOAN FRANCESC MIRA, *Crítica de la nació pura*

Joan Francesc Mira és el primer valencià que ha exercit i ha estat reconegut com a antropòleg. Inicià la seva tasca investigadora amb un tema i en un àmbit territorial que havien de ser una constant al llarg de la seva carrera: la societat rural valenciana i el seu procés de canvi. Continua

A la meitat del camí de la vida
em vaig trobar dins d'una selva obscura,
perquè havia deixat la recta via.
Quina cosa tan dura és dir com era
aquesta selva salvatge, aspra i forta,
que em renova la por només pensar-hi!:
és tan amarga, que és poc menys que mort.
I per parlar del bé que hi vaig trobar,
diré també altres coses que hi vaig veure.
No sé explicar bé com hi vaig entrar:
tan ple de son estava en aquell punt
en què em vaig apartar del bon camí!
En arribar, però, al peu d'un puig,
allà on ja s'acabava aquella vall
que havia omplert el meu pit de temor,
mirant amunt li vaig veure l'esquena
vestida ja amb els raigs d'aquell planeta
que a tots ens mena drets per la sendera.
S'aquietà un poc, llavors, aquell espant
que dins l'estany del cor m'havia durat
tota la nit passada amb tanta pena.

I com aquell que, quasi sense alè,
eixint de l'ampla mar a la ribera
es gira a l'aigua perillosa i mira,
així el meu esperit, fugint encara,
es girava i tornà a mirar el pas
que mai deixà escapar persona viva.
Després de reposar el cos cansat
vaig reprendre el camí pel rost desert
el peu més baix sempre més ferm que l'altre.

De sobte, allà on comença la pujada,
hi ha una pantera, àgil i molt veloç,
coberta d'una pell tota clapada;
la trobava davant allà on mirava,
i m'impedia tant continuar
que em vaig girar més d'un colp per tornar-me'n.
Era l'hora, al principi del matí,
que el sol pujava amunt amb les estrelles
que eren amb ell ja quan l'amor diví
començà a moure aquelles coses belles;
així, els motius per no esperar cap mal
d'aquella fera de pelatge alegre
eren l'hora i la dolça estació;
però no eren prou per no tenir
por d'un lleó que aparegué davant.
Semblava que venia contra mi,
amb el cap alt i amb fam tan rabiosa
que semblava que l'aire en tremolava.
I una lloba tan magra que era com
si carregara totes les enveges,
i que ha fet viure trista molta gent,
em posà al cor un pes tan gran d'angoixa
per la por que feia la seua vista,
que no esperava pujar ja més alt.
Com aquell que amb passió acumula guanys,
però ve un temps que li ho fa perdre tot
i només pensa en llàgrimes i planys,
tal em va fer la bèstia sense pau
que, venint-me de cara, a poc a poc
m'empenyia cap allà on calla el sol.

JOAN FRANCESC MIRA, *Infern*, cant I
(trad. de la *Divina Comèdia*, de Dante Alighieri)

dedicant-se a l'antropologia com a assagista, novel·lista i conferenciant. La seva manera d'observar i descriure la realitat evidencia aquesta vocació; només cal llegir la *Crítica de la nació pura*, *Sobre la nació dels valencians* o els seus articles de premsa.

No es pot fer una idea correcta de la complexitat i diversitat de l'obra de Joan Francesc Mira sense esmentar les obres de «reflexió política». Els temes com el nacionalisme, la relació entre la cultura i el poder, la creació i l'evolució de les identitats i els seus símbols, la importància de les llengües per crear «consciència col·lectiva», i la possibilitat de manipular tots aquests elements en benefici d'interessos molt concrets, són presents en els seus treballs.

L'eix genèric d'aquestes reflexions és la qüestió de la identitat i les conseqüències que se'n deriven. La reflexió sobre el cas valencià, i també sobre la cultura i la nació catalanes en general, és fonamental en tota l'obra de Mira —sobretot en el llibre *Sobre la nació dels valencians* (1997), explícitament dedicat a aquest tema. Ara bé, la majoria de les consideracions que l'autor fa sobre, per exemple, la importància dels símbols en la creació de les identitats nacionals o el paper de la llengua en el terreny del nacionalisme són vàlides per a qualsevol societat occidental. Aquest és un dels valors més importants de la *Crítica de la nació pura*, un llibre decisiu en l'itinerari intel·lectual de l'autor, publicat l'any 1985 després d'haver guanyat el premi Joan Fuster d'assaig.

Jesús Moncada

Jesús Moncada.

Jesús Moncada va néixer a Mequinensa l'any 1941 i va morir a Barcelona el 2005. La seva obra recrea el passat mític de l'antiga població de Mequinensa, avui soterrada per les aigües del pantà de Riba-roja, a cavall del realisme i la fantasia.

No fou fins al final dels anys setanta, i sobretot durant els anys vuitanta, que es donà a conèixer amb els reculls de contes *Històries de la mà esquerra* (1971), *El cafè de la granota* (1985) i, més tard, *Calaveres atònites* (1999). La seva primera novel·la, *Camí de sirga* (1988), va aconseguir un èxit unànime de crítica i públic. Aquesta obra i les novel·les *La galeria de les estàtues* (1991) i *Estremida memòria* (1997) van consolidar un univers personal i mític al voltant de l'antiga població de Mequinensa, un espai identificador de l'obra narrativa de Moncada. Les seves novel·les, a més, es caracteritzen per una estructura narrativa molt elaborada i per un llenguatge fresc i autòcton.

Pilans i parets mestres van esberlar-se bruscament; una fragor eixordadora en la qual es barrejaven el cruixir de jàsseres i bigues, l'ensulsiada d'escales, trespols, envans i revoltons, l'esmicolament de vidres i la trencadissa de maons, teules i rajoles, va retrunyir per la Baixada de la Ferradura mentre la casa s'esfondrava sense remei.

JESÚS MONCADA, *Camí de sirga*

Montserrat Roig

Montserrat Roig.

Montserrat Roig va néixer a Barcelona l'any 1946 i hi va morir el 1991. Es va dedicar a escriure en dos àmbits: el **periodisme** i la **narrativa de ficció**.

La seva veu en la vida pública i literària catalana va deixar una empremta important, sobretot en els temes que li interessaven particularment, com la condició de la dona i el retrat de la seva generació.

En el seu cas, vida i obra es troben íntimament enllaçades, per la qual cosa molts dels seus reportatges periodístics i de les seves novel·les responen a **qüestionaments personals** sobre el fet de ser dona, de pertànyer a una determinada generació, de saber-se d'un determinat món barceloní, de voler ser escriptora, d'escriure en català, d'investigar sobre l'origen de les seves idees i posicions polítiques, etc.

Tota consideració sobre l'obra de Montserrat Roig ha de partir, d'una manera o altra i amb múltiples matisos, sobre el fet unitari del discórrer vital de les persones, de la societat i de la història del món des que els homes i les dones, en un temps molt llunyà, van prendre consciència de la seva identitat humana.

JOSEP M. CASTELLET, *A Montserrat Roig en homenatge*

Tots aquests interessos intel·lectuals i passions vitals es reflecteixen en una literatura que arrenca amb el recull de contes *Molta roba i poc sabó... i tan neta que la volen* (1971) i amb la nissaga familiar evocadora del món petitburgès de l'Eixample barceloní, centrat en la ruptura generacional de la dècada dels anys seixanta, i que respon a les vivències socials i generacionals de Roig: *Ramona, adéu* (1972), *El temps de les cireres* (1977), *L'hora violeta* (1980) i, més tard, *L'òpera quotidiana* (1982) i *La veu melodiosa* (1987).

La seva última obra de ficció literària va ser el recull de contes *El cant de la joventut* (1989), en el qual domina un to malenconiós i alhora un ús segur de les diverses tècniques d'escriptura.

La seva visió compromesa amb uns determinats **principis morals** i **ideològics** també es va manifestar en el camp del periodisme d'investigació i de l'assaig. Montserrat Roig va tractar temes de gran conflictivitat i densitat: *Rafael Vidiella, l'aventura de la revolució* (1976), *Els catalans als camps nazis* (1977), premi Crítica Serra d'Or, *L'agulla daurada* (1985), sobre una estada a la ciutat de Leningrad, *Digues que m'estimes encara que sigui mentida* (1991). En el camp del periodisme, Roig col·laborà en ***Serra d'Or*** (amb entrevistes que aplegà en ***Retrats paral·lels***, 1975 i 1976), ***Destino, Tele-exprés*** i ***Triunfo***, etc. Per a la televisió, féu un programa d'entrevistes amb el títol de ***Personatges***, algunes de les quals foren també publicades. Les col·laboracions periodístiques dels darrers anys en el diari ***Avui*** s'aplegaren pòstumament en ***Un pensament de sal, un pessic de pebre*** (1992).

—No ets un personatge de novel·la, maca –faria la Natàlia–, ets una persona real. Per què t'obstines a convertir-ho tot en literatura?

Perquè la Norma volia que el somni fos real. I també l'oblit del passat, de la història. El feminisme no havia previst la passió amorosa, intensa, total, entre un home i una dona. O també aquesta era irreal?

El deportat que s'assemblava a en Louis de Funes a penes va dir res a la Norma mentre eren al cementiri. En tornar, li va estrènyer el braç amb molta força.

—Sabeu, tinc el pressentiment que aquesta és la darrera vegada que ens veiem. Si vós no veniu a París, encara que sigui per un cap de setmana...

—Vinga, vós exagereu...

—Però, vindreu? –els ulls del deportat eren febrosos.

—No ho sé... Ara tinc molta feina.

La Norma no volia adonar-se de les galtes xuclades del vell. Ni dels ossos que li eixien sota la pell. Ni va voler veure-hi la pal·lidesa de la mort. Se'n deseixí amb suavitat. El deixà endarrera, la Norma es barrejà amb els altres que sortien del cementiri.

El vell arrossegava l'enorme cartera on havia guardat per a ella les llistes dels morts. Caminava per entre les vinyes a poc a poc, endarrerit dels altres, aviat es convertí en un punt negre, quasi sense identificar, com si es volgués convertir en un dels pins acabats de néixer.

MONTSERRAT ROIG, *L'hora violeta*

Montserrat Roig és una de les poques excepcions d'un panorama, el dels setanta, que, en certs aspectes, resulta més aviat insípid i mecànic. De fet, la Roig, amb unes dosis massives de fe en la tradició narrativa catalana –Narcís Oller i Mercè Rodoreda, sobretot–, treballa amb la realitat. Una realitat, la de cada dia, que constitueix un devessall de llums i ombres, i que sotmet a diversos graus d'elaboració.

JOAQUIM MOLAS, *Montserrat Roig: El temps de les cireres*

Jaume Cabré

Jaume Cabré.

Nascut a Barcelona el 1947, va publicar el seu primer llibre, un recull de narracions, el 1974. Des d'aleshores ha publicat diverses novel·les, entre les quals destaquen *La teranyina* (1984), *Fra Junoy o l'agonia dels sons* (1984), *Senyoria* (1991), *L'ombra de l'eunuc* (1996) i *Les veus del Pamano* (2004). Cal esmentar-ne, a més, dos volums de narracions: *Llibre de preludis* (1985) i *Viatge d'hivern* (2000). També ha escrit guions per al cinema i la televisió. El 1999 va publicar l'assaig *El sentit de la ficció*, una reflexió sobre l'escriptura i el procés de creació. Debutà en teatre amb l'obra *Pluja seca*, que es va estrenar l'any 2001 al Teatre Nacional de Catalunya. Les darreres obres narratives són els relats de temàtica musical *Baix continu* (2007) i la novel·la *Jo confesso* (2011) que li ha valgut nombrosos premis i reconeixement internacional, a més de ser traduïda a moltes llengües. El darrer títol publicat són els contes *Quan arriba la penombra* (2016) en què l'autor reflexiona sobre la maldat. Finalment cal destacar que l'any 2010 se li va concedir el 42è Premi d'Honor de les Lletres Catalanes i el 2014 la Creu de Sant Jordi de la Generalitat de Catalunya.

En l'obra de Jaume Cabré, ficció i realitat es confonen. La documentació històrica és fonamental a l'hora de construir una narració, encara que el documentalisme sobre una època no sigui l'objectiu de la ficció per fer versemblants uns personatges històrics que conviuen amb uns altres sorgits només de la imaginació del novel·lista. Els conflictes humans d'aquests personatges són universals, la seva naturalesa els fa capaços de manifestar les febleses i les grandeses més humanes: l'odi, l'afany de poder, la pèrdua de l'esperança, la por de la mort, l'exaltació de la bellesa, la venjança o la solidaritat.

El gran tema de les novel·les de Jaume Cabré és el poder. Les ficcions poden tenir lloc en èpoques i espais molt diferents, però sempre hi ha un lligam inalterable, el motor principal de la història: l'obtenció d'un poder. La preocupació per crear un marc estructural idoni per a la història que vol explicar és una constant en tota la seva obra.

Carme Riera

Carme Riera.

Carme Riera va néixer el 1948 a Palma. És escriptora i professora universitària. Autora d'una obra rica en referents cultes i populars, el 1975 publicà *Te deix, amor, la mar com a penyora*, el seu primer recull de contes en mallorquí. Ha cultivat el gènere del relat en els llibres *Jo pos per testimoni les gavines* (1977), *Epitelis tendríssims* (1981) i *Contra l'amor en companyia i altres relats* (1991). Destaca en el gènere de la novel·la amb *Una primavera per a Domenico Guarini* (1981), *Qüestió d'amor propi* (1987), *Joc de miralls* (1989) i, sobretot, *Dins el darrer blau* (1994), en què recrea les causes de mort dels jueus conversos a la Mallorca del segle XVIII.

Dins el darrer blau narra el procés que patiren uns jueus mallorquins que van ser investigats per la Inquisició i, malgrat l'intent de fugir de Mallorca, no pogueren evitar de ser descoberts, jutjats, turmentats i, finalment, ajusticiats per un acte de fe el 1691.

És molt fàcil, matar. És tan fàcil, matar algú. I més quan la força que mou l'homicida és l'odi pur i, molt important, hom té la paella pel mànec. Per això, quan l'Oriol va haver entrat al local (restaurant Estació de Vilanova, dues del migdia, cinc taules plenes, la reservada del racó, acabada d'ocupar. Una ombra ha enfosquit el vidre de l'entrada i ha obert la porta), després d'acostumar els ulls a la llum més atenuada que la del carrer, es va fixar en el Valentí Targa i anà cap a la seva taula amb la decisió al cor i intentant tenir davant seu el rostre del Ventureta i el de la seva filla desconeguda.

JAUME CABRÉ, *Les veus del Pamano*

Sempre que tornava a embarcar-se, comprenia la por de la seva mare a deixar Mallorca i la terrible pruïja a passar la mar. *La mar fa forat i tapa*, insistia sempre que el seu fill li proposava cercava la manera de poder-se'n anar. I per molt que Pere Onofre la volgués convèncer que no sempre la tempestat s'ensenyoria de les aigües i que navegar amb bonança i bon vent insuflant el velam era pura delícia, Aina Bonnín no desitjava fer la prova. Ho sentia perquè li haguera agradat conèixer els néts, però la por a la mar era superior per ella a qualsevol altra cosa, fins i tot a la por de les flames.

CARME RIERA, *Dins el darrer blau*

L'any 2000 publicà *Cap al cel obert*, una novel·la escrita a la manera dels fulletons, en què continua la història dels descendents d'aquells jueus cremats. El conflicte colonial de la Cuba de la segona meitat del segle XIX serveix de rerefons de la trama, en què es fa una reflexió política sobre la qüestió nacional.

En *La meitat de l'ànima* (2004), tracta de la postguerra a la Barcelona franquista, la situació dels exiliats republicans i dels anarquistes. Aquests temes són l'entramat històric sobre el qual Riera crea l'acció fictícia, que gira al voltant de la recerca de la identitat de la protagonista.

Maria Barbal

Maria Barbal

Maria Barbal (Tremp, 1949) és novel·lista i ha estat professora de literatura a l'institut. Va passar la seva infantesa al Pallars, un fet que va marcar les seves primeres narracions i que, amb l'amor per la terra que li van transmetre, li va ajudar a veure el món d'una altra manera.

«Els pares em van donar el que ells no havien pogut tenir: instrucció des de ben xica; però eren els anys cinquanta i els centres escolars respiraven submisos, el català hi era ignorat. També a diferència dels pares, vaig viure amb la despreocupació de qualsevol feina necessària que no fos estudiar. El meu germà i jo, com la majoria de nens i nenes de Tremp, vam aprendre a nedar al pantà de Sant Antoni. Ja som a l'època de les vacances, però les millors vam tenir-les els primers anys, a la vall d'Àssua, a casa de la padrina, quan encara hi havia terra sembrada i bestiar per aviar. Una mica lluny, com si fos un joc sense esforç, vaig conèixer les feines pròpies de l'estiu. Segar, gavellar, batre... Era el final d'una època que, quan vaig complir dotze anys, ja havia acabat per a la casa de la meva mare, en hores de gran afluència de famílies des de la muntanya cap a les ciutats.»

Per continuar estudis de batxillerat, l'any 1967 passà a viure a Barcelona. A la Universitat on estudià Filosofia i Lletres fins a l'any 1971, en què es llicencià. Llavors va iniciar la seva dedicació a l'ensenyament. També començà la seva carrera literària. Els seus primers llibres són una revisió de l'univers rural, però també amb una mirada crítica. Així, *Pedra de tartera* (1985), la història d'un desarrelament, que va rebre el premi Joaquim Ruyra i que va tenir una molt bona acollida per part de públic i lectors.

Es veia prou que a casa érem molts. I devia de sobrar algú. Jo era la quinta de sis germans i, segons deia la mare, havia arribat perquè Déu havia volgut i s'ha d'acceptar allò que Ell envia. La Maria, que era la primera, feia més de mestressa que la mare mateixa, el Josep era l'hereu i el Joan era al seminari. Els altres tres més petits, havia sentit a dir un ramat de camins que donàvem més feina que benefici. Els temps no eren d'abundància, tantes boques i poca hisenda havien de fer forat per força. Per això van decidir que jo, que era suau de caràcter i ben entenimentada, marxés per ajudar tia, la germana de la meva mare, que ja havia desesperat de tenir fills i de feina no li'n faltava. S'havia casat amb un hereu molt més gran que ella, que tenia trossos, almenys mitja dotzena de vaques, poralla i conills, a més a més d'un hort. Se la passaven bé, però els feien falta mans i companyia perquè començaven a sentir-se grans. Així doncs, a tretze anys, amb el mocador de farcell al braç, a banda i banda el pare i la Maria, vaig deixar família, casa, poble i muntanya. Des de l'Ermita a Pallarès no hi ha gaires quilòmetres però sí que representava un dia a peu i perdre casa meva, que em veia marxar d'esquena i que em dolia endins més que cap altra cosa en aquells moments, camí avall, amb l'únic món que coneixia, tot junt, que s'anava quedant enrere.
En aquelles hores de caminar silenciós cap al mercat de Montsent, on pare i la Maria aprofitarien per comprar i deixar-me als oncles, se m'apareixien només les coses bones que havia viscut al poble on vaig néixer i d'on no havia sortit més que per anar a la muntanya a aviar els animals o per escapar-me a la Festa Major de les quatre cases que eren el poble del costat. Molta gent i poc forment.

MARIA BARBAL, *Pedra de tartera* (1985)

Després, sense abandonar els seus mons, publica també els reculls de contes *La mort de Teresa* (1986) i *Ulleres de Sol* (1994), així com les novel·les *Mel i metzines* (1990) i *Càmfora* (1992). Els premis de la Crítica, Nacional de Literatura i Serra d'Or suposen, durant aquests anys, la confirmació d'una prosa narrativa que de seguida va ser considerada com una de les més netes i intenses de la seva generació. A poc a poc va abandonar els temes rurals per situar les seves històries en contextos més urbans. D'aquesta darrera època s'han de destacar les novel·les *Carrer Bolívia* (1999), *Bella edat* (2003), *País íntim* (2005) i *Emma* (2008). La seva darrera novel·la es titula *En la pell de l'altre* (2014). Maria Barbal ha escrit també narrativa juvenil i una obra de teatre, *L'helicòpter* (2000).

Tot això fa de l'autora una de les veus narratives més sòlides dins la literatura catalana contemporània, amb un estil propi i amb un ofici que demostrà des dels inicis. Una veu que, amb una alta dosi de sensibilitat, representa una baula que la uneix a la cadena de la millor tradició dins la narrativa catalana, amb similituds ben concretes amb autores del s. XX, com ho són Víctor Català i Mercè Rodoreda –cal que tinguem en compte les coincidències de Barbal amb aquesta darrera autora, per exemple en obres com *La plaça del Diamant* i *Pedra de tartera*: ambdues tenen com a personatge protagonista una dona que viu de manera tràgica els fets de la guerra civil i que ha de tirar endavant tota sola la família. En totes tres trobem la predilecció per crear dones protagonistes amb un món interior molt ric, dones aparentment febles, que juguen, també aparentment, un segon pla històricament i socialment parlant; dones que, malgrat aquesta feblesa aparent, perquè tenen al costat altres personatges –generalment masculins, més resoluts i amb un objectiu vital concret– que les subjuguen, són valentes, fortes i determinades, dones que s'erigeixen en motors de la petita història, aquella que fa que existeixi la gran Història.

CARME ARENAS, *Maria Barbal* (2010)

Ferran Torrent

Ferran Torrent.

Nascut a Sedaví (Horta) l'any 1951, és escriptor i periodista. El gènere de la novel·la negra marcà el seu inici com a escriptor de gran èxit. Va publicar, amb Josep Lluís Seguí, *La gola del llop* (1983). Es donà a conèixer sobretot amb tres novel·les policíaques ambientades en els baixos fons de la societat valenciana contemporània: *No emprenyeu el comissari* (1984), *Penja els guants, Butxana* (1985) i *Un negre amb un saxo* (1987). Amb un estil personalíssim, aplega elements de la novel·la urbana amb intriga i humor. També ha publicat *Cavall i rei* (1989), *L'any de l'embotit* (1993), la biografia novel·lada *Gràcies per la propina* (premi Sant Jordi de novel·la 1994), *La mirada del tafur* (1997), *L'illa de l'holandès* (1998), les impressions de viatge *Living l'Havana* (2000), *La vida en l'abisme* (2004, que publicà simultàniament en català i castellà) i *Cambres d'acer inoxidable* (2001) i *Només socis* (2008), que van suposar el retorn al gènere policíac.

També cal esmentar la trilogia formada per les novel·les *Societat limitada* (2002), *Espècies protegides* (2003) i *Judici final* (2006), en què recrea les trames d'interessos polítics i econòmics en la València actual. Ferran Torrent reconeix que una de les dificultats més grans amb què es troba quan escriu és saber el model de llengua que ha d'utilitzar. Ha optat per la parla del carrer, però sense allunyar-se de la normativa. Així, doncs, empra una llengua àgil, rica en expressions populars, enginyosa en la caracterització, ràpida en el diàleg, moderna en l'adjectivació, aguda i divertida en les comparacions. Les darreres novel·les són *Només socis* (2008), *Bulevard dels francesos* (2010) i *Ombres en la nit* (2011). Recentment ha iniciat una trilogia sobre la corrupció de València «a la mexicana», de la qual ha publicat dos títols: *Un dinar qualsevol* (2015) i *Individus com nosaltres* (2017).

Algunes de les seves novel·les han estat adaptades al cinema. La qualitat literària de la seva obra va acompanyada del reconeixement públic i el nombre de lectors.

Bé, comencem per la qüestió filosòfica de qui sóc. Jo sóc jo i la meua circumstància. Vostès també, ja ho sé, però ara, segons m'han indicat, he de parlar de mi. La veritat és que jo, en aquesta vida, podia haver exercit de tot tret d'escriptor, o millor dit novel·lista, perquè no em considere escriptor. No ho tenia previst, això de novel·lista. Jo volia ser cambrer. Crec que podia haver estat un excel·lent cambrer. M'agrada xarrar, fer broma i si molt convé sóc servicial.

FERRAN TORRENT, *Qui sóc i per què escric*

Quim Monzó

Quim Monzó.

Quim Monzó va néixer a Barcelona el 1952. La publicació de la seva primera novel·la, *L'udol del griso al caire de les clavegueres* (1976), i el seu primer recull de contes (en col·laboració amb Biel Mesquida), *Self Service* (1977), van situar-lo al costat dels narradors de l'anomenada generació dels setanta. No obstant això, va ser a partir del 1978, amb la publicació del recull de contes *Uf, va dir ell,* que la seva producció va prendre una direcció diferenciada de la línia generacional dels seus inicis. El gènere literari en el qual s'ha prodigat més és el **conte**, del qual reconeix pocs deutes a autors catalans –tan sols Pere Calders i Francesc Trabal– i, en canvi, esmenta com a models reconeguts Robert Coover, John Bath, Donald Barthelme, Guillermo Cabrera Infante, Julio Cortázar, Adolfo Bioy Casares i Raymond Queneau, a més de col·leccions de còmics, videojocs, dibuixos animats, etc.

La meva obsessió és anar despullant, i per això la meva fascinació per la forma del conte.

QUIM MONZÓ

El tema principal de la literatura de Monzó és l'**anàlisi** pessimista i lúcida de la **lògica interna de la realitat**. Aquesta lògica sovint és presentada d'una manera angoixant, com un laberint del qual els personatges que hi són atrapats no veuen la sortida. Així, la modernitat de la seva escriptura es defineix per una nova manera de mirar en què retrobem els referents i la banalitat de sempre, però revisats deformant-ne els mecanismes de funcionament acceptats. En aquest sentit, en alguns dels contes del recull *El perquè de tot plegat* (1993), que destaca per la radicalitat dels plantejaments i la duresa del **to** –entre **humorístic** i **amarg**–, els personatges són perversament «conscients del seu paper en la història» i, en conseqüència, en fan una lectura diferent.

Coberta de *La magnitud de la tragèdia*.

L'obra de Quim Monzó excel·leix en el conte, i des del recull *Uf, va dir ell* (1978) cal destacar *El perquè de tot plegat* (1993), *Guadalajara* (1996) i *Vuitanta-sis contes* (1999, Premi Nacional de Literatura i premi Lletra d'Or 2000). També ha publicat novel·les com *Benzina* (1983) i *La magnitud de la tragèdia* (1989).

A més de les traduccions i els guions de televisió i ràdio, la seva activitat pública es completa amb **articles periodístics**. Una mostra de la seva literatura periodística són *Del tot indefens davant dels hostils imperis alienígenes* (1998);

Bernardo Atxaga, Manuel Rivas i Quim Monzó.

La bella dorment

Al mig d'una clariana, el cavaller veu el cos de la noia, que dorm sobre una llitera feta amb branques de roure i envoltada de flors de tots colors. Descavalca amb rapidesa i s'agenolla al seu costat. Li pren una mà. És freda. Té la cara blanca, com la d'una morta. I els llavis prims i morats. Conscient del seu paper en la història, el cavaller la besa dolçament. Immediatament, la noia obre els ulls, uns ulls grans, ametllats i foscos, i el mira: amb una mirada de sorpresa que de seguida (quan ha cavil·lat qui és i on és i per què hi és i qui deu ser aquell home que és al seu costat i que, suposa, la deu haver besat) es tenyeix de tendresa. Els llavis van perdent el to morat i, quan han reprès la vermellor de la vida, s'obren en un somriure. Té unes dents bellíssimes. Al cavaller no li sap gens de greu haver-s'hi de casar, tal com estipula la tradició. És més: ja s'hi veu, sempre de bracet amb ella, compartint-ho, tenint un nen, després una nena i en acabat un altre nen. Viuran una vida feliç i envelliran plegats.

Coberta d'*El perquè de tot plegat*, de Quim Monzó.

Les galtes de la noia han perdut la blancor de la mort i ja són rosades, sensuals, per mossegar-les. Es posa dret i li allarga les mans, totes dues, perquè s'hi agafi i pugui posar-se dreta. I aleshores, mentre (sense deixar de mirar-lo als ulls, enamorada) la noia (feble d'haver passat tant de temps estirada) es posa dreta gràcies a la força dels braços masculins, el cavaller s'adona que (cosa de vint o trenta metres més enllà, molt abans que la clariana acabi per donar pas al bosc) hi ha una altra noia adormida, tan bella com la que acaba de despertar, igualment estirada en una llitera feta amb branques de roure i envoltada de flors de tots colors.

QUIM MONZÓ, *El perquè de tot plegat*

Tot és mentida (2000), en què construeix un extraordinari retaule de la societat catalana; *El Tema del tema* (2003), que reuneix articles publicats en *La Vanguardia* entre el 1999 i el 2001, i el darrer títol, *Catorze ciutats comptant-hi Brooklyn* (2004), que forma part d'una tradició catalana, cosmopolita i escèptica relacionada amb els orígens del periodisme modern, en els quals trobem els ingredients més genuïns de la seva literatura: la lluita contra el tòpic i la banalitat, la claredat expositiva i l'estil directe, entenedor, ple d'ironia.

Els darrers llibres publicats són els reculls de contes *El millor dels mons* (2001) i *Mil cretins* (2007). També ha publicat

Esplendor i glòria de la Internacional Papanates (2010), un recull d'articles que va escriure entre el 2001 i 2004, l'abans i el després de la guerra de l'Iraq, en què denuncia amb el sentit de l'humor tan propi de Monzó la manca de coherència i la mentida de bona part de la vida pública en política. Finalment ha publicat *Taula i barra* (2017), un llibre que recull alguns dels articles publicats al diari *La Vanguardia* on parla de menjar i veure però sobretot de les impostures i les falses aparences en el món de la gastronomia.

Quim Monzó ha estat guardonat amb el 50è Premi d'Honor de les Lletres Catalanes 2018, atorgat per Òmnium Cultural.

Trenta línies

L'escriptor comença a teclejar amb prevenció. Ha d'escriure un conte curt. Tothom parla, últimament, de les virtuts de la narrativa curta, però ell, si pogués ser sincer, confessaria que detesta els contes en general i els curts en particular. Tot i això, per no perdre passada, s'ha vist obligat a afegir-se a l'onada de falsaris que simulen ser uns apassionats de la brevetat. Per això l'aterra la lleugeresa amb què els dits se li desplacen per les tecles, de manera que rere una paraula n'apareix una altra i a aquesta n'hi segueix una altra, i una altra, que acaben per configurar una línia, rere la qual se'n configura una altra –i una altra! sense que aconsegueixi centrar l'assumpte, perquè està avesat a les distàncies llargues: de vegades necessita cent pàgines per començar a intuir de què va el que escriu, i altres vegades ni amb dues-centes no ho aconsegueix.

Quim Monzó, *Mil cretins*

Els perifèrics

Televisió Espanyola prepara un nou programa sobre llibres. Començarà a emetre's el 5 d'octubre, coincidint amb la Fira del Llibre de Frankfurt. El programa, setmanal, s'anomenarà «El lector». La tercera emissió –anuncien– durà per títol «*Los periféricos*». Hi han convidat un escriptor basc, un escriptor gallec, un escriptor català i –cafè per a tothom!– un de castellà però no de Madrid.

[…]

L'escriptor català era un servidor. Era, perquè evidentment no hi aniré. ¿«Perifèric»?, ¿jo? ¿De què? ¿De Berlín? ¿De Londres? ¿De Pequín? ¿De Madrid? La visió de la cultura que tenen els d'«El lector» és així de provinciana.

[…]

I ¿de què se suposa que parlen els «perifèrics» en un programa de llibres? ¿De literatura? Ni de lluny: perquè la gran característica dels escriptors escollits, l'element que ens defineix per sobre de si escrivim bé o malament, no és la literatura, sinó la *periferialitat*, i permeteu-me el neologisme. Per tant, es parlarà d'aquesta especificitat –parenta de la insularitat– en què vivim. I, ja que hi haurà un basc, un gallec i un català, no es desaprofitarà l'oportunitat de parlar de polítiques lingüístiques i de política a seques; estirant-ho molt, de literatures autonòmiques i –per poc que es pugui– de «l'opressió del castellà a mans dels nacionalismes».

Quim Monzó,
Del tot indefens davant dels hostils imperis alienígenes

Activitats

JESÚS MONCADA

1 Llegeix el text que tens a continuació.

La garbinada negra

Els camions carregats de gent forastera arribaren per la carretera de Lleida, els motors potents silenciaren l'aldarull festiu i moltes cares van esglaiar-se darrere les màscares. Els vehicles no s'aturaren a la població; van seguir un parell de quilòmetres Ebre amunt pel camí del Riber però el seu pas havia deixat un rastre d'inquietud. Les màscares van dispersar-se i la negror humitosa que succeí a un dia de boires denses en què els cargols malencònics dels vaixells havien sonat sense parar, barrejats amb els crits de les gavines enllà de les aigües fumoses dels molls, fou la primera de les nits d'angoixa que havien de jalonar el futur de la vila.

Arribaren camions daurats durant dies i dies; el mur de l'Ebre vibrava al seu pas. El temps dels rumors havia acabat: anaven a tallar l'Ebre amb dos pantans enormes. Un d'ells, riu amunt, a poca distància de la vila; l'altre aigües avall, a Riba-roja. El segon havia de colgar Faió i la vila sota les aigües. […]

—Volen fer electricitat –exclamava Joanet del Pla al Cafè del Moll, tot calcant els comentaris que esclataven contínuament a qualsevol punt de la vila.

—Sí, a les nostres costelles…

—Dos pantans.

—I nosaltres al mig.

—Quina cabronada!

[…] Però els aixafarien, no tenien res a fer. L'empresa que construïa els pantans era del mateix Estat, dels qui manaven. I els qui manaven, no calia fer memòria, eren els qui s'havien sublevat contra la República el 1936, els responsables de l'estossinada de la guerra… Qui gosava parlar de legalitat? El taulell del cafè era l'escullera on topaven les angoixes: expropiarien les terres, les mines, les cases; inundarien la vila…

Jesús Moncada, *Camí de sirga*

Activitats

Contesta les preguntes:

- **a** Situa geogràficament els fets narrats.
- **b** Quina finalitat té la construcció de pantans?
- **c** Amb quin fet històric s'associa la construcció dels pantans? Quina és la posició de la gent del poble?
- **d** Explica què significa que «el taulell del cafè era l'escullera on topaven les angoixes».

MONTSERRAT ROIG

2 **Llegeix aquest text de Montserrat Roig:**

L'única droga que no et mata –encara que et faci emmalaltir–, l'únic efluvi etílic que no et fa perdre els sentits ni et fa malbé el fetge, l'únic amor que no fa fàstic és la bona literatura. Plaers solitaris, vicis compartits. El lector/lectora posseeix les paraules i desafia la finitud, accepta la sordidesa i la bellesa perquè tot és u i, sobretot, recorda perquè abans algú ha recordat. Si hi ha un acte d'amor, aquest és la memòria, diu Josep Brodski a propòsit de Nadiejda Mandelstam, la vídua del poeta rus desaparegut en un camp estalinià.

Cal recordar, cal evocar, no hi ha art més temporal que la literatura. Podem emmalaltir amb el record però potser, al final del llarg i lent procés de l'escriptura, descobrirem que hi ha alguna cosa, que hi ha algú, a l'altra banda, que encara batega, que encara existeix.

MONTSERRAT ROIG,
Digues que m'estimes encara que sigui mentida.

Contesta les preguntes:

- **a** A què es refereix Montserrat Roig quan diu que la literatura és «plaers solitaris, vicis compartits».
- **b** Què vol dir «desafia la finitud»?
- **c** En quin sentit podem entendre que l'evocació, la memòria, és un acte d'amor?
- **d** En aquest fragment Roig esmenta dos autors russos, dos poetes: Brodski i Mandelstam. Fes una petita recerca i busca informació sobre la seva obra i la seva vida. Quines circumstàncies biogràfiques els uneixen?

MARIA BARBAL

3 **Llegeix el text de Maria Barbal:**

Fa uns mesos que es revisen fosses per tot Espanya. Han passat més de seixanta anys des dels fets. Pensem que tu no has coincidit amb la informació en aquelles estones que veus la tele amb el Llop al costat. S'hi ha recollit trossos d'uniformes, forquilles, cantimplores, restes de calçat, ossos, calaveres senceres. Hem vist a la pantalla un grup de joves apartant la terra i persones, a la vora, en el límit del terreny acotat, plorant i abraçant-se, accedint a enraonar davant dels micròfons. Explicant arguments com el teu, com el nostre.

M'adono que un dels pesos que em va acompanyar de xica va ser el convenciment que aquella crueltat ens pertanyia de forma exclusiva. Si bé sabia que d'altres famílies de la vall havien viscut una dissort semblant, els anys de silenci que es van abatre contra tots era una condemna a solitud perpètua. Quan anava a les monges mai cap professora ni cap nena havia enraonat de la guerra. Tot eren intuïcions. La meva companya que enraonava castellà; el seu pare havia vingut de militar durant la guerra, havia contribuït que la Vera i d'altres fossin detinguts al meu poble, però jo no acabava de veure-hi relació amb el que tu explicaves, sempre fragmentat, com qui dóna fe de la destrucció d'una casa ensenyant un tarter d'enderrocs. Ara sé que hi ha a Espanya milers de famílies amb històries semblants a la teva.

MARIA BARBAL, *País íntim*

Contesta les preguntes:

- **a** A quin fet històric es refereix la narradora quan diu «Han passat més de seixanta anys des dels fets».
- **b** Per què s'han de revisar fosses?
- **c** La narradora parla dels «anys de silenci». Era un silenci imposat? Per quin motiu no es podia parlar?
- **d** Quina metàfora fa servir la narradora per explicar la reconstrucció de la memòria del passat silenciat.

QUIM MONZÓ

4 **Escolta el discurs de Quim Monzó en la cerimònia inaugural de la Fira de Frankfurt 2007, que va tenir la cultura catalana com a convidada d'honor. Analitza'n el contingut, que fa referència a l'elaboració d'un discurs.**

- Pots consultar el web http://www.vilaweb.tv/?video=4976
- Quina creus que és la posició estètica i literària que defineix millor l'obra d'aquest escriptor?

5 **Llegeix el conte «Trenta línies» del recull *Mil cretins* (pàgina 387), de Quim Monzó.**

- Compara'l amb l'afirmació següent del mateix autor: «La meva obsessió és anar despullant, i per això la meva fascinació per la forma del conte».
- Quina creus que és la posició estètica i literària que defineix millor l'obra d'aquest escriptor?

Test final d'unitat

1 Digues si és veritat (V) o fals (F):

	V	F
a Als anys vuitanta un grup de narradors va formar el col·lectiu «Ofèlia Dracs»	☐	☐
b Els narradors més grans dels anys vuitanta es dediquen sobretot a la narrativa memorialística	☐	☐
c A la dècada dels vuitanta pràcticament no es publica obra narrativa	☐	☐
d La Institució de les Lletres Catalanes, fundada al segle XIX, reprèn les seves activitats el 1987	☐	☐
e Als anys noranta es publiquen algunes novel·les històriques d'èxit	☐	☐
f Baltasar Porcel és un novel·lista nascut al Rosselló, a la Catalunya nord	☐	☐
g A més de la tasca literària, Porcel es dedica al reportatge de guerra	☐	☐
h La producció narrativa de Baltasar Porcel es caracteritza pel realisme màgic	☐	☐
i *El cor del senglar* és l'únic llibre de cuina que va escriure Baltasar Porcel	☐	☐
j Joan Francesc Mira és un autor nascut a València	☐	☐
k A banda de la seva faceta com a narrador, Mira és antropòleg i professor de religions orientals	☐	☐
l Joan Francesc Mira va escriure un llibre d'assaig titulat *Sobre la nació dels valencians* (1997)	☐	☐
m Joan Francesc Mira ha traduït *La Divina Comèdia* de Dante Alighieri	☐	☐
n Joan Francesc Mira ha traduït *El llibre de la selva* de Rudyard Kipling	☐	☐
o Jesús Moncada va néixer a Palma de Mallorca i va morir a Barcelona	☐	☐
p La literatura de Jesús Moncada està a cavall del realisme i la fantasia	☐	☐
q La novel·la *Camí de sirga* (1988) va aconseguir un gran èxit de crítica i públic	☐	☐
r La població de Manacor és l'espai identificador de l'obra narrativa de Jesús Moncada	☐	☐
s Montserrat Roig va dedicar-se al periodisme i a la narrativa de ficció	☐	☐
t Un dels enfocaments més importants en el pensament de M. Roig és el feminisme	☐	☐
u Bona part de les novel·les de M. Roig estan ubicades a la ciutat de Girona, d'on era la seva família	☐	☐

2 Digues si és veritat (V) o fals (F):

	V	F
a La carrera literària de M. Roig comença amb un recull de contes titulat *Deixa la roba bruta al cossi* (1971)	☐	☐
b Un dels llibres més reconeguts de M. Roig és un treball de periodisme d'investigació sobre els camps d'extermini nazis, *Els catalans als camps nazis* (1977)	☐	☐
c Jaume Cabré ha publicat novel·les molt documentades històricament	☐	☐
d El gran tema de les novel·les de Cabré és l'amor romàntic	☐	☐
e La novel·la *Les veus del Pamano* (2004) se situa geogràficament al delta de l'Ebre	☐	☐
f Les darreres novel·les de Jaume Cabré són de temàtica musical	☐	☐
g Carme Riera va néixer a Barcelona, al barri de l'Eixample	☐	☐
h El primer recull de contes en mallorquí de Carme Riera es va titular *Te deix, amor, la mar com a penyora* (1975)	☐	☐
i La novel·la *Dins el darrer blau* (1994) tracta la persecució dels jueus kurds a Turquia	☐	☐
j Maria Barbal és una novel·lista nascuda al Pallars	☐	☐
k *Pedra de tartera* (1985) és una novel·la de Maria Barbal en què parla de la construcció d'un pantà al Pirineu	☐	☐
l Les primeres obres de Barbal se situen geogràficament al Pirineu, les darreres a Barcelona	☐	☐
m Ferran Torrent és un escriptor i periodista valencià	☐	☐
n El gran èxit de Torrent es deu a les novel·les de gènere fantàstic	☐	☐
o Recentment Ferran Torrent ha iniciat una trilogia novel·lística sobre la corrupció de València	☐	☐
p Quim Monzó és un dels contistes més destacats de la narrativa catalana del segle XX	☐	☐
q El to de la narrativa de Quim Monzó és entre humorístic i amarg	☐	☐
r Una de les escasses novel·les que ha publicat Monzó es titula *La magnitud de tot plegat* (1989)	☐	☐
s Monzó també s'ha dedicat a la tasca periodística	☐	☐
t *Taula i barra* (2017) és un recull d'articles de Monzó sobre gastronomia	☐	☐

CONEIXEMENTS PREVIS

Llegeix aquest text de l'actriu Carme Sansa sobre la celebració del primer festival de teatre Grec, l'estiu del 1976 a Barcelona.

Il·lusió, creativitat, solidaritat, generositat, dedicació.

No crec que es pugui repetir una aventura com la que vam viure l'estiu del 1976. La primavera d'aquell any havíem format l'Assemblea d'Actors i Directors. No ens interessava la programació dels teatres de Barcelona. A més, volíem lluitar contra l'atur i per la dignitat de la nostra professió, volíem una llei de teatre, un teatre municipal, volíem capgirar la situació de la nostra escena.

Aleshores, va arribar l'oportunitat d'organitzar el festival a l'amfiteatre grec de Montjuïc i d'autogestionar la temporada d'estiu, amb el pressupost (no gaire esplèndid) que el Ministerio hi destinava. Es va formar una mesa encarregada de la programació. Un dels membres, l'actor Josep Torrents, mort fa sis anys, era aleshores la meva parella; per això, algunes reunions es feien a casa nostra. En aquestes trobades, es van escollir obres de teatre en què poguessin intervenir moltes actrius i molts actors. I cada obra, en lloc de dirigir-la una persona, com és habitual, tenia tres directors. Malauradament, però, tots van ser homes.

Vaig tenir la sort de col·laborar en una de les obres: Faixes, turbants i barretines*, de Xavier Fàbregas. La publicitat —és clar!— també era cosa nostra: encarregàvem els cartells a la impremta i els penjàvem per la ciutat. Jo, que tenia una moto petita, una Vespino, a la nit, després de l'assaig, anava amb un plec de cartells a l'esquena i un pot de cola entre les cames, buscant parets de Barcelona on poder-los enganxar.*

També calia vendre les entrades. A més de Montjuïc, hi havia taquilles a la plaça de Catalunya, i fèiem torns per atendre el públic. Durant els dies d'activitat al teatre, també ens ocupàvem del bar: preparàvem entrepans, veníem begudes, etc.

El Grec 76, temporada popular, com deia el cartell tan suggerent del Iago Pericot, va ser una festa irrepetible!

CARME SANSA I ALBERT

Contesta les preguntes:

- **a** En aquest article l'autora evoca un fet de l'any 1976. Indica quines circumstàncies històriques i polítiques marquen aquesta època.
- **b** En el primer paràgraf l'autora identifica l'organització del festival amb la lluita social. Especifica quins eren els objectius pels quals lluitaven.
- **c** Al segon paràgraf hi ha expressat un retret. Quin és?
- **d** Publicitat i logística. Com es van organitzar?

B9 UNITAT 32

EL TEATRE

En aquesta unitat acabarem amb l'anàlisi de la producció literària dels anys d'inici de la transició democràtica i la normalització de la llengua i la cultura catalanes. Estudiarem la producció teatral, centrada en dos autors de dues generacions diferenciades, la producció dels quals té una presència important en els escenaris de finals del segle XX i encara al segle XXI: Josep Maria Benet i Jornet i Sergi Belbel.

Dimensió estètica i literària

- Els precedents teatrals dels anys quaranta, cinquanta i seixanta.
- La renovació en l'escena teatral catalana dels anys setanta, vuitanta i noranta.
- L'obra de Josep Maria Benet i Jornet.
- L'obra de Sergi Belbel.

AUTORS I TEXTOS

- *Revolta de bruixes* de Josep Maria Benet i Jornet.
- *Desig* de Josep Maria Benet i Jornet.
- *Forasters* de Sergi Belbel.
- *Després de la pluja* de Sergi Belbel.

Objectius

- Analitzar aspectes destacats de la renovació teatral dels anys setanta, vuitanta i noranta.
- Identificar els aspectes més rellevants de la producció teatral de Benet i Jornet i Belbel.

EL TEATRE

És obvi que amb la dictadura franquista es va produir una **desfeta** dramàtica de tota la **cultura catalana**, i la literatura se'n va ressentir d'una manera molt especial. L'ús de la llengua catalana era prohibit i condemnat, i no tan sols en l'àmbit literari. El teatre en català va ser proscrit dels escenaris professionals i, en conseqüència, es va desconnectar de les tendències innovadores de l'escena europea i nord-americana. Lentament, i amb els poquíssims recursos que permetien unes circumstàncies tan adverses, es va tornar a posar en marxa l'activitat teatral al llarg d'uns anys que, enmig de la grisor generalitzada, es caracteritzen tanmateix per obres extraordinàries i algunes iniciatives fonamentals.

El teatre dels anys quaranta

El desastre de la guerra civil va tenir una continuació tràgica els primers anys de la dictadura, uns anys marcats per la desfeta del país, la por de la gran majoria de la gent i la misèria. Com diu Josep M. Benet i Jornet, es tracta d'un temps de «misèria material i moral amb el pes sencer de la interminable postguerra al damunt, i sense cap previsió de canvis». Per tot plegat, no va ser fins a l'any 1946 que es reprengué algun tipus d'activitat teatral als escenaris professionals, adequada als models i a les formes més tradicionals del **repertori de preguerra**.

Així, un autor consagrat com ara **Josep M. de Sagarra** estrenà un seguit de poemes dramàtics i comèdies de costums –*L'hereu i la forastera* (1949), *Les vinyes del Priorat* (1950), etc.– després d'un parell d'intents de renovació sense èxit de públic –*La fortuna de Sílvia* (1947) i *Galatea* (1948)–, i culminà la seva trajectòria els anys cinquanta amb l'estrena de *La ferida lluminosa* (1954), que va tenir una gran acceptació popular.

Escena de *L'hereu i la forastera*, de J. M. de Sagarra, estrenada al Romea la temporada 1949-1950.

El teatre dels anys cinquanta

Una dècada després de la fi de la guerra civil es preveien uns anys que havien de ser prou diferents, si bé els incipients canvis encara no tenien ressò en la percepció de la gran majoria de la gent. Es va produir un **esgotament** de les **línies tradicionals** de la literatura dramàtica de preguerra, però els gustos anacrònics del públic en perpetuaven les formes i els temes. En conseqüència, la renovació teatral no podia sorgir dels circuits professionals sinó d'altres camins:

- La producció per a l'escena de determinats escriptors, alguns tan consagrats com Villalonga o Carner –, va publicar la versió catalana *El ben cofat i l'altre* (1951) del drama religiós mexicà escrit en castellà *Misterio de Quanaxhuata* (1943)– i d'altres molt més joves, com Josep Palau i Fabre, Josep M. Espinàs, Jordi-Pere Cerdà (àlies d'Antoni Cayrol), els quals produeixen una literatura que abraça des del realisme fins a l'existencialisme, el teatre de l'absurd i el drama psicològic.

- Les plataformes teatrals com l'ADB (Agrupació Dramàtica de Barcelona) i l'EADAG (Escola d'Art Dramàtic Adrià Gual), que contribueixen a dur a escena nous autors catalans i del **teatre contemporani** europeu i nord-americà, i alhora fan una revisió crítica de la tradició teatral catalana, que corria el perill de ser bandejada i oblidada, i era susceptible de ser assumida com a base d'un teatre nacional català –de Rusiñol a Sagarra– i universal –de Shakespeare a Brecht.

El teatre independent surt a la vida pública de la ciutat amb la fundació de l'Agrupació Dramàtica de Barcelona (ADB) el 1955. Amb l'ADB –denominació amb la qual és aviat coneguda la nova formació– el teatre independent compta per primera vegada amb una companyia de teatre legalment reconeguda i capaç, per tant, amb totes les limitacions que les circumstàncies imposen, de plantejar-se una programació i uns mètodes de treball.

[...]

En general, els membres de l'ADB pertanyen a la burgesia barcelonina o a les professions liberals de més prestigi, i entre els incentius que els han mogut a organitzar-se en agrupació cal esmentar, a part d'una comuna afecció al teatre, una mateixa fidelitat a la cultura del país i l'afany que aquesta cultura pugui connectar de nou amb els corrents d'Europa, alhora que es mantingui fidel a un passat que corre el risc de ser oblidat.

XAVIER FÀBREGAS,
«Deu anys de teatre independent», *Serra d'Or*

L'ADB va fer una tasca de promoció i descoberta d'autors catalans de primera línia, com Joan Oliver, amb les obres *Pigmalió* (1957), *Ball robat* (1959), *Primera representació* (1959); Salvador Espriu, amb les posades en escena de *Primera història* d'*Esther* i *Antígona*, i Manuel de Pedrolo, que va escriure tretze obres entre el 1958 i el 1963, des de teatre de l'absurd fins a peces polítiques i socials. L'EADAG, com a centre d'ensenyament i dirigida per M. Aurèlia Capmany i Ricard Salvat, va afavorir el desenvolupament dels grups de **teatre independent**, partint d'una concepció ètica del teatre com a instrument de **lluita social** i **política**.

El teatre dels anys seixanta

Continua l'activitat de plataformes com l'ADB, que, a partir dels primers anys de la dècada, dona a conèixer les noves propostes teatrals de Joan Brossa –*Or i sal* (1959)– i representacions diverses de *Poesia escènica*. Una fita important va ser la creació, el 1963, del premi Josep M. de Sagarra, perquè va significar un veritable al·licient per a joves dramaturgs: Josep M. Benet i Jornet –*Una vella, coneguda olor* (premi J. M. de Sagarra 1963), *Fantasia per a un auxiliar administratiu* (1967), *Berenàveu a les fosques* (1971)–; Jordi Teixidor –*El retaule del flautista* (premi J. M. de Sagarra 1968)–; Jaume Melendres –*Defensa índia de rei* (premi J. M. de Sagarra 1966)–, i Rodolf Sirera –*Plany en la mort d'Enric Ribera* (1972). Tots els autors nous tenien interès a connectar amb els corrents teatrals vigents a Europa i a l'Amèrica del Nord, com també amb la tradició de teatre espanyol de postguerra.

Escena de l'obra *Una vella, coneguda olor,* de J. M. Benet i Jornet (premi J. M. de Sagarra de l'any 1963).

El teatre dels anys setanta

Els primers anys d'aquesta dècada destacà una iniciativa interessant, que serví de plataforma per a grups de teatre independent amb voluntat de professionalització (La Cuadra de Sevilla, Els Joglars o Los Goliardos, de Madrid), i alhora fou un banc de proves per al teatre de text dels nous autors: *El retaule del flautista*, de J. Teixidor, estrenada amb un gran èxit al teatre Capsa, dirigit per l'actor Pau Garsaball i *Berenàveu a les fosques*, de Benet i Jornet, el qual va rebre una duríssima resposta per part de la crítica.

El fet més destacable d'aquests anys és la **crisi del teatre independent** deguda a la necessitat de professionalització dels grups de teatre, que d'altra banda tenien greus dificultats per ampliar el públic restringit i habitual al qual s'havien adreçat fins llavors.

El grup de teatre Els Comediants en un espectacle al parc Güell de Barcelona.

Els autors catalans no m'han influenciat massa, no. En tot cas, i molt, Brecht. M'estranya fins a un cert punt, sí, que Brecht hagi passat, perquè després han començat a fer Artaud i Grotowsky. No podem oblidar que fins a un cert punt és un clàssic, però representa molt més que la distanciació: el teatre èpic és tota una concepció del món aplicada al teatre. Si ha «passat», vol dir que s'havia agafat de Brecht l'aparença, només.

ORIOL PI DE CABANYES i GUILLEM JORDI GRAELLS
«Entrevista a Jordi Teixidor»,
La generació literària dels 70

Amb aquest concepte [teatre èpic], Bertolt Brecht designava una concepció del teatre oposada al teatre tradicional. Segons ell, en efecte, la manera tradicional de fer teatre, la manera que ell anomenava aristotèlica, no permetia de representar el món tal com el concebia des d'una òptica marxista.

Al meu parer, alguns dels plantejaments del teatre èpic han de ser vistos més com una alternativa al teatre en ús a l'època de Bertolt Brecht, especialment el melodrama burgès i el realisme naturalista, que no pas com a alternativa al teatre clàssic. D'altra banda, malgrat que se'm considera un dels brechtians del teatre català, penso que el dramaturg alemany, a part d'un gran home de teatre, era un gran propagandista i que cal ser crític respecte a les seves teories.

Deixant de banda aspectes específics, com ara la proposta de construir les obres en quadres i no en actes, cosa que em sembla perfectament fonamentada, alguns dels seus plantejaments haurien de ser matisats, especialment la noció de «distanciament» i les tècniques que proposa.

Amb aquestes tècniques Bertolt Brecht pretenia no solament evitar que el públic s'identifiqués emocionalment amb els personatges, fins i tot amb el protagonista, sinó despertar en l'espectador una actitud crítica i posar-lo en condicions de preguntar-se per què passen certes coses. Aquestes tècniques són conegudes: presentació dels quadres que indiquen què passarà (amb la qual cosa l'atenció se centra en el «com» i el «perquè»), cançons que irrompen l'acció i introdueixen reflexions i comentaris, una certa economia de signes escènics per tal de destacar els essencials, deixar els focus d'il·luminació a la vista, etcètera, i una tècnica interpretativa específica. Tot plegat, és evident, busca recordar constantment que som al teatre i davant d'una representació.

[...] En realitat, si els retrets de Bertolt Brecht tenen un fonament, que el tenen, es refereixen a la mena de convenció que es proposa al públic des de l'escenari: «això està passant», en el teatre tradicional, o bé «això s'està representant», el teatre èpic.

JORDI TEIXIDOR,
Conferències. El gust per la lectura

Aquesta crisi correspon en gran part a un esgotament del moviment literari del realisme històric i, també, del teatre èpic i de la influència de Brecht.

Una nova concepció de la creació dramàtica, coneguda com a ***living theatre***, pren el relleu estètic i ideològic. Aquesta concepció es caracteritza per:

- La valoració de la imaginació i la irracionalitat en detriment de la raó crítica i l'esquema textual didàctic.
- El bandejament de l'autor dramàtic, en tant que figura obsoleta.
- L'expansió de les tècniques de creació col·lectiva.
- El protagonisme dels directors en detriment dels autors.
- El protagonisme de l'expressió corporal i de la imatge a costa de la paraula i del text.

En aquest context **experimental** i **renovador** es van consolidar, i per tant es van professionalitzar, alguns grups teatrals nascuts els primers anys seixanta (Els Joglars, La Gàbia Teatre) i els primers setanta (Els Comediants, Dagoll Dagom, Teatre Lliure); alhora, tenien grans dificultats per estrenar els seus textos els autors apareguts en la dècada anterior (Benet i Jornet, Melendres, Teixidor).

L'aposta decidida per la professionalització dels grups originàriament anomenats *independents* es concreta el 1976 en l'Assemblea d'Actors i Directors, en què es reivindica de forma contundent l'ajut institucional i l'elaboració d'una **llei del teatre**.

El teatre dels anys vuitanta

La lluita per la professionalització de la dècada anterior va assolir els anys vuitanta l'estabilitat de les companyies històriques i, en conseqüència, va permetre la **creació** de noves **companyies** que visquessin de l'herència del teatre visual i participatiu (Els Comediants, La Fura dels Baus, Dagoll Dagom, La Cubana).

En aquesta dècada, la reivindicació de l'ajut institucional és un fet, i l'activitat generada pels fons públics –és a dir, els teatres públics: Centre Dramàtic de la Generalitat, Teatre Nacional de Catalunya, programació estable del Mercat de les Flors, etc.– és cada vegada més imprescindible i controvertida.

A partir de la segona meitat de la dècada es va produir una recuperació del **teatre de text**, d'autors catalans (Benet i Jornet, Guillem-Jordi Graells, Rodolf Sirera, Jordi-Pere Cerdà, Jordi Teixidor, Sergi Belbel, etc.) i d'autors estrangers (Beckett, Harold Pinter, B. M. Koltès, David Mamet, etc.), els quals constituïen els **models dramàtics** per als nous dramaturgs catalans provinents d'una tradició autòctona estroncada.

A la darreria de la dècada, i sobretot els anys noranta, va esclatar un fenomen de masses innovador: l'accés dels professionals del teatre (actors i autors guionistes) a la televisió catalana (TV3), amb la creació d'una mena de *star system* televisiu que va portar un gran nombre d'espectadors als teatres.

A partir de la dècada dels anys vuitanta començaren a guanyar un espai propi i significatiu altres manifestacions escèniques que fins aleshores no havien estat reconegudes específicament com un art teatral. És el cas de la dansa, que, amb el teatre independent, va rebre un gran impuls. De fet, aquests anys van néixer companyies de dansa contemporània, experimentals, i se'n van organitzar festivals específics.

Grup teatral La Cubana.

El teatre dels anys noranta

Des del punt de vista del teatre, el període que va des del final dels anys setanta fins a l'inici dels noranta es pot considerar fecundíssim. Cal recordar que al principi de la transició democràtica, Josep Sanchís Sinisterra fundà a Barcelona el Teatro Fronterizo (1977), a partir del qual es van crear un seguit de tallers de dramatúrgia textual que, anys després, es van aplegar a la Sala Beckett de Barcelona (1988). Hi assistiren una bona part dels joves que al final d'aquell període protagonitzaren el relleu generacional, encapçalats per Sergi Belbel i Lluïsa Cunillé (segurament els més internacionals o reconeguts). Aquest grup d'autors —nascuts entre el final de la dècada dels cinquanta i la dels seixanta— començaren a publicar i a estrenar les seves obres cap a la meitat dels anys vuitanta.

A aquests autors cal afegir-ne d'altres, que també es donaren a conèixer a la Comunitat Valenciana i a les Balears. D'aquesta nova generació teatral destaquen els dramaturgs següents: Sergi Belbel (*Carícies*, 1992; *Després de la pluja*, 1992; *Forasters*, 2005), Jordi Galceran (*Paraules encadenades*, 1995; *Dakota*, 1995; *El mètode Grönholm*, 2003), Lluïsa Cunillé (*Accident*, 1996; *La venda*, 1999; *Barcelona, mapa d'ombres*, 2004), Josep Pere Peyró (*Quan els paisatges de Cartier-Bresson*, 1995; *Deserts*, 1996; *Les portes del cel*, 2004) i Carles Alberola (*Currículum*, 1994; *Mandíbula afilada*, 1997; *Almenys no és Nadal*, 2004).

Al principi del segle XXI, el teatre català presenta una gran riquesa i diversitat de propostes: companyies amb una presència internacional com La Fura dels Baus, dramaturgs tan representats i traduïts com Benet i Jornet, Sergi Belbel, Rodolf Sirera, Jordi Galceran o Carles Alberola; autors i textos que han multiplicat la seva difusió gràcies a l'adaptació cinematogràfica (*E. R.*, de Benet i Jornet; *Carícies*, de Sergi Belbel; *Kràmpack*, de Jordi Sànchez, i *El mètode Grönholm*, de Jordi Galceran). Tota aquesta activitat teatral es duu a terme mitjançant una xarxa d'espais escènics institucionals, que es combina amb una limitada oferta privada i un conjunt de sales de format reduït (sales alternatives).

Imatge d'una representació de La Fura dels Baus.

Teatre de text, popular i compromès: Josep M. Benet i Jornet

Josep M. Benet i Jornet.

Josep M. Benet i Jornet va néixer l'any 1940 a Barcelona. Des de la seva joventut, la lectura es va convertir en una passió. La pressió familiar va fer que ingressés en l'Escola Industrial per cursar estudis de comerç —que no va finalitzar—; a divuit anys, però, va decidir acabar el Batxillerat Superior per poder anar a la universitat i estudiar Filosofia i Lletres. El món universitari va representar una experiència vital i intel·lectual molt important. L'objectiu no era estudiar una carrera, sinó cercar la manera d'aprendre a escriure i alhora compartir inquietuds i reflexions literàries amb els companys. Fins al 1961 havia escrit obres en castellà que ja assenyalaven amb claredat els **referents populars** i de barri, recurrents en la seva producció.

L'obra va guanyar, amb gran sorpresa del mateix autor, el primer premi Josep M. de Sagarra, el 1963. Això va significar, segons sembla, l'aparició d'una nova i determinada generació d'autors teatrals. Al marge del seu hipotètic valor històric sé que la peça és extremadament senzilla, n'era conscient quan l'anava inventant, però precisament pel fet d'utilitzar uns temes, un ambient i uns personatges dels quals, si bé completament imaginaris, jo en coneixia força bé el model, vaig aconseguir, qui ho sap, una certa frescor, una certa autenticitat que després dels anys em reconcilia amb la seva escriptura.

JOSEP M. BENET I JORNET,
nota prèvia a *Una vella, coneguda olor*

Una vella, coneguda olor es una obra excelente, una obra para un TNP catalán, por el momento algo más que problemático. Una obra para un «teatro popular» que es téngase en cuenta sinónimo de «teatro social».

JOAN DE SAGARRA, «Sobre un premio»

L'any 1962 es va apuntar a l'Escola d'Art Dramàtic Adrià Gual (EADAG), on va conèixer gent de la literatura i el teatre que va esdevenir un motor fonamental de la seva vocació teatral: Ricard Salvat, Maria Aurèlia Capmany, Carme Serrallonga, Fabià Puigserver, etc. El 1963 es va presentar al premi Josep M. de Sagarra, que va guanyar amb *Una vella, coneguda olor*, amb la qual encetava el seu univers dramàtic personal. Aquesta obra mostra una **concepció realista** de la literatura dramàtica, influïda pel teatre realista espanyol dels anys cinquanta (Buero Vallejo, sobretot), però també pel teatre nord-americà d'Eugene O'Neill, Tennessee Williams i Henry Miller.

A partir d'aquest moment, la professió d'escriptor teatral va ser essencial en la vida de Benet i Jornet, per a qui el teatre és una manera d'**interpretar el món**:

Per a mi el teatre ho és tot, és la meva vida. La vida crec que és absurda, no li veig sentit... Suposo que no en té cap. Llavors l'única cosa que et queda és triar un joc; de la mateixa manera que una tarda et distreus jugant a parxís, a la vida tries un projecte, que és un joc, i la gràcia és que tu mateix te'n marquis les regles.

MARTA NADAL,
«El teatre, el joc apassionat de Josep M. Benet i Jornet»,
L'escriptor del mes

Després de la publicació d'un seguit d'obres –*Fantasia per a un auxiliar administratiu* (1967), *Marc i Jofre, o els alquimistes de la fortuna* (1968), etc.–, Benet i Jornet va escriure *Berenàveu a les fosques* (1971), estrenada al teatre Capsa el 1973.

La crítica va escarnir durament l'obra tot considerant-la obsoleta pel fet de recórrer al model de teatre realista narratiu dels anys cinquanta.

Benet i Jornet va afrontar aquesta crisi d'una manera creativa reconsiderant els seus plantejaments com a **autor dramàtic**.

L'aventura comercial va resultar un fracàs de públic, i la crítica, en general, va tractar autor i obra amb tebior si no amb desdeny. Ho vaig passar malament; a conseqüència de la patacada, i no era la primera del mateix estil que rebia, o amb la patacada com a corroboració, el magre món escènic de l'època no donava ni un duro pel meu futur. Van ser temps difícils per al teatre de text en general i per a mi en particular.

JOSEP M. BENET I JORNET,
nota de l'autor en *Berenàveu a les fosques*

L'autor es va plantejar afermar-se en el teatre de text de base realista, en el qual se sentia segur i que sempre va mantenir com a punt de referència; també es va voler demostrar que podia experimentar en les tècniques i el llenguatge teatral.

D'aquesta **experimentació** entorn de l'ofici d'escriure teatre va sorgir l'obra *La desaparició de Wendy* (1974), que s'hauria pogut convertir en un exercici complementari –l'autor diu que li va servir de teràpia excel·lent per superar les reticències causades per *Berenàveu a les fosques* i, en conseqüència, donar l'embranzida necessària a la gestació de *Revolta de bruixes* (1976)– i que va esdevenir una obra important a causa de la necessitat de reflectir una situació crítica que afectava el treball creador de Benet i Jornet i d'altres autors dramàtics de la seva generació.

Josep M. Benet i Jornet amb Manel Dueso i Narcís Comadira, entre altres professionals del món teatral.

Introductor

[...] La teva mare va obrir de bat a bat el balcó de l'habitació on dormies. Entrava el sol i la llum es barrejava amb la son i no sabies ben bé on eres. El teu pare avançava cap a tu, rialler, amb el seu present, un petit teatre, un escenari de cartró que va quedar dipositat al davant teu, damunt les flassades. Tenia el teló caigut i et van invitar que tu mateix l'aixequessis. D'aquesta manera vas descobrir, tal com nosaltres el descobrim ara, un món de rompiments i de telons pintats, el mar i el cel, un paisatge infinit dins d'una capsa. Quantitat de personatges habitaven aquell àmbit, hieràtics però movibles gràcies a unes tiges de cartró. La joguina era teva, tu podies disposar-ne, repetir la història de la Ventafocs, que la Francisqueta t'havia contat, o la de Peter Pan, que la mare t'havia llegit mentre estaves malalt. Decorats i personatges rebrien el teu impuls i la representació començaria. Així ho volies, aquell matí, aleshores per primera vegada. A punt de donar l'ordre, un instant abans de decidir-la, contemplaves l'escenari, com el contemples ara, i resolies que el bullit incipient de volums, de colors i de figures podia ser la cosa més bella del món. I va ser així com et vas perdre, perquè t'havies ficat massa endins, i quan el teló va caure, com ho fa ara, va caure darrera teu.

JOSEP M. BENET I JORNET, *La desaparició de Wendy*

Les possibilitats de coneixement que proporciona la raó són, ho accepto, dèbils i insuficients, però malgrat tot crec que la raó és el mitjà més elaborat que posseïm per a continuar la nostra problemàtica aventura humana. No renego de la imaginació ni de la intuïció, però penso que és la raó qui, millor o pitjor, pot ordenar-les, codificar-les i donar sentit a llurs aportacions.

JOSEP M. BENET I JORNET,
pròleg a *Berenàveu a les fosques*

Coberta de *Revolta de bruixes*.

L'obra *Revolta de bruixes* es va publicar el 1976, després d'una gestació difícil, mentre es feia *Berenàveu a les fosques* al Capsa i redactava *La desaparició de Wendy*.

L'autor es referma en l'elecció estètica del **llenguatge realista**, en un moment en què ja no era moda. Tanmateix, la reflexió sobre aquest aspecte fa que el realisme es porti fins al paroxisme, de manera que s'acaba convertint en un vehicle de comunicació impossible.

En conseqüència, el tractament de la realitat de *Berenàveu a les fosques* i *Revolta de bruixes* no és el mateix. *Revolta de bruixes* planteja de manera simbòlica el **conflicte de l'irracional** –la imaginació, els poders màgics– enfront de la **raó** –el positivisme extrem i eixut. En aquest enfrontament, Benet i Jornet pren, des de sempre, partit per la raó, tot i que defuig les posicions maniquees.

L'argument de l'obra desenvolupa aquesta reflexió. La **revolta col·lectiva** d'un grup de treballadores de la neteja que reivindiquen unes condicions salarials justes representa el domini de la raó, encarnada per Sofia, la qual treballa pel bé comú, però d'una manera despòtica i menyspreadora de qualsevol problemàtica individual i sobretot íntima.

La contrapartida és representada per la seva cosina Rita, que exerceix de bruixa i, per tant, assumeix tot el vessant irracional dels desitjos, les pors i les esperances més íntimes de cadascuna de les dones.

El menyspreu de Sofia per les qüestions íntimes, que ni tan sols no admet que es puguin resoldre en el marc de les reivindicacions col·lectives, obre l'accés de la influència del món de la subjectivitat i la fe de Rita.

Enmig d'aquesta lluita destaca el personatge d'Aurora, que representa la lucidesa que no admet la mitificació de cap de les dues posicions i que, alhora, desprèn una certa joia de viure molt més real del que pugui semblar. Finalment, aquest personatge se sotmet al domini de la fe irracional i enganyosa de les forces ocultes, no pas per convenciment, sinó perquè els antics enfrontaments amb la policia –ben reals, per cert– li fan adoptar una posició estratègica de submissió, a la qual es veu forçada.

En definitiva, la llarga elaboració –de prop de quatre anys– de *Revolta de bruixes* va permetre que es consolidés un text en el qual la **reflexió intel·lectual** sobre la crisi de la ideologia racionalista i del realisme històric, que volien transformar el món des de la literatura, abastés no solament la crisi personal i creativa del mateix Benet i Jornet, sinó de tota la seva generació.

A partir del 1975, Benet i Jornet va ampliar els seus interessos professionals tot derivant-los cap a la televisió (de primer amb l'adaptació de les seves obres teatrals per als espais dramàtics, i més endavant amb guions de sèries televisives com *Poblenou* (1992-1995), *Laberint d'ombres* (1998-1999) i *Ventdelplà* (des del 2005, etc.).

La seva producció, caracteritzada inicialment per un to realista i la problemàtica col·lectiva, ha anat evolucionant cap a temes més íntims i existencials. En aquesta línia destaquen les obres *Desig* (1989), *Fugaç* (1992) i *Testament* (1993). El 1989 es-

Cartell de la pel·lícula *Actrius*, adaptació de l'obra *E. R.*

trenà *Ai, carai!* al Teatre Lliure, i el 1991 *Desig* al Centre Dramàtic de la Generalitat. L'any 1995 obtingué el Premio Nacional de Teatro amb *E. R.*, estrenada al Teatre Lliure (1994) i portada al cinema per Ventura Pons (*Actrius*, 1996). Les últimes peces estrenades han estat *Olors*, dirigida per Mario Gas (TNC, 2000), *Això, a un fill, no se li fa* (Teatreneu, 2002), *L'habitació del nen* (Teatre Lliure, 2003) i *Salamandra* (TNC, 2005). El març de 2008 estrenà *Soterrani* a la Sala Beckett. També ha escrit *Dues dones que ballen* (2010) i *Com dir-ho?* (2013). L'any 2010 va publicar les memòries *Material d'enderroc*.

Sergi Belbel

Sergi Belbel.

Sergi Belbel (Terrassa, 1963) és autor, director i traductor teatral. Ha exercit de professor de dramatúrgia a l'Institut del Teatre de Barcelona. El 2005 fou nomenat director del Teatre Nacional de Catalunya.

Ha escrit i dirigit, entre altres obres, *Elsa Schneider* (1987, premi Ignasi Iglésias), *Òpera* (1988), *En companyia d'abisme* (1988), *Tàlem* (1989), *Carícies* (1991; versió cinematogràfica de Ventura Pons 1999), *Després de la pluja* (1993, premis Serra d'Or 1994 i Nacional de Literatura Dramàtica de la Generalitat de Catalunya 1995), *Morir* (1994; Premi Nacional de Literatura Dramàtica 1996), *Sóc lletja* (amb Jordi Sánchez, 1997), *La sang* (1998), *El temps de Planck* (1999) i *Forasters* (2003). A més, ha dirigit obres d'autors tan diversos com ara Sanchís Sinisterra, Beckett, Benet i Jornet, Guimerà, Shakespeare, Goldoni, Molière, Mamet, Calderón, Koltès o De Filippo. Les darreres obres són *A la Toscana* (2007), *Fora de joc* (2010), i la darrera estrena *Les roses de la vida* (2017). En la seva pràctica professional destaca la tasca de director artístic del Teatre Nacional de Catalunya entre els anys 2006-2013. Molts d'aquests autors han estat traduïts pel mateix Belbel. També ha treballat en l'adaptació dramàtica i el guió de sèries televisives, i ha col·laborat en el guió cinematogràfic de *Carícies* (1997) i *Morir (o no)* (1999).

Forasters (2004) és un melodrama sobre la immigració, les dificultats per integrar-se en la societat i la por d'allò desconegut. L'autor hi aborda, d'una manera molt personal i emotiva, un fragment de la nostra història col·lectiva. És una reflexió sobre la fragilitat de les relacions familiars, el pas del temps, el sentit de l'existència, i, per damunt de tot, sobre la por i la malfiança d'allò que no coneixem (l'estrany, l'estranger, el forà) i que, ineludiblement, ha d'acabar integrant-se en una societat cada vegada més complexa, on encara hi ha fronteres, no solament físiques, que es resisteixen a desaparèixer. L'any 2008, el director Ventura Pons va fer una versió cinematogràfica de l'obra que va rebre un premi Gaudí (2009).

Sergi Belbel ha estat guardonat amb nombrosos premis com a director i com a autor teatral. Les seves obres han estat traduïdes i estrenades a gairebé tot Europa i també a Amèrica i al Japó. Finalment cal destacar el reconeixement internacional de la seva obra. La institució teatral més prestigiosa de França, la Comédie Française, ha inclòs en la programació de l'any 2017-2018 la comèdia *Après la pluie (Després de la pluja)*, vint-i-quatre anys després de la seva estrena.

> ASSISTENTA: Al meu país això és impossible. Encara que siguin lluny, o morts. No hi ha dia que un pare o una mare no parlin dels seus fills, dels seus pares, dels seus germans morts, o exiliats a un altre país, o desapareguts, i no pensin en ells. I no hi ha dia que no parlin o vulguin parlar amb ells. Amb els vius i amb els morts. És una necessitat. I una riquesa.
>
> SERGI BELBEL, *Forasters*

Escena de l'obra *Sóc lletja*, de Sergi Belbel i Jordi Sánchez.

MARC: Però ara per què m'ho dius això?

JAUME: Per res, per res... On érem? Ah, sí, més a propet... a la *Toscana*. Vinga, com va anar la cosa?

MARC: Ets... Bé, és igual. Va ser millor que la millor cosa que puguis imaginar-te. L'últim dia, allà, unes hores abans de marxar de l'aeroport, vaig pensar (a ella no li ho vaig dir, ho hauria malinterpretat), vaig pensar: «Ara em moriria. Ara em moriria aquí i fora problemes!» Si tot pogués acabar en el millor moment de la teva vida, eh? No és millor pensar que tot hauria d'acabar així?

JAUME: Amb final feliç?

MARC: Què et fa més por? (*Pausa.*) ¿Saber que tot s'acaba o no saber com s'acabarà?

JAUME: Doncs... (*Pausa.*) M'estimaria més no parlar d'això.

MARC: Què tens?

JAUME: Res. (*Pausa.*) No m'agrada parlar d'aquestes coses, tu ja ho saps. (*Pausa.*) Vinga, explica'm coses de la *Toscana*. [...]

MARC: A mi em fan por les dues coses: saber i no saber. (*Pausa.*) El millor Chianti. Un paisatge espectacular, unes postes de sol per recordar sempre. Va ploure poc i va sortir el sol cada dia. La Joana va estar encantada de la vida i ens vèiem les vint-i-quatre hores. Ella estava molt contenta i jo també. I no vaig tenir temps ni ganes de treballar. Ni en un projecte pel mercat capitalista ni en un de meu, personal i autèntic. O sigui que ja m'entens. I això és tot. (*Pausa.*) Ets un hipocondríac, Jaume.

JAUME: Perdona, t'he tallat el rotllo. No ho puc evitar. Si vols la meva opinió: la mort i el dolor són coses indissolubles. Com les dues cares d'una moneda. No hi ha mort sense dolor, propi o dels altres. I, de la mateixa manera, no hi ha dolor autèntic sense l'amenaça de la mort al darrere. Per tant és absurd que em preguntis què et fa més por, si una cosa o l'altra, perquè són la mateixa. I dir que et vols morir en un moment de felicitat extrema em sembla una idiotesa solemne, perdona.

SERGI BELBEL, *A la Toscana*, escena 3

Activitats

JOSEP MARIA BENET I JORNET

1 Llegeix aquest fragment de l'obra *Desig* (1989), de Josep Maria Benet i Jornet, en què un personatge exposa el record infantil com una al·legoria del fet de viure:

- Escriu un record infantil que consideris significatiu. Si vols, llegeix-lo als teus companys a classe.

L'HOME: En aquest cas m'agradaria, ja veu quina estupidesa, m'agradaria explicar-li, només li robaré un minut, un record de quan jo era petit.

ELLA: Ah, ¿sí?

L'HOME: Un minut comptat.

ELLA: ¿Un record de quan era petit? ¿Ara? ¿Aquí?

L'HOME: Si em deixa.

ELLA: Aquí, entomant el fred i vostè m'explicarà què feia quan era petit.

L'HOME: Una petita anècdota.

ELLA: ¡Verge Santa!

L'HOME: No s'ho prengui malament. Potser l'ajudarà.

ELLA: ¿En què? ¿Com?

L'HOME: Potser l'ajudarà. (Pausa.)

ELLA: De pressa.

L'HOME: Sí. Jo era petit, un nen. Un nen poruc en temps desagradables. Una nit, després de sopar, bé, com sempre, em van ficar al llit i, no ho recordo, suposo que em vaig adormir. Però, de sobte, i era estrany, perquè normalment, com tots els nens, acostumava a dormir d'una tirada, de sobte em vaig tornar a despertar. Tot era completament fosc. Tenia la sensació, suposo que m'ho vaig formular d'una altra manera, la sensació que havia caigut dins el cor de la nit. I se sentien uns petits sorolls. Furtius, constants. Algú es movia, algú m'observava i, ja ho pot suposar, es llançaria damunt meu, etcètera. No m'atrevia a cridar ni a moure'm. Una mena de terror total, pobre fill. Va passar molta estona, almenys m'ho va semblar. Els sorollets no s'aturaven, els xiuxiuejos, els refrecs. Es reien de mi, allargaven el turment abans de l'atac final. No podia més i aleshores... ¿Per què esperar? ¿Per què no precipitar-m'hi i acabar d'un cop? Em vaig llevar, vaig avançar per la foscor, vaig ensopegar amb una porta... La vaig obrir i em vaig abandonar al mal. Va ser així com vaig sorprendre els meus pares, que m'estaven preparant, que estaven muntant un regal sorpresa, el del meu aniversari. Va ser el millor aniversari de la meva vida.

ELLA: ¿Ja està?

L'HOME: No és una història original, tothom n'ha viscut alguna de semblant.

JOSEP M. BENET I JORNET, *Desig*

2 Llegeix aquest fragment de l'obra *Revolta de bruixes* (1976) i contesta les preguntes.

SOFIA: (reaccionant)¿Què ha passat, Aurora?

RITA: Totes ho sabem, què ha passat.

SOFIA: Aquest home ha tingut un atac de cor. Mira-te'l. ¿Què estaven fent, ell i l'Aurora?

RITA: S'ha mort. Era el que volíem.

Activitats

PAULINA: Sí. Tu no dius mentides, com la Sofia. Tu saps coses, ¿oi? Tu tens poders.
SOFIA: ¿Què en treurem, que s'hagi mort? ¿De què ens ha de servir?
DOLORS: ¡Calla! Ja és hora que callis. Les cartes ho havien pronosticat. ¿És veritat que saps coses, Rita?
FILOMENA: Sí que en sap. Ens pot ajudar. ¿Oi que em podràs ajudar, si t'ho demano?¿Oi que ho has dit? El meu home, Rita. Que torni. Ajuda'm.
SOFIA: T'has tornat ximple, Filomena.
DOLORS: Se t'ha dit que callis. Si no ens ajuda ella, no ens ajudarà ningú. A mi també, Rita. Estic malalta.
RITA: (transfigurada, imposa silenci). Faré el que pugui. Qui sap. us ajudaré.
SOFIA: Aquí hi ha un mort, em penso. S'ha d'avisar algú. L'empresa, la policia o qui sigui. ¡Histèriques!
RITA: Us ajudaré amb una condició. Sí que us puc ajudar. Sé moltes maneres d'ajudar-vos. No us demano res a canvi. Només una condició, ara. Que la Sofia, davant de totes, es tregui la bata, es posi el seu vestit, se'l torni a treure i es torni a posar la bata.
(Silenci)
SOFIA: No. Això voldries. No t'ho pensis.
RITA: Us poso aquesta condició. No és res.
SOFIA: Jo tenia un motiu.
RITA: Jo, també.
(Silenci)
DOLORS: Sofia.
SOFIA: ¿Esteu boges? ¡No li donaré aquesta satisfacció! ¡Us està enredant!

JOSEP MARIA BENET I JORNET, *Revolta de bruixes*

a La Rita i la Sofia representen dues maneres oposades de veure el món. Explica-ho.
b Quin és el fet que desencadena l'enfrontament entre els personatges?
c Creus que obligar a despullar-se, treure's la bata de treballar, té un valor humiliant?

SERGI BELBEL

3 Alguna obra teatral de Sergi Belbel ha estat portada al cinema. Fes una cerca a Internet i busca informació sobre aquestes versions. En cada cas, pots elaborar-ne una fitxa amb la informació següent: títol de l'obra teatral/títol de la pel·lícula, director/a, actors/actrius principals, data d'estrena, premis, sinopsi de l'argument, valoració de la crítica cinematogràfica.

Pots consultar el web:

- www. escriptors.cat/autors/belbels

4 Llegeix aquest text de *Després de la pluja* (1993) i contesta les preguntes.

Entra la Directora Executiva. Va directa a la Secretària Rossa, sense mirar ningú més. El Missatger Local i la Secretària Pèl-Roja continuen fent-se petons apassionats durant tota l'escena. La Secretària Morena mira el cel amb un somriure.

DIRECTORA EXECUTIVA:

Vol ser la meva Secretària? O és vostè també una escaladora estúpida o una hipòcrita traïdora que no s'acontenta amb una feina tan excitant i tan honrada com la seva i només aspira a ser alguna cosa més que això sense tenir les mínimes aptituds bàsiques i imprescindibles per ser-ho?

SECRETÀRIA ROSSA:

Dona, així, d'entrada...

DIRECTORA EXECUTIVA:

És que jo marxo de l'Empresa, sap? He dimitit del meu càrrec. Fa exactament una hora i cinc minuts. Té tres segons per pensar-s'ho. Començarem a treballar demà. Vostè i jo. Les dues soles. La meva idea és senzilla. Petita empresa qualsevol, sigui quina sigui, això en realitat no importa, sense afany de lucre, només amb afany competitiu, pel plaer de la feina, pel plaer de saber-se i de sentir-se autèntiques capdavanteres en la feina. Encara no sé quina, però si vostè vol, podem parlar-ne ara mateix i triar la que ens agradi més, a mi en realitat no m'importa, triï vostè mateixa: assessoria d'imatge, assessoria fiscal, assessoria jurídica, control i selecció de personal, promoció d'empresa, preproducció industrial, postproducció, management, disseny publicitari, control publicitari per empreses, reciclatge i docència privada, programació informàtica, assistència tècnica informàtica, gestoria administrativa empresarial, agència immobiliària, assegurances, servei de préstec primera segona hipoteca, administració de finques, facturació, crèdits, serveis psicotècnics, psicomotrius, mnemotècnics, gabinet psicològic, d'assistència social, mecenatge artístic, agència literària, matrimonial, escola d'estètica, massatge-relax, contactes, quina li agrada més?

SECRETÀRIA ROSSA:

Contactes. Vull ser la seva secretària.

SERGI BELBEL, *Després de la pluja (escena 14).*

a Indica quins són els aspectes humorístics d'aquesta escena.
b Per què la directora executiva argumenta que el contingut de l'empresa no té importància? Què és el que es valora realment?
c Què fa decidir a la secretària d'acceptar l'oferta de feina? És una reacció còmica?

Test final d'unitat

1 Digues si és veritat (V) o fals (F):

	V	F
a Després de la guerra i amb la dictadura franquista el teatre català va ser proscrit dels escenaris professionals	☐	☐
b A partir dels anys quaranta es comencen a representar obres de teatre en català com per exemple *La ferida lluminosa* de Josep Maria de Sagarra	☐	☐
c ADB són les sigles de l'Agrupació Dramàtica de Barcelona	☐	☐
d EADAG són les sigles de l'Escola d'Art Dramàtic Amateur de Girona	☐	☐
e L'EADAG va ser dirigida per Maria Aurèlia Capmany i Ricard Salvat	☐	☐
f L'EADAG posava en escena obres clàssiques del teatre de text més convencional	☐	☐
g Als anys seixanta l'ADB posa en escena representacions de *Poesia escènica* de Joan Brossa	☐	☐
h El concepte de «teatre èpic» és un terme del dramaturg Henrik Ibsen	☐	☐
i El «líving theatre» es caracteritza per les tècniques de creació col·lectiva	☐	☐
j El «líving theatre» es caracteritza pel protagonisme dels actors en detriment dels directors	☐	☐
k Als anys seixanta es professionalitzen companyies teatrals com Els Joglars i La Gàbia Teatre	☐	☐
l Als anys setanta es professionalitzen companyies com Els Comediants, Dagoll Dagom i la companyia del TNC	☐	☐
m A la segona meitat de la dècada dels anys vuitanta es recupera el teatre de text	☐	☐
n Als anys noranta molts professionals del teatre s'incorporen a la TV catalana	☐	☐
o Josep Maria Benet i Jornet va néixer el 1940 a Sabadell	☐	☐
p Les primeres obres de Benet i Jornet mostren una concepció realista de la literatura dramàtica	☐	☐
q La primera obra important de Benet i Jornet es titula *Una olor*	☐	☐
r L'obra de Benet i Jornet *Revolta de bruixes* (1976) planteja el conflicte entre el vessant irracional del comportament humà i la raó	☐	☐
s Benet i Jornet no és partidari d'adaptar textos teatrals al cinema	☐	☐

2 Digues si és veritat (V) o fals (F):

	V	F
a L'obra de Benet i Jornet *Revolta de bruixes* (1976) està ambientada a l'edat mitjana, en temps de la Inquisició	☐	☐
b L'obra titulada *E. R.* li va fer guanyar el Premio Nacional de Teatro l'any 1995	☐	☐
c Sergi Belbel és autor de *La desaparició de Wendy* (1987) i d'*Elsa Schneider* (1987)	☐	☐
d Ha col·laborat en el guió cinematogràfic d'algunes de les seves obres teatrals	☐	☐
e *Desig* (1989) és una obra escrita a mitges entre Benet i Jornet i Sergi Belbel	☐	☐
f Amb l'obra titulada *Carícies* Belbel va guanyar el Premi Nacional de Literatura Dramàtica de la Generalitat l'any 1995	☐	☐
g *Forasters* (2004) és una obra que tracta aspectes de la immigració i les relacions familiars	☐	☐
h L'any 2009 la versió cinematogràfica de *Forasters* va guanyar un premi Goya	☐	☐
i La Comédie Française, ha inclòs en la programació de l'any 2017-2018 la comèdia *Après la pluie (Després de la pluja)*	☐	☐
j La Royal Shakespeare Company va representar l'any 2015 l'obra de Belbel *Morir*	☐	☐
k L'any 2017 Sergi Belbel és nomenat director del Gran Teatre del Liceu	☐	☐

3 Defineix els conceptes següents:

- Realisme
- Existencialisme
- Teatre de l'absurd
- Drama psicològic
- Teatre contemporani
- Teatre independent
- Teatre èpic
- Living theatre
- Teatre de text
- Star system

ÍNDEX

ÍNDEX

ÍNDEX

Antologia de poesia